农业产业化经营丛书

中国奶牛产业化

主　编

李建国　李胜利

副主编

王中华　李　英　杨利国

张列兵　刘玉满　曹志军

高艳霞　孙凤莉

编著者

（以姓氏笔画为序）

于景华	仁瑞清	王中华	王新芳
乔光华	刘　欣	刘　泳	刘玉满
孙凤莉	许蕾蕾	吴云海	张　鑫
张列兵	张新同	李　妍	李　英
李　想	李小娜	李运起	李建国
李秋凤	李胜利	杨利国	肖　遥
陈　莹	陈福音	赵兴华	秦建华
高艳霞	曹玉凤	曹志军	黄文明
	甄艳红		

金盾出版社

内 容 提 要

本书由李建国、李胜利教授主编,国家奶牛产业技术体系岗位科学家和综合试验站专家共同编著。内容包括:奶牛产业化概述,奶牛产业化良种选育体系建设,奶牛产业化繁殖技术,奶牛的营养需要与饲料供应,奶牛的标准化饲养管理,奶牛保健与疾病防控,乳品加工及乳制品质量控制,奶牛产业化基地建设,奶牛产业化生产的社会化服务体系建设,奶牛产业化的组织模式与企业管理,共 10 章。本书以理论与生产实践相结合,全面、系统地阐述了奶牛产业化的内涵和所取得的新成就、新技术和新进展,是一部集专业性、技术性、知识性于一体的综合性、应用性参考书,可供奶牛养殖场(小区)、乳品加工企业、乳制品经营企业及从事奶牛产业化研究和实践的技术人员和管理人员学习使用,亦可供农业院校师生和农科院(所)技术人员阅读参考。

图书在版编目(CIP)数据

中国奶牛产业化/李建国,李胜利主编 . --北京:金盾出版社,2012.10
(农业产业化经营丛书)
ISBN 978-7-5082-7644-1

Ⅰ.①中… Ⅱ.①李…②李… Ⅲ.①乳牛—饲养管理—产业经济学—研究—中国
Ⅳ.①F326.33

中国版本图书馆 CIP 数据核字(2012)第 114497 号

金盾出版社出版、总发行

北京太平路 5 号(地铁万寿路站往南)
邮政编码:100036 电话:68214039 83219215
传真:68276683 网址:www.jdcbs.cn
封面印刷:北京凌奇印刷有限责任公司
正文印刷:北京军迪印刷有限责任公司
装订:兴浩装订厂
各地新华书店经销
开本:787×1092 1/16 印张:26.625 字数:520 千字
2013 年 6 月第 1 版第 2 次印刷
印数:3 001~6 000 册 定价:57.00 元

前　言

　　多年来,中国奶业一直沿续"分散养殖、公司＋农户"的主体模式,随着经济全球化进程的加快,我国奶牛产业也进入高速成长期,市场需求的不断扩大,"分散经营、产加销脱节"带来的多种弊端日益显现,它已无法采用现代养殖技术,也不能适应大规模生产和巨大的市场需求。创新奶牛产业化模式和推广奶牛产业化技术是实现奶业现代化的必然需求。为了推动奶牛产业化的健康发展,组织国家奶牛产业技术体系的部分岗位科学家、综合试验站站长和团队成员编著了《中国奶牛产业化》一书。

　　本书由10章组成:第一章,概述。主要介绍了奶牛产业化的概念、意义、存在问题和发展趋势;第二章,奶牛产业化良种选育体系建设;第三章,奶牛产业化繁殖技术;第四章,奶牛的营养需要与饲料供应;第五章 奶牛的标准化饲养管理;第六章,奶牛保健与疾病防控;第七章,乳品加工及乳制品质量控制;第八章,奶牛产业化生产基地建设;第九章,奶牛产业化的社会化服务体系建设;第十章,奶牛产业化的组织模式与企业管理。全书汇集了近年来奶牛养殖新技术,实用性强,可供广大奶牛养殖场(户)的技术人员阅读使用,对从事养牛业教学、科技及管理的人员亦有重要参考价值。

　　本书的出版由"现代农业产业技术体系建设专项资金资助"。同时感谢金盾出版社的编辑们为本书出版做出的辛勤劳动。此外,本书参考和引用了许多文献的有关内容,在此,我们谨向原作者表示真诚的谢意!

　　由于编者水平所限,书中必定有不足之处,敬请读者批评指正。

编著者

目 录

第一章 概述 ……………………………………………………………… (1)
  第一节 奶牛产业化的概念与意义 ……………………………………… (1)
    一、奶牛产业化的概念 ………………………………………………… (1)
    二、奶牛产业化的意义 ………………………………………………… (1)
  第二节 我国奶牛产业化现状及存在的主要问题 …………………… (2)
    一、奶牛产业化现状 …………………………………………………… (2)
    二、奶牛产业化存在的主要问题 …………………………………… (3)
  第三节 借鉴欧盟经验,提升我国奶牛产业化水平 ………………… (4)
    一、欧盟模式对我国的借鉴 ………………………………………… (4)
    二、创新奶牛产业化经营模式 ……………………………………… (5)
    三、重视培育家庭农场 ……………………………………………… (6)
    四、建立和完善奶牛产业化的组织体系 ………………………… (7)
第二章 奶牛产业化良种选育体系建设 …………………………… (8)
  第一节 奶牛优良品种 ………………………………………………… (8)
    一、乳用牛品种 ………………………………………………………… (8)
    二、乳肉兼用型牛品种 ……………………………………………… (12)
  第二节 奶牛良种选育技术 ………………………………………… (17)
    一、品种登记 ………………………………………………………… (17)
    二、奶牛的体型外貌及鉴定 ……………………………………… (20)
    三、奶牛的生产力评定 ……………………………………………… (46)
    四、DHI 测定与应用 ………………………………………………… (50)
    五、奶牛的选种 ……………………………………………………… (53)
    六、奶牛的选配 ……………………………………………………… (62)
    七、奶牛的选育方法 ………………………………………………… (66)
第三章 奶牛产业化繁殖技术 ……………………………………… (71)
  第一节 奶牛的性发育及其鉴定 ………………………………… (71)
    一、初情期 …………………………………………………………… (71)
    二、性成熟 …………………………………………………………… (71)
    三、体成熟 …………………………………………………………… (72)
    四、母牛的发情鉴定 ………………………………………………… (72)
  第二节 公牛的采精与精液冷冻 ………………………………… (75)
    一、采精 ……………………………………………………………… (75)
    二、精液的组成与精子的发生周期 …………………………… (78)

三、精液品质鉴定 …………………………………………………………（79）

四、影响精液品质的因素 …………………………………………………（82）

五、冷冻精液的生产 ………………………………………………………（83）

六、牛冷冻精液国家标准 …………………………………………………（84）

第三节　奶牛人工授精技术 …………………………………………………（85）

一、人工授精技术在奶牛生产中的意义 ………………………………（85）

二、国内奶牛人工授精的进展 …………………………………………（85）

三、输精操作程序 …………………………………………………………（86）

四、输精量和适时人工授精 ……………………………………………（87）

五、提高母牛情期人工授精受胎率的技术措施 ………………………（88）

第四节　受精、妊娠与分娩 …………………………………………………（89）

一、受精 ……………………………………………………………………（89）

二、妊娠与妊娠诊断 ……………………………………………………（90）

三、分娩 ……………………………………………………………………（92）

第五节　奶牛的繁殖调控技术 ………………………………………………（94）

一、发情排卵调控 …………………………………………………………（94）

二、超数排卵技术 …………………………………………………………（96）

三、受精调控 ………………………………………………………………（98）

四、性别控制 ………………………………………………………………（101）

第六节　奶牛胚胎移植产业化技术 …………………………………………（102）

一、概述 ……………………………………………………………………（102）

二、胚胎移植技术程序 …………………………………………………（103）

第七节　提高繁殖力的措施 …………………………………………………（105）

一、母牛繁殖力的概念 …………………………………………………（105）

二、衡量母牛繁殖力的主要指标 ………………………………………（106）

三、提高奶牛繁殖力的措施 ……………………………………………（107）

四、种公牛繁殖的技术管理 ……………………………………………（110）

五、母牛繁殖的技术管理 ………………………………………………（111）

第四章　奶牛的营养需要与饲料供应 …………………………………………（114）

第一节　奶牛的消化生理特点 ………………………………………………（114）

一、采食特点 ………………………………………………………………（114）

二、牛消化道的结构特点 ………………………………………………（115）

三、饲料营养物质的消化代谢 …………………………………………（117）

第二节　奶牛的营养需要与饲养标准 ………………………………………（125）

一、奶牛的营养需要 ……………………………………………………（125）

二、我国奶牛的饲养标准 ………………………………………………（139）

三、NRC 泌乳牛饲养标准 …………………………………………… (147)

第三节　奶牛饲料的生产、加工与配制 …………………………… (149)

一、优质粗饲料生产 ……………………………………………… (149)

二、青绿多汁饲料及加工调制 …………………………………… (157)

三、粗饲料及加工调制 …………………………………………… (158)

四、青贮饲料及加工调制 ………………………………………… (163)

五、精料的种类、特性及加工 …………………………………… (168)

第四节　奶牛的饲料供给 …………………………………………… (176)

一、饲料的均衡供应 ……………………………………………… (176)

二、常年青饲轮供计划 …………………………………………… (176)

三、饲料安全及质量控制 ………………………………………… (177)

第五章　奶牛的标准化饲养管理 ………………………………………… (183)

第一节　奶牛的常规饲养管理 ……………………………………… (183)

一、一般饲喂技术 ………………………………………………… (183)

二、TMR 饲喂技术 ……………………………………………… (184)

三、挤奶技术 ……………………………………………………… (187)

四、日常管理技术 ………………………………………………… (190)

第二节　犊牛的饲养管理 …………………………………………… (196)

一、生后护理 ……………………………………………………… (196)

二、犊牛的哺育 …………………………………………………… (199)

三、犊牛的采食训练和饮水 ……………………………………… (203)

四、犊牛的管理 …………………………………………………… (205)

第三节　育成牛的饲养管理 ………………………………………… (206)

一、育成牛的生长发育特点 ……………………………………… (206)

二、育成牛的饲养 ………………………………………………… (207)

三、育成牛的管理 ………………………………………………… (209)

第四节　青年牛的饲养管理 ………………………………………… (210)

一、青年牛的特点 ………………………………………………… (210)

二、青年牛的饲养 ………………………………………………… (210)

三、青年牛的管理 ………………………………………………… (211)

第五节　成年母牛的饲养管理 ……………………………………… (212)

一、成年母牛的生产周期与特点 ………………………………… (212)

二、泌乳母牛的一般饲养管理技术 ……………………………… (213)

三、不同泌乳阶段的饲养管理 …………………………………… (222)

四、围产期牛的饲养管理技术 …………………………………… (226)

五、泌乳母牛饲养方案的检查 …………………………………… (230)

六、无公害奶牛饲养管理准则 …………………………………… (232)

第六节　种公牛的饲养管理技术 ……………………………… (236)

一、公犊牛的饲养 ………………………………………………… (236)

二、成年种公牛饲养 ……………………………………………… (236)

三、种公牛的管理 ………………………………………………… (237)

四、种公牛的合理利用 …………………………………………… (239)

第七节　奶牛饲养管理效果的日常评价 ……………………… (239)

一、奶牛的体况评分 ……………………………………………… (239)

二、奶牛的粪便评分 ……………………………………………… (243)

三、奶牛的行走评分 ……………………………………………… (244)

四、奶牛的舒适度评分 …………………………………………… (247)

五、奶牛的牛体卫生评分 ………………………………………… (250)

第六章　奶牛保健与疾病防控 ……………………………………… (253)

第一节　奶牛场的卫生防疫和奶牛保健 ……………………… (253)

一、奶牛场卫生防疫措施 ………………………………………… (253)

二、奶牛的保健措施 ……………………………………………… (255)

第二节　奶牛主要疾病的防控 ………………………………… (257)

一、传染病 ………………………………………………………… (257)

二、寄生虫病 ……………………………………………………… (262)

三、内科病 ………………………………………………………… (265)

四、中毒病 ………………………………………………………… (270)

五、外科及产科疾病 ……………………………………………… (272)

六、犊牛疾病 ……………………………………………………… (281)

第三节　兽医安全用药规范 …………………………………… (285)

一、兽药的使用 …………………………………………………… (285)

二、禁用药物 ……………………………………………………… (285)

三、无公害食品—畜禽饲养兽药使用准则 …………………… (285)

第七章　乳品加工及乳制品质量控制 …………………………… (288)

第一节　牛乳的理化性质和原料乳的质量管理 ……………… (288)

一、牛乳的化学成分及营养价值 ………………………………… (288)

二、牛乳的物理性质 ……………………………………………… (289)

三、原料乳的质量检测 …………………………………………… (290)

四、异常乳的种类及控制措施 …………………………………… (296)

五、特殊乳和掺假牛乳的检验 …………………………………… (300)

第二节　鲜牛乳的验收、处理与贮存、运输 ………………… (304)

一、牛乳的检验验收 ……………………………………………… (304)

二、原料乳的冷却与预杀菌 …………………………………………………… (305)

三、原料乳的贮藏与运输 ……………………………………………………… (307)

第三节　液态乳加工技术 ……………………………………………………… (309)

一、巴氏杀菌乳 ………………………………………………………………… (309)

二、超高温杀菌乳(UHT乳) ………………………………………………… (310)

三、酸乳及酸乳饮料的加工 …………………………………………………… (311)

第四节　乳粉加工技术 ………………………………………………………… (316)

一、乳粉的概念 ………………………………………………………………… (316)

二、乳粉的种类 ………………………………………………………………… (317)

三、乳粉生产工艺 ……………………………………………………………… (318)

第五节　干酪的加工技术 ……………………………………………………… (321)

一、干酪的定义 ………………………………………………………………… (321)

二、干酪的分类 ………………………………………………………………… (321)

三、干酪的一般加工工艺 ……………………………………………………… (323)

第六节　乳制品的质量控制 …………………………………………………… (324)

一、乳制品的质量标准与检验 ………………………………………………… (324)

二、乳制品的质量管理 ………………………………………………………… (339)

三、HACCP系统在乳制品生产中的应用 …………………………………… (342)

第八章　奶牛产业化生产基地建设 …………………………………………… (350)

第一节　现代规模化奶牛养殖场的建设 ……………………………………… (350)

一、奶牛场的选址 ……………………………………………………………… (350)

二、奶牛场的布局与规划 ……………………………………………………… (352)

第二节　奶牛养殖小区的建设 ………………………………………………… (354)

一、养殖小区的建设标准 ……………………………………………………… (354)

二、养殖小区的管理 …………………………………………………………… (356)

第三节　奶牛产业化生产基地的设施设备 …………………………………… (357)

一、牛舍建筑 …………………………………………………………………… (357)

二、饲料加工设施的建设 ……………………………………………………… (362)

三、收奶站的建设 ……………………………………………………………… (366)

四、挤奶厅的建设 ……………………………………………………………… (368)

五、其他养牛设备 ……………………………………………………………… (369)

第四节　奶牛产业化生产基地废弃物的处理 ………………………………… (371)

一、粪尿的分离技术 …………………………………………………………… (371)

二、奶牛粪便的处理与利用 …………………………………………………… (371)

三、污水的处理与利用 ………………………………………………………… (374)

第九章　奶牛产业化的社会化服务体系建设 ………………………………… (376)

　　第一节　奶牛良种供应的社会化服务体系……………………（376）
　　　一、国外奶牛良种发展概况 ………………………………（376）
　　　二、我国奶牛良种供应现状及存在问题 …………………（376）
　　　三、我国奶牛良种供应社会化服务体系建设 ……………（377）
　　第二节　奶牛饲料生产、供应的社会化服务体系…………（378）
　　　一、我国奶牛饲料生产现状 ………………………………（378）
　　　二、我国奶牛饲料发展过程中存在的问题 ………………（379）
　　　三、奶牛饲料生产、供应社会化服务体系建设 …………（380）
　　第三节　奶牛疫病防治社会化服务体系………………………（382）
　　　一、我国奶牛疫病防治情况 ………………………………（382）
　　　二、奶牛疫病防治体系存在的问题 ………………………（383）
　　　三、奶牛疫病防治社会化服务建设 ………………………（384）
　　第四节　奶业信息咨询的社会化服务体系 …………………（385）
第十章　奶牛产业化的组织模式与企业管理………………（387）
　　第一节　奶牛产业化生产组织模式……………………………（387）
　　　一、公司＋农户模式 ………………………………………（387）
　　　二、奶联社模式 ……………………………………………（387）
　　　三、合作社模式 ……………………………………………（388）
　　　四、股份制模式 ……………………………………………（388）
　　第二节　奶牛生产企业的劳动管理……………………………（389）
　　　一、岗位职责与管理 ………………………………………（389）
　　　二、生产定额管理 …………………………………………（393）
　　第三节　奶牛生产企业的计划管理……………………………（394）
　　　一、牛群周转计划 …………………………………………（394）
　　　二、牛群的配种、产犊计划 ………………………………（396）
　　　三、牛群产奶计划 …………………………………………（398）
　　　四、饲料供应计划 …………………………………………（399）
　　　五、财务计划 ………………………………………………（400）
　　第四节　奶牛场常用的牛群档案与生产记录 ……………（400）
　　　一、牛籍卡 …………………………………………………（400）
　　　二、日常生产记录 …………………………………………（403）
　　第五节　计算机管理技术在奶牛生产中的应用……………（407）
　　　一、奶牛场计算机管理系统的优点 ………………………（407）
　　　二、奶牛场计算机管理系统的功能 ………………………（407）
主要参考文献………………………………………………………（409）

第一章 概 述

第一节 奶牛产业化的概念与意义

一、奶牛产业化的概念

众所周知,奶牛产业不仅是畜牧业的重要组成部分,而且也是农业的重要组成部分。1995 年 12 月 11 日《人民日报》发表了题为《论农业产业化》的一篇文章,把农业产业化定义为"以国内外市场为导向,以提高经济效益为中心,对当地农业的支柱和主导产品实行区域化布局、专业化生产、一体化经营、社会化服务、企业化管理,把产供销、贸工农、经科教紧密结合起来,形成一条龙的经营体制"。该文一经发表即引起理论界的一场大讨论,对于农业产业化这一新的概念,不同的学者有着不同的理解。潘耀国(1996)认为,按产业来组织和发展农业,即农业产业化。陈吉元(1997)则认为,农业产业化就是市场化、社会化、集约化的农业。牛若峰(1997)把农业产业化称之为"农业产业一体化经营",他认为农业产业化是"农工商、供产销一体化经营"的简称。

就我国目前的奶牛产业化而言,国内大多数地区实行的是"公司+奶站+农户"的产业化模式。这种模式存在一些缺陷,主要是龙头企业、奶站、奶农三个不同的主体很难形成利益共同体,没有形成合力,因为在许多情况下三者间存在利益纷争。当初设计产业化模式的初衷,是在不同的利益主体之间形成"风险共担、利益均沾"的利益分配机制。但是,经过十几年的实践,证明这种利益分配机制很难形成,奶农长期处于弱势群体地位,他们的经济利益得不到保障。这说明我国目前推行的奶牛产业化模式是一种不可持续的发展模式。从长远发展看,应该改革或创新我国的奶牛产业化模式。

二、奶牛产业化的意义

自 2000 年以来,我国奶业进入了一个高速增长时期,奶牛存栏头数和牛奶产量分别由 2000 年的约 489 万头和 827 万 t 增加到 2011 年的 1 310 万头和 3 810 万 t。这样的高速增长,在世界奶类发展史上实属罕见。但是,在成绩面前需要保持冷静。我们必须认识到,奶业在我国的大农业中依然是一个发展相对滞后的产业部门。我国奶业产值占农业总产值的比例还很低,我国的人均奶类消费量还远低于世界平均水平,我国在奶牛良种化水平、奶牛单产水平、原料奶质量以及饲养管理体系、质量安全体系、疫病防疫体系等许多方面都与发达国家存在很大差距。

从长远发展看,我们必须把奶业做大做强,让奶业在农业与农村经济发展中扮演重要角色。这是因为:其一,发展奶业可以改善我国国民的膳食营养结构和提升身体素质。胡锦涛总书记 2003 年 1 月到蒙牛集团视察时指出:"牛奶本身就是温饱之后小康来临时的健康食品,不仅小孩要喝,老人要喝,最重要的是中小学生都要喝上牛奶,以提升整个中华民族的身体素质。"这表明中央对发展奶业的高度重视,并把奶业的发展作为全面建设小康社会的重要内容。其二,发展奶业是农业和农村经济结构战略性调整的重大措施。近几年的实践初步表明,大力发展奶业已经成为许多地区、特别是经济欠发达地区调整农村经济结构和农业产业结构的首选措施。其三,发展奶业是解决"三农"问题的有效手段之一。同谷物产业相比,奶牛产业的产业链很长,既可以增值又可以吸纳劳动力。因此,发展奶业既有利于增加农牧民收入,又有利于增加城乡居民就业。其四,奶业是节粮型畜牧业,大力发展奶业符合我国人多耕地少的基本国情。其五,我国奶业的发展空间大、潜力大、后发优势明显,可望成为农业乃至农村经济的支柱产业。

但是,从产业自身发展的特点看,我国奶牛产业的发展离不开产业化。这是因为牛奶本身是一种特殊的食品,不同于蔬菜、水果等其他农产品经过采摘或收获后就可以直接进到消费者的餐桌。牛奶必须经过加工、包装、贮藏、配送、零售等一系列程序和环节后才能进到消费者餐桌。也就是说,奶农或牛奶生产者必须依赖奶站和乳品加工企业,除非他们建立自己的加工企业,否则,他们辛辛苦苦生产出来的牛奶很难转化为商品,离开了奶站和乳品加工企业,奶农就会发生"卖奶难"的现象。因此,奶牛生产离开了产业化,我国的奶牛产业便是无源之水、无本之木。

第二节　我国奶牛产业化现状及存在的主要问题

一、奶牛产业化现状

就农业而言,20 世纪 90 年代,我国多数地区推行的是"公司＋农户"的产业化模式,其中的公司被称为产业化的"龙头企业"。后来,这种产业化模式在一些地区、一些行业发生了演变,例如,"公司＋基地＋农户"、"公司＋协会＋农户"、"公司＋合作社＋农户"等。

就奶牛产业而言,目前占主导地位的是"公司＋奶站＋农户"的产业化模式。在这种产业化模式下,公司、奶站、农户是三个相互独立的主体,乳品公司负责乳品加工,奶站负责收集生鲜奶,农户负责生鲜奶生产,三者间既有分工又有合作。乳品企业处于奶业产业链的下游环节,根据《中国奶业年鉴》2007 年的统计,全国有各类乳品企业 736 家,其中,大型企业 12 家,中型企业 126 家,小型企业 598 家。奶站处于奶业产业链的中间环节,根据相关文献提供的数据,2008 年以前全国奶站的数量达 2万多个。"三聚氰胺奶粉事件"暴发后,农业部对全国奶站进行了清理整顿,清理后保留了 16 485 个奶站。农户处于奶业产业链的上游环节,群体规模庞大,据估计农户养殖份额占市场总份额的 70%～80%。

按照产业链条排序,三个主体的先后顺序为:农户—奶站—乳品企业。但是,按照利益链条排序,三个主体的先后顺序则呈现倒排序,即:乳品企业—奶站—农户。产业链条排序反映的是三个主体在奶牛产业生产过程中的一种客观规律,而利益链条反映的则是三个主体在奶牛产业生产过程中的市场地位及利益分配关系。不言而喻,在这个利益链条中,乳品企业处于利益链条的顶端,属于强势群体;奶站处于利益链条的中间位置,其市场地位低于乳品企业,但远高于农户;农户处于利益链条的最底层,其利益常常受到来自乳品企业和奶站的双重挤压,属于真正的弱势群体。

根据已有的奶业调研成果,我国奶牛产业链条中最大的赢家是乳品企业,因为乳品企业始终处于利益链条的顶端,无论是在市场地位方面还是在生鲜乳价格决定方面,话语权始终牢牢地掌握在乳品企业手中。这一事实可以从一些乳品企业的快速成长轨迹中很容易看到。同乳品企业相比,奶站是奶牛产业中比较稳定的获益者,在许多情况下,奶站的风险甚至低于乳品企业。这与奶站和乳品企业之间的利益分配机制有关。据调查,在许多地区,奶站和乳品企业之间不属于一种单纯的买卖关系,而更像是一种业务委托关系,即企业委托奶站向农户收集生鲜奶,然后交给企业,企业以定额管理费的形式向奶站支付报酬。一般情况下,奶站向乳品企业提供生鲜奶,每千克可从乳品企业获得 0.3 元左右的固定回报。由于组织化程度低、没有市场话语权等多种原因,农户成为奶牛产业链条中经营风险最大的群体。

二、奶牛产业化存在的主要问题

奶农、奶站和乳品企业三个主体的利益分配不公是现有奶牛产业化模式面临的最大问题。同时,这也是我国奶牛产业化模式与西方国家,特别是与欧盟国家之间存在的主要差距。

目前,我国奶农的组织化程度低,无法与乳品企业进行对接;奶农与乳品企业之间是简单的买卖关系,利益联结松散,产加销发展不协调,乳品企业重复建设严重,区域布局不合理,加工能力过剩。虽然我国正在积极倡导发展奶农专业生产合作社,但是,目前已经成立的奶农合作社都是单纯的生产领域的合作社,由于合作社没有进入加工和流通领域,入社的社员无法分享到产业下游环节带来的超额利润。因此,农民缺少入社的正向激励,他们对于成立合作社积极性不高。退一步说,即使成立了奶农合作社,也难以形成合作社与奶站及龙头企业间的利益合理分配,进而使奶业走上良性循环的发展道路。

乳品企业与奶农签订合同的行为不规范,如单方合同、合同期过短、不愿履行合同等;奶农随意将奶交给收购价格更高的企业,乳品企业以各种理由拒收,导致违约事件频频发生,奶农和乳品企业都不能维护自己的权益,获得稳定的利益。

客观地说,2008 年 9 月发生的"三聚氰胺奶粉事件",除了有关职能部门监管不力之外,与我国目前实行的奶牛产业化模式不无关系。"三聚氰胺奶粉事件"暴露出这一产业化模式存在的主要缺陷是:龙头企业、奶站、奶农三个不同主体间没有形成利益共同体,加上市场竞争无序,便出现了产奶旺季时龙头企业压制奶站、奶站压制奶农;产奶淡季时,企业求奶站、奶站求奶农的现象。三方不能形成合力,无法形成三方共同培育、开发、维护和爱惜乳品市场的有效激励,最终导致一些缺乏职业道德和社会公德的业主掺杂使假,最终,在一夜之间毁坏了奶业界和政府经过长期努力才培育出来的乳品市场。"三聚氰胺奶粉事件"正是这种产业化模式固有缺陷的暴露和体现。

根据一份对华北地区某市的调研报告,在"三聚氰胺事件"发生以前,该市的奶站投资市场是个无序竞争的市场。这种无序竞争,主要表现为奶站间的激烈竞争。通过调查发现,该市的奶站建设存在过度投资现象,也就是说,奶站的收购能力远大于原料奶的供给能力。据一些奶站业主介绍,许多村庄都存在着不只一家挤奶厅(点),最多时一个村庄有6家奶站(点),结果造成奶站间争夺地盘、争夺奶源。在这种无序竞争中,一些奶站由于争夺不到足够的奶源,因而发生经营性亏损已是必然,因为奶站盈利靠的是规模效益。在这种情况下,在原料奶中掺杂使假也就必然成为一些不法奶站业主回收投资、甚至是谋取利益的一种手段。

导致该市奶站投资过度的原因主要有以下四个方面:

第一,经营奶站属于一种低投入、高回报、低风险的行业,而且不需交纳任何税收。这是导致大量的私人投资者涉足投资建设奶站的根本原因。

第二,奶站间无序竞争的背后是乳制品加工企业间的无序竞争,由于企业间恶性争夺奶源现象的存在,催生出了大量奶站。

第三,进入从事奶站经营的技术门槛低,甚至可以说没有什么技术门槛,只要有一定的资本投入就可以。大规模的奶站要求有工商营业执照和卫生许可证,但也不是必需的,而且取得工商营业执照和卫生许可证并不难。

第四,由于长期没有明确奶站的主管部门,致使当地政府没有对奶站的空间布局进行科学的规划管理,这也是造成奶站投资建设泛滥的重要原因。

第三节　借鉴欧盟经验,提升我国奶牛产业化水平

一、欧盟模式对我国的借鉴

我国在发展奶牛产业化的过程中,可以借鉴欧盟国家的经验。欧盟国家奶牛产业化模式与我国的产业化模式存在着本质区别。前面已经提到,我国目前的奶牛产业化的基本模式为"公司(龙头)+奶站+农户",而欧盟国家奶牛产业化的基本模式为"合作社(龙头)+公司+农户(家庭农场)",其中的农户都是合作社的社员。社员生产的牛奶交给合作社,原料奶由合作社所属的公司统一加工,产品由合作社统一销售。也就是说,欧盟国家通过奶农专业合作社这个平台实现了奶牛产业"产加销"的

一体化,通过奶业一体化实现的利润由合作社、公司和社员共同分享。不难看出,在欧盟的奶牛产业化模式下,合作社、公司和农户是一个真正意义上的利益共同体。这正是欧盟国家的奶业之所以能够实现长期持续稳定发展的根本原因。

欧盟模式可为我国提供以下借鉴。

第一,以合作社为龙头的经验值得我们借鉴。虽然欧盟国家也存在"公司+农户"的产业化模式,但是,产业化模式的主流是"合作社+公司+农户"。以合作社为龙头,很好地解决了公司与农户之间的利益分配机制问题,使农户和公司之间形成了真正意义上的经济共同体,形成了公司与农户之间的"双赢"发展模式。而我国的"公司+奶站+农户"模式,多数情况下是"公司、奶站拿大头,农户拿小头"(市场形势好的情况下),或"公司、奶站拿小头,农民没赚头"(市场形势差的情况下),很难形成公司、奶站与农户共赢的局面。

第二,为农户提供无偿服务的经验值得我们借鉴。欧盟国家合作社的公司对农户提供的服务都是无偿的,而且提供的服务内容也相当广泛,具体包括:①销售服务。根据社员的要求以批发价批量购入种子、饲料、兽药、机械、燃料等,然后再以较低价格卖给社员。②收购服务。生鲜奶全部由合作社收购,通过合作社的公司加工成产品后再出售。加工所获盈利一部分留在合作社用于扩大再生产,一部分返还给农民,返还比例由社员代表大会决定。③金融服务。社员可以通过合作银行体系进行储蓄和信贷,解决生产和生活中资金不足的问题。④技术服务。农户在生产过程中遇到的具体技术问题,公司可以帮助解决。

第三,发展家庭农场的经验值得我们借鉴。欧盟国家的农业产业化经营模式中,其农户都是家庭农场。欧盟国家的家庭农场的生产规模化、专业化和知识化的程度都比较高,这就意味着他们有能力向公司提供优质原料。而我国的农户,多数为小规模的兼业农户,他们的规模化、专业化、知识化的程度低,无法向公司提供优质原料,制约了一些现代乳品加工业的发展。

二、创新奶牛产业化经营模式

"公司+奶站+农户"的产业化经营模式,一方面存在着明显利益分配不公问题,另一方面已经无法满足现代乳品加工业对生产原料优质化的需求以及消费者对食品质量安全的需求。要想保证奶牛产业健康、可持续发展,就必须对现有的产业化经营模式进行创新。创新的目的是为了提高饲养农户的市场地位,增强消费者信心,改善企业的市场竞争能力。在模式创新过程中,应遵循循序渐进的基本原则。

第一,近期创新模式。近期(5年内)看,我国奶牛产业化经营应该走公司为龙头的"公司+基地+农户"的发展道路。之所以选择这样的发展道路,是因为我国目前的牛奶生产以一家一户分散饲养为主的格局近期内难以改变。在这一发展模式中,重点是培育适合于奶牛产业化的生产基地。这里所说的生产基地不同于政府部门支持建设的生产基地。政府部门支持建设的生产基地是以县为单位的,重视的是生鲜奶供给能力。产业化基地是以联户或村为单位,重视的是生鲜奶的生产规模和内在品质。公司可以把几个分散饲养的农户或几个自然村整合起来,形成自己的生鲜奶生产基地,以满足企业现代加工生产线对原料质量的需求。

第二,中期创新模式。中期(6～10 年)看,我国奶牛产业化应该走以公司为龙头的"公司＋家庭农场"的发展道路。可以预见,随着我国城市化和工业化进程步伐的加快,将会有越来越多的农村人口流向城市、由农业流向工业,随之而来的便是农户生产规模的不断扩大,专业程度的不断提高,其结果必然是家庭农场的出现。这与许多欧洲国家的农业发展道路是相一致的。家庭农场有两个基本特征,特征之一:就是农场所需要的劳动力主要是家庭成员,包括夫妻和子女,很少有雇工。特征之二:就是经营规模不能太大,一般情况下,家庭农场的经营规模与家庭劳动力的供给水平相适应。同产业化基地相比,家庭农场的出现既可以满足企业现代加工生产线对原料的质量需求,又可降低加工企业的交易成本。因此,国家和企业应顺应这种历史发展趋势,在培育家庭农场上下功夫。

第三,长期创新模式。长期(11～20 年)看,我国应该借鉴欧盟国家的经验,走"合作社＋公司＋家庭农场"的发展道路。这是一条既有利于公司又有利于农户的发展道路。对公司而言,根据我国的农民专业合作社法,组建农民专业合作社可以获得国家财政、税收优惠、金融、科技、人才等多方面的扶持,同时,公司还可以从家庭农场那里获得优质生鲜奶。对家庭农场而言,同样可以通过加入合作社获得国家的政策支持,同时,又可享受来自合作社的利益分成。这是许多欧盟国家走过的道路,是一条普遍性的规律。我国奶牛产业化的发展,也不应该违背这条发展规律。

三、重视培育家庭农场

我国奶业目前正处于经济转型时期,正处于选择何种规模化发展道路的交叉路口。我国幅员辽阔,地区间的差异性大,经济发展水平不平衡,形成了农户、专业户、大农场、规模化饲养小区等多种成分并存的局面。但从全局上看,我国的奶牛产业生产仍然是以农户家庭经营为主的国家,借鉴欧洲模式,在工业化和城市化的进程中,把越来越多的农户培育成家庭农场,是奶牛产业走向规模化经营的现实选择。

培育家庭农场是实现奶牛产业化模式创新的一项主要内容,无论是中期创新模式还是长期创新模式,都是以家庭农场为基础的。为此,龙头企业要高度重视家庭农场的培育,政府主导的社会化服务体系建设要特别强调针对家庭农场,科技创新、技术推广和高科技的研发都要服务于家庭农场。只有以家庭农场为基础发展现代奶牛产业,才能把奶牛产业的产业化经营水平提升到一个新的高度。但是,毫无疑问,我国奶牛产业发展家庭农场的进程将取决于工业化和城市化的进程。由于工业化和城市化的进程漫长,所以,我国的奶牛产业生产由农户向家庭农场的转变也必将是一个长期过程。

四、建立和完善奶牛产业化的组织体系

欧盟国家的农业属于高度组织化的产业之一。在农业内部,奶牛产业的组织化程度要远远高于种植业、林业和渔业。这是因为:第一,牛奶属于鲜活产品,货架期很短,要提高销售效率需要把生产者组织起来,进行有组织的加工和销售;第二,生鲜奶不能被人类直接消费,需要经过处理、加工后才能食用,所以奶牛产业的产业链比种植业、林业和渔业都长,为了改善产业链各环节之间的协调性,需要建立产业组织体系。

在德国,奶农需要加入三个组织,分别是农民联合会、奶农合作社及农会或农业协会。农民联合会属于奶农的政治性组织,独立于任何党派和政府部门,其主要职责是代表农民利益,在参与政府决策中,为农民说话,反映农民的意见和诉求。奶农合作社属于农民自己的经济性组织,合作社向农民提供的服务项目包括:①销售服务(销售合作社),例如,向社员销售机械、饲料、兽药等投入品;②收购服务(加工合作社),社员生产的生鲜奶都是经过合作社收购和加工后进入市场的;③金融服务(信用合作社),社员可以通过合作银行进行储蓄和贷款。农会或农业协会属于奶农的技术组织,主要对农民提供各种技术咨询,经常为农民进行技术培训,在育种、人工授精、胚胎移植、防疫等许多方面为农民提供上门服务。

欧盟国家的发展历程告诉我们,奶牛产业化的发展过程实质上就是产业化组织体系不断完善和发展的过程。根据欧盟国家的经验,推动奶牛产业化的突破口就是如何培育适合我国国情的产业组织体系,让产业组织在产业化发展过程中起"龙头"作用。在我国,发展奶牛产业化的重点是培育专业合作社和行业协会。培育专业合作社的主要目标是让合作社兴办公司,以公司为载体,上联国内外市场,下连千家万户;对合作社内提供社会化服务,对合作社外开展市场竞争。通过建立专业合作社,使农民形成自我组织、自我服务、自我约束、自我保护、自我发展的新局面。合作社公司要千方百计地为农户提供产前、产中和产后的社会化服务,以社会化服务为纽带把千家万户的小生产者组织起来,形成局部性的规模化和专业化。

除了培育奶农专业合作社外,还应重视发挥奶业协会的作用。发展奶业协会的主要目标是让行业协会具有管理和调控的职能。所谓"管理",主要是指行业管理,由行业协会制定相应的行规行约,对奶牛产业的生产、加工、流通及相关领域进行规范管理。所谓"调控",主要是指对奶牛产业的发展进行宏观调控,特别是供需平衡方面的调控,起到稳定市场供应和稳定市场价格的作用,既能维护消费者利益又能保护生产者利益。

合作社和协会应具有层次性,应在地方、地区、全国不同的层次上建立起合作组织,使它们彼此之间既有分工又有合作,互相协调,共同发展。奶牛产业协会应具有多样性,例如,应该有生产者协会、加工者协会、经营者协会、贸易者协会等。一个成熟的产业必须有高度发达的组织体系来支撑,一个组织体系不健全的产业,只能称其为"行业",还不能称其为"产业"。目前,我国奶牛产业的组织体系建设相当薄弱,需要实现由"行业"向"产业"的飞跃。

第二章　奶牛产业化良种选育体系建设

第一节　奶牛优良品种

奶牛产业化生产,首先要选择优良的奶牛品种,这是达到高产、优质和高效益的基础。

一、乳用牛品种

(一)荷斯坦牛(Holstein)

来源于荷兰北部的西弗里斯和德国的荷尔斯坦省,目前分布于世界许多国家,由于被输入国经过多年的培育,使该牛出现了一定的差异,所以许多国家的荷斯坦牛常冠以本国名称,如美国荷斯坦、加拿大荷斯坦等。

1. 外貌特征　荷斯坦牛属大型的乳用品种(特别是美国和加拿大荷斯坦牛尤为突出),体格高大,结构匀称,后躯发达,测望体躯呈楔形。毛色大部分为黑白花,额部有白星,鬐甲和十字部有白带,腹部、尾帚、四肢下部通常为白色。骨骼细致而结实,皮薄而有弹性,皮下脂肪少。被毛短而柔软。头狭长,清秀,额部微凹;角细短而致密,向上方弯曲。十字部比鬐甲部稍高,尻部长宽而稍倾斜,腹部发育良好。四肢长而强壮。乳房特别庞大,乳腺发育良好,乳静脉粗而多弯曲,乳井深大。尾细长(图2-1)。公牛体重一般为 900~1 200kg,母牛 650~750kg,犊牛初生重 40~50kg。公牛平均体高 145cm,体长 190cm,胸围 226cm,管围 23cm。母牛体高 135cm,体长 170cm,胸围 195cm,管围 19cm。美国、加拿大和日本等国的荷斯坦牛属此类型。

（公）　　　　　　　　　（母）

图 2-1　荷斯坦牛

2. 生产性能　荷斯坦牛比其他任何品种牛生产更多的奶、乳蛋白和乳脂肪。它以极高的产奶量、理想的形态、饲料利用率高、适应环境的能力强及产犊价值高著称于世。一般母牛年平均产奶量为 6 500～7 500kg,乳脂率为 3.6%～3.7%。1979 年美国荷斯坦牛协会登记的 128 570 头荷斯坦牛的平均产奶量为 8 096kg,乳脂率 3.64%。加里福尼亚州某农场饲养 192 头成母牛,平均头年产奶量达 12 475.5kg,乳脂率 3.8%。创世界个体产奶量最高纪录者,是 1997 年美国一头名叫"Muranda Oscar Lucinda ET"的成年母牛,3 岁 4 个月,365d(每日 2 次挤奶)产奶 30 833kg,乳脂率 3.3%,乳蛋白率 3.3%。

在美国有 90% 的奶牛是荷斯坦牛,有 100 多个国家从美国引进荷斯坦牛、精液或胚胎。加拿大荷斯坦牛,以高产长寿而著称于世,305d 泌乳期(每日挤奶 2 次)的产乳量为 7 200kg,乳脂率 3.7%,乳蛋白率 3.2%。美国 2000 年登记的荷斯坦牛平均产奶量 9 777kg,乳脂率 3.66%,乳蛋白率 3.23%;目前,世界许多国家都从美国、加拿大引进乳用型荷斯坦牛,以提高本国荷斯坦牛的产奶量,均取得良好效果。

(二)娟姗牛(Jersey)

原产于英国英吉利海峡的娟姗岛,是古老的奶牛品种之一,其性情温驯,体型较小,是举世闻名的高乳脂率奶牛品种。

1. 外貌特征 属小型乳用品种。中躯长,后躯较前躯发达,体躯呈楔形。头小而轻,额部凹陷,两眼突出,轮廓清晰。角中等大小,向前弯曲,色黄,尖端为黑色。颈细长,有皱褶,颈垂发达。鬐甲狭窄,胸深宽,背腰平直。腹围大,尻长平宽,尾帚发达。四肢骨骼较细,左右肢间距宽,蹄小。乳房发育良好,质地柔软,乳静脉粗大而弯曲,乳头略小。皮薄而有弹性,毛短细而有光泽。毛色以灰褐色为最多,黑褐色次之,也有少数黄褐、银褐等色,腹下及四肢内侧毛色较淡,鼻镜及舌为黑色,口、眼周围有浅色毛环,尾帚为黑色(图 2-2)。成年公牛体重为 650～750kg,母牛为 340～450kg,犊牛初生重 23～27kg。成年母牛平均体高 113.5cm,平均体长 133cm,平均胸围 154cm,平均管围 15cm。而美国、丹麦的娟姗牛个体稍大。

2. 生产性能 娟姗牛以乳脂率高著称于世,用以改良提高低乳脂品种牛的乳脂量,取得明显效果。平均乳脂率为 5.5%～6.0%,个别牛高达 8%。并且乳脂肪球大,乳脂黄色,适于制作黄油。乳蛋白率 4%。年平均产奶量 3 000～3 500kg,个体年产奶量的最高纪录为 18 929.3kg。娟姗牛被公认为效率最好的乳牛品种,其每千克体重的产奶量超过其他品种,同时奶的风味极佳,所含乳蛋白、矿

图 2-2 娟姗牛(母)

物质、干物质和其他重要营养物质都超过了其他品种的奶牛。娟姗牛能适应广泛的气候和地理条件,耐热力强。

娟姗牛性成熟早,耐热,适应于热带气候饲养。

(三)爱尔夏牛(Ayrshire)

原产于英国爱尔夏郡。该牛种最初属肉用,1750 年开始引用荷斯坦牛、更赛牛、娟姗牛等乳用品种杂交改良,于 18 世纪末育成为乳用品种。爱尔夏牛以早熟、耐粗,适应性强为特点,先后出口到日本、美国、芬兰、澳大利亚、加拿大、新西兰等 30 多个国家。

1. 外貌特征 爱尔夏牛为中型乳用品种,全身结构匀称。角细长,角根部向外方凸出,逐渐向上弯,角尖向后,呈蜡色,角尖黑。被毛为红白花,有些牛白色占优势。该品种外貌的重要特征是其奇特的角形及被毛有小块的红斑或红白纱毛。鼻镜、眼圈浅红色,尾帚白色。乳房发达,发育匀称呈方形,乳头中等大小,乳静脉明显(图 2-3)。

图 2-3 爱尔夏牛(母)

成年公牛平均体重 800kg,母牛平均体重 550kg,平均体高 128cm。犊牛初生体重 30～40kg。

2. 生产性能 爱尔夏牛的产奶量低于荷斯坦牛,但高于娟姗牛和更赛牛。美国爱尔夏登记牛年平均产奶量为 5 448kg,乳脂率 3.9%;个别高产群体达 7 718kg,乳脂率 4.12%。

(四)更赛牛(Guernsey)

原产于英国更赛岛。该岛距娟姗岛仅 35km,故气候与娟姗岛相似,雨量充沛,牧草丰盛。1877 年成立更赛牛品种协会,1878 年开始良种登记。19 世纪末开始输入我国,1947 年又输入一批,主要饲养在华东、华北各大城市。目前,在我国纯种更赛牛已绝迹。

1. 外貌特征 更赛牛属于中型乳用品种,头小,额狭,角较大,向上方弯;颈长而薄,体躯较宽深,后躯发育较好,乳房发达,呈方形,但不如娟姗牛的匀称。被毛为浅黄色或金黄色,也有浅褐个体;腹部、四肢下部和尾帚多为白色,额部常有白星,鼻镜为深黄色或肉色(图 2-4)。

成年公牛平均体重 750kg,母牛平均体重 500kg,平均体高 128cm。

图 2-4 更赛牛(母)

犊牛初生体重 27～35kg。

2. 生产性能 1992 年美国更赛牛登记牛平均产奶量为 6 659kg,乳脂率为 4.49%,乳蛋白率为 3.48%。

更赛牛以高乳脂、高乳蛋白以及奶中较高的胡萝卜素含量而著名。同时更赛牛的单位奶量饲料转化效率较高,产犊间隔较短,初次产犊年龄较早,耐粗饲,易放牧,对温热气候有较好的适应性。

(五)中国荷斯坦牛(Chinese Holstein)

中国荷斯坦牛是从国外引进的荷斯坦牛与我国黄牛杂交,经长期选育而成,是我国唯一的乳用品种。

1. 外貌特征 毛色为黑白花,花片分明,额部多有白斑,角尖黑色,腹底、四肢下部及尾梢为白色。体格高大,结构匀称,头清秀狭长,眼大突出,颈瘦长而多皱褶,垂皮不发达。前躯较浅窄,肋骨开张弯曲、间隙宽大。背腰平直,腰角宽大,尻长、平、宽,尾细长。被毛细致,皮薄,弹性好。乳房大、附着好,乳头大小适中、分布均匀,乳静脉粗大弯曲,乳井大而深。肢势端正,蹄质坚实(图 2-5)。

图 2-5 中国荷斯坦牛(母)

成年公牛平均体重 1 020kg,平均体高 150cm,成年母牛体重 500～650kg,犊牛初生重 35～45kg。在正常饲养管理条件下,母牛在各生长发育阶段的体尺与体重见表 2-1。

表 2-1 中国荷斯坦母牛的体尺、体重

生长阶段	体高(cm)	体斜长(cm)	胸围(cm)	体重(kg)
初 生	73.1	70.1	78.3	38.9
6 月龄	99.6	109.3	127.2	166.9
12 月龄	113.9	130.4	155.9	289.8
18 月龄	124.1	142.7	173.0	400.7
1 胎	130.0	156.4	188.3	517.8
2 胎	132.9	161.4	197.2	575.0
3 胎	133.2	162.2	200.0	590.8

2. 生产性能 据对 21 570 头头胎牛统计,一胎 305d 平均产奶量 5 197kg。优秀牛群产奶量可达 7 000～8 000kg,一些优秀个体的 305d 产奶量达到 10 000～

16 000kg。平均乳脂率 3.4% 左右。未经肥育的淘汰母牛屠宰率为 49.5%～63.5%，净肉率 40.3%～44.4%。经肥育的 24 月龄公牛犊屠宰率为 57%、净肉率 43.2%；6 月龄、9 月龄、12 月龄牛屠宰率分别为 44.2%、56.7% 和 64.3%。改良本地黄牛，效果明显。杂种后代体格高大，体型改善，产奶量大幅度提高。根据农业部畜牧兽医司普查结果，中国荷斯坦牛与本地黄牛杂交后代(简称荷本杂交)产奶性能比较见表 2-2。

表 2-2　中国荷斯坦牛与本地黄牛杂交后代产奶性能

类别	胎次	头数	泌乳天数	产奶量(kg)	乳脂率(%)
杂交一代	一	825	184.0	1417.4	4.1
	三	343	203.8	1628.2	4.2
	五	275	211.2	1932.6	4.1
杂交二代	一	326	221.3	2082.3	4.0
	三	257	236.2	2513.5	4.0
	五	234	237.0	2628.4	4.0
杂交三代	一	355	240.9	2721.1	3.7
	三	328	265.9	3347.9	3.7
	五	292	278.7	3550.4	3.6
黄牛		1492		644	
荷斯坦牛	一	5818	305	5693	3.6
	三	3576	305	6915	3.6
	五	1930	305	7151	3.6

3. 繁殖性能　中国荷斯坦牛性成熟早，繁殖性能高。据统计，年平均受胎率 88.8%，情期受胎率 48.9%，繁殖率为 89.1%。

4. 适应性　中国荷斯坦牛性情温驯，易于管理，适应性强。分布于 −40℃～40℃ 的气温条件下，由于全国各地饲料种类、饲养管理和环境条件的差异很大，因此在各地的表现也不尽相同，总地来说是对高温气候条件的适应性较差，亦即耐冷不耐热。据研究，在黑龙江北部地区，当气温上升到 28℃ 时，其产奶量明显下降；而当气温降至 0℃ 以下时，产奶量则无明显变化。在我国南方地区，6～9月份高温季节产奶量明显下降，并且影响繁殖率，7～9月份发情受胎率最低。

二、乳肉兼用型牛品种

在奶业生产中，一些乳肉兼用品种因产乳性能和产肉性能均表现良好而受到饲养者的欢迎。现介绍国内外主要的几个乳肉兼用型牛品种。

(一)西门塔尔牛(Simmental)

西门塔尔牛原产于瑞士阿尔卑斯山区及德国、法国、奥地利等地，应用本品种选育法育成，现许多国家都培育出本国的西门塔尔牛，并冠以该国国名而命名，为乳肉兼用或肉乳兼用型品种。

1. 外貌特征　西门塔尔牛体型大,骨骼粗壮。头大额宽。公牛角左右平伸,母牛角多向前上方弯曲。颈短。胸部宽深,背腰长且宽直,肋骨开张,尻宽平,四肢结实,乳房发育良好。被毛黄白花或红白花,少数黄眼圈,头、胸、腹下、四肢下部和尾尖多为白色。成年牛体尺、体重见表2-3。

表2-3　成年西门塔尔牛体尺、体重

性别	体高(cm)	体斜(cm)	胸围(cm)	管围(cm)	体重(kg)
公	144.8	185.2	217.5	24.4	964.7
母	134.4	164.2	195.5	20.7	577.0

2. 生产性能　西门塔尔牛产乳和产肉性能均良好,成年母牛平均泌乳天数285d,平均产奶量4 037kg,乳脂率4.0%～4.2%。放牧肥育期内日增重0.8～1.0kg;18月龄时公牛体重为400～480kg。肥育至500kg的小公牛,日增重0.9～1.0kg,屠宰率55%以上,肉骨比4.5,胴体脂肪率4%～4.5%。

3. 繁殖性能　母牛常年发情,初产期30月龄,发情周期18～22d,产后发情间隔约53d,妊娠期282～290d,繁殖成活率90%以上,头胎难产率为5%。

西门塔尔牛是世界是分布最广、数量最多的品种之一。用西门塔尔牛改良我国黄牛效果显著,杂种后代体型加大,生长增快,产乳性能提高,且杂种小牛放牧性能好。

(二)瑞士褐牛(Brown Swiss)

原产于瑞士阿尔卑斯山区,目前在美国、加拿大、德国等多个国家和地区有分布。

1. 外貌特征　全身被毛为褐色,由浅褐、灰褐至深褐色,皮肤厚并有弹性,在鼻镜四周有一浅色或白色带,鼻、舌、角尖、尾帚及蹄为黑色,角长中等。头宽短,额稍凹陷,颈短粗,垂皮不发达,胸深,背线平直,尻宽而平,四肢粗壮结实,乳房发育良好,乳区匀称,乳头大小适中(图2-6)。

成年公牛体重为900～1 000kg,平均体高146cm,平均体长177cm;母牛体重500～550kg,平均体高135cm,平均体长163cm;犊牛初生重35～28kg。

2. 生产性能　瑞士褐牛一般年产奶量为5 000～6 000kg,乳脂率为4.1%～4.2%;18月龄活重可达485kg,屠宰率为50%～60%,肥育期日增重达1.1～1.2kg。美国于1906年将瑞士褐牛育成为乳用品种,1999年美国乳用瑞士褐牛305d平均产奶量达9 521kg。

瑞士褐牛成熟较晚。耐粗饲,适应性强,美国、加拿大、德国等国均有饲养,全世界约有600万头。瑞士褐牛对我国新疆褐牛的育成起过重要作用。

(三)蒙贝利亚牛(Montbeliard)

蒙贝利亚牛属乳肉兼用品种,原产于法国东部的道布斯(Doubs)县。18世纪通过对瑞士的胭脂红花斑牛(Pie Rouge,亦称红花牛,通常认为是西门塔尔牛的一个类

图 2-6　瑞士褐牛（母）

型）长期选育而成。1872 年在兰格瑞斯（1angres）举行的农业比赛中，育种专家 Joseph Graber 对他培育的一组牛第一次用了"蒙贝利亚"这个称呼。1889 年在世界博览会上，官方正式承认蒙贝利亚牛品种并予登记注册，同年进行了蒙贝利亚牛良种登记。现有头数约 150 万头，其中泌乳母牛 68.5 万头，登记母牛 32.8 万头。在法国，它被列为主要的乳用品种之一，其产奶量仅次于荷斯坦牛居全国第二位。

1. 外貌特征　被毛多为黄白花或淡红白花，头、胸、腹下、四肢及尾帚为白色，皮肤、鼻镜、眼睑为粉红色。具兼用体型，乳房发达，乳静脉明显。成年公牛体重为 1 100～1 200kg，母牛为 700～800kg，第一胎泌乳牛（41 319 头）平均体高 142cm，胸宽 44cm，胸深 72cm，尻宽 51cm。

2. 生产性能　法国 1994 年蒙贝利亚牛平均产奶量为 6 770kg，乳脂率 3.85%，乳蛋白率 3.38%；新疆呼图壁种牛场引入蒙贝利亚牛平均产奶量为6 668kg，乳脂率 3.74%。18 月龄公牛胴体重达 365kg。

图 2-7　蒙贝利亚牛（母）

（四）弗莱维赫牛（Fleckvieh）

亦称德系西门塔尔牛。由西门塔尔牛、德国红荷斯坦牛和爱尔夏牛等品种杂交选育而成，在近 150 年的育种历史中一直坚持乳肉兼用的育种目标，尤其是近 20 年的定向育种，形成了特有的乳肉兼用西门塔尔牛品系。2005 年统计，弗莱维赫牛在德国有约 140 万头的母牛群体，其中登记母牛超过 65 万头。

1. 外貌特征　全身为红白相间的花片。多数红色为主，少数白色为主。多数牛两眼周围有红色眼圈，少数无红色眼圈。面部为白色，四肢下部、腹部为白色。两耳均为红色。母牛前躯、后躯肌肉均发达，乳腺也发达，同时呈现奶牛和肉牛的体型特征。公牛具有典型肉牛品种的特征。公牛、母牛的颈部垂皮发达（图 2-8）。成年母牛体高 140～150cm，体重 700～850kg。成年公牛体高 148～160cm，体重 1 100～1 300kg。

 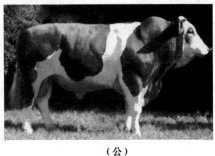

（母）　　　　　　　　　　　　　　　（公）

图 2-8　弗莱维赫牛

2. 生产性能　高产的成年弗莱维赫母牛产奶量可达 9 000～10 000kg。群体平均产奶量为6 768kg,乳脂率 4.2%左右,乳蛋白率 3.7%左右,平均初产年龄 29.6 月龄,产犊间隔 391d,平均淘汰年龄 5.4 年。

弗莱维赫公牛增重迅速,非常适合作肥育牛。公牛平均初生重为 40kg ,18～19 月龄体重可达 700～800kg,平均日增重在 1 400g 以上。成年公牛平均日增重 1 350g,屠宰率达到 70%,净肉率达到 60%,肉质等级较高,屠宰后可生产带有大理石花纹的高档牛肉。

(五)中国西门塔尔牛(Chinese Simmental)

中国西门塔尔牛是我国自 20 世纪 40 年代开始从前苏联、德国、法国、奥地利、瑞士等国引进西门塔尔牛,历经多年繁殖、改良和选育而成的。

1. 外貌特征　毛色为黄白花或红白花,但头、胸、腹下和尾帚多为白色。体型中等,蹄质坚实,乳房发育良好(图 2-9),耐粗饲,抗病力强。成年公牛活重平均 800～1 200kg,母牛 600kg 左右。

图 2-9　中国西门塔尔牛

2. 生产性能　据对 1 110 头核心群母牛统计,305d 产奶量达到 4 000kg 以上,乳脂率 4%以上,其中 408 头育种核心群产奶量达到 5 200kg 以上,乳脂率 4%以上。新疆呼图壁种牛场 118 头西门塔尔牛平均产奶量达到 6 300kg,其中 900302 号母牛第 2 胎 305d 产奶量达到 11 740kg。据 50 头肥育牛实验结果,18～22 月龄宰前活重 575.4kg,屠宰率 60.9%,净肉率 49.5%,其中牛柳 5.2kg、西冷 12.4kg、眼肉 11.0kg。

5 年的资料统计,中国西门塔尔牛平均配种受胎率 92%,情期受胎率 51.4%,产犊间隔 407d。

(六)三河牛(Sanhe)

三河牛是由内蒙古自治区培育的乳肉兼用优良品种牛。主要分布在呼伦贝尔盟,约占品种牛总头数的 90% 以上;在兴安盟、哲里木盟和锡林郭勒盟等地也有分布。

1. 外貌特征　三河牛体躯高大,结构匀称,骨骼粗壮,体质结实,肌肉发达;头清秀;眼大明亮;角粗细适中,稍向上向前弯曲;颈窄,胸深,背腰平直,腹围圆大,体躯较长;四肢坚实,姿势端正;心脏发育良好;乳头不够整齐;毛色以红(黄)白花占绝大多数(图 2-10)。

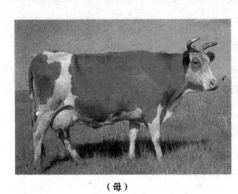

（母）　　　　　　　　　　　　　　（公）

图 2-10　三河牛

2. 生产性能　年平均产乳量 2 000kg 左右,在较好条件下可达 4 000kg。最高产奶个体为谢尔塔拉种畜场 8 144 号母牛,第 5 泌乳期,360d 产奶 8 416.6kg,牛奶含脂率 4.10%～4.47%。在内蒙古条件下,该牛繁殖成活率 60% 左右,国营农场中则可达 77%(平均)。母牛妊娠期 283～285d。一般 20～24 月龄初配,可繁殖 10 胎次以上。该牛耐粗放,抗寒暑能力强(－50℃～35℃)。三河牛产肉性能好,在放牧肥育条件下,阉牛屠宰率为 54.0%,净肉率为 45.6%。在完全放牧不补饲的条件下,2 岁公牛屠宰率为 50%～55%,净肉率在 44%～48%,产肉量比当地蒙古牛增加 1 倍左右。

三河牛由于来源复杂,品种育成时间较短,因而个体间尚有差异。

(七)新疆褐牛(Xinjiang Brown)

新疆褐牛是草原乳肉兼用品种。主要分布于北疆的伊犁、塔城等地区,南疆也有少量分布。

1. 外貌特征　体格中等,体质结实。有角,角中等大小,向侧前上方弯曲,呈半椭圆形;背腰平直,胸较宽深,臀部方正;四肢较短而结实;乳房良好。新疆褐牛被毛为深浅不一的褐色,额顶、角基、口轮周围及背线为灰白或黄白色,鼻镜,眼睑、四蹄和尾帚为深褐色(图 2-11)。成年母牛平均体重为 430kg,成年公牛平均体重为 490kg。初生公犊平均体重 30kg,母犊平均体重 28kg。

2. 生产性能　新疆褐牛产乳量 2 100～3 500kg,高的个体产乳量达 5 162kg;平均含脂率 4.03%～4.08%,乳干物质 13.45%。该牛产肉性能良好,在自然放牧条件下,2 岁

（公）

（母）

图 2-11　新疆褐牛

以上牛只屠宰率 50％以上,净肉率 39％,肥育后则净肉率可提高到 40％以上。

该牛适应性很好,可在极端温度－40℃和 47.5℃下放牧,抗病力强。

第二节　奶牛良种选育技术

奶牛良种选育是一项大的系统工程,主要内容包括良种牛登记、体型外貌鉴定、生产性能测定(DHI)、公牛后裔测定与遗传评定等,采用先进育种技术不断选育出遗传素质高的优秀种牛,同时加强饲养管理,并结合利用现代化生产设备和繁殖新技术生产出更多的优质冷冻精液和胚胎,并有效推广应用,带动全群的遗传改良。

一、品种登记

(一)牛体编号与标记

1. 牛体编号　牛号是用以区别牛个体的符号。荷斯坦牛的个体,除了用照片与花片来区别以外,对每头牛均编制一个号码,这种标记非常必要。无论是制定牛群饲养管理计划,确定牛的饲料定量;还是牛的分群、转群、死亡、淘汰,牛的年度产奶计划,繁殖配种计划,卫生防疫、疫病防治,谱系的记录等,都离不开牛号。此外,公牛的后裔测定、牛的良种登记、品种登记以及奶牛比赛会、拍卖会,也必须有牛号来区别。尤其是近代电子计算机在奶牛业中的应用,牛号更是首要的条件。因此,研究制定简便易行、内容全面的牛号是非常重要的。

牛只编号由 12 位字符,分 4 部分组成:2 位省(自治区、直辖市)代码＋4 位牛场号＋2 位出生年度号＋4 位牛只号,如图 2-12 所示:

①　　　　②　　　　③　　　　④

图 2-12　牛只编号字符

(1)全国各省、直辖市、自治区编号　按照国家行政区划编码而确定,由两位数码组成,第一位是国家行政区划的大区号,例如,北京市属"华北",编码是"1"。第二位是大区内省、直辖市号,"北京市"是"1"。因此,北京编号是"11"。这部分由中国奶业协会确定编号(表2-4)。

表2-4　中国荷斯坦牛牛只省、自治区、直辖市编号

省(区)市	编　号	省(区)市	编　号	省(区)市	编　号
北　京	11	安　徽	34	贵　州	52
天　津	12	福　建	35	云　南	53
河　北	13	江　西	36	西　藏	54
山　西	14	山　东	37	重　庆	55
内蒙古	15	河　南	41	陕　西	61
辽　宁	21	湖　北	42	甘　肃	62
吉　林	22	湖　南	43	青　海	63
黑龙江	23	广　东	44	宁　夏	64
上　海	31	广　西	45	新　疆	65
江　苏	32	海　南	46	台　湾	71
浙　江	33	四　川	51		

(2)省市、区内牛场(合作组织或小区)的编号　由各省(市、区)畜牧主管部门统一编制,编号应报送农业部备案,并抄送中国奶协数据处理中心。牛场编号由4位数码组成:第一位用英文字母代表并顺序编写如 A,B,C,D,C,E,F,G……………Z,后3位代表牛场顺序号,则用阿拉伯数字表示,即1,2,3,4,5,6……。例如,A001……A999,B001……B999,C001………C999 依次类推。

(3)牛只出生年度编号　由2位数码组成,统一采用出生年度的后两位数,例如2007年出生即写成"07"。

(4)牛只年内母犊出生顺序号　由四位数码组成,用阿拉伯数字表示,即1,2,3,4,5,6……,不足4位数以0补齐。这部分由牛场(合作组织或小区)自行编订,并呈报所属省、直辖市、自治区备案。

此外,系谱还需对进口牛记载原牛号、登记号、原耳号、牛名等。不同国家来源的牛还需注明来源国家的缩写,如美国"USA",加拿大"CAN",日本"JPN",德国"DEU",荷兰"NLD",丹麦"DNK"等(根据《世界荷斯坦弗里生联合会》规定)。

2. 牛体标记方法　常用的牛体标记方法有耳标、液氮冻烙、耳内刺耳号、烙角号等。目前国内生产的一种塑料耳标牌,具有方便易行、不易脱落的特点,已被广大奶牛饲养者所接受。其器具与材料有耳号牌(大为阴牌,小为阳牌)、安装钳及备用针、标签笔。一般的操作方法是:①将牛保定好,防止在操作时牛头顶撞;②在安装钳上装塑料耳标,按压安装钳上的夹片,水平装上耳标阴牌;③将耳标阳牌装在针上,一定要充分插入;④把装好的安装钳和耳标一起浸泡消毒;⑤左手固定耳朵,右手执钳,在耳部中

心位置明显地方,迅速用力一夹,便戴上耳标。

冷冻标号是永久性的标号方法,是用液氮浸透的金属字模在牛体上以一定的压力按压一定的时间,之后烙过的地方如是黑毛就长出白毛,形成与其他部位被毛长短相同的白毛字样,明显清晰,永不消失。若在白毛色部位打号,因延长时间,毛囊破坏,形成光秃字号,不再长毛。

(二)良种牛登记

1. 登记条件　凡系谱符合以下条件之一者即可申请登记:①双亲为登记牛者;②本身已含荷斯坦牛血液 87.5%者;③在国外已是登记牛者。

2. 登记办法及步骤　由中国奶牛协会授权各省、直辖市、自治区奶协负责登记。犊牛出生后 3 个月以上即可申请登记,公犊必须是有计划的种子母牛的后代。牛只登记是终生累积进行的过程,登记牛在其后出售、转移、死亡情况,以及成年后的生产性能记录、遗传评定结果等均需不断地进行登记。各省(市、区)将登记牛资料收集整理后,定期通过网络传送到中国奶业协会登记中心。每年年底中国奶业协会向全国公布登记牛的统计结果。登记牛转移时需通过当地奶牛协会,办理转移手续。

3. 系谱记录工作　奶牛系谱是奶牛血统家谱及其一生的产奶、繁殖配种、外貌、健康情况的记录文件,是牛只重要的育种基础资料。因此,牛只登记是建立系谱的工作内容之一。系谱应在牛只出生就开始建立,一直到这头牛死亡记录这头牛终生的一切情况。在开始实施品种登记时,虽然目前一些个体饲养的奶牛个体的基本资料不全,但经过几个世代的系统记录,会逐渐变成完善的系谱。

(1)系谱填写内容和要求　奶协育种委员会将设计全国统一格式的系谱表格和相应的计算机登录系统,各单位在填写时就现有的资料尽量填写,资料不全可暂不填写。但是,绝对不能编造虚假内容。总之,先简后繁,先缺后全,逐渐完善。

(2)登记内容　见表 2-5。

①牛场和牛场编号:"牛场"记合作组织(小区)所属"县区及合作组织名称";"牛场编号"是本合作组织所属"区县及合作组织编号"。

②个体表征图:牛个体两侧及牛头的图,可用左右侧照片代替,如果无条件照相,可用绘制图代替。牛出生能站立后就立即照相或绘制图。

③牛号:按统一编号办法写出 12 位字符。

④个体来源资料:登记日期、品种、来源、出生日期、初生重、毛色、近交系数。

⑤血统资料:三代即父母牛号(名称)和体型评分、祖父母(外祖父母)牛号(名称)、曾祖父母(曾外祖父母)牛号(名称)及主要生产性能的遗传评定资料。母系应有产奶性能的记录。胚胎移植牛需注明受体牛号。

⑥体尺外貌:体型线性鉴定结果和体尺、体重等。

⑦生产性能记录:牛只各胎产奶情况,包括泌乳区间、产奶量(305 天产奶量、全泌乳期产奶量)、乳脂率、乳蛋白率。登记牛所在场的生产性能测定制度必须为协会所承认者,产奶性能测定由专人测定。

⑧兽医检疫和免疫情况记录。

⑨繁殖记录:母牛各胎次的分娩日期、犊牛性别与体重、顺产情况和犊牛状况;公牛的产精性能(产精量、精液品质。精液品质应包括精子密度、精子活力、顶体完整率)。

(3)要求

①每头牛都要建立谱系一份,按照以上要求内容填写,至少要有牛号、照片(或绘制图),父母基本资料,内容越全越好。以后随着牛只发育可以随时记录不同阶段的各种资料。

②对于现在群的牛只,如果能追查到原始资料者,尽量补齐资料;如果无法追查到原始资料者,该牛登记后至少要在繁殖记录和与配公牛号一栏认真填写,为下一代的登记打下基础。

③有条件的单位最好每头牛谱系要有左右侧照片,以便对照查询,以备牛号与牛不符时辨认。

④填写谱系最好由专人手写、字迹清楚,不能随意涂改,最好使用钢笔或签字笔,防止脱色。

表2-5 中国荷斯坦母牛品种登记表

省(市、区)名称:_____省(市、区)代码:____牛场名称:_____牛场代码:_____登记日期:____登记人:____

牛号	父号	母号	外祖父	出生日期	出生场	出生重(kg)	毛色a	品种纯度b	登记时胎次	是否胚胎移植	受体牛号	体型总分

胎次	初配日期	配妊日期	配妊次数	与配公牛	流产日期	产犊日期	产犊难易c	干奶日期	305天产奶量	305天乳脂率	305天蛋白率	全期产奶量	是否为DHI
1													
2													
3													
4													
5													

a. 毛色:1—黑白花,2—全黑,3—全白,4—红白花;b. 品种纯度:1—100%,2—93.75%,3—87.5%;c. 产犊难易:1—顺产,2—助产,3—难产,4—剖宫产

二、奶牛的体型外貌及鉴定

奶牛的基本特征为:皮薄骨细,血管外露,被毛细短而有光泽。头秀小而长,颈部细长,垂肉不发达,胸深长而宽。鬐甲稍尖,背腰宽而直,腹大而不下垂,体型舒张有棱角,中躯较长,后躯和臀部十分发达,从侧望、前望、上望均呈"楔形"。四肢较长,关节分明而结实,全身各部对称,连接良好。

(一)体表部位及其特征

奶牛体可分为头颈部、前躯、中躯和后躯4个部位,各部位的分布和名称如图2-13,图2-14所示。

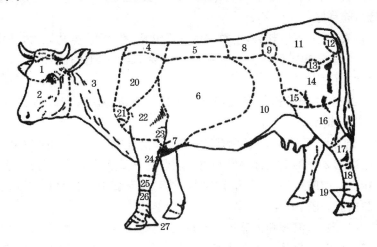

图 2-13　奶牛体各部位分布示意 （摘自:陈耀星　畜禽解剖学）

1. 颅部　2. 面部　3. 颈部　4. 鬐甲部　5. 背部　6. 肋部　7. 胸骨部　8. 腰部
9. 髋结节　10. 腹部　11. 荐臀部(尻部)　12. 坐骨结节　13. 髋关节　14. 股部
15. 膝部　16. 小腿部　17. 跗部　18. 跖部　19. 趾部　20. 肩胛部　21. 肩关节
22. 臂部　23. 肘部　24. 前臂部　25. 腕部　26. 掌部　27. 指部

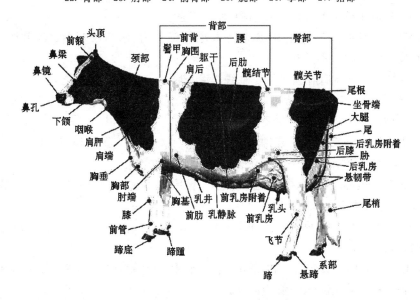

图 2-14　奶牛体表各部位名称

1. 头颈部　头颈部是体躯的最前端,它以鬐甲和肩端的连线为界与躯干分开。分为头和颈两部分,其中耳根至下额后缘的连线之前为头,之后为颈。头部以整个头骨为基础,以枕骨脊为界与颈部相连,通过头部可以看出奶牛的品种特征、性别、年龄等。颈部以 7 个颈椎为基础形成。

(1)头部　头部的大小、形状与整体相协调。头轻而稍长,清秀,轮廓清晰,额宽而平,头面血管凸起良好。

嘴宽阔,口裂深,上下唇整齐,下颚发达。鼻镜宽,鼻梁直,鼻孔粗大。两眼圆大、明亮、灵活、温驯、干净隆起。两耳大小适中,薄而灵活,耳上的毛细血管明显。两角不大,形状一致,对称,质致密。

(2)颈部　奶牛的颈长而平直、较薄,两侧纵行皱褶多。头与颈、颈与肩的结合良好,结合处无明显凹陷。

2. 前躯　前躯位于颈部之后至肩胛软骨后缘垂直切线以前,包括鬐甲、前肢、胸等部位。鬐甲是以第 2 至第 6 胸椎棘突和肩胛软骨为基础组成的体表部位,它是颈、前肢和躯干的连接点。前肢包括肩、臂和下前肢。胸部位于鬐甲下方和两前肢之间,后与腹部相连。胸腔内有心脏、肺等重要器官。

(1)鬐甲　是颈肩、前肢和体躯的连接点,也是躯体运动的一个支点。对于奶牛,鬐甲应长、平而较狭,多与背线呈水平状态。牛体营养欠佳、体质较弱时会形成尖鬐甲,背椎棘突发育不良、胸部两侧韧带松弛引起体躯下垂、胸部过度发育时都会形成岔鬐甲(双鬐甲)。

(2)前肢　与地面垂直;前膝应整洁、坚实,无内外弧;肢间距较宽。

(3)肩部　肩部宜斜、长,与颈、胸侧连接自然。

(4)臂部与下肢　前臂应长短适中,肌肉发达。

(5)胸部　胸部应深而宽,胸深应为体高的 55% 为宜,肋骨弯曲、长、间距较宽,胸部皮薄,皮下结缔组织不发达。

3. 中躯　中躯指肩胛软骨后缘垂线之后至腰角前缘垂直切线之前的中间躯段,包括背部、腰部、腹部和肷。背部以第 7 至第 13 胸椎为基础,腰部以第 6 个腰椎为基础,腹部位于背腰下方,腹内含其主要的消化器官。

(1)背腰　背部宜长而平直,宽窄适宜,背椎棘突隐约显露。腰部也应长、宽、平直,略比背部宽,无脂肪沉积。背、腰和尻部成一直线,结合自然。

(2)腹部　腹部应粗壮、饱满,呈充实腹,不下垂,肷窝不明显,腹线与背线平直。垂腹(草腹)和卷腹均不可取。

(3)肷　奶牛的肷部反映奶牛的采食和饮水情况。饱食后,左肷(草肷)丰满;饮水后,右肷(水肷)丰满。

4. 后躯　后躯是腰角之后的部分,是主要以荐骨和后肢骨骼为基础的体表部位,包括尻、臀、后肢、尾、乳房、生殖器官等。

(1)尻部　因尻部下方为乳房和生殖器官,尻的大小和形状决定骨盆的容量,从而直接关系着奶牛的生产性能和繁殖性能。所以,尻部应长、平、宽,荐骨不隆起,皮下结缔组织不发达。

(2)乳房　鉴定奶牛乳房时要注意其大小、形状、品质和附着等情况。

良好的乳房体积要大，前乳房延伸至腹部，后乳房充满于两股间而向后向上延伸，左右附着点宽。乳房附着在骨盆上，不下垂，形成"浴盆"状乳房，且底部要平而宽。乳房的皮肤柔软而薄，被毛短、稀。乳头距离应均匀，大小长短适中，垂直呈柱形，乳头孔松紧适度。乳静脉粗大、明显、弯曲，分支多。乳井应粗大而深。乳镜宽大。按挤奶前后乳房的变化，奶牛的乳房可分为"腺乳房"和"肉乳房"两类。其中"腺乳房"指乳房发育良好，富有弹性，挤奶前膨大，挤奶后收缩，因而出现许多皱褶；"肉乳房"指挤奶前后乳房变化不大，表现乳房结缔组织很多，会抑制腺体组织的发育和活动。乳房中乳腺组织与结缔组织最理想的比例为 75％～80％/20％～25％。此外，奶牛乳房鉴定时要注意区别畸形乳房，如某一乳区较大或较小、乳头大小不一、瞎乳头等，以及由于乳房韧带松弛引起的悬垂乳房和漏斗乳房等。肉乳房和畸形乳房产奶量一般都不高。

(3)后肢　后肢与前肢合称为四肢，它是支持牛体重量和运动的重要器官，鉴定时要特别注意四肢的姿势。正确的姿势是：从前面看，前肢应遮住后肢，前蹄与后蹄的连线和体躯中轴平行，不向左右偏，不能形成前踏和后踏姿势。两前肢的腕关节与两后肢跗关节均不应靠近，不能为"X"或"O"形腿。四肢的各个关节应结实，轮廓明显，结构匀称。筋腱发育良好，系部有力，蹄形正面质地坚实，蹄形呈圆形，无裂缝。具体各部位鉴定如下所述：

①大腿：大腿部要求宽而深，长度适宜，不应有过多的肌肉，以便两腿间能容纳较大的乳房。

②小腿：小腿是以胫骨为解剖基础的体表部位。其生长发育的好坏，主要决定于胫骨的长短、斜度及其所附着肌肉的丰满程度。发育良好的小腿，要求适当长度的胫骨，它与股骨构成的角度为 100°～130°，以保证后肢的步伐伸展、灵活、坚实、有力。

③飞节：飞节是以跗关节为解剖基础的体表部位。其位置高低要适度，以便运步良好。飞节的角度也要大小适中，以 140°～150° 为宜，否则可能形成直飞节或曲飞节。

④后管：后管介于飞节与球节之间。它和前管一样，其骨骼和肌腱的发达程度是牛体中最容易被察觉的部位。奶牛的后管应长短适中，宽而薄，依飞节角度自然延伸至蹄。

(4)生殖器官　公牛的睾丸应发育良好(无隐睾、单睾)，大小均匀、对称，副睾发育良好，包皮整洁，无缺陷。母牛阴唇应发育良好，外形正常、阴户大而明显，以利于分娩。

(5)尾　奶牛的尾可用来维持机体运动中的平衡状态、驱赶蚊虫等，其形状、长短应符合品种要求，尾根不宜过粗，附着不能过高。

(二)体尺测量与体重测估

1. 体尺测量　体尺是将牛体各部位长、宽、高等数量化的指标，对奶牛进行体尺测量是对其进行外形鉴定的方法之一，它可以辅助肉眼外貌鉴定时的不足，且可将奶牛的各个部位的尺寸记录下来。

(1)测量仪器　奶牛体尺测量的器具主要有测杖、卷尺、圆形测定器、测角器等。

（2）测量方法　对奶牛进行测量时，应使其站立在平坦的地上，肢势端正，左右两侧的前后肢均须在同一直线上。从后面看后腿掩盖前腿，侧望左腿掩盖右腿，或右腿掩盖左腿；头应自然前伸，即不左右偏，也不高抬或下垂，枕骨应与鬐甲接近在一个水平线上。

（3）测量部位　测定目的的不同，对奶牛体尺测量的部位也不同。生产中常用的奶牛体尺测量项目包括体高、体直/斜长、胸围、管围等（图2-15）。如估测奶牛体重时，需测量体斜长和胸围；观察其生长发育时需测定鬐甲高、体斜长、胸围、胸宽和管围等。现将生产中常测的几个部位测定部位及方法描述如下：

图2-15　奶牛体尺常测部位

①体高：指自鬐甲最高点垂直到地面的高度。②胸围：指肩胛骨后缘处体躯的垂直周径。③胸深：沿肩胛骨后面作一垂线，测从鬐甲到胸骨的垂直距离。④胸宽：指左右第6肋骨间的最大距离，即肩胛骨后缘胸部最宽处的宽度。⑤体直长：指肩端至坐骨端后缘垂直线的水平距离。⑥体斜长：由肱骨突起的最前点（即肩端）到坐骨结节最后缘之间的距离。⑦尻长：指由髋结节（腰角前缘）到坐骨结节后缘的直线距离。⑧尻高：指由荐椎骨最高点垂直到地面的高度。⑨坐骨端宽：左右两坐骨端（坐骨结节）最外缘隆突之间的距离。⑩坐骨端高：指坐骨端（坐骨结节）最后隆突至地面的垂直距离。⑪管围：前肢管骨上1/3（最细处）测量的周径。⑫背高：指最后胸椎棘突到地面的垂直距离。⑬腰高：指两腰角的中央（即十字部）到地面的垂直高度。⑭腰角宽：两腰角外缘间的距离。⑮乳房的测量：乳房容积的大小、形状与奶牛产奶量有密切关系。因此测定奶牛乳房的容积可作为评定其产奶性能的参考指标。测量乳房时，应在最高泌乳胎次和泌乳高峰期（产后1～2个月）及在挤乳前进行。一般包括以下3个指标：其一乳房围，指乳房的最大周径；其二，乳房深度，指后乳房基部（乳镜下部突出处）至乳头基部的距离；其三两乳头基部间的距离，包括前、后乳房两乳头基部间的距离和左、右乳房两乳头基部间的距离。

2. 体尺指数　鉴定牛的外貌时，在体尺测量后，为了明确牛体各部位发育是否匀称、不同部位间比例是否符合品种特征、某些部位是否发育正常及可能的生产性能等，需要计算体尺指数。体尺指数是指体尺指标间的数量关系，是对奶牛体尺数据整理和分析的方法之一，常用于奶牛的选育。体尺指数一般用某一常用体尺作基数来计算，以百分率表示。奶牛常用的体尺指数的计算公式与含义如下所述：

（1）体长指数＝体斜长/鬐甲高×100　说明体长与体高的相对发育情况。

（2）肢长指数＝（体高－胸深）/体高×100　反映四肢的相对长度。

(3)胸宽指数＝胸宽/胸深×100　说明胸部宽度与深度的相对发育情况。

(4)髋胸指数＝胸宽/腰角宽×100　说明胸部对髋部的相对发育程度。

(5)体躯指数＝胸围/体斜长×100　说明体躯容量的相对发育情况,即奶牛的体躯是"粗短"还是"修长"。

(6)尻高指数＝尻高/体高×100　说明前后躯在高度的相对发育情况。

(7)尻宽指数＝坐骨端宽/腰角宽×100　说明尻部的发育情况。

(8)管围指数＝管围/体高×100　说明骨骼的相对发育情况。

(9)胸围指数＝胸围/体高×100　说明体躯的相对发育程度。

(10)头长指数＝头长/体高×100　说明牛头的相对发育程度。

3. 体重　测量体重可准确了解奶牛的生长发育情况,检查其生长发育和饲养效果。同时体重也是科学配制日粮的依据和奶牛育种的重要指标。一般情况下,犊牛应每月称重一次,育成牛每 3 个月称重一次,成年奶牛根据生产需要测定体重。测重方法主要有实测法和估测法两种:

(1)**实测法**　一般采用平台式地秤,使奶牛站在上面,进行实测,这种方法最为准确。每次称重均应在清晨空腹进行,而成年母牛应在挤奶之后进行。为减少称重误差,应连续 2d 在同一时间内进行,然后将其平均数作为实测活重。

(2)**估测法**　如若没有地秤,奶牛的体重也可根据体尺进行估计。在实际生产中使用估测法时要事先进行校核,一般估重和实重不超过 5% 时,即可应用。各龄奶牛体重可采用以下公式进行估测:

①6～12 月龄:体重(kg)＝胸围(m)^2×体斜长(m)×98.7

②16～18 月龄:体重(kg)＝胸围(m)^2×体斜长(m)×87.5

③初产至成年:体重(kg)＝胸围(m)^2×体斜长(m)×90

④乳肉兼用型牛估重:体重(kg)＝胸围(m)^2×体直长(m)×87.5

(三)年龄鉴定

年龄和胎次对奶牛产奶量影响很大。头胎牛产奶量较低,仅相当于成年母牛的 70%～80%;而老龄牛(7～8 胎后),随着机体衰老,产奶量也逐渐下降。所以奶牛年龄鉴定是评定其经济价值和种用价值的重要指标,也是改进饲养管理、配种繁殖的重要依据。奶牛生产中,对于有出生记录的奶牛,通过查阅出生和产犊记录便可知其年龄和胎次;如缺乏可靠的记录,则可根据牙齿、角轮和外貌来进行年龄鉴定。

1. 根据牙齿鉴别　奶牛的年龄可根据门齿发生更换和磨损情况来进行鉴定。

(1)**牛齿的数目和排列**　成年牛共有 32 枚牙齿,其中门牙 4 对共 8 枚,臼齿 12 对共 24 枚。其齿式如图 2-16 所示。

(2)**门齿的构造**　门齿又叫切齿,位于下颌的前方。牛上颌无门齿,在门齿部形成齿垫。从奶牛牙齿外形看,门齿分为齿冠(齿的露出部分)、齿根(埋在齿龈内)、齿颈(齿冠和齿根之间的收缩部分)3 部分;从牙齿的纵断面看,由外向内依次为垩质、釉质、齿质和髓质。

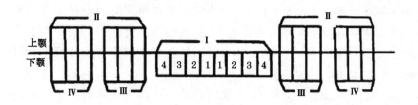

图 2-16 牛齿排列

Ⅰ.门齿 Ⅱ.臼齿 Ⅲ.前臼齿 Ⅳ.后臼齿

1.钳齿 2.内中间齿 3.外中间齿 4.隅齿（摘自：邱怀 养牛学）

（3）乳齿和永久齿的区别 初生犊牛的牙齿叫乳齿，1～2岁后乳齿脱换为永久齿。通过牙齿鉴定奶牛的年龄时，要区分乳齿和永久齿，它们的区别为：①色泽：乳齿为乳白色，永久齿齿根呈棕黄色、齿冠色白微黄。②齿颈：乳齿有明显的齿颈，永久齿不明显。③形状：乳齿较小而齿冠短，永久齿较大而齿冠长。④数目：乳齿共10对（无后臼齿），永久齿共16对。⑤排列：乳齿排列不整齐，永久齿排列整齐。⑥齿间空隙：乳齿间有空隙且很大，永久齿间无空隙。

（4）根据牙齿鉴别年龄的依据 主要是根据其4对门齿的发生、更换和磨损过程规律性变化。初生犊牛长有1对或2对乳门齿，2周左右长出最后1对乳门齿，3～4月龄乳隅齿发育完全且全部乳门齿长齐（呈半圆形）。4～5月龄乳齿面逐渐磨损，磨损的顺序为由中央（钳齿）到两侧（隅齿），磨损到一定程度乳门齿开始脱换成永久齿。当永久齿门齿更换齐全时，又从中央开始向四周逐渐开始磨损，直至脱落。根据乳门齿和永久门齿的脱换和磨损程度，可判断奶牛的年龄。根据门齿来鉴定奶牛年龄的具体方法如下。

初生犊牛有乳门齿1～2对。一般3周龄乳门齿全部长出，3～4月龄时长齐；

4～5月龄 门齿全部长齐，乳钳齿和内中间乳齿稍微磨损；

6月龄 乳钳齿和内中间乳齿已磨损，有时外中间乳齿和乳隅齿也开始磨损；

6～9月龄 乳门齿齿面继续磨损，磨损面扩大；

10～12月龄 乳钳齿齿冠几乎磨完，其他门齿也有显著的磨损；

1岁2个月 内中间乳齿齿冠磨平；

1岁3个月至1岁6个月 乳钳齿开始动摇，外中间乳齿和乳隅齿舌面已磨平，乳门齿整体显著变短；

1.5～2岁 乳钳齿脱落，到2岁时换成永久齿（钳齿），俗称"对牙"；

2.5～3岁 内中间乳齿脱落，到3岁时换成永久齿（内中间齿），俗称"四牙"；

3～3.5岁 外中间乳齿脱落，换成永久齿（外中间齿），俗称"六牙"，此时内中间齿开始磨损；

4～4.5岁 4岁开始乳隅齿脱落，到4岁2个月至4.5岁换生永久齿（隅齿），但此时尚未充分发育。到4岁9个月时，全部门齿都已更换齐全，俗称"齐口"，此时外中间齿开始磨损；

5岁 隅齿前缘开始磨损，齿冠逐渐磨平；

6岁 隅齿磨损面扩大,钳齿和内中间齿磨损加深,舌面珐琅质磨去一半;

7岁 钳齿舌面的珐琅质几乎全部磨损,到7.5岁时,钳齿和内中间齿的腐损面近似长方形,仅后缘还留下一个燕尾小角;

8岁 钳齿的磨损面磨成近似四方形,燕尾小角消失,有时出现齿星,而在外中间齿和隅齿的磨损面则磨成近似长方形;

9岁 钳齿出现齿星,内、外中间齿的磨面都磨成近四方形;

10岁 内中间齿出现齿星,隅齿的珐琅质磨完。这时全部门齿变短,呈正方形,各齿间已有空隙;

11~12岁 钳齿和内、外中间齿的磨面磨成圆形或椭圆形,外中间齿和隅齿出现齿星,齿间空隙增大;

13~15岁 全部门齿的珐琅质均已磨完,磨面改变形状,略微变长。齿星变成长圆形;

16~18岁 门齿磨至齿眼,齿冠磨完,磨面空隙更大,齿间距离很大,稀疏分开,门齿有活动和脱落现象。此时已很难判断牛的年龄,一般已经淘汰或死亡,没有饲养价值。

为了便于记忆,奶牛的年龄鉴别方法可概括为:2至5岁看脱换,6至9岁看磨面,10至13岁看齿星。

(5)鉴定注意事项

① 开嘴方法:鉴定奶牛时,鉴定人员应站立于被鉴定牛只的头部左侧,徒手或鼻钳法抓住牛鼻中隔最薄处,顺手抬起牛头,使其呈水平状态。然后,迅速用右手插入奶牛的左侧深部口角(无齿区),用拇指顶住上颌,其余四指抓紧牛舌,将其拉出左口角外。然后根据奶牛门齿的变化来鉴定其年龄。

② 影响奶牛牙齿变化的因素:在5岁前根据门齿的脱换规律鉴定奶牛年龄较准确,5岁后,齿线和齿星磨损受到饲料、营养、个体因素等影响,鉴定时要依实际情况综合考虑。影响牙齿磨损和脱换的因素主要包括以下几方面:

其一,饲料的性质。饲料粗糙时门齿磨损快,饲料细软时磨损慢,天然放牧比舍饲磨损快。

其二,营养水平。营养水平较高时,矿物质(钙、磷等)含量充足,齿质坚硬,牙齿脱换正常,磨损慢;反之,牙齿脱换迟,磨损快。

其三,奶牛品种。早熟品种比中熟品种牙齿长出得早,更换得早,磨损得也快。

其四,牙齿的坚硬程度。有些奶牛生来齿质坚硬,这种牙齿比一般的牙齿较小(俗称:麦子牙),白而光滑,排列紧密,较难磨损。

其五,畸形齿。个别奶牛门齿和上颌骨板之间成的角度较小或者门齿排列异常时,门齿磨损不规律。

2. 根据角轮鉴别 奶牛角的生长速度和角轮变化随着其年龄生长和胎次呈现规律性变化,因此,通过观察奶牛的角的长度和角轮的变化可大致判断出其年龄。

犊牛出生后2个月即出现角基,此时长度约1cm,一直到20月龄,每个月平均能长出1cm。因此,测量牛角基至角顶部(沿外缘测量)厘米数加上1,即可推断出该牛的大致月龄。但 20 月龄后,角的生长速度减慢,约为 0.25cm/月,再根据其长度判断牛的月龄就很不准确。另外,角的生长速度受奶牛品种、个体、营养等因素的影响也很大,因此给判定工作带来很大难度。

母牛在妊娠期和泌乳期由于营养不足,使角基部组织不能充分发育而变细,在角表面形成环形凹陷,即形成角轮。一般来说,母牛的角轮数与产犊数相一致。母牛产犊多在 2.5～3 岁,一般年产 1 犊,从而通过其角轮的数目能推断出该牛的年龄。

$$母牛年龄 = 角轮数 + 1.5 或 2$$

但由于奶牛流产、营养不良、空怀、疾病等原因,角轮的变化有时也很不规律,使得这种方法准确性欠佳。如奶牛由于营养不良或疾病等(即使未产犊)原因时会出现浅角轮,奶牛流产时出现窄角轮(如妊娠 4～5 个月时流产,角轮平均宽度为 0.5cm;而正常分娩的角轮平均为 1.2cm)。因此,用角轮数来鉴别奶牛年龄时应看和触摸角轮的深浅和宽窄,并结合牙齿鉴定法来综合考虑。

3. 根据外貌鉴别　不同年龄奶牛体型和外形特征有明显差异。因此,可通过其外貌特征来推断奶牛的大致年龄,可作为年龄鉴别的参考。

(1)幼年牛　头短而宽,眼睛活泼,精神饱满,被毛光润,体躯浅窄,四肢较高,后躯高于前躯。

(2)青壮年牛　一般被毛有光泽,粗硬适度,皮肤柔软且富弹性,眼盂饱满,目光明亮,行动活泼有力,不易掉膘。

(3)老龄牛　一般四肢站立姿势不正,营养欠佳,被毛乱而无光泽,皮肤粗硬无弹性,眼盂下陷,目光无神,黑色牛面部及眼圈周围混生白毛。行动迟缓。

(四)体型线性鉴定

1. 体型与奶牛生产性能的关系　饲养奶牛的根本目标是保持奶牛高产、稳产、健康、长寿。随着奶牛养殖的集约化和机械化程度不断提高,奶牛体型和生产性能的关系越来越受到奶牛养殖者的重视。体型是奶牛的功能性状,能反映难以测定的乳房、繁殖性能、健康和长寿性能,而这些功能性状又间接地反映了奶牛的利用年限及淘汰率的大小、经济价值的高低等,因此体型线性评定在奶牛选育上是极为重要的参考指标。同时,它也可以更直观地反映牛场的管理状况和营养水平,提醒奶牛养殖者做进一步调整。奶牛体型和生产性能的关系可概括如下。

(1)不同生产类型的牛体型特征不同　奶牛整体呈楔形,前窄后宽,前浅后深,体质细致紧凑,皮薄棱角性强,乳房发达;而肉用牛的整体呈长方形,体长大于体高,腿短而粗壮,全身肌肉发达。

(2)不同产奶性能的奶牛体型特征不同　高产奶牛乳用特征明显,全身各部细致紧凑,毛皮细而薄,头部清秀,骨骼细,乳房发达向后延伸呈浴盆状,乳房前后左右匀称,乳静脉弯曲多,乳井应粗大而深,乳镜宽大;而低产奶牛体型粗糙,肥胖或特别消瘦,皮毛粗而厚,全身没有明显的棱角性,乳房发育差,粗毛较多。

(3)奶牛体型与健康水平、利用年限有关　实践证明,具有标准功能体型的奶牛群体生产性能好,利用年限长,总体经济效益高。

2. 线性鉴定的特点 奶牛体型线性鉴定是依据生物学特性进行客观、具体的功能型外貌评分方法,是对奶牛体况的一种无偏见评定,以 1~9 分从一个生物学极端到另一个生物学极端评定体型外貌的每一个性状,并检查牛只的缺陷性状以找出奶牛在体型外貌方面存在的问题。该方法对性状数量化,可直接、客观地反映奶牛个体或群体体型的真实水平,为遗传育种提供可靠的参考数据,有利于加快育种进程,选育出高产、健康、优质牛群。与传统肉眼观察外貌评定方法相比,奶牛线性鉴定有以下特点。

第一,线性鉴定是对各性状进行单独评分,而不像以前的鉴定几种描述只打一个笼统分,针对明确,而且比较准确;

第二,线性鉴定时是根据测试数据打分(如体高、体长、尻长等),而不是单凭肉眼估测,能够减少视觉上的误差;

第三,线性鉴定把性状区分为描述性状、研究性状和缺陷性状 3 种,使鉴定更加符合生产的需要,实用性更强。

3. 鉴定性状和步骤

(1)鉴定方法体系 线性鉴定体系经过近 40 年的发展,现在常用的鉴定体系主要分为 2 类:一类是加拿大、英国、德国、法国采用的 9 分制;另一类是美国、日本、荷兰采用的 50 分制。目前,在我国主要推广 9 分制鉴定方法。

(2)鉴定时期及步骤 一般对第一胎母牛进行体型鉴定,被鉴定牛只应在产犊后 30~150d 进行。

体型外貌鉴定员必须注意需鉴定牛群特点并根据理想动物模型对个体奶牛进行评估。现以奶牛 9 分制鉴定为例,将其鉴定方法和步骤总结如下。

①对奶牛的体躯结构/容量、尻部、肢蹄、乳房、乳用特征 5 个部位共 23 个描述性状和各个部位的缺陷共 39 个缺陷性状分别进行鉴定,评出线性分。

②根据线形评分和功能分转换表,将线性分转换为功能分。

③把功能分依其部位和形态的从属关系按各自的加权公式分别计算得出以上 5 项的得分,再将各项得分减去缺陷性状扣分,得出各个部位的评分。

④再按加权公式把 5 大项的得分合计成一个总分,即整体评分。根据整体评分,按等级标准评出等级。

4. 鉴定方法 主要对奶牛的体躯结构/容量、尻部、肢蹄、乳房、乳用特征 5 个部位分别进行鉴定评分,各个部位占总评分的权重见表 2-6。

表 2-6 各部位占奶牛总评分权重表

分类部位	结构与容量	尻部	肢蹄	乳房	乳用特征
权重	18%	10%	20%	40%	12%

(1)体躯结构/容量 本部位包括 6 个描述性状,9 个缺陷性状。各描述性状占体躯结构/容量总评分的权重见表 2-7。

表 2-7　各性状占体躯结构/容量总评分权重表

性　状	体　高	前　段	体躯大小	胸　宽	体　深	腰强度
权　重	15%	8%	20%	29%	20%	8%

①体高:指尻部到地面的垂直高度。通常青年母牛饲养管理的好坏对成年母牛体高有很大影响,就育种而言,这一性状不是十分重要。体高评分测量方法见图 2-17,评分标准见表 2-8。

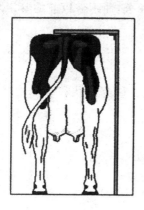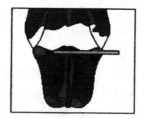

图 2-17　体高评分测量方法

表 2-8　体高评分标准

评　分	1	2	3	4	5	6	7	8	9
标准 30 月龄以下(cm)	130	132	135	137	140	142	145	147	150
标准 30 月龄以上(cm)	132	135	137	140	142	145	147	150	152
功能分	55	65	70	75	85	90	95	100	95
加权分	8.25	9.75	10.50	11.30	12.75	13.50	14.25	15.00	14.25

②前段:指鬐甲相对于十字部的高度。鬐甲稍高,胸腔体积大,可使内脏有较大的空间,心脏收缩能力以及肺活量均变大(图 2-18)。注意不应因奶牛的背腰不平而误判。评分标准如表 2-9。

表 2-9　前段评分标准

评分	1	2	3	4	5	6	7	8	9
标准		极低 前低 5cm		低 前低 3cm		平高 后低 3cm		极高 后低 5cm	
功能分	55	65	70	75	80	90	100	90	85
加权分	4.44	5.20	5.60	6.00	6.40	7.20	8.00	7.20	6.80

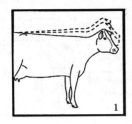  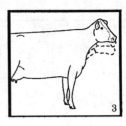

图 2-18 前段评分示意

1. 前低评 1～3 分 2. 水平评 4～6 分 3. 前高评 7～9 分（7 分最佳）

③体躯大小：指胸围和体重。胸围和体重大的奶牛，肺活量高，采食量大，产奶也多。可根据被鉴定牛的胸围估计体重。体重估测公式为：

$$体重 = 胸围^2(cm) \times 体斜长(cm) \times 90$$

体躯大小的评分方法见图 2-19，评分标准见表 2-10。

极小评1分 中等评5分 极大评9分

图 2-19 体躯大小评分示意

表 2-10 体躯大小评分标准

评分标准		1	2	3	4	5	6	7	8	9
一胎	胸围(cm)	173	178	181	184	188	191	194	197	200
	体重(kg)	410	434	456	478	500	522	544	566	590
三胎	胸围(cm)	181	184	188	191	194	197	200	203	206
	体重(kg)	454	476	500	522	544	576	590	612	635
功能分		55	60	65	75	80	85	90	95	100
加权分		11	12	13	15	16	17	18	19	20

④胸宽：指胸基部的宽度，主要根据两前肢间距离进行评分（图 2-20）。胸宽是衡量奶牛个体是否具有高产能力和维持健康状态能力的标志。胸部较宽的奶牛肋骨弯曲成圆形，肋间距宽，说明心肺发育良好，血液循环旺盛，相应地产奶量也高；胸窄者正好相反。评分标准见表 2-11。

表 2-11　胸宽评分标准

评　分	1	2	3	4	5	6	7	8	9
标　准	极窄 (13cm)		窄 (19cm)		中等 (25cm)		宽 (31cm)		极宽 (37cm)
功能分	55	60	65	70	75	80	85	90	95
加权分	15.95	17.40	18.85	30.30	21.75	23.20	24.65	26.14	27.55

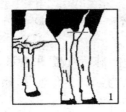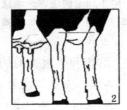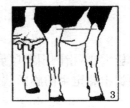

图 2-20　胸宽评分示意

1. 极窄评1分　2. 中等评5分　3. 极宽评9分(最佳)

⑤体深:指后肋骨部体深,主要根据肋骨长度和开张程度进行判断,也可根据后肋骨部的腹围来判断(图2-21)。体深情况可说明奶牛个体是否具有庞大的瘤胃和消化系统,越深表明奶牛采食能力越强;但太深,乳房则易受地面污染。评分标准见表2-12。

表 2-12　体深评分标准

评　分	1	2	3	4	5	6	7	8	9
标　准	极低 前低5cm		低 前低3cm		平		高 后低3cm		极高 后低5cm
功能分	55	65	70	75	80	90	100	90	85
加权分	4.44	5.20	5.60	6.00	6.40	7.20	8.00	7.20	6.80

图 2-21　体深评分示意

1. 极浅评1分　2. 中等评5分(7分最佳)　3. 极深评9分

⑥腰强度:主要鉴定牛只背部与臀部之间脊椎连结强度和腰椎两侧短骨发育状

态。理想的奶牛要求尾根至十字部之间的椎骨要平直,且十字部左右也要平直,中间不能有凹凸。极强奶牛个体背部腰椎骨稍隆起,其短骨发育长而平,评9分;极弱奶牛个体腰部下凹,其短骨发育短而细,评1分;中等评5分(图2-22)。具体评分标准见表2-13。

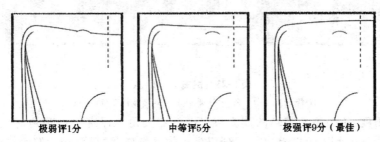

极弱评1分　　　　　　中等评5分　　　　　　极强评9分(最佳)

图 2-22　体深评分示意

表 2-13　腰强度评分标准

评　分	1	2	3	4	5	6	7	8	9
标　准	极　弱		弱		中　等		强		极　强
功能分	55	60	65	70	75	80	85	90	95
加权分	4.4	4.8	5.2	5.6	6	6.4	6.8	7.2	7.6

⑦体躯结构/容量缺陷性状扣分:

缺陷性状共1个:面部歪(下颌弯曲、鼻梁骨扭曲)。扣2分。

缺陷性状共8个:头部不理想(缺少品种特征)、双肩峰(鬐甲和肩后连接处呈凹形)、背腰不平、整体结合不匀称、肋骨不开张、凹腰、窄胸、体弱。扣1分。

(2)尻部　包括3个描述性状和6个缺陷性状。各描述性状占尻部总评分的权重见表2-14。

表 2-14　各性状占尻部总评分权重表

性　状	尻宽	尻角度	腰强度
权　重	42%	36%	22%

①尻宽:指坐骨端之间的距离,即左右臀中点连线的距离。要求尻部宽而方,越宽越有利于分娩(图2-23)。评分标准见表2-15。

表 2-15　尻宽评分标准

评　分	1	2	3	4	5	6	7	8	9
标准(cm)	10	12	14	16	18	20	22	24	26
功能分	55	60	65	70	75	80	85	90	95
加权分	23.1	25.2	27.3	29.4	31.5	33.18	34.44	37.8	39.9

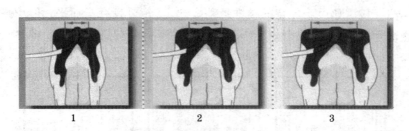

图 2-23 尻宽评分示意

1. 极窄评 1 分　2. 中等评 5 分　3. 极宽评 9 分(最佳)

②尻角度:指臀角与腰角的连线与水平线的夹角。评定时以腰角对坐骨结节的相对高度为指标。尻角度直接关系到奶牛个体的繁殖、排泄功能的健康,臀角太低或臀角向上翘都为不理想(图 2-24)。评分标准见表 2-16。

表 2-16　尻角度评分标准

评　分	1	2	3	4	5	6	7	8	9
标准(cm)	−5 腰角低	−3	−1	0	+4	+5	+6	+7	+8 腰角高
功能分	55	65	70	80	90	80	75	70	65
加权分	19.8	23.4	25.2	28.88	31.5	28.88	27	25.2	23.4

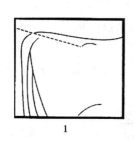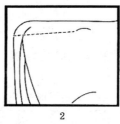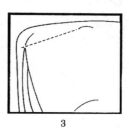

图 2-24　尻角度评分示意

1. 逆斜评 1 分　2. 理想评 5 分(最佳)　3. 极斜评 9 分

③腰强度:和体躯结构/容量中的腰强度评分相同。

④尻部缺陷性状扣分:

缺陷性状共 1 个:肛门相对位置靠前。扣 2 分。

缺陷性状共 1 个:髋位偏后。扣 1.5 分。

缺陷性状共 4 个:尾根凹、尾根高、尾根向前、尾歪。扣 1 分。

(3)**肢蹄部**　包含 6 个描述性状和 9 个缺陷性状。各描述性状占肢蹄部总评分的权重见表 2-17。

表 2-17　各性状占肢蹄部总评分权重表

性　状	蹄角度	蹄瓣均衡	蹄踵深度	骨质地	后肢侧视	后肢后视
权　重	20％	参考	20％	20％	20％	20％

①蹄角度：指蹄底与蹄外侧壁的夹角。蹄角度的高低影响奶牛的运动性能,尤其是后蹄承受着较大的体重,过高或过低的蹄角度不利于奶牛长久站立,而久卧有时会诱发腿部疾病,进而影响采食和产奶量。评分时除可测定蹄角度外,还可沿蹄壁上沿蹄线做一条延伸线,观察其达到乳牛前肢的部位进行评分(图 2-25)。评分标准见表 2-18。

表 2-18　蹄角度评分标准

评　分	1	2	3	4	5	6	7	8	9
标　准	15°	25°	35°	40°	45°	55°	65°	70°	75°
	蹄上沿延伸线到前肢肘部				到前肢膝关节				到前肢膝关节以下
功能分	55	65	70	76	81	90	100	95	85
加权分	11	13	14	15.2	16.2	18	20	19	17

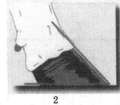

图 2-25　蹄角度评分示意

1. 角度极小评 1 分　2. 角度中等评 5 分(7 分最佳)　3. 角度极大评 9 分

②蹄瓣均衡：指蹄瓣均衡程度,主要观察蹄瓣的完好程度和磨损程度,要求以蹄瓣左右大小对称、没有交叉、蹄壁无裂痕为佳。蹄瓣均衡与奶牛的使用寿命有关,均匀者使用寿命较长。本性状在部位评分中参考研究性状,不计分,作为缺陷性状在部位评分中扣分。

③蹄踵深度：指后蹄蹄踵深度,主要测量奶牛右后蹄后部从蹄底(地平面)到蹄缘的垂直高度。蹄踵深与奶牛的使用寿命有关,越深寿命越长,当蹄踵深度极浅时,蹄后部易受伤、发生蹄部感染和炎症(图 2-26)。评分标准见表 2-19。

表 2-19　蹄踵深度评分标准

评　分	1	2	3	4	5	6	7	8	9
标准(cm)	0.5		1.5		2.5		3.5		4.5
功能分	55	65	70	75	80	85	90	95	100
加权分	11	13	14	15	16	17	18	19	20

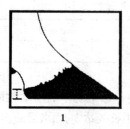 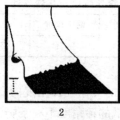 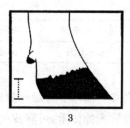

图 2-26 蹄踵深度评分示意

1. 角度极小评 1 分　2. 角度中等评 5 分　3. 极深评 9 分

④骨质地:指骨的细致、结实和扁平程度,尤其对后肢的胫骨和腓骨(图 2-27)。评分标准见表 2-20。

表 2-20　骨质地评分标准

评　分	1	2	3	4	5	6	7	8	9
标　准	极粗、圆疏松		粗、圆疏松		中等		宽、扁平、细		致极宽、扁平、细致
功能分	55	65	70	75	80	85	90	95	100
加权分	11	13	14	15	16	17	18	19	20

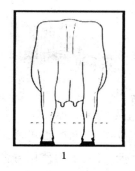 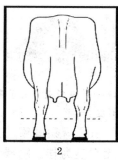 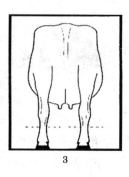

图 2-27　骨质地评分示意

1. 极粗圆评 1 分　2. 中等评 5 分　3. 极细扁评 9 分(最佳)

⑤后肢侧视:指从侧面观察后肢飞节的角度。后肢侧视与奶牛的耐力有关,奶牛飞节偏直比飞节偏内持久力高,但过直或过弯都不是奶牛的最佳姿势,适度的弯曲稍偏直的奶牛使用年限较长(图 2-28)。评分标准见表 2-21。

表 2-21　后肢侧视评分标准

评　分	1	2	3	4	5	6	7	8	9
标　准	165°		155°		145°		135°		123°
	直飞节		较直飞				较曲飞		极曲飞节

续表 2-21

评　分	1	2	3	4	5	6	7	8	9
功能分	55	65	75	80	95	80	75	65	55
加权分	11	13	15	16	19	16	15	13	11

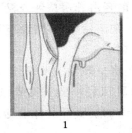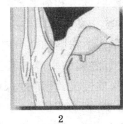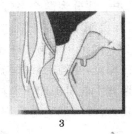

图 2-28　后肢侧视评分示意

1. 极直评 1 分　2. 中等评 5 分（最佳）　3. 极曲评 9 分

⑥后肢后视：指从后面观察奶牛后肢站立姿势及飞节间的平行程度。它也是决定奶牛使用寿命的一个重要性状（图 2-29）。评分标准见表 2-22。

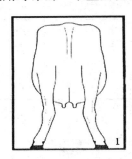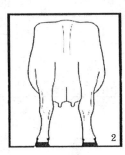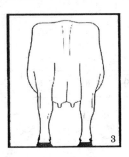

图 2-29　后肢后视评分示意

1. 极 X 形评 1 分　2. 中等评 5 分　3. 极平行评 9 分（最佳）

表 2-22　后肢后视评分标准

评分	1	2	3	4	5	6	7	8	9
标准	飞节内向后肢 X 状				中等				飞节间宽后肢平行
功能分	55	65	70	75	80	85	90	95	100
加权分	11	12	13	14	15	16	17.4	19	20

⑦肢蹄部缺陷性状扣分：

缺陷性状共 1 个:后肢发抖(关节炎、神经症状、痉挛等)。扣 3 分。

缺陷性状共 1 个:后肢前踏或后踏。扣 1.5 分。

缺陷性状共 4 个:卧系(系部软、悬蹄接近地面)、飞节粗大、过于纤细(后腿骨骼纤细)、前蹄外向。扣 1 分。

缺陷性状共 1 个:蹄叉开张(蹄两趾间的间隙大)。扣 0.5 分。

(4)乳房 评分为两个系统,即前乳房和后乳房。前者占乳房总评分权重 45%。

其中,乳房深度等 3 个描述性状和乳房前吊等 3 个缺陷性状,共同参与前乳房和后乳房评分。现将 3 个描述性状和 3 个缺陷性状分述如下。

①乳房深度:指乳房底部与飞节之间的距离。若乳房呈倾斜状态,则计算最低点到飞节的距离。乳房深度不宜过深或过浅,乳房过深(乳房底部低于飞节)易受伤和感染乳房炎,过浅时则乳房容积太小,影响产奶量(图 2-30)。其评分标准见表 2-23。

表 2-23 乳房深度评分标准

评分		1	2	3	4	5	6	7	8	9
标准	一胎(cm)	极低		低		适中		高		极高
		飞节平	飞节上 3	飞节上 6	飞节上 8	飞节上 12	飞节上 14	飞节上 16	飞节上 18	飞节上 20
	三胎(cm)	低于飞节 6	飞节下 4	飞节下 2	飞节平	飞节上 5	飞节上 7	飞节上 9	飞节上 12	飞节上 15
前乳房 (8%)	功能分	55	65	75	85	95	85	75	65	55
	加权分	4.4	5.2	6	6.8	7.6	6.8	6	5.2	4.4
后乳房 (12%)	功能分	55	65	75	85	95	85	75	65	55
	加权分	6.6	7.8	9	10.2	11.4	10.2	9	7.8	6.6

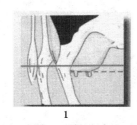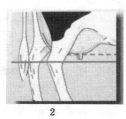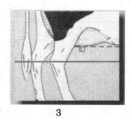

1   2   3

图 2-30 乳房深度评分示意
1. 极深评 1 分 2. 中等评 5 分(最佳) 3. 极浅评 9 分

②乳房质地:通过观察乳房的柔软度和弹性度来评分。结实强硬的乳房为肉质型乳房,挤奶前后乳房变化不大,评 1 分;半腺质型乳房评 5 分;质地松软细致、富有弹性为腺质型乳房,挤完奶后乳房收缩明显,评 9 分(图 2-31)。其评分标准见表 2-24。

表 2-24 乳房质地评分标准

评 分	1	2	3	4	5	6	7	8	9
标 准	结蹄组织				半腺体				全腺体组织
功能分	55	60	65	70	75	80	85	90	95
加权分	27.5	30	32.5	35	37.5	40	42.5	45	47.5

肉质评1分　　　　　　　半肉质评5分　　　　　腺质评9分（最佳）

图 2-31 乳房质地评分示意

③悬韧带:以乳房底部中隔纵沟的深度为衡量标准。悬韧带是乳房性状最重要的指标,强有力的悬韧带在后乳房中间底部有深而明显的裂沟;当后乳头向外侧张口时,则是悬韧带强度非常弱的征兆。具有良好悬韧带的乳头一般位于乳区中间垂直向下并稍偏内侧,这样有利于机械化挤奶。其评分方法见图 2-32,评分标准见表 2-25。

表 2-25 悬韧带评分标准

评 分	1	2	3	4	5	6	7	8	9
标 准	极弱	0.5cm	1.5cm	2cm	3cm	4cm	5cm	6cm	极深
功能分	55	60	65	70	75	80	85	90	95
加权分	13.75	15	16.25	17.5	18.75	20	21.25	22.5	23.75

以上 3 个描述性状的缺陷性状扣分(分别扣 1 分)内容为:乳房前吊(乳房底部向前倾斜)、乳房后吊(乳房底部向后倾斜)和乳房形状差(指乳房整体形状不匀称)。

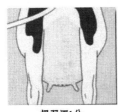 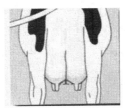 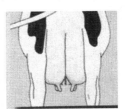

极弱评1分　　　　　　中等评5分　　　　　极强评9分（最佳）

图 2-32 乳房悬韧带示意

④前乳房：前乳房充满奶时要求大而深，富有弹性，底线较平，充分向腹前延伸。本系统鉴定性状 6 个，缺陷性状有 7 个。各性状占前乳房总评分权重见表 2-26。

表 2-26　各性状占前乳房总评分权重表

性　状	前乳房附着	前乳头位置	前乳头长度	乳房深度	乳房质地	中央悬韧带
权　重	45%	20%	5%	8%	12%	10%

　　a. 前乳房附着：指乳房与腹壁的附着程度。从牛体侧面进行观察，借助触摸，看前乳房与体躯腹壁连接附着程度进行评分（图 2-33）。评分标准见下表 2-27。

表 2-27　前乳房附着评分标准

评　分	1	2	3	4	5	6	7	8	9
标　准	极		弱		中等		强		极强
功能分	55	60	65	70	75	80	85	90	95
加权分	24.75	27	29.25	31.5	33.75	36	38.25	40.25	42.75

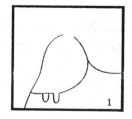  

图 2-33　前乳房附着评分示意

1. 极弱评 1 分　2. 中等评 5 分　3. 极强评 9 分（最佳）

　　b. 前乳头位置。以前乳头在乳房基部中心的生长位置进行评分（图 2-34）。评分标准见下表 2-28。

表 2-28　前乳头位置评分标准

评　分	1	2	3	4	5	6	7	8	9
标　准	极外		偏外		中间		偏内		极内
功能分	55	65	75	80	85	90	85	80	75
加权分	11	13	15	16	17	18	17	16	15

　　c. 前乳头长度。指乳头的平均长度。由于挤奶方式的不同，最佳乳头的长度也不同，手工挤奶，最佳乳头的长度为 4～5cm，而机械挤奶为 6～7cm，这样有利于挤奶和保护乳头不受损伤。评分方法见图 2-35，评分标准见下表 2-29。

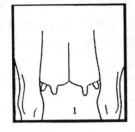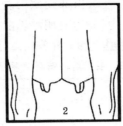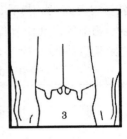

图 2-34　前乳头位置评分示意

1. 极向外评 1 分　2. 中间评 5 分（6 分最佳）　3. 极向内评 9 分

表 2-29　前乳头长度评分标准

评分	1	2	3	4	5	6	7	8	9
标准	2.5cm		4cm		5cm		7.5cm		10cm
功能分	55	60	65	75	80	75	70	65	55
加权分	2.75	3	3.25	3.75	4.5	3.75	3.5	3.25	2.75

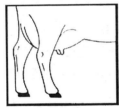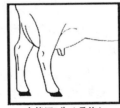

极短评1分　　　　中等评5分（最佳）　　　极长评9分

图 2-35　前乳头长度评分示意

乳房深度、乳房质地、中央悬韧带 3 个鉴定性状的评分标准同前。

前乳房缺陷性状扣分内容为：

缺陷性状共 1 个：前乳房有瞎乳区。扣 3 分。

缺陷性状共 1 个：左右不均衡（左右乳区大小不一致）。扣 2 分。

缺陷性状共 1 个：前乳头有附乳房乳头（乳头上面长有小乳头）。扣 1.5 分。

缺陷性状共 4 个：前膨大（前乳房附着松懈向前突出）、前乳房肥赘（前乳房左右膨大）、前乳房短、前乳头不垂直。扣 1 分。

⑤后乳房：后乳房充满奶时要求大而深，富有弹性、底线较平，充分向股间的后上方延伸。各性状占后乳房总评分权重见表 2-30。

表 2-30　各性状占后乳房总评分权重表

性　状	后乳房附着高度	后乳房附着宽度	后乳头位置	乳房深度	乳房质地	中央悬韧带
权　重	23%	23%	14%	12%	14%	14%

a. 后乳房附着高度。指乳腺组织顶部到阴门基部之间的垂直距离。后乳房附着高度可显示奶牛的潜在泌乳能力，越短说明泌乳能力越强，当坐骨至附着距离为附着与飞节之间距离的 1/3 时为最佳高度（图 2-36）。评分标准见下表 2-31。

表 2-31　后乳房附着高度评分标准

评　分	1	2	3	4	5	6	7	8	9
标　准	极低 32cm		低 28cm		中等 24cm		高 20cm		极高 16cm
功能分	55	65	70	75	80	85	90	95	100
加权分	12.65	14.95	16.1	17.25	18.4	19.55	20.7	21.85	23

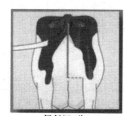 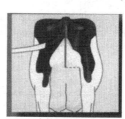 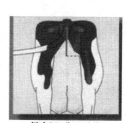

极低评1分　　　　　　中等评5分　　　　　极高评9分（最佳）

图 2-36　后乳房附着高度评分示意

b. 后乳房附着宽度。指后乳房左右两个附着点之间的乳腺组织宽度。后乳房附着宽度最好能与乳房底部宽度相平等，且越宽越好（图 2-37）。评分标准见下表 2-32。

表 2-32　后乳房附着宽度评分标准

评　分	1	2	3	4	5	6	7	8	9
	极低		低		中等		高		极高
标准（cm）	8	9.5	11	12.5	14	15.5	17	18.5	20
功能分	58	65	68	70	75	80	85	90	95
加权分	13.34	14.95	15.64	16.1	17.25	18.4	19.55	20.7	21.85

c. 后乳头位置。以后乳头在乳房基部中心的生长位置进行评分。要求乳头位于乳区中间垂直向下并稍偏内侧为最佳，且大小均匀，呈圆柱状（图 2-38）。评分标准见下表 2-33。

表 2-33　后乳头位置评分标准

评　分	1	2	3	4	5	6	7	8	9
标　准	极外		偏外		中间		偏内		极内
功能分	55	60	65	75	90	75	70	65	55
加权分	7.7	8.4	9.1	10.5	12.6	10.5	9.8	9.1	7.7

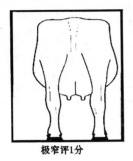 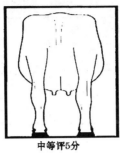 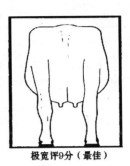

极窄评1分　　　　　　　　中等评5分　　　　　　　极宽评9分（最佳）

图 2-37　后乳房会着宽度评分示意

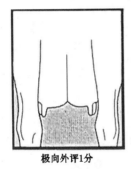 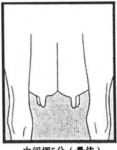 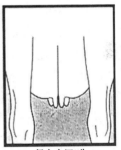

极向外评1分　　　　　　中间评5分（最佳）　　　　　极向内评9分

图 2-38　后乳头位置评分示意

乳房深度、乳房质地、中央悬韧带3个鉴定性状的评分标准同前。

后乳房缺陷性状扣分为：

缺陷性状共2个：后乳房有瞎乳区、后乳房左右不匀称。扣3分。

缺陷性状共1个：后乳头上有附乳头（后乳头上生长有小乳头）。扣1.5分。

缺陷性状共3个：后乳房短、后乳头不垂直、乳头位置向后。扣1分。

（5）乳用特征　本部位评分有鉴定性状1个（棱角性），其他部位评分中有3个性状（骨质地、乳房质地、胸宽）参与本部位记分，共同构成乳用特征评分；缺陷性状有1个（肋间近）。各性状占乳用特征总评分权重见表2-34。

表 2-34　各性状占乳用特征总评分权重表

性　状	棱角性	骨质地	乳房质地	胸　宽
权　重	60%	10%	15%	15%

① 棱角性：指棱角的清晰程度，可依据最后两肋间距衡量开张程度来进行判断。主要观察奶牛整体的3个三角形是否明显，骨骼的轮廓是否清晰，平直、肋骨开张程度和肋间距的大小，尾巴的粗、细，股部大腿肌肉的凸凹程度以及鬐甲棘突的高低等。评分标准见表2-35。

表 2-35　棱角性评分标准

评　分	1	2	3	4	5	6	7	8	9
标　准	极差		差		中等		明显		极明显
功能分	57	64	69	74	78	81	85	90	95
加权分	34.2	38.4	41.4	44.4	46.8	48.6	51	54	57

②骨质地:评分以肢蹄部位中之骨质地评分为准。

③乳房质地:评分以乳房部位中的乳房质地评分为准。

④胸宽:评分以结构与容量中之胸宽评分为准。

⑤乳用特征缺陷性状扣分为:

缺陷性状共 1 个:肋间近(肋间间距小于 1 指)。扣 1 分。

(6)体型线性鉴定总分计算和等级划分方法

① 体型线性鉴定总分计算按下列步骤进行:

第一步:各个部位评分计算。根据以下公式进行:

$$部位评分 = \Sigma 1(功能分 \times 权重) - \Sigma 2(缺陷性状扣分)$$
$$= \Sigma 1(加权分) - \Sigma 2(缺陷性状扣分)$$

$\Sigma 1$:为该部位评定的若干个鉴定性状和参于计算的性状;

功能分:为鉴定性状线性评分的功能分;

权重:为鉴定性状在部位评分中之权重;

加权分:为鉴定性状和参于计分的性状的加权分,即:加权分=功能分×权重;

$\Sigma 2$:为部位评分中本部位缺陷性状扣分总和。

第二步:体型外貌总分计算。根据以下公式进行:

$$体型外貌总分 = \Sigma(部位评分 \times 加权系数)$$

Σ:指体型线性鉴定的五个分类部位分数求和;

部位评分:指体型线性鉴定中分类部位评分的得分;

加权系数:指部位评分在体型外貌总分中的权重。

②体型外貌等级划分:等级外貌能说明奶牛个体的完美程度,通过计算得到的整体评分可按以下标准划分等级,主要采用优秀、良好、佳、好、中和差 6 个等级划分(表2-26)。

表 2-36　体型外貌等级划分

分　值	等　级
90～100	优秀(E excellent)
85～89	良好(V very good)

续表 2-36

分　值	等　级
80~84	佳（G+ good plus）
75~79	好（G good）
65~74	中（F fair）
65 以下	差（P poor）

③体型线性鉴定汇总表的使用：方便奶牛鉴定员对每只奶牛线性结果进行分类汇总，可参考表 2-37 进行。

表 2-37　荷斯坦母牛体型线性鉴定汇总

牛号		生日		胎次		鉴定日	
父号		母号	生日	产犊日		乳房空满	

分类	得分	描述性性状		缺陷性状	
结构容量（18%）		体高　　低 1 2 3 4 5 6 7 8 9 高		1 1 面部歪	1 7 束腰
		前段　　低 1 2 3 4 5 6 7 8 9 高		1 2 头形不理想	1 8 胸窄
		大小　　小 1 2 3 4 5 6 7 8 9 大		1 3 双肩峰	1 9 体弱
		胸宽　　窄 1 2 3 4 5 6 7 8 9 宽		1 4 背腰不平	
		体深　　浅 1 2 3 4 5 6 7 8 9 深		1 5 整体不匀称	
		腰强度　弱 1 2 3 4 5 6 7 8 9 强		1 6 肋骨不开张	
尻部（10%）		尻角度　高 1 2 3 4 5 6 7 8 9 低		2 1 肛门向前	2 4 尾根向前
		尻宽　　窄 1 2 3 4 5 6 7 8 9 宽		2 2 尾根凹	2 5 尾歪
				2 3 尾根高	2 6 髋关节过后
肢蹄（20%）		蹄角度　　低 1 2 3 4 5 6 7 8 9 高		3 1 柔软	3 9 前蹄外向
		蹄瓣均衡　不均衡 1 2 3 4 5 6 7 8 9 均衡		3 2 后肢抖	
		蹄踵深度　浅 1 2 3 4 5 6 7 8 9 深		3 4 飞节粗糙	
		骨质地　　粗圆 1 2 3 4 5 6 7 8 9 细平		3 5 蹄叉	
		后肢侧视　直 1 2 3 4 5 6 7 8 9 弯		3 7 前踏/后踏	
		后肢后视　X形 1 2 3 4 5 6 7 8 9 平行		3 8 过于纤细	
泌乳系统（40%）		乳房深度　低 1 2 3 4 5 6 7 8 9 浅		4 1 乳房性状差	
		乳房质地　向外 1 2 3 4 5 6 7 8 9 腺质		4 2 前吊	
		悬韧带　　弱 1 2 3 4 5 6 7 8 9 强		4 2 后吊	

牛号		生日		胎次	鉴定日	
父号		母号	生日	产犊日	乳房空满	

前乳房		前乳房附着　　弱 1 2 3 4 5 6 7 8 9 强 前乳头位置 向外 1 2 3 4 5 6 7 8 9 向内 前乳头长度　　短 1 2 3 4 5 6 7 8 9 长	5 1 膨大　　　　　　 5 5 前乳头不垂直 5 1 前乳房肥赘　　 5 6 前乳头有小奶 5 1 前乳房左右不均 5 1 前乳房短　　　　 5 7 前乳房有瞎乳区
后乳房		后附着高度　　低 1 2 3 4 5 6 7 8 9 高 后附着宽度　　窄 1 2 3 4 5 6 7 8 9 宽 后乳头位置 向外 1 2 3 4 5 6 7 8 9 向内	6 1 后乳房左右不均　 6 4 前乳头位置 　　　　　　　　　　　　　　过后 6 2 后乳房短　　　　 6 5 后乳头有小乳 6 3 后乳头不垂直 6 6 后乳房有瞎乳区
乳用特征 （12%）		棱角柱　　　缺乏 1 2 3 4 5 6 7 8 9 明显	7 1 肋间近
级别	总分	备注：	鉴定员：

三、奶牛的生产力评定

奶牛产奶性能测定能反映奶牛生产能力高低，为其选种选育和饲养管理提供了必不可少的依据。产奶性能主要用产奶量和乳成分含量来衡量，乳成分主要指乳脂、乳蛋白质和非脂固形物含量；另外，产奶性能还通过饲料转化率、排乳速度、前乳房指数及抗病性状等指标来衡量。现将有关评定指标及计算方法介绍如下。

（一）产奶量的测定方法和计算

目前测定奶牛产奶量的方法很多，如每天计量、隔日计量和隔数日计量等。计量方法有直接称量测定、流量型测定、容量型测定等。产奶量记录有传统的手工记录，也有全自动记录（如在挤奶设备上安装奶流传感器和奶牛个体识别传感器，用电脑自动测量处理产奶量数据）。最精确的方法是每日直接称量测定，泌乳期结束后进行统计。这种方法十分繁琐，工作量大，不适于规模生产，实际中已很少采用。现介绍农业部 2007 年颁发的流量计测定办法。

1. 测定对象 为产后 5d 至干奶期间的泌乳牛。测定间隔时间范围为 30d。

2. 测定操作程序（采用流量计测定法）

（1）准备工作 清点所用流量计数量，采样瓶数量，采样记录表等。在采样记录表上填好牛场号、牛舍号、牛号等信息。

（2）日产乳量测定 开始挤乳前 15s 安装好流量计，安装时注意流量计的进乳口和出乳口，确保流量计倾斜度在±5°，以保证读数准确。每次挤乳结束后，读取流量计中牛乳的刻度数值，将每天各次挤乳的读数相加即为该牛只的日产乳量，以 kg 表示，取一位小数。

（3）采样 为测定乳脂率、乳蛋白率等乳成分，需采集乳样。乳样应是个体牛一个测定日（24 h）各次采乳样的混合样。具体操作为：每头牛的采样量为 40ml，3 次挤乳一般按 4∶3∶3（早∶中∶晚）比例取样。每次采样应充分混匀后，再将乳样倒入采样瓶。将乳样从流量计中取出后，应把流量计中的剩乳完全倒空。每完成一次采样，应确保采样瓶中的防腐剂（0.03 g 重铬酸钾）完全溶解，并与乳样混匀。每班次采样结束后，应将流量计清洗干净。样品应在 2℃～7℃条件下冷藏，3d 之内送达乳品测定室。

3. 奶牛个体产奶量计算 可按以下公式进行：

$$LM = M_1(L_0 + L_1)/2 + M_2(L_1 + L_2)/2 + M_2(L_2 + L_3)/2 + \cdots\cdots + M_{n-1}(L_{n-2} + L_{n-1})/2 + Mn(L_{n-1} + Ln)/2$$

式中各大写字母代表分别为：

M_1，M_2……Mn 为第 1 次，第 2 次……第 n 次的日测产乳量；

L_1，L_2. ……Ln 为第 1 次至第 2 次鉴定，第 2 次至第 3 次鉴定……第 n-1 至第 n 次鉴定间隔天数；

L_0 为产犊日至第 1 次鉴定的间隔天数；

Ln 为本次鉴定至泌乳期结束日的间隔天数；

LM 为泌乳期乳量。

注意事项：如果漏测 1 次，可根据前后 2 次测产结果，用内推法计算结果来代替，若测产中断 60d 以上，则测产结果不予承认。在泌乳期长于 305d 情况下，305d 产奶量只取前 305d 的测产结果。

另外，由于条件所限，目前还不能按上述方法测产的个体户而言，可采用每月记录 3d，间隔 8～11d 的方法，按下列公式计算：

全月产奶量（kg）=（$M_1 \times D_1$）+（$M_2 \times D_2$）+（$M_3 \times D_3$）

式中，M_1、M_2、M_3 分别为各测定日全天泌乳量；

D_1、D_2、D_3 分别本次测定日与上次测定日之间的间隔天数。

4. 奶牛群体产奶量的计算 可按下列两个公式进行。

成年母牛全年平均产奶量=全群全年总产奶量/全年平均日饲养成年母牛头数

全群全年总产奶量是指从 1 月 1 日起到 12 月 31 日止全群牛产奶的总量；

全年平均日饲养成年母牛头数=全群每天饲养成母牛头数总和/365

全年平均日饲养成年母牛头数包括所有成年母牛（泌乳、干乳或不孕的成年母牛）头数，即按饲养日计算的年平均产奶量，能反映牛群的整体管理水平，便于计算牛群的饲料报酬和产奶成本。

泌乳牛全年平均产奶量=全群全年总产奶量/全年平均日饲养泌乳牛头数

全年平均日饲养成年泌乳牛头数=全群每天饲养泌乳牛头数总和/365；

全年平均日饲养泌乳牛头数只计算泌乳牛，即按实际泌乳日计算的年平均产奶量，能反映牛群的质量，以供拟定产奶计划时参考。

5. 中国荷斯坦牛产乳量的校正 在奶牛育种工作中,为了更加客观地比较奶牛的产奶性能,针对1个周期泌乳天数不可能恰好是305d的具体情况,应使用统一的产奶天数的校正系数(由中国奶业协会统一制定),主要针对第一胎至第六胎泌乳牛的第240～370d产奶期间进行校正,获得理论的305d产乳量。泌乳不足305d或超过305d的不同校正系数见表2-38和表2-39。

表2-38　北方地区荷斯坦母牛泌乳期不足305天的校正系数表

实际泌乳天数(d)	240	250	260	270	280	290	300	305
第1胎	1.182	1.148	1.116	1.086	1.055	1.031	1.011	1.000
2～5胎	1.165	1.133	1.103	1.077	1.052	1.031	1.011	1.000
6胎以上	1.155	1.123	1.094	1.070	1.047	1.025	1.009	1.000

表2-39　北方地区荷斯坦母牛泌乳期超过305天的校正系数表

实际泌乳天数(d)	305	310	320	330	340	350	360	370
第1胎	1.000	0.987	0.965	0.947	0.924	0.911	0.895	0.881
2～5胎	1.000	0.988	0.970	0.952	0.936	0.925	0.911	0.904
6胎以上	1.000	0.988	0.970	0.956	0.940	0.928	0.916	0.993

注意事项:使用系数时,如果某奶牛已泌乳265d,可使用260d的系数;如泌乳266d则用270d的系数进行校正;以后依次类推。

(二)乳成分含量的测定

乳成分含量测定指标有乳脂率、乳脂量、乳蛋白质率,此外还有一些综合性指标,如4%标准奶量。

1. 乳成分测定方法 乳成分含量是评定奶牛生产力和牛奶质量的重要指标,它的测定方法包括生化分析方法(如测乳脂率用盖氏法、巴氏法,测乳蛋白率用凯氏微量定氮法、比色法等)和红外线牛奶分析仪(图2-39)全自动分析法。其中,全自动分析法可同时测定乳脂、乳蛋白、乳糖和总干物质的含量。

(1)乳脂率和乳脂量的测定和计算 乳脂率指牛奶中所含脂肪的百分率。奶牛乳脂率测定,一般是在整个泌乳期每月测定1次(全天),再通过实际泌乳量计算出平均乳脂率。为减少测定工作量,也可采用全泌乳期第2、第5和第8泌乳月内各测1次乳脂率,然后再通过3次相应的泌乳量来计算平均乳脂率。乳脂率用百分率表示,计算公式为:

$$平均乳脂率 = \sum(F \times M)/\sum M$$

式中,∑ 为累计求和,F 为每次测定的乳脂率,M 为该次取样期的泌乳量。

乳脂量指乳中所含脂肪的重量,它等于乳脂率与产奶量的乘积。

(2)乳蛋白率的测定 乳蛋白是牛奶重要营养成分之一。乳蛋白率是奶牛育种选择和衡量牛奶品质的一项重要指标,也是收购牛奶时定价的主要参考指标。根据乳蛋白率可计算出乳蛋白量。

(3)4%标准乳换算 也叫 4%乳脂校正乳(fat corrected milk,FCM)。奶牛因个

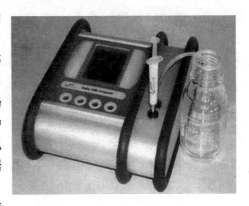

图 2-39　红外线牛奶分析仪

体、日粮、泌乳阶段不同等原因,其乳脂率变化很大。为了评定不同奶牛个体之间的产奶量,统一奶牛产奶性能,通常以 4%乳脂率的牛奶作为标准乳(FCM)来对一头牛的产奶量和乳脂率做综合评定。其换算公式为:

$$FCM＝M(0.4＋0.15F)$$

式中,M 为乳脂率为 F 的产奶量;F 为牛奶的实际乳脂率。

(4)无脂肪固形物(NFS) 一些国家和地区用乳中无脂肪固形物(NFS)率来评定。乳无脂肪固形物是指奶中除去脂肪后的固形物(干物质)含量,与牛乳质量有关。

2. 饲料转化率的计算 奶牛不仅要有较高的泌乳能力,而且还应具有十分经济地利用饲料的能力,能将较少的饲料转变为较多的乳汁。因此,奶牛饲料报酬(或称饲料转化率)的高低,是评定奶牛生产性能指标之一,也是育种选择的重要指标之一。饲料报酬以百分率表示,其计算方法可分为以下两种:

(1)每千克饲料干物质生产多少千克标准乳 公式为:

饲料转化率＝[全泌乳期 4%标准乳总产量(kg)/全泌乳期消耗饲料干物质总量(kg)]×100%

(2)生产每千克标准乳需要消耗多少千克饲料干物质 公式为:

饲料转化率＝[全泌乳期消耗饲料干物质总量(kg)/全泌乳期 4%标准乳总产量(kg)]×100%

(三)排乳特性测定

排乳特性指奶牛在挤奶时所表现出的如排乳速度、各乳区泌乳量均衡性等方面的特性。这些性状对于机器挤奶来说很重要,如奶牛排乳特性较差,可使其挤奶时间延长、各乳区不能同时挤净,这样会增加机器对乳房的机械损伤,发生乳房炎的可能性也会相应增加。因此,评定奶牛生产性能时要考虑排乳特性指标。

1. 排乳速度 用平均每分钟的泌乳量来表示,排乳速度快的奶牛有利于在奶厅集中挤奶。排乳速度测定时可将弹簧秤悬挂在三角架上,测定每 30 秒或每分钟排出的奶量(kg),一般在第 5～180 泌乳日期间进行测定,在一个测定日内测定时要求测

定一次挤奶中间阶段的排乳速度,所测定的奶量不少于 5kg,其剩余的奶量不少于 300g。由此得到的平均每分钟奶量还需再矫正为第 100 泌乳日的标准平均每分钟排乳量,矫正公式为:

$$标准排乳速度＝实际排乳速度＋0.001×(测定时的泌乳日-100)$$

2. 前乳房指数 是度量各乳区泌乳均衡性的主要指标,指一次挤奶中前乳区的挤奶量占总挤奶量的百分比,用来衡量乳房的对称程度。测定的方法是将 4 个乳区的奶分别挤入 4 个容器内,并分别称量,计算 2 个前乳区(即前乳房)所产的奶占全部奶量的百分率,即为前乳房指数,其计算公式是:

$$前乳房指数＝(2 个前乳区奶量/总奶量)×100\%$$

四、DHI 测定与应用

DHI(Dairy herd improvement)在国际上通常用以代表奶牛生产性能测定体系。奶牛牛群改良的基础工作是对个体牛进行生产性能测定,建立完整的牛奶记录体系。DHI 测试即每月一次统一采集每头泌乳牛奶样,进行产奶量记录,乳成分分析以及体细胞计数等,经分析后,形成的反映奶牛场配种、繁殖、饲养、疾病、生产性能等的信息是奶牛育种工作的基础。通过 DHI 测试的数据,作为评估公牛遗传素质的依据。同时,通过对 DHI 测试的数据分析,可以了解牛群的饲养管理水平和生奶质量水平,作为改进饲养管理工作的依据。

(一)奶样的采集、保存和送检

参加生产性能测定的牛场,应具有一定生产规模,最好采用机械挤奶,并配有流量计或带搅拌和计量功能的采样装置。生产性能测定采样前必须搅拌,因为乳脂比重较小,一般分布在牛奶的上层,不经过搅拌采集的奶样会导致测出的乳成分偏高或偏低,最终导致生产性能测定报告不准确。测定奶牛应是产后 1 周以后的泌乳牛。牛场、小区或农户应具备完好的牛只标志(牛籍图和耳号)、系谱和繁殖记录,并保存有牛只的出生日期、父号、母号、外祖父号、外祖母号、近期分娩日期和留犊情况(若留养的还需填写犊牛号,性别,初生重)等信息,在测定前需随样品同时送达测定中心。

对每头泌乳牛 1 年测定 10 次,测定从产后 1 周开始。奶牛基本上 1 年 1 胎,连续泌乳 10 个月,最后 2 个月是干奶期。每头牛每个泌乳月测定 1 次,2 次测定间隔一般为 26~33d。每次测定需对所有泌乳牛逐头取奶样,每头牛的采样量为 40ml,1d 3 次挤奶一般按 4:3:3(早:中:晚)比例取样,2 次挤奶早、晚按 6:4 的比例取样。测试中心配有专用取样瓶,瓶上有 3 次取样刻度标记。为防止奶样腐败变质,在每份样品中需加入重酪酸钾 0.03g,在 15℃ 的条件下可保持 4d,在 2℃~7℃ 冷藏条件下可保持 1 周。采样结束后,样品应尽快安全送达测定实验室,运输途中需尽量保持低温,不能过度摇晃。

(二)DHI 检测包含的内容

主要测定日产奶量、乳脂肪、乳蛋白质、乳糖、尿素氮、全乳固体和体细胞数等。

1. 日产奶量 是指泌乳牛测试日当天的总产奶量。日产奶量能反映牛只、牛群当前实际产奶水平,单位为 kg。

2. 乳脂率 是指牛奶所含脂肪的百分比,单位为%。

3. 乳蛋白率 是指牛奶所含蛋白的百分比,单位为%。

4. 泌乳天数(DIM) 是指计算从分娩第一天到本次采样的时间,并反映奶牛所处的泌乳阶段。该数据是按照分娩日产生的第一个数字,它依赖于你提供的分娩日期的精确性。如果牛群为全年均衡产犊,那么牛群平均的泌乳天数应该处于 150~170d,这一指标可显示牛群繁殖性能及产犊间隔。牛场管理者可以根据该项指标来检测牛群繁殖状况,而后再查找影响繁殖的因素。如果测定报告获得的数据高于正常的平均泌乳天数,就表明牛群的繁殖状况存在问题,导致产犊间隔延长,将会影响下一胎次的正常泌乳。

5. 胎次 是指母牛已产犊的次数,用于计算 305d 预计产奶量。

6. 校正奶量(HTACM) 是根据实际泌乳天数和乳脂率校正为泌乳天数 150d、乳脂率 3.5% 的日产奶量,用于不同泌乳阶段、不同胎次的牛只之间产奶性能的比较,单位为 kg。HTACM 值是由计算机产生的按胎次、泌乳阶段和乳脂率校正的产奶量,泌乳天数被校正到 150d,乳脂率为 3.5,计算公式如下。

$$HTACM = (0.432 \times 奶量) + (16.23 \times (奶量 \times 90BF/100)) + (((ADIM-150) \times 0.0029) \times 奶量)$$

式中,ADIM 为平均泌乳天数,BF% 为乳脂率。1 胎和 2 胎以上牛的泌乳曲线的不同必须被考虑进去,校正系数 0.0029 是用于 1 胎牛占 35% 的牛群,如果考虑 1 胎牛校正系数为 0.0027,考虑 2 胎以上的牛校正系数为 0.0033,这样考虑到 1 胎牛有较强的泌乳持续性。

7. 前次奶量 是指上次测定日产奶量,用于与当月测定结果进行比较,说明牛只生产性能是否稳定,单位为 kg。

8. 泌乳持续力 当个体牛只本次测定日奶量与上次测定日奶量综合考虑时,形成一个新数据(测定日奶量除以上次测定日奶量),称之为泌乳持续力,该数据可用于比较个体的生产持续能力。

9. 脂蛋白比 是衡量测定日奶样的乳脂率与乳蛋白率的比值。

10. 前次体细胞数 是指上次测定日测得的体细胞数,与本次体细胞数相比较后,反映奶牛场采取的预防管理措施是否得当,治疗手段是否有效。

11. 体细胞数(SCC) 是记录每毫升牛奶中体细胞数量,体细胞包括嗜中性白细胞、淋巴细胞、巨噬细胞及乳腺组织脱落的上皮细胞等,单位为 1 000 个/ml。

12. 体细胞分 将体细胞数线性化而产生的数据。利用体细胞分评估奶损失比较直观明了。

13. 牛奶损失 是指因乳房受细菌感染而造成的牛奶损失,单位为 kg(据统计奶损失约占总经济损失的 64%)。

14. 奶款差 等于奶损失乘以当前奶价,即损失掉的那部分牛奶的价格。单位为元。

15. 经济损失 因乳腺炎所造成的总损失,其中包括奶损失和乳腺炎引起的其他损失,即奶款差除以64%,单位为元。

16. 总产奶量 是从分娩之日起到本次测定日时,牛只的泌乳总量;对于已完成胎次泌乳的奶牛而言则代表胎次产奶量。单位为kg。

17. 总乳脂量 是计算从分娩之日起到本次测定日时,牛只的乳脂总产量,单位为kg。

18. 总蛋白量 是计算从分娩之日起到本次测定日时,牛只的乳蛋白总产量,单位为kg。

19. 高峰奶量 是指泌乳奶牛本胎次测定中,最高的日产奶量。

20. 高峰日 是指在泌乳奶牛本胎次的测定中,奶量最高时的泌乳天数。

21. 90天产奶量 是指泌乳90d的总产奶量。

22. 305天预计产奶量 是泌乳天数不足305d的奶量,则为预计产奶量,如果达到或者超过305d奶量的,为实际产奶量,单位为kg。

23. 群内级别指数(WHI) 指个体牛只或每一胎次牛在整个牛群中的生产性能等级评分,是牛只之间生产性能的相互比较,反映牛只生产潜能的高低。

24. 成年当量 是指各胎次产量校正到第5胎时的305d产奶量。一般在第5胎时,母牛的身体各部位发育成熟,生产性能达到最高峰。利用成年当量可以比较不同胎次的母牛在整个泌乳期间生产性能的高低。

25. 牛奶尿素氮的正常范围 平均值在10~18mg/100ml范围内。

根据不同牛场的要求,生产性能测定数据分析中心可提供不同类型的报告,如牛群生产性能测定月报告、平均成绩报告、各胎次牛305d产奶量分布,以及实际胎次与理想胎次对比报告、胎次分布统计报告、体细胞分布报告、体细胞变化报告、各泌乳阶段生产性能报告、泌乳曲线报告等。

(三)DHI报告分析与应用

1. 准确记录了奶牛场牛只生产性能 牛只生产性能包括产奶量、脂肪、乳糖、蛋白质、体细胞等,使牛只生产性能记录更加全面,更加准确。

2. 指导奶牛的选种选配 实施DHI测定使牛只谱系、生产性能记录得以不断完善,为奶牛场育种工作提供了基础保证,依据牛只生产性能的高低、乳脂乳蛋白水平、线性鉴定结果等信息,确定牛群改良方向,奶牛的选种选配有了准确、可靠的依据,指导了奶牛群选种选配工作。

3. 应用DHI生产性能跟踪报告指导奶牛场主动淘汰 对于奶量较高的牛只进行持续地关注,使它们获得良好的饲养和管理,保证优者更优;而对于奶量很低的牛只也对它们进行持续的关注,结合测定日产奶量和妊娠状况,如果确定该牛的确生产性能低,没有饲养价值,采取短期育肥后主动将其淘汰。

4. 应用 DHI 繁殖状况分析报告,通过调控奶牛营养改善奶牛繁殖状况　牛群泌乳天数高于正常值,说明繁殖存在问题,实际情况也是奶牛不发情、返情率高的问题比较严重。在营养调控方面专门配制奶牛高能料、添加 β-胡萝卜素,对空怀天数超过 180d 的牛只进行持续的跟踪提示和处理,经过一系列行之有效的方法。

5. 合理改善饲料配方,提高牛奶的质量　在营养调控中注重能氮平衡,提高牛奶乳脂、乳蛋白,降低尿素氮。

(1)牛奶尿素氮的测定意义　一般来说,牛奶尿素氮数值过高,说明日粮中蛋白质含量过高或日粮中能量不足,日粮中蛋白质没有有效利用。可能会影响奶牛的繁殖、饲料转化率和生产性能发挥等。利用牛奶尿素氮可选择物美价廉的饲料。

(2)脂蛋白比测定意义　荷斯坦牛乳脂率与乳蛋白率的比值,正常情况应在 1.12～1.30 之间。这一数据可用于检查个体牛只、不同饲喂组别和不同泌乳阶段牛只的状况。高产牛的脂蛋白比偏少。特别是处于泌乳 30～60d 的牛只。高脂低蛋白会引起比值过高,表明日粮中蛋白质和非降解蛋白不足;而低比值则相反,可能是日粮中有较高的谷物精料,或者粗纤维比例低。

(3)利用脂蛋白差来检测疾病　奶牛泌乳早期的乳脂率如果特别高而乳蛋白率变化不明显,意味着奶牛在快速利用体脂,则应检查奶牛是否发生酮病。如果是泌乳中后期,大部分的牛只乳脂率与乳蛋白率之差小于 0.4%,则可能发生了慢性瘤胃酸中毒。

6. 应用体细胞跟踪报告,有效预防了临床乳房炎的发生　奶牛理想的体细胞数是:第 1 胎:小于或等于 15 万个/ml;第 2 胎:小于或等于 25 万个/ml;第 3 胎:小于或等于 30 万个/ml。体细胞平均为 40 万个/ml 就有一定的奶损失。

持续跟踪体细胞数高于 50 万个的奶牛,逐头对待,做到早发现早治疗,有效预防了临床乳房炎的发生,同时降低了治疗费用,减少了牛只的淘汰。

7. 提高企业生产科技含量,培养出优秀的管理人员　分析研究 DHI 报告就是分析研究牛群,因此通过 DHI 技术的实施,奶牛场科技人员得到了普遍培训,技术人员和管理者在解读 DHI 报告、查找问题、解决问题的过程中,知识水平和管理能力得到不断提高,奶牛场管理者逐渐形成了围绕这些信息进行有序、高效的生产管理的习惯,陆续培养出大批会技术、懂管理的管理者和技术人员,促进全场管理和技术水平进一步提高。

五、奶牛的选种

奶牛的选种就是按照预定的目标,从奶牛群中选择在合理环境中表现优良的个体作种用。其目的就是使后代牛群得到遗传改良。

(一)个体选择

此法简单易行,可较快得出牛本身表现的评价,是奶牛选种工作的基础。主要包括以下内容。

1. 种母牛的选择

(1)体质外貌选择　牛的体型外貌与经济性状间存在密切的关系,根据外貌鉴定种牛有其特殊的优势。通常,体质结实、外貌优良的奶牛,其产奶量也必然是高的。可以通过肉眼鉴定和评分法相结合或通过测量鉴定的方法进行,要特别注意其泌乳系统、中躯及后躯的发育情况、四肢及乳房的性状和品质;据报道,一般外貌、乳用特征、体躯容积、泌乳系统四个特征性状与泌乳量的相关系数分别为 0.055、0.116、0.089 和 0.014;奶牛外貌鉴定评分与产奶性能间的表型相关和遗传相关约 0.2;奶牛特征评分与产奶性能间的遗传相关在 0.45 以上。故可根据个体乳用特征来选择。据报道,在鉴定乳房时,因乳房的宽度、长度、斜度与尻部的宽度、长度、斜度间相关系数分别为 0.113、0.173 和 0.143,而斜尻的遗传力较高,可由尻部的斜度来判断乳房的斜度。

目前国内外已普遍采用线性鉴定新技术,所得评分与生产性状间有很强的相关,尤其是奶牛体型线性评分所得总分有更重要的意义。其中体型线性性状中的泌乳系统特征是影响产奶量的主要性状,其中乳房深度、前房附着、后房高度、悬韧带、后方宽度等很重要。据报道,对荷斯坦牛来说,后乳房发育较好、乳房附着强且深、乳头位置内向的母牛产奶量较高,但过深的乳房和松弛的乳房都不好,因此要构建一个适宜的泌乳系统特征。另外,乳房各性状大多具有中等以上的遗传力,加强这方面的选择,一定会使奶牛的遗传力得到改善。

(2)体重与体型大小的选择　奶牛的初生重与成年体重间存在相关,初生重大的牛,生长发育比较快,成年体重较大。据研究,一、三胎犊牛初生重与其成年体重间的相关系数分别为 0.849、0.974;也有资料报道,初生重不同的荷斯坦牛,3、6、18 月龄体重差异不显著,12 月龄体重差异极显著,头胎 305d 产奶量差异不显著。

奶牛的体重、体高、胸宽、胸围、腰角宽、尻长、肋骨宽度等与产奶量、乳脂量多为中等的正相关。一般来说,体重较大的牛,采食量大,故产奶量较高,但也有一定的限度。据报道,大型品种的奶牛,体重 600~700kg,产奶量最高,超过 700kg。产奶量反而降低;奶牛体高与产奶量呈正相关(r=0.05~0.63),以上说明奶牛体尺、体重性状与产奶性状间存在着较小的协同关系,在遗传选择时,若改良某一性状,另一性状也会得到相应改进,但也并非体尺、体重越大的母牛,才是生产性能最高的母牛,说明保持奶牛适当的体型才是保持较高产奶性能的前提。而胸围与产奶量间多呈负相关,因此,在选择产奶量的同时,还要注意奶牛胸部的适当宽度。另外,奶牛成熟时体重、体高、体长、胸围、腰角宽等的遗传力也较高,其中,体高在外貌性状中遗传力最大。在一定的生活环境中,按个体选择是有效的。

(3)产奶性能的选择　对奶牛来说,产奶性能是非常重要的性状。主要包括产奶量、乳品质、排乳速度等。

①产奶量:为便于比较产奶量的高低,母牛泌乳期的长短、每天挤奶次数、胎次或年龄、产犊季节等应校正为同样水平,但校正后的产奶能力与实际产奶能力仍有一定

误差,所以,应尽量选择母牛年龄相同、并在同一季节配种产犊的。另外,头胎牛的乳用性状不受干奶期的影响,按头胎的产奶量及其成分选择较适宜。据统计,产奶量的遗传力为 0.21～0.35(平均 0.29),说明遗传力不高,受环境影响较大,但如果很好地进行选择也能改进,并且家系选择比个体选择的效果大。

②乳品质:乳品质主要包括乳脂率、乳蛋白率、乳糖率、无脂固形物、总干物质等,以上指标决定着乳品质的好坏。最主要的是乳脂率和乳蛋白率,据报道,乳脂率遗传力为 0.50～0.60,乳蛋白率遗传力为 0.45～0.55,乳糖率为 0.35～0.70,说明乳成分的遗传力较高,受环境的影响较小,故选择效果也较好;不同奶牛品种牛奶成分的遗传力也不同,其中荷斯坦奶牛的乳脂率、乳蛋白率、无脂干物质率的遗传力高于娟姗牛和爱尔夏牛。乳中各成分间,表型相关与遗传相关为 0.5～0.9,呈很高的正相关,如乳脂率与乳蛋白率、乳脂率与无脂固形物;但产奶量与乳脂率及乳蛋白率之间多为负相关,因此在制订选育方案时要统筹兼顾。

③饲料转化率:饲料转化率也是奶牛的重要的选择指标之一,在饲养条件好的情况下,产奶量较高的牛,其饲料转化率也高,其饲料转化率与标准奶量间的相关系数为 0.75。同时,饲料转化率的遗传力也较高,大约在 0.5 左右。

④排乳速度:排乳速度多用排乳最高速度来表示,排乳最高速度越高,挤奶时间就越短,劳动效率就越高。据报道,排乳最高速度与泌乳期总产奶量之间为正相关;乳头孔径与排乳速度间多为高的正相关,排乳最高速度与乳头括约肌抵抗力间为高的负相关,与乳头长度、乳头外径的大小间的相关并不高。因此,应选择乳头孔径大、乳头括约肌抵抗力小的牛作种用。但要注意,排乳速度高的牛乳房炎的发病率有偏高的倾向。另外,不同奶牛品种和个体排乳速度也有差别,据报道:不同品种间排乳速度顺序为:荷斯坦牛＞乳用短角牛＞爱尔夏牛。排乳速度的遗传力较强,大约为 0.5～0.6,有利于选种。但其与挤奶条件又有很大关系。

⑤前乳房指数:若指数低于 40%,表明泌乳不匀,前后乳房发育不匀称;若指数大于 40%～45%,表明前后乳房发育基本相同或相差不多。因此,选种时最好选择前后乳房发育较匀称的。

⑥泌乳均匀性:产奶量高的牛,在整个泌乳期中泌乳稳定、均匀,下降幅度不大,能维持较高的产奶水平,这种特性还可遗传给后代,遗传力在 0.2 左右。因此,泌乳均匀性在奶牛育种上具有重要意义。泌乳均匀性有许多类型,其中有的类型牛在整个泌乳期中产奶量非常均匀,最初 3 个月产奶量占总产奶量的 33.7%,第 4、5、6 月占 31.5%,第 7、8、9 月占 31.5%,最后 1 个月占 3.3%,这种牛产奶量最高,因此,可选择此类型牛作种用。

(4)繁殖性状的选择 母牛的繁殖性状指标主要包括早熟性、受胎率、产犊间隔、多胎性及长寿性等,这些性状的遗传力都较低,一般小于 0.2,在一定程度上可遗传给后代,但主要应通过加强饲养管理和提高人工授精技术,来提高奶牛的繁殖力。

(5)适应性和抗病力的选择 这类性状属阈性状,很难直接作为选种的内容,但如能利用辅助性状进行检测,可收到较好的效果,如国外普遍采用体细胞计数作为是否发生乳房炎的标记。奶牛对环境的适应性很重要,一般来说,奶牛及肉牛的耐寒性相对地强于耐热性,且不同牛种、品种、品系对地方的适应性有很大差别,奶牛品种中,荷斯坦牛和乳用短角牛对高温最敏感,采食量、产奶量大幅度下降,有的产奶量下降50%,严重者引起疾病甚至死亡。

适应环境的遗传性,由于种间、品种间的不同而有很大差别,热带与亚热带的普通牛与瘤牛杂交能提高后代牛群耐热与抗焦虫病的能力,如在广州,荷斯坦牛7～8月份产奶量比3～4月份平均下降23%,而辛地红牛与荷斯坦牛的杂交母牛,其产奶量虽比同期荷斯坦牛低11%左右,但其耐热性与抗焦虫病的能力增强。

奶牛的抗病力,一般是当地品种对当地的适应性及对当地地方病的抵抗能力强于外地牛。目前,热应激对养牛业的危害很大,增强奶牛对环境的适应性与抗病力对提高奶牛的生产性能非常重要,因此,选种时应注意这方面的内容。

2. 种公牛的选择 根据种公牛本身表现选择的性状主要有生长发育、早熟性、体质外貌、精液品质等。在进行外貌鉴别时,主要看其体型结构是否匀称,外貌及毛色是否符合品种要求,雄性特征是否明显,有无明显的外貌缺陷,如四肢不够健壮结实,肢势不正,背腰凹下或弓起,狭胸,垂腹,尖斜尻等。生殖器官发育良好,睾丸大小正常,有弹性,无单睾现象。对于体型结构、局部外貌有明显缺陷的,或生殖器官畸形的(如单睾、隐睾等)不能作种用。通过鉴别评分可评出其外貌等级,一般要求,种公牛的外貌等级不低于一级,种子公牛要求特级。

除外貌鉴别外,还要看公牛的生长发育,主要包括初生重、断奶时体重、成熟时体重、日增重及各发育阶段的外貌评分等指标,可通过测量体尺、体重,然后按品种标准分别评出等级。通常,这类性状的遗传力为中等。

另外,公牛繁殖性能的指标主要有睾丸围度、受精率、精液品质等。

优秀的奶牛品种,客观反映种公牛、母牛两方面的遗传性能,因此,两方面的遗传优势都要发挥。育种工作者,能否识别公牛的优良遗传性,能否选出优秀种公牛对奶牛育种工作有着重要的意义。

(二)系谱选择

系谱就是种公牛、母牛的家谱,是种牛的档案材料。系谱中记载的主要内容有:种畜自身的彩照、编号、出生年月、生长发育、体尺、体重、生产成绩、繁殖成绩、外貌评分等;另外还有该牛的祖先和后代的编号、出生年月、生产成绩等资料。这些资料都是根据系谱选择时的重要依据。

系谱选择,对于未产奶的幼龄母牛以及尚未进行后裔测定的种公牛至关重要,可达到提早选种的目的,即使一般生产牛只,在选购时也应查阅系谱。系谱一般记载3～5代,生产实践中多用3代,即父母、祖父母(包括外祖父母)、曾祖父母(包括外曾祖父母)。根据系谱上父母双亲的资料可以估计个体的育种值(Â),计算公式为:

$$\hat{A}=\frac{1}{2}h^2(P_d-\overline{P}_d)+\frac{1}{2}h^2(P_s-\overline{P}_s)$$

式中 P_d 和 P_s 分别为母亲和父亲性状的表型值，$\overline{P}_d$ 和 $\overline{P}_s$ 分别为母亲和父亲所在群体的平均数，h^2 为性状的遗传力。当父母为同一群体的同龄牛时，

$$\hat{A}=h^2(P_{\overline{P}}-\overline{P})$$

这里 $P_{\overline{P}}$ 为双亲的平均数，$\overline{P}$ 为相应牛群平均数。若双亲均有育种值记录，则

$$\hat{A}=\frac{1}{2}h^2(A_S+A_D)$$

式中 A_S 为父亲育种值，A_D 为母亲育种值。在有母亲记录和父亲育种值时，

$$\hat{A}=\frac{1}{2}h^2(P_D+\overline{P}_D)+\frac{1}{2}A_S$$

例如，已知某欲留作种用的犊牛母亲的 305d 校正产奶量为 8 400kg，群体均数为 7 800kg，其父亲产奶量的育种值为 7 180kg，产奶量的遗传力为 0.25，则该犊牛的育种值可估计为：

$$\hat{A}=\frac{1}{2}h^2(8\,400-7\,800)+\frac{1}{2}\times180=165(kg)$$

根据系谱资料估计育种值的可靠性较差，但这种方法的最大优点就是可以早期选种。因此，要求系谱的记载必须清楚和完整，应包括生长发育、生产性能、体型外貌、繁殖成绩、遗传缺陷及公牛后代生产性能等各方面的记录。一般要求 3 代系谱清楚，这样可以为早期选种提供依据。

对公犊的初选可根据系谱指数进行，常用的系谱指数有 2 种，即

$$\text{双亲指数}:PI=\frac{2A_S+A_D}{3}$$

$$\text{系谱指数}:PI=\frac{1}{2}A_S+\frac{1}{4}A_{mgs}$$

式中 A_{mgs} 为外祖父的育种值，系谱指数是国际上通用的。经统计，用系谱指数选择公犊的结果与日后后裔测定结果间有较高的相关性。

鉴定时，既要全面审查，又要突出重点，一般把重点放在生产性能的评定和有无遗传缺陷方面；在作分析比较时，要注意历代祖先的生产水平的发展变化是逐渐上升或是逐代下降；其祖先越近对该牛的遗传影响越大，愈远愈小，据测定，种公牛后裔测定成绩与其父亲后裔测定成绩间的相关系数为 0.43，与其外祖父后裔测定成绩间的相关系数为 0.24，而与其母亲 1~5 个泌乳期间的相关系数仅为 0.21、0.16、0.16、0.28 和 0.08；但在许多情况下，后代往往受其远亲的遗传，即隔代遗传；另外，还要逐代进行比较鉴定，并着重分析其亲代与祖代，要求其父母和祖父母都是良种登记牛；若父系和母系双方出现共同祖先，则需了解共同祖先的历史情况，分析近交程度，从而了解其个体间的血缘关系与品种纯度，防止近亲与品种杂化。没有任何记载的系谱，不得选作种牛。

(三)同胞选择

后备种牛的选择除审查直系亲属记录和本身外貌及生长发育之外,还可参考半同胞、全同胞等旁系亲属的性状表现,借以判断从父母接受遗传性的好坏。牛是单胎动物,且世代间隔较长,全同胞很少,因此,主要是依靠半同胞资料来估计其育种值,计算公式为:

$$\hat{A}_x = (\overline{P}_{(HS)} - \overline{P})h^2_{(HS)}$$

式中,$\overline{P}_{(HS)}$ 为半同胞的表型值平均数;$\overline{P}$ 为同期同龄牛群性状表型值的平均数;$h^2_{(HS)}$ 为半同胞均值遗传力,按下式求出:

$$h^2_{(HS)} = \frac{0.25nh^2}{1+(n-1)0.25h^2}$$

其中 n 为半同胞头数,0.25 为半同胞间的亲缘系数,h^2 为性状的遗传力。

用半同胞资料选种的准确性取决于半同胞的数量和性状的遗传力。半同胞数量越多,遗传力越高,选择的准确性也越高。在遗传力较高(0.25 以上)时,用半同胞资料估计育种值的准确性不如用个体本身资料,但其主要优点是可用于早期选择,并且在遗传力较低的性状其选择的准确性并不亚于个体本身资料。如果将双亲资料、个体本身资料和半同胞资料合并考虑,则可大大提高选择的准确性。

(四)后裔选择

后裔测定是选择优良种公牛的主要手段和最可靠的方法,因此,育种工作者必须重视这项工作。

1. 后裔测定 根据中国奶牛协会育种专业委员会制定的《中国荷斯坦牛种公牛后裔测定规范》确定的乳用公牛后裔测定方案(图 2-40)进行。

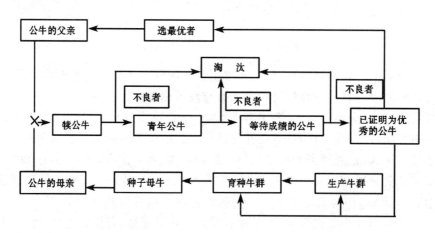

图 2-40 乳用公牛后裔测定方案

(1)待测青年公牛选择 应具有完整的系谱资料(被测公牛系谱必须 3 代清楚),按系谱指数排队,较高者入选。

系谱指数(PI)＝1/2 父亲育种值(EBV$_s$)＋1/4 外祖父育种值(EBV$_{mgs}$)

公牛个体生长发育正常,初生重在 38kg 以上,6 月龄体重 200kg 以上,12 月龄体重 350kg 以上。外貌等级为特级或一级,体质健壮,外貌结构匀称,无明显缺陷,经检疫无任何疾病者。荷斯坦种公牛的中国奶牛性能指数(CPI)为正值且生产性状育种值可靠性大于 50%,体型性状育种值可靠性大于 40%。

13～16 月龄试采精,精液品质符合国家标准要求。待测青年公牛在 15～18 月龄期间,采精、收集精液,每头公牛冷冻精液 1 000 头份,在规定时间内送交后测组织单位,并集中在 3 个月内完成随机配种,应至少配孕母牛 100 头以上。根据后测公牛女儿应分布广泛的原则,将每头公牛的精液分配到不同地区和不同牛场中,每头奶牛的精液起码应分配到 15 个牛场中,分布场数越多越好。

每头公牛健康的女儿应全部保留下来,在 15～18 个月龄进行配种。

公牛女儿头胎产犊后,应进行严格的生产性能测定,详细记载其产奶量和乳脂率、蛋白率并在产后 90～120d 时进行外貌鉴定。所有生产性能和外貌鉴定结果,应及时报送、汇总到数据处理中心。

在数据处理中心,采用 BLUP 法(最佳线性无偏差预测)估计公牛育种值,并计算特定的选择指数,例如总性能指数(TPI)等。

待测定公牛全部女儿完成第一个泌乳期之后,并经遗传评定,由后裔测定负责单位公布公牛的后裔测定成绩和排队名次。

2. 后裔测定工作的组织　各省、市、自治区奶协育种组织和大型公牛站,是公牛后裔测定工作的组织实施单位,除负责本省、市、区或片的公牛后裔测定工作外,并向中国奶业协会育种专业委员会推荐公牛,进行全国较大范围的联合后裔测定工作。

全国联合后裔测定工作,是由中国奶业协会育种专业委员会负责组织协调进行跨省、市、区的一项育种协作工作。参加测定的青年公牛,必须根据其系谱指数及其他资料,初步证明是较优者。

各省、直辖市、自治区奶协育种组织,每年必须将全国联合进行的及本省、市、区自己组织的公牛后裔测定的工作情况,报中国奶协育种委员会。

中国奶协育种委员会,根据全国报送的材料,经过分析,在《中国奶牛》杂志上向全国公布公牛后测结果。

(五)综合选择指数

1. 总性能指数　(Total Performance Index)它是将生产性状(产奶量,乳脂率、乳蛋白率和体型性状整体评分)的 *PTA* 值根据相对经济重要性加权构成的一个综合指数。*TPI* 值反映了公牛上述多个性状的综合遗传能力,公牛的选择通常按 *TPI* 值的大小顺序排列。

我国在 2007 年制定了用于评定种公牛的总性能指数,即中国奶牛性能指数(CPI,China Performance Index),其中仅包括 3 项内容,分别是产奶量、乳脂率和乳蛋白率。计算公式为:

$$CPI = 16\left[50 \times \frac{PTAM}{800} + 25 \times \frac{PTAF}{0.3} + 25 \times \frac{PTAP}{0.12}\right]$$

其中:$PTAM$ 代表公牛产奶量育种值,$PTAF$ 代表公牛乳脂率育种值,$PTAP$ 代表公牛乳蛋白率育种值。

2008 年中国奶牛性能指数 CPI 增加了体细胞数的育种值($PTASDC$)成绩,指数系数由 16 调整为 20。计算公式为:

$$CPI = 20\left[50 \times \frac{PTAM}{800} + 22.5 \times \frac{PTAF}{0.3} + 22.5 \times \frac{PTAP}{0.12} - 5 \times \frac{PTASDC - 3}{0.46}\right]$$

2009 年,针对国内、外验证公牛各性状标准差的差异,制订了 CPI_1 适用于国内后裔测定验证公牛,CPI_2 适用于国外后裔测定验证公牛,计算公式分别为:

$$CPI_1 = 20\left[50 \times \frac{PTAM}{420} + 22.5 \times \frac{PTAF}{0.13} + 22.5 \times \frac{PTAP}{0.05} - 5 \times \frac{PTASDC - 3}{0.08}\right]$$

$$CPI_2 = 20\left[50 \times \frac{PTAM}{800} + 22.5 \times \frac{PTAF}{0.3} + 22.5 \times \frac{PTAP}{0.12} - 5 \times \frac{PTASDC - 3}{0.46}\right]$$

随着奶牛育种体系的不断完善,奶牛体型外貌评定在北京市、上海市等持续推广,国内积累了一定数量的体型数据。为了进一步完善奶牛选择指数,中国奶协育种委员会经过分析测算,于 2010 年将 3 个体型性状引入了 CPI 公式。CPI_1 适用于国内后裔测定验证公牛,CPI_2 适用于国外后裔测定验证公牛。使用的性状包括产奶量、乳脂率、乳蛋白率、体细胞评分、体型总分、乳房和肢蹄等性状。其中生产性状的可靠性大于 50%,体型性状的可靠性大于 40%。计算公式为:

$$CPI_1 = 20\left[50 \times \frac{Milk}{459} + 15 \times \frac{Fatpct}{0.16} + 25 \times \frac{Propct}{0.08} + 5 \times \frac{Type}{5} + 10 \times \frac{MS}{5} + 5 \times \frac{FL}{5} - 10 \times \frac{SCS - 3}{0.16}\right]$$

$$CPI_2 = 20\left[30 \times \frac{Milk}{800} + 10 \times \frac{Fatpct}{0.3} + 20 \times \frac{Propct}{0.12} + 5 \times \frac{Type}{5} + 15 \times \frac{MS}{5} + 10 \times \frac{FL}{5} - 10 \times \frac{SCS - 3}{0.46}\right]$$

式中:$Milk$=产奶量育种值;$Fatpct$=乳脂率育种值;$Propct$=乳蛋白率育种值;$Type$=体型总分育种值;MS=泌乳系统育种值;FL=肢蹄育种值;SCS=体细胞评分育种值。

2. 总性能系谱指数 $TPPI$(Total Performance Pedigree Index) 2007 年我国制定的总性能系谱指数 $TPPI$,计算公式为:

$$TPPI = 16\left[40 \times \frac{PIM}{800} + 20 \times \frac{PIF}{0.3} + 20 \times \frac{PIP}{0.12} + 10 \times \frac{PIMS}{5} + 5 \times \frac{PIFL}{5} - 5 \times \frac{PISCS - 3}{0.46}\right]$$

式中:PIM(产奶量育种值)$=0.5 \times$ 父亲产奶量育种值$+0.25 \times$ 外祖父产奶量

育种值;PIF(乳脂率育种值)＝0.5×父亲乳脂率育种值＋0.25×外祖父乳脂率育种值;PIP(蛋白率育种值)＝0.5×父亲乳蛋白率育种值＋0.25×外祖父乳蛋白率育种值;PIMS(泌乳系统育种值)＝0.5×父亲泌乳系统育种值＋0.25×外祖父泌乳系统育种值;PIFL(肢蹄育种值)＝0.5×父亲肢蹄育种值＋0.25×外祖父肢蹄育种值;PISCS(体细胞数育种值)＝0.5×父亲体细胞数育种值＋0.25×外祖父体细胞数育种值。

考虑国外遗传基础每年的改进量,2008 年 TPPI 指数系数由 16 调整为 20,再加上 200。

$$TPPI = 20 \times 0.5 \times [40 \times \frac{F\_PIM}{800} + 20 \times \frac{F\_PIF}{0.3} + 20 \times \frac{F\_PIP}{0.12} + 10 \times \frac{F\_PIMS}{5}$$

$$+ 5 \times \frac{P\_PIFL}{5} - 5 \times \frac{F\_PISCS-3}{0.45}] + 20 \times 0.25 \times [40 \times \frac{G\_PIM}{800} + 20 \times \frac{G\_PIF}{0.3} + 20$$

$$\times \frac{G\_PIP}{0.12} + 10 \times \frac{G\_PIMS}{5} + 5 \times \frac{G\_PIFL}{5} - 5 \times \frac{G\_PISCS-3}{0.46}] + 200$$

式中:F_PIM＝父亲产奶量育种值;F_PIF＝父亲乳脂率育种值;F_PIP＝父亲乳蛋白率育种值;F_PIMS＝父亲泌乳系统育种值;F_PIFL＝父亲肢蹄育种值;F_PISCS＝父亲体细胞数育种值;G_PIM＝外祖父产奶量育种值;G_PIF＝外祖父乳脂率育种值;G_PIP＝外祖父乳蛋白率育种值;G_PIMS＝外祖父泌乳系统育种值;G_PIFL＝外祖父肢蹄育种值;G_PISCS＝外祖父体细胞数育种值。

2010 年 TPPI 公式中,用乳脂量和乳蛋白量代替产奶量、乳脂率和乳蛋白率,增加体型总分、长寿性和繁殖力性状育种值。使用的性状包括父亲和外祖父的乳脂量、乳蛋白量、体型总分、乳房、肢蹄、长寿性、繁殖力和体细胞评分等性状。计算公式如下:

$$TPPI = 100 + 20 \times 0.5 \times [20 \times \frac{F\_Fat-6}{31} + 40 \times \frac{F\_Pro-9}{25} + 5 \times \frac{F\_Yype}{5} + 15$$

$$\times \frac{F\_MS}{5} + 5 \times \frac{F\_FL}{5} - 5 \times \frac{F\_HL-100}{5} + 5 \times \frac{F\_DF-100}{5} - 5 \times \frac{F\_SCS-3}{0.46}] + 20 \times$$

$$0.25 \times [20 \times \frac{G\_Fat-6}{31} + 40 \times \frac{G\_Pro-9}{25} + 5 \times \frac{G\_Type}{5} + 15 \times \frac{G\_MS}{5} + 5 \times \frac{G\_FL}{5} +$$

$$5 \times \frac{G\_HL-100}{5} + 5 \times \frac{G\_DF-100}{5} - 5 \times \frac{G\_PISCS-3}{0.46}]$$

式中:F_Fat＝公牛父亲乳脂量育种值;F_Pro＝公牛父亲乳蛋白量育种值;F_Type＝公牛父亲体型总分育种值;F_MS＝公牛父亲泌乳系统育种值;F_FL＝公牛父亲肢蹄育种值;F_HL＝公牛父亲长寿性育种值;F_DF＝公牛父亲繁殖力育种值;F_SCS＝公牛父亲体细胞评分育种值;

G_Fat＝公牛外祖父乳脂量育种值;G_Pro＝公牛外祖父乳蛋白量育种值;G_Type＝公牛外祖父体型总分育种值;G_MS＝公牛外祖父泌乳系统育种值;G_FL＝

公牛外祖父肢蹄育种值；G_HL＝公牛外祖父长寿性育种值；G_DF＝公牛外祖父繁殖力育种值；G_SCS＝公牛外祖父体细胞评分育种值。

六、奶牛的选配

(一)选配的概念和意义

选配是选种工作的继续，是有目的地决定公、母牛的交配，以使其后代能将双亲的优良性状和遗传基础结合在一起，巩固选种的成果，使后代获得较大的遗传改进，这就是奶牛选配工作的目的。选配能创造变异，又能稳定地遗传给后代，培育出理想的奶牛。只有通过恰当的选配，才能保证牛群的品质，创造出产奶量高，奶质好，体型无严重缺陷，经济效益高的奶牛群。

选种选出的优秀种公牛与不同的种母牛交配，其后代的表现可能会有很大的差异。选配的主要任务就是尽可能地选择亲和力强的公、母牛进行交配，即人为地、有意识地组织优良的种公牛和种母牛交配。

(二)选配的类型

选配可分为同质选配、异质选配、亲缘选配和年龄选配。

1. 同质选配　选用体型外貌和生产性能相近，且来源相似的公、母牛进行交配，以期获得相似的优秀后代。同质选配的目的是增加后代中优良纯合基因的数量，使后代牛群的遗传性趋于稳定，从而提高其种用价值和生产性能。因此，同质选配绝不允许有共同缺点的公、母牛进行交配，以避免隐性不良基因的纯合和巩固。在奶牛的选育中，为了保持纯种公牛的优良性状，或经一定导入杂交后，出现理想的个体需要尽快固定时，采用同质选配。

为了提高同质选配的效果，理想的是根据基因型选配，因此，最好能准确判断欲配双方的基因型；选配应以一个性状为主，遗传力高的性状效果要高于遗传力低的性状。例如，对中国荷斯坦牛乳脂率普遍较低的状况，就可以利用近几年引进的乳脂率较高的外国优良种公牛，通过同质选配的方法进行改善。但是，如长期采用同质选配，会造成牛群遗传变异幅度下降，有时甚至会出现适应性和生活力降低，因此，在选育策略上应避免长期采用同质选配。

2. 异质选配　即以表现型不同为基础的选配，目的是获得选配双方有益品质的结合，使后代兼有双亲的不同优点。也可选用同一性状但优劣程度不同的公、母牛相配，以期达到优良的特征特性，纠正或改进不理想特征特性的目的。异质选配可以综合双亲的优良特性，丰富牛群的遗传基础，提高牛群的遗传变异度，同时也可以创造一些新的类型。但异质选配在使优良特性结合的同时，会使牛群的生产性能趋于群体平均数。因此，为保证异质选配的良好效果，必须严格选种并坚持经常性的遗传参数估计工作。

3. 亲缘选配　一般要求无血缘关系或血缘关系较远的选配，近亲交配常常为后代带来不同程度影响。在采用亲缘选配时，一是对最杰出的个体才采用亲缘选配；二是进行亲缘选配前,须仔细研究选配公、母牛的品质,对品质卓越的种公牛所选配偶的品质在一定程度上与其相接近,还要注意公、母牛之间无相同的缺点,且要与品质选配相结合;三是要加强饲养管理;四是奶牛对近交的有害影响比较敏感,因此,在近亲和中亲选配时,要注意选配的其他条件;五是对拟近交的种公、母牛,最好进行异环境的培育,将它们放在不同地区或在同一地区不同类型的日粮和小气候中,这样可减轻亲代的有害影响,又能使双亲间保持一定的异质性和较高的同质性。

4. 年龄选配　由于父母的年龄能影响后代的品质,故在选配时要适当注意年龄选配。正确的选配年龄是壮年配壮年,这是最理想的形式,老年的种牛如无特殊价值,应予淘汰;有繁殖能力的老年母牛,应配以壮年公牛;有特殊价值的种公牛,应尽量选配壮年母牛。幼年的种公、母牛,都应配以壮年的公、母牛。当其与品质选配或亲缘选配发生矛盾时,必须服从品质选配或亲缘选配,并以品质选配为主。老、壮、幼年龄的划分,因与品种、营养状况等不同而有很大差异,一般来说,年龄在 10 岁以上为老牛,5～10 岁为壮年牛,5 岁以下为幼牛。

(三)选配计划的制定和实施

选配的方法有个体选配和群体选配之分。个体选配就是每头母牛按照自己的特点与最合适的优秀种公牛进行交配;群体选配是根据母牛群的特点选择多头公牛,以其中的一头为主、其他为辅的选配方式。

在选配和制定选配计划时,应遵循以下基本原则。

第一,要根据选育目标综合考虑,加强优良特性,克服缺点;

第二,个体选配,要选择亲和力好的公、母牛进行交配,应注意公牛以往的选配结果和母牛同胞及半同胞姐妹的选配效果;

第三,公牛的遗传素质要高于母牛,有相同缺点或相反缺点的公、母牛不能选配;

第四,不可随意近亲交配,近亲系数应控制在 6.25% 以下。选育工作中必须使用近交时,要有计划有目的地进行;

第五,搞好品质选配,根据具体情况选用同质选配或异质选配。即用同质选配或加强型选配,巩固其优良品质;用异质选配或改进型选配,改进或校正不良性状和品质。

为将选配计划制定好,首先必须了解和搜集整个牛群的基本情况,如品种、种群和个体历史情况,亲缘关系与系谱结构、生产性能上应巩固和发展的优点及必须改进的缺点等;同时应分析牛群中每头母牛以往的繁殖效果及特性,以便选出亲和力最好的组合进行交配。要尽量避免不必要的近交与不良的选配组合。选配方案一经确定,必须严格执行,一般不应变动。但在下一代出现不良表现或公牛的精液品质变劣、公牛死亡等特殊情况下,才可作必要的调整。

对于公牛的资料,可以从有关育种单位(如种公牛站)查到,了解公牛的生产性能、外貌鉴定(柱形图)和主要优缺点的资料。

表 2-40 是奶牛选配计划表的一般式样。表 2-41 为选配公牛资料。

表 2-40　奶牛的选配计划

母牛				公牛				亲缘关系	选配目的	备注
牛号	品种	等级	生产性能	牛号	品种	等级	生产性能			

表 2-41　11100519 号种公牛资料

公牛号:11100519　出生日期:2001.18

父亲:2027062　母亲:13156423

外祖父:1821208

PTA 值	可靠性	女儿头数	分布	一胎平均
PTAM: 1765	R:83%	68	17	8980
PTAF: 17.1	R:81%	68	17	341
PTAF%: −0.47	R:90%	68	17	3.80
PTAP: 28.5	R:83%	68	17	278
PTAT%: −0.04	R:90%	68	17	3.08
PTAT: −0.06	R:86%	41	12	83.7
TPI: 1360				

性状	程度	程度	STA	PTA
体高	低	高	−0.69	−1.79
胸宽	窄	宽	0.48	0.38
体深	浅	深	1.64	1.51
棱角性	粗厚	鲜明	1.12	1.04
尻角度	逆斜	斜	−0.20	−0.28
尻宽	窄	宽	−0.06	−0.02
后肢侧视	直飞	镰状	−0.13	−0.10
蹄角度	低蹄	高蹄	1.06	0.86
前附着	弱	强	1.43	2.22
后房高	低	高	0.86	0.76
后房宽	窄	宽	0.89	0.99
悬韧带	弱	强	−0.78	−1.64
乳房深	底低	底高	−0.37	−0.67
乳头后望	外向	内向	0.24	0.27
乳头长度	短	长	1.02	1.32
一般外貌	低	高	0.22	0.16
乳用特征	低	高	0.96	0.72
体躯	低	高	0.48	0.50
乳器	低	高	0.57	0.42

−3 −2.5 −2 −1.5 −1 −0.5 0.5 1 1.5 2 2.5 3

表 2-41 中符号、术语含义:

PTA 值:预测传递力(Predicted Transmitting Ability),是公牛预测育种值的一半,反映了公牛能够传递给女儿的遗传优势值,其作用相当于公畜模型中的 ETA 值。PTAM、PTAF、PTAF(%)、PTAP、PTAP(%)和 PTAT 分别代表产奶量、乳脂量、乳脂率、乳蛋白量、乳蛋白率和体型整体评分的预测传递力。

PTA 值是衡量公牛优劣的主要指标,也是计算公牛其他评定指标(如 TPI,STA)的基础。在一次评定中,产奶性状和整体评分的 PTA 值愈高愈理想,这也是选用公牛的依据。但需注意的是:PTA 值是一个相对值,其高低随着比较的遗传基础和评定方法不同而不同,因此,除非经过有效的转换处理,否则,不同方法、不同地区、不同时期计算的 PTA 值是不能直接比较的。PTA 值也不能直接与以往公畜模型的 ETA 值进行比较。此外,由于动物模型利用的数据是胎次估计产量,而在 DHI 测定中,连续 3 个月测定就可以估计胎次产量,测定次数越多估计值越准确,所以随着测定次数的增加,个别公牛在女儿数增加不是很多的情况下,PTA 值出现波动属正常现象。

REL:可靠性(Reliability),是预测传递力(PTA)精确性的度量指标,相当于以前的重复率 R。个体预测育种值的可靠性高低取决于在估计该育种值时所利用的有效资料信息的多少。

公牛 PTA 值的可靠性愈高,意味着参与 PTA 值计算的资料较多,PTA 值与公牛真实传递力较接近,用此 PTA 值作为公牛真实传递力的可靠性较大;反之,REL 值较小,则参与 PTA 估计的有效资料较少,该 PTA 值与真实传递力间的误差可能较大。一般来说,作为一个可以信赖的估计育种值,其重复力至少要达到 75%。

遗传基础:指在遗传评定中动物个体育种值(或 PTA)比较的共同基础,因为计算出的育种值(或 PTA)都是针对各因素效应的相对值。表中 PTA 值是以北京市荷斯坦奶牛 1979—2005 年间产奶成绩记录的最小二乘群体均值作为比较的遗传基础。在目前尚缺乏全国性统一评定的情况下,由于不同地区(省)牛群的遗传基础不同,各地区公牛的评定结果不能直接进行有效比较。例如公牛 A 在甲地区评定的 PTAM 为+500kg,公牛 B 在乙地区的 PTAM 值为+200kg,能否说公牛 A 比公牛 B 优秀呢? 不能! 比较时还必须考虑两地牛群的遗传基础高低。假如已知甲地区的平均遗传基础是 6 000kg,乙地区为 6 700kg,那么公牛 A、B 的育种值分别是 6000+2×500 =7000kg、6700+2×200=7100kg,结果公牛 B 比公牛 A 还要优秀。因此,在参照地区性评定结果选用公牛或比较不同地区的评定结果时,一定要考虑当地的实际生产水平,不能仅看相对比较结果(如 PTA 值)。

TPI:总性能指数(TotalPerformanceIndex),它是将生产性状(产奶量,乳脂率、乳蛋白率和体型性状整体评分)的 PTA 值根据相对经济重要性加权构成的一个综合指数。TPI 值反映了公牛上述多个性状的综合遗传能力,公牛的选择通常按 TPI 值的大小顺序排列。

STA:标准化的预测传递力,是绘制体型性状柱形图的基础。其计算公式为:

STA=(公牛 PTA−公牛群体 PTA 均值)/公牛群体 PTA 的标准差

柱形图是将各体型性状的预期传递力(PTA)进行标准化后的数据以图形形式直观表示公牛对各性状的改良能力。它是以性状平均数为轴,以标准差为单位绘制而成的。

通常,99% 的 STA 值在−3 和+3 范围内。根据公牛体型线性性状的 STA 值大小,很容易比较、判定各性状的极端情况,如果一头公牛某个性状的 STA 值等于零,意味着该公牛该性状处于群体的平均水平。但 STA 的极端取值只是表明公牛性状与群体均值差异很大,并不表明性状一定理想或不理想,两者之间没有这类确切关系。对某些性状如悬韧带,以极端正值为好,极端负值为差;另有一些性状如后肢侧望,则以适中的 STA 值为理想,极端正值或负值都不好。因此,在理解柱形图或选用公牛时应注意这个问题。

七、奶牛的选育方法

(一)本品种选育

本品种选育又称纯种繁育,是指同品种内的公、母牛的繁殖和选育。纯种繁育可以使品种的优良品质和特性在后代中更加巩固和提高,是育种的主要方法之一。本品种选育可分为近亲育种和远亲育种等方式。

1. 近交 奶牛群在育种过程中,为了固定某些优良性状,采用亲缘关系较近的个体间进行选配的方式,称为"近交"。近交能使牛群中的某些基因在后代中得到一定程度的纯化。巧妙地利用近交,可取得意想不到的效果。有目的地采用近交,主要有以下作用。

(1)固定某些优良性状 在育种过程中,如果发现优秀的个体,可利用近交能使基因纯合这一基本效应,有意识地采用近交来固定其优良性状。近交多用于培育种牛,因近交能提高种牛某些基因的纯度,在表型性状上可出现高产性能及优良的体型外貌。这些性状能够被固定并且稳定地遗传给后代。

近交系数是衡量近交程度的一个量化指标。它表示某一个体由于血缘关系而造成的相同等位基因的概率,即该个体会是纯合体的机会。近交系数的计算公式是:

$$F_X = \frac{1}{2} \sum \left[\left(\frac{1}{2}\right)^N \cdot (1+F_A) \right]$$

式中 F_X 为个体 x 的近交系数,N 为共同祖先通往个体 x 的父亲和母亲的代数之和,F_A 为共同祖先本身的近交系数。如果共同祖先为非近交个体,则 $F_A = 0$,以上公式可简化为:

$$F_X = \frac{1}{2} \sum \left[\left(\frac{1}{2}\right)^N \right]$$

例如,以下系谱中共同祖先 E(非近交个体)通往个体 x 的父亲和母亲的代数之和为 4,即 N=4。

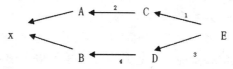

代入上述公式得知,x 的近交系数为 3.125%。

虽然应用同质选配也可以达到纯合基因、固定优良性状的目的,但由于同质选配只注重表型性状,忽视遗传基础,所以与近交相比,其固定速度慢,并且只在少数性状上起作用。而近交则能在多个性状上实现大范围的同质。

(2)暴露有害基因 既然近交能使基因纯化,那么也可使隐性的不良基因纯合而暴露出来,产生具有不良性状的个体。因此,近交可确定个体种牛的遗传价值。一般1头公牛与其25头左右的女儿交配,基本可以测出公牛所携带的全部隐性基因。对经验证证明有致死或半致死等不良基因的公牛应停止使用,以便有效地减少牛群中有害基因的频率和不良的遗传性状。

(3)保持优良个体的血统　根据遗传学原理,任何一头牛的血统在非近交情况下,都会随世代的更迭不断地变化,只有通过近交才可使优秀个体的血统长期地保持较好的水平而不严重下降。因此,对某些出类拔萃的个体,为保持其优良特性,可有目的地采用近交方式。

(4)使牛群同质化　近交在使基因纯合的同时,可造成牛群的分化,出现各种类型的纯合体,再加上严格的选择,就可得到比较同质的牛群。这些牛群之间互相交配,可望获得较明显的优势,而且后代较一致,有利于规范化饲养管理;另外,比较同质化的牛群还有利于提高估计遗传参数和育种值的准确性,因而对选种有益。

(5)近交的不良后果　近交会给牛群带来衰退现象,主要是指近交后代的生活力及繁殖力减退、生长发育缓慢、死亡率增高、体质变弱、适应性差和生产性能下降等现象。据报道,奶牛近交系数每上升1%,产奶量平均减少8%。

为防止近交衰退现象出现,必须合理地应用近交,并严格掌握近交的程度。同时要严格淘汰制度,及时淘汰不良个体。

2. 品系繁育　品系繁育是本品种选育最常用的一种方法,是育种工作的高级阶段。其最大的特点就是有目的地培育牛群在类型上的差异,以使牛群的有益性状继续保持并遗传给后代。这里所说的有益性状,不仅仅指生产性能,还包括生长发育、体质健康、繁殖性能和适应性等。如在奶牛育种中,不能只要求产奶量高,还要考虑奶的质量(如乳脂率、乳蛋白率等)、牛体健康状况、利用年限和适应能力等。因为只有健康的体质和良好的适应性才能保证高产稳产。

在实际工作中,要想挑选十全十美的个体几乎是不可能的,但要从一大群牛中挑选在某一方面具有突出表现的个体则容易得多。因此,我们可将在某一方面表现突出的个体类群,采用同质选配的方法,甚至可配合一定程度的近交,就能将此品种这方面的优良特性保持下去。如在一个品种内有计划地建立若干个各具特色的品系,然后通过品系间杂交,就可使整个牛群得到多方面的改良。所以,品系繁育既可达到保持和巩固品种优良特征、特性的目的,又可使这些优良特征、特性在个体中得到结合。在养牛业发达国家普遍采用品系繁育,我国在奶牛育种中多年来也有计划地进行品系繁育,都取得了显著的效果。

建立品系的首要问题是培育和选择系祖。系祖公牛必须具有卓越的优良性能,而且能将其本身的优良特征和特性遗传给后代。否则,特征特性不突出,尤其是遗传性不稳定的公牛,其后代不可能都具有突出的特性,因而不能作为系祖。在尚未发现具备系祖特性的公牛时,不应急于建系,应通过定向选配(如从种子母牛群或核心群中选出若干符合品系要求的母牛与较理想的公牛选配)的方式培育公牛,并经后裔测定证明是最优者,方可作为系祖来建立品系。一般情况下,为提高遗传稳定性,系祖公牛都含有一定的近交系数。据报道,近交系数以不超过 12.5% 为宜。

有了优秀的系祖公牛,就可与经严格选择的同质母牛进行个体选配。这些同质母牛必须符合品系的要求,并且要有一定的数量。一般建系之初的品系基础母牛群至少要有 100~150 头成年母牛。供建系用的基础母牛头数越多,就越能发挥优秀种公牛的作用。

品系建立后,为继续保持,要积极培育系祖的继承者。一般情况下品系的继承者都是系祖公牛的后代。继承者也必须按照培育系祖的要求,经后裔测定证明确是卓越的种公牛。

品系的建立增加了品种内部的差异,使牛群内的丰富遗传特性得以保持。建立品系的最终目的,是为了品系的结合(即品系间的杂交)。通过品系的结合,可利用品系间的互补遗传差异,增强品种的同一性,使品种内的个体更能表现出较全面的优良特征特性。

总之,品系的建立和品系的结合,是进行品系繁育的 2 个阶段,在育种过程中,这两个阶段可以循环往复,使品种不断得以改进和提高。

3. 顶交 顶交的含义是用近交公牛与无血缘关系的母牛交配,目的是为了防止近交衰退现象,提高下一代牛群的生产性能、适应性和繁殖效率。顶交还可在同一品种内出现杂种优势,因此,可得到良好的效果。

4. 远交 远交是指无血缘关系或血缘关系很远的个体之间的选配。远交的优点是可以避免近交衰退现象,在牛群中很少出现生产性能和生活力极端不良的个体,也使一些隐性的有害基因得以掩盖而不起作用。远交也是亲缘育种中有计划地进行血液更新的一种方法。但是,在远交牛群中生产性状的改进和提高较慢,也很少出现极优秀的个体,而且优良性状也不易固定。

(二)杂交改良

奶牛的杂交可以改变基因型,把不同亲本的优良特性结合起来而产生杂种优势。世界上许多乳用、肉用和兼用牛品种都是在杂交的基础上培育成功的。

杂交能加快遗传变异而有利于选种,因此,在杂交过程中,要注意发现新变异,使其向有利的方向转化,并保持和发展下去。杂交是现代奶牛育种的一种较快的方法,通过杂交可以综合 2~3 个品种的优点,创造出新品种。

据研究,亲缘关系较远的个体间杂交,它们的基因是优劣交错的,彼此的长短可以互补,互相遮盖。因此,一般的杂种牛都能表现出双亲的优点,隐藏双亲的缺点,使生产性能有较大提高。

在奶牛育种上常用的是品种间杂交,可使生产性能有不同程度的提高,杂一代母牛的经济性状介于二品种之间或稍高。

杂交的效果受多种因素的影响,主要有配合力、杂种后代性别、母亲年龄及父亲本身特性等。

配合力是指种群通过杂交能够获得杂种优势的程度,即杂交效果的好坏和大小。它又可分为一般配合力和特殊配合力两种。一般配合力就是一个种群与其他各种群杂交所能获得的平均效果,其基础是基因的加性效应;特殊配合力是两个特定种群之间杂交所能获得的超过一般配合力的杂种优势,它的基础是基因的非加性效应,即显性效应和上位效应。配合力的测定需通过杂交组合试验来进行,比较费时费力。

杂交效果的好坏一般用杂种优势率表示,以便于各性状间的相互比较。其计算公式是:

$$H(\%) = \frac{\overline{F}_1 - \overline{P}}{\overline{P}} \times 100$$

式中 H 为杂种优势率;$\overline{F}_1$ 为一代杂种的平均值;$\overline{P}$ 为亲本种群的平均值,即父本群体均值加母本群体均值的1/2。

开展品种间杂交,必须考虑国民经济的要求和社会需要、自然条件特点、杂种牛的特征特性及可能出现的优缺点等情况,同时应参考前人的成就和经验。只有选育目标明确,选种选配合理,才能取得好的效果。

在奶牛的选育中,常用的杂交方式有:级进杂交、育成杂交和导入杂交。

1. 级进杂交 是用高产品种改造低产品种的最常用方法,即利用高产品种的公牛与低产品种一代一代地交配(杂种后代都与同一品种的公牛交配)。杂一代可得到最大的改良,随着级进代数的增加,杂种优势逐代减弱并趋于回归。根据以往经验,级进三代加以固定可育成品种。例如,我国的草原红牛(乳肉兼用品种)就是以短角牛为父本,蒙古牛为母本,级进杂交至第三代后,进行横交固定的结果。这种方式在停止杂交时要求杂种牛具有较高的生产性能,并保留适应当地自然条件的特性与特征,因此,级进杂交并非代数越高越好。实践证明,一般级进至 3～4 代效果较好。

2. 育成杂交 是用 2～3 个以上的品种来培育新品种的一种方法。这种方法可使亲本的优良性状结合在后代身上,并产生原来品种所没有的优良品质。育成杂交可采取各种形式,在杂种后代符合育种要求时,就选择其中的优秀公、母牛进行自群繁育,横交固定而育成新的品种。育成杂交在某种程度上有其灵活性,例如在后代杂种牛表现不理想时,就可根据它们的特征、特性与自然条件来决定下一步应采取何种选育方式。

3. 导入杂交 当一个品种已具有多方面的优良性状,其性能已基本符合育种要求,只是在某一方面还存在着个别缺点,并且用本品种选育的方法又不能使缺点得以纠正时,就可利用具有这方面优点的另一品种的公牛与之交配,以纠正其缺点,使品种特性更加完善,这种方法称为导入杂交。其优点是不改变原来的育种方向,并保留原有的优点,并不是彻底的改造。因此,选择导入的品种时务必慎重。

杂交程度的计算:杂交程度一般用含某品种的血液程度来表示。为了简明地表示杂交程度,我们假定公牛和母牛的血缘在它们的第一代中各占$\frac{1}{2}$,如第二代仍继续用父系品种,则父系品种和母系品种的程度就分别为 $\frac{3}{4}$ 和 $\frac{1}{4}$,杂交三代各为 $\frac{7}{8}$ 和 $\frac{1}{8}$。杂交代数用 F 表示,则杂交程度的计算如下:

被改良的母系品种在各代中所占血液程度为:$F_1 = \frac{1}{2}$,$F_2 = (\frac{1}{2})^2$,$F_3 = (\frac{1}{2})^3$,$F_n = (\frac{1}{2})^n$

改良的父系品种在各代中所占的血液程度为:$F_1 = \frac{1}{2}$,$F_2 = 1 - (\frac{1}{2})^2$,$F_3 = 1 - (\frac{1}{2})^3$,$F_n = 1 - (\frac{1}{2})^n$

如果杂交双方的父本和母本牛均是杂交个体,其后代所含血液程度的计算与上法相同。例如,一头含 $\frac{1}{4}$ 西门塔尔牛血液的公牛与含 $\frac{1}{2}$ 西门塔尔牛血液的母牛配种,其后代含有西门塔尔牛血液的程度为:

$$(\frac{1}{4} \times \frac{1}{2}) + (\frac{1}{2} \times \frac{1}{2}) = \frac{3}{8}(西门塔尔牛血液)$$

(三)MOET 育种方案

MOET(Multiple Ovulation ancl EmbryoTransfer)是将超数排卵和胚胎移植技术应用于奶牛育种工作的新方法,这种方法可缩短世代间隔而加快了育种进程,可比现有的后裔测定方法提早 2.6 年左右出结果,并且不需要饲养多头生产性能不明确的公牛,不需在很大范围内进行,只需一个核心群就能得出准确的结果。

MOET 的基本原理是根据奶牛个体的生产性能记录和系谱分析(亲属、特别是全同胞和半同胞姊妹的生产性能)进行选择和评定公牛。其具体做法是,把最好的母牛集中起来,组成育种核心群,选其中最优秀的个体(占核心群 5% 左右)作为超数排卵的供体母牛,与选出的最优秀的公牛配种,取得胚胎并经性别鉴定和分割后,植入受体母牛子宫中发育成长至分娩。从得到的后代全同胞的公犊牛选留一头饲养,其余淘汰。母犊养至 15~16 个月龄时进行配种,这样到 2.5 岁时已应有 90d 的产奶记录,将这些母牛的生产性能即产奶量、乳成分、饲料采食量、排乳速度、抗病力和体型外貌等性状按家系进行比较,根据生产性能的好坏决定是否将它们全同胞中所留的公牛淘汰。这些母牛再使用最佳公牛配种,通过胚胎移植生产第三世代。数个世代后,核心牛群选出的公牛,母牛的平均育种值将优于商品牛群的牛只,甚至可优于提供精液配种的原公牛。这样选择出的优秀公牛就可以为其他牛群提供优良精液。

由此可见,MOET 育种方法因建立核心牛群、饲养一定数量的公母牛、大量的胚胎移植工作以及详细的生产性能记录等而需要的费用较多。

第三章　奶牛产业化繁殖技术

第一节　奶牛的性发育及其鉴定

奶牛出生后,随着身体的生长发育,生殖器官和生殖功能也在不断发育,到一定阶段开始出现性活动,进而达到性成熟和体成熟。

一、初 情 期

犊牛从初生到第一次出现射精(公犊)或发情排卵(母犊)的时期,称为初情期。初情期年龄愈小,表明性发育愈早。体重达成年牛体重的 40%～50%,即进入初情期。发育较快的奶牛,6～8 月龄时达到初情期,一般情况下 6～12 个月龄开始出现发情症状。公牛的初情期比较难以判断,一般来说,指公牛第一次能够射出精子的时期,这时公牛可能表现多种多样的行为,如嗅闻母牛的外阴部,爬跨母牛,阴茎勃起,有完整的交配动作。

母犊生殖道和卵巢在初情期前增长缓慢,随着年龄的增长而逐渐增大,当达到一定年龄和体重时,出现第一次发情和排卵,即达到初情期。在这时期以前,卵巢上虽有卵泡生长,但后来退化而消失,新的生长卵泡又再出现,最后又再退化,如此反复进行,直到初情期,卵泡才能发育成熟直至排卵。

初情期的调节与下丘脑-垂体-卵巢轴的生长和分泌功能有关。接近初情期时,下丘脑 GnRH 的脉冲性分泌增强,促进脑垂体促性腺激素(GTH)的分泌。达到初情期时,不仅释放到血液中的 GTH 量增加,而且卵巢对 GTH 的敏感性增强,从而引起卵泡发育。随着卵泡的增长和成熟,卵巢的重量增加,同时卵泡分泌雌激素到血液,刺激生殖道的生长和发育。有些奶牛会在第一次发情时,出现安静发情现象,即只排卵没有外部发情表现,这是因为在发情前需要少量的孕酮,才能使中枢神经系统适应雌激素的刺激而引起发情,而在初情期前,卵巢上没有黄体存在,因而没有孕酮分泌,所以只出现排卵而不表现发情征象。初情年龄早和迟除了遗传因素外,还取决于饲养管理、营养状况、气候、季节、生长发育、自然环境等。

二、性 成 熟

母牛在初情期后,一旦生殖器官发育成熟、发情和排卵正常并具有正常的生殖能力,则称为性成熟(sexualmaturity)。公牛性成熟是指生殖器官和生殖功能发育趋于完善,达到能够产生具有受精能力的精子,并有完全性行为。

性成熟是奶牛的正常生理现象,性成熟的早晚与品种、性别、营养、管理水平、气候等遗传方面和环境方面的多种因素有关,也是影响奶牛正常生产的因素之一。如小型早熟品种甚至在哺乳期(6~8月龄)内就可达到性成熟(母);而大型、晚熟品种,则需长到12月龄或更晚,一般公牛较母牛晚。育成母牛的性成熟期一般为12~14月龄,表明母牛具有繁殖能力,但不一定可以配种。幼牛在生长期如果一直处于营养状况良好的条件下,可比营养不良的牛性成熟早。放牧牛在气候适宜、牧草丰盛的条件下性成熟早,反之就晚。春、夏季出生的母牛性成熟较早,秋、冬季出生的母牛性成熟较晚。

三、体 成 熟

体成熟是指公、母牛的骨骼、肌肉和内脏器官已基本发育完成,而且具备了成年牛固有的形态和结构。因此,母牛性成熟并不意味着配种适龄,因为在整个个体的生长发育过程中,体成熟期要比性成熟期晚很多,这时的母牛虽然已经具有了繁殖后代的能力,性腺已经发育成熟,但母牛的机体发育并未成熟,全身各器官系统尚处于幼稚状态,此时尚不能参加配种,承担繁殖后代的任务。如果育成公牛过早地交配,不仅会影响其本身的正常发育和生产性能,缩短利用年限,还会影响到幼犊的生活力和生产性能。只有当母牛生长发育基本完成时,机体具有了成年牛的结构和形态,接近体成熟时才能参加配种。一般情况下,育成母牛的初次配种适龄为18~20月龄,最早不应早于15月龄。

一般来说,性成熟早的母牛,体成熟也早,可以早点配种、产犊,从而提高母牛终生的产犊数并增加经济效益。育成母牛初配年龄应在加强饲养管理和培育的基础上,根据其生长发育和健康状况而决定,只有发育良好的育成母牛才可提前配种。这样可提高母牛的生产性能,降低生产成本。

奶牛从出生至繁殖能力消失的时期,称为繁殖能力停止期。该期的长短与奶牛的品种及其终身寿命有关。奶牛在繁殖能力停止期后,即使是遗传性能非常好的品种,继续饲养也无意义,应该及早淘汰,以减少经济损失。

四、母牛的发情鉴定

在母牛正常生理周期中,随着卵巢上卵泡的发育、成熟、排卵,在下丘脑-垂体-性腺轴的调控下,其生殖器官和性行为发生一系列变化,并产生性欲,母牛的这种生理状态称为发情。对母牛发情季节、发情周期和发情表现的观察和了解,有助于更有效地进行发情鉴定及适时配种,从而提高母牛的繁殖效率。

(一)发情与排卵

牛为常年、多周期发情动物,在正常饲养管理条件下,可常年发情、配种。然而,奶牛发情表现以及持续时间随季节变化而有不同。在冬、夏两季,由于气温、湿度等环境影响,有时也会表现出发情不明显、不规律等情况,影响配种受胎率。此外,由于季节影响饲草饲料供应,进而影响母牛体况,从而影响母牛发情表现和排卵。当气候炎热时,大部分奶牛的发情持续期变短,30%奶牛发情持续期为6h,45%为12h,25%为8~24h。在高寒草原地区,春季为母牛发情旺季,占全年发情母牛的70.78%;夏季次之,占25.94%;秋季极少发情,仅占3.27%;冬季几乎没有发情母牛。母牛产后第一次发情的时间则很不一致,往往受季节的影响。我国西北部,春夏季母牛产后与首次发情间隔时间多数在70d以内,而秋冬季则有20%以上为70~150d。此外,哺乳对母牛产后发情也有影响,限制犊牛哺乳可以缩短产后第一次发情间隔,提高受胎率。

(二)发情表现

1. 行为变化　处于发情期的母牛因受生殖激素变化调节,其行为出现较明显变化。发情时,雌激素分泌增多,并在少量孕酮作用下,刺激性中枢,引起母牛发生性欲及性兴奋。常表现为双眼充血、兴奋不安、经常哞叫、食欲减退、频频排尿、静立不动接受爬跨、泌乳量下降。

2. 生殖器官变化　在发情前2~3d,母牛卵巢上卵泡发育加快,体积增大,卵泡壁变薄。母牛发情时整个生殖道的黏膜基质开始出现明显充血和水肿。输卵管在发生充血肿胀的同时,其分泌、蠕动及纤毛运动增强。子宫黏膜变厚,上皮增高,而子宫颈松弛,分泌物增多。外阴有黏液流出。发情后,卵泡破裂,排卵后形成黄体。由于发情时生殖道的充血肿胀,母牛发情过后往往出现血液或伴血黏液流出阴门,此为正常生理现象。

(三)发情周期性与其季节性变化

母牛在初情期后,卵巢上卵泡开始出现周期性的发育、成熟和排卵,这一过程影响了机体内的生殖激素内分泌调节,使生殖器官以及整个机体发生一系列变化。这种性活动的周期性变化称为发情周期性或性周期性。正常情况下,发情周期性变化将一直持续到机体性功能老化,即绝情期。

1. 发情周期的划分　发情周期是指从一次发情开始(或结束)到下次发情开始(或结束)的间隔时期。发情周期受光照、温度、饲养管理等因素影响,青年牛发情周期平均为20d,成年牛平均21d,而母牛产后发情一般始于产后40~50d。根据母牛在发情周期内生理变化特点,可将发情周期划分为发情前期、发情期、发情后期、发情间期(休情期)。通常,母牛发情前期持续3d、发情期持续10~24h、发情后期持续3~5d、发情间期持续13d。也可根据卵泡发育和黄体形成情况将发情周期分为卵泡期和黄体期。卵泡期是指黄体进一步退化,卵泡开始发育直到排卵为止,实际上包括发情前期和发情期两个阶段;黄体期是指从卵泡破裂排卵后形成黄体,直到黄体萎缩退化为止,相当于发情后期和间情期两个阶段。而奶牛发情观察一般选用"二分法"较为合适。

2. 发情周期的调节　在发情周期中,母牛卵巢上卵泡和黄体交替发育,调节发情周而复始。对10头2岁左右澳大利亚进口奶牛进行卵泡发育与发情周期中生殖激素浓度对比分析发现,优势卵泡发育体积与促卵泡素(FSH)、促黄体素(LH)、雌二醇(E_2)密切相关,即在奶牛发情周期第 2 天和第 12 天卵泡直径最大,与此同时血清中 FSH、LH、E_2 浓度也达高峰。黄体是卵巢上卵泡排卵或闭锁后形成的、由大黄体细胞和小黄体细胞组成的暂时性内分泌组织,主要功能是分泌孕酮(P_4)。利用超声显像技术观察黄体发育情况,发现母牛排卵后 3~4d 黄体形成速度最快。在排出的卵未受精情况下,黄体退化,启动下一个发情周期。此外,母牛的发情周期还受到季节、饲养管理、外界刺激(如光照、公畜气味、声音等)的调节。

(四)发情鉴定

准确的发情鉴定是适时输精、提高奶牛繁殖率的重要环节之一。越是高产的奶牛,发情特征越不明显。目前,生产上应用最普遍的发情鉴定方法是外部观察法,而直肠检查法鉴定准确率最高。此外,试情法、生殖激素检测法、计步器法也是较常用的发情鉴定方法。

1. 外部观察法 这是鉴定母牛发情最先使用的方法,常与其他方法结合应用,主要通过观察母牛的发情行为表现来判断是否发情和发情进展状况。母牛发情行为变化特征都能作为外部观察法的依据,特别是母牛爬跨其他牛或接受其他牛爬跨(站立发情)的特征,是母牛发情达到旺期的表现。通常,90%发情母牛有站立发情表现。在站立发情母牛中,60%在早晨出现爬跨,10%在中午出现爬跨,30%在傍晚出现爬跨。因此,发情观察必须每天进行 3 次,特别是早晨和傍晚的观察尤为重要。

此外,哞叫是母牛发情的另一重要特征。德国学者利用无线传声系统记录 10 头德国荷斯坦母牛(18~22 月龄)发情周期中的哞叫次数,发现从发情前 2d 到发情当天,母牛哞叫次数增多近 84%;发情前一天到发情当天增多 59%;而发情后,哞叫次数降低 79%左右。由此可见,母牛发情时的哞叫也可作为发情鉴定的参考依据之一。

2. 直肠检查法 直肠检查是判断发情最可靠的依据,能根据母牛卵巢上卵泡的大小、质地、形状、卵泡壁厚薄及弹性、卵泡有无破裂等来对母牛的发情情况进行鉴定。进行检查前,检查者需将指甲剪短磨光,手臂涂抹润滑剂,以免刮伤母牛生殖道,造成生殖道感染。检查者先手指并拢,以边旋转边缓慢往肛门里伸的方式进入,排除宿粪。然后,再用同样的方式伸入肛门,进入后,手掌展平,手心向下,缓缓抚摸。摸到质地较硬的棒状子宫颈后,继续向前摸,可摸到子宫颈末端分叉的子宫角。顺着一侧子宫角向下,即可摸到卵巢。随着卵巢上卵泡的发育,卵泡体积逐渐变大,卵泡壁逐渐变薄。当检到卵泡直径在 1.5cm 以上,且卵泡壁紧张而又弹性,并有一触即破感,此时母牛一般处于发情状态。这一时期持续 6~8h。此外,直肠检查还能检出卵巢是否发生病变,如卵巢囊肿、硬化、萎缩等,以区别母牛是否处于异常发情,如安静发情、持续发情、孕后发情等。

3. 试情法 该方法是通过观察母牛对公牛外貌、气味、叫声等表现出的性欲及性行为反应,来判断母牛的发情程度。发情时,母牛通常表现为愿意接近雄性,弓腰举尾巴、频频排尿,若有其他牛对其进行爬跨,则站立不动接受爬跨。而不发情或发情过后,母牛不接受爬跨,往往会躲避公牛。

4. 生殖激素检查法 应用放射免疫测定(RIA)和酶免疫测定(EIA)等激素测定技术,测定母牛血液、乳汁、尿液中生殖激素(FSH、LH、E_2、P_4)浓度,并依据发情周期中生殖激素水平的变化规律来判断母牛发情情况。据丹麦某研究小组报告,他们所建立的利用奶牛乳中孕酮浓度预测奶牛繁殖状态的数学模型,发情鉴定成功率高达 99.2%。随着,激素测定技术的不断发展,该方法有改变现在主要凭经验判断奶牛是否发情的现状。特别是利用生物传感器监测奶牛乳中孕酮含量变化技术的应用及改进,使奶牛发情鉴定更加方便、准确。

5. 计步器法 计步器是用于牛号识别和检测奶牛运动量的设备,在挤乳时通过接受设备将运动量数据传入电脑,通过电脑软件分析每头奶牛每天的运动量变化,为发情鉴定、适时输精提供依据。1993 年我国畜牧工作者在以色列的考察报告中显示,大多数牛场采用计步器法进行奶牛的发情鉴定,每头牛的前腿上绑上一个火柴盒大小的计步感应器,并由电脑将每头牛昼夜行走的步数存储起来,制成曲线图,由于发情母牛行动与正常母牛不一样,故可根据曲线图来确定是否发情。计步器在牛场中的应用,极大限度地减少了奶牛漏情和漏配现象的发生,提高隐性发情的发现率,缩短奶牛产犊间隔,以提高奶牛场的经济效益。黑龙江省牡丹江分局 858 农场自 2006 年 1 月 1 日引入计步器和天 PC 21 软件,并对其进行了应用研究,取得了良好效果。该方法现在许多规模场均已推广应用。

6. 发情检测器法 依据发情高峰期的显著特征,发情鉴定器一般贴在奶牛的尾根处,它能向观察人员显示该母牛是否已经接受了爬跨。美国 Kamar 公司生产的 Kamar 发情检测器(Kamar Heatdetectors)应用较为广泛。其最底层是供粘贴的一层帆布,帆布上有一封闭的塑料外套,内有一塑料管,直径开口约 2mm,当母牛接受爬跨时持续一定的压力,红色颜料被挤出,浸渗周围的海绵状物,鉴定器即变为鲜红色。鲜红色过一段时间会变成暗红色,观察人员可根据鉴定器的颜色来判断母牛是否已接受爬跨以及接受爬跨的大致时间。Kamar 发情检测器虽价格较高,但不易脱落和受其他因素干扰,且发情检出率可达 95%。

第二节 公牛的采精与精液冷冻

一、采　精

精液的采集简称采精(Semen Collection),其原则是保证公牛正常、充分的性欲和性行为表现,使射精顺利而完全,精液不被污染。认真做好采精前的准备,正确掌握采精技术,合理安排采精频率,是保证采得大量优质精液的前提。

(一)采精前的准备

1. 采精场 采精要有专用的场地和一定的采精环境,以便公牛建立稳固的条件反射,同时也是保证人、畜安全和防止精液污染的基本条件。采精场应设在精液检查处理室附近,要求宽敞、平坦、安静、清洁,以室内为宜。场内应有采精架以保定台牛,采精场所的地面既要平坦,但又不能过于光滑,最好能铺上橡皮垫以防打滑。另外,采精前要将场所打扫干净,采精场还应配备喷洒消毒设施和紫外线灯。

2. 器械的清洗与消毒　采精之前要将采精、精液处理和授精用的所有器械、用具洗净擦干,然后对所有器械进行消毒。

3. 台牛的准备　采精用的台牛(dummy)要尽量满足种公牛的要求,可利用活台牛或假台牛。采精时选择性情温驯、体格健壮、体型适中、健康无病、发情良好的母牛作活台牛效果最好,经过训练的公、母牛或阉牛也可作活台牛。在西欧一些国家使用机械假台牛(又称采精车),其内为钢架,外覆弹性柔软物品,后躯模拟母牛臀部,内设固定假阴道装置,下有车轮和轨道,可自动进退和调节高低。采精时,采精员坐在椅子上,随轨道前后移动,将假阴道方位角度调整好后,即可顺利地采取公牛精液,这样大大节省了人力。

4. 种公牛的准备和调教　种公牛采精前的准备,包括体表的清洁消毒和诱情——性的准备等两个方面。这与精液的质量和数量都有密切关系。

(1)种公牛清洁消毒　采精前,应擦洗公牛下腹部,用0.1%高锰酸钾溶液等洗净其包皮外,抹干,挤出包皮腔内积尿和其他残留物并抹干。现阶段各国对生产出口冻精的优秀种公牛的饲养、管理、体质、健康、采精现场和牛体的清洁卫生等各个方面要求十分严格。为了生产无特定病原(SPF)冻精,不仅从采精开始就注意预防某些危害大的疫病传播,甚至从其胚胎时期开始,就已注意预防某些病原微生物对成年后公牛可能带来的精液污染危险。

(2)诱情　采精前,用诱情的方法促使公牛有充分的性兴奋和性欲,尤其对性欲迟钝的公牛,要进行各种性刺激,以增加性欲强度。如让公牛在母牛附近作瞬间停留,或进行多次假爬跨;更换台牛、变换位置及观摩其他公牛爬跨等方法。

(3)种公牛的调教　种公牛适应爬跨假台牛,必须经过一段时间的调教训练。调教方法很多,可根据具体情况选择采用。例如,在假台牛的后躯,涂抹发情母牛阴道黏液或尿液,或者在假台牛旁安放1头发情母牛,引起公牛性欲和爬跨,但不让其真正交配,爬上去即拉下来,这样反复多次,待公牛性激动已至高潮时,迅速牵走母牛,再诱导公牛爬跨假台牛采精,此时如果假台牛表面覆盖有真牛皮,再沾有发情母牛的特异气味,则诱导爬跨的效果更加理想。在调教过程中,还可结合播放母牛发情求偶和交配时的录音带,这也有助于刺激公牛性行为的充分表现,从而促使其爬跨假台牛。

调教期间,要特别注意改善和加强公牛的饲养管理,以保持健壮的种用体况,同时最好是在每日早上公牛精力充沛和性欲旺盛时进行,尤其是在炎夏高温季节,不宜在气温高的中午进行。初次爬跨采精成功后,还要连续地经过多次重复训练,才能建立起巩固的条件反射。调教过程中,有些公牛胆怯或不适应,要耐心,多接近,勤诱导,绝不能强迫、抽打、恐吓或有其他不良刺激,以防产生性抑制而给调教工作造成更大障碍。

（二）采精技术

采精的方法有多种,如假阴道法、按摩法、手握法、筒握法和电刺激法等。实践中常用假阴道法收集种公牛精液,对于无法爬跨以及性情乖戾的公牛可使用电刺激法。另外,直肠按摩法亦可收集到精液,即操作人员手伸入直肠,按摩两侧精囊腺以及2条输精管壶腹部,从而引起公牛射精,但此法需先清除肠内宿粪,操作繁琐,故极少使用。综合比较以上3种采精方法,最佳为假阴道法。

1. 假阴道法　假阴道(Artificial vagina)是模拟雌性动物阴道条件而仿制的人工阴道。假阴道由外壳、内胎、集精杯及其附件组成。外壳为筒状,可用镀锌铁皮、硬质塑料或橡胶制成。内胎为弹力强、无毒、柔软的乳胶或橡胶管。牛用假阴道有欧美式和苏式2种类型。欧美式牛用假阴道的集精杯为有刻度试管,用一乳胶漏斗将假阴道的一端与集精杯相连。苏式集精杯都是保温的双层设计,适宜于低温天气和寒冷地区使用(图 3-1)。改进后的苏式牛用假阴道入口处,增加了一个弹性保护膜,这样既可防尘又可起到阴门括约肌的作用。日本西川氏牛用假阴道具有双层内胎,集精杯装在其中,同时杯内装有稀释液,精液采集后即可立即稀释,有利于减少外界不良环境因素对精子的影响。北京市奶牛研究所种公牛站在改进法国牛用假阴道的基础上,研制出的一种新型牛用假阴道,具有鸡皮面内胎等特点,有利于刺激性反射,对提高采集精液的数量和质量都有比较明显的效果。

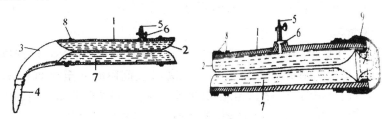

图 3-1　牛用假阴道示意　（左:欧美式;右:苏式）

1. 外壳　2. 内胎　3. 橡胶漏斗　4. 集精杯　5. 气嘴　6. 水孔　7. 温水
8. 固定胶圈　9. 集精杯固定套

采精前需安装好假阴道,以满足射精所需的三大条件,即温度、润滑度和压力。通过注水孔注入外壳与内胎之间的水温可控制在 42℃左右,涂抹于胎内距外口 1/3 处的润滑剂可用灭菌的凡士林或硅胶润滑剂,压力可吹气增压(内胎入口处自然闭合成"Y"形)。采精时,采精员一般右手持假阴道站立于公牛的右后侧,导牛员在台牛的左前方,采精员和导牛员之间相互配合,保证种公牛充分射精。当种公牛爬上台牛,阴茎还未触及台牛时,采精员迅速上前,左肩靠住公牛右腹部,同时左手将其包皮拖住,右手持假阴道的角度与公牛阴茎的角度相一致(斜向上 40°左右),将阴茎导入假阴道,公牛向前一冲即射精。射精后,将假阴道的集精管端向下倾斜。公牛下台时假阴道和公牛一起顺势移动,待阴茎自然缩回,即可竖立假阴道,打开进气阀,以便精液流入集精杯。

2. 电刺激法 电刺激采精技术可分为两类：一是阴茎电刺激采精法，二是直肠探子法。因损伤或性反射慢等失去爬跨能力的种公牛常用后者。

电刺激器有电流发生器和电极探子两部分组成。发生器由控制频率的定时选择电路、多谐振荡器的频率选择电路、调节多挡的直流变换电路和能够输出足够刺激电流的功率放大器四个部分组成。探子则是由空心绝缘胶棒缠线而成的直型电极或环型电极。

采精前把采精公牛牵引到保定架内保定，剪除阴毛，彻底清洗和消毒包皮，清除直肠积粪，然后把经消毒润滑后的电刺激采精器电极探头插入公牛直肠，抵达输精管壶腹部，插入的深度为 20～25cm。采精时先开通电源，调节电流控制器，确定频率和通电时间，再根据公牛的反应情况由弱到强逐步增加电刺激强度。同时，另一名人员备好集精杯，当公牛阴茎明显膨大伸长并呈粉红色、乳白色的精液流出时立即收集精液。牛电刺激采精的电流参数为：频率 20～30Hz，电压 3～6～9～12～16V，电流 150～250mA，通电持续时间为 3～5s，间隔时间为 5～10s。

3. 按摩法 操作人员的手臂伸入公牛直肠内，清除肠内宿粪，再将手伸至膀胱背侧稍后部位，轻轻按摩两侧精囊腺，以刺激精囊腺分泌物自发流出；然后用手指按压两侧精囊腺之间的两条输精管壶腹部，做前后反复滑动按摩，即可引起公牛射精。与此同时，助手可由上向下按摩阴茎，以刺激阴茎伸出包皮外，便于收集精液，减少污染。

（三）采精频率

依据每头公牛的身体状况、神经兴奋性、营养状况和所处的环境状况确定适宜采精频率。通常，每周采精 2～3d，每天采精 2 次，2 次间隔时间至少 20min，以恢复性兴奋及体力，然后再进行下一次采精。初次采精时，应安排经验丰富的饲养员和采精员。初次采精年龄，应不低于 14 月龄，采精频率可以控制在 2 周 1 次或 1 周 1 次。

二、精液的组成与精子的发生周期

（一）精液的组成

精液（semen）是由精子和精清（seminalplasma）组成的细胞悬液。精清构成精液的液体部分，主要是来自副性腺的分泌物，此外还有少量的睾丸液和附睾液，是在射精时形成的。

1. 精子的化学组成 精子的主要化学成分为核酸、蛋白质和脂类。单个精子的核约占其干重的 1/3，组成核染色质的 DNA 和蛋白质约各占 1/2。顶体冒含有多种酶（如透明质酸酶、顶体素等）。在尾部有多种结构蛋白、酶和脂类。

X-精子 DNA 含量比 Y-精子多 3%～4%，据此可用流式细胞仪（flowcytometer）对精子进行分类，获得较纯的 X-精子和 Y-精子，用于人工授精或 IVF，从而实现性别控制。

2. 精清的化学组成　精清来自睾丸、附睾和副性腺,不同个体由于副性腺的数量、大小和结构的差异造成精清的化学组成也有明显的差异,即使是同一个体,因采精方法、时间和频率等不同,精清成分也有一定的变化。精清中果糖含量较高,主要来源于精囊腺。精清中已发现有 17 种游离氨基酸,其中谷氨酸含量最高,占 38%。精清中的脂类物质主要是磷脂,多以甘油磷酸胆碱(Glyceryl Phosphoryl Choline, GPC)的形式存在。

(二)精子的发生周期

精子发生过程可分为 3 个阶段,即精原细胞增殖、精母细胞发育与成熟分裂、精子的形成。

在精子发生中,循环往复地出现精子发生序列,即从 A 型精原细胞直至精子细胞变成精子的过程,称为精子发生周期。完成一个精子发生序列所需要的时间也就是精子发生周期,牛为 54~60d。

三、精液品质鉴定

精液品质检查的目的在于鉴定精液品质的优劣。评定的各项指标,为精液取舍、稀释保存和运输的依据,并确定能否用于输精。同时,还可据此了解种公牛的饲养水平、生殖功能状态和技术操作水平等。

评定精液质量的方法,可以归纳为 4 个方面:一是外观检查;二是显微镜检查;三是生物化学检查;四是精子生活力检查。采用多项综合检查,能准确地确定精液的品质。

(一)外观评定

主要是用肉眼观察,可对精液品质做出初步估测。

1. 精液量　指公牛一次采精射出精液的容量。公牛采精后应立即从刻度集精管上直接读出射精量,也可用量筒测量。目前也采用天平称重来确定射精量,这样可以避免因各集精管上刻度不一致引起的误差。精液量因个体而异。同一个体又可因年龄、性准备状况、采精方法及技术水平、采精频率和营养状况等而有所变化。评定射精量不能凭一次采精记录,应以一定时间内多次射精量的平均数为依据。

2. 色泽　一般为乳白色,精子密度越高,乳白色程度越浓,其透明度也就愈低。

3. 气味　略有膻味。

4. 云雾状　精液因精子密度高而浑浊不透明,因此用肉眼观察刚采得的新鲜精液时,可看到如翻腾滚滚的云雾状,表明精子密度大而运动又非常活跃。

(二)显微镜检查

1. 精子活力检查　精子活力(spermmotility)也称活率,是指精液中呈直线前进运动精子数占总精子数的百分率。一般在采精后、精液处理前后、冷冻精液解冻后和运输前后以及输精前都要进行检查。活力检查方法有多种。

(1)目测评定法　采用显微镜放大 200~400 倍,对精液样品进行目测评定。

（2）死、活精子计数法　死、活精子的计数一般采用染色检测的方法。这种方法是利用活精子对特定染料不着色而死精子着色的特点来区分死精子和活精子，从而计算死、活精子的比例。染色后，着色的精子（特别是头部）即为死精子，不着色的是活精子。

常用的染色剂有伊红、刚果红等，为使镜检时视野中的精子轮廓鲜明、便于观察计数，常用苯胺黑、苯胺蓝、快绿等染料作背景色。用伊红-苯胺黑染色时，死精子在苯胺黑的背景中染成红色。具体操作方法如下：将苯胺黑用等渗的磷酸盐溶液或柠檬酸钠溶液或 0.9％的氯化钠溶液配成 1％的溶液，伊红配成 5％溶液；将 2 滴苯胺黑溶液置于玻片上，1 滴伊红溶液置于苯胺黑溶液旁边；然后将 1 滴精液滴于伊红溶液中，充分混匀后再与苯胺黑溶液混合，搅拌后制成抹片镜检。此时背景为黑色，活精子不着色，死精子为粉红色。通常在 400～600 倍的光学显微镜下从染色抹片中随机观察一定数量精子（通常为 500 个）的着色情况，计算其中死、活精子比例。最简单的染色法则可采用单纯的 5％伊红或 1.1％～1.5％红汞溶液作为染色剂。

此外，检查死、活精子的比例还可采用升温法，即将适当稀释后的精液样品置于血细胞计数板上，在恒温显微镜下首先统计出死亡的精子数。然后加热（在恒温干燥箱内 100℃，2min）以使精子全部死亡，再计算精子总数，从总数中减去死亡的精子数，便是活精子数，据此可算出死、活精子的百分率。

（3）其他检查法　用于测定精子活力的方法还有很多，比如从精子通过光电管时观察精子运动速度、游泳方式和活率的光电法、电子法，暗视野显微定时曝光照片法，显微电视录像计数法，分光光度计测定法，计算机辅助精液分析（computer-assist-edsemenanalysis，CASA）系统。

CASA 测试系统是视频技术与计算机技术的高度结合，除可分析精子密度、活动百分率、精子畸形率等精子参数指标外，还可以客观地评价精子运动的速度及运动的方式，显示了其独特的优越性，克服了传统测定方法所存在的费时、信息量少、准确度差、主观性高等缺陷。

美国、德国等在 20 世纪 80 年代末至 90 年代初开始推出计算机辅助精液分析系统。例如，美国 Motion Analysis 公司有 Cell Track 系列产品，Cryo Research 公司有 CellSoft 系列产品，Hamilton-Thron Research 公司有 HTM 系列产品；德国的 Stromberg-Mika 公司有 SM-CMA 系列产品。这些系统除了计算精子数以外，还对精子的运动特征进行分析，包括精子的直线速度（Straight-linearVelocity，VSL）、曲线速度（CurvilinearVelo city，VCL）、精子头摆动幅度（AmplitudeofLateralHead isplacement，ALH）、头摆动频率（Beat Cross Frequency，BCF）等。在我国，从 20 世纪 90 年代起，也开始了基于精子图像的精子分析研究，并先后推出了多种 CASA 系统，目前在市面上推广使用的主要有：北京伟力技贸公司研制的 WLJY-9000 型伟力彩色精子质量检测系统；北京中科恒业科技有限公司研制的精子计算机分析系统 ZK-PACS-E；北京航天瑞祺科技发展有限公司的 DNA 精子分析系统；清华同方的精子及微生物动/静态图像自动检测系统等。然而,迄今为止,国内还未见有 CASA 系统应用于畜牧业的相关报道。

2. 精子密度检查　精子密度也称为精子浓度(Sperm Concentration),指每毫升精液中所含的精子数。根据精子密度可以算出每次射精量(或滤精量)中的总精子数,再结合精子活率和每个输精量中应含的有效精子数,即可确定精液合理的稀释倍数和可配母牛的头数。目前测定精子密度的主要方法是目测法、血细胞计数器计数法和光电比色计测定法。此外,还有硫酸钡比浊法、细胞容量法、凝集试验法和快速电子法等。

(1)目测法　又称估测法。这在生产中最常采用,并可与活率检查同时进行。将原精液放在低倍(10×10)显微镜下观察,根据视野中精子稠密程度,粗略地分为"稠密"、"中等"、"稀薄"三个等级。

(2)血细胞计数法　该法计算精子数与计算血液中红细胞、白细胞数的方法相类似。用血细胞计数法可比较准确地测定每毫升精液中的精子数量,

具体操作步骤如下:①显微镜放大 100～250 倍寻找血红细胞计数板上的计算室,看清计算室后盖上专用盖玻片。②采用虹吸管吸取牛精液样品。③用 3%氧化钠溶液稀释样品并致死精子,便于观察计数。④将稀释后的精液混匀,用吸管滴在盖玻片边缘,使其渗入计算室内,充满其中,不得有气泡。⑤显微镜放大 400～600 倍抽样观察,计算 5 个大方格(即 80 个小方格)内的精子数(抽样观察的 5 个大方格,应位于一条对角线上四角加中央共 5 个大方格)。⑥将 5 个大方格内的精子总数代入下列计算公式,换算出每毫升原精液内的精子数。计算公式为:

1ml 原精液内的精子数＝5 个大方格内的精子数×5(等于整个计算室 25 个大方格内的精子数)×10(等于 1mm^3 内的精子数)×1000(等于 1ml 被检稀释精液样品内的精子数)×被检精液稀释倍数

(3)光电比色计测定法　事先将原精液稀释成不同倍数,并用血细胞计计算其精子密度,从而制成已知系列各级精子密度标准管,然后使用光电比色计测定其透光度,根据透光度求出每相差 1%透光度的级差精子数,编制成精子密度查数表备用。正式检测精液样品时,只需将原精液按一定比例(通常为 1∶80～100)稀释后,用光电比色计测定其透光值,然后根据其透光值查对精子密度查数表,即可从中找出其相对应的精子密度值。

精子密度测定仪是最新型的光电比色计,已事先把标准曲线储存在控制仪器的微电脑中,使用时自动对测定的精液样品稀释,可直接计算出或打印出样品的精子密度、建议的稀释倍数和稀释液的加入量等项目的数据,可快捷、准确、方便地测定精子密度,已被冷冻精液生产单位普遍采用。

(4)电子颗粒计数仪测定法　电子颗粒计数仪能准确测定精子密度,其准确度比血细胞计或光电比色计更高,使用时该仪器被调整到测定颗粒物档位,以便只对样品中的精子细胞进行计数。已作稀释的精液样品通过一个特制的直径很小的毛细管

时,每次只有 1 个精子细胞在 2 个电极之间通过。精子头部引起的电阻陡增被计数器记录。

四、影响精液品质的因素

精液品质是用以反映动物精液受精能力的质量指标体系,一般包括射精量、精液外观、精子密度、精子活力、精子形态以及精液生理生化特性等。精液品质的好坏,受多种因素的影响,主要有如下几个方面。

(一)品 种

不同品种之间有一定差异,主要由品种间的遗传特性所决定。

(二)年 龄

同一个体因年龄不同精液品质也有差异。一般从性成熟到壮龄,精液量和精子密度逐年增加,壮龄以后逐年下降。有研究认为 3～4 岁公牛的精液质量最好,受胎率最高,5 岁以后精液质量、受胎率呈下降趋势。

(三)个 体

个体之间的精液质量也有差异。有些个体生产精液的数量多、质量好,有些个体精液的质量较差。

(四)营 养

营养水平和营养平衡对精液品质有显著的影响。营养不足,青年公牛的性成熟推迟,精子的形成受到抑制;成年公牛则精液质量明显下降,受胎率也下降。营养过好,特别是饲料的能量水平过高,会导致公牛过肥,性欲下降,畸形精子增多。饲料中缺乏蛋白质、维生素、某些矿物质或微量元素时,都有可能影响精液品质。因此,种公牛全价饲养,保证其对各种营养成分的需要,才能有良好的性欲和优质的精液。

(五)季节与温度

在夏季和早秋高温期间,精液质量显著下降,死精子数和畸形精子率增加,精子密度降低,活力下降,其原因是热应激影响睾丸的正常生精功能。

(六)健康状况

公牛的健康状况对精液品质有重要影响。生殖系统疾病(如睾丸炎、附睾炎)、一些传染病(如布鲁氏菌病)等可降低精液品质,使公牛生育力降低,甚至不育。因此,采取一定措施,如适当的运动、预防注射等,对增强公牛的健康、提高精液品质具有重要意义。

(七)其 他

自然交配时的配种频率、人工授精时的采集技术、采精频率等,都可影响精液品质。如果频率过高,采精技术不当或技术不熟练等,均可使精液品质下降,受孕率降低。

另外,一些化学物质具有雄性生殖毒性,使精子发生受阻,精液品质下降,如棉酚作用于精子发育过程的不同阶段,最终表现为精子减少,不育。

五、冷冻精液的生产

牛精液采集后,一般生产细管冷冻精液,可保存几年不坏,使精液利用不受时间、地域和种牛生命的限制,运输方便。另外,精液冷冻前需进行稀释,一方面可以扩大精液容量,提高一次射精的可配母牛头数,另一方面可以降低精液能耗,补充适当养分及添加一些抑菌物,延长精子寿命。

(一)原　理

精子在冷冻状态下,代谢几乎停止,生命以相对静止状态保持下来,一旦升温又能复苏而不失去受精能力。复苏的关键在于在冷冻过程中,精子在冷冻保护剂的作用下,防止了细胞内水的冰晶化所造成的破坏作用。

(二)稀释液成分与配方

冷冻保存稀释液的成分包括营养剂、防冷刺激物质(卵黄、奶类)、抗冻物质(甘油等)、缓冲物质(柠檬酸钠等)、抗生素及其他添加剂。水牛冷冻精液稀释液中添加鹌鹑卵黄后,解冻后的精子活力明显高于添加鸡卵黄的,合子的分裂率和囊胚孵化率也高于鸡卵黄的。对于奶牛冷冻精液,甘油的冷冻效果优于DMSO(二甲基亚砜)与乙二醇。海藻糖、BSA(牛血清白蛋白)、SDS(十二烷基硫酸钠)以及一些中药也可作为冷冻保护剂。在精液冷冻与解冻过程中会产生过多活性氧(ROS),增加精子的脂质过氧化反应,降低精液品质。一些抗氧化剂的添加,如酶类有SOD-过氧化物歧化酶、CAT-过氧化氢酶,维生素类有维生素C、维生素E以及牛磺酸、海藻糖等,它们可以减少损伤和死亡精子数,从而减少对正常精子的影响,明显改善解冻后精子活率,提高精子顶体完整率。在精液冷冻稀释液中添加猪精清,既可以明显提高奶牛性控精液的精子顶体完整率和精子活率,又可以节约精液制备成本。中草药的加入,如淫羊藿、菟丝子、巴戟天,因其含各种氨基酸、无机盐、糖类等,在一定程度上可解决抗生素和化学物质的残留副作用,以及病原微生物的耐药性等问题,对提高精液冷冻效果有重要的意义。在国外,已有商品化的公牛冷冻稀释液,如Triladyl(一次稀释法)、Biladyl(二次稀释法)。

牛冷冻精液稀释液的种类较多,可根据自身的经验和条件选用并固定1～2个最适宜的稀释液配方(表3-1)。

表 3-1　几种常用的牛精液冷冻保存稀释液

稀释液成分	乳卵甘液	蔗卵甘液	葡卵甘液	葡柠卵甘液	
				Ⅰ液	Ⅱ液
基础液					
蔗糖(g)	—	12	—	—	—
乳糖(g)	11	—	—	3	—
葡萄糖(g)	—	—	7.5	1.4	—

稀释液成分	乳卵甘液	蔗卵甘液	葡卵甘液	葡柠卵甘液	
				Ⅰ液	Ⅱ液
二水柠檬酸钠(g)	—	—	—	100	—
蒸馏水(ml)	100	100	100	—	—
稀释液					
基础液(容量%)	75	75	75	80	86
卵黄(容量%)	20	20	20	20	—
甘油(容量%)	5	5	5	—	14
青霉素(IU/ml)	1000	1000	1000	1000	—
双氢链霉素(μg/ml)	1000	1000	1000	1000	—

(三)精液稀释倍数

稀释倍数的确定主要依据原精液的精子密度和活率,以及精子解冻后的活率来确定,一般稀释倍数以 1∶3～10 为佳。

(四)稀释方法

目前以一次或二次稀释方法为主。

(五)精液的低温平衡

平衡是指精液加入含甘油的稀释液后,需在 4℃～5℃的条件下放置一段时间。牛精液在冷冻前各国采用的平衡时间差异较大,我国一般在 2～4h。

(六)精液的分装与冻结

目前,牛冻精产品以 0.25ml 细管冻精生产为主。使用全自动冷冻仪,以液氮为冷源进行熏蒸并贮存。

(七)精液解冻

对于目前普遍使用的细管型冻精,英、法、日、墨西哥、印度等国家采用低温(5℃)缓慢解冻,新西兰、芬兰、瑞典、澳大利亚等国采用室温(15℃)中速解冻,挪威等国家采用 75℃高温快速解冻,而我国、匈牙利和比利时等 20 多个国家多采用 37℃～40℃体温快速解冻,均取得了良好的效果。世界范围内精液解冻温度不一致主要是由于各国牛品种的特异性,精子膜对冷冻解冻温度的敏感性不同。

六、牛冷冻精液国家标准

为了适应畜牧生产的需求,牛冷冻精液国家标准在不断更新,GB 4143—2008 在 GB 4143—1984 基础上作了修改,要求为:

(一)新鲜精液

色泽乳白色或淡黄色。精子活力≥65%,精子密度≥6×10^8,精子畸形率≤

15％。

(二)解冻后精液

精子活力≥35％,前进运动精子数≥8×10⁶ 个,精子畸形率≤18％。

第三节　奶牛人工授精技术

一、人工授精技术在奶牛生产中的意义

人工授精(AI)是家畜繁殖技术革新的一项重大突破,在奶牛繁殖育种中所起的作用更大。

(一)高度发挥优良种公牛的利用率

运用人工授精技术,1 头种公牛 1 次射精可配种的母牛数是自然交配的几十倍,甚至几百倍。在自然交配条件下,1 次交配仅可给 1 头母牛授精,而采用人工授精,1次射精所取得的精液经过稀释处理后可供给 20～30 头母牛配种。如将精液稀释后经过冷冻可给 200～300 头母牛配种,这样可以大大提高优良种公牛的利用率。迄今,国外优秀的荷斯坦种公牛一生可产 10 万份冷冻精液,生产数万个后代。由此大大减少了种公牛的需要量,在同样的选择基础上,提高了公牛的选择强度,从而加快了群体的遗传进展。

(二)加速品种改良步伐,加快育种工作进程

人工授精技术,特别是冷冻精液和性控冷冻精液的运用,极大限度地提高了种公牛的配种能力,因而使优秀种公牛的遗传基因迅速扩大,使后代生产性能迅速提高,从而加速了品种改良。

(三)提高对公牛遗传评定的准确性

通过冷冻精液的传递,能使参加后裔测定的种公牛与来自不同地区、不同群体的母牛交配,从而获得数量更多、分布范围更广泛的生产性能测定数据,使得对公牛的遗传评定更精确。

(四)提高养牛效益

由于每头种公牛可配的母牛数增多,相应减少了公牛饲养头数,降低了饲养管理费用。

(五)控制疾病传播

人工授精可以预防生殖器官传染病和寄生虫病的感染。在自然交配中,母牛的一些传染病容易通过公牛而传给其他母牛。而人工授精必须严格遵守操作规程,只有健康的公、母牛才能用作人工授精,因此可减少和防止因本交引起的传染性疾病,如布鲁氏菌病、毛滴虫病、胎儿弧菌病、传染性流产等。

二、国内奶牛人工授精技术的进展

人工授精技术在我国的研究与推广应用,自 1935 年开始,以王善政教授在句容

种马场进行人工授精试验并获得成功为起点。20 世纪 40 年代初,该技术开始应用于绵羊和乳牛。1942 年,吕高辉和吕高超在四川华西大学农业研究所任职期间,推广牛、羊人工授精技术,乳牛人工授精数达 50 余头,其受胎率均在 80% 以上。中华人民共和国成立后,奶牛人工授精技术得到进一步发展。1952 年,首先在北京双桥农场推广应用人工授精技术。1956 年,开始推广应用直肠把握子宫颈深部输精技术。吉林省通榆县自 1958 年开始,在全县进行黄牛杂交改良的同时,推广应用人工授精技术,是国内大规模推广应用牛人工授精技术的典范。北京市北郊农场于 1964 年,安装了第一台 PLN-106 型液氮机,开始用液氮(−196℃)冷冻牛精液,曾获得奶牛情期受胎率 56.5%～58.8% 的好成绩。1977 年,开始在全国正式推广应用牛冷冻精液,并于 1978 年在四川成都召开第一届全国家畜繁殖及人工授精学术研讨会。目前已在各县和大多数乡、镇建立了人工授精点,奶牛人工授精覆盖率达 100%,大大加快了牛的品种改良,有力地促进了奶业的发展。

三、输精操作程序

奶牛的输精有 2 种方法,即直肠把握子宫颈输精法和阴道开张器输精法。直肠把握子宫颈输精法亦称直肠把握法或深部输精法,与直肠检查相似,是普遍采用的输精方法,输精后的母牛情期受胎率高于阴道开张器法。阴道开张器法输精部位较浅,受胎率较低,目前基本停止使用,所以本书只介绍直肠把握法。

(一)母牛准备

一般在输精架内或拴系于牛床上保定输精。母牛保定后,将尾巴拉向一侧,清洗阴门及会阴部,再用消毒液进行消毒,然后用灭菌生理盐水冲洗,灭菌布擦干。

(二)精液准备

1. 器械清洗和消毒 凡是接触精液和母牛生殖道的输精用器具都应进行清洗和消毒。

2. 冷冻精液的贮存 冷冻精液应浸泡在液氮生物器中贮存,液氮生物容器应符合 GB/T 5458 有关规定。包装好的冷冻精液由一个液氮容器转移到另一液氮容器时,在液氮容器外停留时间不得超过 5s。

3. 精液质量检查

(1)新鲜精液 色泽乳白或淡黄色。精子活力≥65%,精子密度≥$6×10^8$ 个/ml,精子畸形率≤15%。

(2)冻精 盛装精液的细管需无裂痕,两端封口严密。每剂量冻精解冻后精子活力≥35%,前进运动精子数≥800 万个,精子畸形率≤18%,细菌数≤800 个。

4. 精液解冻

(1)细管冻精 用长柄镊子从贮藏罐中取出细管后,直接放入 38℃～40℃温水中解冻,全部融化后取出,擦干水,用专用剪刀剪开不带棉塞的一端,将有棉塞一端装在输精推杆上,套上外保护套备用。

（2）颗粒冻精解冻 取试管1支,加1ml解冻液,放入40℃温水中预热,取出1粒颗粒冻精投入试管中,不断摇动至接近融化时取出,镜检合格后吸入输精管中备用。

（三）输 精

输精人员一只手五指并拢,呈圆锥形从肛门伸进直肠,动作要轻柔,在直肠内触摸并把握住子宫颈,使子宫颈把握在手掌之中,另一只手将输精器从阴道下口斜上方约45°角向里轻轻插入,双手配合,输精器头对准子宫颈口,轻轻旋转插进,过子宫颈口螺旋状皱襞1~2cm到达输精部位及子宫角间沟分岔部的子宫体部,不宜深达子宫角部位。1头母牛应使用1支输精器或者1支消毒塑料输精外套管。直肠把握输精使用球式玻璃输精器时,注入输精前略后退约0.5cm,手捏橡胶头注入输精,输精管抽出前不得松开橡胶头,以免回流精液;使用金属输精器时,注入输精前略后退约0.5cm,把输精器推杆缓缓向前推,通过细管中棉塞向前注入精液。

直肠把握法输精的优点:①通过直肠检查触摸卵巢变化,可发现卵巢、子宫疾病。②便于掌握卵泡变化过程,做到适时授精,从而提高受胎率。③可以进行早期妊娠诊断,防止假发情误配。④输精部位深,可防止努责所造成的精液逆流,用具简单,操作方便,不易感染,受胎率比阴道开张法高。

直肠把握法输精注意事项:①冻精在38℃~40℃温度下进行镜检,镜检活力0.3以下者不予输精。②冬季输精要防止低温对解冻后精液的冷打击。③输精器严格消毒,每头牛每次用1支,不能重复使用,防止污染。④解冻后要立即输精,精液存放不应超过1h。⑤输清后要记录配种情况(包括公牛品种、公牛号、母牛号、冻精活力、输精时间、母牛发情状况等)。⑥直肠检查或输精,母牛努责、肠道形成空洞时,不要硬性抓捏。⑦输精过程中,输精器不可握得太死,应随牛的后躯摆动而摆动,以防折断输精器的导管。

四、输精量和适时人工授精

牛的输精量一般为1~2ml,常温精液一般为2ml,颗粒精液一般解冻后约1ml。细管精液有0.5ml、0.25ml两种剂型。输入精子数一般为2 000万~5 000万,其中含有直线前进的精子不少于800万。牛的发情持续时间短,排卵出现在发情结束后数小时之内。另外,精子和卵子的可受精寿命短,因此正确掌握输精时间,是提高受胎率的一个重要环节。实践证明,从发情中期(开始发情以后18h左右)开始到发情结束后6h止,授精的母牛受胎率最高;排卵后6h输精受胎率最低。母牛发情结束后6h开始排卵,排卵的时间平均在14h。由于精子在母牛生殖道内(子宫颈、子宫、输卵管)需要一定时间的获能,才能具备与卵子受精的条件,所以当排卵后再授精,精子经获能过程后与卵子受精,卵子已经衰老、失去受精能力。适宜输精的时间确准后,一次输精的受胎率比二次输精高,而且节省劳力、精液,减少污染的机会。适时输精时间的确定,主要采取以下两种方法。

（一）触摸卵泡法

在卵泡壁薄、满而软、有弹性和波动感明显接近成熟排卵时输精1次；6～10h卵泡仍未破裂，再输精1次。

（二）外部观察法

母牛接受爬跨后6～10h是适宜输精时间。如采用二次输精，第二次输精时间为母牛接受爬跨后12～20h。青年母牛的输精时间宜适当提前。

五、提高母牛情期人工授精受胎率的技术措施

（一）输精前激素处理

处于生理或病理状态下乏情的母牛，施以激素或其他措施，使之出现正常的发情、排卵，是提高人工授精母牛情期受胎率的重要技术措施。诱发发情处理应针对个体发情的确切原因，采取针对性技术措施达到诱使其发情的目的。常见牛的诱发发情方法有4种。

1. 孕激素处理法 母牛产后不发情或暗发情时由于缺乏孕激素的刺激。孕激素能增强卵泡对促性腺激素及雌激素的敏感性，并对下丘脑促性腺激素释放激素和垂体促性腺激素的分泌有抑制作用，这种抑制作用一旦减除，就会诱导FSH和LH升高并启动卵巢周期。因此，可用短效孕激素诱导母牛发情。常用的方法有：注射法、口服法、阴道置留法、皮下植入法等。

2. 促性腺激素释放激素（GnRH）及其类似物处理法 乏情母牛卵巢上无黄体存在时，可用GnRH类似物LRH-A2或LRH-A3，剂量为50～100μg一次肌注，隔日处理2～3次。或者用100μg的GnRH肌注，处理2～3次。

3. 催产素法 催产素能够溶解黄体，在青年母牛发情周期第3～6d，每天皮下注射100IU，对成年泌乳牛，在发情周期的第1～6d，每天上、下午各肌内注射200IU，可使80%以上的母牛在10d内发情。

4. 初乳诱导发情法 初乳中含有大量的生物活性物质，如球蛋白、氨基酸、维生素、矿物质、微量元素、酶以及包括雌激素在内的各种激素。Yablonshi（1984）给48头17～18月龄的青年牛注射30ml产后4d内的初乳，处理后6d内98.3%的牛发情，首次配种的受胎率为73.3%。李青旺等（2004）利用产后1h的初乳对产后奶牛进行诱导发情试验，结果表明，产后30～40d时平均发情率达80%，产后55～60d奶牛的发情率达100%；利用产后1h初乳诱导奶牛的发情效果与"三合激素"基本相同，且无副作用，成本低廉。

（二）输精时或输精后处理

1. 输精时注射GnRH 在一般情况下，约10%以上的母牛在发情后排卵时间推迟，从而导致人工授精时间的错误和低受胎率。由于可诱发内源性的促黄体素分泌和促进排卵，以协调输精时间与相应的排卵时间，故有关在输精时注射GnRH以提高受胎率研究备受青睐，而且许多学者的试验结果也比较理想。Aboul-Ela等报道，

在人工授精时注射 GnRH 类似物（100μg）与不注射相比，两者受胎率差异显著（81.3％对 54.8％）。Pedraza 等也发现，在以 PGF$_2$a 诱发发情后输精时，注射 Gn-RH 类似物可使受胎率提高到 91％～96％。

2. 肌内注射催产素　催产素可加强子宫蠕动、促进精子向受精部位运行。在输精后 5～7min，肌注 40IU 催产素，受胎率可增加 20％，产后受胎间距可缩短 10～18d。在产后第一、第二情期应用催产素最有效，受胎率相应为 80.3％和 78.6％，配种指数为 1.2 和 1.3。

3. 肌内注射维生素　在胚胎发育的 6～7d 和 10～13d，牛胚胎死亡率最高，往往与维生素 A、维生素 D、维生素 E 不足有关。在输精当天和第 5～6d，各肌内注射一次维生素 A、维生素 D、维生素 E，剂量为：维生素 A 57.5 万 IU、维生素 D 310 万 IU、维生素 E 50mg。第一情期受胎率可增加 19.9％，总受胎率可增加 7％，产后受胎间距和配种指数可分别减少 14d 和 0.25。输精后 2d、6d 和 12d，分别肌注 250mg 维生素 E，第一情期受胎率增加 10.5％～19.8％，总受胎率增加 14.9％～17.4％。输精后 15～20min，一次肌注维生素 E 500mg，第一情期受胎率可提高 14.4％，总受胎率可增加 19.5％，产后受胎间距可减少 6～7d。于产后第 20d、25d 和 30d，注射维生素 A，可显著提高母牛受胎率。

4. 宫注抗生素　在输精时，有可能将环境性致病菌带进宫腔，其代谢产物刺激子宫黏膜分泌前列腺素（PGF$_2$a），使黄体消退。微生物还可能直接使精子、合子和胚胎致死。配种 1～7 次不孕母牛，以 7％葡萄糖溶液子宫注入青霉素、链霉素各 50 万 IU，受胎率可由 26.1％提高到 50.4％。不孕母牛输精后 30～60min，注入宫腔 15ml 聚维酮碘加磺胺嘧啶，1 次输精的受胎率可由 10％～18％增至 58.3％～72.7％，产后受胎间距可缩短 36～40d。

第四节　受精、妊娠与分娩

一、受　精

受精是两性配子（精子和卵子）相互结合、产生新的个体即合子的过程。

（一）精子在受精前的准备

1. 精子在母牛生殖道内的运行　精子的运行是指输精后精子在子宫颈、子宫和输卵管运行、最后到达输卵管壶腹部即受精部位的过程。精子运行除了精子本身的活动之外，主要借助于母牛生殖道的收缩和蠕动以及腔内液体的流动作用。通常大量精子在交配后 2h 内到达输卵管并在 8h 内进入输卵管壶腹部。

2. 精子获能　精子获得受精能力的过程称为精子获能。输入的精子在受精前必须在子宫或输卵管内经历一段时间，并在形态和生理上发生某些变化，功能进一步成熟，才具备受精能力。牛人工授精的精子获能始于子宫颈，最有效的部位是子宫和输卵管。牛精子获能需要 3～4h,所以最好在母牛排卵前输精。

3. 顶体反应 获能后的精子,在受精部位与卵子相遇,会出现顶体帽膨大,精子质膜和顶体外膜相融合。融合后的膜形成许多泡状结构,随后这些泡状物与精子头部分离,造成顶体膜局部破裂,顶体内酶类释放出来,以溶解卵丘放射冠和透明带,这一过程称为顶体反应。精子获能和顶体反应是精子受精前准备过程中紧密联系的生理生化变化。

(二)卵子在受精前的准备

卵子排出后,自身并无运动能力,而是随卵泡液进入输卵管伞后,借输卵管内纤毛的颤动、平滑肌的收缩以及腔内液体的作用,向受精部位运行,在到达受精部位并与壶腹部的液体混合后,卵子才具有受精能力。牛的卵子在母牛生殖道内的存活时间为 8～12h。

(三)受精过程

受精过程始于精子与卵子相遇,两性原核合并形成合子时结束。

1. 精子穿越放射冠 放射冠是包围在卵子透明带外面的卵丘细胞群,是精子入卵的第一道屏障。精子通过顶体反应释放透明质酸酶和放射冠穿透酶溶解卵丘细胞和放射冠细胞间的基质,使精子穿越放射冠与透明带接触。

2. 精子穿越透明带 精子穿越放射冠后,以刚暴露的顶体内膜附着于透明带表面,这是精子穿过透明带的先决条件。通过释放顶体酶将透明带溶出一条通道而穿越透明带并和卵黄膜接触。

3. 精子进入卵黄膜 穿过透明带的精子在与卵黄膜接触时,激活卵子,由于卵黄膜表面微绒毛的作用使精子质膜和卵黄相互融合,使精子进入卵黄。精子一旦进入卵黄后,卵黄膜立即起变化,拒绝新的精子进入卵黄,这一生理现象称为卵黄封闭作用。这是一种防止 2 个以上精子进入卵子的保护机制。

4. 原核形成 精子入卵后不久,头部开始膨大,核疏松,形成雄原核;精子入卵后不久,卵子进行第二次减数分裂,排出第二极体,形成雌原核。

5. 配子配合 雄原核和雌原核经充分发育,逐渐相向移动,到达卵子中央时,核仁和核膜消失,两原核紧密接触,然后迅速收缩,染色体重新组合,并准备进行第一次有丝分裂。至此受精最后阶段"配子配合"完成,形成称为"合子"的单细胞胚胎。

二、妊娠与妊娠诊断

(一)妊　娠

妊娠是指从受精卵沿着输卵管下行,经过卵裂、形成桑葚胚和囊胚、然后附植、发育成熟后与其附属膜共同排出前的整个过程。从配种受胎至分娩的间隔时期,称为妊娠期。奶牛妊娠期平均 280d,受产犊季节、饲养管理水平等因素的影响,在 250～305d 范围内波动。

1. 妊娠的识别与建立 在妊娠初期,孕体(胎儿、胎膜和胎液的复合体)能产生信号(激素)传递给母体,使母体产生一定的反应,从而识别胎儿的存在,并在二者之间建立起密切的联系,这一过程即为妊娠识别。在孕体和母体之间产生了信息传递和反应后,双方的联系和相互作用便会通过激素形式或其他生理因素为媒介而固定下来,从而确定开始妊娠,即妊娠建立。牛妊娠识别的时间为配种后16~17d。

2. 胚胎的早期发育

(1)卵裂与桑葚胚　早期胚胎的发育有一段时间是在透明带内进行的,细胞数量不断增加,但总体积并不增加,且有减小的趋势。这一分裂阶段维持时间较长,称为卵裂。当胚胎卵裂达到16~32个细胞时,形成像桑葚样的致密细胞团,称为桑葚胚。牛一般在受精后96~120h发育到16-细胞期,在受精后120~144h发育到桑葚胚期。从受精卵至8-细胞期胚胎的发育过程一般在输卵管内进行。

(2)囊胚形成　桑葚胚继续发育,细胞分化日趋明显。小而分裂活跃的细胞聚集在外周,这一层细胞称为滋养层,以后将发育成胚胎的一部分。大而分裂慢的细胞聚集在胚的一侧,称为内细胞团,以后发育成细胞本身。在滋养层和内细胞团之间出现囊胚腔,此时的胚胎称为囊胚。囊胚的进一步扩大,逐渐从透明带中伸展出来,变为扩张囊胚。胚胎发育至16-细胞期以后,一般在子宫内发育。

3. 胚泡的附植　囊胚阶段的胚胎称胚泡。胚泡逐渐贴附于子宫壁,随后和子宫内膜发生组织及生理的联系,将位置固定下来,这一过程称为附植。牛妊娠单胎时,常在子宫角1/3处附植,妊娠双胎时则均分于两侧子宫角。附植是一个渐进的过程,牛的胚胎附植在排卵后28~32d开始疏松附植,在40~45d达到紧密附植。

4. 胎盘和胎膜　胎盘由胎儿胎盘和母体组织共同构成。胎儿具有独立的血液循环系统,母体通过胎盘向胎儿输送营养,并帮助胎儿排出代谢产物。牛的胎盘为子叶型。胎膜为胎儿的附属膜,包括绒毛膜、尿膜、羊膜、卵黄囊,具有供应营养、排泄、呼吸、代谢、内分泌和保护功能。脐带是胎体同胎膜和胎盘联系的渠道。

(二)妊娠诊断

在配种后,为了尽早判断其妊娠与否及胚胎发育情况,应做好妊娠诊断工作,以对未孕牛进行及时配种,防止空怀,并加强对受孕母牛的饲养管理。妊娠诊断的方法包括以下几种,可以结合应用。

1. 外部观察法　牛妊娠最明显的表现是性情变温驯,食欲增加,被毛变光亮,发情周期停止,行动谨慎,到5个月后腹围明显增大,出现不对称,右腹侧壁突出,乳房逐渐发育,泌乳量明显下降,脉搏、呼吸次数也明显增加。但这种观察都在妊娠中后期,不能做到早期妊娠诊断。

2. 直肠检查法　直肠检查指用手隔着直肠触摸妊娠子宫、卵巢、胎儿和胎膜以及卵巢上的黄体和子宫动脉的变化,以此来判断母牛是否妊娠的方法。此法安全、准确,是早期妊娠诊断最常用的方法之一。

(1)母牛妊娠20~25d　孕角卵巢上有无黄体是主要的判断依据。配种后没有妊娠的母牛,子宫角间沟明显,通常在第18天,黄体消退。如果发生胚胎早期死亡,子宫内有异物时也会出现黄体。另外,当母牛患有子宫内膜炎时,卵巢也常有类似的黄体存在,应注意鉴别。

(2)妊娠1个月　两侧子宫大小不一,孕角子宫略微增粗,质地松软,稍有波动,用手轻握孕角,从一端滑向另一端,有胎膜囊从指间滑过的感觉。若用拇指与食指轻轻捏起子宫角,然后放松,可感到子宫壁内有一层薄膜滑开。

(3)妊娠2个月　孕角及子宫体更大,孕角相当于空角的2倍左右,而且较长。孕角壁软而薄,且有液体波动。角间沟变得宽平,子宫向腹腔下垂,但仍可摸到整个子宫。

(4)妊娠3个月　孕角直径为12~16cm,波动极明显;空角也增大了1倍,角间沟消失,子宫开始沉向腹腔(初产牛下沉开始时间较晚)。子宫颈前移至耻骨前缘,有时能摸到胎儿。孕侧子宫中动脉根部有微弱的震颤感。

3. 阴道检查法　根据阴道黏膜的色泽、黏液分泌及子宫颈状态等判断是否妊娠的方法。母牛妊娠后,阴道黏膜苍白。子宫颈口黏液无特征性变化,子宫颈的松紧变化亦不明显,但其黏液量却比未妊娠时显著增多。妊娠1.5~2个月时,子宫颈口及其附近即有黏稠的黏液,但量较少;在妊娠3~4个月后就很明显,并变得黏稠,灰白或灰黄,如同稀糨糊;6个月后稀薄而透明,有时可排出阴门外,黏附于阴门及尾上。

4. 激素测定法　根据妊娠后血中及奶中孕酮含量明显增高的现象,用放射免疫或酶免疫法测定孕酮的含量,以判断是否妊娠的方法。由于采集奶样比采血方便,目前测定奶中孕酮含量的较多。在配种后23~24d取的奶样,若孕酮含量高于5ng/ml为妊娠,而低于此值者为未孕。本法诊断空怀的准确性可达100%,但诊断妊娠的准确率只达85%,主要因为部分妊娠牛在以后发生胚胎死亡而不是方法本身的误差。

5. 超声波诊断法　超声波诊断法是利用超声波的物理特性和不同组织结构的声学特性相结合的物理学妊娠诊断方法。超声波诊断仪主要有A超、B超和多普勒3种,目前使用最多的是B型超声波诊断仪。它是将超声回声信号以光点明暗显示出来,回声的强弱与光点的亮度一致,这样由点到线到面构成一幅被扫描部位组织或脏器的二维断层图像,称为声像图。超声波在奶牛体内传播时,由于脏器或组织的声阻抗不同,界面形态不同,以及脏器间密度较低的间隙,造成各脏器不同的反射规律,形成各脏器各具特点的声像图。

采用直肠探查法时,用手将探头带入直肠内,隔着直肠壁将探头晶片面紧贴在子宫或卵巢上方进行探查,可以获得卵巢及其黄体、卵泡及妊娠子宫、胎体及胎儿心跳等精细的扫描影像。据报道,用3.0MC或3.5MC的实时超声波扫描仪进行妊娠诊断,在配种后20d检查的准确率为80%以上,在配种后26~33d检查的准确率可达100%。

三、分　娩

妊娠期满,母牛将成熟的胎儿、胎衣及胎水排出体外的生理过程,称为分娩。

（一）奶牛预产期的推算

生产上常按配种月份数减 3、配种日期数加 7 来算。若配种月份小于 3，则直接加 9 即可。

（二）分娩预兆

1. 乳房变化　分娩前迅速发育膨大，乳头基部红肿，乳头变粗，表面光亮，有些母牛有滴奶现象。

2. 阴部变化　阴唇从分娩前 7d 左右开始逐渐柔软、肿胀、增大，阴唇皮肤上的皱褶展平，皮肤稍变红；阴道黏膜潮红，黏液由稠变稀。封闭子宫颈口的黏液栓开始软化。分娩前 1～2d 有透明的丝状物从阴门流出，垂于阴门外。

3. 骨盆变化　骨盆韧带从分娩前 1～2 周即开始软化，至产前 1～2d，尾根两旁只能摸到松软组织，且荐骨两侧组织明显塌陷。

4. 行为变化　临产前，母牛食欲下降，起卧不安，频频排粪尿，回顾腹部，拱腰，后躯左右摆动等。

（三）分娩过程

1. 开口期　指从子宫开始阵缩到子宫颈口充分开张为止，一般为 2～8h，这时只有阵缩而不出现努责。初产牛表现不安，时起时卧，徘徊运动，尾根抬起，常做排尿姿势，食欲减退。经产牛一般比较安静。

2. 胎儿产出期　从子宫颈充分开张至产出胎儿的一段时间，一般持续 0.5～4h。这个时期的特点是阵缩和努责同时作用。母牛常侧卧，四肢伸直，强烈努责，羊膜绒毛膜形成的第一胎囊突出阴门外，该囊破裂后，排出淡白色或微黄色的羊水。在羊膜破裂后，胎儿前肢和唇部逐渐露出并通过阴门，母牛稍作休息后，继续将胎儿排出。这一阶段的子宫肌收缩期延长，松弛期缩短。

3. 胎衣排出期　胎儿排出后，母牛稍作休息，子宫肌又开始收缩，并伴有轻度努责，直至将胎衣排出。如果超过 12h 胎衣尚未排出或未排尽，应按胎衣滞留进行处理。

（四）助　产

分娩是母牛正常的生理过程，一般情况下，不需要助产，但在胎位不正、胎儿过大、母牛分娩乏力等自然分娩有一定困难的情况下，需进行必要的助产。

助产者须穿工作服，并剪指甲，准备好酒精、碘酊、剪刀、镊子、药棉以及助产绳等。助产人员的手、工具等要严格消毒，防止病菌带入子宫内，造成生殖系统疾病。

助产者先用消毒液清洗母牛的外阴部及周围，并用毛巾擦干，然后等待母牛分娩。

当胎膜露出体外时，应将手臂消毒后深入产道，检查胎儿的胎向、胎位及胎势是否正常，以便对胎儿的反常做出早期矫正，如正常，可让其自然分娩。若是倒生，后肢露出后，则应及时拉出胎儿，否则胎儿可能会窒息而死。

如果胎儿前肢和头部露出阴门，但羊膜仍未破裂，可将羊膜扯破，并掏出胎儿口腔、鼻腔及周围的黏液,以便胎儿呼吸。

如果胎儿后躯先露,必须应用产科绳将胎儿拉出,防止胎儿窒息。如果胎位不正或两个胎儿同时露出时,则须将胎儿向骨盆方向推,以扶正胎位或让其中一个胎儿先露。

胎儿排出后,须及时检查胎盘是否排出。胎盘排出后,要检查所排出的胎盘是否完整,否则,须按胎盘滞留治疗方案进行处理。

需要特别注意的是,奶牛的助产,特别是难产的处理,应在兽医师的参与下进行,并以保证牛健康、特别是母牛的正常繁殖力为前提。

第五节　奶牛的繁殖调控技术

从发情、排卵、受精和性别发生等方面着手,对奶牛繁殖进行调控,缩短产犊间隔,提高奶牛繁殖力和繁殖效率。

一、发情排卵调控

奶牛发情排卵调控技术包括育成牛发情排卵调控和产后发情排卵调控,是利用激素或某些方法调控其发情排卵,包括诱导发情和同期发情,以提高配种率和配种受胎率,方便配种和管理。

(一)诱导发情排卵

1. 育成牛诱导发情排卵　目前国内外利用阴道栓诱导发情排卵较多。例如,Martinez 等(2000)使用苯甲酸钠雌二醇(EB)＋孕激素(P_4)＋阴道栓(CIDR)(新西兰)取得较好的同期发情效果和较高的妊娠率;Martinez(2001)使用 EB＋P_4 诱导新的卵泡波的发生,取得较好的同期发情效果。Gabriel(2006)报道了使用 DIB(阿根廷生产的阴道栓)＋2.5mgEB＋50mgP_4 进行同期发情处理,使用 Folltropin-V 进行超排处理,取得较好的超排效果。国内将 200 头青年牛随机分为 2 组,在青年母牛发情周期的任一天(发情当天除外)分别于阴道放置 CIDR 或"牛欢"(氟孕酮阴道海绵栓)。两组都在埋栓同时,肌注苯钾酸雌二醇 3mg 和黄体酮 100mg。在放置阴道栓的第 5 天开始按常规 4d 递减法肌内注射促卵泡素。两次间隔 12h,并于放置阴道栓的第 7 天上午注射 FSH 同时肌注前列腺素(PG)。在埋栓的过程中,两组均未出现掉栓现象,试验结果证明这两种同期发情超数排卵方法对育成牛的超数排卵是有效的,可以取得满意的效果。

2. 产后母牛诱导发情排卵　用 GnRH 处理发情早期的牛可加速其发情、排卵、子宫复位。配种前 5～10h 注射 GnRH 类似物可促排卵,提高情期受胎率。用 GnRH 预处理产后哺乳母牛,在 6d 同期发情周期中,可以提高妊娠率。在 LRH-A2 处理后再注射氯前列烯醇,可以在 3d～5d 发情。产后 2 周注射 LRH-A2,可以显著缩短产犊间隔。在产后根据卵巢状态分别用 LRH-A2、氯前列烯醇或 LRH-A2 加氯前列烯醇处理,对提早产后首次发情效果非常显著。对不排卵的奶牛注射 GnRH,7d 后注射 PGF$_{2\alpha}$,48h 后再次注射 GnRH,不管发情与否,16～24h 后人工授精。

此外,将孕酮释放装置(PRID)插入阴道置留 12d,在除去 PRID 前 24h 肌注 25mg 前列腺素,观察发情表现,确认适时授精时间,然后授精,并在输精后 60～70d 进行妊娠鉴定。结果发现,在 PRID 去掉后 48h 内,4 头牛中有 3 头发情,2 头在 56h 内人工授精受胎,1 头不发情的在 108h 确认排卵。试验表明,PRID 与前列腺素合用 效果非常好。

(二)同期发情

诱导母牛在同一时期发情排卵的方法称为同期发情。"同期性"取决于生产管理 的需要,例如进行胚胎移植时,要求供体母牛和受体母牛发情开始时期最好在同一 天,最多相差 1d,而用于人工授精、同期分娩等,则可放宽对"同期性"的要求,如数天 或 1 周等。在同一时期对一批母牛进行诱导发情处理,可以达到同期发情的效果。 用于胚胎移植的同期发情方法主要有延长黄体期和缩短黄体两种。前列腺素 F$_{2\alpha}$、孕 酮、促性腺激素释放激素或雌二醇能够操纵牛卵泡波的发育模式,其他用途的同期发 情方法除上述两种外,还可用 GnRH 和孕马血清促性腺激素(PMSG)法。

1. 缩短黄体期法 利用前列腺素 F$_{2\alpha}$(PGF$_{2\alpha}$,简称 PG)溶解黄体,降低外周血中 孕激素水平,缩短黄体期,从而诱导发情排卵,并达到同期的目的。根据激素使用次 数的多少,该法有以下 3 种。

(1)PG 2 次注射 每次均注射含 500ug 的 PGF$_2\alpha$,第一次可以在任一时间注射, 间隔 11～14d 进行第二次注射,第二次注射后 2～5d 观察发情,发情率为 80%。

(2)PG 1 次半注射 第一次注射后 2～5d 观察发情,对不发情的奶牛间隔 11～ 14d 再次注射。

(3)PG 1 次注射 即在任一时间(最好是在黄体期)注射 PGF$_2\alpha$1 次,然后观察发 情,并进行配种。

(4)注射 GnRH 类似物和 PG 注射促排 3 号-氯前列烯醇-促排 3 号(简称 Gn-RH-PG)法。每头肌内注射促排 3 号 2ml,第 7 天每头肌内注射氯前列烯醇 5ml,第 9 天再注射促排 3 号 2ml;从第 2 次注射促排 3 号的次日起每天上、下午 2 次观察发情 情况,以第 2 次注射促排 3 号当天为 0d,连续观察 1～5d。此同期化处理方法可以大 大提高同期发情率,而且可明显提高情期受胎率。

2. 延长黄体期法 利用孕激素模拟黄体功能而抑制卵泡的生长发育和发情表 现,经过一定时间后同时停药,由于卵巢同时失去外源性孕激素的控制,则可使卵泡 同时发育,母牛同时发情。目前常采用孕酮阴道栓法,常见的有 CIDR 和 PRID 两种 方法。

CIDR 是含有孕酮 1.9g/个浸入到硅酮中制成的弹力塞,即内部药物控制释放装 置,呈"T"或"Y"形。这种装置的功能和原理类似 PRID,不同的是可在置入 6d 后的 任何一天取出,并且取出时需要注射前列腺素。泌乳期的高产奶牛应用时可能导致母牛卵巢静止,可肌注苯甲酸雌二醇来刺激。研究表明,应用 CIDR 法进行规模化同期处理是非常有效的办法。育成牛和经产牛(非哺乳)没有明显区别,都可以取得很好的效果。

PRID 即孕酮释放阴道内装置,该装置中心为一不锈钢圈,外面覆盖一层浸渗1.55g 孕酮的硅化橡胶。钢圈上还附有明胶胶囊,内含 10mg 苯甲酸雌二醇,其作用是抑制黄体化过程。该装置能够保持激素释放处在"妊娠"状态下。7～12d 取出栓塞,2～3d 母牛出现发情。如果许多奶牛在同一时间取出栓塞,就可实现同期发情的目的。若在置入后 8～9d 取出栓塞,且在取出的前一天肌注 $PGF_2\alpha$,会取得更好的发情效果。

"牛欢"类似于 CIDR。于发情周期任意一天放入"牛欢",同时肌注雌二醇 2mg、孕酮 50mg。第 8 天肌注 PMSG,第 10 天取出"牛欢",同时肌注氯前列醇钠 0.4mg。

二、超数排卵技术

用超常规剂量的促性腺激素促使排卵数多于正常排卵数称为超数排卵。超数排卵技术常用于胚胎移植和诱导性控孕生。

超数排卵技术的基本方法是:①降低或消除卵巢对促性腺激素释放的负反馈作用,如进行抑制素免疫。②增加外源激素,提高血液中促性腺激素和其他与卵泡发育有关激素的浓度。生产中较多采用后者,而且常与刺激内源促性腺激素释放的方法结合进行。常用的激素类药物有孕马血清促性腺激素(PMSG)、促卵泡素(FSH)、促黄体素(LH)、人绒毛膜促性腺激素(hCG)、前列腺素(PG)及其类似物等。

(一)犊牛超数排卵(犊牛超排)

犊牛超数超排是根据性成熟前犊牛(1～2 月龄)卵巢对生殖激素敏感、卵泡发育很少发生闭锁的特殊生理特点而发明的一项高效率生产卵母细胞的新技术。

Armstrong 采用 GnRH、FSH＋LH、HCG 3 种方法对犊牛进行处理,均获得了可用的 COCs(颗粒细胞卵母细胞复合体),但用 FSH＋LH 方法获得的 COCs 数量和囊胚率较另外两种方法高。张瑞歧等(2008)先用 CIDR 处理 6d(处理当天为第 0天),在第 6 天开始注射 FSH 总量 3.52mg。FSH 分 2d4 次等量注射,每次间隔 12h。在第一针注射 FSH 的同时注射 400IU PMSG,于最后一针注射后 12～14h 采卵,结果头均获得 26.38 枚卵母细胞。Maneesh 等采用只注射 FSH 的方法(2d4 次)对犊牛进行了超排处理及体外受精试验,头均获卵母细胞 55.1 枚,卵裂率和囊胚率分别为 42％和 10％,显著低于成年牛。可见,犊牛最佳激素处理方案还有待进一步优化。

(二)青年牛超数排卵

对青年牛进行超排,排卵数和胚胎回收率均高于经产母牛。

1. FSH 预处理法　Waer 等(2006)在发情周期第 2 天或第 3 天先用 10mgFSH做预处理,随后在第 11～16 天再进行总量为 35mg 的 FSH 正常处理,结果预处理青年母牛平均排卵 3.5 枚,显著高于对照组。如果在发情周期第 3 天和第 4 天给予

2.5mgFSH做预处理,每头母牛回收的优质胚胎可比正常 FSH 程序增加 1.6 枚,但 Lussier 等(1989)试验表明排卵数并未增加。

2.FSH＋牛生长激素法　Gong 等(1996)事先用重组的牛生长激素(rbGH/rBST)处理青年母牛,增加了有腔卵泡的数量,显著提高了母牛的排卵数、胚胎回收率与可移植胚数量。

3.FSH 逐日递减法　在自然发情后第 8～12 天,采用逐日递减法注射 FSH-PG (总剂量为 20.0mg/头)。FSH 分 4d 注射(比例为 8∶5∶4∶3),每天注射 2 次.间隔 12h。在注射 FSH 第 3 天同时注射 PG,上午 2 支,下午 1 支。通常,母牛在注射 PG 后 48h 发情(以接受爬跨或从阴道流出透明黏液为特征),待观察到发情 12h 之后输精,共输精 2～3 次,每次间隔 10～12h。超排反应率为 100%。

(三)经产牛超数排卵

1. 传统方法　以供体牛自然发情(以站立接受爬跨为准)的当天为 0d,在发情周期的第 9～12d 的任意一天,开始递减法连续 4d 肌内注射 FOL-LITROPIN-V,总剂量为 400mg;超排处理第 3 天上午肌内注射氯前列烯醇 2 支(0.4mg),站立发情后 8～12h 进行人工授精,间隔 12h 第 2 次输精。第 1 次输精后第 7 天非手术法采集胚胎,采胚结束后肌内注射氯前列烯醇 2 支(0.4mg),间隔 3～4d 再次注射氯前列烯醇。

2. 阴道栓诱导卵泡波同期化超排处理　在供体牛发情周期的任意一天,将阴道栓(CIDR 或"牛欢")放置于阴道子宫颈口周围,同时肌内注射苯甲酸钠雌二醇(EB) 2mg,或配合注射黄体酮(P_4)100mg。放置阴道栓第 4 天(放置阴道栓当天为 0d)开始 FSH 处理,其使用药品和处理方法与传统方法一致。

3. 重复超排处理方法　对超排采卵效果好的(获总卵数 15 枚以上或可用胚 8 枚以上)的供体母牛,在上次超排采卵间隔 1 周以后开始新的一轮处理,使每头供体从第 1 次开始放阴道栓到下一次放阴道栓处理时间间隔在 25～28d。根据供体超排反应情况适当调整处理间隔。供体牛同期发情后在发情周期第 10 天,开始递减法连续 4d 肌内注射促卵泡素,总剂量 10mg,每天上、下午各注射 1 次,注射 FSH 第 3 天上午同时肌内注射氯前列烯醇,供体牛站立发情即进行人工授精 3 次,每次间隔 10～12h。第 1 次输精后第 7 天非手术法采集胚胎并记数、鉴定分级。

4. 改进法　有 3 种试验处理方法:①CIDR＋pFSH(CA)＋PG600 法;②CIDR ＋pFSH(CA)＋氯前列烯醇法;③CIDR＋pFSH(C)＋氯前列烯醇法。试验结果得出,CIDR＋pFSH(CA)＋PG600 法处理的效果明显低于其他两种处理方法。

(1)处理方法　对符合选择条件的供体牛,埋植 CIDR,记为第 0 天。在第 5～8 天注射超排药物,早晚各 1 次,间隔 12h,并在第 7 天下午和第 8 天早晨加注同期发情药物,第 8 天下午撤除 CIDR。在发情后的 12h 和 24h 人工授精,第 7 天冲胚。

(2)处理结果　发情率分别为 70%、100% 和 100%;处理 2 的平均黄体数大于处理 1 和处理 3(分别为 8.5、7.5 和 7.2),但差异不显著(P＞0.05);平均卵泡数处理 1

大于处理 2 和处理 3(分别为 2.1、0.3 和 0.2),三组差异显著(P<0.05);处理 1 的胚胎回收率低于处理 2 和处理 3(分别为 45%、86% 和 81%),且差异显著(P<0.05);胚胎有效率处理 3 最高,为 80%,处理 2 和处理 1 其次,分别为 75% 和 60%,但差异不显著(P>0.05)。

(四)性控孪生技术

利用孪生技术和性别控制精液多生母犊的技术,即性控孪生技术。主要有下面 2 种方法:

其一,利用促性腺激素处理法和卵泡抑制素免疫法消除优势化大卵泡的控制作用,诱导双排卵的发生,然后,利用性控精液(X)进行人工授精,可以获得双胎母犊。

其二,随着胚胎性别鉴定技术不断地完善和成熟,可以向同期发情的受体母牛的子宫角内移植 2 个性别鉴定只为雌性的胚胎,也可使母牛产生双胎母犊。

三、受精调控

(一)适时输精

奶牛适宜输精时间是根据其发情外部表现和卵泡变化而确定,即奶牛性欲达到高峰以后,在卵泡达到成熟期接近排卵时输精受胎率最高。精子在母畜生殖道获能需 3~4h,运行到受精部位的时间很短,约 1/4h;滤泡排卵后,卵子被输卵管伞接纳,很快进入壶腹部才有正常的受精能力。通常,卵子在输卵管内保持受精的能力为 18~20h,最佳时间 6~12h,而精子在母牛生殖道内生存时间为 30~40h,有受精能力的时间为 28~30h。如果卵子在壶腹部未遇到精子,会沿输卵管继续下行,随之老化。所以,理论上最佳的输精时间是,精子和卵子能同时到达壶腹部,即排卵前 3~4h。

输精时间越接近母牛排卵时间,情期受胎率越高。通过控制输精时间,可以使精子高活力的时间段和卵子有受精能力的时间段更加吻合,有助于提高受胎率。奶牛适宜输精时间可以根据其发情外部表现和卵泡变化而确定,即奶牛性欲达到高峰以后,在卵泡达到成熟期接近排卵时输精受胎率最高。据报道,从发情结束至发情结束后 3h 为最佳输精时间。

也可通过以下表现判断最佳输精时间:母牛发情开始减弱即由不安转向平静;外阴肿胀开始消失,黏膜颜色由潮红变成粉红或带有紫青色;黏膜由多到少,呈黏稠微浑浊状,拇指和食指间蘸起的黏液可牵拉 7~8 次不断;直肠检查卵泡直径在 1.5cm 以上。

部分母牛发情排卵后有流血排红现象。如发现排红,表明已错过最佳输精时间。根据母牛的发情、排卵规律可确定发情开始后的 12~18h,或发情盛期后的 8~12h,即为适时输精时期。

性控冻精的活力为 0.30~0.39,有效精子数在 200 万~240 万个,为普通冻精 1/5~1/4。将奶牛性控冻精与普通冻精的活力对比试验表明,性控冻精存活时间低于普通冻精 7h,约为普通冻精的 1/2。因 X 性控冻精与普通冻精相比多了体外分离的工序,造成其存活时间比普通冻精短,所以性控冻精达到精卵结合部位所需的准确时间要求就更严格。若按照常规人工授精的输精时间(早上发情、晚上配种)进行操作,其情期受胎率较低;但在 20~24h 间(即发情结束后的 2~3h,也就是成熟滤泡即将排卵时)输精,在时间上有助于创造高活力的精子和有受精能力卵子结合的条件,达到较理想的情期受胎率。

根据卵泡发育变化规律判定适宜输精时间,是发情判定的关键方法。当卵泡成熟、卵泡壁变薄、软而有弹性,具有一定波动时即可在排卵侧的子宫角输精。

(二)体外受精

体外受精技术包括卵母细胞的体外成熟、精子获能、体外受精和早期胚胎的体外培养等环节。

1. 卵母细胞的体外成熟 抽取卵母细胞之后,取沉淀于管底物,用成熟培养液稀释,在体视显微镜下捡卵,选择 A(带有数层致密卵丘细胞)、B(带有数层较疏松卵丘细胞)级卵母细胞用成熟培养液洗 3 遍,放入预先平衡于培养箱中的成熟培养液 4 孔培养板内培养 20~22h,每 500μl 培养液培养 50~60 枚卵母细胞。

2. 卵母细胞体外受精 COCs 经体外成熟 22~24h 后,受精液洗涤 3 次,放置 50μl 受精液滴内。精液在 39℃ 水浴中 15s 解冻,以 1 500r/min 的离心速度洗涤 2 次,每次 5min。根据不同的试验要求,将精子混悬液加入受精液滴,与卵母细胞在 CO_2 培养箱内进行共同孵育。

将冷冻细管精液在 37℃ 水浴中解冻,Percoll 梯度离心法分离活精子,用含咖啡因 0.5mg/ml 和肝素 5μl/ml 的 HEPES(10mmol/L)-SOF 精子获能液处理 20min,制成含有 $2×10^6~3×10^6$ 个/ml 精子的小滴(总体积 550μl),将成熟培养后的卵母细胞在 SOF 培养液中洗涤 3 遍,每个精子小滴内放入 50 枚卵母细胞,在与成熟培养相同的条件下进行受精培养。

3. 受精卵的体外培养 精-卵共同孵育 6h 后,用平衡 2h 的 IVMD-101 液将假定受精胚充分洗涤 3 次,放入 IVMD-101 六孔盘(100μl/孔)中培养;48h 后观察卵裂情况,剔除没有卵裂的卵母细胞;每隔 3~5d 换液 1 次,第 8 天统计囊胚发育率。

(三)显微授精

显微授精(Microinsemination)是指在显微镜直视下通过显微注射装置将精子注入卵子使其受精的技术,包括精子移植显微授精(Microinsemination Sperm Transfer,MIST)和胞质显微注射显微授精(Microinsemination Microinjection Cytoplasm,MIMIC)2 种,前者把精子注入卵子的 PVS(卵周隙),而后者把精子直接注入卵子胞质。

1. 精子移植显微授精

(1)卵子制备 取成熟卵子,置入透明质酸酶溶液 10~15min 去除卵丘细胞层,以裸露透明带,再移入培养介质备用。

（2）精子制备　取精子，经洗涤离心后置入培养介质，在 CO_2 孵育箱中孵育 2h 或以上，吸取上清液中运动精子以备用。

（3）精子移植　将预处理后的精子和卵子置入同一培养皿，在显微注射操作仪下，先用固定管经负压吸住卵子而固定于管端，用注射管吸活动精子于管腔内，再在直视下刺破透明带，将精子注入卵子 PVS。

（4）孵育和受精观察　在精子移植完成后，更换介质，卵子在 CO_2 孵育箱中孵育。在 8～2h 后如出现①卵子排出第二极体，②雌性原核形成，③精细胞去核浓缩，雄原核形成，则认为卵子已受精。继续孵育 1～2d，受精卵则发生卵裂。在判断受精时，必须注意排除卵子的单性繁殖，即卵子在受到机械或化学因子刺激后被激活，在形态上出现排出第二极体，释放皮质颗粒及形成雌性原核。

2. 胞质内显微授精　透明带是卵细胞重要的保护层，是精子在授精过程中的最大障碍，精子能否通过此障碍是授精成功的关键。显微授精法为建立精子通过透明带的旁路，常采用以下 3 种方法，即：透明带钻孔法（ZD）或部分透明带切割法（PZD）、透明带下精子显微注射法（SUZI）、卵细胞质内精子注入法（ICSI）。

（1）透明带钻孔法和部分透明带切割法　透明带是卵细胞外一层无细胞结构的糖蛋白，主要功能是识别精子并与精子发生结合，并选择性地让单个精子穿透透明带，防止多精受精。此外还对受精卵起到保护作用，有利于胚胎的生长发育。由于受精首先必须穿透透明带，1988 年 Cohen 等最先采用机械方法刺破透明带，然后将卵细胞放入含精子的培养液中，使精子通过裂口处顺利穿透透明带，最终与卵子形成受精卵，发展成胚胎并成功地妊娠和分娩。透明带钻孔可采用化学方法，常用酸化的 Tvrode 溶液或蛋白水解酶如糜蛋白酶来处理透明带。透明带切割常采用机械方法，即用玻璃针刺破透明带，造成透明带上有一小的裂口（约为透明带周长的 1/8）。该方法简单，对卵细胞造成的损伤较小。PZD 单精受精率可高达 13％。此外，PZD 要求精子数目 $>5\times10^6$/ml，而且多精受精率较难控制，并对胚胎的进一步发育有影响。

（2）透明带下精子显微注射法　透明带下授精是指将精子通过显微注射法直接注入到卵黄周围间隙。该方法最早于 1988 年研究成功，现已被许多 IVF 中心接受。受精率的高低与注射的精子多寡有关，注射的精子愈多，受精率也愈高，但多精受精率也随之升高，一般以注射 3～5 个精子为宜，超过 8 个精子可致 100％多精受精。将顶体完整的精子注射到 PVS，并不能与卵子的浆膜发生融合，只有将发生了顶体反应后的精子注射到 PVS 受精率才明显增加。目前 SUZI 受精率仍然不是很理想，大约为 15％～20％。该法也有许多不足之处，多精受精率仍然难以控制。

PZD 和 SUZI 相比较，前者受精较后者低。而 PZD 更需要活动力较好的精子，精子的数量也较 SUZI 法多，两种显微授精方法都需要足够的卵母细胞。

（3）卵细胞内精子注入法（ICSI）　将单个精子通过显微穿刺直接送入卵细胞质内使之受精的方法。理论上只要存在 1 个精子就有可能受精。ICSI 为受精的整个过程开设了旁路，对精子进入卵子本身过程进行人为干预，这一点与前两种方法迥然不同。可以说这是与显微授精法的本来目的最为吻合的方法,而且不必担心多精子受精。受精率可达到 60% 以上,是目前最有发展前途的方法。

四、性别控制

(一)精子性别控制

分离 X、Y 精子并用于人工授精或显微授精是控制家畜性别最简单、最有效的方法。X、Y 精子的分离主要是依据 2 类精子的密度、体积、电荷、运动性和 DNA 含量、表面抗原等方面存在细微差别而进行的,迄今最有效并在生产中推广应用的方法是流式细胞分类法。目前,国内有约 20 台设备用于奶牛性控精液生产,为提高母犊出生率,加快优秀种母牛的繁殖做出积极贡献。

该法的理论依据是 X、Y 精子的 DNA 含量不同,用 DNA 特异性染料进行精子染色后,使其逐个通过激光束,探测器根据精子的发光强度通过计算机指令充电使光强度高的 X 精子带正电,Y 精子带负电,当经过高压电场时会向不同方向偏转,达到分离的目的。DNA 含量高,当用专用荧光染料染色时,其吸收的染料就多,发出的荧光也强,反之发出的荧光就弱。用分离后的精子进行人工授精或体外受精对受精卵和后代的性别进行控制,具有重复性、科学性和有效性的特点。Seidel 等 2000 年报道用该法分离奶牛精子,用 X 精子输精后所产下的犊牛性别的准确率为 83%,而 Y 精子为 90%。Andersson 等用分离的精液对 157 头产奶期奶牛进行人工授精,母犊率为 82%。王建国等(2006)采用 X 性控冻精对奶牛进行人工授精,母犊出生准确率为 93.3%。阚远征和张振山(2007)采用奶牛 X 性控冻精处理,在所生的 571 头犊牛中,母犊牛的比例为 92.6%。孙树春(2007)采用性控精液处理母牛性控精液人工授精所产犊牛,母犊率达到 97.14%。梁小军等(2007)应用性控冻精奶牛母犊率为96.7%。

(二)胚胎性别控制

1.胚胎性别鉴定法　在早期,常通过胚胎性别鉴定、选择理想性别的胚胎进行性别控制。胚胎性别鉴定的方法有很多,如染色体分析法、免疫学方法、DNA 探针法、PCR 扩增法等,常用的是基于 PCR 扩增所建立的方法,现已制定了相应的国家标准或行业标准。

(1)染色体分析法　利用有丝分裂阻滞剂培养基培养鉴定胚胎,固定后用 DNA 染料染色,显微镜检查。其性别鉴定准确率可达 100%,但是对胚胎有损伤,难度较大,费时较多,需要非常熟练的技术经验,不适合生产实际,主要用于验证其他性别鉴定的准确率。

(2)DNA 探针法　从胚胎上取少量细胞,将其 DNA 与 Y 染色体特异标记的 DNA 序列(探针)杂交,结果显示阳性则为雄性胚胎,否则为雌性胚胎。Leonard 等(1987)首次报道用牛 Y 染色体特异性 DNA 多重复序列探针鉴定牛囊胚期胚胎获得成功,准确率为 95%。Bondioli 等(1989)用此法进行牛胚胎性别的鉴定,其准确率为

100%。但由于 DNA 杂交所需的胚细胞较多,且用时较长,对技术要求也比较高,所以该法的使用受到限制。

(3)PCR 扩增法　基于 PCR 扩增建立的胚胎性别鉴别方法,实质是检测 Y 染色体上是否存在 SRY 基因,有则判断为雄性,无则判断为雌性。

通过合成 SRY 基因片段的寡聚核苷酸片段为引物,在一定条件下进行 PCR 扩增,能扩增出特异 SRY 序列的为雄性,反之为雌性,其准确率可达 95%～100%,具有速度快、灵敏度高(可以检测到单个细胞)、可重复性好等特点。黄淑帧(2000)鉴定27 枚牛胚胎,准确率为 100%。卢春霞等(2007)检测 76 枚胚胎,37 枚为雌性,39 枚为雄性,将雌性胚胎进行移植,受胎 11 头,产出母犊 10 头,准确率为 90.91%。运用PCR 法进行胚胎性别鉴定时若发生污染,则会出现假阳性。

(4)LAMP 法　LAMP 法是日本荣研化学株式会社独立发明的,其特点是对目标基因的 6 个区段设定 4 种引物,利用链置换反应在等温条件下使其发生反应。只要把基因检样、引物、链置换型 DNA 聚合酶、基质等放在一定温度条件(3℃～5℃)下保温,至完成反应鉴定为止的过程只用一步工艺就可完成,从反应开始至性别判定完成约 40min。LAMP 法具有很高的特异性,它采用雄性特异性及雌雄共同引物,因此可以最大限度地排除误判,只需一台 Loopamp 终点浊度仪,就能完成扩增、检出、判定整个过程,有无扩增反应是通过反应过程中获得的副产物焦磷酸镁所形成的白色沉淀的浑浊度来判定。

2. 性控精子法　直接利用性控精液生产性控胚胎,有体内和体外两种方法。体内方法是在超数排卵过程中利用性别控制精液授精,生产的胚胎约有 90% 为雌性胚胎;体外方法是在体外胚胎生产过程中应用性别控制的精液进行体外授精、体细胞克隆等,生产性别控制胚胎。目前,国内最高水平,平均每次超数排卵处理每个供体可获得 5～6 枚雌性胚胎。

第六节　奶牛胚胎移植产业化技术

一、概　述

所谓奶牛胚胎移植技术就是对生产性能优良和遗传性稳定的母牛经过超数排卵处理后,将多出自然排卵数几倍的受精卵取出,或者在体外生产胚胎,将其移植到生产性能较低和遗传稳定性差的母牛子宫内,使其着床、妊娠、并产出优良后代的技术,俗称借腹怀胎。通常,将提供胚胎的母畜称为供体,接受胚胎的母畜称为受体。胚胎移植技术在很多奶业发达国家已被广泛应用。1951 年,美国康奈尔大学 Willett 等从屠宰场母牛卵巢上获得胚胎,使移植获得最初的成功,此后各国逐渐开始了胚胎移植研究。1976 年,牛的非手术法移植获得成功,使该项技术在生产中的应用更易于操作。1977 年,牛胚胎移植技术进入商业化发展阶段。在我国,从 20 世纪 70 年代和 80 年代进入试验期,在 90 年代进行小范围的推广应用,到 21 世纪初进行了较大范围的应用阶段。目前,我国牛胚胎移植的技术水平已接近或达到了发达国家的水平,并进入了产业化阶段,为我国奶牛业的发展起到了巨大的推动作用。

二、胚胎移植技术程序

(一)胚胎生产

1. 体内胚生产　通过对生产性能优良和遗传性稳定的母牛经过超数排卵处理后,利用优秀种公畜的精液进行人工授精,获得多个受精卵,受精卵在母体内经 3～8 天的发育,再通过手术法或非手术法将多出自然排卵数几倍的受精卵取出的技术,即超数排卵技术。

2. 体外胚生产　体外胚是指卵母细胞在体外成熟后与获能的精子受精并分裂发育到桑葚胚或囊胚期(5～7d)的技术,包括卵母细胞体外成熟(IVM)、体外受精(IVF)、体外培养(IVC)、体细胞克隆、胚胎分割等技术。

3. 体细胞克隆　以体细胞为核供体,去核卵母细胞为核受体,将体细胞核移植到去核卵母细胞的技术,称为体细胞克隆技术,是体外胚生产技术的重要组成。利用体细胞克隆技术克隆优秀种公牛或种母牛,可以加速育种进程,促进奶牛群体改良。此外,将理想的目的基因转染体细胞,然后进行克隆,还可以生产转基因牛或生物反应器(如乳腺生物反应器)。虽然该技术的成功率还不到 10%,即平均 10 个卵母细胞还不能获得 1 头克隆牛,但其在生物反应器和基因育种中所表现的潜在作用不可低估。

4. 胚胎分割技术　采用手术或非手术方法将胚胎从子宫或输卵管中取出,利用机械或化学方法将其分割成 2 个或多个部分,分割后的每个部分在适宜的条件下进行体外培养,然后移植回受体子宫或输卵管(或不经过培养直接移植),可从 1 枚胚胎获得 2 个或多个基因型和表型一致的后代。

胚胎分割技术可用于扩增可用的优良胚胎的数目和生产同卵双胎、同卵多胎的克隆奶牛,也可为早期胚胎遗传疾病的检查和性别鉴定等技术提供一种活体组织检查的方法。

胚胎分割常用器具有:显微操作装置、倒置显微镜、立体显微镜、拉针仪、毛细玻璃管、显微金属刀、胚胎操作用吸管等。

胚胎分割前,用含 0.2%～0.3%胰蛋白酶 PBS 液处理胚胎 30s,有利于提高分割胚的存活率。胚胎分割的方法根据胚胎发育阶段不同而异,如果分割胚为 2～8-细胞期的桑葚胚,可用机械法或化学辅助机械法对卵裂球进行分离。机械法主要是在显微操作仪的帮助下,在无 Ca^{2+}、Mg^{2+} 的培养液中,用玻璃针使细胞团自透明带中脱出。再用毛细管吹吸胚胎,得到单个卵裂球,将卵裂球装袋培养一定时期,移植到受体中。化学辅助机械法则用链霉蛋白酶消化透明带,再用微吸管吹打分离卵裂球,使卵裂球分散。这种方法不需要显微操作仪,操作简单、易于掌握,目前广为应用。

分割后期桑葚胚或早期囊胚时,常用的方法有以下几种。

(1)Willadsen 分割法 用固定管吸住胚胎,用玻璃针在透明带上做一分口,用玻璃管将细胞从透明带中吸出,然后用 1 支只允许 1 个细胞通过的分离管将细胞分开;将分离的细胞装入透明带中,用琼脂包埋后移入中间受体进行培养;回收胚胎,去掉琼脂层,将胚胎移入受体动物。

(2)Williams 分割法 用显微吸管将胚胎固定,用显微外科刀从吸附点对面分割,将胚胎细胞团分割为均等的两半。将其中一枚半胚装入备用的透明带内,另一枚半胚仍留在原来的透明带内,直接移植给同期发情的受体。

(3)Tsuzuki 分割法 该方法是在含有大分子物质(蔗糖等)的溶液中分割胚胎。操作时用显微吸管固定胚胎,从吸附点对面用显微外科刀分割,不从透明带中取出细胞团而直接移植。应用大分子物质是考虑到当将胚胎分开后,这些大分子物质填充到两分割面之间,能将两分割面分开防止再融合,而大分子物质不会渗入到细胞内。

(4)显微吸管分离法 此法是 Yang 等(1985)在进行兔胚胎分割时发明的。若单纯从胚胎分离方法上看,此法与 Willadsen 法相似。该方法是借助于显微操作仪,在无钙、镁离子的培养液中,用微吸管吸引固定胚胎,用分离吸管穿过胚胎的透明带,吸取卵裂球或细胞团的一半,另一半留于透明带内,吸出的一半装入备用透明带,然后进行移植。

(5)酶软化透明带显微玻璃针分割法 BeatRce(1962)首次提出使用链霉蛋白酶软化胚胎透明带,切割前,用 0.5％的链霉蛋白酶或 pH4 左右的酸性 PBS 液等软化或溶解掉胚胎透明带,致密化胚胎(如桑葚胚)去致密化,降低由于切割造成的损伤。再利用显微玻璃针将胚胎分割成两半。

(6)徒手分割法 该方法多用于晚期桑葚胚或囊胚期胚胎的分割。分割时,对胚胎透明带不进行任何技术处理,也不使用显微操作仪,在立体显微镜下,手持显微手术刀或玻璃针将整个胚胎分割为二。分割后半胚装入透明带或直接移植给受体,两者都取得了较好的效果(陶涛,1991;Jiang 等,1988;Ralph 等,1993;桑润滋等,1993;马保华等,1996)。这种方法简便易行,无须使用复杂的仪器,成功率也较高,现场条件下即可进行,但需注意防止胚胎污染。

(二)胚胎冷冻保存

采用特殊的冷冻保护剂和降温措施对胚胎进行冷冻、然后进行长期保存,一旦解冻,移植后仍然可以产生后代的技术,称为胚胎冷冻保存。常用的器材有:立体显微镜、胚胎冷冻仪、恒温台、0.25ml 塑料细管、细管塞、装胚器、0.22μm 针头式细菌滤器、直径 35mm 的培养皿。常用的溶液有:1.5mol/L 乙二醇冷冻液(含 0.1mol/L 蔗糖、20％FBS,用 PBS 液配制)。保存液为含有 0.4％牛血清白蛋白、0.1moL/升蔗糖的 HP-SOF 液。

胚胎冷冻保存操作要求无菌工作室的室内环境清洁,紫外线照射,工作人员着工作衣、帽,并保持室内环境温度 20℃。将胚胎从冲卵液中吸出,移入培养液(皿)中洗涤 3～4 遍。培养液经直径为 0.22μm 滤膜过滤除菌。将洗涤后的胚胎移入冷冻保护液中,并装入细管。装管程序:30～35mm 保存液,隔 3mm 空气;装入 30mm 冷冻保护液,隔 3mm 空气层;再装入 30～50mm 含有胚胎的乙二醇冷冻保护液,3mm 空气层,15～20mm 保存液,剩余端用细管塞封闭。胚胎移入冷冻保护液及装管过程所需时间应控制在 10～20min 以内,以降低冷冻保护剂对胚胎的毒性作用。立即将胚胎细管装入液氮罐(－196℃)中冷冻。

对冷冻胚胎进行解冻时,从液氮中取出胚胎,投入 37℃～38℃的温水浴中,10s 后取出,立即移植。

(三)胚胎鉴定

胚胎一般应采用形态学观察进行质量评定,这是目前鉴定胚胎质量最广泛、最实用的方法。形态学观察在 30～60 倍立体显微镜或者生物显微镜下进行。可移植胚胎的标准是胚胎发育与采集时期一致,形态特征典型,透明带完整,胚胎结构清楚,卵裂球较致密。

(四)受体牛的同期化发情处理

在同期化处理之前,应用直肠检查方法检查受体牛繁殖系统,只有繁殖系统正常的牛方可进行同期化发情处理。同期发情常用的方法主要有缩短黄体期法和延长黄体期法两类。

(五)胚胎移植

奶牛胚胎移植常用非手术法。移植胚胎前,首先要确定卵巢是否有黄体。胚胎移入时,在不损伤子宫内膜的情况下,为了得到理想的妊娠率,尽可能地移入子宫角深部。移植枪在伸入子宫角时要轻轻往上移动,不能硬往里捅,否则会造成子宫内膜的损伤。移植枪应该是金属制作的,顶部圆滑,而且胚胎是从顶部两侧的小孔被推入子宫角的,这种枪可以避免对子宫造成伤害。操作人员移植时动作要迅速准确,另一只手要配合从直肠把握住子宫颈,特别注意不要擦伤子宫黏膜。

第七节 提高繁殖力的措施

奶牛繁殖力高低在生产实践中具有十分重要的意义,繁殖力直接影响到奶牛生产的经济效益。目前我国奶牛的繁殖力普遍较低,并且与畜牧业发达国家尚存在一定的差距。奶牛繁殖力的提高,已成为发展我国奶牛生产业的首要环节。

一、母牛繁殖力的概念

繁殖力可概括为家畜维持正常繁殖功能、生育后代的能力,是评定种用动物生产力的主要指标。繁殖力是一个综合性状,涉及动物生殖各个环节的功能。对母牛而言,繁殖力体现在性成熟、发情排卵、配种受胎、胚胎发育、泌乳和哺乳等生殖功能。

二、衡量母牛繁殖力的主要指标

(一)配 种 率

配种率又称受配率,是指本年度发情配种的母牛数占全部适合繁殖母牛数的百分比。

$$配种率 = \frac{配种母牛数}{适繁母牛数} \times 100\%$$

(二)总受胎率

经过一次或者多次配种后,妊娠母牛头数占全年参加配种母牛头数的百分率。总受胎率一般要求≥90%。

$$总受胎率 = \frac{年内受胎母牛总头数}{年内配种母牛总头数} \times 100\%$$

(三)情期受胎率

第一情期受胎率:配种第一情期后,妊娠的母牛占配种母牛的百分率。后备牛的第一情期受胎率一般要求达到65%～70%。

$$第一情期受胎率 = \frac{第一情期受胎母牛数}{第一情期配种母牛数} \times 100\%$$

情期受胎率:妊娠母牛头数占总配种情期数的百分率。奶牛情期受胎率一般要求达到55%以上。

$$情期受胎率 = \frac{年受胎母牛总头数}{配种总情期数} \times 100\%$$

(四)不返情率

受配一定期限内不再发情的母牛数占该期限内配种母牛总数的百分率。不返情率又可分为30d不返情率、60d不返情率、90d不返情率及120d不返情率。

$$X 天不返情率 = \frac{配种 X 天后未发情母牛数}{同期配种母牛数} \times 100\%$$

(五)配种指数

参加配种母牛每次妊娠的平均配种情期数。奶牛配种指数一般要求为1.5～1.7。

$$配种指数 = \frac{配种情期数}{妊娠母牛数} \times 100\%$$

(六)产 犊 率

衡量奶牛繁殖性能的综合指标。

$$产犊率 = \frac{本年度出生犊牛总数}{上年度末成年母牛头数} \times 100\%$$

(七)犊牛成活率

断奶成活的犊牛数占总产活犊牛数的百分率。由此可以看出犊牛培育的成绩。

$$犊牛成活率 = \frac{成活犊牛数}{总产活犊牛数} \times 100\%$$

(八)产犊间隔

相邻两次产犊间隔的天数,又称胎间距。

$$平均胎间距 = \frac{\sum 胎间距}{n} \times 100\%$$

式中:$\sum$胎间距为 n 个胎间距的合计天数,n 为总产犊胎数。

(九)繁　殖　率

年度内出生的犊牛头数占本年度初适繁母牛头数的百分率。主要反映牛群增殖效率。

$$繁殖率 = \frac{出生活犊牛数}{适繁母牛数} \times 100\%$$

(十)繁殖成活率

断奶成活的犊牛数占本年度初适繁母牛头数的百分率。

$$繁殖成活率 = \frac{成活犊牛数}{适繁母牛数} \times 100\%$$

三、提高奶牛繁殖力的措施

(一)在育种方面重视繁殖性能

加强科学选育品种,从一定程度上可以提高繁殖力。选购奶牛和留种时,应注意查看系谱、血统,要选择亲代和祖代产奶性能、体型外貌、繁殖力好、利用年限长的,对于刚出生的犊牛应用染色体分析技术进行检测,及时淘汰遗传缺陷牛,可以减少不孕牛饲养头数,从而达到提高牛群的繁殖力。2006 年对同一牧场 1905 头母牛的调查分析表明,有 266 头(14%)母牛有一到多次双胎的记录,双胎公牛女儿的双胎率和孪生母牛所生的女儿的双胎率也较高。

(二)确保营养全面均衡

全面均衡的营养是保证奶牛繁殖力的重要因素,对奶牛的发情、配种、受胎以及犊牛存活起决定性作用。在各种营养因素中,以能量和蛋白质对繁殖力的影响最大,钙、磷等矿物质及维生素 A、维生素 D、维生素 E 等的供给也对繁殖起重要作用。

1. 能量　奶牛的繁殖力受日粮中能量水平的影响很大,能量不足或过剩都会对繁殖力产生不利影响。奶牛在产后,容易出现能量负平衡,而最严重的能量负平衡状况约在产后 30d 左右出现。据 Imakawa 报道:当母牛产后初始体重下降 20%～24%,可引起发情周期终止,卵巢静止。而如果分娩前奶牛体况过肥,则其产后食欲降低和发生能量负平衡的程度要比产前体况适中的奶牛更为严重,此时奶牛会动用更多的体脂用于产奶的能量需要,结果在肝脏累积大量的丙酮,这是导致繁殖率低以及产后至第 1 次排卵间隔时间延长的重要原因。增加脂肪的含量以提高饲粮的能量浓度,同时也能提供合成孕激素的前体物——胆固醇,增加孕激素的浓度,刺激卵泡发育,保证奶牛良好的繁殖性能。研究发现,饲喂脂肪酸钙的母牛可以减少体内的脂肪动员,抑制奶牛产后体重减轻,保持良好的体况,使情期受胎率从 61％提高到 87％。

2. 蛋白质 日粮中蛋白质缺乏,易造成不发情、安静排卵、排卵延迟、或形成卵巢囊肿等,影响受胎率。但多数情况下,奶牛繁殖力下降是由于日粮蛋白质水平过高引起的。Anderson 等指出,由于蛋白质采食量增加,会提高组织中的氨浓度,可降低免疫系统的功能,从而延长子宫的自净时间。因此,在实际生产实践中应根据奶牛的体重、生理阶段和产奶性能等情况,调节好日粮中蛋白质水平,同时选择优质的瘤胃降解蛋白质低的原料作为精料补充料,例如菜籽粕等,保证日粮中的可降解碳水化合物与瘤胃降解蛋白质有适当的比例。NRC(2001)推荐的高产奶牛日粮的蛋白质水平为 18％～19％;泌乳期奶牛日粮蛋白中必须含有不低于 30％的非降解蛋白,高峰期为 38％～40％,干奶期可以降低到 25％。

3. 常量元素、微量元素及维生素

(1)钙和磷 日粮中钙和磷的量不当导致分娩时发生产乳热,这对奶牛繁殖和奶牛生产有很大的副作用。与健康奶牛相比,患产乳热的奶牛难产率、胎衣不下、真胃移位、酮病和乳房炎发病率分别增加 2.8 倍、6.5 倍、3.4 倍、8.9 倍和 8.1 倍,患子宫炎的几率增加 1.6 倍。此外,日粮中钙、磷比例不当还会影响其他生殖功能。

(2)铜 母牛缺铜时会导致繁殖性能发生紊乱,而公牛的精液质量也与铜有密切关系。研究表明,精清中铜的含量与原精活力、密度呈显著正相关,说明铜的含量在精清中存在一定范围。原理可能是,铜可以提高前列腺素与受体的结合力,从而促进前列腺素 E(PEG)作用,而 PEG 又与 LH 有不可分割的关系。因此,铜可引起 LH 水平的提高并使睾酮分泌增加。当日粮中补饲铜后,奶牛的繁殖力上升,受胎率显著提高。

(3)维生素 A 母牛的繁殖力和胎儿的生长发育与维生素 A 密切相关,而 β-胡萝卜素作为一种维生素 A 原与维生素 A 有着相似的生理功能,同时也有自己特殊的生理作用。刘辉放等研究发现:添加 300mg/头·d 的 β-胡萝卜素能显著提高奶牛产前 7d、产后 70d 的血液 β-胡萝卜素浓度,降低产后胎衣不下和乳腺炎的发病率,提高产后 70d 内的配种受胎率和配种率;但对情期受胎率和配种指数无明显影响。

(4)维生素 D 最基本的功能是促进肠道钙、磷的吸收,提高血液钙和磷的水平,促进骨的钙化。奶牛临产前添加大剂量维生素 D 可预防产后瘫痪,保证奶牛机体健康。此外,维生素对奶牛的繁殖也有间接作用。

(三)加强繁殖管理

1. 确定合理的初配年龄,维持正常初情期 育成牛配种过早,影响母牛自身及胎儿发育,易出现难产及泌乳性能降低等现象,并影响以后配种及终生生产力。目前,许多奶牛场一般在牛 15～16 月龄、体重达 350～400kg 进行初配。通常,母牛 8～12 月龄,体重达成年奶牛体重 45％时进入初情期。为了避免初情期延迟,必要时可用 FSH、PMSG、雌激素、三合激素进行诱导发情。

2. 利用外源激素，促进排卵与受胎

（1）注射催产素　在母牛输精后 5～7min，肌注 40 万～50 万 IU 的催产素 1 次，受胎率能提高 20％。

（2）肌注促性腺激素释放激素　配种前后肌注促性腺激素释放激素 10mg，受胎率可提高 12％～19.1％，对屡配不孕的牛可提高 26.1％。

（3）肌注氯前列烯醇　在奶牛产后 3～5d 肌注氯前列烯醇 0.2mg，可显著提高第一情期受胎率。

3. 净化子宫，提高输精效果　在输精的同时净化子宫，以提高受胎率。生产中常用的方法有：①在母牛配种前后用红霉素 100IU，加蒸馏水 40ml，稀释后用输精枪灌入子宫。②母牛输精前 1h，用 37℃～38℃1％盐水 1 000～1 500ml 冲洗子宫，冲出污物和一些分泌物，对提高受胎率十分有利。

4. 做好母牛的发情鉴定和适时输精　发情鉴定并做到适时输精是提高人工授精情期受胎率的关键，最好的发情鉴定方法是通过直肠检查或超声波诊断方法确定排卵期，然后在排卵前 2～3h 进行输精。

5. 重视早期妊娠检查，狠抓复配　母牛配种后的 18～20d 应进行第一次妊娠检查。如果确定没有妊娠，要查出原因，采取相应的措施，及时补配。母牛妊娠后，也可能产生胚胎早期死亡的现象，这种现象多发生在受胎后的 16～40d。所以，即使第一次检查受胎，隔 20～30d 仍需再进行第二次检查。

6. 提高母牛配种后的孕酮水平　产后奶牛采食量的增加和新陈代谢的加快可导致类固醇代谢加速，使血液中的孕酮浓度降低。研究发现，配种后第 5 天牛奶中孕酮浓度大于 3ng/ml 的奶牛受胎率为 50％，而小于 1ng/ml 的奶牛受胎率仅 10％。配种后第 6 天，受孕母牛的孕酮浓度是未孕母牛的 2 倍。因此，提高配种后母牛血液中的孕酮水平可提高母牛繁殖力。配种后 4～6d 补充孕酮可以提高奶牛的妊娠率，特别是对高产牛、产后第一次配种牛以及受胎率低于 30％的泌乳牛有较好效果。

7. 控制繁殖疾病　做好奶牛疫病防疫工作，对患结核病、布氏杆菌病、滴虫病等传染性疾病的奶牛应按相关规定及时处理。对疑似因传染病引起的难孕牛或流产牛应尽快查明病因，采取相应措施，以减少传染病的蔓延。对于非传染性疾病如卵巢静止、子宫内膜炎等，应根据发病原因，从日粮平衡、激素和药物治疗等方面着手，做好综合治疗工作。

（四）创造理想的环境条件

环境对奶牛的繁殖力有较大的影响，其中高温、潮湿的环境在我国南方很多地区都容易对奶牛造成热应激。受热应激影响的奶牛可能会分泌更高水平的黄体酮以至影响发情期促黄体素分泌，可能观察不到发情或发情行为减弱。实践和研究都证明：高温、高湿对奶牛繁殖的危害要远远高于寒冷。因此，在炎热季节，首先必须加强防暑降温，可采取牛舍安装电扇，运动场装置遮阳棚，建造专门用来水浴场所；其次，要调节日粮水平,由于富含糖类和蛋白质饲料在消化代谢过程中产热较多,脂肪在瘤胃中不参与发酵,不是体温升高的直接热源。因此,在日粮中添加脂肪既能增加能量摄入量又可以减少牛自身产热;再者,要尽量避开每天的高温闷热时段喂牛,将喂牛时间改在每天早晨的 4～5 时和晚上 10 时之后,晚上饲喂量可占整个日粮的 60%～70%,以弥补白天因热应激而减少的采食量。另外牛群饲养密度、地面卫生状况、通风换气也能够对奶牛的繁殖功能和子宫的卫生产生很大的影响,稍不注意就容易增加奶牛乳房炎、子宫炎、阴道炎以及子宫内膜炎的发病几率。所以对于奶牛的健康,干燥、松软的运动场以及清洁、干燥的牛床是必须的。

(五)推广应用繁殖新技术

目前,胚胎移植技术、胚胎分割技术、性控孪生技术、卵母细胞体外培养和体外成熟技术已在实验室研究成功,并在一定范围内得到了推广应用。虽然成本较高,但对于提高优秀种母牛的繁殖力是非常有效的。

四、种公牛繁殖的技术管理

(一)基本要求和繁殖指标

第一,种公牛系谱至少 3 代清楚,并经后裔测定或其他方法证明为良种者。

第二,种公牛必须体质健壮,生殖器官(睾丸、副性腺、交配器官等)发育正常,无繁殖障碍和法规规定禁止的遗传病和传染病。

第三,开始采精年龄不得低于 14 月龄,体重不得低于 400kg。

第四,年第一情期受胎率不低于 55%(至少需 100 头牛输精数据)。

(二)管理措施

1. 按种公牛的发育阶段和营养需要做好日粮配合 基本要求为:

①种公牛哺乳一般不少于 4 个月,哺乳量不低于 600kg。

②初情期阶段蛋白质供给量一般应高于成年公牛需要量的 10%。

③性成熟阶段蛋白质供给量一般应高于成年公牛需要量的 5%。

2. 种公牛生殖器官的检查和护理 主要包括 4 个方面。

①对生殖器官应进行全面检查,包括睾丸形态、大小、质量以及附睾、副性腺等。

②青年牛在首次采精前检查 1 次,成年牛每年检查 1 次。

③在检查中发现异常问题时要及时查明原因并酌情进行治疗或淘汰。

④平时注意对公牛生殖器官的护理,防止各种因素造成的伤害。

3. 防疫保健 主要有 2 个方面。

①每年定期两次检疫,平时做好防疫卫生保健和安全工作。

②必须保证种公牛每天有适量的运动,做好护蹄、修蹄工作。

4. 采精要求 包括 6 个方面。

①采精场必须整洁、防尘、防滑和地面平坦,并设有采精垫和安全栏。

②成年公牛采精一般每周不得超过 2 次,每次不得超过 2 回,并在采精前让种公

牛空爬跨 1～2 次。

③做好采精牛平时的阴毛修剪和采精时包皮清洗、消毒以及公牛后躯的卫生工作。

④所有采精器具每次使用前均需严格消毒,未经消毒不得重复使用。采精时要求假阴道温度在 37℃～40℃,松紧适宜,润滑剂涂抹深度不得超过 1/2。

⑤采精时要做到人、牛固定,操作时不得粗暴,要胆大心细,充分掌握公牛习性,做到诱导采精牛阴茎自行伸入假阴道,射精后随公牛下落,让阴茎慢慢回缩自动脱落。

⑥青年公牛精子产量较成年公牛少 1/3～1/2,采精次数应酌减。精液品质检查时出现未成熟精子、精子尾部近头端有未脱落原生质滴、种公牛性欲下降等都说明采精过度,应立即减少或停止采精。

五、母牛繁殖的技术管理

(一)繁殖指标

母牛正常繁殖时,年总受胎率≥85%,年平均情期受胎率≥50%,平均胎间距≤420d,初产月龄 24～28 个月,年繁殖率≥80%。

(二)人工授精和发情鉴定管理

1. 发情和发情鉴定管理 包括以下 6 个方面。

①对于 15 月龄未见初情的育成母牛,需进行产科和营养学检查。

②发情鉴定采用观察法,每天进行 2～3 次,主要观察性欲和黏液数量,必要时检查卵泡发育情况。

③奶牛的发情周期平均为 21d。大多数母牛发情持续期为 10～24h,应勤观察发情,切勿错过发情持续期。

④母牛发情征候,在凌晨和上午观察到较多,下午及上半夜观察到较少。

⑤对表现异常发情和产后 50d 内未见发情的牛只,应及时检查并采取措施,使其恢复正常发情。

⑥应做到专人定时观察母牛发情;运动场内近距离观看卧地母牛发情征状;建立"发情预报系统"。

2. 配种管理 包括以下 10 个方面。

①青年母牛 15～18 月龄,体重达 350kg 以上(约为成年体重的 70%)可安排投入初配,18 月龄为投入初配的下限。

②成牛母牛产后第一次配种时间掌握在 50～90d。

③配种前要进行母畜科检查,对患有生殖疾病的牛只不予配种,应及时治疗。

④采用冷冻精液实施人工授精是通行的基本配种技术方法,采用直肠把握输精是现行规范的人工授精技术方法。

⑤输精前应进行精液品质检查,确认符合国家冷冻精液质量标准的精液可输精,

不符的弃用。

⑥输精时机掌握在发情中、后期，观察发情征候结合直肠检查子宫、卵巢变化及卵泡发育情况，把握最佳配种时期，在即将排卵前或刚排卵时进行输精，是实现配种成功、获得高受精率、提高受胎率的关键。

⑦母牛在输精前，外阴部应经清洗，以 1/3 000 新洁尔灭溶液或酒精棉球擦拭消毒，待干燥后，再用生理盐水棉球擦拭。

⑧发情母牛每个发情期输精 1～2 次，每次用 1 个剂量精液。输精器每牛每次 1 支，不得重复使用。输精器具用毕要及时清洗干净，放入干燥箱内经 170℃消毒 2h。

⑨在人工授精操作诸环节中，除输精前准备、精液解冻、发情鉴定外，输精时间、次数、部位，都是影响母牛受胎率的直接因素。配种员的操作技巧、手法和经验至关重要。

⑩配种全过程按人工授精卫生要求进行。

3. 妊娠和妊娠诊断管理　主要有以下 5 个方面。

①一般不宜过早（配种后 30d 内）做直肠妊娠检查，有条件的情况下，30d 以内的妊娠诊断可用 B 超或乳孕酮放免法等。

②母牛输精后进行 2 次妊娠诊断，第一次在配种后 2～3 个月，第二次在停奶期。

③妊娠诊断采用直肠检查法、腹壁触诊法、超声诊断法等。直肠检查是妊娠诊断最常用的方法，主要是依据通过直肠检查触诊卵巢、子宫、子宫动脉的变化和胎泡、胎膜、胎儿是否存在而进行判断。

④对妊娠母牛要加强饲养管理，做好保胎工作。

⑤对已妊娠而临床上出现胚胎早期死亡、流产、早产的母牛，应分析原因，必要时应进行微生物学检查。对流产母牛应及时医治，使其恢复，促使发情、配种，缩短空怀时间。

(三)产科管理

1. 分娩管理　主有以下 4 个方面。

①分娩母牛在预产期前 15d 左右出产房。产房每周消毒 1 次，产床（或产间）每天消毒 1 次，并经常更换垫草，防止生殖道感染。

②母牛应以自然分娩为主，需要助产时严格按产科要求进行。

③对产后母牛要加强饲养管理，促进母牛生殖功能恢复。

④异性双胎母犊不得留作种用。

2. 产后监护　包括以下 6 个方面。

①产后 6h 内，观察母牛产道有无损伤，发现损伤要及时处理。

②产后 12h 内，观察母牛努责状况。母牛努责强烈时，要注意子宫内是否还有胎儿和有无子宫脱征兆，发现子宫脱要及时处理。

③产后 24h 内观察胎衣排出情况，发现胎衣滞留应及时处理。

④产后 7d 内观察恶露排出的数量和性状，发现异常要及时处理。

⑤产后 15d 左右观察恶露排净程度及黏液的洁净程度,发现异常要酌情处理。

⑥产后 30～40d 通过直肠检查子宫复旧情况,发现子宫复旧不全要及时治疗。

(四)繁殖障碍牛的管理

繁殖障碍牛的管理主要有以下 4 个方面。

①对产后 60d 未发情或发情 40d 以上不再发情的未配种母牛,以及妊娠检查未孕的母牛,必须及时查明原因,并进行诱导发情。

②对输精 2 次以上的未孕母牛,要进行直肠检查,发现病症及时处理。

③对产后半年以上的未孕母牛,必须进行会诊,查明原因,并做出相应的处理意见。

④对早期胚胎死亡、流产及早产母牛,要分析原因,必要时进行流行病学调查。对传染性流产要采取相应的卫生、防疫措施。

(五)繁殖记录及统计报表

繁殖记录及统计报表主要以下几种。

①建立发情、配种、妊娠、流产、产犊、产后监护及繁殖障碍牛检查、处理记录。原始记录必须真实。

②要认真做好各项繁殖指标的统计,数字要准确,并要及时分析。

③建立繁殖月报、季报和年报制度。

第四章 奶牛的营养需要与饲料供应

第一节 奶牛的消化生理特点

奶牛是反刍动物,其采食和消化与单胃动物相比有明显的不同,奶牛有其独特的能力,它可把低等的非食用的饲草饲料转化为高品质的奶,这种独特能力,与其解剖生理学、营养学的特点密切相关。了解奶牛的采食及消化特点,对指导养牛生产具有重要的意义。

一、采食特点

(一)奶牛的采食行为

奶牛味觉和嗅觉敏感,喜欢食用青绿、多汁饲料和精饲料,其次是优质青干草、低水分青贮料,最不爱吃秸秆类粗饲料。虽然牛通过训练可消耗大量的含有酸性成分的饲料,但仍喜食甜、咸味的饲料。

牛的采食行为较粗糙,容易将异物吞入胃中,造成瘤胃疾病,因此应防止异物混入草料中。牛没有上门齿,采食时依靠灵活有力的舌将草料卷入口腔,依靠舌和头的摆动扯断牧草,匆匆咀嚼后便吞入瘤胃中。据测定,年产奶 8 000~9 000kg 的奶牛,平均每昼夜采食时间为 4h 21min 59s,产奶 5 000~6 000kg 奶牛为 3h 23min 40s。据李争测定,13~15 月龄荷斯坦牛拴系饲养,日采食 3 次,干物质采食量为 19.33kg,累计采食时间为 5.47h。放牧和饲喂粗糙饲料时,采食时间延长,而喂软嫩饲料时采食时间缩短。对切短的干草比长草采食量大,对草粉采食量少。如把草粉制成颗粒饲料时,采食量可增加 50%。日粮中精料比例增加,采食量增加,但精料量占日粮干物质 70% 以上时,采食量随之下降。日粮中脂肪含量超过 6% 时,日粮中粗纤维的消化率下降,超过 12% 时,食欲受到限制。气温过高、过低均延长采食时间。环境温度从 10℃逐渐降低时,可使牛对干物质的采食量增加 5%~10%,当环境温度超过 27℃时,食欲下降,采食量减少。因此,根据牛的采食习性,夏天应以夜饲(牧)为主,冬天则宜舍饲。日粮品质较差时,应延长饲喂时间,从而增加牛的采食量。

牛喜食新鲜的饲料,不爱吃长时间拱食而沾有鼻唇镜黏液的饲料。因此,饲喂时应做到少添、勤添,下槽后,及时清扫饲槽,把剩下的草料晾干后再喂。变更饲料种类时,要有一段适应时间。

(二)反刍行为

草料最初被牛咀嚼,作用是很轻微的,只是使草料与唾液充分混合,形成食团,便于咽吞,当牛于采食后休息时,才把瘤胃内容物反刍到口腔,进行充分地咀嚼。一般的牛,在 9~11 周龄时出现反刍。乳牛采食草料后,通常经过 0.5~1h 就开始反刍,每次反刍的持续时间平均为 40~50min,1 昼夜进行 8 次左右,牛每天花在反刍上的时间总计 7~8h。反刍咀嚼非常重要,草料咀嚼愈细,愈可增加瘤胃微生物和皱胃及小肠中消化酶与食糜接触面积,喂牛常以青粗饲料为主,咀嚼就更为重要。据试验表明,1 头乳牛当饲喂由青贮、干草和谷物混合精料组成的全价日粮时,每天下颌运动约需 42 000 次左右。高产牛和中产牛,反刍时间分别占昼夜 24h 的 18.18% 和 14.15%,每分钟反刍分别为 1.1 和 1.0 次,反刍每分钟咀嚼各 60 次和 58 次。

由于牛采食快,不经细嚼即将饲料咽下,采食完以后,再行反刍。因此,给成年牛喂给整粒谷物时,大部分未经嚼碎而被咽下沉入胃底,未能进行反刍便进入瓣胃和真胃,造成过料,即整粒的饲料未被消化,随粪便排出。未经切碎或搅碎的块根、块茎类饲料喂牛,常发生大块的根茎饲料卡在食管部,引起食管梗阻,可危及牛的生命。牛的舌上面有许多尖端朝后的角质刺状突出物,故食物被舌卷入口中就难以吐出,如果饲料中混入铁钉类尖锐异物时,就会随饲料进入胃中,当牛进行反刍,胃壁强烈收缩,尖锐物可刺破胃壁、甚至心包,引起创伤性心包炎,造成死亡。因此,喂牛的饲料应适当加工,如粗料切短,精料破碎,块根、块茎类切碎等。另外,要注意清除饲料中异物。

二、牛消化道的结构特点

牛的消化道起于口腔,经咽、食管、胃(瘤胃、网胃、瓣胃和皱胃)、小肠(包括十二指肠、空肠和回肠)、大肠(包括盲肠、结肠和直肠),止于肛门。附属消化器官有唾液腺、肝脏、胰腺、胃腺和肠腺。

(一)口、舌和牙齿

牛的唇不灵活,不利于采食草料,它的主要采食器官是舌。牛的舌长、坚强、灵活,舌面粗糙,适宜卷食草料,很易被下腭门齿和上腭齿垫切断而进入口腔。

成年牛下腭具有 8 个门齿,上腭没有门齿,只具有角质齿垫。牛上、下腭均无犬齿,但上、下腭各具有前后臼齿 6 枚。

(二)唾液腺和食管

1. 唾液腺 唾液腺位于口腔,分泌唾液。牛的唾液腺有腮腺、颌下腺、舌下腺、咽腺、舌腺、颊腺、唇腺等。反刍动物唾液分泌的数量很大。据统计,每日每头牛的唾液分泌量为 100~200L,唾液分泌具有两种生理功能,其一是促进形成食糜;其二是对瘤胃发酵具有巨大的调控作用。唾液中含有大量的盐类,特别是碳酸氢钠和磷酸氢钠,这些盐类担负着缓冲剂的作用,使瘤胃 pH 稳定在 6.0~7.0 之间,为瘤胃发酵创造良好条件。同时,唾液中含有大量内源性尿素,对反刍动物蛋白质代谢的稳衡控制、提高氮素利用效率起着十分重要的作用。

2. 食管 系自咽通至瘤胃的管道,成年牛长约 1.1m,草料与唾液在口腔内混合后通过食管进入瘤胃,瘤胃内容物又定期地经过食管反刍回到口腔,经细嚼后再行咽下。

(三)复胃结构

牛的胃为复胃,包括瘤胃、网胃、瓣胃和皱胃4个室。前3个室的黏膜没有腺体分布,相当于单胃的无腺区,总称为前胃。皱胃黏膜内分布有消化腺,功能与单胃相同,所以又称之为真胃。4个胃室的相对容积和功能随牛的年龄变化而发生很大变化。初生犊牛皱胃约占整个胃容积的80%或以上,前两胃很小,而且结构很不完善,瘤胃黏膜乳头短小而软,微生物区系还未建立,此时瘤胃还没有消化作用,乳汁的消化靠皱胃和小肠。随着日龄的增长,犊牛开始采食部分饲料,瘤胃和网胃迅速发育,而皱胃生长较慢。正常饲养条件下,3月龄牛瘤网胃的容积显著增加,比初生时增加约10倍,是皱胃的2倍;6月龄牛的瘤网胃的容积是皱胃的4倍左右;成年时可达皱胃的7~10倍。瘤胃黏膜乳头也逐渐增长变硬,并建立起较完善的微生物区系,3~6月龄时已能较好地消化植物饲料。

1. 瘤胃　瘤胃由柱状肌肉带分成4个部分,1个背囊,1个复囊和2个后囊。肌肉柱的作用在于迫使瘤胃中草料做旋转方式的运动,使与瘤胃液体充分混合。许多指状突起、乳头状小突起布满于瘤胃壁,这样就大大地增加了从瘤胃吸收营养物质的面积。瘤胃容积最大,通常占据整个腹腔的左半,为4个胃总容积的78%~85%,是暂时贮存饲料的场所。瘤胃虽不能分泌消化液,但胃壁强大的纵形肌环能够强有力地收缩和松弛,进行节律性蠕动,以搅拌食物。胃黏膜表面有无数密集的角质化乳头,尤其是瘤胃背囊部"黏膜乳头"特别发达,有利于增加食糜与胃壁的接触面积和揉磨。瘤胃内存在大量微生物,对食物分解和营养物质合成起着极其重要的作用,从而使瘤胃成为牛体的一个庞大的、高度自动化的"饲料发酵罐"。

2. 网胃　由网-瘤胃褶与瘤胃分开,瘤胃与网胃的内容物可自由混杂,因而瘤胃与网胃往往即称为瘤网胃。网胃的右端有一开口通入瓣胃,草料在瘤胃和网胃经过微生物作用后即进入瓣胃。

网胃中在食管与瓣胃之间有一条沟,叫做食管沟。食管沟是犊牛吮吸奶时把奶直接送到皱胃的通道,它可使吮吸的乳中营养物质躲开瘤胃发酵,直接进入皱胃和小肠,被机体利用。这种功能随犊牛年龄的增长而减退,到成年时只留下一痕迹,闭合不全。如果咽奶过快,食管沟闭合不全,牛奶就可能进入瘤胃,这时由于瘤胃消化功能不全,极易导致消化系统疾病。

网胃在4个胃中容积最小,成年牛的网胃约占4个胃总容积的5%。网胃的上端有瘤网口与瘤胃背囊相通,瘤网口下方有网瓣孔与瓣胃相通。网胃壁黏膜形成许多网格状皱褶,形似蜂巢,并布满角质化乳头,因此,又称网胃为蜂巢胃。网胃的功能如同筛子一样,将随饲料吃进去的重物(如铁丝、铁钉等)贮藏起来。

3. 瓣胃　内容物在瘤胃、网胃经过发酵后,通过网胃和瓣胃之间的开口——网瓣孔而进入瓣胃,瓣胃黏膜形成100多片瓣叶,瓣胃内存有干细食糜,其作用是压挤水分和磨碎食糜。瓣胃呈球形,很坚实,位于右季肋部、网胃与瘤胃交界处的右侧。成年牛瓣胃占4个胃总容积的7%~8%。瓣胃的上端经网瓣口与网胃相通,下端有瓣皱口与皱胃相通。瓣胃黏膜形成百余叶瓣叶,从纵剖面上看,很像一叠"百叶",所以俗称"百叶肚"。瓣胃的作用是对食糜进一步研磨,并吸收有机酸和水分,使进入真胃的食糜更细,含水量降低,利于消化。

4. 皱胃 皱胃是牛的真胃。反刍动物只有皱胃分泌胃液,皱胃壁具有无数皱襞,这就能增加其分泌面积。皱胃位于右季肋部和剑状软骨部,与腹腔底部紧贴。皱胃前端粗大,称胃底,与瓣胃相连;后端狭窄,称幽门部,与十二指肠相接。皱胃黏膜形成 12～14 片螺旋形大皱褶。围绕瓣皱口的黏膜区为贲门腺区;近十二指肠黏膜区为幽门腺区;中部黏膜区为胃底腺区。皱胃分泌的胃液含有胃蛋白酶和胃酸,其功能与单胃动物相同,消化来自前胃中的食糜。

(四)肠

1. 小肠 据测定,牛的肠长和体长比为 27：1;牛的小肠特别发达,长 27～49m。食糜进入小肠后,在消化液的作用下,大部分可消化的营养物质可被充分消化吸收。

2. 盲肠、结肠 牛等反刍动物两大发酵罐同时并存,据报道,反刍动物的盲肠和结肠也进行发酵作用,能消化饲料中纤维素的 15％～20％。纤维素经发酵产生大量挥发性脂肪酸,可被机体吸收利用。

由于复胃和肠道长的缘故,食物在牛消化道内存留时间长,一般需 7～8d 甚至10 多天的时间,才能将饲料残余物排尽。因此,牛对食物的消化吸收比较充分。

三、饲料营养物质的消化代谢

(一)瘤胃的发酵及其调控

1. 瘤胃微生物 瘤胃微生物是由 60 多种细菌和纤毛原虫组成的,种类甚为复杂,并随饲料种类、饲喂制度及奶牛年龄等因素而变化。1g 瘤胃内容物中,约含细菌150 亿～250 亿个和纤毛虫 60 万～180 万个,总体积约占瘤胃液的 3.6％,其中细菌和纤毛虫约各占 1/2。瘤胃内大量繁殖的微生物随食糜进入皱胃后,被消化液分解而解体,可为宿主动物提供大量优质的单细胞蛋白质。

瘤胃中碳水化合物经发酵后,产生三磷酸腺苷(ATP),对微生物的维持和生长具有重要作用。充足的瘤胃氮源供给,才能保证瘤胃微生物的最大生长。硫也是保证瘤胃微生物最佳生长的重要成分。瘤胃微生物的含硫氨基酸在比例上比较稳定,所以瘤胃微生物需要的硫可以用其与氮比例来表示。N：S≈12～15：1。

日粮类型与瘤胃微生物种类和发酵类型相适应。当组成日粮的饲料改变时,瘤胃微生物的种类和数量也随之改变,如由粗料型突然转变为精料型,乳酸发酵菌不能很快活跃起来将乳酸转为丙酸,乳酸就会积蓄起来,使瘤胃 pH 下降。乳酸通过瘤胃进入血液,使血液 pH 降低,以至发生"乳酸中毒",严重时可危及生命。因此,饲草饲料的变更要逐步过渡,避免突然改变日粮。

此外,瘤胃内环境条件变化亦影响瘤胃微生物生长。

2. 瘤胃内环境

(1)瘤胃内容物的干物质　瘤胃内容物含干物质 10％～15％,含水分 85％～90％。牛采食时摄入的精料,大部分沉入瘤胃底部或进入网胃。草料的颗粒较粗,主要分布于瘤胃背囊。不同部位的内容物干物质含量有明显差异,不同饲养水平对同一部位的干物质含量也有一定影响。

(2)瘤胃的水平衡　瘤胃内容物的水分除来源于饲料水和饮水外,还有唾液和瘤胃壁透入的水。以喂干草、体重 530kg 的母牛为例,24h 流入瘤胃的唾液量超过 100L,瘤胃液平均 50L,24h 流出量为 150～170L。泌乳牛流量比干奶牛高 30％～50％。一般瘤胃液约占反刍动物机体总水量的 15％,而每天以唾液形式进入瘤胃的水分占机体总水量的 30％,同时瘤胃液又以占机体总水量 30％左右的比例进入瓣胃,经过瓣胃的水分大约 60％～70％被吸收。此外,瘤胃内水分还通过强烈的双向扩散作用与血液交流,其量可超过瘤胃液 10 倍之多。瘤胃可以看作体内的蓄水库和水的转运站。

(3)瘤胃温度　瘤胃正常温度为 39℃～41℃,与肛温相比,瘤胃温度易受饲料、饮水等因素影响。饮用水的温度较低,当饮用 25℃的水时,会使瘤胃温度下降 5℃～10℃,经 2h 后才能恢复到瘤胃正常温度。

(4)瘤胃 pH　瘤胃 pH 变动范围为 5.0～7.5,低于 6.5 对纤维素消化不利。瘤胃 pH 易受日粮性质、采食后测定时间和环境温度的影响。喂低质草料时,瘤胃 pH 较高。喂苜蓿和压扁的玉米时,瘤胃 pH 降至 5.2～5.5。大量喂淀粉或可溶性碳水化合物可使瘤胃 pH 明显下降。饲喂高精料日粮时,瘤胃 pH 降低。谷物饲料经加工(如粉碎),可使瘤胃 pH 降低。采食青贮料时,pH 通常降低。饲后 2～6h,瘤胃 pH 降低。背囊和网胃内 pH 较瘤胃其他部位略高。

(5)渗透压　一般情况下,瘤胃内渗透压比较稳定。饲喂前一般比血浆低,而喂后数小时转为高于血浆,然后又渐渐转变为饲前水平。饮水导致瘤胃渗透压下降,数小时后恢复正常。高渗透压对瘤胃功能有影响,可使反刍停止,纤维素消化率下降。

(6)缓冲能力　瘤胃有比较稳定的缓冲系统,它与饲料、唾液数量及成分、瘤胃内酸类及二氧化碳浓度、食糜的外流速度和瘤胃壁的分泌有密切关系。瘤胃 pH 在 6.8～7.8 时,缓冲能力良好,超出这个范围则缓冲能力显著降低。在正常的瘤胃 pH 范围内,最重要的缓冲物质是碳酸氢盐和磷酸盐。

(7)氧化还原电位　瘤胃内经常活动的菌群,主要是厌气性菌群,使瘤胃内氧化还原电位保持在 -250～-450mV 之间。负值表示还原作用较强,瘤胃处于厌氧状态;正值表示氧化作用强或瘤胃处于需氧环境。在瘤胃内,二氧化碳占 50％～70％,甲烷占 20％～45％和少量的氢、氮、硫化氢等,几乎没有氧的存在。有时瘤胃气体中含 0.5％～1％的氧气,主要是随饲料和饮水带入的。不过,少量好气菌能利用瘤胃内氧,使瘤胃内仍能保持很好的厌氧条件和还原态,保证厌氧性微生物连续生存和发挥作用。

（8）表面张力　通常瘤胃液的表面张力为 $50\sim60dyn/cm^2$。饮水和表面活性剂（如洗涤剂、硅、脂肪）可降低瘤胃液的表面张力。表面张力和黏度都增高时会产生气泡，造成瘤胃的气泡性臌气。饲喂精饲料和小颗粒饲料，可使瘤胃内容物黏度增高，表面张力增加，在 pH 5.5～5.8 和 pH 7.5～8.5 时黏度最大。

由上述可见，尽管影响瘤胃内环境的因素很多，但反刍动物可通过唾液分泌和反刍、瘤胃的周期性收缩、内源营养物质进入瘤胃、营养物质从瘤胃中吸收、食糜的排空、嗳气和有效的缓冲体系等，使瘤胃内微生态环境始终保持相对稳定，为牛瘤胃内物质代谢和能量转化提供了条件。

3. 瘤胃的发酵过程

（1）瘤胃对蛋白质和非蛋白氮（NPN）的利用

①瘤胃对蛋白质的利用：牛能同时利用饲料的蛋白质和非蛋白氮，构成微生物蛋白质，供机体利用。蛋白质饲料进入瘤胃后，以不同的途径进行消化。有些在瘤胃发酵中未被降解的蛋白质进入皱胃和小肠内，如同单胃动物一样被分解为胃蛋白和氨基酸而被消化吸收。进入瘤胃的蛋白质约有 60% 被微生物所降解，生成肽、游离氨基酸，氨基酸再经脱氨基作用产生挥发性脂肪酸、二氧化碳、氨及其他产物，微生物同时又利用这些分解产物合成微生物蛋白质。少量的氨基酸可直接被瘤胃壁吸收，为机体所利用。一部分氨也通过瘤胃壁吸收进入血液，在肝脏合成尿素，或随尿排出体外，或进入唾液再返回到瘤胃重新被利用（这一过程称瘤胃氮素循环）。据试验，尿素加入到日粮中后，一般要经过 3 周，瘤胃微生物才能充分适应。所以改变日粮必须逐渐进行，以便各种微生物针对新的饲料来调整它们的比例，这对有效地利用尿素和其他非蛋白质含氮化合物尤其重要。

尽管大多数瘤胃微生物能利用氨和氨基酸作为氮源生长，但是肽合成微生物蛋白质的效率高于氨基酸。肽能够加快瘤胃微生物的繁殖速度、缩短细胞分裂周期，瘤胃细菌的生长速度有肽比有氨基酸快 70%。肽是瘤胃微生物合成蛋白质的重要底物。细菌对大分子肽的摄取速度比对小分子肽和氨基酸的摄取速度快，所以大分子肽更易转化为菌体蛋白。

瘤胃微生物对饲料蛋白质的降解和合成，一方面它将品质低劣的饲料蛋白质转化成高质量的微生物蛋白质；另一方面它又可将优质的蛋白质降解。在瘤胃被降解的蛋白质，有很大部分被浪费掉了，使饲料蛋白质在牛体内消化率降低。因此，蛋白质在瘤胃的降解度将直接影响进入小肠的蛋白质数量和氨基酸的种类，这也关系到牛对蛋白质的利用。瘤胃微生物合成的菌体蛋白质对快速生长、妊娠后期以及泌乳早期的乳牛是不够的，仍需有未经瘤胃降解的蛋白质供应。虽然有一些饲料蛋白质能抗拒瘤胃的降解作用，但常不能满足高产乳牛产乳需要，如补充过瘤胃蛋白和氨基酸混合物或过瘤胃蛋氨酸、赖氨酸、苏氨酸、异亮氨酸和苯丙氨酸，都能有效地增加乳牛的产乳量。

根据饲料蛋白质降解率的高低，可将饲料分为低降解率饲料（<50%），如干燥的

苜蓿、玉米蛋白、高粱等；中等降解率饲料（40％～70％），如啤酒糟、亚麻饼、棉籽饼、豆饼等；高降解率饲料（＞70％），如小麦麸、菜籽饼、花生饼、葵花饼、青贮苜蓿等。

②瘤胃对非蛋白氮的利用：反刍动物可利用尿素来代替日粮中部分的蛋白质。尿素在瘤胃内脲酶作用下迅速分解，产生氨的速度约为微生物利用速度的 4 倍，所以添加尿素时必须考虑降低尿素的分解速度，以免瘤胃内氨储积过多发生氨中毒和提高尿素利用效率。青绿饲料和青贮饲料中含有很多非蛋白氮，如黑麦草青草中非蛋白氮占总氮量的 11％，而黑麦草青贮中非蛋白氮占其总氮量的 65％。牛瘤胃微生物能把饲料中的这些非蛋白氮和尿素类饲料添加剂转变为微生物蛋白质，最后被牛消化利用。

瘤胃微生物利用非蛋白氮的形式主要是氨。氨的利用效率直接与氨的释放速度和氨的浓度有关。当瘤胃中氨过多，来不及被微生物全部利用时，一部分氨通过瘤胃上皮由血液送到肝脏合成尿素，其中很大数量经尿排出，造成浪费，当血氨浓度达到 $1mg/100ml$ 时，便可出现中毒现象。因此，在生产中应设法降低氨的释放速度，以提高非蛋白氮的利用效率。

为了保证瘤胃微生物对氨的有效利用，目前除了通过抑制脲酶活性、制成糊化淀粉尿素或尿素衍生物使释放氨的速度延缓外，日粮中还必须为其提供微生物蛋白合成过程中所需的能量、矿物质和维生素。碳水化合物中，提供微生物养分的速度，纤维素太慢，糖过快，而以淀粉的效果最好，并且熟淀粉比生淀粉好。所以，在生产中饲喂低质粗饲料为主的日粮，用尿素补充蛋白质时，加喂高淀粉精料可以提高尿素的利用效率。

（2）瘤胃对碳水化合物的利用　对于大多数谷物（除玉米和高粱），90％以上的淀粉通常是在瘤胃中发酵，玉米大约 70％是在瘤胃中发酵。淀粉在瘤胃内降解是由于瘤胃微生物分解的淀粉酶和糖化酶的作用。纤维素、半纤维素等在瘤胃的降解是由于瘤胃真菌可产生纤维素分解酶、半纤维素分解酶和木聚糖酶等 13 种酶的作用。

碳水化合物在瘤胃内的降解可分为两大步骤：第一步是高分子碳水化合物（淀粉、纤维素、半纤维素等）降解为单糖，如葡萄糖、果糖、木糖、戊糖等。第二步是单糖进一步降解为挥发性脂肪酸，主要产物为乙酸、丙酸、丁酸、二氧化碳、甲烷和氢等。

瘤胃发酵生成的挥发性脂肪酸大约有 75％直接从瘤网胃壁吸收进入血液，约20％在瓣胃和真胃吸收，约 5％随食糜进入小肠，可满足牛生活和生产所需能量的65％左右。牛从消化道吸收的能量主要来源于挥发性脂肪酸，而葡萄糖很少。体内代谢需要的葡萄糖大部分由瘤胃吸收的挥发性脂肪酸——丙酸在体内转化生成，如果饲料中部分淀粉避开瘤胃发酵而直接进入皱胃，在皱胃和小肠内受消化酶的作用分解，并以葡萄糖的形式直接吸收（这部分淀粉称之为"过瘤胃淀粉"），可提高淀粉类饲料的利用率，改善牛的生产性能。不同来源的淀粉瘤胃降解率不同。常用谷物饲料中淀粉在瘤胃内的降解顺序为：小麦＞大麦＞玉米＞高粱。因此，为了不同的生产目的和饲养体制，应当选择不同来源的淀粉，以实现淀粉利用的最优化。

瘤胃发酵过程中还有一部分能量以 ATP 形式释放出来,作为微生物本身维持和生长的主要能源;而甲烷及氢则以嗳气排出,造成牛饲料中能量的损失。甲烷是乙酸型发酵的产物,丙酸型发酵不生成甲烷,因此,丙酸发酵可以向牛提供较多的有效能,提高牛对饲料的利用率。

正常情况下,瘤胃中乙酸、丙酸、丁酸占总挥发性脂肪酸的比例分别为 $50\%\sim65\%$、$18\%\sim25\%$ 和 $12\%\sim20\%$,这种比例关系受日粮的组成影响很大。粗饲料发酵产生的乙酸比例较高,乙酸和丁酸是奶牛生成乳脂的主要原料,被奶牛瘤胃吸收的乙酸约有 40% 为乳腺所利用。精饲料在瘤胃中的发酵率很高,挥发性脂肪酸产量较高,丙酸比例提高;粗饲料细粉碎或压粒,也可提高丙酸比例,瘤胃中丙酸比例提高,会使体脂肪沉积增加。

如由粗料型突然转变为精料型,乳酸发酵菌不能很快活跃起来将乳酸转为丙酸,乳酸就会积蓄起来,使瘤胃 pH 下降。乳酸通过瘤胃进入血液,使血液 pH 降低,以至发生"乳酸中毒",严重时可危及生命。因此,饲草饲料的变更要逐步过渡,避免突然改变日粮。

奶牛吸收入血液的葡萄糖约有 60% 被用来合成乳。

(3)瘤胃对脂肪的利用 与单胃动物相比,牛体脂含较多的硬脂酸。乳脂中还含有相当数量的反式不饱和脂肪酸和少量支链脂肪酸,而且体脂的脂肪酸成分不受日粮中不饱和脂肪酸影响。这些都是由牛对脂类消化和代谢的特点所决定的。

进入瘤胃的脂类物质经微生物作用,在数量和质量上发生了很大变化。一是部分脂类被水解成低级脂肪酸和甘油,甘油又可被发酵产生丙酸;二是饲料中不饱和脂肪酸在瘤胃中被微生物氢化,转变成饱和脂肪酸,这种氢化作用的速度与饱和度有关,不饱和程度较高者,氢化速度也较快。另外饲料中脂肪酸在瘤胃还可发生异构化作用;三是微生物可合成奇数长链脂肪酸和支链脂肪酸。瘤胃壁组织也利用中、长链脂肪酸形成酮体,并释放到血液中。未被瘤胃降解的那部分脂肪称"过瘤胃脂肪。"在牛日粮中直接添加没有保护的油脂,会使采食量和纤维消化率下降。油脂不利于纤维消化可能是由于:①油脂包裹纤维,阻止了微生物与纤维接触;②油脂对瘤胃微生物的毒性作用,影响了微生物的活力和区系结构;③长链脂肪酸与瘤胃中的阳离子形成不溶复合物,影响微生物活动需要的阳离子浓度,或因离子浓度的改变而影响瘤胃环境的 pH。如果在牛日粮中添加保护完整的油脂即过瘤胃脂肪,就可以消除油脂对瘤胃发酵的不良影响。

(4)瘤胃对矿物质的利用 瘤胃对矿物质的消化能力强,消化率为 $30\%\sim50\%$。矿物质对瘤胃微生物的作用,通常通过两条途径:一方面瘤胃微生物需要各种无机元素作为养分;另一方面矿物质可改变瘤胃内环境,进而影响微生物的生命活动。

常量元素除是瘤胃微生物生命活动所必需的营养物质外,还参与瘤胃生理生化环境因素(如渗透压、缓冲能力、氧化还原电位、稀释率等)的调节。微量元素对瘤胃糖代谢和氨代谢也有一定影响。某些微量元素影响脲酶的活性,有些参与蛋白质的合成。适当添加无机盐对瘤胃的发酵有促进作用。

(5)瘤胃对维生素的利用　幼龄牛的瘤胃发育不全,全部维生素需要由饲料供给。当瘤胃发育完全,瘤胃内各种微生物区系健全后,瘤胃中微生物可以合成B族维生素及维生素K,不必由饲料供给,但不能合成维生素A、维生素D、维生素E等,因此在日粮中应经常提供这些维生素。

瘤胃微生物对维生素A、胡萝卜素和维生素C有一定破坏作用。据测定,维生素A在瘤胃内的降解率达60%～70%。维生素C注入瘤胃2h即损失殆尽。同时,血液和乳中维生素C含量并不增加,说明维生素C被瘤胃微生物所破坏。

瘤胃中B族维生素的合成受日粮营养成分的影响,如日粮类型、日粮的含氮量、日粮中碳水化合物量及日粮矿物质元素。适宜的日粮营养成分有利于瘤胃微生物合成B族维生素。

(6)气体的产生　在微生物的强烈发酸过程中,不断地产生大量气体,牛一昼夜可产生气体600～1 300L。其中二氧化碳占50%～70%、甲烷占20%～45%,还有少量氢、氧、氮和硫化氢等。日粮组成、饲喂时间及饲料加工调制会影响气体的产生和组成。犊牛出生前几个月的瘤胃气体以甲烷占优势,随着日粮中纤维素含量增加,二氧化碳量增多,6月龄达到成年牛的水平。健康成年奶牛瘤胃中二氧化碳量比甲烷多,当臌气或饥饿时则甲烷量大大超过二氧化碳量。二氧化碳主要来源于微生物发酵的终产物,其次来自唾液及瘤胃壁透入的碳酸氢盐所释放。甲烷是瘤胃内发酵的主要终产物,由二氧化碳还原或由甲酸产生。这些气体约有1/4被吸收入血液后经肺排除,一部分为瘤胃内微生物所利用,其余靠嗳气排出。

奶牛由于采食大量幼嫩青草或苜蓿而发生瘤胃臌气。其机制可能是幼嫩青草或苜蓿迅速由前胃转入皱胃及肠内,刺激这些部位的感受器,反射性抑制前胃的运动。同时,由于瘤胃内饲料急剧发酵产生大量气体,不能及时排除,于是形成急性臌气。

(7)瘤胃的发酵调控　研究证明,瘤胃中合成的微生物蛋白,除可满足牛维持需要外,还能满足一般青年牛生长或日产奶12～15kg奶牛所需的蛋白质和氨基酸需要。然而,瘤胃发酵本身也会造成饲料能量和氨基酸的损失。因此,正确控制瘤胃的发酵,提高日粮的营养价值,减少发酵过程中养分损失,是提高牛的饲料利用率,改善生产性能的重要技术措施。通常采用的控制瘤胃发酵的途径和方法如下:

①瘤胃发酵类型的调控:瘤胃发酵类型是根据瘤胃发酵产物——乙酸、丙酸、丁酸的比例相对高低来划分的(表4-1)。

表4-1　瘤胃发酵类型划分

发酵类型	乙酸/丙酸
乙酸发酵	大于3.5
丙酸发酵	2.0
丁酸发酵	丁酸占总挥发性脂肪酸摩尔比20%以上

续表 4-1

发酵类型	乙酸/丙酸
乙酸—丙酸发酵	3.2～2.5
丙酸—乙酸发酵	2.5～2.0

引自卢德勋(1993)

瘤胃发酵类型的变化明显地影响能量利用效率。瘤胃中乙酸比例高时,能量利用率下降;丙酸比例高时,可向牛体提供较多的有效能,乙酸/丙酸比例从 2.32 下降至 1.92 时,乳脂率相应从 3.14 降至 2.86。

饲料和饲养方法是决定瘤胃发酵类型的最重要因素。日粮中精料比例越高,发酵类型越趋于丙酸类型;相反,粗料比例增高则导致乙酸类型。饲料粉碎、颗粒化或蒸煮可使瘤胃中丙酸比例增高。提高饲养水平,乙酸比例下降,丙酸比例上升。先喂粗料,后喂精料,瘤胃中乙酸比例增高;相反,先喂精料,后喂粗料,丙酸比例增高。在高精料日粮条件下,增加饲喂次数(如由 2 次改为 6 次),瘤胃中乙酸比例增高,乳脂率提高。

②饲料养分在瘤胃降解的调控:增加饲料中过瘤胃淀粉、蛋白质和脂肪的量,对于改善牛体内葡萄糖营养状况、增加小肠中氨基酸吸收量、调节能量代谢、提高奶牛生产水平十分重要。豆科牧草在瘤胃内降解率较低,是天然的过瘤胃蛋白质资源。玉米是一种理想的过瘤胃淀粉来源。也可以通过物理和化学处理增加饲料中过瘤胃淀粉、蛋白质和脂肪的量(详见第四章第三节精饲料的加工调制)。

③脲酶活性抑制剂:抑制瘤胃微生物产生的脲酶的活性,控制氨的释放速度,以达到提高尿素利用率的目的。最有效的脲酶抑制剂是乙酰氧肟酸。此外,尿素衍生物(羟甲基尿素、磷酸脲)和某些阳离子(Na^+、K^+、Co^+、Zn^{++}、Cu^{++}、Fe^{++})也有此作用。

④瘤胃 pH 调控:控制瘤胃液 pH 对于饲喂高精料饲粮的牛尤为重要,补充碳酸氢钠(小苏打)可稳定 pH,加快瘤胃食糜的外流速度,提高乙酸/丙酸值,提高乳脂率,防止乳酸中毒等。常用 pH 调控剂是 0.4％氧化镁＋0.8％碳酸氢钠(占日粮干物质)。

正确的调控瘤胃发酵,是养牛生产中一项新技术,是提高牛生产性能,降低饲养成本的有效方法。在运用这些技术时,若方法不当,会产生相反作用,在生产中应加以注意。

(二)瓣胃的消化

犊牛瓣胃发育迅速,出生 10d 到 150d,其容积增加 60 倍。瓣胃内容物含干物质约 22.6％,含水量比瘤胃和网胃内容物少(瘤胃含干物质约 17％,网胃 13％),颗粒也较小,直径超过 3mm 的不到 1％,而小于 1mm 的约占 68％。pH 平均为 7.2(6.6～7.3)。

瓣胃的流体食糜来自网胃，食糜含有许多微生物和细碎的饲料以及微生物发酵的产物。当这些食糜通过瓣胃的叶片之间时，大量水分被移去，因此，瓣胃起了滤器作用。截留于叶片之间的较大食糜颗粒，被叶片的粗糙表面揉捏和研磨，使之变得更为细碎。瓣胃内约消化 20％纤维素，吸收约 70％食糜的挥发性脂肪酸。此外，氯化钠等也可在瓣胃内被上皮吸收。

瓣胃运动起着水泵样作用，当瘤胃第一次运动周期中网胃的第二次收缩达到顶点时，网瓣孔开放，同时瓣胃管舒张，迫使食糜进入瓣胃体叶片之间。

(三)皱胃的消化

皱胃是牛胃的有腺体部分，分胃底和幽门两部分。胃底腺分泌的胃液为水样透明液体，含有盐酸、胃蛋白酶和凝乳酶，并有少量黏液，含干物质约 1％左右，呈酸性。幽门腺分泌量很少，并且呈中性或弱碱性反应，含少量胃蛋白酶原。与单胃动物比较，皱胃液的盐酸浓度较低些，凝乳酶含量较多。胃蛋白酶作用的适宜环境约为pH2，pH 大于 6 酶活性消失。在胃蛋白酶作用下，蛋白被分解为胨和腖。凝乳酶在犊牛期含量高，凝乳酶先将乳中的酪蛋白原转化酪蛋白，然后与钙离子结合，于是乳汁凝固，使乳汁在胃中停留时间延长，有利于乳汁在胃内消化。皱胃的胃液是连续分泌的，这与反刍动物的食糜由瓣胃连续进入皱胃有关。

皱胃胃液的酸性，不断地杀死来自瘤胃的微生物。微生物蛋白质被皱胃的蛋白酶初步分解。

(四)小肠的消化与吸收

进入小肠内半消化的食物，混有大量消化液——唾液、胃液、胰液、胆汁及肠液，构成半流体的食糜。牛的小肠有小肠腺和十二指肠腺。十二指肠腺经常分泌少量碱性黏液，分泌液中的有机物有黏蛋白酶和肠激酶等酶类。肠液中除含有活化胰蛋白酶原的肠激酶外，小肠上皮细胞产生几种肽酶，分解多肽成氨基酸。肠液中含有少量脂肪酶，它能补充胰脂肪酶对脂肪消化的不足，把脂肪分解成甘油和脂肪酸，蔗糖酶、麦芽糖酶和乳糖酶，把相应的双糖分解为单糖。肠液中也含有淀粉酶、核酸酶、核苷酸酶和核苷酶。肠液中的酶类存在于肠液的液体中和存在于小肠黏膜的脱落上皮细胞中。

小肠食糜中的营养物质在消化酶作用下，逐步分解，变成可被肠壁吸收的物质。在反刍动物前胃消化中起重要作用的细菌和纤毛虫，经过皱胃内的消化，极大部分死亡，并被分解，作为构成小肠食糜营养物的一部分。小肠中所吸收的矿物质，占总吸收的 75％。未被瘤胃破坏的脂溶性维生素，经过真胃进入小肠后吸收利用，而在瘤胃合成的 B 族维生素也主要在小肠吸收。

(五)大肠的消化与吸收

牛的盲肠和前结肠有明显的蠕动，每分钟 4～10 次。前结肠的逆蠕动把食糜送入盲肠，盲肠的蠕动又把食糜推入结肠。这样，食糜就在盲肠和前结肠间来回移动，使食糜能在大肠中停留较长时间，增进吸收，并造成微生物活动的良好条件，牛的盲肠和结肠能消化饲料中纤维素 15%～20%。

食糜经消化和吸收后,其中的残余部分进入大肠的后段。在这里,水分被大量吸收,大肠的内容物逐渐浓缩而形成粪便。

第二节　奶牛的营养需要与饲养标准

一、奶牛的营养需要

奶牛为了维持生命、生长发育、泌乳和繁衍后代,需要从外界摄取各种营养物质。奶牛的品种不同、生产目的与水平不同,对营养物质的需要量也不同。奶牛对各种营养物质的需要量是由动物营养学家通过大量的科学研究而得出的具有规律性的成果,是合理配制日粮的科学依据。

(一)干物质需要

1. 干物质的营养作用　干物质是奶牛健康和生产所需的物质基础,奶牛日粮中必须满足一定量的干物质采食量。正确或准确地预测干物质采食量对于制定饲料配方,防止营养物质过高或过低的供给以及有效地利用营养物质是非常重要的。许多试验表明,如果满足奶牛的营养需要,但干物质供给不足,不仅不能充分发挥奶牛的生产能力,而且障碍增多,其结果是缩短奶牛的寿命。尤其是奶牛产后,产奶量在35～36d 达到泌乳高峰,而干物质采食量到 65～80d 才达到高峰,对干物质采食量估计不准确可能会加剧这一阶段能量的负平衡。影响奶牛干物质需要量的因素包括体重、产奶量、泌乳阶段、环境条件、日粮的精粗比例、饲料类型与品质、体况等。

2. 干物质需要量

(1)产奶牛的干物质采食量　我国奶牛饲养标准中,泌乳牛干物质计算公式为:

干物质需要量(kg/d)=0.062W$^{0.75}$+0.40Y(适用于精粗料比约 60∶40 日粮)

干物质需要量(kg/d)=0.062W$^{0.75}$+0.45Y(适用于精粗料比约 45∶55 日粮)

式中 W 为牛体重(kg),Y 为含脂 4%标准乳量(kg)

卢德勋(2001)对高产奶牛提出如下干物质采食方案:

表 4-2　奶牛干物质采食量

泌乳阶段	干物质占体重的比例(%)
泌乳盛期　日产乳＞30kg	3.0～3.5
日产乳＜30kg	2.7～3.3
泌乳中期	3.0～3.2
泌乳后期	3.0～3.2
干乳期	1.8～2.2
围产期	2.0～2.5

（2）生长母牛的干物质采食量　我国奶牛饲养标准提出的生长母牛的计算公式为：

干物质（DMkg/d）＝0.062W$^{0.75}$（kg）＋（1.5296＋0.00371×体重）（kg）×日增重（kg）

在实际生产中，也可用下式推算：

干物质采食量＝体重（kg）×（1.5％～2.5％）

（3）妊娠后期母牛的干物质采食量　我国奶牛饲养标准提出的妊娠后期母牛干物质采食量为：

干物质采食量（DMkg/d）＝0.062W$^{0.75}$＋（0.790＋0.005587×t）

式中 W 表示体重（kg），t 表示妊娠天数。

在生产中，也可用下式推算（卢德勋，2001）：

干奶牛干物质采食量＝体重（kg）×（1.8％～2.2％）

围产牛干物质采食量＝体重（kg）×（2.0％～2.5％）

（4）乳用种公牛的干物质采食量　我国奶牛饲养标准提出的种公牛的干物质采食量为：

干物质采食量（DM kg/d）＝奶牛能量单位（NND）×0.6

（二）能量的营养需要

1. 能量的来源和营养作用　奶牛所需的能量来源于碳水化合物、脂肪和蛋白质三大类营养物质。最重要的能源是从饲料中的碳水化合物（单糖、寡糖、淀粉、粗纤维等）在瘤胃的发酵产物——挥发性脂肪酸中取得的。脂肪和脂肪酸提供的能量为碳水化合物的 2.25 倍，但作为饲料中的能源来说并不占主要的地位。蛋白质和氨基酸在动物体内代谢也可以提供能量，但是从资源的合理利用及经济效益考虑，用蛋白质作能源价值昂贵，并且产生过多的氨，对奶牛有害，不宜作能源物质。在配制日粮时尽可能以碳水化合物满足能量需要。

饲料中的营养物质进入机体以后，经过分解氧化"燃烧"后大部分以热量的形式表现为能量。奶牛生命的全过程和机体活动，如维持体温、消化吸收、营养物质的代谢，以及生长、繁殖、泌乳等均需消耗能量才能完成。当能量水平不能满足需要时，则产奶量下降，体重减轻。但奶牛能量营养水平过高对生产和健康同样不利。能量营养过剩，可造成机体能量大量沉积（过肥），繁殖力下降。因此，合理的能量营养水平对提高奶牛能量利用效率，保证奶牛的健康，提高生产力具有重要的意义。

2. 饲料能量在奶牛体内的转化　饲料能量并不能全部被奶牛所利用，在体内转化过程中有相当一部分被损失（图 4-1）。

3. 饲料能值的计算

总能（GE，MJ/kg 干物质）＝（粗蛋白质％×5.7＋粗脂肪％×9.4＋粗纤维％×4.2＋无氮浸出物％×4.2）×0.04184

消化能（DE，MJ/kg 干物质）＝GE×总能消化率消化能(DE,MJ/kg 干物质)＝(粗蛋白质％×5.7×粗蛋白质消化率＋粗脂肪％×9.4×粗脂肪消化率＋粗纤维％×4.2×粗纤维消化率＋无氮浸出物％×4.2×无氮浸出物消化率)×0.04184

$$代谢能(ME,MJ/kg 干物质)＝DE×0.82$$

$$净能(NE_1,MJ/kg 干物质)＝0.5501×DE－0.3958$$

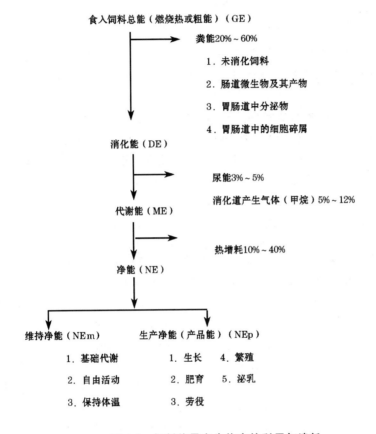

图 4-1　饲料能量在牛体内的利用与消耗

4. 能量需要　我国的奶牛饲养标准将奶牛的产奶、维持、增重、妊娠和生长所需能量均统一用产奶净能(NE_1)表示(饲料能量转化为牛奶的能量称为产奶净能)。并且采用相当于1kg 含脂4％的标准乳能量,即3.138MJ 产奶净能作为一个"奶牛能量单位",缩写为 NND(汉语拼音字首),英文缩写为 DCEU(Dairy Cattle Energy U-nit)。也可用下式表示:

$$NND＝产奶净能(MJ)/3.138$$

例如:1kg 干物质为 89％的优质玉米,产奶净能为 9.01MJ,则,9.01/3.138＝2.87NND。其生产应用上的概念可反映为 1kg 玉米(能量)相当于 2.87kg 奶(能量)的价值。

(1)维持需要　成年母牛舍饲的维持需要:在中立温度拴系饲养条件下,奶牛的维持需要$(kJ)=293W^{0.75}(kg)$,对逍遥运动可增加20%给量,即为$356W^{0.75}(kg)$。第一泌乳期的能量需要应在维持基础上增加20%,第二泌乳期应增加10%。

不同气温条件下的维持需要:在18℃基础上,平均每下降1℃产热增加$2.5kJ/W^{0.75}\cdot24h$。例如,5℃时为$389W^{0.75}(kg)$,0℃时为$402W^{0.75}(kg)$,-5℃时为$414W^{0.75}(kg)$,-10℃时为$427W^{0.75}(kg)$,-15℃时为$439W^{0.75}(kg)$。

生长公、母牛的维持需要$(MJ)=0.584W^{0.75}(kg)$

(2)生产需要　产奶的能量需要:乳中所含能量即产奶净能。其计算公式如下:

每千克牛奶含有的能量$(kJ)=1433.65+415.30\times$乳脂率

或,

每千克牛奶含有的能量$(kJ)=249.16\times$乳总干物质率-166.19

产奶母牛的体重变化与能量需要:泌乳期每增重1kg需要增加能量25.104MJ(相当于8个NND);每减重1kg需扣除20.58MJ能量(相当于6.56个NND)。

妊娠后期的妊娠能量需要:妊娠6、7、8、9个月时,每天应在维持基础上增加4.18MJ、7.11MJ、12.55MJ和20.92MJ的产奶净能。

生长母牛的增重净能需要:增重的能量沉积即增重净能。

$$增重的能量沉积(MJ)=\frac{增重(kg)\times[1.5+0.0045\times体重(kg)]}{1-0.30\times增重(kg)}\times4.184$$

增重所需的产奶净能＝增重的能量沉积×系数

体重150kg、200kg、250kg、300kg、350kg、400kg、450kg、500kg和550kg生长牛的系数分别为1.10、1.20、1.26、1.32、1.37、1.42、1.46、1.49和1.52。

生长公牛的增重净能需要:按生长母牛增重净能需要的90%计算。

种公牛的能量需要$(MJ)=0.398W0.75(kg)$

在高产奶牛泌乳盛期,日粮需要的能量水平较高,为了保证干物质的供给量,可以在日粮中补充过瘤胃脂肪。试验表明,高产奶牛产后60d,日粮中每天每头添加脂肪酸钙200~300g,不仅增加产奶量,还可以减缓体重下降,酮体和酸中毒症得到抑制,产后受胎率得到提高。

(三)蛋白质的营养需要

牛摄入的日粮蛋白质,一部分在瘤胃被微生物降解(称瘤胃降解蛋白质,Ruminally degradable protein,RDP),一部分被降解的蛋白质(RDP)合成瘤胃微生物蛋白质(MCP)。日粮中未被降解的蛋白质(称瘤胃非降解蛋白质,Ruminally undegradable protein,UDP)和瘤胃微生物蛋白质一起进入小肠,共同组成小肠蛋白质,被消化、吸收和利用。

1. 蛋白质的营养作用　蛋白质是三大营养物质中唯一能为牛体提供氮素的物质。因此,它的作用是脂肪和碳水化合物所不能代替的。蛋白质是维持正常生命活动、修补和建造机体组织、器官的重要物质,如肌肉、内脏、血液、神经、毛等都是由蛋白质作为结构物质而形成的。由于构成各组织器官的蛋白质种类不同,所以各组织器官具有各自特异性生理功能。蛋白质还是体内多种生物活性物质的组成部分,如牛体内的酶、激素、抗体等都是以蛋白质为原料合成的。蛋白质是形成乳的重要物质。

当日粮中缺乏蛋白质时,育成牛生长缓慢或停止,体重减轻;奶牛体重下降。长期缺乏蛋白质,还会发生血红蛋白减少的贫血症;当血液中免疫球蛋白数量不足时,则牛抗病力减弱,发病率增加。蛋白质缺乏可造成奶牛的繁殖功能降低,产奶量下降。反之,过多地供给蛋白质,不仅造成浪费,而且还可能是有害的。蛋白质过多时,繁殖能力下降,其代谢产物的排泄加重了肝、肾的负担,来不及排出的代谢产物可导致中毒。

2. 蛋白质需要

(1)产奶牛的蛋白质需要

①维持的蛋白质需要:

$$维持的粗蛋白质=4.6W^{0.75}(g)$$
$$维持的可消化粗蛋白质=3.0W^{0.75}(g)$$

产奶牛在自由运动条件下:

$$维持的可消化粗蛋白质=4.2W^{0.75}(g)$$
$$200kg 体重以下维持的可消化粗蛋白质=2.5W^{0.75}(g)$$

②产奶牛在自由运动条件下:维持的小肠可消化粗蛋白质的需要为 $3.5×W^{0.75}$ (g)。

200kg 体重以下维持的小肠可消化粗蛋白质的需要为 $2.2×W^{0.75}$ (g)。

式中 W 表示体重(kg)。

产奶的蛋白质需要:产奶的蛋白质需要量取决于奶中的蛋白质含量。乳蛋白质没有测定的情况下,亦可根据乳脂率进行测算。

$$乳蛋白率(\%)=2.36+0.24×乳脂率$$
$$产奶的可消化粗蛋白质需要量=牛奶的蛋白质量/0.60$$
$$产奶的小肠可消化粗蛋白质需要量=牛奶的蛋白质量/0.65$$

我国卢德勋报道的不同产奶量泌乳牛日粮蛋白质需要量推荐值和不同泌乳期奶牛日粮蛋白质平衡推荐值见表4-3,表4-4。

表 4-3　不同产奶量泌乳牛日粮蛋白质需要量推荐值

产奶量(kg/d·头)	20	30	40	50
干物质(kg)	14.3	18.6	22.9	27.2
粗蛋白质(%)	16	17	18	19
RDP(%)	10.7	11	11.3	11.4
UDP(%)	5.3	6	6.7	7.6

表 4-4　不同泌乳期奶牛日粮蛋白质平衡推荐值

项　目	泌乳初期	泌乳中期	泌乳后期
日粮(CP,%干物质)	17～18	16～17	15～16
降解蛋白质(RDP,%CP)	62～66	62～66	62～66
非降解蛋白质(UDP,%CP)	34～38	34～38	34～38
RDP/UDP	1.82～1.74	1.82～1.74	1.82～1.74

(2)妊娠母牛的蛋白质需要　妊娠的蛋白质需要按牛妊娠各阶段子宫和胎儿所沉积的蛋白质量进行计算。可消化粗蛋白用于妊娠的效率为 65%,小肠可消化粗蛋白质的效率为 75%。在维持的基础上,妊娠的可消化粗蛋白质的需要量:妊娠 6 个月时为 50g/d,7 个月时为 84g/d,8 个月时为 132g/d,9 个月时为 194g/d;妊娠的小肠可消化粗蛋白质需要量:妊娠 6 个月时为 43g/d,7 个月时为 73g/d,8 个月时为 115g/d,9 个月时为 169g/d。

(3)生长牛的蛋白质需要　维持的可消化粗蛋白质需要:体重 200kg 以下为 $2.3W^{0.75}$(g),200kg 以上为 $3W^{0.75}$(g)。小肠可消化粗蛋白的需要为 200kg 体重以下用 $2.2×W^{0.75}$(g)。式中 W 表示体重(kg)。

生长牛增重的的蛋白质需要量取决于体蛋白的沉积量。

增重的蛋白质沉积(g/d)＝$\Delta W(170.22-0.1731W+0.00017W^2)×(1.12-0.1258\Delta W)$

式中 ΔW 表示日增重(kg),W 表示体重(kg)。

生长牛日粮可消化粗蛋白用于体蛋白质沉积的利用效率,采用 55%,但幼龄时效率较高,体重 40～60kg 可用 70%,70～90kg 可用 65%。生长牛日粮小肠可消化粗蛋白质的利用效率为 60%。

增重的蛋白质需要量＝增重的蛋白质沉积/蛋白质利用效率

(4)种公牛粗蛋白质需要

粗蛋白质需要量(g)＝$6.15W^{0.75}$

可消化粗蛋白质的需要(g)＝$4.0W^{0.75}$

小肠可消化粗蛋白质的需要(g)＝$3.3W^{0.75}$

式中 W 表示体重(kg)。

(四)中性及酸性洗涤纤维需要量

1.日粮纤维的分类　对日粮纤维的定义常见的有 2 种方法:一种是生理学方法,把日粮纤维看成是一种不被动物消化酶所消化的日粮组成成分;另一种是化学方法,把日粮纤维看成是一种非淀粉多糖(NSP)和木质素的总和。VanSoest(1967)提出的洗涤纤维分析方法,是用中性洗涤纤维(NDF)、酸性洗涤纤维(ADF)和酸性洗涤木质素(ADL)作为测定饲料纤维性物质的指标(图 4-2)。通过 NDF 可以知道饲料中总的纤维含量,它是预测粗饲料采食量的最好指标,而 ADF 含量多少与粗饲料消化率密切相关。卢德勋(1998)认为,日粮纤维的定义应包括三层含义:①日粮纤维是日粮内一种具有特殊营养生理作用的复合成分,而不是一种化学组成相当一致的饲料或日粮成分;日粮内组成纤维的单个成分的营养作用并不等于日粮纤维的整体营养生理作用;②日粮纤维组成应包括结构性和非结构性成分两部分;③日粮纤维的分析方法应以全面反映日粮纤维定义的上述两层含义为原则,并具有操作简便、易行、重复性强的特点。

近年来,国外在奶牛营养中提出了有效中性洗涤纤维(effective NDF,eNDF)和物理有效中性洗涤纤维(physically effective NDF,peNDF)。eNDF 是指有效维持乳脂率稳定总能力的饲料特性;peNDF 是指纤维的物理性质(主要是碎片大小)刺激奶牛咀嚼活动和建立瘤胃内容物两相分层的能力。饲料的 peNDF＝NDF 含量×pef(物理有效因子,physical effectiveness factor),pef 的范围从 0(NDF 不能刺激咀嚼活动)到 1(NDF 刺激最大咀嚼活动)。Mertens(1997)试验得出了不同饲料的 pef 值。禾本科干草,长草为 1、适中或粗切碎为 0.8～0.95、粉碎或制粒为 0.4;禾本科牧草青贮,适中或粗切碎为 0.85～0.95;玉米青贮,适中或粗切碎为 0.85～0.90;苜蓿干草,长草为 0.95、适中或粗切碎为 0.70～0.90、粉碎或制粒 0.4;苜蓿青贮,适中或粗切碎为 0.70～0.85;混合料,粉料为 0.40,颗粒料为 0.30。

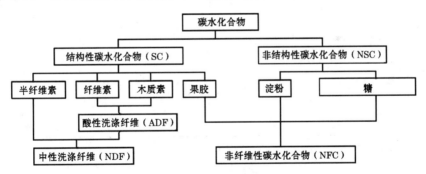

图 4-2　碳水化合物的组成

2. 纤维的营养作用　纤维是奶牛必需的营养物质,除能提供能量及合成葡萄糖和乳脂的原料外,也是维持奶牛消化功能正常所必需的。粗纤维性质稳定,不易消化,容积大,吸水性强,能充填消化道给动物以饱感。它还能刺激消化道黏膜,促进消化道蠕动,促进未消化物质的排出,保证消化道的正常功能。

粗纤维在瘤胃的降解速度较慢,高粗纤维日粮的采食量和消化率降低。如果日粮中纤维物质不足,奶牛表现为咀嚼和反刍时间缩短,唾液分泌减少,高精料日粮还可导致瘤胃发酵速度加快,瘤胃 pH 下降。当瘤胃 pH 降至 6.0～6.2 以下时,瘤胃微生物对日粮纤维性物质的降解能力减弱,进而可导致酸中毒,引起乳脂率下降。然而,在奶牛泌乳高峰期,粗料过多难以满足其能量需要和维持高产,因而应适当提高精料的用量。精料中含有大量淀粉,淀粉在瘤胃内迅速发酵,使瘤胃 pH 值下降,严重时代谢发生紊乱。因此,为保证奶牛正常的瘤胃发酵,提高产奶量和防止乳脂率降低,奶牛日粮中必须保证有一定数量的粗纤维。在生产中要重视精料与粗料的比例,并科学地使用缓冲剂等瘤胃发酵调控剂。

3. 纤维的需要量 奶牛日粮最低中性洗涤纤维含量与奶牛的体况、生产水平、日粮结构、加工工艺、日粮中饲料纤维长度、总干物质进食量、饲料的缓冲能力以及饲喂次数等有关。在以苜蓿或玉米青贮作为主要粗料,玉米作为主要淀粉源的日粮,中性洗涤纤维含量至少占日粮干物质的25%,其中19%的中性洗涤纤维必须来自粗饲料。当来自于粗饲料的中性洗涤纤维含量低于19%时,每降低1%,日粮中的最低中性洗涤纤维含量相应需提高2%。Kawas(1984)报道,日粮干物质中NDF和ADF的含量分别为24%~26%和17%~21%时,可获得最大的4%标准乳产量。

我国奶牛饲养标准(1986,2004)中规定,奶牛日粮粗纤维含量以17%为宜,下限不低于日粮干物质的13%。奶牛日粮中性洗涤纤维(NDF)含量不低于25%。

NRC(2001)提出高产奶牛日粮中性洗涤纤维(NDF)、酸性洗涤纤维(ADF)和非纤维性碳水化合物(NFC)各泌乳阶段的需要(表4-5)。

表4-5 奶牛日粮中 NDF、ADF 和 NFC(%日粮干物质)

项 目	酸性洗涤纤维 (ADF)	中性洗涤纤维 (NDF)	非纤维性碳水化合物 (NFC)
泌乳前期(产后80d)	19	28	37
泌乳中期(产后80~200d)	21	32	37
泌乳后期(产后200d以后)	24	36	34
干乳前期	35	50	30
过渡期	30	45	32

注:NFC=100-(%NDF+%CP+%EE+%Ash)

卢德勋研究员提出的奶牛各阶段 ADF、NDF 和 NFC 需要量见表4-6。

表4-6 奶牛各阶段 ADF、NDF 和 NFC 需要量

项 目	干奶期	围产期	泌乳盛期 >30kg	泌乳盛期 <30kg	泌乳中期	泌乳后期
ADF(%干物质)	30	25	19	20	25	25
NDF(%干物质)	40	32	28	30	33	33
NFC(%干物质)	30	35	38	35	33	33

对于育成牛应使用高 NDF 日粮,体重小于180kg,日粮 NDF 含量占日粮干物质的34%;体重180~360kg 时,占42%;180~540kg 时,占50%。

(五)矿物质需要

奶牛所必需的矿物质元素有20多种。这些元素依其在体内的含量分为常量元素和微量元素 2 类。常量元素指在动物体内含量大于 0.01% 的元素,属于这类的有钙、磷、钠、氯、钾、镁、硫;微量元素指含量小于 0.01% 的矿物质元素,属于此类的有铁、铜、钴、锌、锰、硒、钼、氟等。矿物质元素是牛生长、繁殖、泌乳和健康不可缺少的营养物质。适宜的矿物质营养不仅要满足奶牛生理上的需要,而且还应考虑奶牛产奶量的提高,矿物质营养的缺乏是造成养牛生产损失的重要原因之一。因此,在牛的营养与饲养过程中,切不可忽视矿物质元素的合理供应。

1. 钙和磷

(1)钙和磷的营养作用　钙和磷是牛体内含量最多的无机元素,是骨骼和牙齿的重要成成分,约有 99% 的钙和 80% 的磷存在于骨骼和牙齿中。钙是细胞和组织液的重要成分,参与血液凝固,维持血液 pH 以及肌肉和神经的正常功能。磷是磷脂、核酸、磷蛋白的组成分,参与糖代谢和生物氧化过程,形成含高能磷酸键的化合物,维持体内的酸碱平衡。

日粮中缺钙会使幼牛生长停滞,发生佝偻病。成年牛缺钙引起骨软症或骨质疏松症。泌乳母牛的乳热症由钙代谢障碍所致,由于大量泌乳使血钙急剧下降,甲状旁腺功能未能充分调动,未能及时释放骨中的钙储补充血钙。此病常发生于产后,故亦称产后瘫痪。缺磷会使牛食欲下降,牛出现"异食癖",如爱啃骨头、木头、砖块和毛皮等异物,牛的泌乳量下降。钙、磷对牛的繁殖影响很大。缺钙可导致难产、胎衣不下和子宫脱出。牛缺磷的典型症状是母牛发情无规律、乏情、卵巢萎缩、卵巢囊肿及受胎率低,或发生流产,产下生活力很弱的犊牛。

高钙日粮可引起许多不良后果。因元素间的拮抗而影响锌、锰、铜等的吸收利用,因影响瘤胃微生物区系的活动而降低日粮中有机物质消化率等。日粮中过多的磷会引起母牛卵巢肿大,配种期延长,受胎率下降。

(2)钙和磷需要量

①钙需要量:泌乳母牛维持需要每 100kg 体重给 6g,每千克标准乳给 4.5g。生长母牛的钙维持需要每 100kg 体重给 6g,每千克增重给 20g。

②磷需要量:泌乳母牛维持需要每 100kg 体重给 4.5g,每千克标准乳给 3g。生长奶牛的磷维持需要为每 100kg 体重给 5g,每千克增重给 10g。

③钙和磷比例:日粮中钙、磷比例不当也会影响牛的生产性能及钙、磷在牛消化道的吸收。实践证明,理想的钙磷比是 1~2:1。奶牛能耐受较高的钙磷比,生长奶牛日粮钙磷比可以从 1:1 至 7:1,但超过此范围会使牛生长缓慢,饲料利用率下降。成年泌乳母牛日粮钙磷比从 1:1 至 8:1,并不会因二者比例不同而明显影响生产性能。但在妊娠期间,母牛日粮的钙磷比应控制在 1.5~2:1。对繁殖期母牛钙磷比例也以 1.5~2:1 效果最好。当钙磷比例低于 1.5:1 时,可导致母牛受胎率下降,产犊时还会出现难产、胎衣不下等。大于 4:1 时,繁殖指标明显下降,导致阴道和子宫脱垂,引起子宫内膜炎、乳腺炎、产后瘫痪等疾病。

2. 钠与氯

(1)钠与氯的营养作用　主要存在于体液中,对维持牛体内酸碱平衡、细胞及血液间渗透压有重大作用,保证体内水分的正常代谢,调节肌肉和神经的活动。氯参与胃酸的形成,为饲料蛋白质在真胃消化和保证胃蛋白酶作用所需的 pH 所必需。缺乏钠和氯,牛表现为食欲下降、生长缓慢、减重、泌乳下降、皮毛粗糙、繁殖功能降低。

(2)钠与氯的需要量　牛日粮中需补充食盐来满足钠和氯的需要。泌乳母牛的食盐给量为每 100kg 体重 3g,每产 1kg 标准乳给 1.2g。牛饲喂青贮饲料时,需食盐量比饲喂干草时多;给高粗料日粮时要比喂高精料日粮时多;喂青绿多汁的饲料时要比喂枯老饲料时多。

3. 镁

(1)镁的营养作用　大约 70% 存在于骨骼中,镁是碳水化合物和脂肪代谢中一系列酶的激活剂,它可影响神经肌肉的兴奋性,低浓度时可引起痉挛。泌乳母牛较不泌乳牛对缺镁的反应更敏感。成年牛的低镁痉挛(亦称草痉挛或泌乳痉挛)最易发生的是放牧的泌乳母牛,尤其是放牧于早春良好草地采食幼嫩牧草时,更易发生。表现为泌乳量下降,食欲降低,兴奋和运动失调,如不及时治疗,可导致死亡。

(2)镁的需要量　泌乳母牛镁的需要量占日粮 0.2%,育成母牛等镁的需要量占日粮 0.16%。一般奶牛日粮中不用补充镁。

4. 钾

(1)钾的营养作用　在牛体内以红细胞内含量最多。具有维持细胞内渗透压和调节酸碱平衡的作用。对神经、肌肉的兴奋性有重要作用。另外,钾还是某些酶系统所需的元素。牛缺钾表现为食欲减退,毛无光泽,生长发育缓慢,异嗜,饲料利用率下降,产奶量减少。

(2)钾的需要量　泌乳母牛钾的需要量占日粮 0.9%,育成牛等钾的需要量占日粮 0.65%。一般奶牛日粮中不用补充钾。夏季给牛补充钾,可缓解热应激对牛的影响。高钾日粮会影响镁和钠的吸收。

5. 硫

(1)硫的营养作用　在牛体内主要存在于含硫氨基酸(蛋氨酸、胱氨酸和半胱氨酸)、含硫维生素(硫胺素、生物素)和含硫激素(胰岛素)中。硫是瘤胃微生物活动中不可缺少的元素,特别是对瘤胃微生物蛋白质合成,能将无机硫结合进含硫氨基酸和蛋白质中。

(2)硫的需要量　泌乳母牛硫的需要量占日粮 0.2%,育成牛等硫的需要量占日粮 0.16%。一般奶牛日粮中不用补充硫。但奶牛日粮中添加尿素时,易发生缺硫。缺硫能影响牛对粗纤维的消化率,降低氮的利用率。用尿素作为蛋白补充料时,一般认为日粮中氮和硫之比为 15：1 为宜。

6. 铁、铜、钴

(1)铁、铜、钴的营养作用　这 3 种元素都是和牛体的造血功能有密切关系。

铁是血红蛋白的重要组成成分。铁作为许多酶的组成成分,参与细胞内生物氧化过程。长期喂奶的犊牛常出现缺铁,发生低色素性小红细胞性贫血(血红蛋白过少及红细胞压积降低),皮肤和黏膜苍白,食欲减退,生长缓慢,体重下降,舌乳头萎缩。

铜促进铁在小肠的吸收,铜是形成血红蛋白的催化剂。铜是许多酶的组成成分或激活剂,参与细胞内氧化磷酸化的能量转化过程。铜还可促进骨和胶原蛋白的生成及磷脂的合成,参与被毛和皮肤色素的代谢,与奶牛的繁殖有关。牛缺铜还表现为体重减轻,产奶量下降,胚胎早期死亡,胎衣不下,空怀增多;公牛性欲减退,精子活力下降,受精率降低。牛也易受高铜的危害。缺铜时,牛易发生巨细胞性低色素型贫血,被毛褪色,犊牛消瘦,运动失调,生长发育缓慢,消化紊乱。牛对铜的最大耐受量为 $70\sim100mg/kg$ 日粮,长期用高铜日粮喂牛对健康和生产性能不利,甚至引起中毒。

钴的主要作用是作为维生素 B_{12} 的成分,是一种抗贫血因子。牛瘤胃中微生物可利用饲料中提供的钴合成维生素 B_{12}。钴还与蛋白质、碳水化合物代谢有关,参与丙酸和糖原异生作用。钴也是保证牛正常生殖功能的元素之一。牛缺钴表现为食欲丧失,消瘦,黏膜苍白,贫血,幼牛生长缓慢,被毛失去光泽,生产力下降。缺钴直接影响牛的繁殖功能,表现为受胎率显著降低。缺钴的牛往往血铜降低,同时补充铜钴制剂,可显著提高受胎率。

(2)铁、铜、钴的需要量 奶牛铁的需要量为 $50mg/kg$ 日粮干物质,铜的需要量为 $10mg/kg$ 日粮干物质,钴的需要量为 $0.10mg/kg$ 日粮干物质。

7. 锌

(1)锌的营养作用 锌是牛体内多种酶的组成成分,直接参与牛体蛋白质、核酸、碳水化合物的代谢。锌还是一些激素的必需成分或激活剂。锌可以控制上皮细胞角化过程和修复过程,是牛创伤愈合的必需因子,并可调节机体内的免疫功能,增强机体的抵抗力。日粮中缺锌时,牛食欲减退,消化功能紊乱,异嗜,角化不全,创伤难愈合,发生皮炎(特别是牛颈、头及腿部),皮肤增厚,有痂皮和皲裂。产奶量下降,生长缓慢,唾液过多,瘤胃挥发性脂肪酸产量下降。公、母牛缺锌可使繁殖力受损害。

(2)锌的需要量 奶牛锌的需要量为 $40mg/kg$ 日粮干物质。

8. 锰

(1)锰的营养作用 锰是许多参与碳水化合物、脂肪、蛋白质代谢酶的辅助因子。参与骨骼的形成,维持牛正常的繁殖功能。锰具有增强瘤胃微生物消化粗纤维的能力,使瘤胃中挥发性脂肪酸增多,瘤胃中微生物总量也增加。缺锰牛生长缓慢、被毛干燥或色素减退。犊牛出现骨变形和跛行、运动共济失调。缺锰导致公、母牛生殖功能退化,母牛不发育或发情不正常,受胎延迟,早产或流产;公牛发生睾丸萎缩,精子生成不正常,精子活力下降,受精能力降低。

(2)锰的需要量 奶牛锰的需要量为 $40mg/kg$ 日粮干物质。

9. 碘

(1)碘的营养作用 碘是牛体内合成甲状腺素的原料,在基础代谢、生长发育、繁殖等方面有重要作用。日粮中缺碘时,牛甲状腺增生肥大。幼牛生长迟缓,骨骼短小成侏儒型。母牛缺碘可导致胎儿发育受阻,早期胚胎死亡,流产,胎衣不下。公牛性欲减退,精液品质低劣。

(2)碘的需要量　泌乳母牛碘的需要量为 0.6mg/kg 日粮干物质,育成牛等碘的需要量为 0.25mg/kg 日粮干物质。

10. 硒

(1)硒的营养作用　硒具有某些与维生素 E 相似的作用。硒是谷胱甘肽过氧化物酶的组成成分,能把过氧化脂类还原,保证生物膜的完整性。硒能刺激牛体内免疫球蛋白的产生,增强机体的免疫功能。硒为维持牛正常繁殖功能所必需。缺硒地区的牛常发生白肌病,精神沉郁,消化不良,运动共济失调。幼牛生长迟缓,消瘦,并表现出持续性腹泻。缺硒导致牛的繁殖功能障碍,胎盘滞留、死胎、胎儿发育不良等。公牛缺硒,精液品质下降。研究发现,补硒的同时补充维生素 E 对改善牛的繁殖功能比单补任何一种效果更好。

(2)硒的需要量　奶牛硒的需要量为 0.3mg/kg 日粮干物质。

(六)维生素的营养需要

维生素不是构成牛体组织器官的主要原料,也不是有机体能量的来源。却是维持牛体正常代谢所必需,对维持牛的生命和健康、生长和繁殖有十分重要的作用。到目前为止,至少有 15 种维生素为牛所必需。这些维生素按其溶解特性分为 2 大类,即脂溶性维生素和水溶性维生素,前者包括维生素 A、维生素 D、维生素 E、维生素 K;后者包括 B 族维生素及维生素 C。

1. 脂溶性维生素

(1)维生素 A

①维生素 A 的营养作用:维生素 A 仅存在于动物体内。植物性饲料中的胡萝卜素作为维生素 A 原,可在动物体内转化为维生素 A。维生素 A 与正常视觉有关,它是构成视紫质的组分,为暗光中视觉所必需。对维持黏膜上皮细胞的正常结构有重要作用。维生素 A 参与性激素的合成,促进幼牛生长发育,增强犊牛的抗病能力。维生素 A 是奶牛最重要的维生素之一。

缺乏维生素 A 时,牛食欲减退,采食量下降,增重减慢,最早出现的症状是夜盲。严重缺乏时,上皮组织增生,角质化,牛的抗病力明显降低。幼牛生长停滞、消瘦。公牛性功能减退,精液品质下降;公犊可出现睾丸生精上皮退化,精子生成减少或停止。母牛受胎率下降,性周期紊乱,流产,胎衣不下。牛从饲料中获得的胡萝卜素作为机体获得维生素 A 的主要来源,也可补饲人工合成制品。

②维生素 A 需要量:乳用生长牛每日每 100kg 体重胡萝卜素需要量为 10.6mg(或 4 240 IU 维生素 A),妊娠和泌乳牛为 19mg 胡萝卜素(或 7 600 IU 维生素 A)。每产 1kg 含脂 4%标准乳需要维生素 A 1 930 IU。

（2）维生素 D

①维生素 D 的营养作用：促进小肠对钙和磷的吸收，维持血中钙、磷的正常水平，有利于钙、磷沉积于牙齿与骨骼中，增加肾小管对磷的重吸收，减少尿磷排出，保证骨的正常钙化过程。维生素 D 缺乏会影响钙磷代谢，幼牛引起佝偻病或软骨病，四肢呈"O"形或"X"形，脊柱弯曲，四肢关节肿大，步态拘谨；妊娠母牛和泌乳母牛导致钙、磷代谢负平衡，引起骨质疏松症，表现为骨质不坚，易发生骨折、跛行。

②维生素 D 需要量：乳用犊牛、生长牛和成年公牛每 100kg 体重需 660IU 维生素 D。泌乳及妊娠母牛按每 100kg 体重需要 3 000 IU 维生素 D 供给。每产 1kg 含脂率 4% 标准乳需维生素 D 1 930 IU。

（3）维生素 E

①维生素 E 的营养作用：是一种抗氧化剂，能防止易氧化物质的氧化，保护富于脂质的细胞膜不受破坏，维持细胞膜完整。犊牛日粮中缺乏维生素 E，可引起肌肉营养不良或白肌病，缺硒时又能促使症状加重，影响牛的繁殖功能，公牛表现为睾丸发育不全，精子活力降低，性欲减退；母牛性周期紊乱，受胎率降低。日粮中适宜水平的硒和维生素 E 可以防治子宫炎和胎衣不下。维生素 E 和硒与乳房炎发病率关系密切。试验表明，牛每日每头添加维生素 E 1g，肌内注射亚硒酸钠 0.1mg/kg，乳房炎发病率减少 37%。

②维生素 E 的需要量：正常饲料中不缺乏维生素 E。犊牛日粮中需要量为每千克干物质含 25IU，成年牛为 15～16IU。

2. 水溶性维生素

（1）B 族维生素　B 族维生素包括 10 余种生化性质各异的维生素，均为水溶性。它们均为辅酶或酶的辅基，参与牛体内碳水化合物、脂肪和蛋白质代谢。幼龄牛（瘤胃功能尚不健全）必须由饲料中经常供给。成年牛瘤胃中可合成 B 族维生素，一般情况下不必由饲料供给。

维生素 B_{12} 在牛体内丙酸代谢中特别重要。牛维生素 B_{12} 缺乏常常由日粮中缺钴所致，瘤胃微生物没有足够的钴则不能合成最适量的维生素 B_{12}。牛缺乏维生素 B_{12} 表现为食欲丧失、脂肪肝、贫血、幼牛消瘦、被毛粗乱、生长迟缓，母牛受胎率和繁殖率下降。犊牛易出现缺乏症的维生素有：硫胺素、核黄素、吡哆醇、泛酸、生物素、烟酸和胆碱。

近年来研究发现，虽然牛瘤胃中能合成 B 族维生素，但由于奶牛生产水平的提高，并不能满足其机体的需要，也须对它们在牛营养代谢中的功能作重新估计。研究显示，添加烟酸、生物素、胆碱等水溶性维生素对奶牛具有积极作用。

烟酸是吡啶核苷酸电子载体 NAD 和 NADP 的辅酶，在线粒体呼吸链和碳水化合物、脂类与氨基酸的代谢过程中具有重要作用。研究显示，烟酸促进瘤胃微生物蛋白质的合成，降低甲烷的产量，防止饲料蛋白质在瘤胃中降解。由于产后泌乳早期奶牛食欲减退、瘤胃合成不足和产奶需要量大等因素，需要补充烟酸。对于高产奶牛在产前 1 周至产后 1 周,每日每头添加 6～8g 烟酸,奶产量增加 0.5%～11.7%。对患酮血病奶牛可每日添加 12g 烟酸,有一定防治效果。

生物素是羧化反应中许多酶的辅因子。正常情况下,瘤胃微生物能够合成生物素,瘤胃液中生物素的浓度可超过 9μg/L。在日粮精料比例大时,瘤胃酸度增加,从而抑制了瘤胃合成生物素,可能需要添加生物素。血清中生物素的浓度与奶牛临床跛足病的发病率呈负相关,数项试验研究了补加生物素对牛蹄健康和奶牛生产性能的影响,高产奶牛体内的生物素处于不足状态。奶牛补加生物素(每天每头 20mg)可使蹄壳硬度和张力强度提高,提高产奶量和减少空怀天数。

胆碱,从传统意义上讲,它并不是一种维生素,因为它不是酶系统的一部分,胆碱在体内的作用主要是作为甲基供体,在奶牛营养中的作用是将脂肪肝的发病率降至最低和改善神经传导作用等。估计犊牛对胆碱的需要量为 1g/kg(按采食干物质计)。存在于天然饲料中和以氯化胆碱形式添加到日粮中的胆碱,在瘤胃都被大量降解,小肠几乎检测不到胆碱,因此补饲未加保护的胆碱一般没有用。但在日粮蛋氨酸缺乏的情况下,胆碱可以在瘤胃微生物合成蛋氨酸时提供甲基,从而对奶牛生产具有潜在价值。饲喂经过保护的胆碱或瘤胃后灌注胆碱的试验结果显示,每天补充 15～90g 胆碱使日产奶量增加了 0～3kg。补充胆碱的效果可能与蛋氨酸供给量有关系,可吸收蛋氨酸高的日粮减弱胆碱的效应。

(2)维生素 C 牛能在肝脏或肾脏中合成维生素 C,参与细胞间质中胶原的合成,维持结缔组织、细胞间质结构及功能的完整性,刺激肾上腺皮质激素的合成。维生素 C 具有抗氧化作用,保护其他物质免受氧化。

近年研究发现,维生素 C 对牛的繁殖影响很大,维生素 C 有助于维持妊娠。发情期血液中维生素 C 浓度升高,其机制尚不清楚。维生素 C 可改善牛的配种能力,刺激精子的生成,提高精液品质和精子活力。研究表明适量维生素 C 可缓解奶牛热应激。

(七)水的营养需要

水是一种极易被忽略而且对维持牛生命来说极其重要的营养物质。构成牛机体的成分中以水分最多。初生犊牛身体含水 74%。动物失去全部脂肪或半数蛋白质,仍能存活。若脱水 5% 则食欲减退,脱水 10% 则生理失常,脱水 20% 即可死亡。

1. 水的营养作用 水是牛体内的良好溶剂,各种营养物质的吸收运送和代谢废物的排出都需要水;牛体内的化学反应必须在水媒介中进行,水不但参与蛋白质、脂肪和碳水化合物的水解过程,而且与许多需要加入或释放水的中间代谢反应有关;水对体温的调节起重要作用,水的比热大,体内产热量过多时,由水吸收而不使体温升高。水的蒸发热大,天热时牛通过喘息和出汗使水分蒸发散热,以保持体温恒定;水具有很高的表面张力,可保持畜体细胞、组织具有一定的形态、硬度和弹性;水是一种润滑剂,如含大量水分的唾液使牛能顺利地吞咽食物,关节囊液使牛体的关节活动无阻;水是乳汁的重要组成成分,乳中的含水量占 80% 以上,水是影响产奶量高低的重要因素之一。

2. 水的需要量　奶牛每天需要摄入大量的水,主要由饮水、饲料中的水以及机体营养物质代谢产生的水来满足,但主要通过饮水和饲料水得到满足。机体水损失的途径包括泌乳、排尿、排粪、出汗和肺部蒸发。产奶牛通过奶损失的水分占总摄入水的 25%～35%,粪中水损失占 30%～35%,尿中水分损失占 15%～20%,出汗、唾液和蒸发损失占 18%左右。

奶牛的需水量受其年龄、生产力、饲料性质以及气候条件等因素影响很大。通常奶牛的需水量(L/d)按下列公式计算:DMI(kg)×5.6 或日产奶量×4～5。奶牛日需水量如下(L/日·头):干奶、中产、低产乳牛 45～60;高产奶牛 90～140。犊牛 8 周龄1;16 周龄 6;24 周龄 15。随着环境温度的升高,奶牛需水量增加。10℃时,育成牛和成年奶牛的需水量为 3.1～3.5L/kg 饲料干物质;10℃～15℃时为 3.6L;15℃～21℃时为 4.1L;21℃～27℃为 4.7L;27℃以上时为 5.5L。一般认为,对奶牛自由饮水比每天 1 次给水或每天 2 次给水的产奶量高。饮用凉水有利于抗热应激,保持稳产。在可以自由选择水温的情况下,奶牛愿意饮用温度适中的水(17℃～28℃),而不是过凉和过热的水。

供牛饮用的水要充足,同时要注意水质。一般情况下,对人用安全的水源,对牛也是安全的,但牛比人能忍受较高的盐度。某些矿物质盐类,在摄取过高时,也是有毒的。美国科学院提出的饮水中某些有害物质的上限(mg/L)为:砷 0.2,镉 0.05,铬1.0,钴 1.0,铜 0.5,氟 2.0,铅 0.1,汞 0.01,镍 1.0,钒 1.0,锌 25.0,硝酸盐 100,亚硝酸盐 10。此外,被有害微生物、农药等有害物质污染的水也不能饮用。

二、我国奶牛的饲养标准

奶牛饲养标准(冯仰廉、陆治年,2007)见表 4-7 至表 4-10。

表 4-7　成年母牛维持的营养需要

体重 (kg)	日粮 干物质 (kg)	奶牛 能量单位 (NND)	产奶净 能(MJ)	粗蛋白质 (g)	可消化 粗蛋白质 (g)	小肠可消 化粗蛋白 质(g)	钙 (g)	磷 (g)	胡萝卜素 (mg)	维生素 A (IU)
350	5.02	9.17	28.79	525	341	283	21	16	37	15000
400	5.55	10.13	31.80	580	377	313	24	18	42	17000
450	6.06	11.07	34.73	565	432	342	27	20	48	19000
500	6.56	11.97	37.57	586	446	370	30	22	53	21000
550	7.04	12.88	40.38	737	479	398	33	25	58	23000
600	7.52	13.73	43.10	786	511	424	36	27	64	26000
650	7.98	14.59	45.77	934	542	450	39	30	69	28000
700	8.44	15.43	48.41	882	573	476	42	32	74	30000
750	8.89	16.24	50.96	931	605	502	45	34	79	32000

注:1. 对第一个泌乳期的维持需要按表 4-7 基础增加 20%,第二个泌乳期增加 10%。2. 如第一个泌乳期

的年龄和体重过小,应按生长牛的需要计算实际增重的营养需要。3. 放牧运动时,须在表 4-7 基础上增加能量需要量,按正文中的说明计算。4. 在环境温度低的情况下,维持能量消耗增加,须在表 4-7 基础上增加需要量,按正文说明计算。5. 泌乳期间,每增重 1kg 体重需增加 8NND 和 500g 粗蛋白质;每减重 1kg 需扣除 6.56NND 和 385g 粗蛋白质

表 4-8 每产 1kg 奶的营养需要

乳脂率(%)	乳蛋白率(%)	日粮干物质(kg)	奶牛能量单位(NND)	产奶净能(MJ)	粗蛋白质(g)		可消化粗蛋白质(g)		小肠可消化粗蛋白质(g)		钙(g)	磷(g)	胡萝卜素(mg)	维生素A(IU)
					日产奶<30kg	日产奶>30kg	日产奶<30kg	日产奶>30kg	日产奶<30kg	日产奶>30kg				
	3.0				77.0	81.0	50.0	52.6	46.1	48.4				
	3.2				82.0	86.3	53.3	56.1	49.2	51.6				
	3.4				87.2	91.7	56.7	59.6	52.3	58.1				
3.0	0.35~0.38	0.87	2.72								3.5	1.7	1.11	450
3.5	0.37~0.41	0.93	2.93								3.7	1.8	1.30	525
4.0	0.40~0.45	1.00	3.14								4.0	2.0	1.48	600
4.5	0.43~0.49	1.06	3.35										1.67	675
5.0	0.46~0.52	1.13	3.52										1.95	750

注:每产 1kg 奶的可消化粗蛋白质需要量,日产奶<30kg 为乳蛋白含量/0.60;日产奶>30kg 为乳蛋白含量/0.57。每产 1kg 奶的小肠可消化粗蛋白质需要量,日产奶<30kg 为乳蛋白含量/0.65;日产奶>30kg 为乳蛋白含量/0.62

表 4-9 母牛妊娠最后 4 个月的营养需要

体重(kg)	妊娠月份	日粮干物质(kg)	奶牛能量单位(NND)	产奶净能(MJ)	粗蛋白质(g)	可消化粗蛋白质(g)	小肠可消化粗蛋白质(g)	钙(g)	磷(g)	胡萝卜素(mg)	维生素A(IU)
350	6	5.78	10.51	32.97	600	390	326	27	18	67	27000
	7	6.28	11.44	35.90	652	424	356	31	20		
	8	7.23	13.17	41.34	700	455	398	37	22		
	9	8.70	15.84	49.54	783	509	452	45	25		
400	6	6.30	11.47	35.99	655	426	356	30	20	76	30000
	7	6.81	12.40	38.92	708	460	386	34	22		
	8	7.76	14.13	44.36	755	491	428	40	24		
	9	9.22	16.80	52.72	838	545	482	48	27		
450	6	6.81	12.40	38.92	708	460	385	33	22	86	34000
	7	7.32	13.33	41.84	760	494	415	37	24		
	8	8.27	15.07	47.28	834	542	457	43	26		
	9	9.73	17.73	55.65	929	604	511	51	29		

续表 4-9

体重 (kg)	妊娠月份	日粮干物质(kg)	奶牛能量单位 (NND)	产奶净能(MJ)	粗蛋白质(g)	可消化粗蛋白质(g)	小肠可消化粗蛋白质(g)	钙(g)	磷(g)	胡萝卜素(mg)	维生素 A (IU)
500	6	7.31	13.32	41.48	760	494	413	36	25	95	38000
	7	7.82	14.25	44.73	812	528	443	40	27		
	8	8.78	15.99	50.17	886	576	485	46	29		
	9	10.24	18.65	58.54	982	638	539	54	32		
550	6	7.80	14.20	44.56	811	527	440	39	27	105	42000
	7	8.31	15.13	47.59	863	561	470	43	29		
	8	9.26	16.87	52.93	937	609	512	49	31		
	9	10.72	19.53	61.30	1032	671	566	57	34		
600	6	8.27	15.07	47.28	860	559	467	42	29	114	46000
	7	8.78	16.00	50.21	912	593	497	46	31		
	8	9.73	17.73	55.65	986	641	539	52	33		
	9	11.20	20.40	64.02	1082	703	593	60	36		
650	6	8.74	15.92	49.96	909	591	494	45	31	124	50000
	7	9.25	16.85	52.89	962	625	524	49	33		
	8	10.21	18.59	58.33	1035	673	566	55	35		
	9	11.67	21.25	66.70	1131	735	620	63	38		
700	6	9.22	16.76	52.60	957	622	519	48	34	133	53000
	7	9.71	17.69	55.53	1009	656	549	52	36		
	8	10.67	19.43	60.97	1083	704	591	58	38		
	9	12.13	22.09	69.33	1178	766	645	66	41		
750	6	9.65	17.57	55.15	1003	652	545	51	36	143	57000
	7	10.16	18.51	58.08	1055	686	575	55	38		
	8	11.11	20.24	63.52	1129	734	617	61	40		
	9	12.58	22.91	71.89	1225	796	671	69	43		

注:1. 干奶期间按表 4-9 计算营养需要。2. 妊娠第 6 个月如未干奶,除按表 4-9 计算营养需要外还应加产奶的营养需要

表 4-10　生长母牛的营养需要

体重（kg）	日增重（g）	日粮干物质（kg）	奶牛能量单位（NND）	产奶净能（MJ）	粗蛋白质（g）	可消化粗蛋白质（g）	小肠可消化粗蛋白质（g）	钙（g）	磷（g）	胡萝卜素（mg）	维生素 A（kIU）
40	0		2.20	6.90	63	41		2	2	4.0	1.6
	200		2.67	8.37	142	92		6	4	4.1	1.6
	300		2.93	9.21	180	117		8	5	4.2	1.7
	400		3.23	10.13	217	141		11	6	4.3	1.7
	500		3.52	11.05	252	164		12	7	4.4	1.8
	600		3.84	12.05	289	188		14	8	4.5	1.8
	700		4.19	13.14	323	210		16	10	4.6	1.8
	800		4.56	14.31	355	231		18	11	4.7	1.9
50	0		2.56	8.04	75	49		3	3	5.0	2.0
	300		3.32	10.42	191	124		9	5	5.3	2.1
	400		3.60	11.30	228	148		11	6	5.4	2.2
	500		3.92	12.31	265	172		13	8	5.5	2.2
	600		4.24	13.31	298	194		15	9	5.6	2.2
	700		4.60	14.44	332	216		17	10	5.7	2.3
	800		4.99	15.65	366	238		19	11	5.8	2.3
60	0		2.89	9.08	86	56		4	3	6.0	2.4
	300		3.67	11.51	202	131		10	5	6.3	2.5
	400		3.96	12.43	237	154		12	6	6.4	2.6
	500		4.28	13.44	274	178		14	8	6.5	2.6
	600		4.63	14.52	306	199		16	9	6.6	2.6
	700		4.99	15.65	340	221		18	10	6.7	2.7
	800		5.37	16.87	374	243		20	11	6.8	2.7
70	0	1.22	3.21	10.09	97	63		4	4	7.0	2.8
	300	1.67	4.01	12.60	218	142		10	6	7.9	3.2
	400	1.85	4.32	13.56	258	168		12	7	8.1	3.2
	500	2.03	4.64	14.57	297	193		14	8	8.3	3.3
	600	2.21	4.99	15.65	331	215		16	10	8.4	3.4
	700	2.39	5.36	16.82	368	239		18	11	8.5	3.4
	800	2.61	5.76	18.08	403	262		20	12	8.6	3.4

续表 4-10

体重 (kg)	日增重 (g)	日粮干物 质(kg)	奶牛能 量单位 (NND)	产奶净 能(MJ)	粗蛋白 质(g)	可消化 粗蛋白 质(g)	小肠可 消化粗 蛋白质 (g)	钙 (g)	磷 (g)	胡萝卜 素(mg)	维生素 A (kIU)
	0	1.35	3.51	11.00	108	70		5	4	8.0	3.2
	300	1.80	4.32	13.56	229	149		11	6	9.0	3.6
	400	1.98	4.64	14.57	268	174		13	7	9.1	3.6
80	500	2.16	4.96	15.57	305	198		15	8	9.2	3.7
	600	2.34	5.32	16.70	342	222		17	10	9.3	3.7
	700	2.57	5.71	17.91	377	245		19	11	9.4	3.8
	800	2.79	6.12	19.21	412	268		21	12	9.5	3.8
	0	1.45	3.80	11.93	117	76		6	5	9.0	3.6
	300	1.84	4.64	14.57	237	154		12	7	9.5	3.8
	400	2.12	4.96	15.57	275	179		14	8	9.7	3.9
90	500	2.30	5.29	16.62	312	203		16	9	9.9	4.0
	600	2.48	5.65	17.75	348	226		18	11	10.1	4.0
	700	2.70	6.05	19.00	383	249		20	12	10.3	4.1
	800	2.93	6.48	20.34	418	272		22	13	10.5	4.2
	0	1.62	4.08	12.81	126	82		6	5	10.0	4.0
	300	2.07	4.93	15.49	266	173		13	7	10.5	4.2
	400	2.25	5.27	16.53	311	202		14	8	10.7	4.3
100	500	2.43	5.61	17.62	355	231		16	9	11.0	4.4
	600	2.66	5.99	18.79	397	258		18	11	11.2	4.4
	700	2.84	6.39	20.05	438	285		20	12	11.4	4.5
	800	3.11	6.81	21.39	478	311		22	13	11.6	4.6
	0	1.89	4.73	14.86	149	97	82	8	6	12.5	5.0
	300	2.39	5.64	17.70	286	186	164	14	7	13.0	5.2
	400	2.57	5.96	18.71	331	215	190	16	8	13.2	5.3
	500	2.79	6.35	19.92	374	243	215	18	10	13.4	5.4
125	600	3.02	6.75	21.18	412	268	239	20	11	13.6	5.4
	700	3.24	7.17	22.51	454	295	264	22	12	13.8	5.5
	800	3.51	7.63	23.94	495	322	288	24	13	14.0	5.6
	900	3.74	8.12	25.48	534	347	311	26	14	14.2	5.7
	1000	4.05	8.67	27.20	569	370	332	28	16	14.4	5.8

体重 （kg）	日增重 （g）	日粮干物 质（kg）	奶牛能 量单位 （NND）	产奶净 能（MJ）	粗蛋白 质（g）	可消化 粗蛋白 质（g）	小肠可 消化粗 蛋白质 （g）	钙 （g）	磷 （g）	胡萝卜 素（mg）	维生素 A （kIU）
	0	2.21	5.35	16.78	171	111	94	9	8	15.0	6.0
	300	2.70	6.31	19.80	311	202	175	15	9	15.7	6.3
	400	2.88	6.67	20.92	348	226	200	17	10	16.0	6.4
	500	3.11	7.05	22.14	391	254	225	19	11	16.3	6.5
150	600	3.33	7.47	23.44	429	279	248	21	12	16.6	6.6
	700	3.60	7.92	24.86	469	305	272	23	13	17.0	6.8
	800	3.83	8.40	26.36	509	331	296	25	14	17.3	6.9
	900	4.10	8.92	28.00	548	356	319	27	16	17.6	7.0
	1000	4.41	9.49	29.80	582	378	339	29	17	18.0	7.2
	0	2.48	5.93	18.62	192	125	106	11	9	17.5	7.0
	300	3.02	7.05	22.14	323	210	184	17	10	18.2	7.3
	400	3.20	7.48	23.48	366	238	210	19	11	18.5	7.4
	500	3.42	7.95	24.94	409	266	235	22	12	18.8	7.5
175	600	3.65	8.43	26.45	446	290	257	23	13	19.1	7.6
	700	3.92	8.96	28.12	486	316	281	25	14	19.4	7.8
	800	4.19	9.53	29.92	525	341	304	27	15	19.7	7.9
	900	4.50	10.15	31.85	562	365	326	29	16	20.0	8.0
	1000	4.82	10.81	33.94	595	387	346	31	17	20.3	8.1
	0	2.70	6.48	20.34	246	160	133	12	10	20.0	8.0
	300	3.29	7.65	24.02	375	244	210	18	11	21.0	8.4
	400	3.51	8.11	25.44	417	271	235	20	12	21.5	8.6
	500	3.74	8.59	26.95	457	297	259	22	13	22.0	8.8
200	600	3.96	9.11	28.58	495	322	282	24	14	22.5	9.0
	700	4.23	9.67	30.34	534	347	305	26	15	23.0	9.2
	800	4.55	10.25	32.18	572	372	327	28	16	23.5	9.4
	900	4.86	10.91	34.23	609	396	349	30	17	24.0	9.6
	1000	5.18	11.60	36.41	642	417	368	32	18	24.5	9.8

续表 4-10

体重 (kg)	日增重 (g)	日粮干物质(kg)	奶牛能量单位 (NND)	产奶净能(MJ)	粗蛋白质(g)	可消化粗蛋白质(g)	小肠可消化粗蛋白质(g)	钙(g)	磷(g)	胡萝卜素(mg)	维生素A (kIU)
250	0	3.20	7.53	23.64	291	189	157	15	13	25.0	10.0
	300	3.83	8.83	27.70	415	270	231	21	14	26.5	10.6
	400	4.05	9.31	29.21	455	296	255	23	15	27.0	10.8
	500	4.32	9.83	30.84	497	323	279	25	16	27.5	11.0
	600	4.59	10.40	32.64	531	345	300	27	17	28.0	11.2
	700	4.86	11.01	34.56	569	370	323	29	18	28.5	11.4
	800	5.18	11.65	36.57	606	394	345	31	19	29.0	11.6
	900	5.54	12.37	38.83	642	417	365	33	20	29.5	11.8
	1000	5.90	13.13	41.13	672	437	385	35	21	30.0	12.0
300	0	3.69	8.51	26.69	332	216	180	18	15	30.0	12.0
	300	4.37	10.08	31.63	454	295	253	24	16	31.5	12.6
	400	4.59	10.68	33.51	494	321	276	26	17	32.0	12.8
	500	4.91	11.31	35.48	532	346	299	28	18	32.5	13.0
	600	5.18	11.99	37.61	566	368	320	30	19	33.0	13.2
	700	5.49	12.72	39.92	603	392	342	32	20	33.5	13.4
	800	5.85	13.51	42.38	638	415	362	34	21	34.0	13.6
	900	6.21	14.36	45.06	674	438	383	36	22	34.5	13.8
	1000	6.62	15.29	48.00	705	458	402	38	23	35.0	14.0
350	0	4.14	9.43	29.59	374	243	202	21	18	35.0	14.0
	300	4.86	11.11	34.86	494	321	273	27	19	36.8	14.7
	400	5.13	11.76	36.91	531	345	296	29	20	37.4	15.0
	500	5.45	12.44	39.04	568	369	318	31	21	38.0	15.2
	600	5.76	13.17	41.34	603	392	338	33	22	38.6	15.4
	700	6.08	13.96	43.81	638	415	360	35	23	39.2	15.7
	800	6.39	14.83	46.53	680	442	381	37	24	39.8	15.9
	900	6.84	15.75	49.42	708	460	401	39	25	40.4	16.1
	1000	7.29	16.75	52.56	738	480	419	41	26	41.0	16.4

体重（kg）	日增重（g）	日粮干物质（kg）	奶牛能量单位（NND）	产奶净能（MJ）	粗蛋白质（g）	可消化粗蛋白质（g）	小肠可消化粗蛋白质（g）	钙（g）	磷（g）	胡萝卜素（mg）	维生素A（kIU）
400	0	4.55	10.32	32.39	412	268	224	24	20	40.0	16.0
	300	5.36	12.28	38.54	529	344	294	30	21	42.0	16.8
	400	5.63	13.03	40.88	566	368	316	32	22	43.0	17.2
	500	5.94	13.81	43.35	605	393	338	34	23	44.0	17.6
	600	6.30	14.65	45.99	638	415	359	36	24	45.0	18.0
	700	6.66	15.57	48.87	674	438	380	38	25	46.0	18.4
	800	7.07	16.56	51.97	708	460	400	40	26	47.0	18.8
	900	7.47	17.64	55.40	742	482	420	42	27	48.0	19.2
	1000	7.97	18.80	59.00	771	501	437	44	28	49.0	19.6
450	0	5.00	11.16	35.03	451	293	244	27	23	45.0	18.0
	300	5.80	13.25	41.59	566	368	313	33	24	48.0	19.2
	400	6.10	14.04	44.06	605	393	335	35	25	49.0	19.6
	500	6.50	14.88	46.70	642	417	355	37	26	50.0	20.0
	600	6.80	15.80	49.59	675	439	377	39	27	51.0	20.4
	700	7.20	16.79	52.64	709	461	398	41	28	52.0	20.8
	800	7.70	17.84	55.99	745	484	419	43	29	53.0	21.2
	900	8.10	18.99	59.59	777	505	439	45	30	54.0	21.6
	1000	8.60	20.23	63.48	806	524	456	47	31	55.0	22.0
500	0	5.40	11.97	37.57	488	317	264	30	25	50.0	20.0
	300	6.30	14.37	45.10	603	392	333	36	26	53.0	21.2
	400	6.60	15.27	47.91	642	417	355	38	27	54.0	21.6
	500	7.00	16.24	50.97	678	441	377	40	28	55.0	22.0
	600	7.30	17.27	54.19	712	463	397	42	29	56.0	22.4
	700	7.80	18.39	57.70	746	485	418	44	30	57.0	22.8
	800	8.20	19.61	61.55	780	507	438	46	31	58.0	23.2
	900	8.70	20.91	65.61	814	529	458	48	32	59.0	23.6
	1000	9.30	22.33	70.09	843	548	476	50	33	60.0	24.0

续表 4-10

体重 (kg)	日增重 (g)	日粮干物质(kg)	奶牛能量单位(NND)	产奶净能(MJ)	粗蛋白质(g)	可消化粗蛋白质(g)	小肠可消化粗蛋白质(g)	钙(g)	磷(g)	胡萝卜素(mg)	维生素A(kIU)
	0	5.80	12.77	40.09	525	341	284	33	28	55.0	22.0
	300	6.80	15.31	48.04	642	417	354	39	29	58.0	23.2
	400	7.10	16.27	51.05	678	441	376	41	30	59.0	23.6
	500	7.50	17.29	54.27	715	465	397	43	31	60.0	24.0
550	600	7.90	18.40	57.74	749	487	418	45	32	61.0	24.4
	700	8.30	19.57	61.43	785	510	439	47	33	62.0	24.8
	800	8.80	20.85	65.44	820	533	460	49	34	63.0	25.2
	900	9.30	22.25	69.84	852	554	480	51	35	64.0	25.6
	1000	9.90	23.76	74.56	882	573	496	53	36	65.0	26.0
	0	6.20	13.53	42.47	560	364	303	36	30	60.0	24.0
	300	7.20	16.39	51.48	678	441	374	42	31	66.0	26.4
	400	7.60	17.48	54.86	715	465	396	44	33	67.0	26.8
	500	8.00	18.64	58.50	752	489	418	46	33	68.0	27.2
600	600	8.40	19.88	62.39	788	512	439	48	34	69.0	27.6
	700	8.90	21.23	66.61	823	535	459	50	35	70.0	28.0
	800	9.40	22.67	71.13	857	557	480	52	36	71.0	28.4
	900	9.90	24.24	76.07	892	580	501	54	37	72.0	28.8
	1000	10.50	25.93	81.38	922	599	518	56	38	73.029.2	

三、NRC 泌乳牛饲养标准

NRC(2001)推荐的泌乳牛饲养标准见表 4-11 和表 4-12。

表 4-11　NRC 奶牛饲养标准(成年牛体重 680kg)

泌乳早期									
产奶量(kg)	乳脂率(%)	干物质(kg)	体重变化(kg)	NE$_l$(MJ)	RDP		UDP		CP(%)
					g/d·头	%	g/d·头	%	
20	3.5	12.4	-0.1	23.9	1400	11.3	480	3.9	15.2
20	3.5	12.4	-0.2	24.5	1400	11.3	660	5.3	16.6
20	3.5	12.4	-0.4	25.1	1400	11.3	840	6.8	18.1
30	3.5	14.5	-0.7	30.6	1620	11.2	850	5.9	17.0
30	3.5	14.5	-0.9	31.4	1620	11.2	1110	7.7	18.8

泌乳早期									
产奶量 (kg)	乳脂率 (%)	干物质 (kg)	体重变化 (kg)	NE$_1$ (MJ)	RDP		UDP		CP(%)
					g/d·头	%	g/d·头	%	
30	3.5	14.5	-1.1	32.3	1620	11.2	1370	9.4	20.6
40	3.5	16.7	-1.4	37.2	1830	11.0	1210	7.2	18.2
40	3.5	16.7	-1.6	38.4	1830	11.0	1560	9.3	20.3
40	3.5	16.7	-1.9	39.6	1830	11.0	1910	11.4	22.4
泌乳中期									
35	3.5	23.6	1.2	33.8	2450	10.4	800	3.4	13.8
35	3.5	23.6	1.0	34.8	2450	10.4	1110	4.7	15.1
35	3.5	23.6	0.8	35.9	2450	10.4	1410	6.0	16.4
45	3.5	26.9	0.7	40.4	2710	10.1	1170	4.3	14.4
45	3.5	26.9	0.4	41.8	2710	10.1	1560	5.8	15.9
45	3.5	26.9	0.2	43.1	2710	10.1	1950	7.2	17.3
55	3.5	30.2	0.1	47.1	2960	9.8	1560	5.2	15.0
55	3.5	30.2	—0.2	48.7	2960	9.8	2040	6.8	16.6
55	3.5	30.2	—0.6	50.7	2960	9.8	2510	8.3	18.1

表 4-12　干奶牛饲养标准(NRC,2001)

项　目	荷斯坦牛成年体重 680kg,犊牛体重 45kg, 妊娠期日增重 670g		
妊娠天数	240	270	279
妊娠体重(kg)	730	751	757
月龄	57	58	58
DMI(kg)	14.4	13.7	10.1
NE$_1$(MJ/d)	58.58	60.25	60.67
NE$_1$(MJ/kg)	4.06	4.39	6.02
RDP(g/d)	1114	1197	965
UDP(g/d)	317	292	286
日粮瘤胃降解蛋白(%)	7.7	8.7	9.6
日粮瘤胃非降解蛋白(%)	2.2	2.1	2.8
CP(%)	9.9	10.8	12.4
最低 NDF(%)	33	33	33
最低 ADF(%)	21	21	21

续表 4-12

项　目	荷斯坦牛成年体重 680kg，犊牛体重 45kg，妊娠期日增重 670g		
最高 NFC(%)	42	42	42
可吸收钙(g)	18.1	21.5	22.5
日粮钙(%)	0.44	0.45	0.48
可吸收磷(g)	19.9	20.3	16.9
日粮磷(%)	0.22	0.23	0.26

第三节　奶牛饲料的生产、加工与配制

一、优质粗饲料生产

饲料不仅是奶牛最重要营养来源，而且对改善牛奶品质具有重要作用。综观发达国家的奶业生产，优质饲草在奶牛营养和健康中也发挥着极其重要的作用。

(一)饲草的分类和我国饲草的栽培区划

饲草包括饲料作物和牧草。尽管同属饲用植物，但在我国它们分属于不同的概念范畴。

1. 饲草的分类

(1)饲料作物　饲料作物是指用于栽培作为动物饲料用的作物。根据其分类学地位或形态，又分为以下几种类型：①禾谷类饲料作物，包括玉米、高粱、大麦、燕麦、黑麦等禾本科作物。②豆类饲料作物，包括大豆、豌豆、绿豆等豆科作物。③块根块茎类饲料作物，包括甜菜、胡萝卜、红薯、马铃薯等。④瓜类饲料作物，包括南瓜、饲用西瓜等。

(2)牧草　凡是能用来饲喂牲畜的细茎植物称之为牧草。它包括以下几类：①草本植物，又分为一年生、二年生、多年生草本植物，如苏丹草、草木樨、苜蓿等。②藤本植物，如葛藤。③半灌木、小灌木、灌木，如柠条、沙棘等。

牧草种类繁多，但主要是豆科和禾本科植物，这两科几乎囊括了所有的栽培牧草。此外，藜科、菊科及其他科的有些植物也可用作牧草，但种类较少。

关于饲料作物和牧草的划分，因我国的传统习惯将它们定义为两类不同的饲用植物类型，但在美、欧及日本等国将我国所指的饲料作物和牧草统称为饲用作物。

2. 我国饲草的栽培区划　20世纪的后半叶，我国的草业生产迅猛发展，但在发展的过程中也出现了诸多问题。如盲目引种导致栽培工作失败；种子生产与实际需要脱节，而且基因混杂；在自然条件相同或相近的地区，重复引种、选育等。针对这一生产乱象，农业部在1984年下达"全国主要多年生栽培草种区划研究"课题，经多个科研、教学和生产单位的共同攻关,完成了我国多年生饲草栽培区划,将全国分为9个栽培区和40个亚区,为引导各地科学引种和栽培饲草奠定了基础。

(1)东北羊草、苜蓿、沙打旺、胡枝子栽培区　本区包括黑龙江、吉林和辽宁三省全部和内蒙古的呼伦贝尔盟及兴安盟所辖的18个旗县。气候特点是冬季严寒多雪,夏季高温多雨,极端温差达80℃,$\geqslant$10℃的积温2 000℃～3 700℃,无霜期90～180d,年降水量250～1 100mm。土质为黑钙土,比较肥沃。人工草地以羊草、苜蓿、沙打旺、胡枝子为主,此外无芒雀麦、扁蓿豆、山野豌豆、广布野豌豆、野大麦、碱茅等也有栽培。

依据当家草种的生态、生物学特性、生产条件和利用方式,本区又分为以下6个亚区:①大兴安岭羊草、苜蓿、山野豌豆亚区;②三江平原苜蓿、无芒雀麦、山野豌豆亚区;③松嫩平原羊草、苜蓿、沙打旺亚区;④松辽平原苜蓿、无芒雀麦亚区;⑤东部长白山山区苜蓿、胡枝子、无芒雀麦亚区;⑥辽西低山丘陵沙打旺、苜蓿、羊草亚区。

(2)内蒙古高原苜蓿、沙打旺、老芒麦、蒙古岩黄芪栽培区　本区包括内蒙古大部、河北坝上、宁夏平原和甘肃的河西走廊等省、自治区的部分地区,共辖125个旗、县(市、区)。气候特点是冬季多风寒冷,夏季凉爽干燥。年平均温度－3℃～9.4℃,$\geqslant$10℃的年积温为2 000℃～2 800℃,无霜期90～170d,年降水量50～450mm,春季多旱。土质多为栗钙土和灰钙土。适宜栽培的牧草有苜蓿、沙打旺、老芒麦、蒙古岩黄芪、披碱草、羊草、冰草、柠条、细枝岩黄芪等。

本区又可分为以下7个亚区:①内蒙古中南部老芒麦、披碱草、羊草亚区;②内蒙古东南部苜蓿、沙打旺、羊草亚区;③河套—土默特平原苜蓿、羊草亚区;④内蒙古中北部披碱草、沙打旺、柠条亚区;⑤伊克昭盟柠条、蒙古岩黄芪、沙打旺亚区;⑥内蒙古西部琐琐、沙拐枣亚区;⑦宁甘河西走廊苜蓿、沙打旺、柠条、细枝岩黄芪亚区。

(3)黄淮海苜蓿、沙打旺、无芒雀麦、苇状羊茅栽培区　本区包括北京、天津、河北大部、河南大部、山东全部、江苏北部和安徽淮北地区,共辖477个县(市、区)。气候特点是属暖温气候,年平均温度6℃～14.5℃,$\geqslant$10℃的年积温为4 000℃～4 500℃,无霜期145～220d,年降水量500～850mm。土质为棕壤和褐土。适宜种植的牧草有苜蓿、沙打旺、无芒雀麦、苇状羊茅、葛藤、小冠花、草木樨、百脉根、多年生黑麦草、三叶草等。

本区又分为5个亚区:①北部西部山地苜蓿、沙打旺、葛藤、无芒雀麦亚区;②华北平原苜蓿、沙打旺、无芒雀麦亚区;③黄淮平原苜蓿、沙打旺、苇状羊茅亚区;④鲁中南山地丘陵沙打旺、苇状羊茅、小冠花亚区;⑤胶东低山丘陵苜蓿、百脉根、黑麦草亚区。

(4)黄土高原苜蓿、沙打旺、小冠花、无芒雀麦栽培区　本区包括山西全部、河南西部、陕西中北部、甘肃东部、宁夏南部、青海东部,共辖313个县(市、区)。气候特点是属季风性大陆气候,年平均温度4℃～14℃,$\geqslant$10℃的年积温为3 000℃～4 400℃,

无霜期120～250d,年降水量240～750mm。土质为黄绵土和黑垆土。适宜栽培的牧草有苜蓿、沙打旺、小冠花、红豆草、苇状羊茅、鸡脚草、湖南稷子、草木樨、冰草等。

本区又分为4个亚区:①晋东豫西丘陵山地苜蓿、沙打旺、小冠花、无芒雀麦、苇状羊茅亚区;②汾渭河谷苜蓿、小冠花、无芒雀麦、鸡脚草、苇状羊茅亚区;③晋陕甘宁高原丘陵沟壑苜蓿、沙打旺、红豆草、小冠花、无芒雀麦、扁穗冰草亚区;④陇中青东丘陵沟壑苜蓿、沙打旺、红豆草、扁穗冰草、无芒雀麦亚区。

(5)长江中下游白三叶、黑麦草、苇状羊茅、雀稗栽培区　本区包括江西、浙江两省和上海市的全部,湖南、湖北、江苏、安徽4省的大部,此外还包括河南省的一小部分,共辖561个县(市、区)。气候特点是属亚热带和暖温带的过渡区,四季分明,冬冷夏热,年降水量800～2 000mm,≥10℃的年积温为4 500℃～6 500℃,无霜期230～330d。土质多为黄棕壤、红壤和黄壤。适宜栽培的牧草有白三叶、多年生黑麦草、苇状羊茅、雀稗、红三叶、鸡脚草、苜蓿、一年生黑麦草、象草等。

本区分为以下3个亚区:①苏浙皖豫平原丘陵白三叶、苇状羊茅、苜蓿亚区;②湘赣丘陵山地白三叶、岸杂1号狗牙根、苇状羊茅、苜蓿、雀稗亚区;③浙皖丘陵山地白三叶、苇状羊茅、黑麦草、鸡脚草、红三叶亚区。

(6)华南宽叶雀稗、卡松古鲁狗尾草、大翼豆、银合欢栽培区　本区包括福建、广东、广西、台湾和海南5省(自治区)及云南南部,共辖190个县(市、区)。气候特点属亚热带和热带海洋气候,水热条件极为丰富,年降水量1 100～2 200mm,年平均温度17℃～25℃,≥10℃的年积温为5 500℃～6500℃。土质多为红壤。适宜栽培的牧草有宽叶雀稗、卡松古鲁狗尾草、大翼豆、银合欢、格拉姆柱花草、象草、银叶山蚂蝗、绿叶山蚂蝗、小花毛华雀稗等。

本区又分为4个亚区:①福建、广东、广西桂南部丘陵平原大翼豆、银合欢、格拉姆柱花草、卡松古鲁狗尾草、宽叶雀稗、象草亚区;②福建、广东、广西北部低山丘陵银合欢、银叶山蚂蝗、绿叶山蚂蝗、宽叶雀稗、小花毛华雀稗亚区;③云南低山丘陵大翼豆、格拉姆柱花草、宽叶雀稗、象草亚区;④台湾山地平原银合欢、山蚂蝗、柱花草、毛华雀稗、象草亚区。

(7)西南白三叶、黑麦草、红三叶、苇状羊茅栽培区　本区包括陕西南部,甘肃东南部,四川、云南大部,贵州、湖北、湖南南部,共辖434个县(市、区)。气候特点属亚热带湿润气候,年降水量1000mm,年平均温度10℃～18℃,≥10℃的积温为2 500℃～6 500℃,无霜期250～320d。土质多为黄壤、紫色土、红壤等。适宜栽培的牧草有白三叶、多年生黑麦草、红三叶、苇状羊茅、扁穗牛鞭草、苜蓿、鸡脚草、圆芦草等。

本区分为以下4个亚区:①四川盆地丘陵平原白三叶、黑麦草、苇状羊茅、扁穗牛鞭草、聚合草亚区;②四川、陕西、甘肃秦巴山地白三叶、红三叶、苜蓿、黑麦草、鸡脚草亚区;③四川、湖北、湖南、贵州边境山地白三叶、红三叶、黑麦草、鸡脚草亚区;④云南、贵州高原白三叶、红三叶、苜蓿、黑麦草、圆芦草亚区。

(8)青藏高原老芒麦、垂穗披碱草、中华羊茅、苜蓿栽培区　本区包括西藏、青海大部、甘肃甘南及祁连山山地东段、四川西部、云南西北部,共辖 156 个县(市、区)。气候特点属大陆性高原气候,寒冷干燥,冬长夏短,无霜期短,温差大,日照强度高,年降水量 100～200mm,年平均温度−5℃～12℃。土质多为草甸土和草原土。适宜栽培的牧草有老芒麦、垂穗披碱草、中华羊茅、苜蓿、红豆草、无芒雀麦、白三叶、冷地早熟禾、沙打旺、草木樨等。

本区又分为 5 个亚区:①藏南高原河谷苜蓿、红豆草、无芒雀麦亚区;②藏东川西河谷山地老芒麦、无芒雀麦、苜蓿、红豆草、白三叶亚区;③藏北青南垂穗披碱草、老芒麦、中华羊茅、冷地早熟禾亚区;④青海环湖甘南老芒麦、垂穗披碱草、中华羊茅、无芒雀麦亚区;⑤柴达木盆地沙打旺、苜蓿亚区。

(9)新疆苜蓿、无芒雀麦、老芒麦、木地肤栽培区 本区包括新疆全部。气候特点是南疆温度高于北疆,年平均温度南疆为 7.5℃～14.2℃,北疆为 5℃～7℃;≥10℃的年积温南疆为 4 000℃,北疆为 3 000℃～3 600℃;无霜期南疆为 200～220d,北疆为 160d。年降水量北疆高于南疆,北疆 150～200mm,南疆只有 20mm。土质多为盐土、灰钙土和棕钙土。适宜栽培的牧草有苜蓿、无芒雀麦、老芒麦、木地肤、沙拐枣、红豆草、鸡脚草、驼绒藜等。

本区分为 2 个亚区:①北疆苜蓿、木地肤、无芒雀麦、老芒麦亚区;②南疆苜蓿、沙拐枣亚区。

(二)优质饲料作物

1. 玉米 玉米又名玉蜀黍、苞谷、苞米、玉茭、玉麦、棒子、珍珠米。玉米既是重要的粮食作物,又是重要的饲料作物。其植株高大,生长迅速,产量高;茎含糖量高,维生素和胡萝卜素丰富,适口性好,饲用价值高,适于作青贮饲料和青饲料,被称为"饲料之王"。

玉米的品种与类型包括:普通玉米(主要以籽粒形式利用)、工业原料玉米(高油玉米、高淀粉玉米等)、鲜食玉米(甜玉米、糯玉米等)和青贮玉米(专用青贮玉米、粮饲兼用型玉米)。

目前常用的青贮玉米品种有:中北 410,强盛 30,晋单 42,屯玉青贮 50,太穗枝 1号,中农大青贮 67(高油 116),京科青贮 301,京科青贮 516,京多 1 号,科青 1 号,科多 4 号(多穗),科多 8 号(多穗),奥玉青贮 5102,英红,龙育 1 号,龙青 1 号,龙优 1号,龙牧 3 号,龙牧 5 号,龙牧 6 号,龙巡 32 号,东青 01,黑饲 1 号,吉青 7 号,吉饲 8号,吉饲 11 号,铁研青贮 458,辽青 85,辽原 2 号,辽单青贮 178,辽单青贮 625,辽单青贮 529,锦玉青贮 28,金刚青贮 50,登海青贮 3930,登海青贮 3571,饲宝 1,饲宝 2,巡青 518,津青贮 0603,豫青贮 23,郑青贮 1 号,华农 1 号,雅玉青贮 8 号,雅玉青贮26,雅玉青贮 27,雅玉青贮 04889,雅玉青贮 79491,耀青 2 号,南顶 1 号(多穗型),三北青贮 17,东凌白,新多 2 号,新青 1 号,新沃 1 号,墨西哥玉米(多分蘖型)等。

粮(油)饲兼用品种:中原单 32 号,农大 108,中玉 15,冀丰 58,中单 2996,中单306,四单 19,内早 9,承早 20,承单 13,承单 14,哲单 7,哲单 31,郝育 19,郝育 20,高油玉米 115 等。

玉米品种繁多,可根据使用目的和当地环境条件选择适宜当地生长的高产优质品种进行栽培。

籽粒玉米以籽粒变硬发亮、达到完熟时收获为宜,粮饲兼用玉米应在蜡熟末期至完熟初期进行收获。专用青贮玉米则在蜡熟期收获(1/2 乳线期)为宜。籽粒玉米一般每公顷产籽粒 6.0～8.0t,青贮玉米一般每公顷产青体 60～75t。

玉米籽粒淀粉含量高,还含有胡萝卜素、核黄素、B 族维生素等多种维生素,是牛的优质高能精饲料。专用青贮玉米品种调制的青贮饲料品质优良,具有干草与青料两者的特点,且补充了部分精料。100kg 带穗青贮料喂奶牛,可相当于 50kg 豆科牧草干草的饲用价值。

2. 甜高粱　甜高粱茎秆富含糖分,营养价值高,植株高大,每 667m² 可产青饲料 6 000～10 000kg,被誉为“高能作物”。其抗旱性强,适口性好,饲料转化率高,青贮后甜酸适宜,奶牛普遍喜欢采食。

饲用高粱可大致分为 3 种类型:籽粒饲用高粱、饲草高粱和青贮甜高粱。常见的甜高粱品种如下:

国内品种有:原甜杂一号、辽饲杂一号、辽饲杂十二号、沈农二号、沈农甜杂一号、优农甜杂二号、能饲一号。

国外品种有:SS20(大力士)、RIO(丽欧)、BAILEY(贝利)、BRAULEY(市劳利)、DALE(戴尔)、WHITEAFRICA(非洲白)等。

通常最佳刈割期为乳熟末至蜡熟初期阶段。为避免饲草质量降低,应在其高度达 1～1.2m 时及时刈割。在干旱季节,应在大力士高度达 1.5m 以上再收获,以免奶牛氢氰酸中毒。留茬高度在 15～20cm,对大力士的再生最有利。

甜高粱青贮方法与玉米青贮方法相似。甜高粱也可以直接青饲。但必须注意:甜高粱的青绿叶片中含有氰糖苷,生长阶段它被水解后产生有害物质氢氰酸,奶牛食用富含氢氰酸的高粱有中毒的危险。用饲用甜高粱制成青贮饲料后,有毒成分会发生降解,因此不会出现中毒。制作干草时要注意避免在雨天刈割和晾晒,否则易造成糖分流失。饲用时与其他牧草搭配喂,有利于提高营养成分的利用率。

3. 大麦　大麦又名有稃大麦、草大麦。因栽培地区不同有冬大麦和春大麦之分,冬大麦的主要产区为长江流域各省和河南等地;春大麦则分布在东北、内蒙古、青藏高原、山西、陕西、河北及甘肃等省(自治区)。大麦适应性强,耐瘠薄,生育期较短,成熟早,营养丰富,饲用价值高,是重要的粮饲兼用作物之一。

青刈大麦于抽穗开花期刈割,也可提前至拔节后;青贮大麦乳熟初期收割最好。春播大麦每公顷产鲜草 22.5～30.0t,夏播的产 15.0～19.5t。在苗高 40～50cm 时可青刈利用。此时柔软多汁,适口性好,营养丰富,是奶牛优良的青绿多汁饲料。也可调制青贮料或干草。国外盛行大麦全株青贮,其青贮饲料中带有 30% 左右大麦籽粒,茎叶柔嫩多汁,营养丰富,是奶牛的优质粗饲料。

4. 燕麦　燕麦又名铃铛麦、草燕麦。在我国,主要分布于东北、华北和西北地区,是内蒙古、青海、甘肃、新疆等各大牧区的主要饲料作物,黑龙江、吉林、宁夏、云贵高原等地也有栽培。

燕麦分带稃和裸粒2大类,带稃燕麦为饲用,裸燕麦也称莜麦,以食用为主。栽培燕麦又分春燕麦和冬燕麦两种生态类型,饲用以春燕麦为主。

青刈燕麦第一茬于株高40～50cm时刈割,留茬5～6cm;隔30d左右齐地刈割第二茬,一般每公顷产鲜草22.5～30.0t。调制干草和青贮用的燕麦一般在抽穗至完熟期收获,宜与豆科牧草混播。燕麦秸秆质地柔软,饲用价值高于稻、麦、谷等秸秆。

青刈燕麦茎秆柔软,适口性好,蛋白质消化率高,营养丰富,可鲜喂,亦可调制青贮料或干草。燕麦青贮料质地柔软,气味芳香,是奶牛冬春缺青期的优质青饲料。用成熟期燕麦调制的全株青贮料饲喂奶牛,可节省50%的精料,生产成本低,经济效益高。

(三)优质牧草

1. 禾本科优质牧草

(1)羊草　又名碱草,我国分布的中心在东北平原、内蒙古高原的东部,华北、西北亦有分布。羊草草地是东北及内蒙古地区重要的饲草基地,除满足当地需要外,还远销海内外。

调制干草时,羊草的适宜刈割期为抽穗期,若青饲则在拔节至孕穗期刈割为宜。在良好的管理水平下,每年可刈割2次,若生产条件较差,每年只能刈割1次。在大面积栽培条件下,每公顷产干草1.5～4.5t,若有灌溉、施肥条件,可达6.0～9.0t。

羊草营养丰富,粗蛋白质、粗脂肪、粗纤维、无氮浸出物及粗灰分含量分别为13.35%、2.58%、31.45%、37.49%和5.19%。叶量多,适口性好,属于优质饲草。其主要利用方式为调制干草,抽穗期调制干草,味香色浓,适口性好。其干草是奶牛重要的冬春贮备饲料。放牧利用宜在拔节至孕穗期进行,注意不要过牧。

(2)披碱草　又名直穗大麦草、青穗大麦草等,在我国主要分布于东北、华北、西南,呈东北至西南走向。我国于20世纪60年代开始驯化栽培,70年代逐渐推广,现已成为华北、东北地区的主要牧草。

披碱草营养价值中等,为中等品质牧草。产草量一般每公顷产青干草3 750～6 750kg,种子产量每公顷约1 050kg左右。披碱草主要刈割调制干草,也可青饲或调制青贮饲料。调制干草在抽穗至始花期刈割,在旱作条件下,每年只能刈割1茬,留茬8～10cm。在灌溉条件下,干草产量5.25～9.75t/hm²,旱作则为2.25～3.0t/hm²。

披碱草叶量少而茎秆多,品质不如老芒麦,营养成分为粗蛋白质14.94%、粗脂肪2.67%、粗纤维29.61%、无氮浸出物41.36%、粗灰分11.42%。抽穗期至始花期刈割调制的干草家畜均喜食,迟于盛花期刈割则茎秆粗老,适口性下降。一般是在孕穗期刈割调制干草,再生草放牧利用。

(3)高丹草　由饲用甜高粱和苏丹草杂交而成,属一年生禾本科植物,喜温暖,不抗寒、怕霜冻。产量高于苏丹草,再生和分蘖能力强,适口性好,消化率高,饲用价值高,并具有明显的杂交优势。

高丹草在出苗后 40d 左右割第一茬,此时营养最好且有利于后茬再生,以后各茬可根据需要确定刈割时间,饲养奶牛可在抽穗前后割,可割 3～4 茬,割时留茬 20cm 左右有利于再生。在 4～11 月的生长期内,每公顷产鲜草 120～155t,该草喜水肥,一般割后结合灌溉施氮肥 40kg/hm²。

高丹草粗蛋白质含量在 15% 左右、含糖量较高,其营养物质丰富,适口性好。可以青饲或调制成干草,也可以青贮和放牧。应当注意的是:一是该草幼苗时不能放牧,一般 6～8 周之后,株高在 45～80cm 可以放牧利用。二是青贮前应将含水量由 80%～85% 降至 70% 左右。

(4)冬牧 70 黑麦草　属禾本科黑麦草属一年生草本植物,1979 年引入我国,属于早熟品种。具有幼苗生长迅速,耐寒性强,饲用价值高,实用性强等特点。冬牧 70 黑麦草能充分利用冬闲田,每年的 10 月份至翌年 4 月份,可以增收 1 季牧草。该草生育期为 243d,干草粗蛋白质为 13%～17%,株高 1.5～2m,鲜草产量 4.5～7.5t/hm²。

一冬春可收割 3 次,割青留茬 5～7cm,5 月中旬全部收割。鲜草奶牛日喂 30～40kg/头。该草是奶牛冬、春最理想的青饲料。

(5)苏丹草　又名野高粱,原产于非洲北部的苏丹高原。1905—1915 年开始栽培,是当前各国栽培最普遍的一年生禾草。我国 20 世纪 30 年代自美国引入,现在全国各地均有栽培。

调制干草时,宜在抽穗至开花期刈割,青饲时在孕蕾期刈割较为适宜,而调制青贮饲料时则宜在乳熟期刈割。在水肥条件较好的条件下,苏丹草每年可刈割 3～4 次,旱作时可刈 1～2 次,鲜草产量 15.0～75.0t/hm² 左右,刈割留茬 7～8cm。

苏丹草营养物质含量丰富,其粗蛋白质、粗脂肪、粗纤维、无氮浸出物、灰分含量分别为 8.1%、1.7%、35.9%、44.0% 和 10.3%。质地柔软,适口性好,奶牛喜食。饲喂奶牛的效果可与苜蓿相媲美。苏丹草适于调制干草或青贮,青饲也是主要的利用方式。

(6)苇状羊茅　苇状羊茅又名苇状狐茅、高牛尾草。属多年生疏丛型草本植物,喜温耐寒又抗热,幼苗能忍受 -3℃～-4℃ 的低温和 36℃ 以上的高温。我国南北各地栽培效果良好,许多省、自治区把其列为人工草地建设的当家草种或骨干草种。根系发达,固土力强,又是良好的水土保持植物。

青饲利用时,宜在拔节至抽穗期刈割,调制干草和青贮饲料时则在孕穗至初花期刈割为宜。每年可刈割 3～4 次,鲜草产量 30.0～45.0t/hm²。

苇状羊茅属中等品质的牧草,营养物质含量较丰富,粗蛋白质、粗脂肪、粗纤维、无氮浸出物、粗灰分含量分别为 15.4%、2.0%、26.6%、44.0%、12.0%。苇状羊茅适宜刈割利用，可青饲，也可调制成青贮饲料或干草。亦可放牧，时间宜在拔节中期至孕穗初期进行，也可在春季、晚秋或收种后的再生草地上放牧。青饲时食量不可过多，以防产生奶牛羊茅中毒症。

2. 豆科优质牧草

（1）紫花苜蓿　又名紫苜蓿、苜蓿。为多年生草本植物，一般高产期为 5～7 年。紫花苜蓿适应性广，喜在干燥、温暖、多晴少雨的气候和高燥疏松、排水良好且富含钙质的土壤中生长，最适宜的土壤 pH 7～9。紫花苜蓿耐寒性强，在冬季 −20℃～−30℃ 的低温条件下，一般都能安全越冬。在年降水量 300～800mm 地方生长最好。虽喜水，但最忌水淹，积水过多往往会造成植株大批死亡。紫花苜蓿耐盐性较强，土壤中可溶性盐在 0.3% 以下仍能生长，所以在盐碱地上种植，可改良土壤。我国主要分布在西北、东北、华北地区，江苏、湖南、湖北、云南等地也有栽培。

紫花苜蓿根据越冬能力的强弱分为 10 个休眠级数，级数越小，表示抗寒能力越强；级数越大，表示抗寒能力越弱。因此，东北北部、内蒙古和新疆北部等地区，适宜选择休眠级在 1～3 级的紫花苜蓿品种；东北南部、新疆南部、黄淮海地区和黄土高原、温暖半干旱地区，适宜选择休眠级在 4～5 级的紫花苜蓿品种；长江流域地区以及长江以南的部分山区（气温相对较凉爽），适宜选择休眠级在 6～7 级的紫花苜蓿品种；长江以南各省（气温较高的地区），适宜选择休眠级在 7 级以上的紫花苜蓿品种。

紫花苜蓿的适宜刈割期一般在现蕾期，此时产量高，品质好，株丛寿命长。苜蓿的刈割次数，与当地的气候等因素有关。北方地区春播当年，若有灌溉条件，可刈割 1～2 次，此后每年可刈割 3～5 次，长江流域每年可刈割 5～7 次。鲜草产量一般为 15.0～60.0t/hm²，水肥条件好时可达 75.0t 以上。以第一茬产量最高。刈割留茬高度为 4～5cm，但最后一茬留茬高度应高些，为 7～8cm，以保持其根部养分，有利于积雪和越冬。最后一次刈割应在早霜来临前 1 个月左右，这样有利于翌年春季的生长。

苜蓿是奶牛的优质牧草。粗蛋白质含量为 21.01%，且消化率可达 70%～80%。粗脂肪、粗纤维、无氮浸出物、粗灰分含量分别为 2.47%、23.77%、36.83% 和 8.74%，另外，苜蓿富含多种维生素和微量元素，还含有一些未知促生长因子，对奶牛的生长发育均具良好作用，不论青饲、放牧或是调制干草和青贮，适口性均好，被誉为"牧草之王"。

在单播地上放牧易得臌胀病，为防此病发生，放牧前先喂一些干草或粗饲料，同时不要在有露水和未成熟的苜蓿地上放牧。

（2）草木樨　一年或二年生草本植物，分黄花草木樨和白花草木樨两种，主侧根发达，具根瘤，主根长达 2m 以上，株高 1～2m。草木樨适应性强，适宜在湿润和半干燥的气候条件下生长，较苜蓿更抗旱，在年降水量 300～500mm 的地方生长良好。对土壤要求不严，不论是黄土、黏土、砂砾土及瘠薄的碱性土壤上，均生长良好。具有较强的耐寒能力，一般日平均地温稳定在 3.1℃～6.5℃ 即开始萌发。

草木樨再生性差；为促其再生，须适时刈割。最适刈割期在开花前。现蕾并花后香豆素含量增加，且茎秆迅速木质化；品质差。刈割后新枝从茎腋处萌发，故应注意留茬高度，一般应保持 2～3 个茎节，茬高 10～15cm 为宜，以利再生。春播的草木樨一般当年每公顷产青草 18 750kg，第二年 52 500kg 左右，高者达 75 000kg，最后一次不宜收割太晚，以利安全越冬。收种用的草木樨，播种当年最好不刈割，以免影响第二年的种子产量。草木樨花期长，种子成熟很不一致，易落粒，一般当下部荚果 65%～70% 由深黄色变成暗绿色时即可收获，并在早晨有露水时采收。每公顷可产种子 600～900kg；最高者有时达 2 250kg。

草木樨的营养价值较高，蛋白质含量与紫花苜蓿差不多。草木樨的利用主要是青饲、调制干草、制作青贮、放牧，是奶牛的优良饲草。因草木樨含香豆素，初喂时不太习惯采食，可与谷草、苜蓿等混合饲喂，逐渐习惯。用于放牧，很少引起臌胀病。草木樨在开花及结果时香豆素含量最高。故在饲喂时应避开这个时期，不宜多喂。特别是腐烂的草木樨不能喂奶牛，因为香豆素采食后在牛体内转化成抗凝血素，遇有伤口，血液不易凝固，造成出血不止而死亡。

（3）沙打旺　为多年生草本植物，适应性广，抗逆性强，具有抗旱、耐寒、耐瘠、抗风沙的能力。在一般杂草不能生长的贫瘠地上，它仍能长出强大根系和茂盛的茎叶。

沙打旺再生能力强，播后第二年起可刈割 2～3 茬，刈割应不迟于现蕾期；留茬高度以 5～10cm 为宜。播种当年可每公顷产青草 1.7～15.0t，第二、三、四年每公顷产青草达 30.0～75.0t。沙打旺开花结荚参差不齐，种子成熟也不一致，成熟的荚果易自然开裂，种子脱落，因此要适时收种，以荚果呈棕褐色时采种为宜，一般公顷产种子 450kg 左右。

沙打旺含粗蛋白质高，氨基酸组成齐全，但适口性不如苜蓿。可放牧、调制干草、加工草粉，也可与青玉米或禾本科牧草混合青贮。

二、青绿多汁饲料及加工调制

青饲料是指含水量 60% 以上的青绿多汁的植物性饲料，营养丰富，适口性好，是牛的理想饲料。

(一)青饲料种类

常见青饲料种类主要包括天然牧草、栽培牧草、青饲作物、叶菜类作物、块根块茎类作物等。

1. 天然牧草　主要有禾本科、豆科、菊科和莎草科四大类牧草，其中豆科和禾本科牧草牛喜欢采食，菊科牧草有特殊的气味，适口性差，牛不喜欢采食。

2. 栽培牧草　主要有苜蓿、黑麦草、无芒雀麦、草木樨、聚合草、苏丹草等。苜蓿有"牧草之王"的美称，粗蛋白质的含量高，其营养价值与收获时期关系很大，最适宜的刈割时期是现蕾期至初花期。奶牛青饲每天适宜的喂量为 25kg。

3. 青饲作物　主要有青饲玉米、青饲大麦、燕麦等。

4. 叶菜类饲料　主要有苦荬菜、聚合草、甘蓝、人类食用剩余的蔬菜、次菜及菜帮等。

5. 树叶类饲料　主要有紫穗槐、刺槐叶、苹果树叶、橘树叶、桑叶、松叶等

(二)青绿多汁饲料的营养特性

青饲料的含水量高,干物质含量低,能值低。含有丰富的优质粗蛋白质,一般占干物质的10%～20%,并且含有大量的酰氨,对牛的生长、繁殖和泌乳有良好的作用。维生素、矿物质元素含量高。青饲料中含有大量的胡萝卜素,可达50～80mg/kg,高于任何其他饲料。此外,青饲料中还含有丰富的硫胺素、核黄素、烟酸等B族维生素。矿物质中钙、磷含量丰富,比例适当,尤其豆科饲料中含量丰富。此外,青饲料中还含有铁、锰、铜、硒、锌等必需微量元素。无氮浸出物含量丰富,粗纤维含量少。青饲料中粗纤维的含量占干物质的18%～30%,无氮浸出物占40%～50%,因此青饲料易于消化,牛对青饲料的有机物消化率可达75%～85%。

(三)青绿多汁饲料的加工调制

为了保证青绿多汁饲料的品质,在饲用时必须做到适时收割。因为在青绿多汁饲料的生长过程中,产量逐渐增加,而品质逐渐下降。因此过分追求产量将会牺牲其品质,从而影响其利用价值。一般禾本科牧草在孕穗期刈割,豆科牧草在初花期刈割。收割后的青绿多汁饲料,只需进行铡切处理,牧草铡成3～5cm的短草,块根块茎类饲料以加工成小块或薄片为好,以免发生食管梗塞,还可缩短牛的采食时间。

三、粗饲料及加工调制

粗饲料是指高纤维成分的植物茎叶部分(干物质中粗纤维含量在18%以上,中性洗涤纤维含量大于30%)。包括青干草、秸秆、秕壳和树叶等。粗饲料的一般特征是体积大,纤维含量高,蛋白质的含量差异大,粗饲料中钙、钾和微量元素高,但磷含量低于动物需求量。

(一)青干草

1. 青干草的种类和营养特性　青干草是将牧草及饲料作物适时刈割,经自然或人工干燥调制而成的能够长期贮存的青绿饲料,保持一定的青绿颜色。优质的青干草颜色青绿,叶量丰富,质地较柔软,适口性好,营养丰富。青干草的粗蛋白质含量为10%～20%,粗纤维含量为22%～23%,无氮浸出物含量为40%～50%,并且含有较丰富的矿物质,是奶牛的最基本、最重要饲料。

目前常用的豆科青干草有苜蓿、沙打旺、草木樨等干草,是牛的主要粗饲料,在成熟早期营养价值丰富,富含可消化粗蛋白质、钙和胡萝卜素。豆科干草的蛋白质主要存在于植物叶片中,蛋白质的含量变化为10%～21%。豆科干草的纤维在瘤胃中发酵通常比其他牧草纤维快,因此牛摄入的豆科干草量总是高于其他牧草。禾本科干草主要有羊草、披碱草、冰草、黑麦草、无芒雀麦、苏丹草等,数量大,适口性好,但干草间品质差异大,粗蛋白质含量为7%～13%。

2. 青干草的加工调制 在实际生产中,要想获得优质的青干草,关键要适时刈割、合理加工调制、科学贮存管护。

(1)适时刈割 青干草的质量、产量与刈割的时间密切相关,牧草过早刈割,水分多,产量低,不易晒干;过晚刈割,营养价值降低。因此,必须在营养物质产量、牛利用率最高的时期刈割,一般禾本科草类在抽穗期,豆科草类在孕蕾及初花期刈割为好。

(2)青干草的加工调制方法 青干草的干燥法主要有 2 种,自然干燥法和人工干燥法。目前常常采用自然干燥法。

①自然干燥法:靠太阳的辐射以及空气的蒸腾作用,使牧草含水量降低至 20% 以下,这种干燥法容易造成营养成分的损失,因此必须操作规范。常用的有地面干燥法、草架阴干法等。

a. 地面干燥法。青草刈割后,在原地将青草摊开晾晒,经 4~5h 暴晒,水分降至 40% 时,将青草堆成小堆,晾 4~5d,当水分降至 15%~17% 时,搂成大垛存贮。对于豆科牧草和杂草类调制干草,用牧草压扁机把牧草茎秆压裂、干燥,可缩短干燥时间 1/3~1/2。

b. 草架阴干法。把收割的青草在草棚的草架上自然晾干。在晴天需要 10d 左右晾干,可防止雨淋、日晒造成的损失,比地面干燥法减少营养损失 17%,消化率提高 2%。

②人工干燥法:主要包括常温鼓风干燥法和高温快速干燥法。

a. 常温鼓风干燥法。就是把经自然晾晒含水量降至 50% 的青草,放在有通风道的草棚中,用鼓风机吹风进行干燥,这种方法只有当气温高于 15℃,相对湿度小于 75% 时效果好。一般把草垛成 1.5~2m 高的小堆,干燥 3d 左右,再堆成 4~5m 的大堆干燥。

b. 高温快速干燥法。用专用的牧草烘干机,可在几小时甚至数秒内使青草的含水量由 80% 迅速降至 15%,这种方法几乎可以完全保存青饲料的营养价值。成本高,国内较少使用。

(3)青干草的贮存与管护 干草安全贮存的含水量,散放干草为 25%,打捆干草为 20%~22%,铡碎干草为 18%~20%,干草块为 16%~17%。判断干草的含水量的简易方法为,用手拿一束干草进行拧扭,如草茎轻微发脆,扭弯部分没有见到水分,可安全贮存。

贮藏时的注意事项:在贮存初期,要实行贮存干燥法,用塑料大棚贮存库时,在库底垫好草帘,在草帘下面安鼓风机,将草垛的湿气吹出,在草帘上面堆高 1~2m 草捆,侧面安放鼓风机,堆未完全干的堆贮草垛实行 3~4d 昼夜吹风,之后在白天晴天吹风 6~7d,以确保草垛全干,使存贮安全。

潮湿的干草(含水量在 19%~20%)容易发热,以至燃烧引起火灾,应特别注意,这种现象多发生在贮存后的 1~1.5 月内。因此,在这一阶段要多观察草垛,如发现草垛有发热现象,温度达到 60℃ 时要立散开草捆,并密切注意温度变化。

(4)干草的品质鉴定 优质干草的品质感官鉴定方法如下。

①颜色气味:优质青干草呈绿色,绿色越深,品质越好,有干草香味。茎秆上每个节的茎部颜色是干草所含养分高低的标记,每个节的茎部呈现深绿色部分越长,则干草所含养分越高。

②叶片含量:干草中的叶量越多,品质越好。优质豆科牧草的干草中叶量应占干草总重量的50%以上。

③牧草形态:干草中所含的花蕾、未结实花序的枝条越多,叶量越多,茎秆质地越柔软,适口性越好,品质越好。

④含水量:优质干草的含水量在15%~18%,如果含水量超过20%不宜贮存。

⑤病虫害情况:有病虫害的牧草调制成的干草品质较低,牛不愿采食,也不利于牛健康。如果干草叶有病斑或有黑色粉末则为有病症的干草,不能饲喂牛。

(5)青草粉的颗粒化和压块处理 颗粒化处理就是将粉碎的草粉,再制成颗粒的方法。颗粒饲料的优点是具有全价性和可用性,在制作颗粒的过程中可以按营养要求配制成全价饲料,可以克服草粉粉尘大,不易操作,易于损失等缺点,压制成草块更适合于养牛。干草块的加工即将水分10%左右的干草切成3~4cm左右,然后加水使其含水量达到14%~15%压制而成。

(二)秸秆和秕壳

1.秸秆的种类和营养特性 农作物及牧草收获籽实后,残留下的茎叶等通称为秸秆,秸秆的营养特点是营养价值较低,秸秆中粗纤维含量高,可达30%~45%,其中木质素多,一般为6%~12%。粗蛋白质含量低,为3%~9%,低于反刍动物饲料要求的蛋白质最低含量(8%)。秸秆中的消化能低,秸秆对牛的消化能为7.8~10.5MJ/kg干物质。秸秆中缺乏维生素,其中胡萝卜素含量仅为2~5mg/kg。秸秆的钙、磷等含量低,钙、磷的比例不适宜。秸秆的消化率一般低于50%。

牛单独饲喂秸秆时,牛瘤胃中微生物生长繁殖受阻,影响饲料的发酵,不能给宿主提供必需的微生物蛋白质和挥发性脂肪酸,难以满足对能量和蛋白质的需要。但我国秸秆资源丰富,如果采取适当的补饲措施,并结合适当的加工处理,如氨化、碱化及生物处理等,能提高牛对秸秆的消化利用率。目前被用作饲料的秸秆如下。

(1)玉米秸 刚收获的玉米秸,营养价值较高,但随着贮存期加长,营养物质损失较大。一般玉米秸粗蛋白质含量为6%左右;粗纤维为25%左右,牛对其粗纤维的消化率为65%左右;同一株玉米秸的营养价值,上部比下部高,叶片较茎秆高。玉米穗苞叶和玉米芯营养价值很低。

(2)麦秸 麦秸的营养价值低于玉米秸,其中木质素含量很高,含能量低,消化率低,适口性差,是质量较差的粗饲料。该类饲料不经处理,对奶牛没有多大营养价值。

(3)稻草 营养价值低于玉米秸、谷草,优于小麦秸。粗蛋白质含量为2.6%~3.2%,粗纤维21%~33%。灰分含量高,但主要是不可利用的硅酸盐。钙、磷含量均低。牛对稻草的消化率50%左右,其中对蛋白质和粗纤维的消化率分别为10%和

50%左右。

（4）谷草　在禾本科秸秆中,谷草品质最好。质地柔软、叶片多,适口性好。

（5）豆秸　指豆科秸秆。在豆秸中蚕豆秸和豌豆秸质地较软,品质较好。由于豆秸质地坚硬,应粉碎后饲喂,以保证充分利用。

2. 秕壳的种类和营养特性　秕壳为籽实脱离时分离出的夹皮、外皮等。营养价值略高于同一作物的秸秆,但稻壳和花生壳质量较差。

（1）豆荚　含粗蛋白质 5%～10%,无氮浸出物 42%～50%,适于喂牛。

（2）谷类皮壳　包括小麦壳、大麦壳、高粱壳、稻壳、谷壳等。营养价值低于豆荚。稻壳的营养价值最差。

（3）棉籽壳　含粗蛋白质为 4.0%～4.3%,粗纤维 41%～50%,消化能 8.66MJ/kg,无氮浸出物34%～43%。棉籽壳虽然含棉酚0.01%,但对牛影响不大。在奶牛日粮中,注意喂量要逐渐增加,1～2周即可适应。喂时用水拌湿后加入粉状精料,搅拌均匀后饲喂,喂后供给足够的饮水。喂小牛时应控制喂量,以防棉酚中毒。

3. 加工调制

（1）物理加工

①机械处理:机械加工是指利用机械将粗饲料铡碎、粉碎或揉碎,这是粗饲料利用最简便而又常用的方法。秸秆饲料比较粗硬,加工后便于咀嚼,减少能耗,提高采食量,并减少饲喂过程中的饲料浪费。粉碎机筛底孔径以 8～10mm 为宜。利用铡草机将粗饲料切短成 1～2cm,稻草较柔软,可稍长些,而玉米秸较粗硬且有结节,以 1cm 左右为宜。揉碎机械将秸秆饲料揉搓成丝条状,尤其适于玉米秸的揉碎,是当前秸秆饲料利用比较理想的加工方法。

②热喷和膨化处理:将切碎的粗饲料放在容器内加水蒸煮,以提高秸秆饲料的适口性和消化率。一般在压力 2.07×10^5Pa 下处理稻草 1.5min$(7.8 \sim 8.8) \times 10^5$Pa 处理 30～60min。

膨化是利用高压水蒸气处理后突然降压以破坏纤维结构的方法,对秸秆甚至木材都有效。膨化可使木质素低分子化合物分解,从而增加可溶性成分。但因膨化设备投资较大,目前在生产上尚难以广泛应用。

③盐化处理:指铡碎或粉碎的秸秆饲料,用 1% 的食盐水,与等重量的秸秆充分搅拌后,放入容器内或在水泥地面上堆放,用塑料薄膜覆盖,放置 12～24h,使其自然软化,可明显提高适口性和采食量。在东北地区广泛利用,效果良好。

④秸秆的颗粒化:将秸秆经过粉碎揉搓之后,根据用途设计配方,与其他农副产品及饲料添加剂搭配,用颗粒机械制成颗粒饲料。这种技术将维生素、微量元素、添加剂等成分加入到颗粒饲料中,提高了其营养价值,并改善了适口性,饲喂牛的效果明显,一次性投资不高,是一项值得推广的实用技术。

（2）化学加工　在生产中广泛应用的有碱化、氨化处理。

①碱化处理:碱类物质能使饲料纤维内部的氢键结合变弱,使纤维素分子膨胀,

削弱细胞壁中纤维素与木质素间的联系,溶解半纤维素,有利于牛对饲料的消化,提高粗饲料的消化率。碱化处理所用原料,主要是氢氧化钠(NaOH)和石灰水[Ca(OH)$_2$],其方法是:100kg切碎的秸秆加3kg生石灰或4kg熟石灰,食盐0.5～1kg,水200～250L,处理后晾24～36h即可饲喂;或100kg切碎的秸秆用6kg16%的氢氧化钠溶液均匀喷洒,然后洗去余碱,制成饼块,分次饲喂。

②氨化处理:氨化处理是通过氨化与碱化双重作用以提高秸秆的营养价值。秸秆经氨化处理后,粗蛋白质含量可提高100%～150%,纤维素含量降低10%,有机物消化率提高20%以上。氨化饲料的质量,受秸秆饲料本身的饲料质地优劣、氨源的种类及氨化方法诸多因素所影响。氨化选用清洁未霉变的麦秸、玉米秸、稻草等,一般铡短2～3cm。

a.堆贮法。适用于液氨处理、大量生产。先将6m×6m塑料薄膜铺在地面上,在上面垛秸秆。草垛底面积为5m×5m为宜,高度接近2.5m。秸秆原料含水量要求20%～40%,一般干秸秆仅10%～13%,故需边码垛边均匀地洒水,使秸秆含水量达到30%左右。草码到0.5m高处,于垛上面分别平放直径10mm、长4m的硬质塑料管2根,在塑料管前端2/3长的部位钻若干个2～3mm小孔,以便充氨。后端露出草垛外面约0.5m长。通过胶管接上氨瓶,用铁丝缠紧。堆完草垛后,用10m×10m塑料薄膜盖严,四周留下0.5～0.7m宽的余头。在垛底部用一长杠将四周余下的塑料薄膜上下合在一起卷紧,以石头或土压住,但输氨管外露。按秸秆重量3%的比例向垛内缓慢输入液氨。输氨结束后,抽出塑料管,立即将余孔堵严。

b.窖贮法。适用于氨水处理、尿素处理,中、小规模生产。氨水用量按3kg÷(氨水含氮量×1.21)计算。如氨水含氮量为15%,每100kg秸秆需氨水量为3kg÷(15%×1.21)=16.5kg。尿素用量见小垛法。

c.小垛法。适用于尿素处理,农户少量生产制作。在家庭院内向阳处地面上,铺2.6m² 塑料薄膜,取3～4kg尿素,溶解在40～55L水中,将尿素溶液均匀喷洒在100kg秸秆上,堆好踏实。最后用13m² 塑料布盖好封严。小垛氨化以100kg一垛,占地少,易管理,塑料薄膜可连续使用,投资少,简便易行。

氨化的时间应根据气温和感官来确定。一般1个月左右,根据气温确定氨化天数,并结合查看秸秆颜色变化,变褐黄即可。饲喂时一般经2～5d自然通风将氨味全部放掉,呈糊香味时,才能饲喂,如暂时不喂可不必开封放氨。

(3)生物学处理　生物学处理主要指微生物的处理,指给粗饲料接种某种微生物或加入发酵物,在适当的温度发酵一段时间,加入的菌类或者秸秆中原来的微生物产生的氧化酶分解粗饲料中粗纤维和木质素等,使饲料具有酸、甜、香、软、熟的特性,可提高营养价值和适口性。

发酵方法:①将粗饲料加适量水后堆积,让自身进行微生物发酵生热,或加入糖化霉菌,使淀粉类物质转化为糖。②用真菌中的绿色木霉产生纤维素酶,酶解饲料。③利用牛瘤胃内容物中微生物群,在体外用人工条件培养,用以发酵饲料。如"秸秆发酵活干菌",是在厌氧条件下,加入适当的水分、糖分,在密闭的环境下,进行乳酸发酵。

四、青贮饲料及加工调制

青贮饲料指将新鲜的青刈饲料作物、牧草、新鲜的全株玉米或收获籽实后的玉米秸等青绿多汁饲料直接或经适当的处理后,切碎、压实、密封于青贮窖、壕或塔内,在厌氧环境下,通过乳酸发酵而成。

(一)青贮饲料的营养特点

青贮饲料的营养价值因原料种类的不同而不同,其共同的特点是:青贮饲料中富含水分、粗蛋白质、维生素和矿物质等营养成分,其中以全株玉米青贮营养价值最高。适口性好,易于消化。青贮饲料气味酸香,柔软多汁,非蛋白氮中以酰氨和氨基酸的比例高,大部分的淀粉和糖类分解为乳酸,粗纤维质地变软,因此易于消化。

(二)青贮种类

1. 凋萎青贮(常规青贮)　该技术在饲草青贮中广泛应用。在良好干燥条件下,经过 4～6h 的晾晒或风干,使原料含水量达到 60%～70%,再捡拾、切碎、入窖青贮。将青贮原料晾晒,虽然干物质、胡萝卜素损失有所增加,但是,由于含水量适中,既可抑制不良微生物的繁殖而减少丁酸发酵引起的损失,又可在一定程度上减轻流出液损失。适当凋萎的青贮料无需任何添加剂。此外,凋萎青贮含水量低,减少了运输工作量。目前常用于玉米秸青贮和全株玉米青贮。

2. 高水分青贮　被刈割的青贮原料未经田间干燥即行贮存,一般情况下含水量70%以上。这种青贮方式的优点为牧草不经晾晒,减少了气候影响和田间损失。其特点是作业简单,效率高。但是为了得到好的贮存效果,水分含量越高,越需要达到更低的 pH。高水分对发酵过程有害,容易产生品质差和不稳定的青贮饲料。另外由于渗漏,还会造成营养物质的大量流失,以及增加运输工作量。

2. 半干青贮　又叫低水分青贮,是指青贮原料收割后,经风干含水量降至45%～55%,形成对微生物不利的生理干燥和厌气环境,同时植物细胞形成高渗透压,使生命活动受抑制,发酵过程变慢,在无氧的条件下保持青贮料的方法。它兼有干草和一般青贮料的优点,干物质含量比一般青贮料多1倍。半干青贮调制过程中,营养损失减少,是日益被广泛采用的青贮发酵的主要类型之一,常用于牧草(特别是豆科牧草),通过晾晒或混合其他饲料降低水分至 45%～55%,限制不良微生物的繁殖和丁酸发酵而达到稳定青贮饲料品质。切碎后快速装填、压实、密封。

4. 添加剂青贮　添加剂青贮就是在一般青贮的基础上加入适当添加剂的一种方法。青贮添加剂可分为三类,第一类是发酵促进剂,主要作用是促进发酵正常进行。如糖蜜、玉米粉、大麦粉、葡萄糖、蔗糖、马铃薯、乳酸菌等有益微生物及纤维素酶等;第二类是不良发酵抑制剂,主要作用是抑制有害微生物的生长。如甲酸、乙酸、苯甲酸、柠檬酸、稀盐酸、硫酸、磷酸等,有机酸添加量为湿重的 0.3%～0.5%;第三类营养型添加剂,主用用于改善青贮饲料营养价值,目前应用最广的是尿素,尿素和磷酸脲属于非蛋白氮添加剂,一般在青贮料中添加0.3%～0.5%。此外还有氨、矿物质等。

(三)青贮设施与设备

青贮设施主要有青贮窖、青贮塔、青贮袋等。青贮设备包括青贮收获机、青贮切碎机等。

1. 青贮窖 我国常见的青贮窖为地上式、地下式(图4-3)和半地下式(图4-4)。地下式适用于地下水位低,气候寒冷,土质坚实的地区,和地下水位保持0.8～1m;地下水位高地方,可建造半地下式青贮窖。青贮窖的开口在低处,以便于夏季排出雨水。大型牛场的青贮窖一般要求深2.5～3m、宽4～6m,便于链轨拖拉机压实,长度按牛头数多少而定,一般为20～40m。要求青贮窖窖壁倾斜、面口大,底面小,呈倒梯形,倾斜度为每深1m收缩5～7cm。窖壁光滑,平直,壁的角要圆滑,不透空气,不透水;如不是永久性的青贮窖,应将窖的四周围墙壁夯实,然后在内壁上铺上塑料薄膜,以防水分渗入和空气进入。为防止雨水或地面水渗入,窖沿高出地面0.5～1m,并以斜坡接地面。

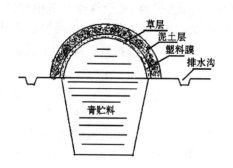

图4-3 地下式青贮窖剖面

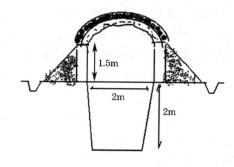

图4-4 半地下式青贮窖剖面

2. 青贮塔 适用于机械化水平较高、饲养规模较大、经济条件较好的饲养场。要有专业技术设计和施工的砖、石、水泥结构的永久性建筑。青贮塔是用钢筋、砖、水泥等砌成的青贮设施。一般青贮塔内径为5～9m、高9～24m,在塔身上每隔1.5～2m设一个窗口便于取料。青贮塔的青贮质量高,养分损失少,机械化程度高,适用于大型牛场。

3. 青贮袋 无毒聚乙烯双幅塑料薄膜,膜厚0.8～1.0mm,每袋装100～150kg青贮原料。

4. 拉伸膜裹包青贮设备 包括捆草机,裹包机,青贮专用拉伸膜等。

5. 袋式灌装青贮设备 包括切割机,高压灌装机,灌装式青贮袋,拖拉机等设备。

(四)青贮的制作

1. 青贮原料的选择 凡无毒的新鲜植物均可作青贮,青贮原料要有一定的含糖量,一般不应低于1%～1.5%,一般豆科牧草含蛋白质高,单独青贮难成功;禾本科含碳水化合物高,容易成功。

(1)青刈带穗玉米 玉米带穗青贮,即将茎叶与玉米穗整株切碎进行青贮,这样可以最大限度地保存蛋白质、碳水化合物和维生素,具有较高的营养价值和良好的适口性,是奶牛的优质饲料。

带穗全株玉米青贮的收获期应根据玉米干物质含量确定收割日期,要求干物质含量≥28%,全株玉米干物质含量在32%~35%时为最佳收获期,玉米的实胚线(乳线)达到1/2时,此时部分玉米籽实出现凹坑,淀粉量高消化率高、纤维消化率高、青贮窖易于压实(图4-5)。

(2)玉米秸 目前多选用籽粒成熟时茎秆和叶片大部分呈绿色的杂交品种,在蜡熟末期及时掰果穗后,抢收茎秆作青贮。收获果穗后的玉米秸上能保留1/2的绿色叶片,适于青贮。若部分秸秆发黄,3/4的叶片干枯视为青黄秸,青贮时每100kg需加水5~15L。目前已培育出收获果穗后玉米秸全株保持绿色的玉米新品种,很适合作青贮。

玉米收获时合理的留茬高度为8~40cm。留茬过低,会夹带泥土,泥土中含有大量的梭状芽孢杆菌,易造成青贮

图4-5 1/2乳线期玉米

腐败,粗纤维含量过高,奶牛不易消化;留茬过高,青贮产量低,影响农民的经济效益。

(3)各种青草 各种禾本科青草所含的水分与糖分均适宜于调制青贮饲料。豆科牧草如苜蓿因含粗蛋白质量高,不宜单独常规青贮。禾本科牧草的最适宜刈割期为抽穗期,而豆科牧草现蕾期——开花初期最好。

(4)甘薯蔓、白菜叶、萝卜叶等农副产品 收获期集中,且量大,适宜作青贮。注意及时调制,避免霜打或晒成半干状态而影响青贮质量。青贮时与小薯块一起装填更好。

2. 切短 原料的切碎长度直接影响青贮的质量,一般原料的切碎程度按原料的不同质地来确定。含水量高、质地细软的原料,可以切得长些,反之则要短些。青贮切割过长,不宜压实、容易引起挑食、影响消化、玉米籽实难以破碎;青贮切割过短,营养物易流失、导致刺激奶牛咀嚼的有效纤维减少,引起瘤胃酸中毒,对奶牛健康不利。一般当青贮玉米的干物质含量较低(28%以下)而水分较多时,切割长度可以长一点,当干物质含量超过35%时,则需要切碎一些,才能够压实。玉米和高粱青贮切割适宜的长度为0.63~1.25cm,细茎牧草以7~8cm。

3. 调节水分含量 原料的含水量是关系到制作青贮成功与否的关键之一,普通青贮适宜的含水量为60%~70%,半干青贮适宜含水量为45%~55%。水分过低,

不易压实压紧,不易形成厌氧条件,乳酸菌发酵缓慢;水分过高,养分流失,易结块,糖分浓度下降,不利于乳酸发酵,利于酪酸菌活动,导致青贮失败。对于水分高的原料须通过混贮、凋萎(适当晾晒)或添加干料等方法来进行调节;对于含水量过低的原料可与含水量较多的原料混贮,也可以根据实际含水情况加水。青贮原料的含水量可用手抓法判定(表 4-13)。以用手抓原料时,水从手指缝间渗出并未滴下来,松手后慢慢松开(含水量约为 60%～70%)。

表 4-13　青贮原料含水量的判定

用手挤压青贮饲料	水分含量
水很易挤出,饲料成型	≥80%
水刚能挤出,饲料成型	75%～80%
只能少许挤出一点水(或无法挤出),但饲料成型	70%～75%
无法挤出水,饲料慢慢分开	60%～70%
无法挤出水,饲料很快分开	≤60%

4. 窖式青贮

(1)装窖　装窖前先要清扫青贮窖,砖砌窖面衬上塑料薄膜。原料入窖时,要层层装填(15～20cm 厚),层层压实,特别注意窖四周边缘和窖角要踩实,大型窖可分段装填,以防止原料长时间暴露在空气中。小型窖采用人工压实,大型长方形的窖用机械压实。装窖时要一次完成,时间不能拖得过长,装填的时间越短青贮的品质越好。一般一个大型青贮窖要在 2～5d 内装满压实。

(2)密封和管护　装满窖后要立即封埋,不能拖延密封期。装填的青贮料应高出青贮设施边缘,一般高出 1m 左右,在原料的上面盖一层 10～20cm 切短的秸秆、牧草,再用塑料薄膜覆盖,覆上 30～50cm 的土踩实。在封窖的 3～5d 内,注意检查窖顶,发现漏缝处及时修补,防止雨水渗入,并在青贮窖的周围约 1m 的地方挖排水沟,及时排水防止雨水渗入。

(3)青贮料取用　一般青贮在制作 45d 后即可开始取用。奶牛日喂量 10～25kg。

在取青贮料时要求在垂直切面启窖,长方形窖从背风的一头开窖,小窖可从顶部开窖。青贮料一经取用必须连续利用,每天用多少取多少,大型窖取料时,要用青贮铡刀,每次取料从上到下,直切到窖底,一次切齐。为防止二次发酵,每天取出的料层至少在 8cm 以上,最好 15cm 以上,取用后用塑料薄膜覆盖压紧。一旦出现全窖二次发酵,如青贮料温度上升至 45℃ 以上时,在启封面上喷洒丙酸,并且完全密封青贮窖,制止其继续腐败。

5. 半干青贮　半干青贮与一般青贮的主要区别是青贮原料刈割后不立即铡碎,而要在田间晾晒至半干状态。晴朗的天气一般晾晒 24～55h,即可达到 45%～55% 的含水量,有经验者可凭感官估测,如苜蓿青草当晾晒至叶片卷缩至筒状、小枝变软不易折断时其水分含量约50%。当青贮原料已达到所要求的含水量时即可青贮。其青贮方法、步骤与一般青贮相同。但由于半干青贮原料含水量低,所以原料要铡得更细碎,压得应更紧实,封埋得应更严、更及时。一定要做到连续作业,必须保证青贮高度密封的厌氧条件,才能获得成功。

6. 拉伸膜青贮　指将收割好的新鲜牧草、玉米秸秆、稻草、甘蔗尾叶、地瓜藤、芦苇、苜蓿等各种青绿植物揉碎后,用捆包机高密度压实打捆,然后用青贮专用拉伸膜将草捆紧紧地裹包起来,造成一个最佳的发酵环境。经这样打捆和裹包起来的草捆,处于密封状态,在厌氧条件下,经3～6周,最终完成乳酸型自然发酵的生物化学过程。发酵后的草料,气味芬香,蛋白质含量和消化率明显提高,适口性好,采食量高,是奶牛理想的粗饲料。

拉伸膜青贮有以下几个优点:①保存时间长,一般在露天保存3～5年;②制作青贮不受收割天气的影响,使用方便;③饲料浪费少,不会受踩踏的损失。

7. 袋式灌装青贮　指全株玉米、玉米秸秆或牧草等青贮原料经切碎后,采用袋式灌装机将其高密度地装入专用塑料膜制成的圆筒形青贮袋,与相应的袋装青贮机配套,装入原料水分适中,抽尽空气,压紧扎口即可。秸秆的含水量可高达60%～65%。1只33m长的青贮袋可灌装180 000kg秸秆。每小时可灌装120 000～180 000kg。

拉伸膜裹包青贮和袋式灌装青贮技术是目前世界上最先进的青贮技术,已在美国、欧洲、日本等发达国家广泛应用。北京、上海、安徽、湖南、广东、河南、青海等省、直辖市都分别对稻草、玉米秸秆、地瓜藤、芦苇、甘蔗尾叶等进行了裹包青贮实验和应用,测试报告都证实了其效果。

8. 青贮饲料的品质鉴定　青贮饲料品质的评定有感官鉴定法、化学分析法和生物学法,生产中多用感官鉴定法。

(1)感官鉴定法　包括观察青贮料的色泽、气味、质地等。感官鉴定标准见表4-14。

表4-14　青贮饲料的感官评定标准

等　级	色	味	嗅	质　　地
优　等	绿色或黄绿色	酸味浓	芳香味重舒适感	柔软稍湿润
中　等	黄褐色、墨绿色	酸中等,酒味	芳香味淡	软稍干或水分稍多
劣　等	黑色、褐色	酸味少	臭、腐败味或霉味	干松或黏结成块

(2)化学评定法　主要是测定青贮料的pH和各种有机酸。一般优良的青贮料的pH值在4.2以下,超过4.2说明在青贮发酵过程中,腐败菌活动较为强烈。有机酸中的乳酸、醋酸和酪酸的含量是评定青贮品质的可靠指标,优质的青贮料中含较多的乳酸,少量的醋酸,不含酪酸。

五、精料的种类、特性及加工

(一)能量饲料

指干物质中粗纤维含量在 18% 以下、粗蛋白质含量在 20% 以下、消化能在 10.46MJ/kg 以上的饲料,是奶牛能量的主要来源。主要包括谷实类及其加工副产品、块根、块茎类和瓜果类及其他。

1. 谷实类饲料 干物质以无氮浸出物为主(主要是淀粉),占干物质的 70%~80%,粗纤维含量在 6% 以下,粗蛋白质含量 10% 左右。

(1)玉米 被称为"饲料之王",是高能饲料,淀粉含量高,适口性好,易消化,其中有机物的消化率为 90%。玉米的脂肪含量较高,不饱和脂肪酸较多。但玉米的赖氨酸和色氨酸含量低,钙、磷的含量低,且比例不合适,因此要配合其他饲料共同使用。玉米可大量用于牛的精料补充料,用量可占 40%~65%。

(2)大麦 粗蛋白质含量比玉米高,为 11%~13%,氨基酸组成与玉米接近,但赖氨酸含量相对较高。钙、磷的含量比玉米高。大麦可作为牛的饲料大量使用,但饲喂前必须进行加工处理(如压扁、粉碎)。用大麦饲喂牛可改善牛奶和牛肉脂肪的品质。

(3)高粱 无氮浸出物为 68%,消化率低,因其含有单宁适口性差,并且易引起牛便秘,应限量饲喂,一般不超过日粮的 20%。

(4)燕麦 粗蛋白质含量为 10%,粗蛋白质的品质高于玉米,是牛的一种很好的饲料。燕麦的无氮浸出物含量丰富,容易消化,但燕麦的秕壳含量为 20%~35%,因此粗纤维的含量较高,使用燕麦饲喂牛时要将其压扁或破碎。

(5)稻谷和糙米 据报道,对 18 个饲料用水稻样品的稻谷和糙米的常规营养成分、氨基酸组成和有效能值进行了分析和测定。稻谷和糙米含蛋白质分别为(8.85±1.23)%、(10.35±1.33)%,含总能分别为(15.83±0.28)MJ/kg、(15.95±0.20)MJ/kg,含消化能 10.28MJ/kg 和 13.48MJ/kg。稻谷的养分消化率明显低于糙米的相应值。主要是由于稻谷含粗纤维 8.94%,而糙米的相应值为 1.19%。稻谷和糙米分别含赖氨酸 0.29% 和 0.44%,蛋氨酸 0.10% 和 0.18%,苏氨酸 0.26% 和 0.30%。

2. 糠麸类饲料 是谷实类饲料的加工副产品,包括麸皮、米糠等,一般这类饲料的无氮浸出物为 40%~62%,粗蛋白质含量为 10%~15%,B 族维生素含量丰富,胡萝卜素和维生素 E 含量较少。含钙少,磷的含量较多。

(1)麸皮 是生产面粉的副产品,其营养价值随出粉率的高低而变化。麸皮粗纤维含量高,质地疏松,容积大,具有轻泻作用,是牛产前和产后理想的饲料。饲喂麸皮时,要注意补钙。

(2)米糠 是糙米加工的副产品,米糠的有效营养变化较大,随含壳量的增加而降低。粗脂肪含量高,易在微生物及酶的作用下发生酸败。为使米糠便于保存,可经脱脂生产米糠饼。经榨油后的米糠饼脂肪和维生素减少,其他营养成分基本被保留下来。

（3）大豆皮　含粗纤维 38%、粗蛋白质 12%、净能 7.49MJ/kg，几乎不含木质素，故消化率高，对于奶牛其营养价值相当于玉米等谷物，对于高产奶牛有助于保持日粮粗纤维理想水平，同时又能保证泌乳的能量需要。

3. 块根、块茎及瓜果类饲料　种类很多，主要包括甘薯、马铃薯、木薯等。按干物质中的营养价值来考虑，属于能量饲料。这类饲料的特点是含水量高，干物质含量仅 10%～30%，干物质中主要是淀粉和糖类，纤维素的含量不超过 10%，粗蛋白质含量更低为 5%～10%，矿物质中钙、磷贫乏。

（1）甘薯　称红薯、白薯、地瓜、山芋等。甘薯中干物质的含量为 30%，其中无氮浸出物占 80%。甘薯含有大量的胡萝卜素、硫胺素、核黄素，但钙、磷缺乏，多汁有甜味，适口性好，容易消化，生熟均可饲喂。禁止用有黑斑病的甘薯饲喂牛，否则可导致牛气喘病，严重者甚至死亡。

（2）马铃薯　又称土豆，干物质含量 18%～26%，其中淀粉含量为 80%，钙、磷和胡萝卜素缺乏。容易消化，奶牛的最高喂量为 20kg/d。禁止饲喂由于贮藏不当发芽的马铃薯，发芽的马铃薯中含有龙葵素，采食过量引起中毒。

（3）胡萝卜　是冬季牛不可缺少的饲料，它富含糖分和胡萝卜素，适口性好，有利于提高牛的生产性能和繁殖性能。胡萝卜以生喂为宜。成年奶牛每头每天饲喂量可达 5kg，胡萝卜最好切碎后饲喂，否则容易引起奶牛肠道梗塞。新鲜胡萝卜中含水量高，一般为 87%～90%，单位体积能量浓度低，不能单独作为牛的能量来源。

（4）甜菜　是秋、冬、春三季很有价值的多汁饲料，干物质为 12%，粗纤维含量低，易消化，甜菜叶柔嫩多汁，块根在冬季饲喂，有利于增进牛的健康提高生产性能。切碎或粉碎，拌入糠麸饲喂或煮熟后搭配精料饲喂。

（二）蛋白质饲料

指干物质中粗纤维含量在 18% 以下，粗蛋白质含量为 20% 以上的饲料。对于奶牛主要是植物性蛋白质饲料、单细胞蛋白质饲料等，奶牛禁用动物性蛋白质饲料。

1. 植物性蛋白质饲料　主要包括籽实类、饼粕类、玉米加工的副产品及其他加工副产品。

（1）全脂大豆　全脂大豆蛋白质含量为 42%，脂肪含量为 21%，大豆中氨基酸含量丰富，特别是赖氨酸，但蛋氨酸不足。全脂大豆中含有抗营养因子，在饲喂前要进行适当的加热处理，一般采用膨化方法处理效果好。膨化大豆是犊牛代乳料和补充料的优质原料。

（2）全棉籽　全棉籽是泌乳高峰期奶牛的优质饲料。同时也是降低高产奶牛产后能量负平衡的首选饲料，具有以下优点：全棉籽能量含量高。其脂肪含量达 19.3%；全棉籽的粗纤维 100% 为有效纤维，日粮中添加全棉籽可提高牛奶的乳脂率；全棉籽可整粒饲喂，不需要经过任何加工处理，降低饲料成本；日粮中添加全棉籽还可提高奶牛抵抗热应激的能力。每天每头奶牛可饲喂 0.5～1.5kg 全棉籽。由于全棉籽中含有一定量的棉酚,日粮中添加棉籽时,要相应减少精料补充料中棉籽粕的添加量。

(3)大豆饼(粕)　粗蛋白质含量为38%～47%,且品质较好,尤其是赖氨酸含量,是饼粕类饲料最高者,但蛋氨酸不足。大豆饼(粕)可替代犊牛代乳料中部分脱脂乳,并对各类牛均有良好的生产效果。

(4)棉籽饼(粕)　是棉籽榨油后的副产品。由于棉籽脱壳程度及制油方法不同,营养价值差异很大。粗蛋白质含量16%～44%,粗纤维含量10%～20%。棉籽饼(粕)蛋白质的品质不理想。棉籽饼中含有游离棉酚,长期大量饲喂会引起中毒。

(5)花生饼(粕)　营养价值较高,但氨基酸组成不理想,花生饼(粕)的营养成分随含壳量的多少而有差异,带壳的花生饼(粕)粗纤维含量为20%～25%,粗蛋白质及有效能相对较低。

(6)菜籽饼(粕)　有效能较低,适口性较差。粗蛋白质含量在34%～38%,矿物质中钙和磷的含量均高,特别是硒含量为1.0mg/kg,是常用植物性饲料中最高者。菜籽饼(粕)中含有硫葡萄糖苷、芥酸等毒素。在奶牛日粮中应控制在10%以下。

(7)其他饼(粕)类　胡麻饼(粕)、芝麻饼(粕)、葵花籽饼(粕)等都可以作为奶牛蛋白质补充料。

(8)玉米蛋白粉　由于加工方法及条件不同,蛋白质含量在25%～60%。蛋白质的利用率较高,由于其比重大,应与其他体积大的饲料搭配使用。

(9)玉米胚芽饼　粗蛋白质含量20%左右,由于价格较低,蛋白质品质较好,近年来在奶牛日粮中应用较多。

(10)玉米酒精糟　分3种:一种是酒精糟经分离脱水后干燥的部分,简称DDG;另一种是酒精糟滤液经浓缩干燥后所得的部分,简称DDS;第三种是"DDG"与"DDS"的混合物,简称DDGS。一般以DDS的营养价值较高,DDG的营养价值较差,DDGS的营养价值居前两者之间,以玉米为原料的DDG、DDS、DDGS的粗蛋白质含量基本相近(22%～28%),但三者的粗纤维含量则分别为11%、7%和4%左右。但三者的氨基酸含量及利用率都不理想,不适宜作为唯一的蛋白源。

(11)豆腐渣、酱油渣及粉渣　多为豆科籽实类加工副产品,干物质中粗蛋白质的含量在20%以上,粗纤维较高。维生素缺乏,消化率也较低。这类饲料水分含量高,一般不宜存放过久,否则极易被霉菌及腐败菌污染变质。

(12)酒糟、醋糟　多为禾本科籽实及块根、块茎的加工副产品,酒糟蛋白质含量一般为19%～30%,酒糟中含有一些残留的酒精,对妊娠母牛不宜多喂。

(13)甜菜渣　甜菜渣是制糖工业的副产品,适口性好,是牛的调节性的好饲料。新鲜甜菜渣含水量高,营养价值低,含有大量游离的有机酸,喂量不能过大,否则引起腹泻。

2. 单细胞蛋白质饲料　以酵母最具有代表性,其粗蛋白质含量40%～50%,生物学价值较高,含有丰富的B族维生素。

(三)矿物质饲料

矿物质饲料是牛生长、发育、繁殖必不可少的饲料,包括钙源饲料、磷源饲料和食盐。

1. 钙源饲料　目前使用的钙源饲料主要有石粉,主要成分是碳酸钙,是补充钙最经济的钙源。石粉的含钙量为 38% 左右,要求粉碎粒度通过 80 目筛以上。奶牛禁用骨粉等动物性饲料。

2. 磷源饲料　磷源饲料主要有磷酸氢钙、磷酸二氢钙、磷酸氢钠、磷酸钠、脱氟磷酸钙等,这类饲料消化利用比单纯的钙矿物质好,故在生产中应用较多。

3. 食盐　是配合饲料必不可少的矿物质饲料,奶牛以植物性饲料为主,摄入的钠和氯不能满足其营养需要,必须补充食盐。一般食盐的用量为精料的 1%～2%。

(四)饲料添加剂

饲料添加剂是配合饲料中添加的重要组成部分,是配合饲料的核心,直接影响到奶牛的生产性能、原料奶的安全和奶牛业的经济效益。具有完善日粮营养的全价性、提高饲料利用率、促进牛的生长与泌乳、防治疫病、减少饲料贮存期间的物质损失和改善牛奶品质等作用。在日粮中添加适量的饲料添加剂,可显著地提高生产效益,降低生产成本。饲料添加剂按作用可分为营养性添加剂和非营养性添加剂。

1. 营养性添加剂　主要作用就是平衡日粮的营养,改善产品的质量,保持奶牛机体各种组织细胞的生长和发育。这类添加剂主要包括非蛋白氮添加剂、氨基酸添加剂、矿物质添加剂、维生素添加剂、微量元素添加剂等。

(1)非蛋白氮添加剂　指非蛋白质类含氮化合物,如尿素、铵盐等。牛瘤胃中的微生物可利用这些非蛋白氮合成微生物蛋白质和天然蛋白质,一样被宿主消化利用。

尿素含氮 46% 左右,其蛋白质当量为 288%,按含氮量计,1kg 含氮为 46% 的尿素相当于 6.8kg 含粗蛋白质 42% 的豆饼。尿素的溶解度很高,在瘤胃中很快转化为氨,尿素饲喂不当会引起致命性的中毒。因此使用尿素时应注意:①尿素的用量应逐渐增加,应有 2 周以上的适应期,以便保持奶牛的采食量和产乳量;②只能在 6 月龄以上的牛日粮中使用尿素,因为 6 月龄以下时瘤胃尚未发育完全。奶牛在产乳初期用量应受限制;③与淀粉多的精料混匀一起饲喂,尿素不宜单喂,应与其他精料搭配使用,也可调制成尿素溶液喷洒或浸泡粗饲料,或调制成尿素青贮料,或制成尿素颗粒料、尿素精料砖等;④不可与生大豆或含尿酶高的大豆粕同时使用;⑤尿素应与谷物或青贮料混喂。禁止将尿素溶于水中饮用,喂尿素 1h 后再给牛饮水;⑥尿素的用量一般不超过日粮干物质的 1%,或每 100kg 体重 15～20g。

中华人民共和国农业部公告(第 105 号)规定,允许使用的饲料添加剂品种包括尿素、硫酸铵、液氨、磷酸氢二铵、磷酸二氢铵、异丁叉二脲、磷酸脲、羟甲基脲。中华人民共和国农业部公告(第 1282 号)决定停止缩二脲作为饲料添加剂生产和使用。

(2)氨基酸添加剂　目前使用的氨基酸添加剂主要有赖氨酸和蛋氨酸。氨基酸添加剂在犊牛的代乳品或开食料中广泛应用,对于成年奶牛由于瘤胃微生物对添加的氨基酸具有降解作用,所以,应补充降解率低的氨基酸类似物或瘤胃保护氨基酸(包被氨基酸)。近年来研究证明,高产奶牛除瘤胃自身合成的部分氨基酸外,日粮中还需一定数量的氨基酸,才能发挥正常的生产性能。

生产中常用的氨基酸添加剂有:L-赖氨酸盐酸盐、DL-蛋氨酸、羟基蛋氨酸及其钙盐、N-羟甲基蛋氨酸。

(3)微量元素添加剂 主要是补充饲粮中微量元素的不足。奶牛日粮中需要补充的微量元素有铁、铜、锌、锰、钴、碘、硒等,常以这些元素的氧化物与硫酸盐添加到饲料中。在使用微量元素添加剂时,一定要充分拌匀,防止与大水分原料混合,以免凝集、吸潮,影响混合均匀度。

研究表明,微量元素氨基酸螯合物能使被毛光亮,并且能治疗肺炎、腹泻。用氨基酸螯合锌、氨基酸螯合铜加抗坏血酸饲喂小牛,可以治疗小牛沙门氏菌感染。

蛋氨酸锌在瘤胃中具有抗降解作用,锌的吸收率同氧化锌。通过尿排泄,在血液中浓度维持时间较长。试验研究表明,日粮中添加蛋氨酸锌可提高产奶量,降低牛奶中体细胞数。另有报道,添加蛋氨酸锌可减少奶牛腐蹄病的发生。

(4)维生素添加剂 成年牛饲料中常需要添加的维生素主要有维生素 A、维生素 D 和维生素 E。犊牛在瘤胃功能没有健全以前,在代乳料中还需添加 B 族维生素和维生素 C。

对于高产奶牛,在泌乳早期机体内源合成的胆碱不能满足需要,有必要进行外源补充。但日粮胆碱在瘤胃 $80\%\sim98\%$ 被降解,直接添加无效。Erdman 等(1991)在泌乳早期荷斯坦牛日粮中分别添加过瘤胃保护胆碱 0.078%、0.156% 和 0.234%(每头牛每天可摄入氯化胆碱 15g、30g 和 45g),结果其产奶量分别提高了 1kg/d、2.2kg/d 和 0.7kg/d;对于泌乳中期奶牛,日粮中添加过瘤胃胆碱 0.08%、0.16% 和 0.24%,其产奶量显著增加。日粮中添加 0.16% 的过瘤胃氯化胆碱,3.5% 的标准乳(FCM)产量提高 4.5kg/d。

研究表明,奶牛产奶量的提高、日粮中精料比例增加、日粮中亮氨酸和精氨酸过量、饲料加工过程对饲料中烟酸和色氨酸的破坏等因素均可导致奶牛缺乏烟酸。在集约化生产条件下,高产奶牛在泌乳初期对烟酸的需要量提高。从产犊前 2 周或产前 1 个月开始直到产后 120d,每头奶牛每日从饲料中补饲 6g 烟酸,奶牛产奶量可提高 $2.3\%\sim11.7\%$,乳脂率提高 $2.0\%\sim13.7\%$。

2. 非营养性添加剂 对牛没有营养作用,但可通过减少饲料贮藏期间饲料损失、提高粗饲料的品质、提高抗病力、促进消化吸收等作用来促进生长,提高饲料报酬,降低饲料成本。

(1)抗生素 产奶牛禁用抗生素类添加剂。抗生素对犊牛的生长发育具有促进作用,并能有效地预防腹泻。适合于犊牛的抗生素添加剂主要有杆菌肽锌、金霉素、土霉素等。

(2)益生素 常用的益生菌制剂主要有乳酸菌类、芽孢杆菌和活酵母菌。其中乳酸菌类主要应用的有嗜酸乳杆菌、双歧乳杆菌和粪链球菌;活酵母作为饲料添加剂主要应用酿酒酵母和石油酵母。幼犊开食料中使用的微生物主要是乳酸杆菌、肠球菌以及啤酒酵母等,也可以使用米曲霉提取物。成年牛的微生物添加剂目前普遍使用米曲霉和啤酒酵母,使用量为 4~100g/d。

（3）酶制剂　饲用酶制剂主要应用于犊牛的人工乳、代乳料或开食料中,常使用的酶制剂有淀粉酶、蛋白酶和脂肪酶,可激活内源酶的分泌,提高和改善犊牛的消化功能,增强犊牛的抵抗力。应用于成年牛的主要是纤维素降解酶类和复合粗酶制剂。复合酶制剂含有各种纤维素酶、淀粉酶、蛋白酶等,可提高奶牛生产性能。

（4）缓冲剂　当高产奶牛饲喂高精料日粮或玉米青贮、啤酒糟等饲料时,使奶牛瘤胃酸度增加、乳脂率下降。缓冲剂主要作用是调节瘤胃酸碱度,增进食欲,保证牛的健康,提高生产性能,并控制乳脂率下降。比较理想的缓冲剂首选碳酸氢钠(小苏打),其次是氧化镁,双乙酸钠近年也引起人们重视。

①碳酸氢钠:碳酸氢钠主要作用是调节瘤胃酸碱度,增进食欲,提高奶牛对饲料消化率以满足生产需要,改善奶的品质,提高产奶量。碳酸氢钠添加量占精料混合料的 1.5%。添加时可采用每周逐渐增加(0.5%、1%、1.5%)喂量的方法,以免造成初期突然添加使采食量下降。

②氧化镁:氧化镁的主要作用是维持瘤胃适宜的酸度,增强食欲,增加日粮干物质采食量,有利于粗纤维和糖类消化,提高产奶量。氧化镁还能增加奶及血液中含镁量,有助于乳腺吸收大分子脂肪酸,进而增加乳脂,提高乳脂率。用量一般占精料混合料的 0.75%~1%或占整个日粮干物质的 0.3%~0.5%。碳酸氢钠与氧化镁二者同时使用效果更好,合用比例以 2~3:1 较好。

③双乙酸钠:是乙酸钠和乙酸的复合物,是一种新型多功能饲料添加剂。对高产奶牛来说,为了保证一定的能量,粗饲料的进食受到限制,此时添加乙酸钠可起到提高乳脂率的作用。目前在奶牛生产中应用效果较好,通常添加量为每天每头 40~100g。另外双乙酸钠用于青贮饲料,有抑制霉菌生长和防腐保鲜的作用。因为双乙酸钠同时含有乙酸钠和乙酸的成分,经试验表明其饲喂效果优于乙酸钠。

注意:添加碳酸氢钠和双乙酸钠时,应相应减少食盐的喂量,以免钠食入过多,但应同时注意补氯。

（5）饲料存贮添加剂

①抗氧化剂:二丁基羟基甲苯是饲料中常用的抗氧化剂,用量一般为 60~120mg/kg 饲料。此外还有丁羟基茴香醚,主要用作油脂的抗氧化剂;乙氧喹常用作维生素 A 的稳定剂,最大用量为 150mg/kg。

②防霉剂:防霉剂主要是丙酸、丙酸钙、丙酸钠、水合硅铝酸盐类。丙酸钙和丙酸钠的使用量为,当 pH 为 5.5 时,防霉浓度为 0.0125%~1.25%;当 pH 为 6.0 时,防霉浓度为 1.6%~6.0%。

(6)其他添加剂

①抗热应激添加剂:高温季节奶牛皮肤蒸发量、饮水量和排尿量增加,钾的损失显著高于钠,因而,应提高日粮中钾的水平。氯化钾添加量为 180g/头·d,分 3 次拌料饲喂。高温情况下如果多喂精料,同时应增加碳酸氢钠,推荐剂量为 150～200g/头·d。氧化镁占奶牛日粮干物质的 0.75%。

在热应激情况下,日粮中添加某些复合酶制剂、瘤胃素、酵母培养物等均有很好的缓解效果。研究表明,在日粮中添加酵母培养物能提高乳产量及乳成分含量,增强牛的体质,减少肠道疾病的发生,有助于产后的体况恢复,改善乳牛的繁殖性能。一些有清热解暑、凉血解毒作用的中草药,兼有药物和营养物质的双重作用,可有效缓解热应激反应。如采用石膏、板蓝根、黄芩、苍术、白芍、黄芪、党参、淡竹叶、甘草等中草药。

②阴离子盐:日粮阳阴离子差(DCAD)是保证动物正常发挥生产性能的重要因素,其指的是日粮矿物质元素离子酸碱性的大小。DCAD 是指每 100g 干物质中所含有的主要阳离子毫摩尔数与主要阴离子毫摩尔数之差,即 DCAD＝meq$[(Na^+ + K^+) - Cl^-]$ 或 DCAD＝meq$[(Na^+ + K^+) - (Cl^- + S^=)]$,可通过在日粮中添加 $NaHCO_3$、$KHCO_3$、$CaCl_2$、$CaSO_4$、NH_4Cl、$(NH_4)_2SO_4$、$MgSO_4$ 和 $MgCl_2$ 等进行调节。阴离子型日粮可使日粮呈酸性,增加日粮钙的吸收和促进骨钙动员,减少干奶牛的乳热病的发病率,而阳离子日粮可诱发并增加乳热病的发病率。

研究报道,当喂奶牛阳离子日粮时,48%奶牛患乳热症,喂阴离子日粮,奶牛则不发生乳热症。另外试验表明,当喂奶牛阴离子盐和每日采食 150g 钙日粮时,奶牛乳热症发病率由 17%降至 4%。产前 2～3 周,饲喂 100g 氯化铵,100g 硫酸镁,减少乳热症发病率、低钙血症,产后 DMI 增加。Kim-Hyeonshup 等(1997)报道,DCAD 分别为 25、5、-10、-25meq/100 克干物质(DM)时,饲喂阴离子型日粮的奶牛乳热病的发病率为 0,且在随后的产乳期产奶量增加 8%,而饲喂阳离子日粮的奶牛的乳热病的发病率为 5%。一般说来,阴离子型日粮要在干乳期末 3～4 周时饲喂,有利于提高下一个产乳期的产奶量。阴离子盐适口性不好,应与酒糟、糖蜜等饲料混合饲喂。

③酵母培养物:酵母培养物通常指用固体或液体培养基经发酵菌发酵后所形成的微生态制品。它由酵母细胞代谢产物和经过发酵后变异的培养基,以及少量已无活性的酵母细胞所构成。营养丰富,富含 B 族维生素、矿物质、消化酶。未知促生长因子和较齐全的氨基酸,是集营养与保健为一体的饲料添加剂。它具有能够刺激肠胃内有益微生物(蛋白质合成菌、纤维分解菌等)生长,保证瘤胃正常发酵,从而达到提高饲料利用率和改善动物生产力水平的作用。

综合国内外研究表明,在泌乳早期的荷斯坦牛日粮中,每日每头添加 60g 酵母培养物,可提高产奶量、乳脂和乳糖的含量。

（五）精饲料的加工调制

精饲料目前常用加工方法有浸泡、蒸煮、压扁、粉碎和制粒。最新发展的加工方法有挤压蒸汽压片和高温处理等。另外对脂肪、蛋白质、氨基酸，可进行过瘤胃保护加工处理，使其直接到达牛的真胃和小肠，经血液吸收利用。

1. 粉碎与压扁　由于受资金、技术等条件限制，粉碎加工最为常见。饲料经粉碎后饲喂，可增加其与消化液的接触面积，有利于消化，但不能粉得太细，否则适口性变差。

将玉米、大麦、高粱等加水，将水分调节至 5％～20％，用蒸汽加热至 120℃ 左右，再以压扁机压成 1mm 的薄片，干燥冷却，制成压扁饲料，可显著提高消化率。

2. 浸泡　多用于硬实的籽实或油饼（如豆饼、棉籽饼等）使其膨胀柔软容易咀嚼或用于溶去有毒物质（如饲料中单宁等微毒物质），从而提高适口性和可利用性。

豆饼、棉籽饼等相当坚硬，不经浸泡很难咀嚼。但浸泡时注意气温，夏季浸泡时间不宜过长。浸泡一般用凉水，料水比为 1∶1～1.5，以手握指缝渗出水滴为宜。

3. 发芽　发芽饲料主要用于种公牛、犊牛、泌乳牛，为防止妊娠母牛流产一般在临产前不用。发芽用于麦类籽实、高粱、稻谷等，经发芽处理后可促进发情、提高精液品质和产奶量。发芽的具体方法为将去杂后的籽实饲料用 30℃～40℃ 温水浸泡 1 昼夜，待籽实充分膨胀后再捞出发芽，芽长 5～6cm 切碎或打浆后拌入料中饲喂。

4. 制粒　就是将粉状、块状物、溶液或溶解液状的原料，加工成形状和大小大致均匀的颗粒的操作。目前，颗粒饲料在我国养牛业中已得到广泛应用。颗粒饲料一般为圆柱形，喂牛时以直径 4～5mm、长 10～15mm 为宜。

颗粒饲料的优点：①颗粒饲料密度增加，体积减少，提高牛的适口性，增加采食量；②改善饲料中某些营养成分的理化性质（如淀粉经过制粒后，糊化和水解，刺激和加速产生乳酸菌；蛋白质的水溶性降低，减少蛋白质在动物消化道中的水解时间，提高蛋白质的营养效价；经过制粒使脂肪酶失活，保护脂肪），提高饲料利用率；③通过制粒破坏饲料中的某些有毒物质或抑制因子（如抗胰蛋白酶因子、血球凝集素等）的效价；④颗粒饲料大小均匀防止牛挑食，减少饲料浪费；⑤便于贮藏、包装、运输。

制粒的缺点：①经过制粒处理，对各种维生素有一定程度的破坏；②破坏饲料中的酶制剂效价；③制粒对胱氨酸、赖氨酸、精氨酸、苏氨酸和丝氨酸等有一定程度的不利影响；④破坏添加于饲料中的微生物制剂的活性。

5. 奶牛饲料的过瘤胃保护技术

（1）过瘤胃保护脂肪　许多研究表明，直接添加脂肪对奶牛效果不好，脂肪在瘤胃中干扰微生物的活动，降低纤维消化率，影响生产性能的提高，所以添加的脂肪采取某种方法保护起来，形成过瘤胃保护脂肪。最常见的是脂肪酸钙产品，加工工艺如图 4-6 所示。脂肪酸钙作为奶牛的能量添加剂在国内已开始应用，不仅能提高奶牛生产性能，而且能改善奶产品质量。

（2）包被技术　选择对 pH 敏感的材料（如植物油、脂肪酸及其钙盐，羧甲基纤维

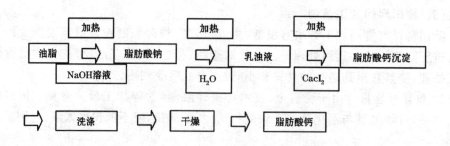

图 4-6 脂肪酸钙复分解法加工工艺

素、壳聚糖或丙烯酸树脂等)作为壁材,采用流化床包衣、制粒或微胶囊化技术将需要保护的物质(通常适合于氨基酸、维生素等)包埋,在瘤胃(pH6.5～6.8)内稳定,在真胃(pH2.4)内被分解,使氨基酸游离出来被小肠吸收,以达到保护的目的。

6. 糊化淀粉尿素 将粉碎的高淀粉谷物饲料(玉米、高粱)70%～80%与尿素20%～25%混合后,通过糊化机,在一定的温度、湿度和压力下,使淀粉糊化,尿素则被融化,均匀地被淀粉分隔、包围,也可适当添加缓释剂。粗蛋白质含量 60%～70%。每千克糊化淀粉尿素的蛋白质量相当棉籽饼的 2 倍、豆饼的 1.6 倍,价格便宜。对于育成牛,糊化淀粉尿素可替代日粮中全部棉籽饼,且对平均日增重无影响,并可节省精料。糊化淀粉尿素替代泌乳牛日粮中 56%豆饼,对产奶量无影响。每日每头用量:育成牛 0.3kg,成年泌乳牛 0.8kg。

第四节 奶牛的饲料供给

一、饲料的均衡供应

不少牛场没有自己的饲料基地,全年饲草全部需要购买,且不能保证均衡供应。这种情况,往往不能保证供给牛充足的优质饲料,无法满足其营养需要,从而导致牛群体况下降,产奶量下降,繁殖潜力不能发挥,还可能因奶牛免疫力降低,引起牛只多病,甚至死亡,经济效益下降。因此,在养牛生产中,要做到饲料均衡供应,且饲料的种类不能轻易改变。

饲草生产和周年平衡供应是发展畜牧业的重要保障,饲养场应该建立一定面积的饲草基地,因地制宜地种植优良牧草,采用制作青贮、青干草等技术,既能保证青粗料的均衡供应,又能降低饲养成本。搞好饲草生产主要内容是搞好人工饲草基地建立,搞好单作和间作套种,最大限度地利用自然资源。

二、常年青饲轮供计划

为了满足牛一年四季都能得到所需的青绿多汁饲料,必须根据各种青绿多汁饲料的生长特点和营养特性,进行搭配组合,合理轮作,余缺互补。充分利用现有饲料资源,划拨饲料基地,保证饲料供给。

(一)饲草组合生产和周年平衡供应原则

第一,种植的牧草要多年生和一年生牧草结合,以多年生牧草为主;

第二,温带饲草和热带饲草结合,寒冷地区以温带饲草为主,暖热地区以热带饲草为主;热带品种春播(3～5月)为主,温带品种秋播(9～10月)为主;

第三,上繁草和下繁草结合,视不同地区具体情况而定;

第四,豆科牧草和禾本科牧草结合,豆科占30％～40％,禾本科占60％～70％。

(二)常用的牧草品种

1. 禾本科牧草　温带牧草有意大利黑麦草、多年生黑麦草、草地羊茅等;热带品种有杂交狼尾草、岸杂一号狗牙根、非洲狗尾草等。

2. 豆科牧草　温带牧草有紫花苜蓿、三叶草等;热带牧草有907柱花草、184柱花草、大绿豆、大翼豆、平托花生等。

3. 饲料作物　青饲的品种大麦、燕麦、美国籽粒苋、春箭筈豌豆等;常用的青贮作物有青贮玉米、高粱、苏丹草等。

(三)典型的均衡供应方案

饲养奶牛除了精饲料合理搭配外,必须能够喂上青饲料、青贮等青绿多汁饲料。一般牛场11月份至翌年3月:以吃干草和青贮饲料为主,青饲料有胡萝卜、饲用甜菜、冬牧70黑麦等。4～5月:青饲料有各种牧草如苜蓿、三叶草、红豆草、黑麦草以及青刈黑麦、大麦、高粱等,莴苣叶、青菜、野草作补充。此外还要饲喂干草和青贮饲料。6～10月:以各种栽培牧草的再生草、青刈玉米、苏丹草、秋播冬牧70黑麦为主,此外还可利用以甘薯藤、花生藤、瓜类等。此阶段应将多余的青绿饲料搞些青贮和青干草备用。青贮饲料可搭配使用,啤酒糟可以常年饲喂。

三、饲料安全及质量控制

20世纪末,英国的疯牛病、比利时的"二恶英"事件,导致了巨额经济损失,也引起了世界人民的极度恐慌。同时,由饲料污染所引起的畜禽疾病和产品安全事件也此起彼伏,这使人们意识到,饲料安全就是食品安全,对无公害、绿色、有机饲料的呼声愈来愈高。

(一)无公害饲料

无公害农产品是指产地环境、生产过程和产品质量符合国家有关标准和规范的要求,经认证合格获得认证证书并允许使用无公害农产品标志的未经加工或者初加工的食用农产品。符合生产无公害农产品(如生鲜乳等)标准所使用的饲料即无公害饲料。主要由农业部农产品质量安全中心和各省级农业行政主管部门实施认证。无公害食品证书有效期为3年。

农业部于2006年1月26日发布了NY 5032—2006《无公害食品 畜禽饲料和饲料添加剂使用准则》,该标准颁布实施后,代替NY 5048-2001《无公害食品奶牛饲养饲料使用准则》等标准,它规定了生产无公害畜禽产品所需的各种饲料的使用技术要求,及加工过程、标签、包装、贮存、运输、检验的规则。适用于生产无公害畜禽产品所需的单一饲料、饲料添加剂、药物饲料添加剂、配合饲料、浓缩饲料和添加剂预混合饲料。

无公害饲料中不应含有病原微生物、霉菌毒素、农药及杀虫剂残留、工业和环境污染产生的有害污染物等外来物质。饲料应有其本身的色泽、嗅、味及组织形态特征,质地均匀。无发霉、变质、结块、虫蛀及异味、异臭、异物。饲料和饲料添加剂的生产、使用,应是安全、有效、不污染环境的产品。符合单一饲料、饲料添加剂、配合饲料、浓缩饲料和添加剂预混合产品的饲料质量标准规定。饲料和饲料添加剂应在稳定的条件下取得或保存,确保饲料和饲料添加剂在生产加工、贮存和运输过程中免受害虫、化学、物理、微生物或其他不期望物质的污染。所有饲料和饲料添加剂的卫生指标应符合 GB 13078—2001 的规定。

进口的单一饲料应取得国务院农业行政主管部门颁发的有效期内进口产品登记证。单一饲料中加入饲料添加剂时,应注明饲料添加剂的品种和含量。制药工业副产品不应用于畜禽饲料中。除乳制品外,哺乳动物源性饲料不得用作反刍动物饲料。饲料如经发酵处理,所使用的微生物制剂应是《饲料添加剂品种目录》中所规定的微生物品种和经国务院农业行政主管部门批准的新饲料添加剂品种。

营养性饲料添加剂和一般饲料添加剂产品应是《饲料添加剂品种目录》所规定的品种,或取得国务院农业行政主管部门颁发的有效期内饲料添加剂进口登记证的产品,亦或是国务院农业行政主管部门批准的新饲料添加剂品种。国产饲料添加剂产品应是由取得饲料添加剂生产许可证的企业生产,并具有产品批准文号或中试生产产品批准文号。饲料添加剂产品的使用应遵照产品标签所规定的用法、用量使用。药物饲料添加剂的使用应遵守《饲料药物添加剂使用规范》,并应注明使用的添加剂名称及用量,严格执行休药期规定。添加剂的接收、处理和贮存应保持安全有序,防止误用和交叉污染。

配合饲料,浓缩饲料和添加剂预混合饲料产品成分分析保证值应符合所执行标准的规定。饲料企业的工厂设计与设施卫生、工厂卫生管理和生产过程的卫生应符合 GB/T 16764—2006 的要求。饲料配方遵循安全、有效、不污染环境的原则。饲料配方的营养指标应达到该产品所执行标准中的规定,饲料配方应由饲料企业专职人员负责制定、核查,并标注日期,签字认可,以确保其正确性和有效性,应保存每批饲料生产配方的原件和配料清单。饲料加工过程使用的所有计量器具和仪表,应进行定期检验、校准和正常维护,以保证精确度和稳定性,其误差应在规定范围内。微量和极微量组分应进行预稀释,并用专用设备在专门的配料室内进行。应有详实的记录,以备追溯。配料室应有专人管理,保持卫生整洁。

混合工序投料应按先投入占比例大的原料,依次投入用量少的原料和添加剂。混合时间,根据混合机性能确定,混合均匀度符合标准的规定。生产含有药物饲料添加剂的饲料时,应根据药物类型,先生产药物含量低的饲料,再依次生产药物含量高的饲料。同一班次应先生产不添加药物饲料添加剂的饲料,然后生产添加药物饲料添加剂的饲料。为防止加入药物饲料添加剂的饲料产品生产过程中的交叉污染,在生产加入不同药物添加剂的饲料产品时,对所用的生产设备、工具、容器等应进行彻底清理。用于清洗生产设备、工具、容器的物料应单独存放和标示,或者报废,或者回放到下一次同品种的饲料中。

制粒过程的温度、蒸汽压力严格控制,应符合要求;充分冷却,以防止水分高而引起饲料发霉变质。更换品种时,应清洗制粒系统。

新进厂的单一饲料、饲料添加剂应保留样品,其留样标签应注明准确的名称、来源、产地、形状、接收日期、接收人等有关信息,保持可追溯性。加工生产的各个批次的饲料产品均应留样保存,其留样标签应注明饲料产品品种、生产日期、批次、样品采集人。留样应装入密闭容器内,贮存于阴凉、干燥的样品室,保留至该批产品保质期满后 3 个月。

饲料中所检的各项指标应符合所执行标准中的要求。检验结果中如卫生指标、限用药物、禁用药物指标不符合标准要求时,则整批产品为不合格,不得复检。营养指标不合格,应自 2 倍量的包装中重新采样复验。复验结果有一项指标不符合相应标准的要求时,则整批产品为不合格。

饲料包装应完整,无漏洞,无污染和异味。包装材料应符合 GB/T 16764 的要求。包装印刷油墨无毒,不应向内容物渗漏。包装物的重复使用应遵守《饲料和饲料添加剂管理条例》的有关规定。

饲料的贮存应符合 GB/T 16764 的要求。不合格和变质饲料应做无害化处理,不应存放在饲料贮存场所内。饲料贮存场地不应使用化学灭鼠药和杀鸟剂。

运输工具应符合 GB/T 16764 的要求。运输作业应防止污染,保持包装的完整性。不应使用运输畜禽等动物的车辆运输饲料产品。饲料运输工具和装卸场地应定期清洗和消毒。

(二)绿色饲料

绿色食品是遵循可持续发展原则,按照特定的产品标准,由绿色生产体系生产的无污染的安全、优质、营养型食品。符合生产绿色食品(如生鲜乳等)标准所使用的饲料即绿色饲料。是通过产前、产中、产后的全程技术标准和环境、产品一体化的跟踪监测,严格限制化学物质的使用,保障食品和环境的安全,促进可持续发展。并采用证明商标的管理方式,规范市场秩序。绿色食品 1990 年由农业部农垦局发起,目的是通过开发无污染的安全、优质、营养类食品,保护和改善生态环境,提高农产品及其加工品的质量,增进城乡人民身体健康,促进国民经济和社会可持续发展。绿色食品生产标准是介于无公害食品标准和有机食品标准之间的一种安全食品标准。绿色食品证书有效期为 3 年。

要生产绿色饲料,首先必须使用经批准使用的具有绿色产品标志的饲料原料和饲料添加剂。第二,要对生产全过程实施监控,整个生产体系要经过认证达到绿色饲料产品的生产要求。第三,产品经国家指定的认证机构检测认证达到绿色饲料标准要求,并允许在产品上使用绿色饲料产品标志。所以,只有具备上述条件或达到上述要求的饲料才能称为绿色饲料,否则就不是绿色饲料。

绿色饲料的生产要涉及原料、配方、加工工艺、设备和检测等,在实际生产中要注重4个方面。

1. 把好饲料的原料关 对饲料原料的检验除感官检查和常规的检验,测定原料中的农药及铅、汞、镉、钼、氟等有毒元素和包括工业"三废"污染在内的残留量,将其控制在允许的范围内。还要检测国家明令禁止的添加剂如安眠酮、雌激素、瘦肉精等。确保原料安全、绿色,为成品的绿色提供必要的条件。

2. 采用先进的加工工艺

(1)膨化调质工艺 采用膨化调度机对饲料进行瞬时高温(130℃~135℃)、高压(料群最终所受压力可达 3.5MPa),使物料能十分充分地调质,并且可以部分热化。该工艺对原料的来源无特殊的要求,可以扩大饲料来源。由于提高了淀粉的糊化度和蛋白质的熟化度,可以减少或取消黏合剂、品质改良剂的添加量。该工艺可彻底杀灭沙门氏杆菌和一些流行病的微生物,从而大大减少杀菌剂、抗生素的添加。由于作用时间短,对氨基酸、维生素的稳定性和效价不会产生较大的负面影响。该设备生产出的产品适口性好,减少诱食剂的添加,可以生产绿色饲料。

(2)热敏物质、油脂的后置添加工艺 由于在制粒、膨化时受温度压力的作用,会破坏维生素、酶制剂等的大部分功效,因此采用后置添加工艺。具体添加的方法有两种:一种是将这些含有生物活性的物质预先与一种惰性载体混合成泥状,这时是不可溶的,然后形成均匀的悬浮液,悬浮液再通过一种设备转化为一种可作用于粒料的形态,形成均匀的一层薄膜,覆盖在粒料的表面。另一种是用喷雾添加法,它主要有一个高精度的剂量泵,将精确量的液体制剂经气压喷头喷出。这种喷涂系统在添加液体制剂时,可以保证添加量的精确和安全。油脂的后置添加可在热敏物质的添加之后进行,添加量可达 8%,对于维生素、酶制剂等活性成分有一种保护作用。同时,油脂的添加还可以阻碍颗粒中营养成分的氧化,起一种包被的作用,从而减少饲料配方中氧化剂的添加。后置添加工艺可以避免热加工的损害,减少了这些组分的添加量,从而减低了生产成本。同时这些组分的添加,可根据生产出的饲料的真实成分和用户的需求进行配方,可以准确地满足用户的需求,又可避免盲目添加。

3. 防止饲料中添加剂的残留 在绿色饲料的生产中,设备中的残留会使饲料中实际添加剂的量变小,影响饲喂效果,又会引起不同批次物料的交叉污染。

(1)消除静电吸附 某些微量活性成分易产生静电效应而使之被吸附在机壁上。在操作时将受到影响的设备妥善接地,选择非静电型的预混料,同时用振动装置消除吸附的物料。

(2)清理设备残留 调整、混合机的螺带和浆叶,安装空气清扫喷嘴,采用大开门的卸料机构。在操作时注意加料顺序,先加入80％的物料后,加入预混料添加剂,然后加入20％的物料。尽量采用自清式的斗提机、刮板输送机和螺旋输送机,用空气清扫喷嘴,定期进行清理。注意冲洗调质器和环模,调节冷却器,使排料更彻底。

（3）加入油脂　在混合时用定量泵供应一定流量和压力的油脂,采用合适的喷嘴,喷出很细的液滴与粉料均匀混合,以消除粉尘。在混合机中油脂的添加量应控制在3％以内。加入量不能太大,以免制粒时受影响。

4. 防止饲料的霉变

（1）控制原料的含水量　原料水分含量过高会引起饲料成品的霉变,一般要求原料中水分含量不应超过13.5％。如果水分偏高,则可以采用干燥机对原料进行处理。

（2）保证蒸汽的质量　在制粒时,根据加工物科的不同,采用一定压力的干饱和蒸汽。如果蒸汽质量不好,其中含有部分冷凝水,则便调质温度达到要求时含水量过高,这样生产出的颗粒饲料的含水量过高,易发生霉变。

（3）提高包装质量　饲料的霉变与包装方式有很大的关系,它通过影响饲料水分活度和氧气浓度间接影响饲料的霉变。包装密封性好,饲料水分活度可保持稳定,袋内氧气由于饲料和微生物等有机体的呼吸作用的消耗而逐渐减少,二氧化碳的含量增加,从而抑制微生物生长。如果包装的密封性不好,饲料很容易受外界水分湿度的影响,水分活度高,氧气很充足,为微生物生长提供很好的条件,饲料很容易发霉。因此,饲料厂应该提高饲料袋的包装质量,减少袋的破损,从而减少饲料发霉。

目前在生产中使用的绿色饲料添加剂有活菌制剂、低聚糖、饲用酶制剂、中草药饲料添加剂、酵母细胞壁等。

（三）有机饲料

有机食品来自有机农业生产体系,根据有机农业生产要求和相应的标准生产加工的,并通过合法的有机食品认证机构认证,允许使用有机食品标志的农副产品及其加工品。符合生产有机食品（如生鲜乳等）标准所使用的饲料即有机饲料。有机农业生产体系是指遵照一定的有机农业生产标准,在生产中不采用基因工程获得的生物及其产物,不使用化学合成的农药、化肥、生长调节剂、饲料添加剂等物质,遵循自然规律和生态学原理,协调种植业和养殖业的平衡,采用一系列可持续发展的农业技术以维持持续稳定的农业生产体系的一种农业生产方式。有机食品是目前最高安全级的食品。有机农产品使用期限为1年,需要每年认证。

奶牛场的饲料生产基地必须符合有机农场的要求,饲料生产基地的转换期依照农场的转换期要求。应以经认证的有机饲料和草料饲养。提倡饲用本农场的饲料。禁止使用尿素和粪便作畜禽饲料。在养殖场实行有机管理的第一年,奶牛场自产的饲料可以作为有机饲料饲养农场自己的牛只,但不能作为有机饲料出售。在有机饲料供应短缺时,认证机构可以允许奶牛场购买常规饲料和草料。但农场奶牛的常规饲料消费量在全年消费量中所占比例不得超过10％（以干物质计）。日最高摄食常规饲料量不超过每日总饲料量的 25%（以干物质计）。在以下情况下可以允许例外，但必须同时规定时间限制和条件：不可预见的严重自然或人为灾害；极端的天气情况；该地区有机农业尚处在初级发展阶段。饲喂的常规饲料必须详细记载，并且要事先征得认证机构的许可。

必须保证奶牛每天都能得到基本满足其基础营养需要的粗饲料。

允许使用农业部发布的饲料添加剂品种，并且符合有机饲料生产与使用的其他要求；允许使用氧化镁、绿砂等天然矿物和微量元素。添加的维生素应来自发芽的粮食、鱼肝油、酿酒用酵母或其他天然物质。

禁止使用以下产品：①人工合成的生长促进剂（包括用于促进生长的抗生素、激素和微量元素），无论以何种形式使用；②合成的开胃剂；③防腐剂，作为加工助剂时例外；④合成的色素；⑤非蛋白氮，如尿素等；⑥给反刍动物饲喂动物副产品；⑦动物粪便，未经加工或经过加工的；⑧经化学溶剂提取的或添加了化学试剂的饲料；⑨纯氨基酸；⑩基因工程生物或其产品。

配合饲料生产：所有主要的配料必须获得认证，配合饲料中的配料加上添加的矿质元素和维生素不能低于 95%；添加的矿质元素和维生素可以来自天然或合成产物，但不能含有禁止使用的添加剂或保护剂；配合饲料必须满足奶牛的营养需求和饲养目标。

第五章　奶牛的标准化饲养管理

奶牛的生长、产奶及奶的品质受遗传因素、生理因素和环境因素的影响,如品种、个体差异、胎次、体格大小、配种年龄、产犊间隔、营养与饲料、管理、挤奶技术、环境温度、疾病等方面的影响。标准化的饲养管理可显著提高奶牛生产水平、降低发病率和增加经济效益。

第一节　奶牛的常规饲养管理

一、一般饲喂技术

(一)饲养方式

1. 放牧饲养　由于各地的自然环境条件不同,奶牛的放牧饲养方式各有差异。例如,有的终年露天放牧;有的夜宿棚舍或补饲;有的半放牧半舍饲;有的根据季节进行放牧和舍饲等。在草原地区,目前已从以往完全放牧的饲养方式逐步向半舍饲、半放牧方式发展。

2. 拴系式舍饲　也称颈枷式舍饲。颈枷有杆式或链条式,后者可分上下固定链或横向固定链等。除运动外,拴系的乳牛固定于某一床位,饲喂、挤奶及刷拭等一切管理工作都在舍内进行。这种饲养方式便于集中管理牛群,节省场地,可针对各头乳牛区别饲喂,乳牛活动较少,但花费的人工较多。

3. 散栏式舍饲　将牛群用围栏圈于较宽敞的牛舍区域内,可供喂料车等进出,其中分别设有采食区、休息(牛床)区和挤奶区等。也可将挤奶区设在附近的另一间挤奶厅内,2～4栋牛舍合用一间挤奶厅。挤奶厅与牛舍之间用栏杆引导待挤奶牛或挤完奶的牛进或出。采用全混合日粮(GMB)饲喂,混合自由采食。散栏饲养综合了散放饲养和舍饲的优点,牛在舍内不拴系,可以自由活动,配置隔栏牛床,可以自由卧息,各不相扰。便于机械化,减轻体力劳动,提高工效。目前新建机械化奶牛场多采用这种形式。散栏式舍饲的管理较拴系式舍饲复杂些,较难做到区别饲喂。

4. 饲喂、挤奶自动化系统　人们运用现代科学技术,已建成自动化饲喂及机器人挤奶系统。该系统能自动识别母牛,并掌握母牛的各种资料;自动饲喂机器能根据个别母牛的营养需要分批分发草料;机器人挤奶系统能自动为母牛清洗乳房、套乳杯、挤奶,自动计量泌乳量、脱乳杯,并报告牛奶的温度、导电率以及安装在身上的传感器测知的其他参数,让养牛者掌握某牛的产奶量、奶的品质和乳牛的健康及发情等状况。

(二)日粮结构的确定

根据成年奶牛不同的生理时期,选择适当的饲料原料,以干物质为基础,日粮中粗料比例应在 40%～60%,也就是说日粮中粗纤维含量应占干物质的 15%～24%,才会保证牛体健康。为了保证奶牛有足够的采食量,日粮中应保证有足够的容积和干物质食量,高产奶牛(日产奶量 20～30kg),干物质需要量为体重的 3.3%～3.6%,中产奶牛(日产奶 15～20kg)为 2.8%～3.3%;低产奶牛(日产奶量 10～15kg)为 2.5%～2.8%。

奶牛的精料喂量,在奶牛生产中,一般按奶牛维持需要 3kg,然后每产 2～3kg 奶加喂 1kg 精料来确定。日粮组成应多样化,发挥不同饲料之间的营养互补作用,同时应适口性好,否则会由于适口性差、奶牛采食量不够而影响产奶量。

(三)饲料的变更

牛瘤胃内微生物区系的形成需要 30d 左右的时间,一旦打乱,恢复很慢。因此,有必要保持饲料种类的相对稳定。在必须更换饲料种类时,一定要逐渐进行,以便使瘤胃内微生物区系能够逐渐适应。尤其是在青粗饲料之间的更换时,应有 7～15d 的过渡时间,这样才能使牛能够适应,不至于产生消化紊乱现象。时青时干或时喂时停,均会使瘤胃消化受到影响,造成生产性能下降,甚至导致疾病。

(四)饲料的清洁卫生

由于牛的采食特点,饲料不经咀嚼即咽下,故对饲料中的异物反应不敏感,因此饲喂牛的精料要用带有磁铁的筛子进行过筛,而在青粗饲料切草机入口处安装磁铁,以除去其中夹杂的铁针、铁丝等尖锐异物,避免网胃—心包创伤。对于含泥较多的青粗饲料,还应浸在水中淘洗,晾干后再进行饲喂。严防将铁钉、铁丝、玻璃、石砂等异物混入饲料喂牛;切忌使用霉烂、冰冻的饲料喂牛,保证饲料的新鲜和清洁。

(五)饮　水

保证充足清洁的饮水。水是牛功能代谢和产奶不可缺少的物质。奶牛的饮水量一般为干物质进食量的 5～7 倍,每天大约需水 60～100L,目前奶牛场一般具有水槽或自动饮水器,让牛自由饮水,冬季饮水的水温不低于 10℃。饮水的方法有多种形式,最好在运动场安装自动饮水器,或在运动场设置水槽,经常放足清洁饮水,让牛自由饮用。

二、TMR 饲喂技术

(一)TMR 的概念

TMR(Total Mixed Ration)即全混合日粮,TMR 饲喂技术是指根据奶牛在泌乳阶段的营养需要,把铡切成适当长度的粗饲料、精饲料和各种添加剂按照一定的比例进行充分混合,并调整适宜水分含量而得到的一种营养相对平衡的日粮的饲养方法。该技术可以针对大小牛群在恰当的阶段,都能够采食适量的、平衡的营养,达到最高的产奶量、最佳的繁殖率和最大的利润。

(二)选用适宜的混合搅拌车

搅拌车是推广应用 TMR 技术的关键,根据奶牛场的建筑结构、喂料道的宽窄、牛舍高度和牛舍入口等来确定合适的 TMR 搅拌车的车型;根据牛群大小、奶牛干物质采食量、日粮种类(容重)、每天的饲喂次数以及混合机充满度等选择混合搅拌车的容积大小。常见的 TMR 搅拌车有立式、卧式、固定式、牵引式和自走式搅拌车等。其中立式搅拌车搅拌效果好,混合均匀度高,机器的使用寿命长。按容积有 5m³、8m³、11m³、13m³、16m³、20m³ 多种车型。牛场根据实际情况配置。

(三)合理分群和适时转群

合理分群是 TMR 技术的必要措施,如果不分群,就会产生饲喂过肥的奶牛,严重影响牛的产奶性能的发挥。牛群的分群的数目视牛群的大小和现有的设备而定。一般小型奶牛场(<300 头)可以直接分为泌乳牛群和干奶牛群,各设计 1 种 TMR 日粮;中型牛场(300～500 头)可根据泌乳阶段分为早、中、后期牛群和干奶牛群;大型牛场(>500 头)可将牛细分为新产牛群、高产头胎牛群、高产经产牛群、体况异常牛群、干奶前期牛群、干奶后期牛群等,分别设计 6～7 种 TMR。在具体分群过程中可根据牛的个体情况及牛群的规模灵活掌握,适时调整或合并,调整转群时要小群转移,最好在投料时转移。

1 个 TMR 组内的奶牛泌乳量差距不应超过 9～11kg(4% 乳脂率)。产奶潜力高的奶牛应保留在高营养的 TMR 组,而潜力低的奶牛应转移至较低营养的 TMR 组。

对于干奶牛分为干奶前期(干奶到产前 15～21d)和干奶后期 2 个群非常关键,因为这是 2 个完全不同的生理阶段。后备牛要细分,每群的大小不能太大,一般 10 头左右,要求群中个体一致,随着月龄的增加群体数量可以适当增加。

(四)日粮的配制

根据奶牛生理、生产阶段和生产水平,预测其干物质采食量,确定不同牛群的 TMR 的营养水平,在分析比较饲料原料成分和饲用价值的基础上,按奶牛营养需要进行配比,调整能量和蛋白质在合理水平,控制精粗比、中性洗涤纤维(NDF)、非结构性碳水化合物(NSC)、钙磷等水平在要求范围,优化配合出最经济的日粮配方。精料干物质的最大比例不超过日粮干物质的 60%。

(五)原料的准备

饲料及饲料添加剂的选择应遵循国家或地方有关饲料法规。严禁使用贮存过程中雨淋发酵、霉变、污染和鼠(虫)害的饲料原料;严禁使用动物性饲料原料。

精料补充料直接购入或自行加工。

制备玉米秸青贮时要铡短、切碎,长度 1～2cm。干草类粗饲料要粉碎,长度 1～1.5cm。糟渣类水分控制在 65%～80%。

清除原料中的金属,塑料袋(膜)等异物。

(六)TMR 的制作与品质控制

1. 投料与搅拌　做到准确称量,记录并审核每批原料的投放量。添加过程中,防止铁器、石块、包装绳等杂质混入搅拌车,造成车辆损伤。

投料顺序应遵循先粗后精,先干后湿,先轻后重的原则,一般搅拌混合时投料顺序为干草(铡短成2.5cm)→青贮料、副料→精料(包括添加剂)等。边加料边搅拌(表5-1),物料加齐后再搅拌5～8min。一般以15min/批左右为宜,搅拌时间太长则TMR过细,有效中性洗涤纤维不足;搅拌时间过短,混合不均匀,营养不均匀,影响饲喂效果。

表5-1 不同原料的适宜混合时间

组分及类别	干 草	青 贮	糟渣类	精料补充料
时 间	4min	3min	2min	2min

TMR搅拌车在搅拌时要以满载量的60%～70%为宜,太多则混合不均匀。

2. 水分与pH 每周至少检测一次原料水分。冬夏季的水分要求不同,冬季45%左右;夏季可在45%～55%。pH5.5～6.0。

3. 感官检测 从感官上,搅拌效果好的TMR日粮,精粗饲料混合均匀,松散不分离,色泽均匀,新鲜不发热、无异味,不结块。

4. 细度检测 TMR的细度应采用宾夕法尼亚颗粒分离筛测定。3屉(上6%～8%,中40%～50%,底盘<40%);4屉(上6%～10%,中30%～50%,下30%～50%;底盘<20%)。

一般青贮料的适宜长度为2～3cm,但要求有15%～20%的长度要超过4cm,并应加入一定量的5cm长的干草。细度应符合不同奶牛生长及泌乳阶段的要求。

5. 营养成分检测 要经常检测分析饲料原料营养成分的变化,注意各种原料的水分变化。每周至少检测1次原料水分。同时奶牛日粮需要一定量的NDF(高产奶牛日粮中,至少含有NDF28%～35%),来维持瘤胃发酵,保证奶牛的健康和乳脂率的稳定,NDF主要来源于粗饲料。

(七)料槽管理

TMR饲喂要均匀投放饲料,确保牛有充足的时间采食,一般干奶牛和生长牛1天投放1次,泌乳的奶牛1天投放2次,夏季可投放3次。TMR的适宜供给量应略大于奶牛最大采食量,一般应将剩料量控制在3%～5%,没有剩料可能意味着有些牛采食不足,过多则会造成饲料浪费。当剩料过多时应检查饲料配合是否合理,以及奶牛采食是否正常。空槽时间每天不超过2～3h,防止剩料过多或缺料。

随时供应新鲜的日粮。不空槽、勤匀槽,夏季定期刷槽。勤查槽,观察日粮一致性,搅拌均匀度。

在闷热的夏季为了防止饲料沉积发热,每天应翻料2～3次。

每天应该6次或更多次地推料,保证奶牛能采食到饲料。

(八)对牛舍的要求

散栏式牛舍是目前国内外现代化牛场采用的设计合理的牛舍,适合于TMR技术的应用。一般要求牛舍的宽度 20～30m、长度在 60～120m,饲喂道宽 4.0～4.5m。标准牛舍以饲养 200～400 头以上牛为单位。在颈链拴系、固定牛床饲养管理条件下,也可根据个体产奶量单槽饲喂全混合日粮。

每头奶牛应有 70～90cm 的采食槽位。通常采用平地式饲槽,底面光滑、耐用、无死角,便于清扫。

(九)其他应注意的问题

①食槽宽度、高度、颈枷尺寸适宜;槽底光滑,浅颜色。

②牛只去角,避免相互争斗。

③每天保持饲料新鲜。

④观察牛只采食、反刍及剩槽情况。奶牛在休息时至少应有 50% 的牛只在反刍。

⑤做到每 3 个月应该校正 1 次混合机的磅秤;要求有性能良好的混合和计量设备;刀片的锋利度(与 TMR 的细度有关)。

⑥要经常调查并分析其营养成分的变化,尤其是原料水分的变化。

⑦操作人员在感到身体不适、疲惫、酒醉等不准操作。注意安全生产。

三、挤奶技术

在正常饲养管理条件下,正确而熟练的挤奶技术对奶牛高产稳产具有重要作用,而且还可以防止奶牛发生乳房炎。

挤奶方法有手工挤奶和机械挤奶。机械挤奶具有劳动强度小、生产效率高、不易污染牛奶、乳房炎发病率低等优点,逐渐替代人工挤奶得到普遍应用。但在某些情况下仍需采用手工挤奶,如患有乳房炎的牛,因此,挤奶员必须熟练掌握手工挤奶技术。

(一)挤奶次数

一般日产 20kg 以下母牛,日挤奶 2 次;20kg 以上,日挤奶 3 次。每次挤奶的间隔时间,尽可能保持均等。奶业发达国家一般每天挤 2 次奶,而我国由于劳动力便宜 1d 挤 3 次奶。已经证明,每天由挤奶 2 次改为 3 次时,产奶量平均增加 20% 左右。实际上,挤奶次数应依据泌乳量而定,当日均产奶量低于 20kg 时,可挤 2 次奶;日均产奶 20～30kg 时,挤 3 次奶。另据报道,以每日 2 次挤奶代替 3 次挤奶,产奶量平均减少了 6%～8%,但是牛场劳动负荷减轻,奶牛的乳头磨损减少,乳房炎减少,奶牛的预期寿命将因此延长 1～2 年。

(二)挤奶方法

1. 手工挤奶

(1)准备工作　挤奶前要将所有的用具和设备洗净、消毒,并集中在一起备用。挤奶员要剪短并磨圆指甲,身着工作服、帽,洗净双手。温和地将躺卧的牛赶起,用粪铲清除牛床后 1/3 处的垫草和粪便,拴牛尾,经常修剪奶牛乳房上过长的毛。用温水将后躯、腹部清洗干净,避免粘附在牛身上的泥垢、碎草等杂物落入奶中。准备好清洁的挤奶桶、滤奶杯、乳房炎诊断盘和诊断试剂、药浴杯、干净的毛巾或一次性纸巾、盛有55℃温水的水桶等。然后再次洗净双手，用50℃的温水清洁乳房，擦洗时先用湿毛巾依次擦洗乳头孔、乳头和乳房，然后用干毛巾自下而上擦净乳房的每一个部位。每头牛所用的毛巾和水桶都要做到专用，可采用一根小水径软管或喷壶以手直接清洗乳房。杜绝用一桶水、一块布擦洗一群牛的做法，以防止交叉感染。立即进行乳房按摩，方法是用双手抱住左侧乳房，双手拇指放在乳房外侧，其余手指放在乳房中沟，自下而上和自上而下按摩2～3次，同样的方法按摩对侧乳房。使乳房膨胀，皮肤表面血管怒张，呈淡红色，皮温升高，这是乳房放乳的象征，然后立即开始挤奶。

（2）挤奶　首先将每个乳区的头三把奶挤入乳汁检查杯（平盘）中，观察是否有絮状凝乳等异常现象，同时触摸乳房是否有红肿、疼痛等异常现象，以确定是否患有乳房炎。检查时严禁将头两把奶挤到牛床或挤奶员手上，应收集在专门容器内，以防交叉感染。对于发现患病的牛要及时隔离单独饲喂，单独挤奶，并积极进行治疗。先把正常乳区挤净，异常奶的乳区最后挤。异常奶挤贮于单个容器内。对于检查确定正常的奶牛，挤奶员坐在牛右侧后1/3～2/3处，与牛体纵轴呈50°～60°的夹角。两腿夹住奶桶，开始挤奶。一般是先挤后侧2个乳头，这叫"双向挤乳法"。此外还有单向（先挤一侧2个乳头）、交叉（一前一后乳头，通常先挤左前右后2乳头）以及单乳头挤乳法，只有在特殊情况下才应用。4个乳区挤完后，要由上而下、前后左右按摩乳房，再分别将各乳区挤净。挤奶时最常用的方法为拳握法，该法具有乳头不变形、不损伤，挤奶速度快，省力方便等优点。对于乳头较小的牛可采用滑下法。拳握法的要点是用全部指头握住乳头，首先用拇指和食指握紧乳头基部，防止乳汁倒流，然后用中指、无名指、小指自上而下挤压乳头，使牛奶自乳头中挤出。挤奶频率以每分钟80～120次为宜。当挤出奶量急剧减少时停止挤奶，换另一个乳区继续进行，直至所有的乳区挤完。滑挤法是用拇指和食指握住乳头基部自上而下滑动，此法容易拉长乳头，造成乳头损伤，只能用于乳头特别短小的牛。

（3）药浴　挤完奶后立即用浴液浸泡乳头，这样可以显著降低乳房炎的发病率。这是因为挤完奶后乳头需要15～20min才能完全闭合，在这个过程中环境病原微生物极易侵入，导致奶牛感染。常用浴液有碘甘油（3％甘油加入0.3％～0.5％碘）、2％～3％的次氯酸钠或0.3％新洁尔灭。保证消毒液的浓度，做好相关记录。药液浸没乳头根部，并停留30s。

清洗用具挤完奶后应及时将所有用具洗净、消毒，置于干燥清洁处保存，以备下次使用。

2. 机械挤奶　是利用挤奶机械进行挤奶，挤奶机械主要有提桶式、移动式和管道式3种。提桶式适用于拴系挤奶的小型养殖户，移动式适用于散养的农户和小型奶牛场，管道式适于大、中型奶牛场。挤奶机械是利用真空原理将奶从牛的乳房中吸出，一般由真空泵、真空罐、真空管道、真空调节器、挤奶器（包括乳杯、集乳器、脉动器、橡胶软管、计量器等）、储存罐等组成。

(1)**挤奶准备** 挤奶前准备同手工挤奶,首先做好牛、牛床和挤奶员的清洁卫生,准备好乳头消毒液、干净的毛巾(每头牛一条)或纸巾。然后检查挤奶机的真空度和脉冲频率是否符合要求,绝大多数挤奶机的真空度为 40～44kPa,脉动频率一般为 55～65 次/min。按照手工挤奶相同的方法洗净并擦干乳房,并检查头三把奶,对泌乳出现异常的牛立即隔离饲养,并进行治疗。对泌乳正常的牛药浴各乳头 30s,然后用纸巾擦干,按摩乳房 40～60s(最长不超过 90s)后,立即按正确方式套上挤奶杯,安装挤奶杯的速度要快,不能超过 45s。挤奶

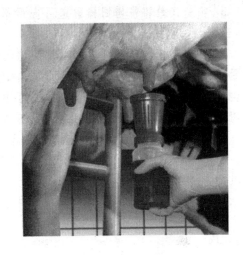

图 5-1 乳头药浴

杯的位置要适当,应保持奶杯布局均匀,向前向下倾斜,开始挤奶。挤奶机的正确安装方式参见所使用机器的使用说明书,并遵从机器销售厂家技术支持人员的指导。

(2)**挤奶** 整个挤奶过程由机器自动完成,不需要挤奶员参与。完成 1 次挤奶所需的时间一般为 4～5min,在这个过程中挤奶员应密切注意挤奶进程,及时发现并调整不合适的挤奶杯。在挤奶过程中可能出现挤奶杯脱落、挤奶杯向乳头基部爬升等现象,挤奶杯上爬极易导致乳房损伤。使用挤奶杯自动脱落的机械时,在挤奶杯脱落后立即擦干乳头残留的乳,然后进行药浴,浴液与手工挤奶的相同。使用挤奶杯不能自动脱落的挤奶机时,在挤奶快要完成时(乳区的下乳速度明显降低)用手向下按摩乳区,帮助挤干奶,等下乳最慢的乳区挤干后,关闭集乳器真空开关 2～3s(让空气进入乳头和挤奶杯内套之间),卸下挤奶杯,如果奶杯吸附乳头太紧,则用一个手指轻轻插入乳头和挤奶杯内套之间,使空气进入,便可卸下。根据不同情况对奶杯组进行手动脱杯,不得过度挤奶。然后立即按上述相同的方法进行乳头药浴。挤奶结束后,按照生产厂家规定的程序,对挤奶器械进行清洗、消毒,以备下次使用。

(三)挤奶注意事项

挤奶直接关系到奶牛健康、泌乳量、牛奶质量、挤奶机寿命和牛场的经济效益,因此在挤奶过程中应密切注意以下事项。

1. 要建立完善合理的挤奶规程 在操作过程中严格遵守挤奶操作规程,并建立一套行之有效的检查、考核和奖惩制度。加强对挤奶人员的培训。

2. 要保持挤奶环境的安静 在挤奶时,任何外界的不良刺激都会刺激肾上腺素分泌,血管收缩,减少乳房的血液供应,使催产素到达乳腺肌上皮细胞的数量减少,从而影响挤奶量。因此挤奶员在挤奶时应精神集中,保持安静的环境条件,避免奶牛受惊,防止对放奶的抑制。挤奶员要和奶牛建立亲和关系,严禁粗暴对待奶牛。

3. 挤奶次数和挤奶间隔确定后应严格遵守 不要轻易改变挤奶次数和挤奶间隔,否则会影响泌乳量。

4. 挤奶牛排列顺序 生产中每头泌乳牛的状况各不相同,理想的挤奶牛排列顺序是:先挤第一胎无乳房疾患的青年母牛;其次挤无乳房炎的经产母牛;然后是历史上曾患过乳房炎但现无症状的母牛;最后挤各乳区产生不正常奶的母牛。患乳房炎的母牛不能采用机械挤奶,必须使用手工挤奶。

5. 挤奶时既要避免过度挤奶,又要避免挤奶不足 过度挤奶不仅使挤奶时间延长,还易导致乳房疲劳,影响以后排乳速度;挤奶不足会使乳房中余乳过多,不仅影响泌乳量,还容易导致奶牛患乳房炎。关于余乳多少最合适目前有很大争议,原来的观点认为挤奶越彻底越好,这样会降低奶牛患乳房炎的机会,但最新的研究却表明,适当余乳有利于降低乳房炎的发病率。因此,还需要进行更深入的研究以确定合适的挤奶时间。

6. 挤奶后,母牛必须站立 1h 左右 以使乳头括约肌完全收缩,并可防止乳头过早与地面接触,减少感染疾病的机会。使牛站立的最好办法是喂给新鲜饲料。实践证明,这个办法能减少乳房疾病。

7. 参加 DHI 测定 根据 DHI 测定的体细胞(SCC)计数,可以做到早期发现乳房炎和隐性乳房炎,有利于乳房炎的早期治疗。

8. 及时更换奶衬 奶衬是挤奶器直接与牛接触的唯一部件,其质量优劣,直接影响使用寿命、挤奶质量、乳头保护及牛奶卫生。选用奶衬时必须要与不锈钢奶杯相配套。奶衬材料在使用过程中会老化,失去弹性,形成裂缝(有的缝隙十分细微,难以觉察)或破裂,细菌藏匿于此不易清洗与消毒,导致疾病传染和影响正常的挤奶功能,因此按不同材质经使用不同规定时限后及时调换奶衬是挤奶器管理中极为重要的环节之一。采用 A.B 两组奶衬间隔数日交替使用,能恢复奶衬材料的疲劳,延长使用寿命。制造奶衬的材料有天然橡胶、合成橡胶和硅胶,由于材料不同,因此奶衬的使用寿命也不一样,一般情况下,3 种材料的使用寿命分别是 1 000 头次、2 000 头次和 5 000 头次。

(四)牛奶的冷却和过滤

牛奶是微生物活动的良好培养基,因此为防止牛奶污染,在人工挤奶的情况下,牛奶在称重后应立即过滤,除去机械杂质、牛毛、饲料屑等落入的污物,过滤时可用 4 层纱布。过滤后应立即将牛奶的温度降至 4℃,以抑制细菌生长,保持牛奶的新鲜品质。

四、日常管理技术

(一)做好观察和记录

饲养员每天要认真观察每头牛的精神、采食、粪便和发情状况,做好详细记录,发现异常情况及时处理。新引入的牛应在隔离舍内隔离观察饲养 2 个月才能与健康牛合群饲养。病牛应在隔离舍内隔离治疗,痊愈后经消毒才能与健康牛合群饲养。

对可能患病的牛要及时请兽医诊治,对于发情的牛要及时请配种人员适时输精。对体弱、妊娠的牛要给予特殊照顾,注意观察可能出现流产、早产等征兆,以便及时采取保胎等措施。同时要做好每天的采食和泌乳记录,发现采食或泌乳异常要及时找出原因,并采取相关措施纠正。

(二)牛的保定

牛笨拙而力大,角抵、蹄踢是它反抗的最大本领。故对牛的保定主要是控制其头部和四肢。当牛头低下时力大无比,抬起时则威力大减,故对其头部的保定尤为重要。

1. 牛头部保定法

(1)**牛鼻环**　牛怕牵鼻子。无论多么凶猛的牛,一旦戴上鼻环,都会老实温驯。即使发生骚闹,因有鼻环作基础保定也容易控制。

在调教、驯服小牛(1岁以上)时常用本法。通常在调教前即给其"扎鼻",穿上鼻环。因地区习惯不同,鼻环种类也不尽相同。

①铜制牛鼻环:多用于种公牛。它是特制的两个半圆形铜环,有活动轴与管钉装置,戴上则成一完整的圆环,见图5-2(1)。

②牛鼻圈:在特制的铁环下穿一木棒,见图5-2(2),亦属专制牛鼻具。

③树条鼻环:用质地坚韧的灌木条,将其剥皮修光后成型,见图5-2(3),多见于山区。

④鼻侧棍和鼻侧绳:多见于拴拉水牛,见图5-2(4)、(5)。

⑤牛擒具:草原及农区的役牛,有的不戴鼻环,而是将牵绳拴在角根上。没有"扎鼻"的烈性牛在调教使役时,可装戴牛擒具见图5-2(6)。装戴时把具口掰大,卡在鼻中隔上后,再将具口捏拢。

(2)**缰绳牵耳法**　临诊时,对那些不进诊疗室,不入保定栏且不戴鼻环的牛,可用本法牵拉。方法是,将拴在角根上的缰绳扭成绳环,套在耳根上牵拉,牛就会听从指挥,见图5-3。

(3)**牛鼻钳保定法**　牛鼻钳是特制的专用于保定牛的金属保定器械,是中西兽医最常用的保定工具。本法是临床诊疗时最基本的保定方法,见图5-4。

(4)**牛鼻捻子保定法**　对个别烈性牛,当鼻环不能控制时,把缰绳双折,套在鼻环基部(图5-5),把折叠后的四股绳执握手中,捻紧即可。

2. 前、后肢"8"字式保定法　为了防止牛前冲,可用"8"字式保定法捆绑牛两前肢的掌部或腕上部,见图5-6(1);为了防止牛弹踢,可用"8"字式缠绕法保定牛的后肢,见图5-6(2)。

3. 缠缚式倒牛法　取10m长的绳索一条,术者站立于倒卧对侧,把全绳盘握在手中,把绳一端由鬐甲后送到倒卧侧,再由胸下拉回,与手中长绳端交错后,将短端系结于倒卧侧前肢系部;将胸侧绳段双折,双折环经背部送至倒卧侧,由腹下拉回,游离

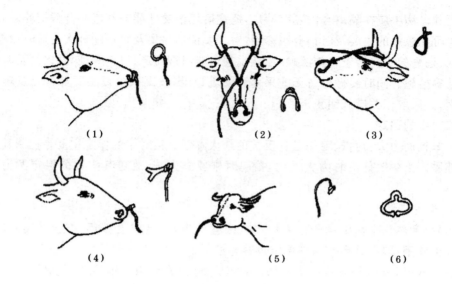

(1)　　　　　　　　　(2)　　　　　　　　　(3)

(4)　　　　　　　　　(5)　　　　　　　　　(6)

图 5-2　牛鼻环

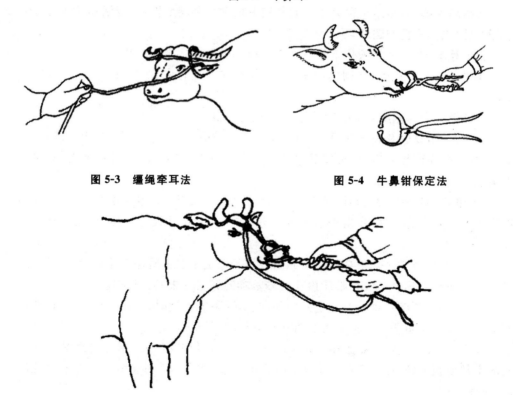

图 5-3　缰绳牵耳法　　　　　　　　图 5-4　牛鼻钳保定法

图 5-5　牛鼻捻子保定法

端穿过双折环;再将腹侧绳段双折,如法操作再绕腰肷部,最后把游离端由腰部拉向
倒卧侧(图 5-7),用力拉紧,牛则倒卧。

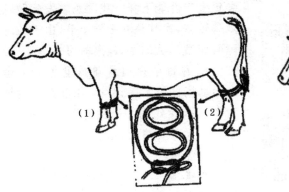

(1)　(2)

图 5-6　前、后肢"8"字式保定法　　图 5-7　缠缚式倒牛法

4. 配种架保定法　配种架(图 5-8)专供保定台牛用。其特点是不用绳索,颈架的一侧或两侧为活插杆。保定时,先抽开一侧插杆,将牛拉入配种架内,头经过颈夹,颈部正好置于颈夹处,速将插杆插入,即可牢固保定。

(三)牛舍的清洁卫生

每班牛只下槽后应进行彻底清扫牛舍,粪便、剩料并及时运走。牛床(卧床)要干燥,勤换垫料,保持舍内空气清洁、冬暖夏凉。每年对牛舍进行一次或两次彻底清洗和消毒,使舍内及舍外的表层保持干燥(既可防滑又可以减少细菌的繁殖)。

(四)牛体的梳刮

牛体刷拭对促进牛新陈代谢、保持牛体清洁卫生均有重要意义。因此,牛每天应刷拭 1～2 次,刷拭时应用较硬的

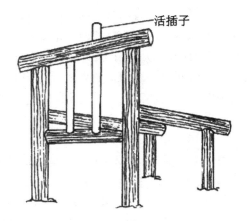

活插子

图 5-8　配种架保定法

工具和铁箆,再用较软的工具如棕刷进行。刷拭方法是:饲养员以左手持铁刷,右手执棕毛刷,先由颈部开始,依次为颈→肩→背腰→股→腹→乳房→头→四肢→尾。刷完一侧再刷另一侧,刷时先用棕毛刷逆刷去,顺毛刷回,碰到坚硬结块刷拭不掉的污垢部分,先用水洗刷,再用铁箆轻轻刮掉,然后用棕刷刷拭。盛夏气温高,为了促使皮肤散热,用清水洗浴牛体,然后进行洗刷,既有利于卫生,又起到防暑、降温、提高产奶量的作用;在冬季,则应以干刷为主,除非必要,一般不用水冲洗牛体,必要时,水洗的面积应尽量小,最好用温水,洗后立即用毛巾将被毛和皮肤擦干净。

建议在奶牛运动场(舍)安装牛体梳刮机,让牛自愿进行。

(五)肢蹄护理

肢蹄是牛重要的组成部分,牛蹄障碍(增生或疾病)可引起牛吃草料和饮水困难,

图 5-9　牛体梳刮机

导致生产性能下降。我国奶牛发生肢蹄障碍较多,尤其是在多雨季节,由于肢蹄障碍而遭淘汰的牛,最高时可达 28%。

1. 注意牛舍和运动场卫生　牛舍和运动场保持干燥、清洁,不能有尖锐铁器和碎石等异物。以免伤蹄。牛舍、运动场每天都要清洁,尤其在夏、秋多雨季节更应注意。

2. 修蹄　每年应修蹄 2 次。修蹄工作应由已经过培训的专业人员进行,首先必须有专用的修蹄固定架,在固定牛时须注意保护乳房和防止已孕干奶牛受伤。其次是将过长的蹄角质切除,切除可用专用的刀具或修蹄机,最后是修整蹄底,主要目的是要保证蹄形端正。

3. 蹄浴　是预防蹄病的重要卫生措施。可取 40%甲醛 3～5L 加水 100L,温度保持在 15℃以上,如果浴液温度降至 15℃以下,就会失去作用。装浴液的容器宽度约 75cm、长 3～5m、深约 15cm,溶液深应达到 10cm。蹄浴最恰当的地方是设在挤奶间的出口处,浸浴后在干燥的地方停留 30min,其效果更佳。根据成年母牛的数量,每次蹄浴需进行 2～3d。如果浴液过脏时应予更换新液。在舍饲情况下,蹄浴 1 次后,间隔 3～4 周再进行 1 次,对防治趾间蹄叶炎效果特佳。

此外,4%硫酸铜溶液喷蹄或蹄浴均可,方便实用。

(六)运　动

奶牛每天应有 3～4h 的户外自由活动时间,适当的运动有利于提高牛的体质和产奶量,促进发情,预防胎衣滞留。舍饲成年母牛,若运动不足,牛体易肥,会降低产奶量和繁殖力,且会因体质下降而患病。据报道,对奶牛每天驱赶 3km,可以有效提高产奶量和乳脂率,但不得让奶牛剧烈、长时间的运动,否则会影响牛只健康。

(七)牛的运输

牛在运输过程中,由于生活环境及规律的变化导致生理活动的改变,使其处于应激状态。为了减少运输过程中的损失,必须努力降低运输应激反应的程度。

1. 运输前准备

(1)合理分群编号　对购买的牛按品种、年龄、体重、性别等进行分群编号,以便于管理。

(2)了解当地疫病流行情况和疫苗注射情况　便于以后的卫生防疫。

(3)办理以下各种证件　准运证、税收证据和防疫证、检疫证、非疫区证明、车辆消毒等兽医卫生健康证。

2. 运输管理　运输及装卸时,忌对牛粗暴或鞭打。装运前 3～4h 停喂具有轻泻性的青贮饲料、麸皮、鲜草等;运前 2～3h 不能过量采食和饮水。为了缓解运输应激,短途运输时,运输前 2～3 天每头每日口服或注射维生素 A250 000～1 000 000IU;长途运输时,运输前 2h 及运输后进食前 2h 饮口服补液盐溶液(氯化钠 3.5g,氯化钾 1.5g,碳酸氢钠 2.5g,葡萄糖 20g,加凉开水至 1 000mL),每头 2～3L。运牛到达目的地后,切勿暴饮暴食,先给干草等粗料,2h 后再饮水。

(1)短距离驱赶　按牛群驱赶,尽量不单独驱赶牛只。夏季应避开中午炎热,多在早晚进行。

(2)火车运输管理

①准备工作:车厢进行清扫,地上铺上木板,以防牛滑倒。准备好充足的草料和水。

②装牛:不可太拥挤,载运量一般 60t 车厢装成年奶牛 20 头左右,装犊牛 40～50 头;或大体每头成年牛按体重占 $1.1～1.4m^2$,并留出押运人员休息的地方。装车时间要求避开火车往返高峰,防止鸣叫声惊动牛。

③用火车运输时,每个车厢要由专人押运,途中喂草饮水。行车过程中应防止车厢间的猛烈碰撞和急刹车。

(3)汽车运输管理

①卡车护栏必须在 1.3m 以上,必要时要加高护栏以防牛受惊时跳出去,车厢内不可有钉子、铁器或尖锐物,地上铺上木板、铺草,夏天可铺沙子,不能钉上铁皮,以防牛滑倒。

②装卸牛一定要在 1.1m 高的平台上,平台连着宽的有围栏斜坡,严禁赶牛跳上跳下。

③每头成年牛按体重占 $1.1～1.4m^2$,不可太拥挤。牛横立在车内,头尾插花开。

④运牛一般宜白天行车,夜晚在车上喂饮,休息。在夏季可以夜间行进,利用中午休息。押车员应随时观察牛动静表现,注意多饮水,尽量减少各种应激。防止牛受伤、踩伤等。

⑤行车时速要慢,不可急刹车。汽车在起步,停车时以及转弯时放慢速度。

(4)飞机运输　空中运输时间短,可减少应激,避免过多影响采食量而使其体重大减,也可避免其他损失。对于一些贵重的牛如种公牛、高产母牛等,特别是跨国运输,更有其优越性,省去许多麻烦,减少了因路途长造成的死亡或损伤。

装运牛需用四方牛笼,吊入机内,大型运输机如条件好也可赶入。

(5)轮船运输　海运往往时间较长,特别是进口奶牛,应做好运输期间的草料储备,海运风浪较大,一定要保定好。

(6)进口奶牛的入境检疫　我国的奶牛进口实行进口检疫许可证管理,种牛进口实行审批管理。种牛进口审批根据《种畜禽管理条例》和《种畜禽管理条例实施细则》,进口种牛需获得农业部畜牧兽医局许可,并可免收进口税。进口检疫许可根据《中华人民共和国进出境动植物检疫法》规定,在签订贸易合同之前,进口商或接收单位应向质检总局提出申请,办理进口奶牛检疫审批手续。通过审批并获得相关的进境检疫许可证后才能派出兽医进行奶牛检疫贸易。办理兽医派遣手续和申请进境检疫许可证进口代理公司应出口商发出的邀请办理两名兽医派遣手续,并向国家质检总局申请进境种牛检疫许可证;进口代理公司与国外出口商商签奶牛购买合同,在签订购买合同后开具信用证给出口商指定银行;选牛进口单位派专人到牧场选牛,通常选派 5～7 人分成两组各走不同路线选牛,每组一般包括进口商代表 1 人,兽医和翻译各 1 人;牧场检疫根据检验检疫机构的要求,被选中的奶牛在运往隔离场的 2～3 周之前需要在原牧场进行初次抽血检疫,每次检疫需要 4d 才能完成;隔离检疫通过牧场检疫的奶牛被送往中心隔离场再次检疫,隔离期至少 30d;奶牛在入境时要按检验检疫机构有关规定进行现场检疫和隔离检疫。

入境检疫根据《中华人民共和国进出境动植物检疫法》,进口奶牛时必须按规定履行入境检疫手续。有关步骤如下:

①报检在奶牛抵达口岸前,货主或其代理人须按规定向口岸检验检疫机关报检。

②现场检疫进口奶牛抵达入境口岸时,由检疫人员进入运输工具现场检疫。

③隔离检疫进境奶牛须在动物隔离场进行隔离检疫。隔离期为 45d。

④检疫放行和处理检疫工作完毕后,口岸检验检疫机关对检疫合格的奶牛出具《动物检疫证书》和相关单证,准许入境。

第二节　犊牛的饲养管理

通常将产后 6 月龄以内的小牛称为犊牛。这是一种习惯的分法,新中国初期,我国在培育乳用犊牛方面多采用丰富哺乳方案,当时犊牛喂奶量大多为 800～1 000kg,少数有高达 1 500kg 的,哺乳期约 6 个月。当前犊牛的哺乳期多在 3 个月以内,喂奶量 300～500kg。

一、生后护理

(一)确保小牛呼吸

犊牛出生后应立即清除口鼻黏液,尽快使小牛呼吸。如果发现小牛在出生后不呼吸,可将小牛的后肢提起,使小牛的头部低于身体其他部位,或者倒提小牛控出黏液,倒提的时间不宜过长,以免内脏的重量压迫膈肌妨碍呼吸。一旦呼吸道畅通即可进行人工呼吸(即有交替的挤压和放松胸部)。也可用稻草搔挠小牛鼻孔或用冷水洒在小牛的头部以刺激呼吸。

(二)肚脐消毒

一旦小牛呼吸正常,应立即注意力集中在肚脐部位。犊牛的脐带有时自然扯断,多数情况下,残留在小牛腹部的脐带有几厘米长。若没有扯断,应在距腹部 15cm 左右的地方剪断脐带。挤出脐带内的黏液,用高浓度碘酒(7%)或其他消毒剂对脐带及其周围消毒。

出生 2d 后应检查小牛是否有肚脐感染,这时脐带周围应当很柔软,肚脐感染的小牛会表现出沉郁,脐带区红肿并有触痛感。脐带感染可能很快发展为败血症(即血液受细菌感染),引起死亡。正常情况下,经过 15d 左右的时间,残留的脐带干缩脱落。

(三)清除身体黏液

多数奶牛场采取尽量减少母牛接触犊牛机会的做法,用干毛巾擦干犊牛身上的黏液,并尽快将犊牛与母牛分开。也有人认为犊牛第一天吃初乳最好直接从母牛乳房吸取,产后第二天才将犊牛与母牛分开,此时可采取让母牛舔干犊牛身体黏液的办法。

(四)犊牛登记

每个农场都有自己登记小牛的方法。新生的小牛应打上永久的标记,其出生资料必须永久存档。标记小牛的方法包括:套在颈项上刻有数字的环,金属或塑料的耳标,盖印,冷冻烙印。此外,照片或自身的毛色特征也是标记犊牛的永久性纪录。

(五)饲喂初乳

1. 初乳的概念　初乳是指产犊后从母牛乳房采集的浓稠的,奶油状的黄色分泌物。有时将产后 1~7d 的奶称为初乳,但这几天所产奶的成分变化很大(表 5-2),因此将产犊后第一次挤出的奶称为初乳,而将 7d 内其他时间挤出的奶称为过渡期奶更确切。

2. 初乳的作用和早喂初乳的重要性　初乳中含有大量的免疫球蛋白。因为在母牛妊娠期间抗体无法穿过胎盘进入胎儿,新生牛犊的血液中没有抗体。新生牛犊依靠摄入高质量的初乳得到被动免疫能力,抵御病原微生物的侵袭。如果犊牛吃不到初乳,出生后的头几天(或几周)内的死亡率极高。初乳中含有几类抗体,IgG(免疫球蛋白 G)和 IgM(免疫球蛋白 M)消灭侵入血液中的抗原或微生物(又称系统感染);IgA(免疫球蛋白 A)则保护位于许多器官表面的黏膜,特别是小肠,以防止感染和阻止抗原进入血液。

表 5-2　常乳和初乳的组成

成　分	第几次奶					
	1	2	3	4	5	11
	初乳		过渡奶			全奶
总固体(%)	23.9	17.9	14.1	13.9	13.6	12.5
脂肪(%)	6.7	5.4	3.9	3.7	3.5	3.2
蛋白质(%)	14.0	8.4	5.1	4.2	4.1	3.2
抗体(%)	6.0	4.2	2.4	0.2	0.1	0.09
乳糖(%)	2.7	3.9	4.4	4.6	4.7	4.9
矿物质(%)	1.11	0.95	0.87	0.82	0.81	0.74
维生素 A(μg/L)	295.0	—	113.0	—	74.0	24.0

初乳中含有较高的镁离子,具有促进排胎粪的作用。初乳较高的酸度有利于刺激犊牛胃液的分泌,较高的黏度使其起到暂时代替消化道黏膜的作用。因此初乳对于犊牛消化系统的正常运转有重要作用。此外初乳中的营养物质丰富,是犊牛全价的营养来源。

初乳中的免疫球蛋白必须以完整的蛋白形式吸收才有价值。但随着消化道功能的完善,这种能力迅速消失。刚出生的牛犊对抗体完整吸收的比例平均为 20%,变化范围为 6%～45%。抗体的吸收率在出生后几小时内急剧下降,出生 24h 后犊牛无法吸收完整的抗体(肠封闭)。若没能使犊牛在出生后 12h 内吃到初乳,就很难使小牛获得足够的抗体以提供足够的免疫力。生产中一般要求第一次初乳在犊牛出生并开始正常呼吸后立即喂给,最迟不应超过出生后 1h。第二次饲喂应在出生后 6～9h。如果第一次饲喂延迟,应在出生后 24h 内增加饲喂次数以使犊牛获得足够的抗体。饲喂初乳前不应饲喂其他任何食物。

出生 24h 后才饲喂初乳的小牛,其中会有 50% 的小牛因不能吸收抗体而不能受到保护,以至死亡率升高。

3. 初乳的喂量 为保护小牛免受疾病感染,血液中的 IgG 浓度至少应为 10mg/mL 血清。在刚出生和出生后 12h 各饲喂 2kg 初乳,才能使荷斯坦犊牛获得足够的 IgG,若初乳的量少于 2kg 或第一次饲喂延迟,血液中的 IgG 浓度就会不足。牛犊血液中的大部分抗体来自第一次初乳。在 12h 饲喂的初乳 IgG 的吸收率下降,出生后 24h 喂给的初乳几乎没有抗体被吸收。无论初乳喂量多少,延迟饲喂都会造成血液抗体水平较低见表 5-3。

表 5-3 生后 12h 内初乳的饲喂量对新生荷斯坦小奶牛死亡率的影响

饲喂量(kg)	死亡率(%)
2～4	15.3
5～7	9.9
8～10	6.5

以后几天的初乳喂量可按体重的 1/5～1/4 的量喂给,每日喂 2～3 次,每次饲喂量 1.25～2.5kg,不超过体重的 5%。初乳的饲喂温度在 35℃ 左右。放置变凉的初乳可用水浴加热,明火加热易造成初乳的凝固。过剩的初乳可冷冻保存或制成酸初乳,日后添加到常乳中饲喂犊牛。

4. 初乳与疾病的传播 某些情况下,初乳是母牛和小牛间疾病传播的载体。患有白血病的母牛可以通过初乳将病毒传染给犊牛。因此,白血病检验阳性母牛所产的犊牛必须从分娩的场所立即移走并喂给没有患病母牛的初乳。这一处理方法也适用于患结核病的奶牛。

5. 初乳的饲喂方法 可用装有橡胶奶嘴的奶瓶或奶桶饲喂,每次使用后盛奶用具必须彻底清洗干净。对于不会吸吮的犊牛可用胃导管饲喂。

6. 初乳的质量　可以通过肉眼观察鉴定。浓稠并呈奶油状的初乳富含抗体；相反，稀薄并呈水样的初乳其抗体的浓度可能较低。影响母牛初乳和过渡奶中的抗体浓度的因素有：

①干奶期太短（干奶期小于 4 周）、早产、产犊前挤奶、产犊前初乳遗漏均会造成初乳抗体含量较低。

②成年母牛初乳的抗体含量（＞8％）比初产母牛的含量（5％～6％）高，并且成年母牛接触病原微生物的机会较初产牛多，初乳中抗体的种类也较多。

③初乳中的抗体含量在品种间有差异，一般乳中干物质含量较高的品种，初乳的抗体含量也较高。如荷斯坦牛一般为 6％，娟姗牛可达 8％～9％。

二、犊牛的哺育

刚出生的犊牛消化系统还没有发育完全，但出生后的头几个月内消化系统发育很快。刚出生时，真胃是唯一发育完全和有消化功能的胃，犊牛消化系统的功能与单胃动物相同。因此，生后 4 周内的犊牛主要依靠哺乳获得生长所需的营养。

犊牛在哺乳时，由于食管沟反射，牛奶经食管沟直接进入真胃消化。牛奶中的蛋白质在真胃中受凝乳酶和胃蛋白酶这 2 种酶以及盐酸的作用，形成凝乳结块，牛奶中的脂肪也凝固在凝乳中。凝乳以外的牛奶成分（主要是乳清蛋白、乳糖和矿物质）很快流出真胃进入小肠（速度达每小时 200mL）。过去认为在真胃中能够形成凝乳的蛋白质才能很好地被消化。代乳粉中那些不能形成凝乳的蛋白质被认为是不合格的。最近的研究表明虽然代乳粉中的某些蛋白质不能形成凝结块，但代乳粉仍能使小牛获得正常生长速率。

犊牛前胃的发育需要固体饲料的刺激。因此，在保证犊牛能够摄取足够营养物质，健康生长应及时训练犊牛采食固体饲料。

（一）哺乳量

初乳期后到 30～40 日龄以哺喂全乳为主，喂量占体重的 8％～10％，之后随着采食量的增加逐渐减少全乳的喂量。在 60～90 日龄断奶。早期断奶是在 5 周龄左右，哺乳量控制在 100kg 左右。早期断奶需要有代乳粉和开食料。几种犊牛的哺乳方案举例如下（表 5-4 至表 5-8）。

表 5-4　丹麦荷斯坦牛初生至 6 月龄培育方案

日龄或月龄	初乳或全乳 （kg）	脱脂乳或代乳粉 （kg）	混和精料 （kg）	粗饲料 （kg）
0～4 日	初乳 4～5			
5～15 日	混合全乳 5			训练
15～21 日	5	1	训练	0.2
22～28 日	5	1	0.2	0.4

日龄或月龄	初乳或全乳 （kg）	脱脂乳或代乳粉 （kg）	混和精料 （kg）	粗饲料 （kg）
29～35 日	4	2	0.4	0.8
36～42 日	4	2	0.6	1.0
43～60 日	3	4	0.8	1.4
2～3 月	2	5	1.0	1.8
3～4 月			1.5	2.0
4～5 月			1.7	2.6
5～6 月			1.9	2.7
合 计	181	105	197	300

注：粗饲料均以干草为主，36 日龄后逐渐添加部分玉米青贮或青草，但均以干物质基础计算

表 5-5　3 月龄哺乳方案

日　　龄	日喂全乳量(kg)	总量(kg)
1～10	5	50
11～20	7	70
21～40	8	160
41～50	7	70
51～60	5	50
61～80	4	80
81～90	3	30
合　计		510

表 5-6　2 月龄哺乳培育方案

日　龄	喂奶量(kg)			喂料量(kg)	
	日量	次数	总量	日量	总量
1～7	5	3	35	0	0
8～20	6	3	78	0.3	3.9
21～30	5.5	3	55	0.4	4
31～40	5	3	50	0.6	6
41～50	4.5	2	45	0.8	8
51～60	3.7	1	37	1.0	10
合　计			300		31.9

注：混和精料配方：豆饼 27％、玉米面 35％、麸皮 15％、高粱面 10％、饲用酵母 5％、葵花籽饼 5％、石粉 2％、盐 1％。粗饲料自由采食

表 5-7 伊利诺斯大学制定的犊牛哺乳计划(kg)

饲养种类	出生体重(kg)	第一周	第二周	第三周	第四周	第五周	总乳量
1	23～29	2.3	2.5	2.8	2.5	1.9	84
2	29.1～33	2.5	2.8	3.2	2.8	1.9	92.4
3	33.1～38	2.8	3.2	3.7	3.2	1.9	103.6
4	38.1～43	3.2	3.7	4.0	3.7	2.3	118.3
5	43.1～47	3.7	4.0	4.6	4.0	2.3	130.2
6	47.1～51	4.0	4.6	5.0	4.0	2.3	139.3
7	51kg 以上	4.6	5.0	5.5	4.6	2.3	154

早期断奶哺乳方案举例:0～10 日龄:初乳;11～42 日龄:全乳每天 3kg;自 11 日龄始喂给精、粗料,共喂开食料 17.71kg、干草 1.55kg,42 日龄断奶;43～91 日龄喂给犊牛料 125.59kg、干草 11.13kg。

表 5-8 开食料配方举例(%)

料 号	1	2	3	4	5
脱脂乳粉	78.5	72.5	78.37	79.6	75.4
动物性脂肪	20.2	13.0	19.98	12.5	10.4
植物性脂肪		2.2	0.02	6.5	5.5
大豆磷脂	1.0	1.8	1	1.0	0.3
葡萄糖					2.5
乳 糖		9			
谷类产品					5.4
维生素、矿物质	0.3	1.5	0.4	0.4	0.5

(二)哺乳次数

每天最好饲喂两次相等量的牛奶,每次饲喂量占体重的 4%～5%。如将犊牛每天所需的牛奶量一次喂给,饲喂量就会超过犊牛真胃的容积,多余的牛奶就会反流到瘤胃中并造成消化紊乱(例如:臌气)。只有在严格和熟练的管理下才能施行每天只饲喂一次牛奶。大多数情况下每天饲喂一次牛奶会导致犊牛频繁腹泻以及其他健康问题。

(三)哺乳方法

用奶桶或奶瓶饲喂。用带奶嘴的奶瓶饲喂可迫使小牛较慢地吸奶并减少腹泻以及其他消化紊乱。然而,如果喂奶器具没能保持严格消毒,则失去了使用带奶嘴奶瓶饲喂的优越性。出生几天即可训练小牛直接从奶桶中吸奶。这一方法简便快速,器具较容易消毒。

(四)哺乳温度

出生后头几周控制牛奶的温度十分重要。冷牛奶比热牛奶更易引起消化紊乱。出生后的第一周,所喂牛奶的温度必须与体温相近(39℃),但是对稍大些的小牛所喂牛奶的温度可低于体温(25℃~30℃)。

(五)可以哺乳犊牛的牛奶及其他液体饲料

可以用于犊牛哺乳的牛奶类型除全乳外还有初乳、发酵初乳、不能销售的牛奶(如:患乳房炎母牛所产的牛奶或残留有抗生素的牛奶)、脱脂奶及其他牛奶加工副产品等。液体饲料是代乳料。合理地利用这些原料哺乳犊牛可以降低成本。

1. 全奶　初乳期后可一直饲喂全奶,直至断奶。一定量的全奶配合优质的犊牛料是犊牛最佳的日粮。采用这一日粮所获得的小牛增长情况常被作为标准来评估其他哺乳方案的优劣。目前,在部分奶牛场采用巴氏消毒奶饲喂犊牛,以此减少犊牛疾病的发生。

2. 发酵初乳　将多余的初乳放在消毒的容器内接种乳酸菌后室温发酵可以用来哺乳犊牛。如此制作的发酵初乳可以保存几周的时间。饲喂优质发酵初乳的小牛日增重仅稍低于饲喂全奶的小牛。然而,与饲喂新鲜的全奶相比,劣质的发酵初乳缺乏适口性并造成小牛日增重下降。

3. 患乳房炎母牛所产的牛奶　只要饲喂后 30min 内不让小牛彼此接触,患乳房炎母牛或处于乳房炎治疗期间的母牛所产的牛奶可用于饲喂小牛。这一措施有助于防止腹泻病菌(大肠杆菌)或肺炎病菌(巴氏杆菌)以及其他传染病微生物在小牛之间的传播。处于乳房炎治疗期间母牛所产的牛奶可能含有大量可引起健康问题的致病细菌。此外,饲喂残留有抗生素的牛奶可导致产生耐药性细菌。从长远来讲,饲喂这类牛奶将降低以后的抗生素治疗效果。

4. 脱脂牛奶　与全奶相比,脱脂牛奶蛋白质的含量较高但能量(50％)和脂溶性维生素(维生素 A 和维生素 D)较低。脱脂牛奶只适用于饲喂 3 周龄以上,并且能采食较多固体饲料的犊牛。

5. 代乳粉　出生后 4~6d 即可用代乳粉哺乳犊牛。通常代乳粉的含脂量低于全奶(以干物质衡量)因而其所含能量较低(75％~80％)。饲喂代乳粉的小牛通常比饲喂全奶的小牛日增重稍低。

代乳粉的营养成分应与全奶相近(表 5-9)。乳清蛋白和大豆蛋白等可作为代乳粉中的蛋白质成分。但某些产品如鱼粉、大豆粉、单细胞蛋白质以及可溶性蒸馏物(淀粉发酵蒸馏过程的副产品)不适宜作为代乳粉的蛋白质成分,因为它们不易被小牛吸收。当使用代乳粉时,应严格按照产品的使用说明正确稀释。大多数干粉状代乳粉可按 1∶7 稀释(1 份代乳粉加 7 份水)以达到与全奶相似的固体浓度(12.5)。

表5-9 NRC建议的代乳粉营养成分

成　分	NRC标准	成分	NRC标准
粗蛋白质(%)	22	钾(%)	0.8
消化能(Kcal)	4180	钠(%)	0.1
代谢能(Kcal)	3762	硫%	0.29
维持净能(Kcal)	2398	铁(mg/kg)	100
增重净能(Kcal)	1540	钴(mg/kg)	0.1
消化率(%)	95	铜(mg/kg)	10
粗脂肪(%)	10	锰(mg/kg)	40
粗纤维(%)	0	锌(mg/kg)	40
钙(%)	0.7	碘(mg/kg)	0.25
磷(%)	0.07	硒(mg/kg)	0.1
镁(%)	0.8	维生素A(IU)	3784
食盐(%)	0.25	维生素D(IU)	594
钠(%)	0.1	维生素E(IU)	300

(六)断　奶

断奶应在犊牛生长良好并至少摄入相当于其体重1%的犊牛料时进行,较小或体弱的犊牛应继续饲喂牛奶。在断奶前1周每天仅喂1次牛奶。大多数犊牛可在5~8周龄断奶。仅喂液体饲料会限制犊牛的生长。犊牛断奶后如能较好地过渡到吃固体饲料(犊牛料和粗饲料)体重会明显增加。

根据月龄、体重、精料采食量确定断奶的时间。目前国外多在8周龄断奶,我国的奶牛场多在2~3月龄断奶。干物质摄入量应作为主要依据来确定断奶时间。当犊牛连续3天吃0.7kg以上的干物质便可断奶。犊牛在断奶期间对小牛饲料摄入不足可造成断奶后的最初几天体重下降。无论在哪一月龄断奶,这一体重下降都会发生。因此,不应试图延迟断奶以企图获得较好的过渡期,而应努力促使小牛尽早摄入小牛饲料。小牛断奶后10d应仍放养在单独的畜栏或畜笼内,直到小牛没有吃奶要求为止。

三、犊牛的采食训练和饮水

(一)精饲料(犊牛料)

出生后4d即可喂给犊牛混合精料饲料,即犊牛料,其配方及营养成分见表5-10。开始试吃时,可以少量湿料摸入其嘴,或置少量于乳后桶底,新鲜干犊牛料可置于饲料盒内,只给每天能吃完的份量。犊牛料必须纯洁,味好,营养丰富。犊牛料中不能加入尿素,在犊牛能够反刍,并能每100kg体重每天至少能吃1kg粗料后才可在日粮中加入少量尿素。当犊牛每天能吃完 0.45kg 以上犊牛料后即可断奶。

训练犊牛尽早开食并尽快提高采食量对于犊牛的生长发育是有利的。促进犊牛采食犊牛料的方法有在犊牛料中掺入糖浆或其他适口性成分;少量多次喂给并保持饲料新鲜;限制哺乳量;保证清洁和新鲜饮水;犊牛喝完奶后立即将 1 小把的犊牛料放在犊牛的嘴边或奶桶的底部;用带奶嘴的奶瓶饲喂以促进摄取等。

表 5-10 犊牛料的配方举例及其营养成分(%)

组成成分	配方 1	配方 2	配方 3	配方 4	配方 5	配方 6	配方 7	配方 8
苜蓿饼	-	-	-	-	18.9	17.0	18.8	16.0
玉米粒	35.0	30.0	50.0	50.0	24.0	22.0	-	15.0
玉米(整穗)	-	-	-	-	-	22.0	35.0	10.0
大 麦	35.0	23.0	-	-	35.0	-	22.0	10.0
小 麦	-	10.0	10.0	-	-	-	-	-
甜菜渣	-	-	-	-	-	15.0	-	10.0
玉米淀粉渣	-	-	-	20.0	-	-	-	10.0
酒 糟	-	-	10.0	-	-	-	-	10.0
亚麻籽油饼粉	-	10.0	10.0	10.0	-	-	-	-
44%粗蛋白质添加剂	22.7	10.0	12.8	12.9	15.0	17.0	17.0	12.0
乳清粉	-	10.0	-	-	-	-	-	-
糖 浆	5.0	5.0	5.0	5.0	5.0	5.0	5.0	5.0
矿物质,23%钙和18%磷	0.6	-	-	-	1.1	1.2	1.2	1.0
石 灰	1.4	1.7	1.9	1.8	0.7	0.5	0.7	0.7
预混微量元素	0.3	0.3	0.3	0.3	0.3	0.3	0.3	0.3
合 计	100	100	100	100	100	100	100	100
营养成分	组成成分(根据干物质计算)							
能 量								
全部可消化营养(TDN)[3],(%)	80.3	79.5	81.8	82.7	75.6	76.1	75.1	77.4
维持净能量(Mcal/kg)	1.96	1.94	2.00	2.02	1.80	1.83	1.80	1.87
生长净能量(Mcal/kg)	1.32	1.30	1.36	1.39	1.19	1.21	1.19	1.23
粗蛋白质(%)	19.9	19.6	20.2	20.7	18.4	18.5	18.5	19.4
酸性洗涤纤维(%)	8.6	8.3	7.6	6.7	14.2	16.6	15.4	16.1
中性洗涤纤维(%)	18.0	20.4	18.6	17.6	24.3	27.6	26.2	30.1
钙(%)	0.89	0.95	0.94	0.95	0.82	0.84	0.85	0.85
磷(%)	0.51	0.59	0.52	0.51	0.51	0.51	0.52	0.52
微量元素(%)	0.28	0.28	0.28	0.28	0.34	0.34	0.34	0.34

（二）干　草

1周龄犊牛即可开始吃少量干草。犊牛栏内放置高品质柔嫩干草（豆科干草含量较多），让犊牛自由采食。让犊牛尽早采食高质量干草，可以刺激犊牛瘤胃的发育。

（三）多汁料

20d后，开始在精料中加入切碎的胡萝卜或其他瓜菜类20～25g，以后逐渐增加，2月龄时喂到1～1.5kg。

（四）青贮料

2月龄开始每天100～150g，逐渐增加喂量，3月龄时喂到1.5～3kg，4～6月龄时喂到4～5kg。

（五）饮　水

10d以内给以36℃～37℃温开水，10d后给以常温水，但要注意清洁，水温一般不低于15℃。

（六）补饲抗生素

生后30d内每日喂给1万U金霉素可减少犊牛腹泻的发病率和提高犊牛增重。

四、犊牛的管理

（一）犊栏卫生

刚出生的小牛对疾病没有任何抵抗力，应放在干燥，避风，不与其他动物直接接触的单栏内饲养，可以降低发病率。直至断奶后10d，最好均采取单栏饲养，并注意观察犊牛的精神状况和采食量。也有初乳期实行单栏饲养，之后采取群栏饲养的做法，比较节省劳力，但疾病传播的机会增加。犊牛栏要经常打扫，及时更换垫草。一旦犊牛被转移到其他地方，畜栏必须清洁消毒。放入下一头犊牛之前，此畜栏应空放至少3～4周。

（二）哺乳卫生

哺乳用具在每次使用后必须清洗干净。如用同一奶瓶饲喂几头小牛，应首先饲喂最年幼的犊牛然后再饲喂年长些的犊牛。哺乳后应擦干嘴部的残留牛奶，防止犊牛舔食，形成恶癖。

（三）健康管理

必须牢记健康的小牛通常处于饥饿状态，食欲缺乏是不健康的第一征兆。一旦发现小牛有患病征兆（如食欲缺乏、虚弱、精神委顿等）就应立即隔离并测量体温。

（四）去除副乳头

副乳头可引发感染并且影响将来的挤奶。一般在2～6周龄时去除已被确诊的副乳头。可使用锋利的弯剪或刀片从乳头和乳房接触的部位切下乳头。虽然很少出血，但必须严格消毒手术部位。

（五）去　角

大多数情况下应为小牛做去角手术。带角的奶牛可对其他奶牛或工作人员造成伤害。当牛角刚刚长出并被确定时（10d 至 6 周龄）即可做去角手术。小牛长大后去角就比较困难。去角应在断奶前施行以避免断奶期间的额外应激。可采用特制的电烙铁去角、电动去角刀或氢氧化钠（强碱）。第一次施行去角手术的奶牛饲养员或技术员应寻求适当的程序指导或按使用说明操作。技术不熟练可引起应激并增加伤害小牛以及技术人员的危险性。

(六)免 疫

购入多种疫苗以预防不同疾病。例如，注射疫苗可减少由冠状病毒、轮状病毒和大肠杆菌引起的腹泻。通常注射抵抗流行于某一地区病原体的疫苗时也可显著降低小牛对其他疾病的感染。犊牛的免疫程序应根据牛场的具体情况和国家的有关法律法规，由专业人员制定。

(七)称量体重和转群

犊牛应每月称量 1 次体重并做好记录。6 月龄后转入青年牛群。

第三节 育成牛的饲养管理

一、育成牛的生长发育特点

犊牛 6 月龄（或断奶）至 16 月龄或 18 月龄初次配种即为育成牛，育成期是母牛投入生产前的准备时期，育成牛的抗病力较强，生长发育较快。育成牛饲养管理的主要目标是至 18 月龄时能够达到适当的体重，并能够配种妊娠，以理想的体况进入泌乳母牛阶段。

育成牛的生长速率对初情期到来的时间和头胎产犊年龄影响极大。当小母牛生长缓慢时（每日增重不足 0.35kg），初情期推迟，有时可到 18～20 月龄。而当育成牛生长快时（每日增重超过 0.9kg），可在 9 个月开始发情。体重较之年龄与初情期的关系更为密切，通常育成牛达到成年体重的 40%～50% 时即开始发情。当青年母牛的体重是成年体重的 50%～60% 时（14～16 个月）即可配种。育成母牛适宜生长速度见表 5-11。

表 5-11 育成母牛的适宜生长速度

牛 种	爱尔夏牛和更赛牛			荷斯坦牛和瑞士褐牛			娟姗牛		
月 龄	胸围(cm)	体重(kg)	体高(cm)	胸围(cm)	体重(kg)	体高(cm)	胸围(cm)	体重(kg)	体高(cm)
出 生	—	30	69	74	42	74	—	25	66
1	66	36	76	81	52	79	—	32	69
2	81	54	81	91	73	86	79	50	76
4	102	91	91	112	123	99	97	82	86

续表 5-11

牛　种	爱尔夏牛和更赛牛			荷斯坦牛和瑞士褐牛			娟姗牛		
6	114	136	99	127	177	107	112	127	97
8	127	182	104	140	232	112	122	163	102
10	140	222	109	150	277	117	132	200	107
12	147	259	114	157	318	122	140	232	109
14	152	291	117	163	354	124	147	259	112
16	157	318	119	168	386	127	150	281	114

二、育成牛的饲养

育成牛的营养需要和采食量随时间而变化。小于 1 岁的育成牛由于瘤胃容积有限需要营养浓度较高的日粮。此时只喂给粗饲料仅能维持中等生长速率,对于 1 岁以内育成牛的日粮需要有一定数量的精饲料。

3～6 月龄育成牛的日粮粗饲料比例一般应为 40%～80%。7～12 月龄的育成牛的可增加至 50%～90%,具体比例视粗饲料质量而定。随着育成牛的生长,可降低日粮中的粗蛋白质含量而提高纤维(中性洗涤纤维)含量。3～6 个月大的育成牛的日粮中不应含低质粗饲料。若用低质粗饲料饲喂年龄稍大些的育成牛,日粮配方中应补充足够量的精饲料和矿物质。精饲料中所含粗蛋白质比例取决于粗饲料的粗蛋白质含量。一般来讲,用来饲喂育成牛的精料混合料的粗蛋白质含量达 16% 基本可以满足需要。

13 月龄以上育成牛的瘤胃已具有完善的功能,只喂给优质粗饲料基本可以满足正常生长的需要。实际上,如果此期的粗饲料能量含量较高(如全株玉米青贮)应限制粗饲料的喂量,否则可能会因采食过量而引起肥胖。玉米青贮和豆科植物或生长良好的牧草混合饲料可为奶牛提供足够的能量和蛋白质。粗饲料质量较低时需要补充精饲料。育成奶牛的日粮构成和饲料配方见表 5-12,表 5-13,表 5-14。

表 5-12　大型品种的育成奶牛日粮的精、粗饲料构成

项　目	月龄		
	3～6	7～12	13～18
平均体重(kg)	150	270	400
估计采食量(kg/d)	3.2～4.0	5.4～7.3	7.7～9.5
优质粗饲料(kg)	1.8～2.2	5.0～6.0	8.0～9.0
精饲料(kg)	1.4～1.8	0～1.0	0～1.0

项 目	月龄		
	3～6	7～12	13～18
一般粗饲料(kg)	1.4～1.8	4.5～5.0	6.4～7.3
精饲料(kg)	1.8～2.2	1.4～1.8	1.4～1.8
低质粗饲料(kg)	0.9～1.4	3.2～4.0	5.4～6.4
精饲料(kg)	2.3～2.7	2.3～2.7	2.7～3.6
日粮组成(日粮中干物质%)			
粗饲料(%)	40～80	50～90	60～100
纤维－中性洗涤纤维（NDF）(%)	34	42	48
粗蛋白质(%)	16	15	14
钙(%)	0.5	0.4	0.3
磷(%)	0.3	0.3	0.2

表 5-13　小于 12 个月育成牛饲料配方 Ⅰ

组成成分(以干物质计)	3～6 个月				7～12 个月			
	1	2	3	4	1	2	3	4
处于开花中期的苜蓿(kg)	2.2	—	1.7	—	3.2	—	5.7	—
苜蓿－青草(kg)	—	—	1.1	—	2.8	—	—	—
干牧草(kg)	—	1.6	—	—	—	—	—	—
玉米秸秆(kg)	—	—	—	—	—	—	—	4.3
玉米青贮(kg)	—	—	0.9	1.1	2.7	2.8	—	—
整穗玉米(kg)	1.4	1.5	1.0	0.9	0.5	0.5	1.1	1.2
含 44% 粗蛋白质添加料(kg)	0.27	0.64	0.36	0.64	0.27	0.5		1.1
矿物质(23%钙,18%磷)	14—		14	9	18	9	18	23
石灰或碳酸钙(g)	—	40	—	18	—	—	—	18
预混微量元素(g)	9	9	9	9	18	18	18	18
总摄入量(kg/d)	3.9	3.7	4.0	3.7	6.7	6.6	6.8	6.6

表 5-14　小于 12 月育成牛饲料配方 Ⅱ

组成成分(以干物质计)	3～6 个月				7～12 个月			
	1	2	3	4	1	2	3	4
处于开花中期的苜蓿(kg)	5.1	10.0	—	—	11.4	7.3	6.6	—
苜蓿 - 青草(kg)	—	—	5.4	—	—	—	—	—
干牧草(kg)	—	—	—	—	—	—	—	—
玉米秸秆(kg)	—	—	—	6.5	—	—	4.1	8.6
玉米青贮(kg)	4.0	—	3.6	—	—	3.6	—	—
整穗玉米(kg)	—	—	—	1.5	—	—	0.73	1.2
含 44% 粗蛋白质添加料(kg)	—	—	0.27	1.3	—	—	—	1.5
矿物质(23% 钙,18% 磷)	36	23	18	41	18	36	50	50
石灰或碳酸钙(g)	—	—	—	23	—	—	—	23
预混微量元素(g)	23	23	23	23	29	27	29	28
总摄入量(kg/d)	9.1	10.0	9.2	9.3	11.4	10.9	11.4	11.3

注:大麦、燕麦或高能量工业副产品饲料可部分或全部代替玉米

三、育成牛的管理

育成牛既不产乳也未妊娠,也不像犊牛那样容易患病,所以管理上比较简单,但也不能因此而放松管理。在这一阶段,牛生长发育较快,这一阶段的发育优良与否,对以后的体型及生产性能有相当重要的意义。

(一)分组饲养

将年龄相近、体格大小相差不大的育成牛编在一起饲养。年龄最好相差不超过 2 个月,活重相差不超过 30kg。每组的头数不超过 50 头。

(二)运　动

每天至少有 2h 以上的驱赶运动。

(三)乳房按摩

12 月龄后每天按摩 1 次乳房。

(四)刷　拭

每天刷拭牛体 1～2 次。

(五)体尺、体重测量

育成牛每月应进行称重和体尺测量,及时进行统计分析,发现问题及时解决,也可把员工工资和牛的体尺、增重等指标挂钩。

(六)做好初配

牛的初配工作将在这一时期完成,所以要做好相应的发情鉴定、记录和配种工作,对长期不发情的牛要进行检查和治疗。

(七)防疫保健

根据动物卫生防疫制度进行检疫和防疫注射,保持牛舍清洁干燥、通风,牛舍和运动场定期进行消毒,牛蹄进行削蹄处理。

第四节　青年牛的饲养管理

一、青年牛的特点

从初配到产犊阶段的为青年牛。14～18月龄后青年奶牛已进入繁殖配种时期,这时在饲养上既不宜过分多加营养,致使牛体过肥,但也不可喂得过于贫乏,使牛体生长发育受阻,影响生产性能的提高。因此,在这个阶段应以品质优良的干草、青草、青贮料和块根、块茎类作为基本饲料,少喂精料。

二、青年牛的饲养

母牛妊娠初期,其营养需求与妊娠前差异不大,妊娠的最后4个月,营养需求则较前有很大差异,应按奶牛饲养标准进行饲养。到了妊娠后期(分娩前3个月),由于胎儿生长迅速,需要较多的营养,应适当补给精料,以满足母牛继续生长和胎儿生长发育的需要。母牛分娩前1～2个月应调整饲喂计划从而为青年母牛分娩及第一次泌乳做准备。应逐渐增加精饲料的比例,但谷物喂量不超过体重的1%,以保证分娩后有较大的干物质采食量。日粮中适当增加维生素、钙、磷等矿物质含量。青年母牛的适宜生长速度和日粮构成见表5-15和表5-16。

表5-15　青年母牛的适宜生长速度

牛　种	爱尔夏牛和更赛牛			荷斯坦牛和瑞士褐牛			娟姗牛		
月　龄	胸围(cm)	体重(kg)	体高(cm)	胸围(cm)	体重(kg)	体高(cm)	胸围(cm)	体重(kg)	体高(cm)
20	168	372	124	178	445	132	160	327	119
22	170	400	127	180	477	135	163	350	122
24	175	431	130	185	513	137	168	377	124

表5-16　19～22月龄大型品种的青年奶牛日粮的精、粗饲料构成

平均体重(kg)	500
估计采食量(kg/d)	10～11.8
优质粗饲料(kg)	10～11
精饲料(kg)	0～1.0
一般粗饲料(kg)	9.0～10
精饲料(kg)	1.0～1.4

续表 5-16

平均体重(kg)	500
低质粗饲料(kg)	7.3～8.2
精饲料(kg)	2.7～8.2
日粮组成,日粮中干物质(%)	
粗饲料	60～100
中性洗涤纤维(NDF)	48
粗蛋白质	12
钙	0.3
磷	0.2

三、青年牛的管理

(一)乳房按摩

18 月龄后每天按摩 2～3 次。按摩的时间与日后挤奶的时间一致,并在按摩时用热毛巾敷擦乳房。产前 1～2 个月停止按摩。但这个时期,切忌用毛巾擦拭乳头,以免擦去乳头周围的蜡状保护物,从而引起乳头龟裂,或因擦掉"乳头塞"而使病菌从乳头孔侵入,造成乳房炎和产后乳头坏死。

(二)分群管理

最好根据配种受孕情况,将妊娠天数相近的牛编入一群,分群饲养管理。妊娠 7 个月后转入干乳牛舍饲养,临产前 2 周转入产房饲养。

(三)防止互相吮吸乳头,引起瞎乳

乳房是奶牛实现经济效益的重要器官,如果 1 头牛在投入生产时就缺少 1 个乳头或 1 个乳区泌乳障碍,其生产损失将是显而易见的。头胎牛由于管理及一些综合因素的影响,往往有个别牛会出现互相吮吸乳头的恶癖,由此而引起瞎乳头给生产带来严重损失。所以在青年牛饲养管理中要仔细观察,发现吮吸乳头的牛要及时隔离或采取相应措施。

(四)防止流产

青年牛由于是初次妊娠,好动恶静,在奔跑、跳跃、嬉耍中易导致流产,所以要及时修理圈舍、消除易导致流产的隐患。管理上要细致耐心,上下槽不急轰急赶、不乱打牛;不喂发霉变质饲料;冬天不饮结冰水、不喂冰冻料。

(五)保证足够运动

每天进行 2 次慢步驱赶运动,每次 1h 左右。

(六)注意观察临产症状,做好分娩准备工作

分娩时采取自然分娩为主,掌握适时、适度的助产方法。分娩后即可纳入泌乳期奶牛进行饲养。

第五节 成年母牛的饲养管理

青年母牛自第一次产犊之后即进入泌乳母牛(成年母牛)阶段,此后的一生将在泌乳-干奶-产犊-泌乳的循环中度过,理想的情况下每年 1 个周期,直至因年老体弱或疾病而丧失生产能力。良好的泌乳母牛饲养管理可以发挥母牛的生产潜力和延长利用年限为目标。

一、成年母牛的生产周期与特点

奶牛生产周期通常是指从这次产犊开始到下次产犊为止的整个过程,在时间上与产犊间隔等同。根据成年母牛的生理生产特点和规律,将生产周期分为干奶期(停止挤奶至分娩前 15d),围产期(母牛分娩前、后各 15d 以内的时间)、泌乳盛期(产后 16～100d)、泌乳中期(产后 101～200d)和泌乳后期(产后 201d 至干奶)5 个阶段(图 5-10),对成年牛按照不同的生理和泌乳阶段给予规范化饲养,这样既可保证奶牛体质健康,同时可充分发挥其生产潜力。

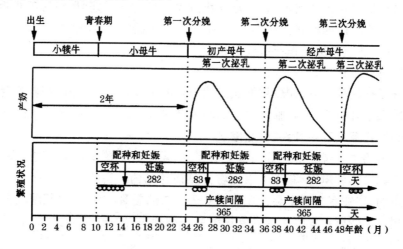

图 5-10 奶牛生产周期示意

奶牛泌乳受内分泌激素的影响,产犊后泌乳量急剧上升,多数母牛大约在产后 4～6 周达到泌乳高峰,而此时的消化系统正处于恢复期,食欲差,采食量增加缓慢,约 12～14 周才达到高峰,这种泌乳性能和采食消化生理机能的不协调,致使高产乳牛营养食入量和泌乳营养产出量呈负平衡,营养赤字长达 1.5～2 个月,母牛不得不动用体储支持泌乳,体重下降。奶牛在一个生产周期中泌乳、采食和体重之间的变化如图 5-11 所示。

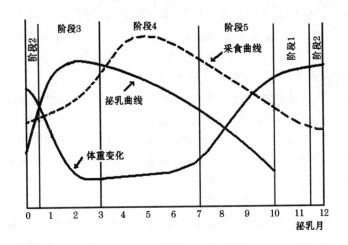

图 5-11　奶牛生产周期中泌乳、采食和体重之间的关系

阶段 1:干奶期　阶段 2:围产期　阶段 3:泌乳盛期　阶段 4:泌乳中期　阶段 5:泌乳后期

二、泌乳母牛的一般饲养管理技术

(一)合理地组织和使用各种饲料

泌乳母牛可以利用的饲料种类很多,通常分为粗饲料、精饲料、青绿多汁饲料和辅料。饲养泌乳母牛,需要组织多种类型的饲料,尽量做到"花草、花料"。我国高产奶牛(年产奶量 6 000kg 以上)饲养管理规范中推荐的每头泌乳母牛年饲料供应、贮备量见"第十章、第三节奶牛养殖企业的计划管理"部分。

泌乳母牛的日粮除了需要考虑营养的全价和平衡外,还必须注意组成的多样性、良好的适口性和充足的粗纤维。

1. 多样性　日粮组成的多样性可以发挥不同类型饲料在营养特性上的互补作用,提高日粮的适口性。同时对每种饲料的每天食入量有一定的限制(表 5-17),以避免某种单一饲料采食过多造成消化、代谢疾病,多样化的饲料更容易配合出全价的日粮。一般建议泌乳母牛的日粮应由 2 种以上粗饲料(干草、青贮、秸秆)、2～3 种多汁饲料(块根、块茎、辅料)和 4～5 种以上的精饲料组成。即便是同一类的饲料,使用不同的原料对于提高泌乳母牛的生产性能也可能是有益的。

表 5-17　各类饲料的最大日喂量

饲料种类	最大日喂量(kg)	饲料种类	最大日喂量(kg)
青干草	10(不少于 3kg)	块根块茎及瓜果类	10
青　贮	25	谷实及饼粕类	4
青　草	50(优质幼嫩青草可适当增加)	小麦麸	3
糟渣类	10(白酒糟不超过 5kg)	豆类	1

2. 适口性 日粮具有良好的适口性可以刺激牛的采食,食入的干物质多。通过饲料的配合、调制和管理,使母牛能够达到最大的干物质采食量,对于处于任何一个生产阶段的泌乳母牛都是重要的。泌乳母牛饲养方案的合理与否决定于 2 个方面:一是日粮的营养是否平衡;二是能否达到最大采食量。

3. 粗纤维水平 日粮粗纤维水平过高或过低均不利于泌乳母牛的生产。粗纤维水平过高导致日粮营养浓度偏低,母牛不能摄入足够的饲料营养物质;粗纤维水平过低则造成母牛咀嚼、反刍、唾液分泌的减少,瘤胃的酸性环境导致消化代谢疾病的增加和酸中毒,乳脂率和乳中干物质含量的降低。日粮的粗纤维水平可用酸性洗涤纤维(ADF)和中性洗涤纤维(NDF)的含量来衡量,泌乳母牛日粮干物质中的 ADF 含量不应低于 19%～21%,NDF 含量不低于 26%～28%。

高产母牛日粮中需要有较多的精饲料,以满足泌乳的营养需要。因此,高产母牛日粮的粗纤维水平有可能低于其消化生理特点所允许的水平。解决这一问题的关键措施是提高粗饲料的质量。为实现泌乳母牛的高产稳产,日粮中粗蛋白质和泌乳净能的约 50%应由粗饲料提供,80%～90%的 NDF 应来自粗饲料。表 5-18 是年产奶9 000kg泌乳母牛 1 年营养物质需要量和各种营养成分由粗饲料供应的比例。

表 5-18　年产乳 9 000kg 泌乳母牛营养需要量和营养成分来自粗饲料的比例

营养成分	年度总需要量	由粗饲料供应的典型比例(%)
干物质(kg)	7440	55
粗蛋白质(kg)	1280	49
泌乳净能(Mcal)	12000	52
中性洗涤纤维(ND,Fkg)	989.5	79
咀嚼时间(h)	4700	90
钙(kg)	70.4	51
磷(kg)	68.1	97

资料来源:M. E. McCullough,1992,Hoard'sDairyman

没有优质的粗饲料,显然不能做到既满足上述要求,又满足泌乳母牛的营养需要。粗饲料质量较差时,用精料代替部分粗饲料,尽管从营养上可以设计出满足泌乳母牛的日粮,但实际饲养效果不如用优质粗饲料。Wisconsin 大学的一项试验较好地说明了这一问题(表 5-19)。

表 5-19　苜蓿干草的质量与泌乳母牛产奶量的关系

苜蓿干草(NDF,%)	精料干物质占日粮干物质的比例(%)			
	71	54	37	20
	日产奶量(kg,4%标准乳)			
40	39.1	39.6	37.8	36.2
42	35.1	35.1	31.4	30.9

续表 5-19

苜蓿干草（NDF,%）	精料干物质占日粮干物质的比例（%）			
	71	54	37	20
52	29.4	30.1	28.4	26.0
60	31.6	29.4	25.2	23.7

Kawas,1983,J。DairyScience,66:181

当粗饲料的质量较差时，我们不可能做到既使母牛高产，又能将瘤胃酸中毒、采食量下降、代谢病、低乳脂率综合征等限制在正常水平。从表 5-20 可以看出，当混合粗饲料的能量浓度在 1.01Mcal/kg 泌乳净能时，大致只能维持 27～29kg 的日产奶量。

表 5-20　不同粗饲料质量和产奶量下的精饲料喂量

粗饲料泌乳净能（Mcal/kg DM）	日产奶量（kg/d）														
	11	14	16	18	20	23	25	27	30	32	34	36	39	41	43
	日精饲料喂量（kg/d·头）														
1.59	3	3	3	3	4	5	6	7	8	10	10	12	13	14	15
1.54	3	3	3	4	5	5	7	8	9	10	11	13	14	15	＊＊
1.48	3	3	4	5	5	6	8	9	10	11	12	14	15	＊＊	＊＊
1.43	3	4	5	5	6	8	9	10	11	12	13	14	15	＊＊	＊＊
1.39	4	5	5	6	7	8	9	10	11	13	14	15	＊＊	＊＊	＊＊
1.34	4	5	6	7	9	10	11	12	13	14	15	＊＊	＊＊	＊＊	＊＊
1.26	5	5	6	7	8	9	10	11	12	14	15	＊＊	＊＊	＊＊	＊＊
1.21	5	6	6	7	8	10	10	12	13	14	15	＊＊	＊＊	＊＊	＊＊
1.19	5	6	7	8	9	10	11	12	13	15	＊＊	＊＊	＊＊	＊＊	＊＊
1.10	6	7	7	8	9	10	12	13	14	15	＊＊	＊＊	＊＊	＊＊	＊＊
1.01	7	8	8	9	10	11	12	14	15	＊＊	＊＊	＊＊	＊＊	＊＊	＊＊

奶牛的饲料利用效率决定于平均单产水平，因此努力提高泌乳母牛的平均单产在我国奶牛业的发展中具有特殊重要地位。而我国奶牛的主要粗饲料的质量偏低，一些奶牛场的代谢病发病率高，牛奶的乳脂率低与粗饲料的质量差有直接的关系。我国奶牛场常用粗饲料的能量水平见表 5-21。

表 5-21　奶牛常用粗饲料的能量水平

饲料种类	泌乳净能 （Mcal/kg）	饲料种类	泌乳净能 （Mcal/kg）	饲料种类	泌乳净能 （Mcal/kg）
甘薯蔓（鲜）	1.27	玉米青贮	1.19	羊草	1.13
黑麦草（鲜）	1.54	甘薯蔓青贮	1.39	干甘薯秧	1.04
花生秧（鲜）	1.32	苜蓿青贮	1.16	干玉米秸	1.01
苜蓿（鲜）	1.40	甜菜叶青贮	1.38	麦秸	0.83
野青草（鲜）	1.19	苜蓿干草	1.40	干花生秧	1.10
玉米青割	1.34	黑麦干草	1.14	大豆秸	0.90

在目前优质粗饲料供应不足普遍存在的情况下,一方面要大力发展牧草种植业,提高优质牧草的供应能力;另一方面采取一些饲养管理措施,在一定程度上拟补优质粗饲料的不足。可以考虑采取以下措施。

(1)提高精料喂量的同时增加精料的饲喂次数　用质量较差的粗饲料饲喂高产奶牛,不可避免地要增加精饲料的喂量。为了减轻过量饲喂精饲料带来的不良影响,可将每天的精饲料分多次饲喂,每次的喂量以不超过 3.2～3.6kg 为宜。

(2)增加高纤维含量加工副产品的喂量　这类加工副产品包括玉米种皮、大豆荚、玉米芯、棉籽皮、粗小麦粉、甜菜渣等,其纤维的含量较高,且具有较高的能量。用这类饲料配合日粮时,日粮干物质的 ADF 含量不应低于 $19\%\sim21\%$,NDF 不应低于 $26\%\sim27\%$,$65\%\sim75\%$ 的 NDF 来自粗饲料,单一加工副产品的日喂量一般不超过 4.5kg。

(3)提高青贮玉米的质量　玉米在我国农区的种植面积很大,去穗玉米青贮在北方农区是奶牛的主要粗饲料。单产水平高的奶牛场可考虑制作全株玉米青贮。青贮的喂量可占到粗饲料喂量的 2/3～3/4。

(4)日粮中添加脂肪　添加脂肪可以提高混合精料的能量浓度,从而增加日粮中粗饲料的比例。推荐的日粮最大脂肪含量及其来源见表 5-22。可根据乳脂的产量确定日粮的脂肪含量,即日粮中的脂肪含量等于乳脂的产量。

表 5-22　推荐的日粮最大脂肪含量及其建议来源

来　源	数　量
粗饲料、精饲料	日粮干物质的 3%
天然脂肪	日粮干物质的 2%～4%
高油籽实	0.5kg/d
油　脂	0.5kg/d
保护脂肪	日粮干物质的 2%
合　计	脂肪总量不超过日粮干物质的 7%～8%

(二)分组饲养

将泌乳母牛分组饲养,可以根据不同组别的具体情况采取特殊的饲养管理措施,发挥奶牛的生产潜力。分组方法视牛群情况而定,可以根据产奶量、年龄(胎次)、泌乳期或所处生殖阶段进行分组。4种分组方法各有利弊,以根据产奶量分组应用较多,其优点是可以根据产奶的需要分别制订不同组别的饲养方案,从而能够较好地满足奶牛的营养需要和提高饲料的利用效率。按产奶量分组时可以采取1/4分组法,即将牛群中产奶量最高的1/4的母牛分为第一组,次之的1/4的母牛分为第二组,依此类推。无论何种分组方法,干奶牛和围产牛均应单独分组饲养。

(三)合理的饲喂技术

合理的饲喂技术有助于提高采食量。各种饲料的饲喂次序是先粗后精、先干后湿。即先喂粗饲料后喂精饲料,先喂干料后喂湿料。更换饲料要逐渐进行,一般需要2周左右的过渡期,在过渡期间逐渐增加所要更换饲料的喂量。除此之外,以下几点有助于提高采食量。

1. 精饲料可分次饲喂,但最好能让母牛随时采食到粗饲料　有人建议,泌乳母牛每天不能接触到饲料的最大时间是6～8h,超过这一限度,牛的干物质采食量降低。

2. 增加精饲料的饲喂次数　将每天的精饲料少量多次喂给可以使瘤胃的发酵更加稳定,有利于提高粗饲料的采食量。同时少量多次饲喂也有利于保持精饲料的新鲜和适口性。缺点是增加了饲养管理的工作量。

3. 饲槽管理　每头牛有充足的饲槽位置,饲槽位置不足时牛的采食量下降,尤其是初产牛受到的影响较大。有条件时可以将初产母牛单独饲喂,有研究表明单独饲喂的初产母牛每天采食的时间增加10%～15%,产奶量提高5%～10%。添加新的饲料之前应将饲槽内原有的饲料清除干净。饲槽的位置不宜过高,方便牛的采食。运动场上的饲槽要有遮阳棚,饲槽附近最好设喷雾装置用于夏季降温。

4. 日粮的水分含量　日粮的水分含量应低于50%,过高的水分含量降低干物质采食量。

5. 饲料的管理　饲料要清洁,尽量减少粉尘的混入。尤其要注意避免铁丝、铁钉等异物的混入。避免用发霉的饲料喂牛。

(四)通过合理加工提高精饲料的利用效率

谷实类饲料经过破碎、压片或制粒加工,其利用效率提高。颗粒较大的碎料的饲喂效果优于粉料,颗粒饲料的饲喂效果更好,但需要经过制粒工序的加工。泌乳母牛每分钟可以采食0.5～0.7kg颗粒饲料,0.34kg碎料或0.23kg粉料。精饲料宜生喂,熟料在瘤胃中的发酵速度快,过瘤胃蛋白质减少,容易导致乳脂率的降低。不同的籽实饲料的性质不同,加工方式上也应有区别。

1. 玉米　玉米是常用的能量饲料。玉米种皮的瘤胃降解率低,饲喂整粒玉米时,大约有18%～35%的玉米粒未被消化,完整地从粪便排出体外。玉米以制成粗粉喂牛较好,破碎处理的玉米消化率略低于玉米粗粉,最好制成玉米压片。采用全混日粮(TMR)饲养,当粗饲料的蛋白质含量高时(如苜蓿青贮),将玉米磨成细粉的效果较好,可能此时有利于菌体蛋白的合成。玉米蛋白的瘤胃降解率低(约 50%),是过瘤胃蛋白的良好来源。

2. 高粱 高粱以磨成细粉或蒸汽压片的效果较好。与制成碎粒比较,细粉和蒸汽压片高粱可以提高泌乳早期母牛的产奶量,提高乳蛋白的产量,但由于瘤胃发酵速度加快,发生瘤胃酸中毒、拒食、低乳脂的可能性增加。高粱蛋白质的瘤胃降解率也较低,与玉米相似。

3. 小麦 整粒饲喂时有大量的麦粒未经消化从粪便排除,磨成细粉饲喂容易形成粘性的面团,不利于消化。因此,小麦以破碎、粗磨或压片加工为好。将破碎、粗磨或压片加工的小麦与容积大的饲料,如麸皮、玉米芯粉、大豆荚混合饲喂的效果更好。小麦的蛋白质和磷的含量较高,其蛋白质在瘤胃中大部分被降解(约 80%)。

4. 大麦 易粗磨或破碎后饲喂,不宜磨成细粉料。

(五)夏季的防暑降温

奶牛的适宜温度范围是 $-4℃\sim18℃$,一旦气温高于 26℃ 即出现采食量下降,影响产奶量。气温高于 32℃,产奶量下降 3%～20%。气温达到 38℃,相对湿度为20% 时,奶牛出现热应激,需要采取降温措施缓解热应激。38℃气温,相对湿度 80%可能导致奶牛死亡。夏季防暑降温对于获得全年的高产很重要,可采取以下措施。

1. 遮阴、通风 奶牛通过出汗蒸发散热的能力大约只有人的 10%,因此对高温更加敏感。夏季要有遮阴措施,牛舍、运动场安装通风设备,加快空气的流动,促进牛体的散热。

2. 充足的清凉饮水 夏季要保证奶牛随时可以喝到清凉的饮水。水温以不高于 16℃ 为宜,避免饮水长期存放、晒热,可用自动饮水器或使水槽内的水不断流动、更新。即使非高温季节,保证充足的饮水在泌乳母牛的管理中也很重要。泌乳母牛的需水量很大,每头泌乳母牛每天需要饮水 60～70L。应让泌乳母牛能够随时喝到清凉的水,这对于保证牛的采食量和产奶量非常重要。泌乳母牛的饮水量减少40%,干物质采食量可减少 20%。

3. 喷雾 在运动场内设置喷雾装置,高温季节定时喷水雾以降温。喷水雾处的地面最好硬化,以避免牛趴卧在泥泞的地面上。喷雾装置要间歇开启,每次开启的持续时间以无水珠沿乳头滴下为宜。注意喷出的水雾不能落到饲料上,以防饲料因含水量过高而容易发霉变质。

4. 调整日粮 夏季应多喂优质粗饲料,在精饲料中可以考虑添加脂肪以提高营养浓度。提高日粮中 K、Na、Mg 的含量,补充因出汗造成的损失,K 的含量增加到日粮干物质的 1.3%～1.5%,Na 增加到 0.5%,Mg 增加到 0.3%。

5. 调整饲喂方式 增加饲喂次数,将饲喂时间安排在气温较低的时间,60%～70% 的日粮放到 20 时至次日 8 时喂给。

(六)充足的运动

运动量不足导致泌乳母牛隐性发情、卵巢囊肿、持久黄体等疾病的发病率升高，缩短牛的利用年限。每天要保证2～3h的逍遥或驱赶运动，为此，运动场要有足够的面积，并且地面平整，适于牛的运动。农户饲养的奶牛经常因为缺少运动场地使牛的运动不足，可以每天牵引到户外让牛有充足的运动。在奶牛饲养较为集中的地方，合资建设奶牛养殖小区是解决农户饲养奶牛缺乏运动场地的好办法，同时也有利于防疫、粗饲料加工、饲养管理技术的推广和原料奶质量的提高。

(七)挤奶技术

无论手工挤奶还是机械挤奶，良好的挤奶技术不仅对于获得奶牛的高产极为重要，对于预防乳房炎也很关键。制定一套挤奶的操作规程，严格执行。挤奶操作人员要经过培训，挤奶用具要严格消毒。

(八)保持泌乳母牛良好的体况

在泌乳母牛生产周期的不同阶段进行体况评分，能够及时发现饲养管理中存在的问题，及时加以调整。

1. 泌乳期母牛体重的变化 泌乳早期产奶量的升高和奶牛采食量不足导致的能量负平衡使泌乳母牛的体重下降，体重下降最快的时间一般在产后的2～3周，产奶60d左右一般即能恢复能量的平衡，并可采食部分饲料用于增重。泌乳前期体重的下降和后期体重的恢复使泌乳母牛出现周期性的体重变化。理想的情况下，牛群中大约80%左右的母牛产犊后的前30～40d体况评分下降0.5～0.75。产奶50～60d后，母牛可以采食多余的饲料营养物质用于恢复体重，每周增重约1.8～2.3kg。

对于成年母牛，每个体况评分大约相当于55kg体重，大约需要5个多月的时间可以恢复原有的体况评分。青年母牛仍处在生长阶段，每个体况评分大约相当于73kg体重。

泌乳早期的体况评分下降超过1或不足0.5说明先行的泌乳母牛饲养方案不能既使母牛发挥最大产奶潜力，又不损害母牛的健康。泌乳的前2～3周体况评分即下降了1分，应检查在饲养上存在的问题。

产犊时过肥的牛(体况评分4～5)产后泌乳高峰和采食高峰的间距拉长，从而产后能量负平衡的时间较长。体脂肪的多少似乎影响采食量，产犊时肥胖的母牛在体重下降至正常之前不能达到最大干物质采食量(图5-12)。似乎泌乳母牛在泌乳的早期有一个"目标体况"，在日粮营养平衡的情况下，母牛的体重变化是以"目标体况"为限

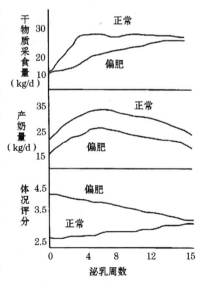

图5-12 产犊时体重对产后干物质采食量、产奶量和体况评分变化的影响

度的,高产牛的"目标体况"评分较低。

2. 在饲养管理上,保持泌乳母牛良好体况 主要措施是:①使母牛始终有一个良好的食欲,能够达到最大的干物质采食量;②根据产奶量和体况的变化及时调整日粮的能量浓度、粗蛋白质和过瘤胃蛋白水平。保证日粮中有适量的高纤维饲料,避免因粗纤维不足引起的采食量下降或采食量的长时间波动;③经常检查常量矿物质(Ca、P、Mg、K 等)是否满足需要。

3. 泌乳母牛不同阶段的适宜体况评分 见表 5-23。

表 5-23　泌乳母牛不同泌乳阶段的适宜体况评分

泌乳阶段	适宜的体况评分
产犊后 0～4 周	产犊时 3.0～3.5,产奶 4 周后 3.0～2.5(产奶量特别高的牛可降至 2.0)
泌乳早期(1～4 个月)	2.5～3;产量不高的牛降至 2.0 时检查采食量;体况 3.0～3.5,但产奶高峰不高的牛,检查蛋白质水平、矿物质水平、饮水等是否存在问题
泌乳中期(4～8 个月)	3.0;体况 3.5～4.0 时减少能量摄入量,检查蛋白质水平,考虑淘汰低产个体;体况 2～2.5 时日粮中的能量可能不足,并检查泌乳早期日粮
泌乳后期(8 个月至干奶)	3.5;体况 4.0 时降低日粮能量水平;3.0 和以下应增加泌乳中期日粮能量浓度,并检查泌乳早期日粮

(九)提高牛奶脂肪和蛋白质含量的饲养管理技术措施

影响牛奶脂肪和蛋白质含量的因素包括遗传和环境 2 个方面,环境因素包括泌乳阶段、产奶量、年龄、疾病和营养。大约 45% 的乳成分变化是环境因素造成的。荷斯坦牛的乳脂率平均为 3.6%,乳蛋白含量平均为 3.1%,乳蛋白与乳脂肪的比例约 0.86。一般情况下,当乳蛋白/乳脂肪比例降至 0.80 以下时说明乳蛋白含量偏低,而当这一比值大于 1.0 时说明乳脂率偏低。提高乳脂和乳蛋白含量的饲养管理措施包括以下 5 项。

1. 增加采食量 可以提高乳脂和乳蛋白的含量。采食量的增加可使乳蛋白的含量提高 0.2%～0.3%。高产奶牛的干物质采食量应占到体重的 3.5%～4%,低于 3.5% 即可能出现牛奶固形物的降低。

2. 适当的精饲料喂量 可以提高乳脂和乳蛋白含量,过高的精饲料喂量则会导致乳脂率的下降,但乳蛋白的含量可能略有升高(0.2%～0.3%)。从乳脂和乳蛋白含量的角度考虑,日粮中低纤维精饲料的比例以 20%～45% 为宜。每次饲喂的精饲料喂量不超过 3.2kg,每天的精饲料总量不超过 16kg,精饲料随产奶量增加的比例视产奶量的范围而定(表 5-24)。

表 5-24　不同产奶量水平下的精饲料喂量

产奶量（kg/d）	精饲料：产奶量
<10	1：4
10～30	1：3
>30	1：2.5

注：对于牛奶干物质含量较高的品种（如娟姗牛），精饲料与产奶量的比例应适当提高

3. 适宜的粗饲料喂量和颗粒大小　日粮的 NDF 水平低于 26%～28%，ADF 水平低于 19%～21%引起乳脂率的下降。饲喂奶牛的粗饲料颗粒大小以 2～3cm 为宜，不应低于 1cm。过细的粗饲料降低乳脂率，乳蛋白水平可能略有提高。

4. 适宜的日粮蛋白质水平　提高日粮粗蛋白质水平一般不影响乳蛋白的含量，但产奶量可能提高。如前期日粮粗蛋白质水平不足则可以提高乳蛋白含量。过量的瘤胃降解蛋白也可能降低乳蛋白含量，因此泌乳母牛日粮中要有一定比例的过瘤胃蛋白，泌乳前期日粮中过瘤胃蛋白占粗蛋白质的比例应在 30%～40%。添加尿素应在产奶 4 个月以后，添加的比例不超过混合精料的 1%～2%。

5. 添加脂肪　通常需要在高产奶牛日粮中添加脂肪以减少泌乳早期的能量负平衡。添加方法得当，乳脂率略有提高或不变，乳蛋白没有明显下降，产奶量提高。添加不当则可能使乳蛋白含量下降 0.1%～0.2%。每天喂给 6～12g 烟酸可以校正因添加脂肪引起的乳蛋白下降。只对泌乳前期（泌乳 4 个月内）的高产奶牛添加脂肪，添加脂肪的同时将日粮钙、镁的水平增加到日粮干物质的 0.95% 和 0.35%。

影响乳脂率和乳蛋白含量的饲养管理因素及其效果见表 5-25。

表 5-25　影响乳脂率和乳蛋白含量的饲养管理因素及其效果

饲养管理因素	乳脂率	乳蛋白含量
提高采食量	提高	提高 0.2%～0.3%
增加精饲料饲喂次数	提高 0.2%～0.3%	可能略有提高
日粮能量略有不足	下降	提高 0.1%～0.4%
低纤维精料比例过高（>45%）	下降 1%或更多	提高 0.1%～0.2%
低纤维精料比例正常（30～40%）	提高	正常
日粮纤维水平过高	略有提高	下降 0.1%～0.4%
纤维不足（NDF<26%）	下降 1%或更多	提高 0.2%～0.3%
粗饲料颗粒偏小	下降 1%或更多	提高 0.2%～0.3%
提高日粮粗蛋白质	不影响	如前期日粮中不足，提高乳蛋白含量
降低日粮粗蛋白质	不影响	低于需要量时降低乳蛋白含量，仍在满足需要的范围内则不影响

饲养管理因素	乳脂率	乳蛋白含量
过瘤胃蛋白(占粗蛋白质的 33%～40%)	不影响	如前期日粮中不足,提高乳蛋白含量
添加脂肪(7%～8%)	不同情况下的效果有差异	可能下降 0.1%～0.2%

注:日粮粗纤维水平低、精料喂量过多、粗饲料颗粒偏小和粗饲料的喂量不足等均会降低乳脂率,同时乳蛋白含量有所提高。但不能将此作为提高乳蛋白含量的手段,因为此时牛奶干物质的含量降低,并容易导致消化代谢疾病

三、不同泌乳阶段的饲养管理

(一)泌乳阶段的划分

有不同的泌乳阶段划分方法,有的将泌乳期等划为 3 个阶段,也有的等分分为泌乳前期和泌乳后期 2 个阶段。以下按照 4 个阶段划分泌乳期,并分述饲养管理要点,即泌乳早期、泌乳中期、泌乳后期和干乳期。

1. 泌乳早期 产后 1～4 个月为泌乳早期,母牛产犊后产奶量迅速升高,并达到泌乳高峰。对于高产奶牛,此期包括升乳期和高峰期,对于低产牛,大约产后 10 周左右产奶量已经开始下降。

2. 泌乳中期 产后 4～8 个月为泌乳中期,母牛的产奶量开始下降。产后 10 周并包括泌乳中期是牛食欲最好的时期,干物质食入量达到高峰。

3. 泌乳后期 产后 8 个月至干奶为泌乳后期,此时泌乳母牛已妊娠 5～6 个月,胎儿的绝对生长加快,需要补充营养满足胎儿生长的需要。干奶前 3 周,需要注意观察奶牛的产奶量,为干奶做准备。

4. 干奶期 干奶期的长短视产奶量而定,一般为妊娠的怀孕最后 2 个月。这时期需要让母牛储存一定营养物,并需供给胎儿正常发育所需的营养,到临产前 2 周可适当增加精料,以适应产后高精料饲喂。

(二)泌乳早期的饲养

1. 产后饲养原则 母牛产后一般食欲稍差,应充分供给母牛温水,并给予优质干草,任牛自由采食。第二天开始,根据母牛健康和食欲情况,适当增加精料 0.5～1kg,若食欲不佳,无需勉强,母牛一般产后 2～3d 食欲逐渐恢复,以后每天继续增喂0.5～1.5kg 精料。凡生产潜力大,产奶量较高,食欲旺盛的多加,反之则少加,目的是希望母牛能安全地大量采食,尽早满足产奶需要,尽可能少消耗体内积蓄,为高产稳产创造条件。如母牛产后 2～3d,食欲仍差,应考虑是否受身体炎症影响,须及时检查。产奶早期发生疾病,对产奶颇为不利,如母牛产奶量能随饲料增加而上升,即应继续加料,促使其产奶潜力尽快得到发挥,为夺取较高产量创造条件。

早加料与产奶激素的分泌有关。在产奶早期——甲状腺激素、催乳素和生长激素分泌量较均衡,产奶倾向较强,以至原来会影响产奶量的环境因素像饲料不足或挤

奶不当,也起不到应起的干扰作用,因此在此期加强饲养,因势利导,发挥产奶潜力,最合时宜,随着产奶期的进展,产奶倾向即相应减弱。

有研究表明,在不同的产奶阶段,增加饲料对增产的效果不同。在一般饲养的基础上,在产奶早期补料时,产量增加幅度大,而在产奶中期和后期补料,产量的增加则随产奶阶段的进展而下降。

产奶高峰期的产量非常重要,在高峰期产奶量低 1kg,整个产奶期将少产200kg,可见尽早和尽量提高产奶高峰期产量对提高产奶量的重要性。及早加料,有利于维持母牛体重,为持续高产创造条件。母牛产奶早期体重过分下降,与其繁殖力是成正相关的,体重过度下降的母牛,其产犊间隔和再配间隔时间最长,及早充分饲喂平衡日粮的母牛,不仅能充分发挥产奶潜力,而且发情提早,容易受孕。由此可见,产奶早期饲养正确与否,对产奶量、繁殖力和牛体健康关系重大,必须引起特别重视,进行科学饲养。

2. 产奶早期的饲养技术 产奶早期根据营养需要,必须采用高能量、高蛋白质日粮,还应让母牛尽可能多吃进些干物质。

(1)高能量饲养 要想使母牛获得高能量日粮,必须采取下列技术措施。

第一,让母牛多吃品质优良的干草和含干物质较高的玉米青贮。例如优质苜蓿干草、三叶草干草,优良的雀麦、黑麦草、猫尾草、早熟禾、小冠花等禾本科干草和其他优良牧草等。由于其适口性好、能量浓度高、各种营养成分丰富,母牛愿意采食,食入量大,这是采取高能量饲养的首选饲料,这样喂也不会发生消化道疾病和乳脂率下降等问题。

第二,多喂精料。玉米、高粱、大麦含能量很高,每千克干物质含产奶净能2.0Mcal 左右。又如机榨的大豆饼等油饼类,有的接近或相近于这个水平,有的还超过这个水平。精料搭配好后,按适宜的精料比例配合,就可满足乳牛的高能量需要。

精料比例超过 60% 后,精料中易溶的碳水化合物在瘤胃中造成酸性环境,再加上粗料吃得少了,唾液分泌自然少了,二者都使瘤胃 pH 变低,其结果造成消化不良,食欲不振,同时可引起真胃移位、酮病,严重者还可引起酸中毒和肝脓肿。精料喂多了,瘤胃中的挥发性脂肪酸中乙酸比例减少,丙酸比例增加,导致乳脂率下降,瘤胃的pH 状况也降低了小肠中的 pH,这样就抑制了胰淀粉酶的活性,导致粪便中淀粉量的增加。解决的办法是在日粮中加入 $100 \sim 150g$ $NaHCO_3$ 或 $30g$ MgO,其功用是提高瘤胃的 pH,增加和冲淡了瘤胃液,这样处理也减少瘤胃中丙酸比例,因而乳脂率提高了。高精料日粮加入 $CaCO_3$ 也可增加淀粉的消化率。

第三,多给脂肪。饲料中粗脂肪含能量很高,可增加高产乳牛日粮的能量浓度。日粮中加入脂肪,一方面可以增加能量,另一方面也可以减少精料的喂量,因而可以减少由于精料喂量多而引起的种种弊端。同时还可维持日粮粗纤维有较高的含量,使乳脂率不致下降。

(2)高蛋白质饲养 产奶初期乳牛体内存的体脂较多,可供产 1 000kg 牛奶之用,但牛储存的蛋白质则有限,据研究,牛体蛋白质可供产120kg奶的乳蛋白需要。因此,在泌乳初期日粮的蛋白质水平对产奶量的影响比能量更大。此期日粮的粗蛋白质水平为日粮干物质的13%~18%。

除考虑日粮的粗蛋白质水平外,还需要考虑蛋白质的质量和过瘤胃蛋白的数量。蛋氨酸是多数情况下的第一限制氨基酸,如果喂量不足,就会减少产奶量。

(三)泌乳中期的饲养

产奶中期是整个产奶期中食入量最高的时期。但就产奶量来说,中期较早期略有所下降。为了保证牛的健康并让其食入大量干物质饲料,可调整日粮中精粗比例。此期的日粮营养水平应开始考虑恢复前期体重损失的需要。通常日粮的调整在产奶量下降之后,一些奶牛场采用每2周调整1次的做法。

(四)泌乳后期的饲养

产奶后期是恢复母牛体况和增加体重的最好时期,因利用 ME 增重的效率,产奶后期为61.6%,干乳期为48.3%。高产奶牛饲养实践和对牛消化生理的研究认为,高产奶牛产奶阶段吃了很多精料,使瘤胃代谢处于特殊状态,到了干乳期虽然还需要营养物长胎儿并储存一定营养物,但它总比产奶阶段要少,因而只喂粗料不喂精料或少喂精料就能满足需要;这样就可使瘤胃恢复正常发酵,使其在一年的生产周期中有一个休息的时期。这进一步说明产奶后期多使母牛增重的必要性。为了使头胎母牛和二胎母牛继续生长,在它们的维持需要中应分别多加20%和10%营养物。这里同样存在产奶后期加强营养与产奶早期、产奶中期加强营养对产奶量的影响的问题。产奶后期给予高的营养水平,母牛产奶量增加的幅度是有限的。但如果在早期营养高时,增产的幅度要大得多。

(五)干奶期的饲养

1. 干奶期的意义

(1)胚胎发育的需要 干奶母牛是妊娠后期的母牛,胎儿增重量加大,需要较多营养供胎儿发育,新生犊牛含干物质约28%,荷斯坦牛初生重平均45kg,内含干物质12.6kg,相当于标准乳100kg的营养物质。实行干奶期停奶,有利胚胎的发育。

(2)乳腺的休整、恢复、增殖、更新的需要 奶牛,特别是高产奶牛,1个泌乳期产奶7 000~8 000kg,按牛奶干物质含量12.5%计算,1个泌乳期共分泌875~1 000kg营养物质,母牛的体重平均6 000kg(躯体干物质约占45%),仅含干物质270kg,1头奶牛1个泌乳期产奶所分泌的干物质为其体重的3.64~4.16倍。泌乳期乳腺组织大量损失,干奶后泌乳器官有一个休息的时间,产犊前后乳腺的生长使萎缩了的乳腺组织得到修复更新。如不经过干奶直接进入下一个泌乳期,该泌乳期的产奶量下降20%以上。美国田纳西州立大学用同卵双胎的母牛从第一个泌乳期开始试验,给予60d干奶期的母牛,第二和第三个泌乳期的高峰期产奶量分别比第一泌乳期高4.5kg和6.8kg,不干奶的母牛第二和第三个泌乳期产奶量为第一个泌乳期产奶量的75%和62%。说明如果不干奶而持续挤奶会减少下期产奶量。

(3)**妊娠母牛增重的需要** 妊娠母牛在妊娠后期的基础代谢比同体重空怀母牛为高,妊娠后期母牛热能代谢增加,适当营养对母体蓄积体力,包括蓄积矿物质元素均有好处,特别是有些奶牛如在泌乳期营养为负平衡,体重消耗多者,所损体重可在干奶期进行补偿。但不能把干奶期母牛喂得过肥。

2. 干奶期的长短 试验研究证明,干奶期长短对下一泌乳期产量影响很大。有人曾就不同干奶期(20d、30d、40d、50d、60d)对下一个泌乳期产奶量影响方面做过试验。试验结果表明,20～40d 的干奶期与 60d 的干奶期比较,下一个泌乳期的产奶量减少了 450～680kg。可见,本泌乳期的产量虽然因为干奶期短、泌乳期长而有所增加,但是,对下一泌乳期的产量却有很大影响。

在早产(有生活力的胎儿,月龄都在 8 个月以后)、死产(具有生活能力,但产出时是死胎)的情况下,形成不干奶的挤奶,或缩短干奶期,同样会降低了下一期的泌乳量。在早产的情况下所获得的乳量约为生产性能的七八成。

干奶期过长不仅减少了挤奶的时间,使终生产奶量降低,还容易造成母牛体况偏肥,乳热症、脂肪肝的发病率升高。

总之,干奶期的长短,要根据饲养管理条件、牛的体况和生产能力来决定,体况好的、产奶少的母牛,干奶期可稍短,体况差的、高产牛、二产牛(产第二胎)干奶期可稍长,一般情况,干奶期定为 60d,其范围 45～75d。

3. 干奶方法 当乳牛到达停乳时期,即应采取措施,使它停止产奶,干奶的方法,一般可分为逐渐干奶和快速干奶 2 种。

(1)**逐渐干奶法** 逐渐干奶法是在 7～14d 内将乳干毕,在预定干奶前的 10～15d 开始改变饲料,逐渐减少青绿饲料、青贮料和多汁饲料,对难干奶的牛也可改换挤奶地点,逐渐限制饮水,停止运动和放牧,一般增喂优质干草,不减精料,停止按摩乳房,改变挤奶次数和挤奶时间,由 3 次减为 2 次,再由 2 次减为 1 次,以后隔日,再隔 2～3 日挤乳 1 次,停挤的那天,将乳挤净,以后随时注意乳房情况。

(2)**快速干奶法** 到达预定干奶那天,认真按摩乳房,将奶挤净,并将乳房乳头抹干净后,随即停止挤奶(必须保持牛床垫草清洁干燥),并采用消毒剂浸乳头,注入青霉素或金霉素软膏,再用火棉胶封闭乳头孔,即不再动乳头,即使洗刷牛身,也防止触及乳房,但应经常注意乳房的变化。一般在最初乳房可能继续充胀,只要不发生红肿、发热发炎等不良情况,就不必管它,经 3～5d 后,乳房内积乳即渐被吸收,约 10d 左右乳房收缩松软,干奶工作即告结束。如停奶后,乳房出现红肿、发亮等现象,必须再行挤净,注入抗生素软膏封闭。这种干奶方法,充分利用乳腺内压加大、抑制分泌的生理现象,来完成干奶工作,且可最大限度地利用母牛泌乳潜力,直到预定停乳之日为止,不必过早地改变母牛生活习惯,抑制乳房分泌活动,不必过早地减乳减料,影响母牛健康和胎儿发育。但对曾有乳房炎病史或正患乳房炎的母牛不宜应用。

干奶成功的关键是母牛在临近干奶时的产奶量不能过高,日产奶量一般应控制在 10kg 以下。

4. 干奶期饲养 干奶期是母牛身体蓄积营养物质时间,但此期只需给与妊娠的维持需要,使干奶母牛在此期间取得良好的状况,但不宜过肥。如果在此期饲喂合理,就可以在下一个泌乳期达到较高的产奶量和较大的采食量。为减少代谢病的发病率,干奶期不宜提倡增加采食量,只宜在泌乳末期,适当加喂,以便于泌乳期结束时使牛有较好的体况进入干奶期,在干奶期仅喂妊娠维持日粮,不宜采食过多能量、粗蛋白质和矿物质。

用全价混合日粮饲喂泌乳牛时,必须将同牛舍的干奶牛隔开另喂,不能让其随泌乳牛自由采食粗饲料,以免干奶牛采食过量,体重增加过多,导致代谢疾病发生。Eugene等提出,配合干奶牛日粮,必须满足营养需要,但不应超过下面列出的约束范围。

①总干物质的采食量限于体重的 $1.25\% \sim 1.5\%$。

②能量给予量限于每 100kg 体重 $1.6 \sim 1.8$Mcal。

③日粮粗纤维水平,以干物质计应含 $25\% \sim 35\%$。

④日粮蛋白质水平,以干物质计限给 $8\% \sim 12\%$。

高产奶牛在预产期前 2 周可开始增加精饲料喂量,以使其产后能够尽快采食较多的精饲料。精饲料的增长幅度限制在每天 0.45kg,逐日增加,直至产犊前母牛的精饲料喂量已达到每 100kg 体重 1kg。这种方法称为引导饲养法,只能用于高产奶牛。

四、围产期牛的饲养管理技术

奶牛产前 15d 称为围产前期,产后 15d 称为围产后期。奶牛的围产期是奶牛对前一泌乳期的休整阶段,也是下一泌乳期的准备和开始阶段。这一时期的饲养管理直接关系到奶牛的体质、分娩情况,产后泌乳情况和健康状况。因此,长期以来,围产期被认为是奶牛生产中的一个关键时期。

1. 奶牛围产前期营养需要的特点 母牛体内胎儿已基本发育成熟,但不完全,且胎儿体积增长很快。此时营养水平直接关系到胎儿的体质。因此一方面要给予较高的营养水平,保证胎儿的正常发育,另一方面,营养水平又不能过高,以免胎儿和母牛过肥,否则可能使母牛发生难产、代谢病和某些传染病。另外,为了能使母牛能在新的泌乳期内充分发挥泌乳潜力,促进产奶高峰期的早日到来,要求母牛能在产后很快地大量进食饲料干物质,特别是精饲料。所以围产前期的饲养要使母牛瘤胃逐渐建立起适应于消化大量饲料的微生物区系和内环境,故此必须给予适当高水平的营养。

2. 奶牛围产前期的饲养

(1)日粮营养水平 干物质占母牛体重的 $2.5\% \sim 3\%$;净能每千克日粮干物质含 $2 \sim 2.3$ 个 NND;可消化粗蛋白占日粮干物质 $9\% \sim 11\%$;钙、磷含量:钙为 $40 \sim 50$g,磷为 $30 \sim 40$g。中性洗涤纤维 32%、酸性洗涤纤维 25% 和非纤维性碳水化合物 35%。

(2)日粮配合 这段时间的饲养管理对产后泌乳、牛的健康、代谢病的预防、胎衣不下等都很重要。为了下一个泌乳期多产奶，并防止泌乳高峰期体况的过度亏空，为瘤胃微生物适应产后采食大量精料打下基础。分娩前的母牛要保持较好的膘情，同时又要避免过肥，所以要适当比干乳期前一阶段多喂些精料，并且控制在相对较低的水平。日粮精粗比由干乳前期的 35∶65 提高到 40∶60，一般喂给 4～6kg 精料，大约为泌乳盛期给量的 1/3 左右。围产期开始就逐渐增加精料，可每天增加 0.3～0.5kg，直至临产前精料饲喂量达到 5.5～6.5kg，但最大喂量不超过体重的 1%～1.2%，为瘤胃微生物适应产后采食大量精料打下基础。但喂精料过多又将导致产后食欲减弱，因此必须掌握比干乳前期稍高的相对低水平。

粗饲料应以优质干草为主，每头日喂给 3～4.5kg 优质干草，可用东北羊草、秋白草和谷草等。另外，青贮饲料包括玉米青贮、高粱青贮、大麦青贮等，以每头日喂给 10kg左右为宜。过多饲喂青贮也会导致奶牛过肥，这点需要注意。喂给足够数量的干草和青贮，除满足母牛营养需要外，目的还在于保持瘤胃的正常机能和一定的容积。在此期间，也可少量喂给一些糟粕类饲料和块根类饲料，每头日原则上不超过 3～5kg。

矿物质、维生素类饲料，除按量给予磷酸氢钙、蛎粉以补充钙磷需要外，还可添加适量的维生素 A、维生素 C、维生素 E，对于常年饲喂青贮很少喂青饲的牛群，补充维生素 A 是十分必要的，因青贮饲料中缺乏维生素 A。为了降低母牛产后胎衣滞留病的发生率，在围产期注射硒和维生素 E 可获得满意效果，硒和维生素 E 参与子宫平滑肌的代谢活动，正确补给可以降低胎衣不下发病率 50% 以上。

（3）奶牛围产前期的管理　母牛一般在分娩前两周转入产房，以使其习惯产房环境。在产房内每牛占一产栏，不系绳，任母牛在圈内自由活动；产房派有经验的饲养员管理。产栏应事先清洗消毒，并铺以短草，产房地面不应光滑，以免母牛滑倒。天气晴朗时应让母牛到运动场适当活动，但应防止挤撞摔倒，保证顺利分娩。严禁饲喂发霉变质的饲料和饮用污水，冬季不能饲喂冰冻饲料和饮冰水。预防乳房炎和乳热症的工作应从此时开始。虽然乳房炎并非全由饲喂高水平精料造成，但饲喂高水平精料确有促进隐性乳房炎发病的作用。因此，干奶后期必须对母牛的乳房进行仔细检查、严密监视，如发现有乳房炎征兆时必须抓紧治疗，以免留下后患。

3. 奶牛分娩期的饲养管理　分娩期一般指母牛分娩至产后 4d，也属于围产后期的一部分。因为这段时间奶牛经历妊娠至产犊至泌乳的生理变化过程，在饲养管理上有特殊性，所以单列一题加以阐述。

（1）临产牛的观察与护理　随着胎儿的逐步发育成熟和产期的临近，母牛在临产前发生一系列变化。为保证安全接产，必须安排有经验的饲养人员昼夜值班，注意观察母牛的临产症状，主要有四观察：①观察乳房变化。产前约半个月乳房开始膨大，一般在产前几天可以从乳头挤出黏稠、淡黄色液体，当能挤出乳白色初乳时，分娩可在 1～2d 内发生。②观察阴门分泌物。妊娠后期阴唇肿胀，封闭子宫颈口的黏液塞溶化，如发现透明索状物从阴门流出，则 1～2d 内将分娩。③观察是否"塌沿"。妊娠末期，骨盆部韧带软化，臀部有塌陷现象。在分娩前一两天，骨盆韧带充分软化，尾部两侧肌肉明显塌陷,俗称"塌沿",这是临产的主要症状。④观察宫缩。临产前,子宫肌肉开始扩张,继而出现宫缩,母牛卧立不安,频频排出粪尿,不时回头,说明产期将近。观察到以上情况后,应立即将母牛拉到产间,并铺垫清洁、干燥、柔软的褥草,做好接产准备。

(2)分娩后的护理 母牛分娩后,由于大量失水,要立即喂母牛以温热、足量的麸皮盐水(麸皮1~2L,盐100~150g,碳酸钙50~100g,温水15~20L),可起到暖腹、充饥、增腹压的作用。同时喂给母牛优质、嫩软的干草1~2kg。为促进子宫恢复和恶露排出,还可补给益母草温热红糖水(益母草250g,水1500ml,煎成水剂后,再加红糖1.5L,水3L),每日1次,连服2~3d。

母牛产后经30分钟即可挤奶,挤奶前先用温水清洗牛体两侧、后躯、尾部,并把污染的垫草清除干净,最后用0.1%~0.2%的高锰酸钾溶液消毒乳房。开始挤奶时,每个乳头的第一、第二把奶要弃掉,挤出2~2.5kg初乳,立即喂犊牛。

产后4~8h胎衣自行脱落。脱落后要将外阴部清洗干净并用来苏尔儿消毒,以免感染生殖道。胎衣排出后应马上移出产房,以防被母牛吃掉妨碍消化。如12h还不脱落,就要采取兽医治疗措施。母牛在产后应天天或隔天用1%~2%的来苏儿水洗刷后躯,特别是臀部、尾根、外阴部,要将恶露彻底洗净。加强监护,随时观察恶露排出情况,如有恶露闭塞现象,即产后几天内仅见稠密透明分泌物而不见暗红色液态恶露,应及时处理,以防发生产后败血症或子宫炎等生殖道感染疾病。观察阴门、乳房、乳头等部位是否有损伤:有无瘫痪发生征兆。每日测1~2次体温,若有升高及时查明原因进行处理。

母牛在分娩前1~3d,食欲低下,消化机能较弱,此时要精心调配饲料,料最好调制成粥状,特别要保证充足的饮水。由于经过产犊,气血亏损,牛体抵抗力减弱,消化机能及产道均未复原,而乳腺机能却在逐渐恢复,泌乳量逐日上升,形成了体质与产乳的矛盾。此时在饲养上要以恢复母牛体质为目的。在饲料的调配上要加强其适口性,刺激牛的食欲。粗饲料则以优质干草为主。精料不可太多,但要全价,优质,适口性好,最好能调制成粥状,并可适当添加一定的增味饲料,如糖类等。4d后逐步增加精料、块根块茎料、多汁料及青贮。要保持充足、清洁、适温的饮水。一般产后1~5d应饮给温水,水温37℃~40℃,以后逐渐降至常温。

产犊的最初几天,母牛乳房内血液循环及乳腺胞活动的控制与调节均未正常,所以绝对不能将乳汁全部挤净,否则由于乳房内压显著降低,微血管渗出现象加剧,会引起高产奶牛的产后瘫痪。每次挤奶时应热敷按摩5~10min,一般产后第一天每次只挤2kg左右,够犊牛哺乳量即可,第二天每次挤奶1/3,第三天挤1/2,第四天才可将奶挤尽。分娩后乳房水肿严重,要加强乳房的热敷和按摩,每次挤奶热敷按摩5~10min,促进乳房消肿。

4. 奶牛围产后期(产后第7~15d)的饲养管理

(1)日粮营养水平 干物质占母体体重的3%~3.8%;净能每千克干物质含2.3

～2.5个NND;可消化粗蛋白占日粮干物质的11%～15%;分娩后立即改为高钙日粮,钙占日粮干物质的0.7%～1%(130～150g/d),磷占日粮干物质的0.5%～0.7%(80～100g/d)。

(2)日粮配合

精饲料:为弥补营养不足,应在围产后期提高饲料的营养浓度,根据牛的食欲及乳房消肿情况,逐渐增加各种饲料的给量,特别是精饲料。从产后第四天开始,以牛最大限度采食为原则,每天增加0.5～1kg精饲料,一直增加到产奶高峰。日采食干物质量中精料比例逐步达60%,精料中饼类饲料应占到30%,同时,每头牛可补加1～1.5kg全脂膨化大豆,以补充过瘤胃蛋白和能量的不足。增喂精饲料是为了满足产后日益增多的泌乳需要,同时尽早给妊娠、分娩期间出现的负平衡以补偿。一般日喂混合料10～15kg(其中谷实类头日喂给7～10kg,饼类饲料2～3kg)。

粗饲料:粗饲料饲喂由开始时的以优质干草为主,逐步增喂玉米青贮、高粱青贮,至产后15d,青贮喂量宜达20kg以上,干草3～4kg,其中为增进干草采食量可喂一些苜蓿草粉或谷草草粉,占干草量的1/3左右,产后7d后还可以喂些块根类、糟渣类饲料,以增强日粮的适口性,提高日粮营养浓度。块根类头日喂量5～10kg,糟渣类15kg。

钙、磷:产后奶牛体内的钙、磷也处于负平衡状态。如日粮中缺乏钙、磷,有可能患软骨症、肢蹄症等,使产奶量降低。为保证牛体健康和产奶,母牛产后需喂给充足的钙、磷和维生素D。豆科饲料富含钙,谷实类饲料含磷较多,饲料中钙、磷不足应喂给矿物质饲料,分娩10d后,头日喂量钙不低于150g,磷不低于100g。

5. 奶牛围产期的饲养与代谢疾病的关系

(1)产后瘫痪 产后瘫痪的发生是由于产前的高钙日粮(钙占日粮干物质的0.6%,钙∶磷=1.5∶1),使母牛在生理上形成了对饲料中钙、磷来源的依赖性,表现为甲状旁腺分泌机能降低。奶牛分娩后骤然泌乳,随着大量钙流失,使血钙低下,不能引起甲状旁腺的充分分泌,使骨钙动员迟缓。这时虽然饲料中有充足的钙、磷来源,但此时乳牛肠道对钙的吸收减少,利用率低,从而导致低血钙症,造成产后瘫痪,甚至可能引发乳房炎。因此,围产前期必须给予低钙日粮。对于老龄牛、高产牛更要注意产后瘫痪发生。母牛分娩后应很快恢复高钙日粮,以免造成长期的钙、磷负平衡而影响乳牛健康。典型的低钙日粮一般是钙占日粮干物质的0.4%以下,一般为40g,钙∶磷=1∶1。

随着研究的不断深入,研究人员提出了日粮阴阳离子平衡理论,即围产前期日粮中添加阴离子盐[(NH_4Cl、$(NH_4)_2SO_4$、$MgCl_2$、$MgSO_4$、$CaCl_2$、$CaSO_4$)]和镁,一方面,阴离子盐能降低血液pH,从而促进产后奶牛骨钙的重吸收,增加血液钙离子浓度;另一方面,镁的采食量增加,提高血镁的含量,防止因低血镁、低血钙造成的产乳热或其他一些产后疾病。

(2)胎衣不下 在奶牛围产前期,一些饲养管理因素能引起胎衣不下的发生,如产前过高营养水平，造成母牛过肥，而使母畜子宫收缩无力，易引起难产和胎衣不下；过高的营养水平，使母体内胎儿过于肥大引起难产和胎衣不下；日粮中钙、镁、磷比例不当，使母牛身体虚弱，也易引发胎衣不下；某些维生素如维生素A，特别是维生素E的缺乏，直接引发产生胎衣不下。

因此，在奶牛围产前期的饲养中，一定要给予科学日粮，不能形成过肥母牛和肥大胎儿，各种矿物质比例恰当，坚持低钙日粮；在围产前期应特别注意维生素的缺乏问题，应该在此时期补充一些富含维生素的胡萝卜等。在实践中，为了更有效地防止胎衣不下，特别是对习惯性胎衣不下的母牛，可以进行硒制剂和（或）维生素E的预防注射。

（3）乳腺炎　围产期的饲养与乳遥遥不炎的发生有密切关系。在围产前期，由于乳房乳腺开始活动，此时很容易受外界环境中细菌的感染而产生乳房炎；由于胎衣不下而继发；由于产后过量饲喂精料，使乳腺分乳机能过强而造成损害，形成乳腺炎；由于不正确挤奶法等机械因素造成乳腺炎。

针对以上情况，奶牛围产期饲养管理应该坚持产房的每日严格消毒和运动场地的按时消毒。产前7d要坚持药浴乳头，产后坚持药浴。挤奶时要注意牛体、乳房卫生和个人卫生。产房工人要有熟练的挤奶技术、丰富的管理经验和强烈的责任心，要减少由于机械因素和其他人为意外因素而引起的乳腺炎。母牛产后要合理搭配日粮，精料的比例不能过高，一般精∶粗为60∶40。严禁饲喂发霉变质的饲料和饮用污水，冬季不能饲喂冰冻饲料和饮冰水。

五、泌乳母牛饲养方案的检查

当前使用的泌乳母牛饲养方案是否符合既取得高产，又符合泌乳母牛的生理特点，有利于延长使用年限，是否存在需要改进之处，可以从以下几个方面进行检查。

（一）日粮的营养浓度

各阶段的日粮营养浓度是否能够满足泌乳母牛的需要，并且不至于饲养过丰，导致母牛肥胖。泌乳母牛各阶段日粮的参考营养水平见表5-26。

表5-26　泌乳母牛不同生产阶段的日粮营养浓度参考值

生产阶段	干奶期		围产期	泌乳期		
	前期	后期	产后0～21d	产后22～80d	产后81～200d	产后200d以上
干物质采食量（kg）	13	10	18	24	22	19
粗蛋白质（%）	13	15	19	18	16	14
粗蛋白质中瘤胃降解蛋白（%）	70(9.1)	60(9.0)	60(11.4)	62(11.2)	64(10.2)	68(9.5)
粗蛋白蛋中瘤胃非降解蛋白质（%）	30(3.9)	40(6.0)	40(7.6)	38(6.8)	36(5.8)	32(4.5)

续表 5-26

	干奶期		围产期	泌乳期		
粗蛋白质中可溶性蛋白质(%)	35(4.6)	30(4.5)	30(5.7)	31(5.6)	32(5.1)	34(4.8)
NE(Mcal/kg)	1.39	1.52	1.72	1.76	1.72	1.52
粗脂肪(%)	2	3	5	6	5	3
ADF(%)	30	21	21	19	21	24
NDF(%)	40	35	30	28	30	32
低纤维精料(%)	30	34	35	38	36	34
低纤维精饲料:瘤胃降解蛋白比例(占日粮干物质的%)=3.5:1						
钙(%)	0.60	0.7	1.10	1.00	0.80	0.60
磷(%)	0.26	0.30	0.55	0.50	0.46	0.40
镁(%)	0.16	0.2	0.33	0.30	0.25	0.20
钾(%)	0.65	0.65	1.00	1.00	1.00	0.90
钠(%)	0.10	0.05	0.33	0.30	0.20	0.20
氯(%)	0.20	0.15	0.27	0.25	0.25	0.25
硫(%)	0.16	0.2	0.25	0.25	0.25	0.25
维生素 A(IU/d·头)	100000	100000	110000	100000	50000	50000
维生素 D(IU/d·头)	30000	30000	35000	30000	20000	20000
维生素 E(IU/d·头)	1000	1000	1000	800	600	400
铁 100mg/kg;钴 0.1mg/kg;铜 15mg/kg;锰 60mg/kg;锌 60mg/kg;碘 0.6mg/kg;硒 0.3mg/kg						

(二)干物质采食量

1. 产后前 7～10 天干物质采食量下降幅度　在 30% 以内。

2. 产后干物质采食量增加的速度　初产牛每周 1.4～1.8kg,经产牛 2.3～2.8kg。产后 8～10 周达到最大干物质采食量。最大干物质采食量约为体重的 4%。

3. 剩余的饲料量　是否超过总量的 5%～10%。

(三)饲　喂

运动场上不采食的牛是否有 50% 正在反刍;每天可以采食饲草、饲料的时间是否少于 20h;饲喂设施是否充足,饮水是否充足。

(四)管　理

产犊后 1～3 周的母牛是否做到分开饲养,有没有建立监测采食量、体温(直至体温降至 39.2℃以下)、反刍(正常为 1～2 次/分)、排除粪尿、尿酮测定的制度。

(五)与营养有关的健康指标

①牛奶尿素 N 含量是否在 140～180mg/L(每月检查一次);②临产前尿液 pH 是否在 5.5～6.5;③临产前血液游离脂肪酸(NEFA)是否小于 0.40mEq/L;④体况评分是否在正常范围内。

(六)饲　料

①粗饲料颗粒大小是否适度;②有无饲料管理制度,是否存在用发霉、变质饲料喂牛的可能。

(七)饮　水

①能否保证水质,是否定期监测饮水的质量;②饮水设施是否足够,母牛能否在采食区 15m 以内喝到水。

六、无公害奶牛饲养管理准则(NY/T 5049—2001)

(一)范　围

本标准规定了无公害牛奶生产过程中引种、环境、饲养、消毒、用药、防疫、牛奶收集和废弃物处理各环节应遵循的准则。

本标准适用于所有奶牛养殖场无公害牛奶生产的饲养与管理。

(二)规范性引用文件

下列文件中的条款通过本标准的引用而成为本标准的条款。凡是注日期的引用文件,其随后所有的修改单(不包括勘误的内容)或修订版均不适用于本标准,然而,鼓励根据本标准达成协议的各方研究是否可使用这些文件的最新版本。凡是不注日期的引用文件,其最新版本适用于本标准。

GB 16548 畜禽病害肉尸及其产品无害化处理规程

GB 16567 种畜禽调运检疫技术规范

NY/T388 畜禽场环境质量标准

NY 5027 无公害食品 畜禽饮用水水质

NY 5045 无公害食品 生鲜牛乳

NY 5046 无公害食品 奶牛饲养兽药使用准则

NY 5047 无公害食品 奶牛饲养兽医防疫准则

NY 5048 无公害食品 奶牛饲养饲料使用准则

奶牛营养需要和饲养标准(第二版)

(三)术语和定义

下列术语和定义适用于本标准。

1. 净道 non-pollution road 牛群周转、饲养员行走、场内运送饲料、奶车出入的专用道路。

2. 污道 pollution road 粪便等废弃物、淘汰牛出场的道路。

3. 牛场废弃物 cattle farm waste　主要包括牛粪、尿、死牛、褥草、过期兽药、残余疫苗、疫苗瓶和污水。

(四)引　种

1. 引进种牛,应按照 GB 16567 进行检疫。

2. 引进的种牛,隔离观察至少 30～45d,经兽医检疫部门检查确定为健康合格后,方可供繁殖使用。

3. 不应从疫区引进种牛。

(五)牛场环境与工艺

1. 奶牛场应建在地势平坦干燥、背风向阳,排水良好,场地水源充足、未被污染和没有发生过任何传染病的地方。

2. 牛舍应具备良好的清粪排尿系统。

3. 牛舍内的温度、湿度、气流(风速)和光照应满足奶牛不同饲养阶段的需求,以降低牛群发生疾病的机会。

4. 牛舍内空气质量应符合 NY/T 388 的规定。

5. 牛舍地面和墙壁应选用适宜材料,以便于进行彻底清洗消毒。

6. 牛场内应分设管理区、生产区及粪污处理区,管理区和生产区应处上风向,粪污处理区应处下风向。

7. 牛场净道和污道应分开,污道在下风向,雨水和污水应分开。

8. 牛场周围应设绿化隔离带。

9. 牛场排污应遵循减量化、无害化和资源化的原则。

(六)饲养条件

1. 饲料和饲料添加剂

(1)饲料及添加剂的使用应符合 NY 5048 的规定。

(2)奶牛的不同生长时期和生理阶段至少应达到《奶牛营养需要和饲养标准》(第二版)要求,可参考使用地方奶牛饲养规范(规程)。

(3)不应在饲料中额外添加未经国家有关部门批准使用的各种化学、生物制剂及保护剂(如抗氧化剂、防霉剂)等添加剂。

(4)应清除饲料中的金属异物和泥沙。

2. 兽药使用

(1)对于治疗患疾病奶牛及必须使用药物处理时,应按照 NY 5046 执行。

(2)泌乳牛在正常情况下禁止使用任何药物,必须用药时,在药物残留期间的牛乳不应作为商品牛乳出售,牛乳在上市前应按规定停药,应准确计算停药时间和弃乳期。

(3)不应使用未经有关部门批准使用的激素类药物(如促卵泡发育、排卵和催产等药剂)及抗生素。

3. 防疫　牛群的免疫应符合 NY 5047 的规定。

4. 饮水

(1)场区应有足够的生产和饮用水,饮水质量应达到 NY 5027 的规定。

(2)经常清洗和消毒饮水设备,避免细菌滋生。

(3)若有水塔或其他贮水设施,则应有防止污染的措施,并予以定期清洗和消毒。

(七)卫生消毒

1. 消毒剂 消毒剂应选择对人、奶牛和环境比较安全、没有残留毒性,对设备没有破坏和在牛体内不应产生有害积累的消毒剂。可选用的消毒剂有:石炭酸(酚)、煤酚、双酚类、次氯酸盐、有机碘混合物(碘伏)、过氧乙酸、生石灰、氢氧化钠(火碱)、高锰酸钾、硫酸铜、新洁尔灭、松油、酒精和来苏儿等。

2. 消毒方法

(1)喷雾消毒 用一定浓度的次氯酸盐、有机碘混合物、过氧乙酸、新洁尔灭、煤酚等,用喷雾装置进行喷雾消毒,主要用于牛舍清洗完毕后的喷洒消毒、带牛环境消毒、牛场道路和周围以及进入场区的车辆。

(2)浸液消毒 用一定浓度的新洁尔灭、有机碘混合物或煤酚的水溶液,进行洗手、洗工作服或胶靴。

(3)紫外线消毒 对人员人口处常设紫外线灯照射,以起到杀菌效果。

(4)喷撒消毒 在牛舍周围、入口、产床和牛床下面撒生石灰或火碱杀死细菌或病毒。

(5)热水消毒 用 35℃～46℃温水及 70℃～75℃的热碱水清洗挤奶机器管道,以除去管道内的残留矿物质。

3. 消毒制度

(1)环境消毒 牛舍周围环境(包括运动场)每周用 2% 火碱消毒或撒生石灰 1次;场周围及场内污水池、排粪坑和下水道出口,每月用漂白粉消毒 1 次。在大门口和牛舍入口设消毒池,使用 2% 火碱或煤酚溶液。

(2)人员消毒

①工作人员进入生产区应更衣和紫外线消毒,工作服不应穿出场外。

②外来参观者进入场区参观应彻底消毒,更换场区工作服和工作鞋,并遵守场内防疫制度。

(3)牛舍消毒 牛舍在每班牛只下槽后应彻底清扫干净,定期用高压水枪冲洗,并进行喷雾消毒或熏蒸消毒。

(4)用具消毒 定期对饲喂用具、料槽和饲料车等进行消毒,可用 0.1% 新洁尔灭或 0.2%～0.5% 过氧乙酸消毒;日常用具(如兽医用具、助产用具、配种用具、挤奶设备和奶罐车等)在使用前后应进行彻底消毒和清洗。

(5)带牛环境消毒 定期进行带牛环境消毒,有利于减少环境中的病原微生物。可用于带牛环境消毒的消毒药有:0.1% 新洁尔灭,0.3% 过氧乙酸,0.1% 次氯酸钠,以减少传染病和蹄病等发生。带牛环境消毒应避免消毒剂污染到牛奶中。

(6)牛体消毒　挤奶、助产、配种、注射治疗及任何对奶牛进行接触操作前,应先将牛有关部位如乳房、乳头、阴道口和后躯等进行消毒擦拭,以降低牛乳的细菌数,保证牛体健康。

(八)管　理

1. 总的管理

(1)奶牛场不应饲养任何其他家畜家禽,并应防止周围其他畜禽进入场区。

(2)保持各生产环节的环境及用具的清洁,保证牛奶卫生。坚持刷拭牛体,防止污染乳汁。

(3)成年奶牛坚持定期护蹄、修蹄和浴蹄。

2. 人员管理　牛场工作人员应定期进行健康检查,发现有传染病患者应及时调出。

3. 饲喂管理

(1)按饲养规范饲喂,不堆槽,不空槽,不喂发霉变质和冰冻的饲料。应捡出饲料中的异物,保持饲槽清洁卫生。

(2)保证足够的新鲜、清洁饮水,运动场设食盐、矿物质(如矿物质舔砖等)补饲槽和饮水槽,定期清洗消毒饮水设备。

4. 挤奶管理

(1)贮奶罐、挤奶机使用前后都应清洗干净,按操作规程要求放置。

(2)乳房炎病牛不应上机挤奶,上机时临时发现的乳房炎病牛不应套杯挤奶,应转入病牛群手工挤净后治疗。

(3)牛奶出场前先自检,不合格者不应出场。

(4)机械设备应定期检查、维修和保养。

5. 灭蚊蝇、灭鼠

(1)搞好牛舍内外环境卫生、消灭杂草和水坑等蚊蝇孳生地,定期喷洒消毒药物,或在牛场外围设诱杀点,消灭蚊蝇。

(2)定期投放灭鼠药,控制啮齿类动物。投放灭鼠药应定时、定点,及时收集死鼠和残余鼠药,做无害化处理。

(九)病死牛及产品处理

1、对于非传染病及机械创伤引起的病牛只,应及时进行治疗,死牛应及时定点进行无害化处理,应符合 GB 16548 的规定。

2、使用药物的病牛生产的牛奶(抗生素奶)不应作为商品牛奶出售。

3、牛场内发生传染病后,应及时隔离病牛,病牛所产乳及死牛应做无害处理,应符合 GB 16548 的规定。

(十)牛奶盛装、贮藏和运输

应符合 NY 5045 的规定。

（十一）废弃物处理

1. 场区内应于生产区的下风处设贮粪场，粪便及其他污物应有序管理。每天应及时除去牛舍内及运动场褥草、污物和粪便，并将粪便及污物运送到贮粪场。

2. 场内应设牛粪尿、褥草和污物等处理设施，废弃物应遵循减量化、无害化和资源化的原则。

（十二）资料记录

1. 繁殖记录：包括发情、配种、妊检、流产、产犊和产后监护记录。

2. 兽医记录：包括疾病档案和防疫记录。

3. 育种记录：包括牛只标记和谱系及有关报表记录。

4. 生产记录：包括产奶量、乳脂率、生长发育和饲料消耗等记录。

5. 病死牛应做好淘汰记录，出售牛只应将抄写复本随牛带走，保存好原始记录。

6. 牛只个体记录应长期保存，以利于育种工作的进行。

第六节　种公牛的饲养管理技术

种公牛的价值很高，应精心饲养。饲养管理的目标是让种公牛有一个良好的体质、较强的繁殖能力和温驯的性格。

一、公犊牛的饲养

预备作为种公牛使用的犊牛自幼即应重视饲养管理，使之充分发育。生后 2 个月内的饲养管理与母犊牛基本相同，但须适当地增喂全乳及脱脂乳，并须给予品质优良的干草。4 月龄时即应公、母分群，单独饲养。因为此后公犊牛的生长明显较母犊牛快，同时种公犊的哺乳时间也较长。公犊牛一般在 6 月龄左右断奶，日喂奶量，第一月每日 7～8kg；第二月，全乳由 8kg 减至 6kg，加喂 3～4kg 脱脂乳；第三月，全乳减至 5kg 或 4kg，脱脂乳增至 10kg 左右；第四至第六月，少量全乳，增大脱脂乳用量。6 个月共喂全乳 600kg 左右、脱脂乳 500kg 以上、混合精料 60kg 左右，这样 3～6 月龄日增重可达 1 000g 左右。

断奶后，育成公牛应喂给品质优良的豆科干草，混合精料可用优质麸皮、燕麦、玉米（或大麦）、豆饼（或亚麻饼），用量各占 1/4 配制。如喂给禾本科干草，则应多加入豆饼。青贮料以增进食欲为目的，不宜多喂。以免形成草腹，影响今后配种。所给精料，应能充足供应能量，以促生长。能量和蛋白质不足，即减慢生长发育，延迟性成熟。周岁公牛精料中粗蛋白质含量以 12％ 左右为宜。在饲养管理比较合理的情况下，后备公牛 12 月龄就可开始采精，贮备精液，进行后裔鉴定。

二、成年种公牛的饲养

饲养种公牛的饲料应全价营养，合理搭配，适口性强，精料以生物学价值高的蛋白质为重点。

每 100kg 体重喂给 1.0kg 干草、1.0kg 块根类、0.5kg 青贮料，精料喂量每日每头 4～6kg(平均 5kg)。或按每 100kg 体重，每日喂给 1kg 干草和 0.5kg 精料。如喂给青草，每日 25～40kg、块根与青贮总量不宜超过 10kg。喂量必须根据种公牛体况而定，防止过肥。豆饼、黑豆、豌豆等都是较好的蛋白质饲料。鸡蛋是很好的补料。这些富含蛋白质的精料，均系种公牛的良好饲料，有利精液的生成。但豆饼等系生理酸性饲料，喂量过多，在体内能产生有机酸。青贮料虽系生理碱性饲料，但青贮本身就含有较多有机酸，对精子的形成也有影响。食盐等矿物质饲料对种公牛的健康和精液品质有直接关系。食盐对促进消化功能、增进食欲和正常代谢也很重要，但喂量不宜过多，否则对种公牛的性功能有一定程度的抑制作用。此外，各种微量元素应注意补给，最好采用双隔矿物质槽，一边放食盐，一边放混合矿物质，任牛自食。

成年公牛对钙、磷需要量没有泌乳母牛多，特别是钙质。如果饲喂豆科粗料，就无需在混合精料中补加钙。给予公牛过量钙质，易引起骨骼疾病，如公牛钙的给量超过需要量的 3～5 倍，就会发生椎骨关节强硬和变性骨关节炎。

如精料或多汁料给予过量而导致精液品质下降时，应在减少精料或多汁饲料喂量的基础上，增喂适量的优质干草，经调整后，精液品质可望得到改善。如因精料种类单一影响精液质量时，则须增添种类，特别是在采精频繁时，需适当补饲动物性蛋白质。

公牛应给与充足饮水，水要清洁，冬季每日饮水 3 次，夏季饮 4～5 次，水要在给料和配种前给予；配种采精前后、运动前后半小时内不宜饮水。

三、种公牛的管理

(一)种公牛的特性

1. 记忆力强　种公牛对周围的事物和人，只要它过去接触过，便能记得。例如，过去给它进行过医疗的兽医人员或曾严厉鞭打过它的人，或给它做手术和打针的人，接近时即表现反感。因此，必须指定专人负责饲养管理，不可随意更换。饲养员通过饲喂、饮水、抚摸、刷拭等，可以摸透每一头公牛的脾气，当它和熟悉的饲养员建立感情之后，便能驯服它。当兽医给种公牛治疗疾病时，管理种公牛的饲养员不宜在场，以免以后发生危险。

2. 防御反射强　种公牛具有较强的自卫性，当陌生人接近它时，立即发出粗声粗气，表现出要对来者进行攻击的架势。因此，不了解公牛特性的外来人，切勿轻易接近它。

3. 性反射强　公牛在采精时，勃起反射、爬跨反射与射精反射都很快，射精时冲力很猛。如果长时期不采精，或采精技术不良，公牛的性格往往变坏，容易出现顶人和自淫的恶癖。

根据这些特性，采取措施，加强管理，防止把健康、活力充沛的好牛变为委靡不振或性情粗暴的坏牛,以避免人、畜事故。

(二)种公牛管理要点

种公牛应由有经验的饲养员进行管理,他们应熟悉种公牛的生物学特性和个体特性,在管理公牛时,要处处留心,特别注意安全,即使对公牛很熟悉,它在平时表现也很温驯,一旦由于某种原因,如遇到母牛,或见到陌生人或头部骚痒,常致神经兴奋,就会一反常态,出现瞪眼、低头、喘粗气、前蹄刨地和吼叫等动作,这就是要发脾气、想顶人的表现。

管理公牛的要领是:恩威并施,以驯为主。饲养员平时不得随意逗弄、鞭打或虐待公牛,如果发现公牛有惊慌表现时,要用温和的声音使之安静,如不顺从时,再厉声呵斥制止。

1. 拴系 公犊在断奶前应习惯于戴笼头牵引,到10~12月龄就应穿鼻,戴鼻环。穿鼻应在鼻中隔软骨前薄而柔软的地方进行。穿刺不宜太靠后,以便在鼻孔外给鼻环留有拴缰绳或铁链的余地。开始鼻环可用小号的,2岁起换成大号鼻环,鼻环一般与铁链、缰绳直接连接。通过鼻环,左右分开,拴系在两侧的立柱上。种公牛的拴系一定要牢固,以防万一脱缰而导致事故。经常检查鼻环,如有损坏,立即更换。

2. 牵引 种公牛的牵引,应坚持双绳牵导,由2人分别在牛的左侧和右侧后面牵引,人和牛应保持一定的距离。对性情不温驯的公牛,须用钩棒进行牵引。由1人在牵住缰绳的同时,两手握住钩棒,钩搭在鼻环上然后进行牵引。

3. 运动 运动对种公牛来说是管理上一项重要的工作。适当运动可以增强牛的肌肉、韧带、骨骼的健康,防止肢蹄变形,保证牛举动活泼,性情温驯,性欲旺盛,精液品质优良,又可防止牛变胖。要求上、下午各进行1次,每次1.5~2h,行走距离为4km左右。运动的方式,有旋转架运动、套爬犁或拉车运动等。种公牛站因公牛较多,宜设置旋转架,每次可同时运动数头。种公牛少的单位,可以修建运动圈或运动道,套爬犁运动,亦可拉车从事轻役。晴天,宜将公牛拴在铁索上(铁索上套有铁滑轮),让其来回运动。

4. 刷拭和洗浴 刷拭可以保持牛体清洁,促进新陈代谢,增进健康。刷拭的方法,先用竹帚将牛体清扫一遍,除去皮肤表面尘土,再用铁刨刨遍牛身,使牛身上尘垢、粪土疏松分开牛体。再用毛刷从头劲部开始,渐向躯干四肢移动,一般先刷牛体左侧,再刷右侧,先逆毛刷,再顺毛刷,毛刷在牛体上刷过数次后,应用铁刷刷除毛刷上附着的毛尘。

注意清除头顶、前额、角基、耳根、后颈的污垢,其次是颈的下方、前胸、腹部、尾根和四肢内侧。夏季还要进行洗浴,最好采用淋浴,边淋边刷,浴后擦干。

5. 按摩睾丸 每天洗涤阴囊,洗毕擦干,并对阴囊、精索和睾丸、附睾进行按摩,这是一项特殊的操作项目,可与刷拭结合进行。

6. 护蹄 公牛蹄部非常重要,蹄形不正,影响交配,必须定期修整,矫正蹄形,保持正确肢势,注意牛蹄护理。经常保持牛蹄清洁干燥,严防腐蹄。蹄壁不可过于干燥,以免龟裂,也不可太湿,致使蹄质软化,形成广蹄。经常用蹄钩清除蹄底及蹄叉粪污,并用清水冲洗后揩干。定期修蹄,至少每年春、秋两季进行修蹄2次。公牛运动场应力求平坦,无碎石、瓦砾、粗煤渣等,以免损伤牛蹄,公牛舍牛床和运动场必须经常保持清洁干燥,垫草勤换。如用木板垫作牛床,更有利于保护牛蹄。

7. 剪阴毛　公牛阴毛过长时易藏污垢,必须适时修剪,这样有利公牛交配,提高精液品质。

8. 称重　成年公牛每月称重1次,根据其体重变化情况进行合理饲养。公牛只能保持中等膘情,不宜过肥,以免影响牛的性欲和精液品质。如果公牛膘肥体笨,势必增加肢蹄的负担,引起种种疾病,同时种公牛体格过于笨重,也不便爬跨,这些都是影响繁殖以至早期淘汰的原因。

此外,对于公牛的绳索也应经常检查,不结实的必须及早更换。缰绳要系紧,断绳、脱缰后公牛易致事故。夜晚应有值班,公牛的围栏隔板等设备也应结实,任何时候不可让牛有脱缰乱跑和施展其牛劲的机会,这种事情如果发生,以后管理就困难了。

对待公牛须严肃,胆大心细,温和沉着,熟悉牛,了解牛,使牛顺从人意。当接近公牛时,首须呼唤牛名,对其发出极温和的声音,从侧面接近,并以手轻抚其背,轻折其颈部,以安抚之。必须严密注视牛的头部和眼睛,密切注意头部举动,如牛显低头怒目,即应严厉注视牛眼,大声斥责,待其沉静后,再和声安慰,并给与少量食物抚慰。对公牛从小就应使之养成由人指引的习惯,绝不可逗弄公牛,以免形成顶人恶习。饲喂公牛或牵引公牛运动或采精时,必须随时注意牛的表现,防止出事,对于顶人的公牛必须采取措施,可用带钩的铁棍钩住鼻环牵引。亦可在牛舍到配种架沿途装置栏杆,牛在栏杆一边走,人在另一边牵引,以防其顶人。

四、种公牛的合理利用

种公牛开始采精的年龄,因品种及牛只生长发育而不同,为了提早得知后裔鉴定结果,多于12~14月龄即开始采精,每月2次,连采2个月。18月龄正式投产采精。开始每10d采精1次,以后增至每周2次,乳用公牛性欲旺盛,较易接受采精,2岁以上成年种公牛在春、秋、冬3季,每周采精2~4次,每次射精2次,夏季根据气温条件,一般每周采精1次。

第七节　奶牛饲养管理效果的日常评价

一、奶牛的体况评分

体况指奶牛体脂沉积的情况,俗称膘情,它是外貌鉴定概念的进一步扩展。

(一)体况评分意义

体况评分(Body Condition Scoring BCS)是奶牛饲养管理(尤其是营养方面)中的一项实用技术,体况能反映奶牛机体能量储备状况。不同生理时期和泌乳阶段的牛只应有不同的体况,不合理的体况将会导致奶牛健康、繁殖率、泌乳持久力及终生产奶量的下降。每一个先进的奶牛场都应该重视奶牛体况评分。奶牛体况评分是检查奶牛膘情的简单方法,可以用来评价奶牛饲养管理和营养水平是否合理,预测牛群生产力,是保证牛只健康、增重和产奶量的有效措施之一。对于围产期奶牛来说,体况评分更加重要。

(二)体况评分时间

青年母牛一般在 6 月龄、12 月龄(根据其膘情及时调整饲养管理,准备接受配种)、配种和产前 2 个月时分别作体况评分;成年奶牛应在干奶期、分娩期、泌乳前期、泌乳中期和泌乳后期分别进行评分。高产奶牛则应增加评分次数,可在干奶前期、围产前期、分娩期、围产后期以及泌乳前、中、后期分别进行。

(三)评分部位与方法

1. 体况评分部位　体况评分评定时主要根据目测和触摸奶牛的脊椎部、肋骨、腰角、尻角、尾根两侧等关键部位的皮下脂肪蓄积情况(图 5-13),结合被毛光亮程度、腹部凹陷深度等整体印象,达到准确、快速、科学评定的目的。

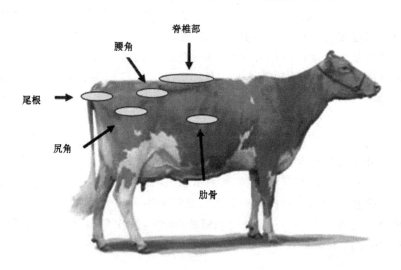

图 5-13　体况评分部位示意

2. 评分方法　评分时,可将奶牛拴于牛床上进行。评定人员通过对奶牛评定部位的目测和触摸,结合整体印象,对照标准给分。评定时牛体应自然站立,否则站姿不正或肌肉紧张会影响评定结果。

首先观察牛体的大小,整体丰满程度。

从牛体后侧观察尾根周围的凹陷情况,再从侧面观察腰角和尻部的凹陷情况和脊柱、肋骨的丰满程度。

触摸脊椎部、肋骨、腰角、尻角、尾根两侧(重点)及尻部皮下脂肪的沉积情况。其操作要点为:

①用拇指和食指掐捏肋骨,检查肋骨皮下脂肪的沉积情况。过肥的奶牛,不易掐住肋骨。

②用手掌在牛的肩、背、尻部移动按压,以检查其肥度。

③用手指和掌心掐捏腰椎横突,触摸腰角和尻角。如肉脂丰厚,检查时不易触感到骨骼。

注意:当进行奶牛体况评分时,应尽量消除主观因素影响,不要考虑奶牛骨架大小、泌乳阶段和健康状况,只有当解释奶牛体体况评分时才考虑这些因素。

3. 评分标准　奶牛体况评分标准应本着准确、实用、简明、易操作的原则加以制定。现介绍目前国内常用的 5 分制奶牛体况评分标准(表 5-27),以供参考。

表 5-27　5 分制奶牛体况评分

分　值	体　况	评分描述
1	过瘦	呈皮包骨样,尾根和尻角凹陷很深呈"V"形的窝,臀角显露,皮下没有脂肪,骨盆容易触摸到,各脊椎骨清晰可辨,棘突呈屋脊状,腰角与尻角之间深度凹陷,肋骨根根可见
2	较瘦	皮与骨之间稍有些肉脂,整体呈消瘦样。尾根和尻角周围的皮下稍有些脂肪,但仍凹陷呈"U"形,骨盆容易触摸到,腰角与尻角之间有明显凹陷,肋骨清晰易数,沿着脊背用肉眼不易区分一节节椎骨,触摸时能区分横突和棘突,但棱角不明显
3	良好	尾根和尻角周围仅有微弱下陷或较平滑。在尻部可明显感觉有脂肪沉积,可触摸到所有骨骼,骨骼均有脂肪组织均匀包覆,腰部较平滑,腰角和臀角圆而平滑,背脊呈圆形稍隆起,一节节椎骨已不可见,用力按压才能感触到椎骨棘突和横突
3.5	理想上限	椎骨及短肋骨上可感觉到脂肪的沉积,腰横突至下凹陷不明显,腰角及臀角上限角丰满,尾根上脂肪沉积明显(两侧仍有一定凹陷)
4	肥	尾根周围和腰角明显有脂肪沉积,腰角与尻角之间以及两腰角之间较平坦,尻角稍圆,脊柱呈圆形且平滑,需较重按压才能触摸到髋骨和坐骨结节,肋骨已经触摸不到
5	过肥	尾根掩埋于脂肪组织中,用力压下也触摸不到骨盆和其他骨骼结构,牛体的背部体侧和尻部皮下为脂肪层所覆盖,腰角和尻角丰满呈圆形

(四)奶牛不同阶段的理想体况

奶牛在不同的生理或泌乳阶段,只有保持理想或适宜的体况才能充分发挥其优良的生产性能,具体要求如下。

1. 青年母牛　青年奶牛理想体况见表 5-28。

表 5-28 青年奶牛理想体况

评定时间	理想体况	不合格	后　果
6～13 月龄	2.5～3.0	>3.0(肥) ＜2.5(瘦)	影响乳腺发育 生长受阻
14～17 月龄 (配种前后)	2.6～3.2	>3.2 ＜2.6	影响受胎率 影响受胎率
23～26 月龄 (产前)	3.0～3.9	>3.9 ＜3.0	难产或产后代谢病 难产或产后代谢病

2. 成年母牛　成年奶牛理想体况见表 5-29，图 5-14。

表 5-29 成年奶牛理想体况

评定时间	理想体况	不合格	后　果
干奶期	3.2～3.9	>3.9	分娩时难产，泌乳早期食欲差，产奶量低，肥胖综合征发生的风险增加，并可导致胎衣不下、真胃移位、酮病、难产、产后瘫痪等围产期疾病
		＜3.2	分娩乏力，产后瘫痪，产奶量和乳脂率低，并可导致不能适时受孕
围产期	3.1～3.9	>3.9	分娩前后采食差，泌乳性能不能充分发挥，容易伴发科病和代谢病
		＜3.1	产奶持续性差，乳脂率、乳蛋白率低，配种受胎率低
泌乳前期	2.6～3.4	>3.4	影响产奶量，繁殖率低，易发生酮病、脂肪肝等疾病
		＜2.6	影响泌乳期总产奶量，乳蛋白率低，分娩后发情和受孕期延迟，抵抗力下降，容易生病
泌乳中期	2.5～3.5	>3.5	增加泌乳后期过肥可能性，增加下一胎代谢病发病率
		＜2.5	影响产奶和繁殖性能
泌乳后期	2.8～3.8	>3.8	干奶期及分娩时过肥，难产率高，分娩后食欲差，掉膘快，酮病、脂肪肝等发病率高，受孕率低
		＜2.8	说明长期营养不良或患病，影响产奶量和牛奶品质

注意事项：上述不同阶段理想体况适用于牛群中的大多数奶牛，但也有特殊情况。如个别奶牛骨骼天生明显或尾根较粗，一些奶牛天生不易肥育，但泌乳和繁殖性能正常，体况评分时要区别对待

(五)奶牛保持理想体况的应对措施

体况评分可作为奶牛营养状况是否合适的"指示器"，也是奶牛健康与否的标志，应用于营养管理非常科学而实用。一般而言，成年母牛理想体况评分应在 2.5～4 分

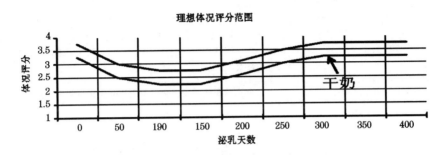

图 5-14　泌乳母牛理想体况评分

之间。因个体差异,允许泌乳高峰的短期内可稍低于 2 分,分娩前稍高于 4.5 分。生产上,应精心观测同一泌乳阶段的牛,看看它们的平均体况是否符合标准。为保持奶牛理想体况,针对不同的情况可采用以下措施。

1. 调整日粮　检查日粮中蛋白质、能量水平及两者平衡状况,必要时调整日粮能量水平或精料比例,保证不同时期适当的精粗比和矿物质、维生素的供应。

2. 分群饲养　分群饲养是调整和控制奶牛体况的重要技术措施,在奶牛的整个饲养管理过程中,都应该根据牛群规模、泌乳阶段、产奶量、膘情和个体情况,适当分群,适时调整,以保证奶牛在不同时期的理想或适合体况,提高牛群的整体生产水平和经济效益。

二、奶牛的粪便评分

粪便状态是评估奶牛胃肠功能、瘤胃发酵程度好坏及日粮合理性最直接的方法。粪便的状态主要包括外观形状(硬度、黏稠度等)、内容物、颜色和气味等。

(一)奶牛的粪便评分方法

奶牛粪便评分利用 5 级评分法。可根据评分情况,评价奶牛营养状况。具体评分标准见表 5-30,图 5-15。

表 5-30　粪便 5 级评分法

级 别	形态描述	原 因	实 例
1	很稀,像豌豆汤,呈弧形下落	食入过多的蛋白质、青贮、淀粉、矿物质或缺乏有效中性洗涤纤维	腹泻
2	能流动,没有固定形状,厚度小于 2.5cm	缺乏有效中性洗涤纤维	牛在茂盛的草场上放牧时的粪便
3	呈粥状,厚度在 3.7~5.0cm,中间有较小的凹陷处,落地时有"扑通"声	日粮比例合适,质量合格	舍饲奶牛,精粗饲料搭配合理

级 别	形 态 描 述	原 因	实 例
4	厚度大于 5cm	蛋白质缺乏,食盐不足,粗饲料质量差	干奶牛或大龄牛粪便
5	呈坚硬的粪球状	干草饲喂过多或氧化严重	消化道阻塞牛的粪便

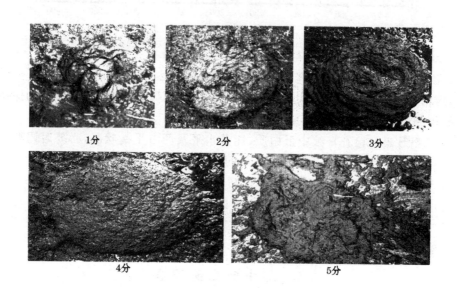

1分　　　　　　2分　　　　　　3分

4分　　　　　　　　　5分

图 5-15　奶牛的粪便评分示意

(二)各阶段泌乳牛粪便最适评分

表 5-31　各阶段泌乳牛粪便的最适评分

泌乳阶段	最适评分	描 述
干奶前期	3.5	5cm 高
干奶后期	3.0	中间有环
泌乳前期	2.5	圆形、顶部平
泌乳高峰	3.0	中间有环
泌乳后期	3.5	5cm 高

三、奶牛的行走评分

　　行走评分(由密歇根州立大学研究人员 Sprecher 1997 年建立)是评定奶牛正常运动性能的一个重要定性指标,对于早期监测肢蹄病及提高奶牛福利都具有重要作用。该方法比较直观,易学,简便易行。在奶牛的生产中,利用该方法能及时监测和发现奶牛肢蹄部障碍,以尽早采取措施,这对于减少奶牛跛行、降低产奶量损失、提高繁殖效率、减少淘汰、保证奶牛高产以及延长奶牛使用寿命等方面都具有不可忽视的作用(摘自 Peter H. Robinson,http://animalscience. ucdavis. edu/faculty/robinson.)

（一）行走评分方法

行走评分系统主要以奶牛站立、行走姿势及背部姿势为主要评定内容,采用 5 分制。具体评分标准如表 5-32,图 5-16。

表 5-32　行走评分评定指标

评　分	步　态	站立姿势	行走姿势	步　幅	描　　述
1	正常	平直	平直	大	行走正常,四肢落地果断有力
2	轻度跛行	平直	弯曲		站立背线平直,但行走时拱背
3	中度跛行	弯曲	弯曲	中	站立、行走拱背,一肢或多肢步幅小
4	跛行	弯曲	弯曲		一肢或多肢跛行,但至少部位支撑牛体
5	严重跛行	弯曲	弯曲	小	一肢拒绝支撑牛体,很难从躺着的地方移动

行走评分 1 分

行走评分 2 分

行走评分 3 分

（二）行走评分与奶牛生产性能的关系

行走评分与奶牛的干物质采食量、产奶量、繁殖性能及体况评分呈负相关。行走

行走评分 4 分

行走评分 5 分

图 5-16   行走评分示意

(摘自 Steven L. Berry, DVM, MPVM)

评分与奶牛生产性能的关系见表 5-33。

表 5-33   行走评分与生产性能关系

步态评分	DMI 降低(%)	产奶量降低(%)	体　况	繁殖性能
1	正常	正常	较好	
2	1	0	好	无影响
3	3	5	一般	
4	7	17	差	空怀天数和配种
5	10	36	很差	次数增加

另外,奶牛行走评分越高的奶牛体况评分越低(即跛行越严重的牛越消瘦)。

(三)应用行走评分监测肢蹄病

奶牛蹄部的物理损伤、脓肿、溃疡等都可影响到背部的姿势和步态。根据行走评分值可有效地掌握牛群的动态,以便在营养、管理、蹄部护理及治疗方面及时采取措施,达到减少经济损失的目的。一个良好的奶牛群体,行走评分要有一个合适的比例,超过合适的评分比例要对牛群各方面做好评价分析。奶牛群体行走评分分析见表 5-34。

表 5-34　奶牛群体行走评分分析

运动评分	比　例	跛行评价	分　析		
1 分	＞75％	正常	饲养管理到位		
3 分	＞15％	严重	感染性	细菌、病毒	
			损伤	地面、垫料	
			蹄叶炎	环境	舒适指数、挤奶厅滞留时间、卧栏使用
				管理	修蹄时间、修蹄频率、消毒、治疗、体况监测
				营养	日粮平衡、瘤胃 pH、粪便评分
				遗传	公牛评定、遗传参数、选种选配

四、奶牛的舒适度评分

奶牛舒适是奶牛福利的组成部分,它主要考虑 4 个方面:采食、饮水、休息和挤奶,包括为奶牛提供充足的优质新鲜饲料,清洁卫生的饮水,新鲜空气,柔软、干净的体息场所,足够的活动空间、休息时间,轻松的起卧等。提高奶牛舒适度,是提高奶牛生产性能和经济效益的有效手段。

(一)舒适度评分指标

1. 奶牛反刍指数(Cud Chewing Index,CCI)　指在牛床上反刍的奶牛头数占在牛床奶牛头数总和的比例。如果 CCI 在 60％至 65％,则说明奶牛日粮设计合理,奶牛比较舒服。

反刍能增加唾液流动,为瘤胃提供缓冲液以提高其 pH,促进瘤胃消化,进一步能减少瘤胃酸中毒和蹄叶炎的发病率。反刍的过程与奶牛的舒适性关系密切,当奶牛舒适地躺卧、挤奶和安静地站立时比应激时更容易反刍。观察要避开奶牛的采食和睡眠时间,评定牛的头数不小于 20 头。

2. 卧床使用指数　表示牛卧床可接受程度,包括奶牛舒适指数和卧床站立指数。

(1)奶牛舒适指数(Cow Comfort indexes,CCI)　指在牛卧床上比较舒适站立或躺卧的奶牛的头数占牛卧床奶牛头总和的比例。其中,CCI 只考虑牛卧床上站立或躺卧舒适的奶牛,而对于一半牛体躺在牛栏、倒卧和 2 个牛蹄在牛卧床上的奶牛则表示不舒服。为维持健康的瘤胃,正常的奶牛每天应该休息 11～12h,接近于正常的反刍时间。如果休息充足,产奶量会相应增加,主要原因为:躺卧的奶牛比站立的奶牛能提高 22％的血液流量;相同日粮情况下,牛卧床舒适的奶牛肢蹄病发病率比较低。图 5-17 表示奶牛卧床舒适度较高。

(2)卧床站立指数(Stall Standing Indexes,SSI)　它与牛群平均站立时间和肢

图 5-17 卧床舒适指数示意

蹄病发病率有关系。SSI 指在牛卧床中站立的奶牛总数占奶牛使用(躺卧或站立)牛卧床总数的比例。因为躺卧时间在一天中变化很大,因此主要在挤奶前约 2h 进行观察,理想的 SSI 应等于或小于 20％。如果 SSI 较大,说明奶牛群体平均站立时间超出正常站立时间。

3. 时间管理 奶牛每天的活动包括采食、饮水、反刍、站立、自由活动、泌乳和休息。另外,饲养员清理圈舍和预防保健工作还占去一部分时间。奶牛采食、饮水和自由活动每天需要 8.5h,休息需要 12~14h。为保障奶牛这些时间,每天仅给饲养人员留下约 3.5h 来进行挤奶等其他工作。短期减少奶牛的休息时间可使产奶量降低约 1kg/h。长期减少奶牛休息时间会增加其肢蹄病的发病率和降低繁殖性能。其中,在挤奶厅过度拥挤和停留时间过长这两个方面对奶牛影响很大。为减少拥挤应采用分群挤奶,增加挤奶厅的出入口和奶牛群进出速度,适宜的挤奶设备数量、合理使用颈夹等。下面为奶牛每天时间的分配表(表 5-35),以供参考。

表 5-35 奶牛时间分配

活 动	每天的平均时间(范围)
采 食	5h(3~5.5h)
饮 水	0.5h(0.5~0.75h)
自由活动	3h
生产(挤奶、清扫圈舍)	3h(2~6h)
休息时间	12~14h
反刍(大多在休息时进行,不计算)	8h(7~10h)

4. 跛行和飞节评定

(1)跛行评定　奶牛行走时很容易对其进行跛行评分,引起跛行的因素很多,其中主要的原因有牛床的使用、在水泥地面上的站立时间、日粮、对感染性疾病的控制和修蹄等。具体评分内容见上节"行走评分"。

(2)飞节评定

①飞节评定意义:飞节是奶牛四肢中很容易受伤的部位,它的磨损是鉴定牛卧床舒适性的一个重要指标。卧床表面的粗糙是引起飞节疾病的主要原因。飞节皮肤受损,很容易发生感染,进一步导致肿胀、疼痛,甚至跛行。因此,要定期对飞节情况进行评定,以便及时发现问题,采取措施。

②飞节评定方法:可采用飞节评分法来对飞节的皮毛完好和磨损情况进行判定。方法主要为观察飞节的肿胀和被毛脱落情况。奶牛飞节评定时每舍牛的头数不能低于20头,主要评定1个或2个后肢飞节;应每月进行1次评分(群体平均分),以便及时评价饲养管理、牛卧床和采食通道地面情况。评定采用3分制,具体见表5-36,图5-18。

表 5-36　飞节评分标准

飞节评分	1分	2分	3分
状态描述	不肿胀、皮毛不脱落	不肿胀,皮毛明显脱落	肿胀和皮毛脱落均明显
目标	>95%	<5%	

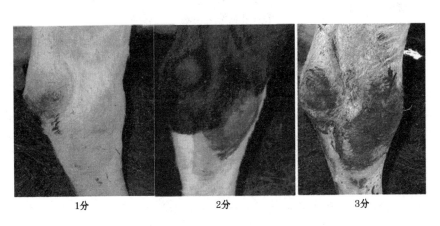

1分　　　　　2分　　　　　3分

图 5-18　飞节评分示意图

(摘自:Jmaes nocek)

5. 热应激　热应激造成采食量下降、呼吸频率增加和产奶量下降;奶牛为降低体温,站立时间增加,从而增加了蹄叶炎发病率,减少了反刍次数;还能造成繁殖性能下降。奶牛的正常呼吸频率为每分钟约 50 次,当温度超过奶牛的热应激临界温度(20℃)时,如果降温设备不足,温度每增加 1℃,呼吸频率会增加 1.5 次,同时直肠温度会超过 38.9℃。

检查是否产生热应激主要考虑 2 个指标：直肠温度和呼吸频率。控制热应激目标值为：呼吸频率≤70 次/分，直肠温度≤38.9℃。

6. 通风管理　通风良好能减少空气中的致病菌总数，降低温度、湿度和有害的氨气。利用以下指标判断自然通风情况下的空气质量是否良好：冬季，牛舍内温度不超过舍外温度 5℃～10℃；春季、夏季和秋季牛舍内温度应与外界温度相同（无降温设施）；如果舍内氨味或臭味较浓，应加强通风。

7. 牛床　奶牛喜欢在柔软而舒适的牛床上休息。牛卧栏必须有足够的空间以供奶牛在起立或躺卧时前冲，较短或狭窄的卧栏很难让奶牛顺利地躺卧或起立。另外，奶牛在躺卧过程中离地面 20cm 高度时没有任何支撑，是自由落体的过程，而奶牛每天要起卧十几次，如果牛床不舒服，奶牛的膝部要受到损伤。表面粗糙的混凝土床面对牛膝部损伤最大，可采用较好的垫料（沙子等）或橡胶地面，要做到防滑、有足够的摩擦力，没有锋利的边角，尽可能柔软。

(二)舒适度评分目标

可参考奶牛舒适度评定目标（表 5-37）来监测牛舍奶牛的舒适程度，进一步改善饲养管理，以高奶牛的生产性能。

表 5-37　舒适度评分目标

项　　目	目　　标
反刍指数	＞50%（休息时）
牛卧床使用指数	奶牛舒适指数＞85%（挤奶后 1～2h） 牛床站立指数＜20%（挤奶后 1～2h）
时间分配	＞12h 休息时间
跛行评分	＞70% 正常
飞节评分	＞95% 不肿胀、皮毛不脱落
热应激	呼吸频率≤70 次/分，直肠温度≤38.9℃
地　　面	防滑，没有锋利的边角

摘自：Bill Stone，2006，Score seven areas of cow comfor ton your dairy)

五、奶牛的牛体卫生评分

奶牛的舒适度、乳中体细胞数与环境卫生密切相关。因此，奶牛生产中要评定牛体和乳房卫生，以便监测奶牛饲养环境和及时采取措施。

(一)牛体卫生评分

主要评定 3 个部位（小腿、大腿和乳房），分别采用 4 分制。

小腿卫生评分主要观察粪迹的程度和向大腿部延伸的距离；大腿卫生评分主要观察大腿和臀部之间粪迹的面积和数量；乳房卫生评分时主要观察粪迹面积和数量，评定时从后方和一侧观察，粪迹越接近乳头，患乳房炎的风险越大。具体评分标准见表 5-38，图 5-19。

表 5-38　牛体卫生评分标准

卫生评分	小　腿	大　腿	乳　房
1 分	蹄冠往上没有或很少粪迹	没有粪迹	没有粪迹
2 分	蹄冠往上溅有少量粪迹	溅有少量粪迹	在接近乳头部溅有少量粪迹
3 分	蹄冠向上及稍远处粘有斑点状牛粪,但是腿部皮毛上看不到	在皮毛上看到明显的斑点状牛粪	乳房的下半部分有明显的斑点状牛粪
4 分	块状牛粪遍布整个小腿部	大的块状牛粪粘在皮毛上	整个乳房上和乳头上都粘有块状牛粪

(二)牛体卫生评定的应用

牛体卫生评分可作为奶牛卫生管理的指标,使卫生标准数量化。评定时牛群要有一定规模,当牛群小于 100 头时要全部评定,当牛群较大,超过 100 头时,至少要评定其中的 1/4。评定时主要评定 3 部分,即小腿、大腿和乳房的后面和侧面。当个别评分出现 3 分或 4 分时,则表明卫生较差,进一步计算出 3 分和 4 分在每一部位评分中所占的比例,从而评价整个牛场的牛体卫生状况。

(三)牛体卫生评分目标

为了保持一个良好的牛体卫生,应对牛场泌乳牛的牛体卫生制定一个适合的评分目标。表 5-39 是美国部分农场牛体卫生评分统计及评分目标,以供参考。

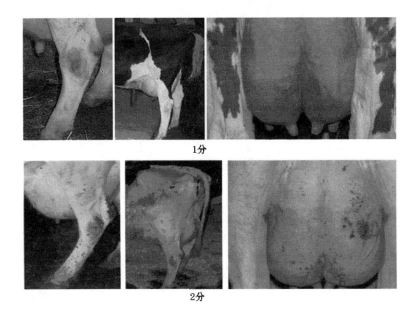

1分

2分

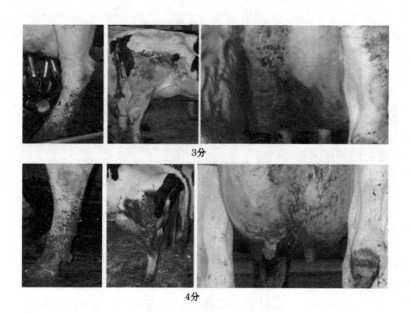

3分

4分

图 5-19　牛体卫生评定示意

注:摘自 N. B. Cook University of Wisconsin-Madison(Hygiene scoring card)

表 5-39　牛体卫生评分目标

饲养类型		每个部位 3 分和 4 分占的比例		
		小腿	大腿	乳房
散栏式	平均	54%	20%	17%
	最佳	24%	5%	6%
拴系式平均	平均	25%	18%	26%
	最佳	9%	0%	5%

注:数据来自"美国威斯康星州的 20 个牧场"

第六章　奶牛保健与疾病防控

第一节　奶牛场的卫生防疫和奶牛保健

一、奶牛场卫生防疫措施

(一)场址选择与规划

新建牛场场址应选择在地势平坦、向阳背风、排水良好、水源充足、无污染且未发生过任何传染病的地方。牛场周围应设绿化隔离带。牛场内应分设管理区、生产区和粪污处理区。管理区和生产区应设在上风向,其间应有消毒间和消毒池。建筑牛舍时,地面、墙壁应选用便于清洗消毒的材料,以利于彻底消毒,并应具备良好的粪尿排出系统。牛场的净道与污道应分开,避免交叉。排污应遵循减量化、无害化和资源化的原则。

(二)卫生消毒

卫生消毒是切断疫病传播的重要措施,牛场应建立卫生消毒制度,尽力减少疾病的发生。

1. 消毒剂　应选择对人、奶牛和环境安全、无残留,对设备无破坏和在牛体内不产生有害累积的消毒剂。如次氯酸盐、有机碘、过氧乙酸、生石灰、氢氧化钠、高锰酸钾、硫酸铜、新洁尔灭、酒精等。

2. 方法选择　对清洗完毕的牛舍、带牛环境、牛场道路及进入场区的车辆可采用喷雾消毒;人员的手臂、工作服、胶靴等可浸液消毒;出入人员必须步行通过消毒间(安装紫外线灯、铺消毒垫等)进行消毒;牛舍周围、入口、产床等可喷洒消毒;对挤奶器械应进行热水清洗和碱水消毒。

3. 消毒制度

(1)环境消毒　牛舍周围环境及运动场每周用2%氢氧化钠或撒生石灰消毒1次;场周围、场内污水池、下水道等每月用漂白粉消毒1次;在大门和牛舍入口设消毒池,使用2%氢氧化钠液消毒。

(2)人员消毒　外来人员严禁进入生产区,必须进入时应彻底消毒,更换场区工作服和工作靴,且必须遵守牛场卫生防疫制度;工作人员进入生产区应更衣、手臂消毒和紫外线消毒,禁止将工作服穿出场外。

(3)牛舍消毒　每班牛只下槽后应进行彻底清扫,定期用高压水枪冲洗牛舍并进行喷雾消毒或熏蒸消毒。

(4)用具消毒　定期对饲喂用具、饲槽、饲料车等进行消毒,可用0.1%新洁尔灭或 0.2%～0.5%过氧乙酸;日常用具,如兽医用具、助产用具、配种用具、挤奶设备和奶罐等在使用前后均应进行彻底清洗和消毒。

(5)带牛环境消毒　定期进行带牛环境消毒,有利于减少环境中的病原微生物,减少疾病的发生。可用 0.1%新洁尔灭、0.3%过氧乙酸、0.1%次氯酸钠等。消毒时应避免消毒剂污染到牛奶中。

(6)牛体消毒　挤奶、助产、配种、注射及其他任何对牛接触操作前,应先将有关部位进行消毒擦拭,以减少病原体的污染,保证牛体健康。

(三)定期预防免疫制度

1. 预防接种　牛场应根据《中华人民共和国动物防疫法》及其配套法规的要求,结合当地的实际情况,有选择地进行疫病的预防接种工作,且应注意选择适宜的疫苗、免疫程序和免疫方法。几种重要疾病的免疫方法如下。

(1)牛传染性鼻气管炎　牛传染性鼻气管炎疫苗,犊牛 4～6 月龄接种,空怀青年母牛在第一次配种前 40～60d 接种,妊娠母牛在分娩后 30d 接种,免疫期 6 个月。妊娠母牛不接种。

已注射过该疫苗的牛场,对 4 月龄以下的犊牛,不接种任何疫苗。

(2)牛病毒性腹泻　牛病毒性腹泻灭活苗,任何时候都可以使用,妊娠母牛也可以使用,第一次注射后 14d 应再注射 1 次;牛病毒性腹泻弱毒苗,犊牛 1～6 月龄接种,空怀青年母牛在第一次配种前 40～60d 接种,妊娠母牛在分娩后 30d 接种,免疫期 6 个月。

(3)牛副流感　牛副流感Ⅲ型疫苗,犊牛于 6～8 月龄时注射 1 次。

(4)牛布氏杆菌病　牛布氏杆菌 19 号菌苗,母犊牛 5～6 月龄接种,免疫期 12～14 个月;牛型布氏杆菌 45/20 佐剂菌苗,不论年龄、妊娠与否皆可注射,接种 2 次,第一次注射后 6～12 周再注射 1 次;猪型布氏杆菌 2 号菌苗,口服,用法同 19 号菌苗,免疫期 3.5 年;羊型布氏杆菌 5 号菌苗,可口服,免疫期 14 个月。

(5)魏氏梭菌病(牛猝死症)　皮下注射 5ml 魏氏梭菌灭活苗,免疫期 6 个月。

(6)口蹄疫　每年春、秋两季各用同型的口蹄疫弱毒疫苗接种 1～2 次,肌内或皮下注射,1～2 岁牛 1ml,2 岁以上牛 2ml。注射后,14d 产生免疫力,免疫期 4～6 个月。

2. 牛群的驱虫　驱虫是一项重要的预防措施。每年春、秋各进行 1 次疥癣等体表寄生虫的检查,6～9 月份,焦虫病流行区要定期检查并做好灭蜱工作,10 月份对牛群进行一次肝片吸虫等的预防驱虫工作,春季对犊牛群进行球虫的普查和驱虫工作,或按以下方法预防。

(1)犊牛、育成牛　每年对全群至少驱虫 2 次,晚冬早春(2～4 月份)和深秋早冬(10～12 月)用伊维菌素或阿维菌素驱除线虫和外寄生虫。对于寄生虫污染严重的地区在 5～6 月份可增加 1 次驱虫。在 6～11 月份,在饲料中定期添加莫能霉素等抗球虫药物预防球虫病。

驱外寄生虫和线虫药物可用阿维菌素、伊维菌素等；驱吸虫、绦虫药物可用丙硫苯咪唑、芬苯哒唑、氯氰碘柳胺等；抗球虫药物可用氨丙啉、莫能霉素、磺胺二甲基嘧啶等。

（2）泌乳牛　驱外寄生虫和线虫药物可用乙酰氨基阿维菌素（爱普利），它具有广谱抗寄生虫作用，用于驱杀奶牛体内寄生虫如胃肠道线虫、肺线虫和体外寄生虫如螨、蜱、虱、牛皮蝇蛆和疥螨、痒螨等。用于泌乳奶牛不需休药期。皮下注射。每10kg 奶牛体重用爱普利 0.2ml。不用于肌内注射或静脉注射。驱吸虫、绦虫药物可用丙硫苯咪唑、芬苯哒唑。

分娩后 100d 内驱虫是驱虫的最佳时期。一般在分娩后 5d 内用乙酰氨基阿维菌素驱虫，寄生虫感染比较严重的牛场应在首次驱虫后 6~8 周再次驱虫。

（四）疫病监测

奶牛场应根据《中华人民共和国动物防疫法》及其配套法规要求，结合当地实际情况，制订疫病监测方案。常规监测的疾病有口蹄疫、蓝舌病、炭疽、牛白血病、结核病、布鲁氏菌病等，同时应注意监测我国已扑灭的疫病及外来疫病的传入，如牛瘟、传染性胸膜肺炎、牛海绵状脑病等，并根据当地情况选择其他必要的疫病进行监测。奶牛应在干乳前 15d 行隐性乳房炎检验，以便在干乳期得到及时而有效地治疗。对繁殖器官疾病和酮病等常发病进行必要监控；某些体内寄生虫病，在一些发病率高的地区，应定期驱虫和制定预防措施。

（五）疫病的控制和扑灭

牛场发生或怀疑发生疫病时，应根据《中华人民共和国动物防疫法》及时采取有效措施进行控制和扑灭。驻场兽医应及时诊断，并尽快向当地畜牧兽医行政管理部门报告疫情。当确诊发生口蹄疫、牛瘟、传染性胸膜肺炎等疾病时，牛场应配合畜牧兽医管理部门，对牛群实施严格的隔离、扑杀等措施；发生牛海绵状脑病时，除了对牛群实施严格的隔离、扑杀措施外，还需跟踪调查病牛的亲代和子代；发生炭疽时，只扑杀病牛；发生蓝舌病、牛白血病、结核病、布鲁氏菌病等疫病时应对牛群实施清群和净化措施。对全场进行彻底清洗消毒，病死和淘汰牛进行无害化处理。

二、奶牛的保健措施

（一）乳房卫生保健

乳房是奶牛实现经济价值的重要器官。乳房疾病的发生率较高，因乳区疾病失去泌乳能力，造成大约 10％的奶牛淘汰和乳腺炎乳废弃，给奶牛业带来较大的经济损失。因此，应重视乳房的卫生保健。

1. 注意挤奶卫生　用温热的消毒液清洗乳房和乳头，最好用一次性消毒棉纸彻底擦干乳房和乳头，如用灭菌干布则需要每头牛 1 条，用后必须洗净，烘干灭菌，以减少病原微生物对乳房的侵害。机械挤奶要注意消毒，小心操作，避免乳头损害和病原微生物的传播。

2. 隐性乳房炎的检测 泌乳牛在 1、3、6、7、8、9、11 等月份每月检测 1 次,干乳前 10d 进行 1 次。对检测"＋＋"应及时治疗,干乳前 3d 内再检测 1 次,阳性牛需继续治疗,阴性牛才可停乳。

乳中体细胞在 20 万～50 万个/ml,可判断为患隐性乳房炎。

3. 控制乳房感染 临床型乳房炎需隔离治疗,治愈后才能合群。注意挤奶卫生和环境卫生,防止病原微生物传播。

4. 其他措施 对久治不愈或慢性顽固性乳房炎的病牛应及时淘汰。对胎衣不下、子宫内膜炎、产后败血症等疾病应及时治疗,防止炎症转移,波及乳房。

(二)蹄的卫生保健

蹄病在奶牛疾病中发生率较高,据统计占总发病率的 9％以上,严重时可导致发病奶牛的废弃。因此,应重视蹄的保健。

1. 环境卫生 应保持牛舍、运动场地面的平整、干净、干燥,及时清除粪便和污水。

2. 保持奶牛蹄部清洁 夏季可用清水每日冲洗,清洗后用 4％硫酸铜溶液喷洒浴蹄,每周喷洒 1～2 次;冬季可改用干刷洁蹄,浴蹄次数可适当减少。

3. 定期修蹄 每年全群于春季和秋季各修蹄 1 次,修蹄应严格按照操作规程进行。

4. 及时治疗 对患有肢蹄病的奶牛应及时治疗,促使其尽快痊愈。

5. 其他 应给予平衡的全价饲料,以满足奶牛对各种营养成分的需求。禁止用患有肢蹄病缺陷的公牛配种。

(三)营养代谢疾病监控

1. 常规检查 每年应对干乳牛、高产牛进行 2～4 次血常规检查,为早期预防提供依据。

2. 酮病监测 产前 1 周每隔 2～3d 检测尿液的 pH 和尿酮 1 次,产后第一天检测尿液的 pH、尿酮和乳酮,隔 2～3d 检测 1 次,直到产后 30～35d。凡尿液酸性,酮反应阳性者,立即静脉注射葡萄糖、碳酸氢钠并采取其他相应措施进行治疗。

正常奶牛乳脂率与乳蛋白的比例(脂蛋比)是 1.12～1.30 之间,产奶初期较高,但不能超过 1.35。如果脂蛋比超过 1.35,说明此牛很可能患有酮病。

3. 加强干乳牛饲养管理 限制或降低高能饲料的进食量,以防止干乳奶牛过肥。可增加干草饲喂量,精粗比例以 3：7 为宜。

4. 临产牛监护 临产前 1 周,对年老、体弱、高产和食欲不振的奶牛要加强看护,并可采用糖钙疗法,即用 25％葡萄糖和 20％葡萄糖酸钙各 500ml,静脉注射,每日 1 次,连用 2～4d。

5. 高产牛特护 高产牛在泌乳高峰期按饲料干物质的 1.5％在饲料中添加碳酸氢钠,与精料混合饲喂。

第二节 奶牛主要疾病的防控

一、传染病

(一)口蹄疫

口蹄疫(FMD)是由口蹄疫病毒(FMDV)引起的一种急性、热性、高度接触性传染病。国际动物卫生组织(OIE)列为必须报告的传染病,我国规定为一类动物疫病。

【病原及流行特点】 口蹄疫病毒属于微核糖核酸病毒科中的口蹄疫病毒属,已经发现了 7 个血清型,即 A、O、C、SAT-1、SAT-2、SAT-3 和 Asia-1 型,各血清型间存在较弱或无交叉免疫现象。目前国内流行的血清型有:O 型、Asia-1 型和 A 型。该病毒对酸、碱敏感,1%~2%的氢氧化钠溶液可将其杀死,但对乙醇、氯仿及其脂溶性化学药品抵抗力强。

主要感染牛等偶蹄动物。

(1)传染源 潜伏期感染动物、临床发病动物及其这些动物的分泌物、排泄物和动物产品等。

(2)传播方式 圈舍、牧场、集贸市场、展销会和运输车辆中发病动物与易感动物的直接接触。媒介物机械性带毒所造成的传播,包括无生命媒介物和有生命媒介物。

无生命媒介物包括病毒污染圈舍、场地、水源、草地、设备、器具、草料、粪便、垃圾、饲养员衣物,畜产品如病畜肉、骨、鲜乳及乳制品、脏器、血、皮、毛等。有生命媒介物包括人员、非易感动物如昆虫、鸟类、野生动物。

【临床症状】 潜伏期平均为 2~4d。表现高热,病牛体温升高 40℃~41℃,食欲不振,精神沉郁,流涎,口腔黏膜发炎,口舌、蹄和乳房出现水疱、糜烂、表皮脱落,甚至蹄匣脱落、乳头坏死,导致不能采食、站立困难、体重减轻、泌乳量减少。

【防控措施】 通过免疫接种,预防和控制口蹄疫。发生疫情,实施隔离、封锁、扑杀、消毒控制疫情。

(1)免疫接种 常用疫苗有口蹄疫 O 型-亚洲 I 型二价灭活疫苗;口蹄疫 O 型-A型二价灭活疫苗;口蹄疫 A 型灭活疫苗。

①常规免疫每年可接种 2~4 次。为减轻免疫副反应,可多点、多次注射。

②犊牛 90 日龄初免,剂量为成年牛的 1/2,间隔 1 个月进行 1 次强化免疫,以后每隔 4~6 个月免疫 1 次。

③对调出奶牛场的种用或非屠宰奶牛,在调运前 2 周进行 1 次强化免疫。

④发生疫情时,要对疫区、受威胁区域的全部易感动物进行 1 次强化免疫即紧急免疫,最近 1 个月内已免疫的牛可以不强化免疫。

(2)免疫抗体检测 免疫接种后 21d,进行免疫效果监测,存栏牛免疫抗体合格率≥70%判定为合格。亚洲 I 型口蹄疫液相阻断 ELISA 的抗体效价≥2^6;O 型口蹄疫正向间接血凝试验的抗体效价$\geqslant 2^5$、液相阻断 ELISA 的抗体效价$\geqslant 2^6$；A 型口蹄疫液相阻断 ELISA 的抗体效价$\geqslant 2^6$。

（3）疫情处理　任何单位和个人发现疑似口蹄疫病例，应及时向当地动物防疫监督机构报告。发生疫情时，以牛场、牧场、村屯等为疫点，采取封锁、隔离、扑杀、消毒等综合措施，防止疫情扩散。对疑似疫情实施隔离、监控，禁止奶牛、奶产品及有关物品移动，并对其内、外环境实施严格的消毒措施，必要时采取封锁、扑杀等措施。疫点周围 3km 为疫区，疫区边缘向外延伸 10km 的区域为受威胁区。

疫情确认后采取措施：疫点扑杀、消毒、无害化处理；疫区隔离、消毒和紧急免疫，必要时可对疫区内所有易感动物进行扑杀和无害化处理。受威胁区：最后免疫超过1 个月的易感奶牛，进行 1 次紧急强化免疫。

解除封锁：疫点最后 1 头病畜死亡或扑杀后至少 14d 没有新发病例。疫区、受威胁区紧急免疫接种完成；疫点经终末消毒，疫情监测阴性。

（二）布鲁氏菌病

由布鲁氏菌引起的人兽共患的一种慢性传染病。以侵害子宫、胎膜、关节和母牛发生流产为特征。世界动物卫生组织（OIE）将其列入必须通报的疫病名录，我国将其列为二类动物疫病。

【病原及流行特点】　布氏杆菌属于细小，似球形的杆菌，无芽孢和荚膜，不运动，革兰氏染色阴性。不耐热，抗干燥，一般的消毒剂均能将其杀死。病牛是主要的传染源，含有病原体的阴道分泌物、乳汁、粪便、流产胎儿、胎水等通过直接接触或消化道而广泛传播。无季节性，一年四季均可发生。感染途径为消化道、呼吸道、生殖道，也可通过损伤的皮肤和其他黏膜等感染。牛易感性最强，并以成年动物为主。第一次妊娠母牛发病流产较多，第二胎流产较少，但成为重要病原携带者。

【临床症状】　与诊断潜伏期长短不一，多数病例为隐性传染，症状不明显，部分病例发生关节炎、滑液囊炎及腱鞘炎，呈现跛行，严重时关节变形。母牛流产是本病的主要特征，且流产多发生在妊娠后 5～7 个月间，流产前表现精神沉郁，食欲减退，起卧不安，阴唇和乳房肿胀，自阴道流出灰红褐色的黏液或黏液脓性分泌物，流产胎儿多死胎或弱胎，流产后伴发胎衣不下，胎膜水肿，表面附有纤维素块。公牛有睾丸炎、附睾炎。老疫区流产的较少，但发生子宫内膜炎、乳房炎、关节炎、胎衣滞留、久配不孕的较多。

对本病的诊断，临床表现只能作为参考，因为大多数病例属于隐性传染，故确诊需要细菌学、血清学和变态反应诊断。

细菌学检查可取流产胎儿的肝、脾组织作为病料、直接涂片、用沙黄美蓝鉴别染色法染色，油镜下检查，即可查出病原菌。

血清学诊断一般用凝集试验。在 1∶100 或更高稀释度以上完全发生凝集者为阳性，1∶50 为可疑，否则为阴性。

我国目前采用的方法：筛选检测——虎红平板凝集试验（RBPT）；全乳环状试验

(MRT)。阳性复核——试管凝集试验(SAT);补体结合试验(CFT)。

世界动物卫生组织(OIE)推荐方法:间接 ELISA(I-ELISA)、荧光偏振试验(FPA)、竞争 ELISA(C-ELISA)。

【防控措施】 加强检疫制度,特别是对新购入的牛群,隔离观察 1 个月和检疫 2 次,确认健康方能合群。为了预防、控制和净化布病,非疫区以监测为主;稳定控制区以监测净化为主;控制区和疫区实行监测、扑杀和免疫相结合的综合防治措施。实施免疫、监测、隔离、淘汰布病牛、培育健康犊牛,做好消毒、无害化处理及生物安全防护。

布病净化牛群,每年进行 1 次监测,及时扑杀并做无害化处理阳性牛。布病稳定控制和控制牛群,每年进行 1 次监测、净化,扑杀并做无害化处理阳性牛。

(1)定期预防接种　经典疫苗为流产布氏杆菌 S19 株疫苗(S19)。国内生产的有"牛种布鲁氏菌 A19 株疫苗(A19)"、"猪种布鲁氏菌 S2 株疫苗(S2)"、"羊种布鲁氏菌 M5 株疫苗(M5)"。国外用于牛的疫苗有"流产布氏杆菌 S19 株疫苗(S19)"、"流产布氏杆菌 RB51 株疫苗(RB51)"。

用布病 S19 或 A19 疫苗,对 3～8 个月犊牛进行免疫接种。如果成年牛进行免疫预防,剂量应为犊牛的 1/10,禁止妊娠牛接种疫苗。免疫接种 9 个月后,用间接 ELISA 和竞争 ELISA 试剂盒监测,隔离和淘汰布病阳性牛。

(2)严格消毒　特别是被病牛污染的牛舍、运动场、用具等用 10％～20％的石灰乳或 2％的氢氧化钠等进行消毒,对流产胎儿、胎膜、胎水等应妥善消毒处理。对患病的病牛要进行淘汰,坚决控制和消灭传染源。

(三)结核病

结核病是由牛型结核分枝杆菌引起的一种人兽共患的慢性传染病。

【病原及流行特点】 结核分枝杆菌分为 3 个类型,即人型、牛型和禽型,其中以牛型对牛的致病作用最强,牛型结核杆菌是一种细长杆菌,呈单一或链状排列,革兰氏染色阳性,无芽孢和荚膜,无鞭毛,不运动。

结核杆菌对干燥抵抗力强,但对潮湿抵抗力弱,对碱比较敏感,可用 2％～3％的氢氧化钠消毒牛舍。病牛是主要的传染源,致病菌可随呼出的气体、痰、粪便、尿、分泌物及乳汁排出体外。健康牛可通过被牛型结核分枝杆菌污染的空气、饲料、饮水等经呼吸道、消化道感染,也可通过生殖道感染,有时也可通过皮肤感染。本病一年四季均可发生,如饲养管理不良,牛群拥挤,牛舍阴暗,营养缺乏,环境卫生条件差等均可促进本病的发生与传播。奶牛最易感,其次为水牛、黄牛、牦牛。临床常呈慢性经过,以肺、乳房和肠结核最为常见。

【临床症状】 其特征是病牛逐渐消瘦,在组织器官内形成结核结节和干酪样坏死。本病呈慢性经过,潜伏期数月到数年,由于侵害的器官不同,表现的临床症状各异。

肺部结核时,病初短促干咳,后逐渐加重,变为湿咳,鼻液呈黏液性或脓性,呼吸加快,胸部听诊可听到啰音,叩诊呈浊音,病牛逐渐消瘦,泌乳量降低。

乳腺结核时,乳房上淋巴结肿大,乳房中可触摸到局限性的硬固的结节,无热无痛,泌乳量减少,乳汁稀薄,含有絮片,色黄而污浊,放置后有较多的沉淀。

肠结核时,表现消化不良,顽固性下痢,很快消瘦,粪便稀薄,有时混有黏液或脓液,波及肠系膜、腹膜和肝脾时,直肠检查可见异常。

生殖器官结核时,病牛表现性欲亢进,不断发情,但不受孕,即使受孕也易流产。

【防控措施】 采取"监测、检疫、扑杀和消毒"相结合的综合性防疫措施,预防、控制和净化结核病。

(1)监测 奶牛100%进行结核病监测,每年进行1次监测。成年牛净化群每年春、秋两季各监测1次。初生犊牛,应于20日龄时进行第一次监测。检测方法用牛型结核分枝杆菌PPD采用皮内变态反应试验进行监测。

(2)检疫 奶牛调运必须来自非疫区,调入后应隔离饲养30d,经当地动物防疫监督机构检疫合格后,方可解除隔离。

(3)净化

①污染牛群的处理:应用牛型结核分枝杆菌PPD皮内变态反应试验对牛场进行反复监测,每次间隔3个月,发现阳性牛及时扑杀,直至最终达到全部阴性。

②疑似患牛处理:PPD皮内变态反应试验疑似反应者,与健康牛舍相隔50m以上进行隔离,42d后复检阳性,则按阳性牛处理;若仍呈疑似反应则间隔42d再复检1次,仍为可疑反应者,按阳性牛处理。

③犊牛:应于20日龄时进行第一次监测,100~120日龄时进行第二次监测。凡连续2次以上监测结果均为阴性者,可认为是牛结核病净化群。

(4)消毒

①临时消毒:从奶牛群中检出并剔出结核病牛后,牛舍、用具及运动场所等进行紧急消毒。

②经常性消毒:饲养场及牛舍出入口处,应设置消毒池,内置有效消毒剂,如3%~5%来苏儿溶液或20%石灰乳等。牛舍内的一切用具应定期消毒;产房每周进行1次大消毒,分娩室在临产牛生产前及分娩后各进行1次消毒。

(四)副结核病

副结核病又称副结核性肠炎,是由副结核分枝杆菌引起的慢性消耗性传染病。以顽固性腹泻、进行性消瘦、肠黏膜增厚并形成皱为特征,

【病原及流行特点】 副结核分枝杆菌是一种短而粗的杆菌,革兰氏阳性,具有抗酸性染色呈红色。对外界不良因素具有很强的抵抗力,在粪便或土壤中可活存7~11个月。对于热和常用消毒药敏感,60℃ 30min,80℃ 5min即可杀死。5%的40%甲醛、来苏儿或3%~5%的石炭酸,可在10min内杀死。

病牛和隐性感染牛是传染源,可通过乳汁、粪便和尿排出大量的病原菌,可经消化道、直接接触及胎盘感染,为地方流行性疾病,感染牛群的死亡率为2%~10%。

【临床症状】 潜伏期一般 6～12 个月,也有的可长达 2 年以上。有的牛可能终生带菌,而无临床表现。出现临床症状主要为持续性腹泻,进行性消瘦、贫血、水肿,腹泻物含有大量黏液和副结核杆菌,并有一种特殊的腥臭味。随着病程的进展,被毛无光,后躯常沾满粪污,排粪呈喷射状。据此作为初步诊断的依据。

【防控措施】 迄今为止,对牛副结核病的治疗,仍无切实可行的方法。目前,对开放性病牛,应采取扑杀处理,以防止散布病菌,扩大蔓延。不要从有该病地区买牛。

每隔 3 个月进行 1 次变态反应和血清学反应诊断,检出的阳性牛,要采取集中、隔离,分批淘汰的方法。对病牛污染过的牛舍、围栏、饲槽、用具等,要用生石灰、来苏儿、苛性钠、漂白粉、石炭酸等消毒药进行喷雾、浸泡或冲洗。运动场要经常犁翻,或覆盖洁净土壤。粪便应堆积高温发酵处理。

(五)传染性胸膜肺炎

传染性胸膜肺炎又称牛肺疫,是由丝状支原体引起的牛的一种高度接触性传染病。主要侵害肺组织,以纤维素性肺炎和胸膜肺炎为特征。

【病原及流行特点】 本病的病原体是丝状支原体丝状亚种,属于支原体属的成员。对外界环境的抵抗力较差,在直射阳光下的空气中几个小时则失去毒力。37℃能存活 1 周,在干燥条件下迅速死亡,对一般消毒药抵抗力不强,多在几分钟内被杀死。

病牛和带菌牛是主要的传染源,直接接触是本病的主要传播方式,经呼吸道传染,病牛呼出的气体或咳嗽出的飞沫借助空气被健康牛吸入而感染。常发地区呈慢性或隐性经过,新发地区呈流行性或地方流行性,可造成大批病牛死亡。

【临床症状】 本病的潜伏期一般为 2～4 周,最短的为 1 周,长的可达数月。病初症状轻微,易被忽视。随时间的推移,症状逐渐明显,出现急性、亚急性或慢性型症状。

急性型主要呈急性胸膜肺炎症状,体温升高达 40℃～42℃,高热稽留。鼻孔扩大,前肢开张,腹部扇动,呼吸困难。按压肋间有疼痛表现。肺部听诊出现湿啰音,支气管呼吸音,有时见磨擦音。叩诊呈现浊音。有浆液性鼻液流出,泌乳、反刍停止,食欲废绝。可视黏膜发绀,被毛粗乱。后期心脏衰弱,脉搏细弱且加快,胸腔、胸前积水,便秘、腹泻交替发生,体况极度衰弱,常因窒息而死亡。整个病程约为 15～30d。

亚急性型症状与急性型相似,但较为缓和,病程稍长。

慢性型多由急性、亚急性型转来,体温时高时低,体况瘦弱,时有干咳,消化功能紊乱。可临床治愈而成为带菌牛,当机体抵抗力降低时又可能发病,多预后不良。

【防控措施】 临床治愈的病牛因长期带菌而成为危险的传染源,从长远利益考虑,扑杀病牛比治疗更为有益。本病传播缓慢,不易消灭,危害严重。因此,一旦发生本病,应立即上报疫情,严格执行封锁、检疫、扑杀病牛、消毒等措施,同时对未发病的牛普遍接种牛肺疫弱毒疫苗。常发地区应坚持每年定期预防接种。

(六)流行热

牛流行热又叫三日热或暂时热,是由流行热病毒引起的一种急性热性传染病。其特征是突然高热、呼吸迫促、伴有消化道功能和四肢功能障碍。

【病原及流行特点】 牛流行热病毒属于弹状病毒科流行热病毒属,病毒主要存活于病牛的血液中,用高热期病牛的血液 2ml 给健康牛静脉注射,经 3~5d 即可发病。本病毒对乙醚、氯仿、去氧胆酸盐溶液和胰蛋白酶敏感。−20℃以下可长期保存,56℃10min 灭活,在 pH 小于 2.5 和大于 9.9 时数十分钟内灭活。

本病的发生,不分品种、年龄和性别。奶牛越高产,往往症状越严重,多发季节是降雨量多的 8~10 月份,因此时蚊、蝇易于孳生,而蚊、蝇恰恰是其传播媒介。病牛是主要的传染源,其高热期血液中含病毒,吸血昆虫通过吸血进行传播。

【临床症状】 潜伏期 3~7d,突然高热,持续 2~3d,故名三日热。病牛精神沉郁,鼻镜干燥,反刍停止,泌乳下降。病牛活动减少,喜卧,后肢抬举困难。呼吸迫促,呼吸次数明显增加,胸部听诊,肺泡音高亢。结膜充血、水肿、流泪、流涎,便秘或腹泻,尿量减少,褐色混浊。流泡沫样鼻液。

【防控措施】 对本病的治疗目前尚无特效药物,主要是进行对症治疗。高热阶段静脉注射糖盐水 3 000ml,肌内注射安乃近 30~50ml,以解热。呼吸困难者,可注射 25%的安茶碱 20~40ml,以便缓解呼吸困难。对兴奋不安者,可肌内注射氯丙嗪,每千克体重 0.5~1ml,以镇静。对瘫痪者,可用 20%的葡萄糖酸钙 1 000ml,10%的安钠加 20ml,25%的葡萄糖 500ml,40%的乌洛托品 50ml,10%的水杨酸钠 200ml,进行静脉缓慢注射,或以 0.2%的硝酸士的宁 10ml,肌内注射,以兴奋神经和肌肉。

做好免疫接种,用弱毒疫苗进行接种,第一次注射后,间隔 1 个月再注 1 次,免疫期可达半年以上。康复牛在一定时期内对本病具有免疫力。注意卫生消毒,消灭蚊、蝇,做好防暑降温。加强营养,以提高机体的抗病能力。

二、寄生虫病

(一)肝片形吸虫病

牛肝片形吸虫病也叫肝蛭病,以急性或慢性肝炎、胆管炎为特征。

【病原及流行特点】 新鲜虫体呈红棕色,柳叶状,雌雄同体,寄生于肝胆管中。成虫寄生于胆管,虫卵随粪便排至外界,在水中孵出毛蚴。毛蚴钻入中间宿主淡水螺类,发育为胞蚴、雷蚴和尾蚴。尾蚴从螺内逸出螺体,附着在水草上形成囊蚴。牛因吞食含有囊蚴的青草而感染。囊蚴在肠道脱囊,童虫在小肠、肝脏中移行,至胆管内发育为成虫。

本病的发生受中间宿主椎实螺的限制而有地区性,易在低洼、潮湿、沼泽地带流行,多雨年份流行严重,夏季是主要感染季节。

【临床症状】 症状的轻重取决于牛体的营养状况和寄生虫体的多少。急性型主要发生于夏末和秋季,由童虫移行引起。急性病例多见于犊牛,表现精神沉郁,体温升高,食欲减退,步态蹒跚。腹泻、贫血,肝区敏感、半浊音区扩大。临床上以慢性病例多见,多发于冬、春季,由成虫引起。表现渐进性消瘦、贫血、食欲不振、被毛粗乱,眼睑、颌下水肿,有时也发生胸、腹下水肿,消化功能障碍,呈现前胃迟缓,卡他性肠炎。病死牛胆管内可发现肝片形吸虫。

【防控措施】 消灭中间宿主,避免有肝片吸虫病原的潮湿牧场或低洼地带放牧,也不要割这些地方的青草喂牛,不饮死水,以减少感染的机会。夏季实行轮牧,在一块牧场放牧时间不要超过1个半月。定期进行预防性驱虫。在本病流行地区,对牛群进行有计划的驱虫,每年2～3次。驱虫时间根据各地流行本病的特点确定,原则上第一次在大批虫体成熟之前20～30d进行,第二次在虫体大部成熟时进行,经过2～2.5个月再进行第三次驱虫。驱虫后一定时间内排出的粪便必须集中处理,堆积发酵,进行生物热处理。

(二)牛球虫病

【病原及流行特点】 由艾美耳球虫寄生于牛肠道黏膜上皮细胞内引起的,多发生于犊牛。主要危害3周龄至6月龄的犊牛。潜伏期为2～3周,多为急性经过。6～11月份是发病高峰期。破坏肠细胞,引起出血性肠炎,腹泻,甚至死亡。牛摄食被球虫卵囊污染的饲料,或饮被球虫卵囊污染的水而被感染。

【临床症状】 该病潜伏期2～3周,有时达1个月,发病多为急性型。

初期:病牛精神沉郁,被毛松乱,体温略升高或正常、腹泻、粪便稀薄稍带血液。

中期:约1周后,症状加剧,病牛食欲丧失,消瘦,精神萎靡,躺卧不起,反刍停止,粪中带血,其中混有纤维性假膜,味恶臭。体温上升至40℃～41℃,反刍停止。排出带血的稀粪,恶臭。

末期:粪便呈黑色,几乎全是血液,体温下降,由极度贫血和衰弱而死亡。

呈慢性经过的牛只,病程可达数月,主要表现为下痢和贫血,如不及时治疗,亦可发生死亡。

【防控措施】

(1)预防 犊牛与成年牛分群饲养,以免球虫卵囊污染犊牛的饲料;

①舍饲牛的粪便和垫草需集中消毒或生物热堆肥发酵,在发病时可用1%克辽林对牛舍、饲槽消毒,每周1次。

②被粪便污染的母牛乳房在哺乳前要清洗干净。

③添加药物预防,如氨丙啉,按0.004%～0.008%的浓度添加于饲料或饮水中;或莫能霉素按每千克饲料添加0.3g,既能预防球虫又能提高饲料报酬。

(2)治疗 牛球虫病治疗可选用:①氨丙啉,按每千克体重20～50mg,一次内服,连用5～6d;②盐霉素,每天每千克体重2mg,连用7d;③莫能霉素,饲料内添加20～33mg/kg,连喂7～10d;④拉沙里菌素,1mg/kg,连用7～10d,每头牛每天的用量不超过360mg;⑤磺胺二甲基嘧啶,犊牛每日内服100mg/kg,连用2d;⑥妥曲珠利或地克珠利,1%饮水剂,口服,连用4～5d;⑦磺胺脒1份,次硝酸铋1份,矽炭银

5份混合,200kg的小牛,1次内服140g左右,每日1次,连服数天,效果很好。

(三)牛疥螨病

牛螨病是由疥螨和痒螨引起的皮肤疾病,以剧痒、湿疹性皮炎、脱毛和具有高度传染性为特征。

【病原及流行特点】 本病的病原是疥螨和痒螨,它们寄生于牛的皮肤,吸食组织和淋巴液。多为浅黄色,圆形或椭圆形;其全部发育过程均在牛体上进行,健康牛通过接触病牛和螨虫污染的栏、圈、用具等而感染发病。犊牛最易感染,本病多发于秋、冬季节,此时阳光不足,皮肤非常适合螨虫的生长发育。

【临床症状】 疥螨和痒螨多混合感染。引起剧痒、皮炎,导致皮肤增生和脱毛;多见于面部、颈部、背部和尾根部,严重时波及全身。初期在头、颈部发生不规则的丘疹样病变,病牛剧痒,用力磨蹭患部,使患部脱毛,皮肤增厚,结痂,龟裂,失去弹性。病变部位逐渐扩大,严重时可蔓延全身。长期刺激奶牛,导致抵抗力下降、继发感染、消瘦和生产性能下降。病牛可因消瘦或恶病质而死亡。

【防控措施】 治疗可用伊维菌素皮下注射,一次量每千克体重0.2mg,休药期35d,泌乳期禁用。也可用伊维菌素皮渗剂防治。或用中药擦疥散以植物油调敷。牛舍应宽敞、干燥、透光、通风良好,经常清扫,定期消毒。注意牛群中有无剧痒和掉毛现象,一旦发现立即隔离治疗。治愈的病牛再连续观察20d,不复发者方可合群。

(四)牛环形泰勒焦虫病

由环形泰勒焦虫寄生于牛的淋巴细胞和红细胞内引起的一种原虫病。

【病原及流行特点】 寄生于红细胞中的虫体以环形和椭圆形为主。用姬姆萨液染色后,原生质呈淡蓝色,染色质染成红色。红细胞的染虫率一般为10%～20%,高者可达95%。寄生于淋巴细胞的虫体,常呈一种多核体,形状像石榴的横切面,故称之为石榴体。

焦虫病主要发生在蜱活动温暖的季节。通过残缘璃眼蜱吸血传播。本病多发于6～8月份,7月份为高峰。

【临床症状】 心脏、肾脏、肌肉、胃、淋巴结出血和肿胀。心脏、肾脏水肿,浆膜有出血。皱胃黏膜肿胀,有出血斑和高粱到蚕豆大小的溃疡斑。

初期:体温持续升高＞39℃;体表淋巴结肿大;呼吸、心跳加快;精神、食欲不振;此期可延续2～5d。

中期:食欲大减或废绝,反刍迟缓;粪便带血或黏液;尿频而少,色深;鼻镜干;流泪,可视黏膜苍白,眼睑下有溢血点。

后期:食欲完全废绝;卧地不起;眼睑、尾根处有粟状或黄豆大小的深红色溢血斑。常在发病后1～2周内死亡。

【防控措施】 消灭蜱和调整改变牛的饲养方式,防止蜱的叮咬吸血。

三、内科病

（一）瘤胃酸中毒

瘤胃酸中毒是由于采食大量精料或长期饲喂酸度过高的青贮饲料，在瘤胃内产生大量乳酸等有机酸而引起的一种代谢性酸中毒。该病的特征是消化功能紊乱，瘫痪、休克和死亡率高。

【发病原因】　主要过食含碳水化合物的饲料，如小麦、玉米、黑麦及块根类饲料，如白薯、马铃薯、甜菜等，或长期饲喂酸度过高的青贮饲料，或过量饲喂精料，加之高产牛抵抗力低，寒冷、气候突变等应激因素诱发本病。

【临床症状】　多急性经过，初期，食欲、反刍减少或废绝，瘤胃蠕动减弱，胀满，腹泻、粪便酸臭、脱水、少尿或无尿，呆立，不愿行走，步态蹒跚，眼窝凹陷，严重时，瘫痪卧地，头向背侧弯曲，呈角弓反张样，呻吟，磨牙，视力障碍，体温偏低，心率加快，呼吸浅而快。

【防控措施】　治疗以纠正瘤胃和全身性酸中毒，恢复体内的酸碱平稳，恢复前胃功能为原则。

加强饲养管理，禁食 1～2d，限制饮水。为缓解酸中毒，可静脉注射 5％ 的碳酸氢钠 1 000～5 000ml，每日 1～2 次。为促进乳酸代谢，可肌内注射维生素 B_1 0.3g，同时内服酵母片。为补充体液和电解质，促进血液循环和毒素的排出，常采用糖盐水、复方生理盐水，低分子的右旋糖酐各 1 000ml，混合静脉注射，同时加入适量的强心剂。适当应用瘤胃兴奋剂，皮下注射新斯的明、毛果云香碱和氨甲酰胆碱等。

加强饲养管理，不突然大量饲喂谷物精料，饲喂酸度过高的青贮饲料时，适当添加碳酸氢钠。

（二）酮　病

酮病是由于饲料中糖不足，以至体内脂肪代谢紊乱，大量的酮在体内蓄积，血、尿、乳中均有酮出现。主要发生于奶牛，尤其是高产奶牛。

【发病原因】　饲料中富含蛋白质和脂肪，而碳水化合物不足是本病发生的主要原因。运动不足，前胃功能减退，肝脏疾患，维生素不足，消化不良及大量泌乳易促进本病的发生。

【临床症状】　通常在产后 2～3 周发病。病初表现兴奋不安，盲目徘徊或冲撞障碍物，对外来刺激反应敏感等神经症状。后期，精神沉郁，反应迟钝，后肢瘫痪，头颈后弯或呈昏睡状态。消化不良，食欲减退，喜欢吃粗料，厌精料、逐渐消瘦。呼出的气体、尿液、乳汁中有烂苹果味（酮味）。

【防控措施】　补糖，用 25％ 的葡萄糖注射液 500～1 000ml 静脉注射，每日 2 次，同时肌内注射胰岛素 100～200IU。补充生糖物质，用丙酸钠 100～200g，内服，每天 2 次，连用 7～10d。促进糖元生成，可用肾上腺皮质激素 200～600IU 肌内注射；或产前 1 周每日每头日粮中添加丙二醇 300ml，可降低酮病发生率。加强护理，减少精料,增喂碳水化合物和维生素多的饲料,如甜菜、胡萝卜等。适当运动,加强胃肠功能。

(三)真胃变位

真胃变位即皱胃的正常位置发生变化。通常真胃变位有左方变位和右方变位 2 种情况,左方变位是指皱胃通过瘤胃下方移到左侧腹壁,置于瘤胃和左侧腹壁之间。右方变位又叫皱胃扭转,前者发病率高,后者病情严重。

【发病原因】 左方变位的主要原因是由于皱胃弛缓和皱胃发生机械性转移。皱胃弛缓多见于消化不良,生产瘫痪,酮病等病程中。机械性转移主要是由于分娩、突然起卧、跳跃等情况引起。

【诊断要点】

(1)左方变位 高产母牛多见,且多数发生于分娩后。多数病例有一些食欲,粪便稀薄或腹泻。左侧最后 3 个肋骨间显著膨大,但两侧肷窝均不饱满。牛乳、尿中有酮体。瘤胃蠕动音不清,但在左侧可听到皱胃蠕动音。如在此处穿刺,抽出内容物的 pH<4,且无纤毛虫。左肷部听诊,并在左侧最后几个肋骨处用手轻叩,可听到明显的金属音。直肠检查,发现瘤胃背囊明显右移。

(2)右方变位 突然发生腹痛现象,腰背下沉。粪便色黑,混有血液。右侧肋弓后方明显臌胀,冲击式触诊可听到液体振荡声,局部听诊时,并用手叩打腹部可听到乒乓声。皱胃穿刺液呈明显的咖啡色。直肠检查,在后侧右腹部能触摸到臌胀而紧张的真胃。病牛脱水,眼球下陷。

【防控措施】

(1)滚转法 让病牛禁食 2～3d,适当限制饮水,穿刺排出皱胃内的气体。让病牛取左侧卧姿势,再转成仰卧,再转成俯卧式,最后令其站立,如已复位,左侧肷部听诊并用手指叩击听不到金属音,如没复位,再重复进行。本法对皱胃右方变位的成功率极低。一旦整复后,可皮下注射毛果云香碱,以促进胃肠蠕动。

(2)手术整复法 在剑状软骨至脐部,距白线右侧 5cm 处作 25cm 左右的切口,手入腹腔,用手臂摆动和移动的动作使皱胃复位,然后在皱胃底部与切口右侧方腹膜和肌肉作 5～6 个间断浆膜肌层缝合,将皱胃固定。关闭腹壁切口。

(3)合理饲喂 严格控制干乳期奶牛精料喂量,供给充足干草,防止母牛肥胖。

(四)食管梗塞

食管梗塞是指食管的某一段被食团或异物所堵塞。特征是吞咽障碍,大量流涎,呃逆和继发瘤胃臌气。

【发病原因】 在饥饿情况下,吞咽过急,受到惊吓而引起。如吞食较大的马铃薯,未切碎的白薯、甜菜、萝卜等块根类饲料和玉米穗及其他异物所致。

【临床症状】 突然发病,头颈直伸,大量流涎,空口咀嚼、摇头、采食停止,惊恐不安,张口喘气,瘤胃臌气。完全阻塞时嗳气停止,或采食、饮水后立即从口腔漏出,呼吸困难。插入食管探子时在阻塞部受阻。若颈部食管阻塞时从外面可见到局部隆起,触摸到阻塞物。如果是下部食管阻塞时,其上部食管内蓄积大量分泌物,颈左侧食管沟呈圆筒状臌起,触压时随食管的收缩和逆蠕动而吐出。

【防控措施】 治疗本病应及时尽早排出阻塞物。排出阻塞物之前如果已发生瘤胃臌气,应先进行瘤胃穿刺排气,且把排气的套管针留置于瘤胃内,直至梗塞物被取出。

初发上部食管阻塞,将牛确实保定,尤其是头部,助手将阻塞物推送到咽部并固定,术者用左手将牛舌握住不放,手背紧顶上颌,右手伸入咽部抓住阻塞物取出。若因阻塞物表面光滑而不易被抓住时,可用较粗的铁丝,将其前端弯钩,钩住阻塞物拉出。

或将缰绳系在一后肢的系部,使病牛尽量低头,在坡道上上下驱赶二三次,有时可将阻塞物咽下。使用本法前,先皮下注射毛果云香碱,以增强食管的蠕动和分泌,以便于其咽下。

当深部食管阻塞时,先将2%～5%的普鲁卡因20ml,注入食管,经10min后,再向食管内灌入适量液状石蜡,然后用胃管缓慢将阻塞物向瘤胃内推送。本法适用于新发生的食管阻塞,阻塞24h以上者慎用。因阻塞时间过长,阻塞部位发生变性,易造成食管损伤。

当采用上述保守疗法无效时,应立即改用手术疗法,切开食管,取出阻塞物。

平时饲喂应定时定量,防止过分饥饿和采食过急。合理调制饲料,饼类应泡软,块根类应适当切碎。

(五)前胃弛缓

前胃弛缓是指瘤胃的兴奋性降低、收缩力减弱、消化功能紊乱的一种疾病,多见于舍饲的奶牛。

【发病原因】 由于长期饲喂粗硬而难以消化的饲料(如豆秸、麦秸等)使前胃感受器受到长期、过度的刺激而由兴奋转为抑制状态;或由于长期精饲料喂量过多,粗饲料不足;或突然改变饲养和饲喂方式以及给予发霉变质、冰冻的饲料或运动不足等;或长途运输,蛋白质、维生素和矿物质缺乏,特别是缺钙,引起低血钙症,使神经体液调节功能受到影响而发生。本病也可继发于创伤性网胃炎、瓣胃阻塞、瘤胃积食、瘤胃臌气以及结核、布病和肝片吸虫病等疾病的病程中。

【临床症状】 按照病程可分急性和慢性2种类型。急性时,病牛表现精神委顿,食欲、反刍减少或消失,瘤胃收缩力降低,蠕动次数减少。嗳气且带酸臭味,瘤胃蠕动音低沉,触诊瘤胃松软,初期粪便干硬色深,继而发生腹泻。体温、脉搏、呼吸一般无明显变化。随病程的发展,到瘤胃酸中毒时,病牛呻吟,食欲、反刍停止,排出棕褐色糊状粪便、恶臭。精神高度沉郁、鼻镜干燥,眼球下陷,黏膜发绀,脱水,体温下降等。

由急性发展为慢性时,病牛表现食欲不定,有异嗜现象,反刍减弱,便秘,粪便干硬,表面附着黏液,或便秘与腹泻交替发生,脱水,眼球下陷,逐渐消瘦。

【防控措施】 平时应注意改善饲养管理,注意运动,合理调制饲料,不饲喂霉败、冰冻等品质不良的饲料,防止突然更换饲料。

对发病牛,首先要提高瘤胃内的 pH,改变胃内微生物区系的环境,提高纤毛虫的活力。为此,可内服碳酸氢钠 30g。在此基础上,饲喂易消化的优质干草,采取少给勤添的方式。为了兴奋瘤胃功能,可用氨甲酰胆碱 2mg 或新斯的明 20～60mg 或毛果云香碱 40mg 皮下注射。隔 3h 再重复 1 次;也可应用 10％的氯化钠 300ml,10％的氯化钙 100ml 和 10％的安钠咖 20ml 静脉注射,每天 1 次,连用 2 次;为了防腐滞酵,可用鱼石脂 15g,酒精 100ml,常水 1 000ml,混合内服,每天 1 次,连用 2～3d;为防止脱水和自体中毒,可静脉滴入等渗糖盐水 2 000～4 000ml,5％的碳酸氢钠 1 000ml 和 10％的安钠咖 20ml。

可应用中药健胃散或消食平胃散 250g,内服,一日 1 次或隔日 1 次。马钱子酊 10～30ml,内服。针灸脾俞、后海、滴明、顺气等穴位。

(六)瘤胃积食

瘤胃积食是以瘤胃内积滞过量食物,导致体积增大,胃壁扩张、运动功能紊乱为特征的一种疾病。本病以舍饲奶牛多见。

【发病原因】 饥饿后暴食,或长期精饲料饲喂采食,或长期饲喂难以消化的粗料(如麦秸、干甘薯藤、玉米秸等)可导致本病的发生。突然变换饲料和饮水不足等也可诱发本病。此外,还可继发于瘤胃弛缓、瓣胃阻塞、创伤性网胃炎、真胃积食等疾病的病程中。

【临床症状】 食欲、反刍、嗳气减少或废绝,病牛表现呻吟、努责、腹痛不安、腹围显著增大,尤其是左肷部明显。触诊瘤胃充满而坚实并有痛感,叩诊呈浊音。排软便或腹泻,尿少或无尿,鼻镜干燥,呼吸困难,结膜发绀,脉搏快而弱,体温正常。到后期出现严重的脱水和酸中毒,眼球下陷,红细胞压积由 30％增加到 60％,瘤胃内 pH 明显下降。最后出现步态不隐,站立困难,昏迷倒地等症状。

【防控措施】 平时应加强饲养管理,防止过食,避免突然更换饲料,粗饲料应适当加工软化。

以排除瘤胃内容物,制止发酵,防止自体中毒和提高瘤胃的兴奋性为治疗原则。

为排出内容物和制酵,可根据临床具体情况选用硫酸钠 800g、鱼石脂 20g、水 1 000～2 000ml 一次内服,或石蜡油 1 000ml 一次内服。为提高瘤胃的兴奋性,可用酒石酸锑钾,8～10g,溶于 2 000ml 的水中,每天 1 次内服,或静脉注射 10％的浓盐水 500ml。为防止自体中毒,用 5％的碳酸氢钠 500ml,静脉注射,在上述静脉注射的同时应适当加入强心剂。

应用中药消积散或曲麦散 250～500g,内服,一日 1 次或隔日 1 次。针灸脾俞、后海、滴明、顺气等穴位。

在上述保守疗法无效时,则应立即行瘤胃切开术,取出大部分内容物以后,放入适量的健康牛的瘤胃液。

(七)瘤胃臌气

瘤胃臌气是指瘤胃内容物急剧发酵产气,对气体的吸收和排出障碍,致使胃壁急剧扩张的一种疾病。放牧的奶牛多发。

【发病原因】　原发性的瘤胃臌气主要由于采食大量易发酵的新鲜多汁的豆科牧草或幼嫩青草,如新鲜苜蓿、三叶草等。此外,食入腐败变质、冰冻、品质不良的饲料也可引起臌气。本病还可继发于食管梗塞、创伤性网胃炎等疾病过程中。

【临床症状】　病牛腹围急剧增大,尤其是以左肷部明显,叩诊瘤胃紧张而呈鼓音,患牛腹痛不安,不断回头顾腹,或以后肢踢腹,频频起卧。食欲、反刍、嗳气停止,瘤胃蠕动减弱或消失。呼吸高度困难,颈部伸直,前肢开张,张口伸舌,呼吸加快。结膜发绀,脉搏快而弱。严重时,眼球向外突出。最后运动失调,站立不稳而卧倒于地。

【防控措施】　加强饲养管理,防止贪食过多幼嫩的豆科牧草,注意运动。

本病的治疗以排气减压,制止发酵,除去胃内有害内容物为原则。

为了制止发酵,可用乳酸 20ml,加水 1 000ml,或 40% 甲醛 20ml 加水 1 000ml,或 10% 的鱼石脂酒精 150ml,加水 1 000ml 内服。对泡沫性臌气应加入植物油以消沫。

臌气较轻者,可将患牛置立于前高后低的斜坡上,用草把按摩瘤胃或将涂以松馏油的木棒横置于病牛口中,让其不断咀嚼以促进嗳气。当急性瘤胃臌气或臌气严重时,首选插入胃管放气,放气时,应控制气体排出的速度。泡沫性臌气时,应灌入植物油等消沫药。其次可选择瘤胃穿刺放气,其方法是于左肷窝中央,消毒后,对准对侧肘头方向刺入瘤胃,拔出针芯,进行间断性地放气。若没有套管针,也可用 16 号或 18 号的针头代替。放完气后可通过套管针向瘤胃内直接注入制酵剂。但瘤胃穿刺往往会导致腹膜炎的发生,应注意及时应用抗菌药物。

应用中药三香散 200～250g,内服。针灸顺气、脾腧、苏气、滴明等穴位或电针关元俞。

为了促进胃内有害物质排除,可内服硫酸钠 800g,加适量的水,或内服液体石蜡 1 000～2 000ml。

(八)创伤性网胃炎

创伤性网胃炎是指尖锐异物随饲料被牛采食后刺伤网胃壁,引起穿孔处及其周围组织发生炎症。常伴发腹膜炎,消化功能障碍,胸壁疼痛和间歇性臌胀等特征。本病多发于舍饲的奶牛。

【发病原因】　主要是由于在加工饲料过程中,铁丝、铁钉、缝针、兽用注射针头等混入饲料中而被牛采食。再加上由于母牛妊娠胎儿增大,分娩努责,积食、臌胀、奔跑、跳跃、过食等使腹压增高时,易使尖锐异物刺伤网胃壁发生炎症和穿孔。

【临床症状】　在病的初期,呈现前胃弛缓,食欲减退,瘤胃收缩力减弱,反刍减少,胃蠕动音减弱,呈现间歇性瘤胃臌胀。泌乳量减少。常采取前高后低的站立姿势,头颈伸展,肘突外展、拱背、行走缓慢,不愿下坡或急转,肘部肌肉震颤,卧下、起立时谨慎,有时呻吟、磨牙。触压网胃区有疼痛反应,呈现不安、躲避或抵抗。

【防控措施】 最根本的治疗方法就是手术，且越早越好，一般多采用瘤胃切开术，通过瘤网口，将金属异物等拔下取出。对较轻的病例，可将病牛置前高后低的床垫上，以减轻腹腔脏器对网胃的压力和促使异物退出网胃壁，应用特制的磁铁，经口投入到网胃中，吸取胃中金属异物，同时肌内注射青霉素 300 万 IU，链霉素 3g，每日 2 次，连用 3～5d。

加强饲养管理，禁止金属异物在牛舍内外堆放，饲草应过筛除去金属异物，定期投放牛胃取铁器，取出网胃内铁质异物。

四、中毒病

(一)黄曲霉毒素中毒

黄曲霉毒素中毒是一种真菌毒素疾病，主要侵害肝脏，以全身性出血、消化功能障碍和神经症状等为特征。患病牛多呈慢性经过。

【发病原因】 主要是饲料污染，采食含有黄曲霉毒素的玉米、花生、豆饼等霉变饲料而发生中毒。

【临床症状】 犊牛生长发育缓慢，被毛粗糙逆立，食欲不振，磨牙，鼻镜干燥，无目的地徘徊，常有一侧或两侧角膜混浊，间歇性腹泻。个别呈惊恐或转圈运动等神经症状，后期往往陷于昏迷而死亡，死亡率较成年牛高。成年牛精神沉郁，食欲、反刍减少或停止，瘤胃臌气，有的间歇性腹泻，贫血、消瘦，孕牛早产或流产。黄曲霉毒素中毒的确诊需测定黄曲霉毒素中毒的含量。

【防控措施】 除去污染饲料，预防为主。

(1)饲料防霉措施 温度 25℃～30℃、相对湿度 80%～90%和谷实饲料原料水分含量为 17%～18%时，是黄曲霉生长繁殖的最适条件。物理防霉主要是控制储藏环境的温度、封闭隔氧储存、气调储藏、低温通风储藏等。化学防霉法适合饲料工业，常被用作饲料防霉剂的有丙酸及其盐类、山梨酸及其盐类，另外还有双乙酸钠、乙氧喹、延胡索酸、脱氢醋酸盐、龙胆紫、富马酸二甲酯等。使用防霉包装袋，用聚烯烃树脂膜制成的包装袋可以使香草醛或乙基香醛慢慢蒸发而渗透到饲料中去，不仅能防霉，而且因有芳香味，还可提高饲料的适口性。

(2)黄曲霉毒素的防除措施 可采取物理分离和筛分，将污染严重的谷物去除。加热或在阳光下暴晒，去除谷物中的霉。一些矿物质能够吸附并捕获霉菌毒素分子，如蒙脱石、沸石、膨润土、硅藻土等。"霉可吸"、"麦特霉胶素"可作为吸附剂添加到饲料中使用。利用微生物，如某些微生物菌种也具有转化降解黄曲霉毒素的毒性作用，如乳酸菌、黑曲霉、米根霉、葡萄梨头菌、灰蓝毛菌、橙色黄杆菌等。

(二)有机磷中毒

【发病原因】 奶牛误食喷洒有机磷农药的青草，误饮被农药污染的水引起中毒，用有机磷农药驱除奶牛体内、外寄生虫时剂量过大、浓度过高也易引起中毒。另外，人为投毒而造成中毒。

【临床症状和诊断】　误食有机磷农药，几小时内出现症状，皮肤接触1～7d或更长时间出现症状，症状随特定毒素和各种不同的毒碱或烟碱样作用而变化。常见症状为流涎，瞳孔缩小，震颤，虚弱，呼吸困难，脱水，典型症状是腹泻。

据临床症状可做出初步诊断，确诊需做实验室诊断。中毒样品应在24h内以冷藏形式送实验室，实验室检查可见血、血凝块、脑、视网膜和其他组织中胆碱酯酶活性降低，胆碱酯酶水平比正常低50%以上。

【防控措施】　皮肤接触的用水和洗涤剂轻洗。治疗最好在24～48h内给药，用阿托品解毒，0.25～0.5mg/kg，必要时重复给药，同时口服活性炭350～700g。

预防应加强对有机磷农药的管理，严格按照"剧毒药物安全使用规程"进行操作和使用，避免污染饲料和饮水。施过农药的场地应做好标记，禁止奶牛到刚施过农药的草场或其附近放牧采食。最好不用有机磷制剂驱除奶牛体内、外寄生虫。

(三)有机氟化物中毒

【发病原因】　奶牛采食被有机氟农药污染的饲料和饮水或误食灭鼠药氟乙酰胺而发生的中毒。

【临床症状和诊断】　误食后一般3～4h后才能出现中毒症状，但发病很突然。以神经症状为主，表现流涎，兴奋不安，肌肉痉挛，瞳孔散大，粪尿失禁，常在症状出现后0.5～1h内死亡。听诊时以心律不齐为特征。根据采食毒饵的病史，结合临床症状可初步诊断，采取饲料、饮水及胃肠内容物做毒物分析可确诊。简单的方法可用羟胺反应生成紫色羟肟酸铁络盐来定性。

【防控措施】　一旦发现中毒，立即用特效解毒剂乙酰胺治疗，静注10%葡萄糖酸钙或氯化钙300～500ml、20%甘露醇500～1 000ml降低脑内压，并配合静注应用高渗葡萄糖、ATP、辅酶A、维生素B_1等一般解毒药。

预防应加强鼠药的使用管理，及时清理毒饵和死鼠，防止牛误食。禁止饲喂喷洒含氟农药的农作物及牧草。

(四)尿素中毒

【发病原因】　主要因牛食入过多尿素或尿素蛋白质补充料或饲喂方式不当，突然大量饲喂或将尿素溶解成水溶液喂牛，以及食后立即饮水所致而引起中毒。

【临床症状和诊断】　多在采食后20～30min发病，呈现混合性呼吸困难，呼出气有氨味，呻吟，肌肉震颤，步态踉跄，后期全身出汗，瞳孔散大倒地死亡。急性中毒，全病程1～2h即可窒息死亡。病程稍长者，表现后肢不全麻痹，卧地不起。剖检可见，胃肠黏膜充血、出血、脱落，瘤胃内发出强烈氨臭味。肺充血、水肿，脑膜充血。瘤胃pH>8.0(病牛或染病新死后剖检)，血液含氨>1mg/100ml，据此可做出诊断。

【防控措施】　治疗可用食醋500～1 000ml加水2倍灌服，静脉注射25%葡萄糖2 000ml、10%安钠咖30ml及维生素C 3g、维生素B_1 1 000mg。

预防主要在奶牛日粮中合理的使用尿素，严格控制用量。犊牛和产奶牛不喂尿素。平时加强尿素管理，严防奶牛误食或偷食大量尿素。

五、外科及产科疾病

(一)乳腺炎

乳腺炎是指乳房受到机械、物理、化学和生物学因素作用而引起的炎症过程。按症状和乳汁的变化,可分为临床型与隐性型2种类型。该病对奶牛业危害极大,甚至可损害人的健康。

【发病原因】 饲养管理不当,如挤奶技术不熟练,造成乳头管黏膜损伤,挤奶前未清洗乳房或挤奶人员手不清洁以及其他污物污染乳头等。病原微生物的感染,如大肠杆菌、葡萄球菌、链球菌、结核杆菌等通过乳头管侵入乳房而引起的感染。据调查,引起奶牛乳腺炎的主要病原是细菌。其中葡萄球菌的分离率为45.58%,杆菌37.32%,链球菌36.18%,其他2.56%。机械性损伤,如乳房受到打击、冲撞、挤压或外伤等都可成为诱因。圈舍及运动场中的砖头、铁丝等异物也是引发乳腺炎的一个潜在原因。饲料中毒、胃肠疾病、生殖系统疾病可诱发乳腺炎。

【临床症状】 当发生临床型乳腺炎时,乳房患部呈现红、肿、热、痛,淋巴结肿大,乳汁排出不畅,泌乳量减少或停止,乳汁稀薄,内含凝乳块或絮状物,有的混有血液或脓汁,有时呈水样。严重时,除上述局部症状外,伴有食欲减退,精神不振和体温升高等全身性症状。急性的还会出现体温升高,脉搏增速,患牛抑郁,衰弱,食欲丧失等全身症状。一般临床型乳腺炎只要及时治疗便可痊愈,乳房不会遗留形态和功能障碍。

急性乳腺炎常突然发生于2次挤奶之间,病情严重,发展迅速。患病乳区肿胀严重,乳头也随之肿胀,皮肤发红或发紫(个别甚至裂口)。触摸时感觉乳房发热、疼痛,整个患病乳区质地特别坚硬,挤不出奶,或仅能挤出一二把黄水或清汤。患病牛持续发热(40.5℃~42.5℃),心率及呼吸增加,精神不振,食欲减少或不食,如不及时治疗可危及病牛生命安全,死亡率达10%以上。如伴有腹泻,治疗时要防止大肠杆菌毒素中毒。多数治愈后患病乳区会遗留形态和功能障碍。

隐性型乳腺炎临床症状不明显,乳汁没有肉眼可见的异常变化,但患病牛产奶量减少,奶的品质下降,是乳腺炎中发病率最高的一种类型。在实验检查时才能被发现,乳中细菌数、体细胞数增加(50万个/ml以上),酸碱度及电导率也发生变化。

乳腺炎的发病特征:高产牛乳腺炎发病率高于低产牛;经产牛乳腺炎发病率高于头胎牛;机器挤奶的牛群乳腺炎发病率高于手工挤奶的牛群;干奶期乳腺炎发病率高于泌乳期乳腺炎;分娩期乳腺炎发病率高于泌乳期乳腺炎;夏季发病率高于冬季。

【防控措施】 日常要注意保持畜舍、用具及牛体卫生,定期消毒;按正确方法进行挤奶,避免损伤乳头;挤奶前用温水清洗乳房,挤净乳汁;干乳期向乳房内注入抗生素1~2次;保护乳房,避免机械性损伤。

改善饲养管理,注意乳房卫生,增加挤乳次数,及时排出乳房内容物。减少多汁饲料的饲喂量,适当限制饮水,每次挤乳时要按摩乳房15~20min。浆液性乳腺炎时,自下而上按摩,卡他性和化脓性乳腺炎、乳房脓肿、乳房蜂窝织炎、出血性乳腺炎时则不应按摩。在炎症的初期处于浆液性渗出的阶段时,可采用冷敷,以制止渗出。当炎症 2～3d 后,渗出停止时,再改采热敷或紫外线照射疗法,以促进吸收。当出现明显的全身症状时,可用青霉素、链霉素混合肌内注射,或磺胺类药物及其他抗生素药物进行静脉注射等。

(1)隐性乳腺炎 以防为主、防治结合,可用乳头药浴、乳头保护膜等预防病原菌侵入乳房;或用盐酸左旋咪唑在干乳期(即分娩前 1 个月),以 7.5mg/kg 体重一次内服;灌服清热解毒、活血化淤的中药和乳头注入抗生素,对防治隐性乳腺炎均有较好效果。但隐性乳腺炎检出率很高,逐头给药和大量使用抗生素未必可取。奶牛补硒 2mg/(头·d)。在母牛分娩前 21d 开始,每头牛日粮加 0.74g 维生素 E 和注射 0.1mg/kg 体重。

(2)临床型乳腺炎 可选用抗生素及磺胺类和呋喃类药。喹诺酮类和头孢菌素类药物效果显著,可通过乳头管直接注入乳池。中药疗法—应以清热解毒、活血化淤为治则。肿胀期可用金银花 50g、连翘 50g、归尾 25g、甘草节 25g、赤芍 25g 乳香 25g、没药 25g、花粉 25g、防风 20g、贝母 25g、白芷 20g、陈皮 20g、白酒 100ml 为引。体壮病重者,金银花可加至 75～100g。体弱气虚、肿疡不消又不快熟者,加生黄芪 50g。脓已熟而不易破溃者,加炙山甲 25g、皂刺 50g(熬水去渣)。破溃期可用生黄芪、全当归、元参各 50g、肉桂 10g、连翘、金银花、乳香、没药、皂刺各 25g,生香附 20g。为了减轻乳房内的压力,应及时排出乳池和乳管内的炎性渗出物,白天每隔 2～3h,夜间每隔 6h,挤奶 1 次。每次挤奶时,须按摩乳房 15～30min。根据乳腺炎的病性及程度不同,采取不同的按摩法,浆液性炎从下而上按摩,黏液性及黏液脓性炎,从上而下按摩,其他性质的乳腺炎,禁止按摩。为了促使炎性渗出物的吸收和炎症的消散,对浆液性、黏液性、纤维素性、黏液脓性炎的病例,病的初期可行冷敷,2～3d 后可行热敷,或者涂擦用常醋调制的复方醋酸铅糊剂,也可涂擦樟脑软膏。

(3)最急型乳房炎 加快感染乳区乳汁的排出及时排出细菌内毒素和机体炎性分泌物,催产素 5～10IU,每天多次排乳;选择抗菌性强的抗生素,如庆大霉素、多黏菌素 B 和增效磺胺抗菌;病初,尽快用解热、消炎和镇痛药物,常用非类固醇类药物、阿司匹林 3～5g 内服。解毒可用 25% 葡萄糖盐水、硫酸氢钠等静脉注射;螺旋霉素 10g 分 2 次肌注,结合螺旋霉素 500mg 乳注,每天 1 次,连注 3d。

(4)乳房内注药 先将患病乳房内的乳汁及分泌物挤净,用消毒液消毒乳头,将乳导管插入乳房,然后再慢慢地通过注射器将抗生素溶液注入,注完后用双手从乳头基部向上顺序按摩,使药液逐渐扩散,所用药物、用法用量及休药期见奶牛饲养兽药使用准则(NY5046—2001)。

(5)乳房封闭疗法 静脉封闭,静脉注射用生理盐水配制的 0.5% 的普鲁卡因溶液 200～300ml。会阴神经封闭,在坐骨弓上方正中的凹陷处,消毒后,右手持封闭针头向患侧刺入 2cm,然后注入 0.25% 的盐酸普鲁卡因溶液 20ml,其中可加入 80 万 IU 青霉素,若两侧乳房均患病,可向两侧注射。乳房基部封闭,在乳房前叶或后叶基部的上方,紧贴腹壁刺入 8～10cm,每个乳区的基部可注入 0.5％的普鲁卡因 100ml,且在其中加入 80 万 IU 的青霉素,以提高疗效。

对于干奶期奶牛,选用有效抗菌药物注入乳房内,治好后再停奶。用 0.17g 长效青霉素与 0.4g 链霉素,4 个乳区注入;或青霉素同时 300 万 IU 一次肌注,每日 2 次,连注 5d。干奶后连续药浴乳头 10d。

(二)产后瘫痪

产后瘫痪又叫乳热症,是指母牛在分娩后 1～3d 突然发生的以昏迷和瘫痪为特征的急性低血钙症。病牛知觉减退或消失,四肢瘫痪,卧地不起,精神抑制和昏迷。本病多发生于 5～9 岁的高产乳牛。其特征是舌、咽、消化道麻痹、知觉丧失、四肢瘫痪、体温下降和低血钙。

【发病原因】 产后每年发生急性钙代谢障碍与本病的发生有密切关系。产后钙质大量进入初乳是血钙浓度下降的主要原因。产后健康牛血钙含量为 8.6～11.1mg/L,而病牛则下降到 3.0～7.7mg/L。与此同时,血液中磷的含量也相应减少。

【临床症状】 病牛常在分娩后 12～72h 突然发病,站立不稳,后躯摇晃,肌肉震颤,目光凝视,随即瘫痪卧地,不能站立,四肢曲屈于胸腹下,头颈弯向胸侧,人为地将头拉直,但松手后又恢复原状。病牛闭目昏睡,体表及四肢发凉,意识不清,针刺皮肤无反应,呼吸深而慢,体温下降至 35℃～36℃。

非典型病例于产后较长时间发生,瘫痪症状不明显,伏卧时头颈部呈"S"状弯曲,体温正常或稍低,食欲废绝,精神沉郁,但不昏睡。

血钙降低至 3.9～6.9mg/L,有时低至 2mg/L(正常值为 10mg/L);血磷降低至 1.0～2.7mg/L(正常值为 5～8mg/L);血糖升高至 80～90mg/L,有时高达 160mg/L(正常值为 40～70mg/L)。

【防控措施】 预防的方法是在奶牛围产前期给以低钙日粮或围产前期日粮中添加阴离子盐[(NH_4Cl、$(NH_4)_2SO_4$、$MgCl_2$、$MgSO_4$、$CaCl_2$、$CaSO_4$]。产前 21d 每头牛可补食 50～100g 氯化铵和硫化铵;产前 5～7d,每头牛每天肌内注射维生素 D 3 000～3 200IU;对本病的预防有一定的作用。

以提高血钙含量和减少钙的流失为原则。静脉注射 20％～25％的葡萄糖酸钙 500ml,6h 内不显效者可重复注射,但最多不超过 3 次。第二次注射时,同时注入等量的 40％葡萄糖溶液、15％的磷酸钠 200ml 及 15％硫酸镁 200ml。

乳房送风疗法,以减少血钙流失。将乳房、乳头消毒后,把乳房中的乳汁挤净,然后将消毒的乳头管插入乳头并固定,连接乳房送风器或注射器,徐徐打入空气,以乳房皮肤紧张、弹击呈鼓音时为度。拔出乳导管,用纱布条轻轻扎住乳头或用胶布贴住,以防空气逸出。过 1～2h 后解除。注意一定要将 4 个乳区全部注满。

当输钙后,病牛机敏灵活,欲起立而不能时,多伴有严重的低血磷症,此时可用 20％的磷酸二氢钠 200ml 或 30％的次磷酸钙 1 000ml,一次静脉注射。

在治疗过程中应注意对症疗法,如强心,利尿,及时补糖等。

(三)子宫内膜炎

子宫内膜炎是指子宫黏膜的浆液性、黏液性或化脓性炎症,是奶牛常见的生殖器官疾病,也是导致奶牛不孕的重要原因之一。

【发病原因】　由于配种、人工授精及阴道检查等操作时消毒不严,难产、胎衣不下、子宫脱出及产道损伤等造成细菌侵入;阴道内存在的某些条件性致病菌,在机体抵抗力降低时导致本病发生。布鲁氏菌病,结核病等传染病时,也常并发子宫内膜炎。

【临床症状】

(1)隐性子宫内膜炎　发情时从子宫排出的分泌物较多,透明度差,略有混浊。子宫不发生形态上的变化,直肠检查和阴道检查无明显变化,发情周期正常,但屡配不孕。子宫冲洗回流液静置后有沉淀或絮状浮游物。

(2)慢性卡他性子宫内膜炎　发情正常或稍有紊乱,屡配不孕,或虽能受孕,但多发生隐性流产或习惯性流产。卧地或发情时,从阴道流出较多的混浊或透明含有絮状物的黏液。直肠检查时,子宫角变粗,子宫壁增厚,弹性减弱,收缩反应微弱,两子宫角大小、质地、形状对称,长短相同。阴道检查时,可见子宫颈口稍微开张,子宫颈膣部肿胀,阴道内有透明或混浊的黏液。子宫冲洗时,回流液略混浊,像清稀鼻液或淘米水。

(3)子宫积水　病牛表现长期不发情,经阴道不定期排出较多量的分泌物。直肠检查时,可发现子宫角粗大,似妊娠 1.5～3 个月,子宫间沟清楚;触诊感觉子宫壁薄,液体波动明显;两子宫角大小相等,松弛下垂,病畜站立的位置移动时,一子宫角中的液体可以流入另一子宫角内,而使两角的大小出现明显的差异。需与妊娠 3 个月左右的正常子宫、子宫积脓、胎儿干尸化、胎儿浸溶鉴别诊断。

(4)慢性卡他脓性子宫内膜炎　精神不振,食欲减退,体温正常或稍高;发情周期不正常;阴门排出灰白色或黄褐色稀薄脓液,尾根、阴门和飞节上常粘有脓液或其干痂。直肠检查时,子宫增大,收缩反应微弱或消失,子宫壁变厚,且厚薄不匀,软硬度不一致。阴道检查时,阴道黏膜和子宫颈膣部充血,黏附有脓性分泌物;子宫颈口略微开张。子宫冲洗时,回流液混浊,像面汤或米汤,其中夹杂有小脓块或絮状物。

(5)慢性脓性子宫内膜炎　从阴门经常排出灰白色、黄褐色黏稠的脓性分泌物,有恶臭气味,病牛卧地或发情时排出较多,阴门周围皮肤、尾根及飞节上黏附有脓性分泌物,干后变为薄痂。直肠检查时,一侧或两侧子宫角增大,子宫壁厚而软,厚薄不一致,收缩反应基本消失,有时在子宫壁上可见脓肿。阴道检查时,与慢性卡他脓性子宫内膜炎症状相同。子宫冲洗时,回流液混浊,像稀面糊,甚至是黄白色或棕黄色脓液。

(6)子宫积脓　发情停止或长期不发情,日渐消瘦。如果出现发情或者子宫颈黏膜肿胀减轻时,则可排出多量脓性分泌物,阴门周围、尾根及飞节上粘有脓痂。直肠检查:子宫显著增大,两子宫角一般不相等,子宫壁变厚,但各处厚薄及软硬度不一致,整个子宫紧张,触之有硬的波动,聚积的脓液量多时,则子宫更大,甚至呈袋状沉入腹腔;可摸到两侧子宫中动脉上有类似怀孕的脉搏;卵巢上常可摸到黄体。确诊需与怀孕子宫、子宫积水、胎儿干尸化、胎儿浸溶进行鉴别。阴道检查:可见阴道黏膜与子宫颈膣部充血、肿胀,子宫颈外口附有黏稠脓液。

【防控措施】 搞好产房环境卫生,防止子宫感染;严格遵守人工授精操作规程,防止交叉感染。

治疗原则是消除炎症,防止扩散和促进子宫功能的恢复。

(1)冲洗子宫 冲洗液温度为 35℃～45℃。冲洗液量为 1 000ml 左右。经反复冲洗,直到回流的冲洗液变为清亮透明为止。子宫积水和子宫积脓时,先将其积水、积脓导出,再用相应冲洗液冲洗。

冲洗液的选用:

隐性子宫内膜炎:选用生理盐水加入 40 万～80 万 IU 青霉素;或者用 1％小苏打溶液。

慢性卡他性子宫内膜炎:选用 5％～10％氯化钠溶液或 2％小苏打溶液。

慢性卡他脓性或脓性子宫内膜炎:选用 0.05％高锰酸钾溶液;0.05％新洁尔灭或洗必泰溶液;10％氯化钠溶液;或者淡复方碘溶液(每 100ml 溶液含复方碘溶液 2～10ml)。

(2)抑制或消除子宫炎症 冲洗子宫之后,用土霉素原粉 5g,混悬于 20～40ml 生理盐水,注入子宫内;或者用青霉素 160 万～320 万 IU、链霉素 100 万 IU,溶于 20～40ml 生理盐水中,注入子宫内;子宫内分泌物不多时,也可不冲洗,直接向子宫内注入上述药液,或者用 1∶2～4 的碘酊甘油溶液,1∶1 的石蜡油复方碘溶液 20～40ml 直接注入子宫内。

(3)恢复子宫张力,促进子宫收缩 用雌激素 10～20mg 肌内注射,可促进子宫颈松软开张,促进子宫壁收缩;用前列腺素 F2α 及其类似药物 2mg 肌内注射,可消溶黄体,促进宫缩;也可用麦角新碱 10mg 肌内注射,加强宫缩;用催产素 50～100IU 肌内注射,可促进宫缩,但应事先注射雌激素,否则无效。

(四)胎衣不下

胎衣不下是指分娩后一定时间内(12h 左右)不能将胎膜完全排出的疾病。多见于不直接哺乳或营养不良的奶牛。

【发病原因】 由于日粮中钙、磷、镁的比例不当,运动不足,过瘦或过肥,母牛虚弱,子宫弛缓;胎水过多,胎儿过大等使子宫高度扩张而继发子宫收缩无力;难产后的子宫肌过度疲劳及雌激素不足等;子宫或胎膜的炎症而致胎儿胎盘与母体胎盘粘连等原因可导致发生胎衣不下。也可继发于某些传染病过程中。

【临床症状】 胎衣不下有全部停滞与部分胎衣不下。一般从阴门外可见下垂的呈带状的胎膜,有时母牛的胎膜全部滞留于子宫内,阴道内诊时可发现子宫内胎膜。

病牛表现拱背,频频努责,滞留时间过长,发生腐败分解,胎衣碎片随恶露排出。如腐败分解产物被吸收,即可表现出食欲不振、反刍减少、泌乳量减少、体温升高等全身症状。

【防控措施】　保证奶牛营养平衡,干奶期奶牛饲养日粮中应适当补充维生素 A、维生素 E、微量元素硒等。产前 1 周可肌注 1 次维生素 D₃;在离母牛预产期 45d 和 15d 时,各肌注 1 次亚硒酸钠-维生素 E,每次 5ml;对经产母牛,产后立即采取补钙、补糖;对产后 2～3h 后胎衣排出不多的奶牛注射促进子宫收缩的药物等,这些措施可因具体牧场条件而定,一般都能有效地减少胎衣不下的发生。

药物治疗主要原则是促进子宫收缩,加速胎衣排出、消炎。①土霉素发泡剂(片)子宫内灌注;②金霉素 1g 或土霉素 2g,用 10%生理盐水 500ml 溶解,温热后注入子宫;③肌内或皮下注射垂体后叶素 50～100IU,2h 后重复注射 1 次,最好是在产后 6～8h 使用,12h 以内使用效果佳;④益母草鲜品 500～1 000g,水煎,加红糖 300g,饮水。

(五)乳头管狭窄及闭锁

乳头管狭窄是指乳头管黏膜慢性炎症,导致乳头管黏膜下结缔组织增生,形成瘢痕而收缩,引起乳头管腔变小,造成挤乳困难。乳头管闭锁是乳头管扩约肌或黏膜损伤而发生粘连,致使乳头管封闭,完全挤不出乳汁者。

【发病原因】　挤乳方法不当或用乳导管治疗时方法不当,引起乳头管黏膜损伤所致。乳房创伤、挫伤,乳房炎等也可继发本病。

【临床症状和诊断】　乳头管狭窄时,挤乳困难,乳汁呈细线状射出,仅乳头管门狭窄时,挤出的乳汁偏向一侧喷射,捻动乳头时感觉乳头管粗硬。乳头管闭封时,乳池内充满乳汁而挤不出来。

【防控措施】　平时应按规程操作挤乳,方法要熟练、正确。牛舍及运动场的围栏高低、质量应符合标准,以防乳房及乳头发生损伤。

剥离粘连部分,扩大乳头管腔。

当乳头括约肌紧缩时,用圆锥形乳头管扩张器扩张,方法是在挤乳前将灭菌的乳头管扩张器涂上润滑剂,插入乳头管中停留和放置 30min,先小后大逐渐使其扩张,然后再进行挤乳。

当乳头管内有瘢痕而收缩时,可于乳头管基部先行皮下浸润麻醉后,局部消毒,插入适宜大小的双刃乳头管刀将瘢痕组织切开,以扩大管腔。切开时注意不要损伤健康组织。切开后再行挤乳,以确定切开的效果。

为防肉芽组织增生,手术后应向乳头管内插入带有螺丝帽的乳头导管,于挤乳时将螺丝帽取下即可挤奶。至完全愈合前不要抽出乳导管。

(六)卵巢功能减退

卵巢功能减退是指卵巢功能暂时性紊乱和衰退,以至出现不完全发情周期,或处于静止状态而停止发情的疾病。

【发病原因】　主要是由于饲养管理不当,营养缺乏,以至机体虚弱;气候突变,环境突然改变等引起卵巢功能紊乱。此外,近亲繁殖、子宫、卵巢疾患者及全身性严重疾病也可继发本病。

【临床症状】　主要表现为性周期紊乱、不发情,或发情不定期。发情时外部征候不明显,即或发情而无排卵。直肠检查时,卵巢上摸不到发育和成熟卵泡。

卵巢功能减退表现为发情周期延长或长期不发情,发情外部征象不明显。直肠检查时,卵巢质地形状和大小没有明显改变,摸不到卵泡和黄体。

卵巢功能不全的特征是发情外部征象明显但不排卵,或者是卵巢上有卵泡发育并排卵但无发情表现。直肠检查时,卵巢上可摸到卵泡和排卵。

卵巢萎缩表现为长时期不发情。直检时,卵巢体积缩小似小蚕豆或豌豆大小,质地较硬,既没有黄体也没有卵泡,隔1～2周再查,卵巢仍无变化。

【防控措施】　改善饲养管理、增加卵巢功能。主要是改善饲料质量,增加维生素、蛋白质、矿物质和微量元素的含量,喂给优质量的饲草,适当增加日照时间,给予足够的运动和适当减少泌乳。对由于生殖器官或其他方面的疾病所引起的卵巢功能障碍,应及时采取适当措施,积极治疗原发病。利用试情公牛混放于母牛群中,给予性刺激,以诱发发情和排卵。

可应用激素疗法,但注意治疗期弃奶,防止乳中激素残留。①静注2 500～5 000IU或肌内注射10 000～20 000IU人绒毛膜促性腺激素(hCG),必要时间隔1～2d重复1次。②肌注100～200IU促卵泡素(FSH),每日或隔日1次。每次注射后须做检查,连续应用2～3次。当出现发情后,再肌内注射黄体生成素效果更好。③孕马血清(PMS)或全血:可肌注1 000～2 000IU。④苯甲酸雌二醇,肌内注射4～10mg;丙酸雌二醇,肌内注射4～10mg。勿用量过大或长期使用。

激光疗法:可用He-Ne激光照射病牛的交巢穴(即肛门之上,尾根之下的凹陷),距离40～50cm,每日照射1次,8～10mW的每次15～20min,30～40mW的每次8～10min,一般连续照射3～7d可促进发情排卵。

(七)卵泡囊肿

卵泡囊肿是指卵泡细胞增大变性,形成囊肿。

【发病原因】　主要由于垂体前叶分泌的促卵泡素过多,促黄体素不足,使卵泡过度生长且不能正常排卵和形成黄体;运动不足、饲料中缺乏维生素A和酸度过高;长期大剂量注射孕马血清和雌激素引起卵泡滞留;卵巢炎、子宫内膜炎、胎衣不下、流产,气温突变等都可以引起卵泡囊肿。

【临床症状】　多见膘满肥胖者,表情性欲亢进,不断发情,慕雄狂,对外界刺激敏感,荐坐韧带松弛下陷,外阴部充血肿胀,卧地时阴门开张,阴道经常流出大量透明黏稠的分泌物。直肠检查发现一侧或双侧的卵巢体积增大,卵巢上有较大的囊肿卵泡,其直径可达5mm。

【防控措施】　加强饲养管理,适当增加运动,饲料中补给维生素A和防止酸度过高。

药物治疗：①促黄体素(LH)制剂：一次肌内注射 100～200IU。效果不显著时，7d 后可重复用药 1 次。②绒毛膜促性腺激素(hCG)：一次肌内注射 5 000～10 000IU。4 周内不得重复用药，以防形成持久黄体。③促性腺激素释放激素(Gn-RH)类似物，如 LRH-A2、LRH-A3、LRH-Ⅱ 等，一次肌内注射 0.5～1.0mg。20d 后可重复用药。④孕酮：一次肌注 50～100mg，每日或隔日用药 1 次，连用 2～7 次，总量不得超过 700mg。⑤地塞米松 10～20mg，肌内注射，隔日 1 次，连用 3 次。

激光疗法：使用 30～40mW 的 He-Ne 激光器，以 60cm 距离照射交巢穴，每天 1 次，每次 8～10min，连续照射 7d 为一疗程，隔 1 周后，可重复治疗 1 个疗程。

也可应用手术疗法：即将手伸入直肠，用食指和中指夹住卵巢系膜，将卵巢固定，再用拇指向食指方向按压，将肿大的卵泡挤破并持续压迫使局部形成深的凹陷为止。

(八)黄体囊肿

黄体囊肿是指卵巢组织内未破裂的黄体发生变性，形成囊肿。

【发病原因】　主要是母牛排卵时运动过多，而使血压升高；或维生素 K 不足，使机体凝血能力降低，以至破裂的卵泡腔内出血，不能形成真正的黄体；或长期应用促黄体生成素等导致黄体囊肿。

【临床症状】　表现性欲缺乏，长期不发情，直肠检查时，可发现大小不一的囊肿，直径可达 7～15cm，卵巢增大呈球形，触压有波动感。

【防控措施】　改善饲养管理，在此基础上选用药物治疗。①前列腺素 F2α 2mg 做子宫、阴道实质注射，每天 1 次，连用 2d。②垂体后叶素 200IU，肌内注射，隔日 1 次，连用 3 次。③前列腺素 F2α 及其类似物，一次肌内注射 2mg，隔日可重复用药 1 次，亦可先应用 GnRH 类似物 0.5～1.0mg 肌注，第九天时再注射前列腺素 F2α 2mg。

(九)持久黄体

持久黄体是性周期黄体或妊娠黄体持续存在，超过 25～30d 而不消退。

【发病原因】　由于垂体前叶分泌的卵泡刺激素不足，促黄体生成激素和催乳素过多，使黄体持续时间超过正常时间范围，卵泡发育抑制；或饲料营养不全，缺乏维生素和矿物质，运动不足等；高产奶牛营养消耗过大而引起卵巢功能减退；或继发于子宫内膜炎、子宫积脓。

【临床症状】　性周期停止，不发情，外阴部皱缩，阴道壁苍白，多无阴道分泌物。直肠检查，卵巢表面呈现绿豆至黄豆大小的一至数个突出表面的黄体，卵巢增大，隔一段时间重复检查时，其表面的黄体大小和位置不变。

直肠检查卵巢表面，间隔 10～14d，经过 2 次以上的触摸检查，在卵巢的同一部位触摸到同样的黄体，即可诊断为持久黄体。

【防控措施】　消除病因，改善饲养管理，增强运动，饲料当中适当增加矿物质及维生素的含量，减少挤奶次数，促使黄体退化。

药物治疗：①肌内注射促卵泡素 100～150IU,隔 2d 1 次,连用 2～3 次。待黄体消失后,可注射小剂量的绒毛膜促性腺激素,以促使卵泡成熟和排卵。②用胎盘组织液,皮下注射,每次 20ml,隔 1～2d 1 次,一般注射 3 次即可发情。③将黄体酮与雌激素配合使用,肌内注射黄体酮 3 次,每日 1 次,每次 100mg,于第二次和第三次注射时,同时注射乙烯雌酚 10～20mg 或促卵泡素 150IU。④前列腺素 4mg,加入 10ml生理盐水,注入到持久黄体一侧的子宫角内,一般于用药后 1 周左右即可出现发情。⑤前列腺素 5～10mg,肌内注射。一般 1 周内即可发情。⑥氯前列烯醇,每头 0.2～0.5mg,宫注或肌内注射。

(十)流 产

流产是指胚胎或胎儿与母体的正常生理关系被破坏,而使妊娠中断。发病率达8%以上。

【发病原因】 主要有传染性流产与非传染性流产两方面。传染性流产主要是由于胎膜、胎儿及母体生殖器官直接受微生物和寄生虫等因素的侵害,子宫、胎膜、胎盘感染,发炎坏死。非传染性流产见于胎膜无绒毛或绒毛发育不全;子宫动脉或脐动脉扭转,胎盘循环障碍,使子宫内膜坏死,胎儿发育不良,导致流产。此外,饲料营养不足,缺乏蛋白质、维生素 E、钙、磷、镁以及给予霉败、冰冻和有毒饲料,跌倒、冲撞等剧烈运动,鞭打、惊吓、粗暴的直肠检查等,严重失血、疼痛、腹泻以及高热性疾病和慢性消耗性疾病等;孕畜全身麻醉,给予子宫收缩药、泻药及利尿药、驱虫药、催情药和妊娠禁忌的其他药物等,均可引起流产。

【临床症状】 在流产之前,表现拱腰、屡做排尿姿势,自阴门流出红色污秽不洁的分泌物或血液。病畜有腹痛现象。有的在妊娠初期,胎儿的大部分或全部被母体吸收,常无临床症状,只是在妊娠 40～60d,性周期又重新出现。有的早产或死胎。有的出现胎儿浸润或腐败分解。

【防控措施】 可针对不同情况,采取相应措施。对有流产征兆,如胎动不安、腹痛起卧、呼吸脉搏加快者和习惯性流产者,应全力保胎,以防流产。可选用黄体酮注射液 50～100mg,肌内注射,每天 1 次,连用 3d。肌内注射维生素 E。中药白术散250～300g,内服。胎儿死亡且已排出时,应注意母畜调养。若未排出者,则应尽早排出死胎。可先用雌激素促使子宫颈口开张,然后再用催产素。对干尸化胎儿应向子宫内灌注灭菌的石蜡油或植物油,以促进其排出,然后再以复方碘溶液冲洗子宫(用温水稀释 40 倍)。当出现胎儿浸溶或腐败分解时,应尽早将死胎组织和分解产物排出,并按子宫内膜炎进行处理。根据全身状况,配合应用必要的全身疗法。

(十一)阴道脱出

阴道脱出是指阴道的一部分或全部脱出于阴门外。多发生在妊娠中、后期,年老体弱的母牛,发病率较高。

【发病原因】 由于阴道组织松弛,腹内压升高及强烈努责所致。多见于日粮中缺乏常量元素、微量元素,运动不足或过度疲劳,阴道损伤及年老体弱等;此外,饱食后卧下,瘤胃臌气,便秘,腹泻,阴道炎,长期处于前高后低的位置以及分娩的阵缩和努责等使腹内压升高等也是诱发本病的原因。

【临床症状】　无明显全身症状,可见病畜不安、拱背、顾腹和做排尿姿势。轻症者,病牛卧下时,见到形如鹅蛋到皮球大小的红色或暗红色半球状的阴道壁脱出,站立时缓慢回缩。继而发展为阴道完全脱出,可见形如排球到篮球大的球状物突脱于阴门外,其末端有子宫颈外口,脱出的阴道初期呈粉红色,后因淤血等变成暗紫色肉冻状,表面常有污染的粪土,进而出血、干裂、结痂和形成糜烂或坏死。

【防控措施】　对部分脱出,站立时能自行缩回者,一般不需整复和固定,但应改善饲养管理,补给矿物质及维生素,适当运动,减少卧地,保持前低后高的位置,内服补虚益气散 250～400g,每日 1 次,连用 3d,多能治愈。

对不能缩回的部分脱出和完全脱出者,则需要整复和固定。站立保定,使其前低后高。可行荐尾硬膜外麻醉。用 0.1％高锰酸钾温溶液或 0.1％新洁尔灭彻底清洗脱出部分,除去坏死组织,并涂以抗生素软膏。然后用消毒纱布托起脱出部分,趁母畜不努责时,用手掌将脱出部分向阴门内推入。待全部推入后,再用拳头将阴道顶回到原位。然后用粗线(12～14 号丝线)在阴道口间隔 3～4cm 做 2 个结节缝合或荷包缝合,留出排尿孔隙。内服补中益气散。

六、犊牛疾病

(一)脐带炎

脐带炎是指犊牛出生后,脐带断端感染细菌而发生的化脓性、坏疽性炎症。

【发病原因】　接产时,脐带断端消毒不严或不消毒;产房或犊牛舍卫生不良,运动场泥泞潮湿;褥草不及时更换;粪便不及时清除,致使犊牛卧地后受到感染;另外犊牛相互吸吮脐带亦可引起。

【临床症状】　犊牛精神沉郁、消化不良、下痢。由于脐部化脓、坏死,患犊脐带局部增温,体温升高,呼吸、脉搏加快,精神沉郁,弓腰,瘦弱。由于脐带断端被腐败物质充塞,在脐带中央可触到索状物,脐带断端湿润、污红色,用手挤压可流出恶臭的脓汁,脐孔周围形成增生硬块或溃疡化脓。严重者可继发关节炎,肝脓肿等。

【防控措施】　加强产房消毒卫生工作。对临产母牛应单独置于清洁、干净的产床内。胎儿产出后,在距腹壁 5cm 处,用剪刀将脐带剪断,随即将断端浸泡于 10％碘酊内 1min。经常保持犊牛床、圈舍清洁,褥草要勤换,粪便及时清扫,运动场要干燥,定期用 1％～2％火碱液消毒。新生犊牛应采用单圈饲养,即 1 头犊牛 1 个圈舍,这样可避免相互吸吮的机会,防止脐带炎和其他疾病的发生。

局部治疗时,病初可用 1％～2％高锰酸钾溶液清洗脐部,并用 10％碘酊涂擦。患部周围肿胀时,可用青霉素 80 万 IU 进行分点注射。对于严重的炎症,可先进行手术清创,并涂以碘仿醚(碘仿 1 份,乙醚 10 份)。如腹部有脓肿,可手术切开排脓,再用 3％过氧化氢溶液进行冲洗,内撒碘仿磺胺粉。

全身治疗可用 80 万 IU 青霉素进行肌内注射,每日 2 次,连用 3～5d。如有消化不良症状,可内服磺胺脒、苏打粉各 6g,酵母片 5～10 片,每日 2 次,连服 3d。

(二)新生犊牛病毒性腹泻

新生犊牛病毒性腹泻是由多种病毒引起的急性腹泻综合征。以精神萎靡、厌食、呕吐、腹泻、脱水和体重减轻为主要特征。

【病原及流行特点】 病原主要是轮状病毒和冠状病毒。此外,细小病毒、杯状病毒、星形病毒、腺病毒和肠道病毒也能引起犊牛腹泻,多于大肠杆菌或隐孢子虫混合感染致病。这些病毒对外界环境抵抗力弱,常用消毒药均能将其迅速杀死。

1～7d 的新生犊牛易发生轮状病毒腹泻,2～3 周龄的犊牛多发冠状病毒性腹泻。病牛和带毒牛是主要的传染源,经消化道和呼吸道传染。本病一旦发生,常成群暴发,发病率高,但死亡率低。初乳不足、气候寒冷、卫生不良等因素可诱发本病,使死亡率提高。本病多发生于冬季。

【临床症状】 病犊精神萎靡,厌食,体温不显变化或略有升高;排黄色或黄绿色液状稀便,有时带有黏液或血液。严重时,水样粪便呈喷射状排出,有轻度腹痛,脱水,急性脱水和酸中毒可导致犊牛急性死亡。剖检可见消化道内容物稀薄,大小肠黏膜出血,肠黏膜易脱落,肠系膜淋巴节肿大。确诊需要电镜观察病毒粒子或用荧光抗体染色检查。

【防控措施】 母牛临产前要饲喂平衡饲料,犊牛出生后要及时喂给充足的初乳,同时可应用促菌生和乳康生等生物制剂,加强对犊牛管理,尽量减少感染机会,牛舍要注意卫生,加强环境消毒和保暖防寒。

对犊牛病毒性腹泻无特异性的药物进行治疗,停止 24～48h 哺乳是有益的,停乳后可口服营养电解质溶液或输注葡萄糖盐水等,如果有细菌感染并发,可口服或注射抗生素或磺胺药物。没有并发症发生,病毒性腹泻可在 2～5d 后恢复。3 周龄前的犊牛对病毒较敏感,因此,牛场发现病犊后应立即隔离,清除病牛粪便及污染的垫草,消毒环境和器物。

(三)犊牛大肠杆菌病

犊牛大肠杆菌病是由致病性大肠杆菌引起的一种急性传染病。以排出灰白色稀便或呈急性败血症症状为临床特点。本病发生较为普遍,常与病毒性腹泻合并发生。

【流行特点】 本病主要危害未吃到初乳的 1 周龄以内的新生犊牛,2 周龄以上的犊牛很少发病。新生犊牛抵抗力降低,消化功能障碍,母牛乳质不佳,牛舍不洁,气候多变等因素都可促进本病的发生。多发生于冬季。

【临床症状】 根据犊牛的年龄和症状可分为败血型和腹泻型。败血型多发生于2～3 日龄的初生犊牛,呈急性败血症症状,病程短促,有的不见任何症状而突然死亡,有的在哺乳后数小时内死亡,有的伴有剧烈下痢,在 1～2d 内死亡。腹泻型以1～2 周龄的犊牛多发,以排灰白色稀便为特征,粪便水样或糊状,酸臭,通常持续 2～4d,轻者可以恢复,但以后发育迟滞,重者衰竭死亡。

【防控措施】 对妊娠后期的母牛进行预防注射,从而使犊牛建立人工的肠道免疫,发挥特异性抗病作用。在血清型已鉴定的,可用单价菌苗预防注射;如血清型未鉴定,可用多价菌苗。犊牛在生后 2h 内应喂给初乳,加强饲养管理,保持牛舍、乳房的清洁卫生,防止新生犊牛接触粪便是预防本病发生的主要措施。

内服乳康生、促菌生等生物制剂,或内服硫酸链霉素 1.0g,或高锰酸钾 4～8g,配成 0.5% 的水溶液内服,治疗效果较好。腹泻严重者应内服次硝酸铋 5～10g 或活性炭 10～20g,以保护肠黏膜,减少毒素吸收。同时,配合强心、补液等对症治疗措施。

(四)犊牛下痢

也称为犊牛饮食性腹泻。由于下痢,致使犊牛营养不良,生长发育受阻。以 1 月龄犊牛多见。

【发病原因】 本病多由饲养管理不当和外界环境的改变引起。喂乳量过多,或喂了变质、酸败乳,致使犊牛大批发病,也常见于犊牛食入精料过多后发病,突然变更饲养员及喂乳温度或数量不定而发病。卫生条件不良(如运动场泥泞、犊牛舍潮湿、喂奶用具不清洗、犊牛喝进污水)、气候骤变、缺硒等均可引起犊牛腹泻。

【临床症状】 发病犊牛排出灰白色、水样、腥臭的稀便为特征。有的粪内带有黏液或呈血汤样,肛门周围、尾根常被粪便污染;患牛表现精神沉郁,食欲减退或废绝,被毛逆立。若发生在冬天并伴有体温升高的,则浑身发抖。由于稀粪长期浸渍,见肛门附近及坐骨节处被毛脱落。如伴有沙门氏杆菌、大肠杆菌感染,腹泻更为严重,出现脱水、酸中毒和肺炎症状。缺硒的犊牛除腹泻外,还表现出白肌病、四肢僵硬、震颤、无力。

【防控措施】 加强饲养管理,坚持犊牛饲喂操作规程,喂乳要定温、定时、定量,不喂发酵变质牛乳。

治疗可采用:减少 1/3～1/2 的奶量,增加饮水量;对有食欲而下痢者,乳酶生 1g,磺胺脒、碳酸氢钠各 4g,酵母片 3g,一次内服,每日 2 次。对有臌胀者,磺胺脒、碳酸氢钠各 5g,氧化镁 2g,一次罐服,日服 2 次。伴有肺炎者,磺胺脒、碳酸氢钠 5g,内服,青霉素 60 万 IU,1% 氨基比林 10ml 一次肌内注射,每日 2 次。对下痢脱水者,葡萄糖生理盐水 1 000ml、25% 葡萄糖溶液 250ml、四环素 75 万 IU,一次静脉注射。

(五)犊牛血尿

血尿即血红蛋白尿。是由于大量饮水,血液渗透压改变,致使红细胞溶解而从尿中排出,其特征是尿液呈红色。本病多见于 3～5 月龄的犊牛。

【发病原因】 主要原因是犊牛口渴,突然暴饮而发生。冬季寒冷,常因饮水冻结而饮水量受到限制,当遇到温水时,即会造成一时性饮水过量。3～6 月龄犊牛,对精料、干草采食增加,当饮水不足,口渴而遇到水时,也易发生暴饮。

【临床症状】 犊牛突然发病,常见暴饮后不久即出现症状,患犊精神不安,伸腰踢腹,呼吸急促,从口内流出白色泡沫状唾液,或从鼻孔内流出红色液体,排尿次数增加,色呈淡红色或暗红色,透明,无沉淀。瘤胃臌胀,叩诊具鼓音,咳嗽,肺叩诊有啰音,体温正常,一般病犊多经 5～6h 后症状消除。严重者,起卧不安,全身出汗,步态不稳,共济失调,痉挛、昏迷。

【防控措施】 加强饲养管理,血尿是能预防的。为此,应充分做好供水工作,防止暴饮。

一般情况下,多数病犊可自愈,无须治疗。严重时可采用:20％葡萄糖溶液200～300ml、40％乌洛托品 20～30ml,一次静脉注射,配合肌内注射 10％安钠咖 3～5ml。

(六)犊牛肺炎

犊牛肺炎是肺泡和肺间质的炎症。它是由支气管炎症蔓延到肺泡或通过血源途径引起,临床上称为卡他性肺炎、支气管肺炎或小叶性肺炎。每年多发生在早春晚秋气候多变的季节。引起犊牛肺炎的细菌有巴氏杆菌、化脓性棒状杆菌、链球菌、葡萄球菌、坏死梭状杆菌和克雷伯氏菌等。犊牛地方流行性肺炎是由一些不同的病毒、衣原体和支原体引起,并有病原细菌继发感染。

【发病原因】 饲养管理不良是导致发病的主要锈因,犊牛舍寒冷或过热、潮湿、拥挤、通风不良、天气突变或日光照射不足等,均易使犊牛诱发肺炎。

【临床症状】 临床上以发热、呼吸次数增多、咳嗽为特征,听诊肺部有异常呼吸音,大多数细菌性肺炎有毒血症。犊牛肺炎有急性和慢性 2 种。

急性肺炎时,患犊精神不振,食欲减少或废绝,中度发热(40℃～40.5℃)。咳嗽,起初干咳而痛苦,后变为湿咳。间质性肺炎常表现频频阵发性剧烈干咳。如果有上呼吸感染或支气管分泌物过多,将出现鼻液,初为浆液性,后将变为黏稠脓性。听诊在支气管炎和间质性肺炎的早期,肺泡呼吸音增强,当细支气管内渗出液增多时,出现湿性啰音,渗出液浓稠时出现干性啰音。形成肺炎时,在病灶部位呼吸音减弱或消失,可能出现捻拨音,病灶周围代偿性呼吸音增强。

慢性肺炎多发生在 3～6 月龄犊牛,最明显的症状为一种间断性的咳嗽,尤其多见于夜间、早晨、起立和运动时。肺部听诊有干性或湿性啰音,胸壁叩诊多能诱发咳嗽。多数患犊精神尚好,有食欲,个别有中度发热。

血液检验,细菌性肺炎时,常见白细胞总数增多和核左移,但严重巴氏杆菌感染,白细胞总数减少。急性病毒性肺炎病例,一般白细胞总数和淋巴细胞减少。

【防控措施】 犊牛肺炎的治疗原则为加强管理、抑菌消炎和对症治疗。患犊牛舍要保持清洁卫生,温暖及通风良好。若怀疑有传染性时,应隔离患犊,进行消毒,并对其观察和治疗。

采用抗生素和磺胺药物治疗。一般常用青霉素或青霉素和链霉素混合肌注,每日 2 次。也可用磺胺二甲嘧啶,每千克重 150mg 注射或口服,都可产生良好的效果。鉴于可能细菌范围较广,可用广谱抗生素四环素,每千克体重 10mg,氯霉素每千克体重 20mg,每日 2 次注射,比较有效。用卡那霉素注射,每千克体重 15mg,每日 2次。有些病例只经一次治疗就可能见效,但在最初见效后还会复发。因此,需要连续治疗 3～5d。对症治疗是根据症状选用药物,如咳嗽频繁加剧时,用止咳祛痰药,另外,还可配强心、补液治疗等。

第三节　兽医安全用药规范

一、兽药的使用

允许使用符合《中华人民共和国兽用生物制品质量标准》规定的疫苗预防奶牛疾病;允许使用消毒防腐剂对饲养环境、厩舍和器具进行消毒,但不能使用酚类消毒剂;允许使用《中华人民共和国兽药典》二部和《中华人民共和国兽药规范》二部规定的用于奶牛疾病预防和治疗的中药材和中成药;允许使用《中华人民共和国兽药典》、《中华人民共和国兽药规范》、《兽药质量标准》和《进口兽药质量标准》规定的钙、磷、硒、钾等补充药,酸碱平衡药,体液补充药,电解质补充药,血容量补充药,抗贫血药,维生素类药,吸附药,泻药,润滑剂,酸化剂,局部止血药,收敛药和助消化药;允许使用国家兽药管理部门批准的微生态制剂;抗菌药、抗寄生虫药和生殖激素类药,但应严格掌握用法、用量和休药期,未规定休药期的品种应遵循肉不少于 28d,奶废弃期不少于 7d 的规定。外用抗寄生虫药时注意避免污染鲜奶。

二、禁用药物

禁止使用有致畸、致癌和致突变作用的兽药;禁止添加未经国家畜牧兽医行政管理部门批准的《饲料药物添加剂使用规范》以外的兽药品种,特别是影响奶牛生殖的激素类药物、具有雌激素样作用的物质、催眠镇静药和肾上腺素能药等兽药;禁用未经国家畜牧兽医行政管理部门批准作为兽药使用的的药物;禁止使用未经国家畜牧兽医行政管理部门批准的用基因工程方法生产的兽药。

三、无公害食品—畜禽饲养兽药使用准则

为保证动物源性食品安全,维护人民身体健康,根据《兽药管理条例》的规定,农业部制定了《中华人民共和国农业行业标准 NY 5030—2006 无公害食品畜禽饲养兽药使用准则》,于 2006 年 4 月 1 日起实施,本标准代替《NY 5046—2001 无公害食品奶牛饲养兽药使用准则》等。

该《准则》规定:临床兽医和畜禽饲养者应遵守《兽药管理条例》的有关规定使用兽药,应凭专业兽医开具的处方使用经国务院兽医行政管理部门规定的兽医处方药。禁止使用国务院兽医行政管理部门规定的禁用药品;临床兽医和畜禽饲养者进行预防、治疗和诊断畜禽疾病所用的兽药均应来自具有《兽药生产许可证》,并获得农业部颁发《中华人民共和国兽药 GMP 证书》的兽药生产企业,或农业部批注注册进口的兽药,其质量均应符合相关的兽药国家质量标准;临床兽医应严格按《中华人民共和国动物防疫法》的规定对畜禽进行免疫,防治畜禽发病和死亡;临床兽医使用拟肾上

腺素药、平喘药、抗胆碱药与拟胆碱药、糖肾上腺皮质激素类药和解热镇痛药,应严格按国务院兽医行政管理部门规定的作用用途和用法用量使用;畜禽饲养者使用饲料药物添加剂应符合农业部《饲料药物添加剂使用规范》的规定,禁止将原料药直接添加到饲料及动物饮用水中或直接饲喂动物;临床兽医应慎用经农业部批准的拟肾上腺素药、平喘药、抗胆碱药与拟胆碱药、糖肾上腺皮质激素类药和解热镇痛药;非临床医疗需要,禁止使用麻醉药、镇痛药、镇静药、中枢兴奋药、雄激素药、雌激素药、化学保定药及骨骼肌松弛药,必须使用此类药物时,应凭专业兽医开具处方用药。

该标准强调了做好兽药使用记录,临床兽医和畜禽饲养者使用兽药,应认真做好用药记录。用药记录至少应包括:用药的名称(商品名和通用名)、剂型、剂量、给药途径、疗程,药物的生产企业、产品的批准文号、生产日期、批号等。使用兽药的单位或个人均应建立用药记录档案,并保存 1 年(含 1 年)以上。临床兽医和饲养者应严格执行国务院兽医行政管理部门规定的兽药休药期,并向购买者或屠宰者提供准确、真实的用药记录,应记录生产乳产品的牛在休药期内时,其废弃产品的处理方式。本标准要求,临床兽医和养殖者使用兽药,应对兽药的治疗效果、不良反应做观察记录;发生动物死亡时,应请专业兽医进行解剖,分析是药物原因或疾病原因。发现可能与兽药使用有关的严重不良反应时,应当立即向所在地人民政府兽医行政管理部门报告。

中华人民共和国农业行业标准 NY 5030—2006 列出了规范性附录《食品动物禁用的兽药及其他化合物清单》,详细见表 6-1。

表 6-1　食品动物禁用的兽药及其他化合物清单

序　号	兽药及其他化合物名称	禁止用途	禁用动物
1	β-兴奋剂类:g 仑特罗 Clenbuterol、沙丁胺醇 Salbutamol、西马特罗 Cimaterol 及其盐、酯及制剂	所有用途	所有食品动物
2	性激素类:己烯雌酚 Diethylstilbestrol 及其盐、酯及制剂	所有用途	所有食品动物
3	具有雌激素样作用的物质:玉米赤霉醇 Zeranol、去甲雄三烯醇酮 Trenbolone、醋酸甲孕酮 enges2trolAcetate 及制剂	所有用途	有食品动物
4	氯霉素 Chloramphenicol 及其盐、酯（包括:琥珀氯霉素 ChloramphenicolSuccinate）及制剂	所有用途	所有食品动物
5	氨苯砜 Dapsone 及制剂	所有用途	所有食品动物
6	硝基呋喃类:呋喃唑酮 Furazolidone、呋喃它酮 Furaltadone、呋喃苯烯酸钠 Nifurstyrenatesodium 及制剂	所有用途	所有食品动物
7	硝基化合物:硝基酚 Sodiumnitrophenolate、硝呋烯 Nitrovin 及制剂	所有用途	所有食品动物
8	催眠、镇静类:安眠酮 Methaqualone 及制剂	所有用途	所有食品动物
9	林丹(丙体六六六)Lindane	杀虫剂	水生食品动物

续表 6-1

序　号	兽药及其他化合物名称	禁止用途	禁用动物
10	毒杀芬（氯化烯）Camahechlor	杀虫剂、清塘剂	水生食品动物
11	呋喃丹（克百威）Carbofuran	杀虫剂	水生食品动物
12	杀虫脒（克死螨）Chlordimeform	杀虫剂	水生食品动物
13	双甲脒 Amitraz	杀虫剂	水生食品动物
14	酒石酸锑钾 Antimonypotassiumtartrate	杀虫剂	水生食品动物
15	锥虫胂胺 Tryparsamide	杀虫剂	水生食品动物
16	孔雀石绿 Malachitegreen	抗菌、杀虫剂	水生食品动物
17	五氯酚酸钠 Pentachlorophenolsodium	杀螺剂	水生食品动物
18	各种汞制剂包括：氯化亚汞（甘汞）Calomel、硝酸亚汞 Mercurousnitrate、醋酸汞 Mercurousacetate、吡啶基醋酸汞 Pyridylmercurousacetate	杀虫剂	动物
19	性激素类：甲基睾丸酮 Methyltestosterone、丙酸睾酮 TestosteronePropionate 苯丙酸诺龙 NandrolonePhenylpropionate、苯甲酸雌二醇 EstradiolBenzoate 及其盐、酯及制剂	促生长	所有食品动物
20	催眠、镇静类：氯丙嗪 Chlorpromazine、地西泮（安定）Diazepam 及其盐、酯及制剂	促生长	所有食品动物
21	硝基咪唑类：甲硝唑 Metronidazole、地美硝唑 Dimetronidazole 及其盐、酯及制剂	促生长	所有食品动物

注：食品动物是指各种供人食用或其产品供人食用的动物

第七章 乳品加工及乳制品质量控制

第一节 牛乳的理化性质和原料乳的质量管理

一、牛乳的化学成分及营养价值

乳与乳制品可为人类提供重要的必需营养素，如必需氨基酸、钙、磷、钾、维生素 B_1、维生素 B_2、维生素 B_{12} 等。各种乳制品的营养组成见表 7-1。

表 7-1 各种乳制品的营养成分 （每 100g 干物质）

营养素	鲜乳	乳粉	灭菌乳	埃门塔尔干酪
蛋白质(N×6.25)(g)	25.5	25.6(100)	26.1(102)	43.7(—)
脂肪(g)	29.5	27.2(92)	30.2(102)	48.0(—)
可利用碳水化合物(g)	36.7	36.4(99)	37.2(101)	—
钾(mg)	1227	1220(98)	1256(102)	146(12)
钙(mg)	938	1085(116)	960(102)	1583(169)
镁(mg)	93.8	92.2(98)	96.0(102)	50.8(54)
铁(μg)	359	725(202)	—	5340(1488)
碘(μg)	21.1	28.0(132)	26.4(125)	—
硒(μg)	10.9	7.7(71)	11.2(103)	16.7(153)
视黄醇当量(μg)	273	262(96)	264(97)	448(164)
维生素 E(μg)	1000	516(52)	704(70)	821(82)
维生素 B_1(μg)	289	280(97)	192(66)	76.9(37)
维生素 B_2(μg)	1406	1450(103)	1120(80)	1120(80)
维生素 B_6(μg)	281	207(74)	184(65)	171(61)
叶酸(μg)	5242(81)	23(44)	13.8(27)	
维生素 B_{12}(μg)	3.28	1.55(47)	0.80(24)	3.00(91)
氨基酸(g160g^{-1}N)				
半胱氨酸	8.6	9.3(108)	—	6.7(78)
甲硫氨酸	27.6	25.1(91)	—	29.2(106)
赖氨酸	85.9	79.4(92)	—	86.9(101)
苏氨酸	49.0	47.0(96)	—	39.4(80)
色氨酸	15.0	14.2(95)	—	1.62(108)

续表 7-1

营养素	鲜 乳	乳 粉	灭菌乳	埃门塔尔干酪
苯丙氨酸	55.2	49.4(90)	—	55.0(100)
亮氨酸	110.0	100.0(91)	—	96.0(91)

注：括号内的数据是与鲜乳相比的相对值，即鲜乳％

二、牛乳的物理性质

乳是一类含有脂肪乳化分散相和水性胶体连续相的复杂的胶体分散系，乳的物理性质与水的相似，但由于在连续相中含有多种溶质（如蛋白质、乳糖、盐）及分散有乳化性质或胶体特性的物质，使其性质有了较大变化。乳品的物理性质及物理化学性质在乳品工业中十分重要，乳品物理性质参数对加工工艺和设备的设计具有重要意义（如热导和黏度），可用来测定乳品中特定成分的含量（如测冰点的升高可说明乳中掺水，比重测定可评估非脂乳固体含量），评价乳品在加工过程中的生化变化（如发酵剂酸化和酶凝的变化）。乳的重要物理性质参数见表 7-2。

表 7-2　乳的重要物理性质参数

物理性质	参　数
渗透压(kPa)	～700
Aw	～0.993
沸点(℃)	～100.15
冰点(℃)	～-0.522
折射率	～1.3440～1.3485
比折射率	～0.2075
密度(20℃,kg/m³)	～1030
比重(20℃)	～1.0321
电导率(Ω⁻¹cm⁻¹)	0.0050
离子强度(M)	～0.08
表面张力(N/m)	～52
黏度(mPa/s)	2.127
热导(2.9%脂肪)(mW⁻¹K⁻¹)	～0.559
热扩散(m²/s)	～1.25 ∗ ×10⁻⁷
比热(KJ/kg/K)	～3.931
pH	～6.6
滴定酸度(毫克当量OH⁻/100ml)	1.3～2.0(0.14%～0.16%乳酸)
体积膨胀系数(m³m⁻³K⁻¹)	0.0008
氧化还原电势(V)	+0.25～0.35

注：该资料来源于 foxPF 和 McSweeney PLH（1998），Dairy Chemistry and Biochemistry. London：Chapman & Hall

三、原料乳的质量检测

（一）原料乳理化检验

1. 相对密度 指原料乳的质量与同体积水的质量之比值。

2. 脂肪测定

（1）哥特里—罗兹法 利用氨液将牛乳中酶蛋白钙盐形成可溶性的铵盐，并降低吸附力，用乙醚提取牛乳中的脂肪，称其质量。

（2）巴布科克氏法 利用硫酸溶解牛乳中蛋白质和乳糖，经加热和离心，使脂肪迅速而完全地分离出来，直接读取脂肪层即为脂肪的百分含量。

（3）盖勃氏法 详见中华人民共和国国家标准—食品卫生检验方法理化部分GB/T 5009.46—1996 部分。

需要指出的是，哥特里—罗兹法、巴布科克氏法、盖勃氏法都是测定乳脂肪的标准分析方法。根据对比研究表明，前者准确度较高，后两者的准确度相对低一些。

3. 酸度（°T） 以酚酞作指示剂，中和 100ml 牛乳所需 0.100mol/L 氢氧化钠标准溶液的毫升数。

4. 蛋白质 半微量法。

5. 杂质度 乳制品因挤乳及生产运输过程中夹杂杂质，用牛粪、园土、木炭混合胶状液作为标准。

6. 亚硝酸盐测定（盐酸萘乙二胺法） 样品经沉淀蛋白质、除去脂肪后，在酸性条件下亚硝酸盐与对氨基苯磺酰胺重氮化后，再与盐酸萘乙二胺偶合形成紫红色染料，然后与标准品比较定量。

7. 硝酸盐测定（镉柱法） 样品经沉淀蛋白质、除去脂肪后，溶液通过镉柱，使其中的硝酸根离子还原成亚硝酸根离子，在酸性条件下，亚硝酸根与对氨基苯磺酰胺重氮化后，再与盐酸萘乙二胺偶合形成紫红色染料，测得亚硝酸盐总量，由总量减去亚硝酸盐含量即得硝酸盐含量。

（二）微生物分析及检测

1. 沙门氏菌检验 要防止乳类食品被沙门氏菌污染，首先要加强沙门氏菌的检验和企业内部卫生管理，降低牲畜沙门氏菌带菌率，从业人员中的沙门氏菌带菌者应离开接触食品的工作岗位。控制乳品中沙门氏菌的繁殖，加热消毒是关键措施，并要尽快降温，低温贮存。实施预防和控制乳品沙门氏菌食物中毒的基础是加强对沙门氏菌的检验工作。

有关沙门氏菌检验设备和材料、培养基和试剂以及操作步骤详见中华人民共和国国家标准（GB 4789.4—94）—食品卫生检验方法微生物学部分：沙门氏菌检验。

2. 志贺氏菌检验 志贺氏菌食物中毒，部分是由于从业人员带菌污染了食品，造成它的传播，导致食用者痢疾暴发。志贺氏菌带菌者有 3 种类型：一是健康带菌者，这种带菌者是主要传染源；二是恢复期带菌者，症状消失仍排菌 2 周之久者；三是慢性带菌者,临床症状已治愈,但长期排菌者。因此,加强食品中志贺氏菌检验和从业人员的健康体检,不让带菌者接触食品是防止食源性菌痢的一项关键措施。

有关志贺氏菌检验设备和材料、培养基和试剂以及操作步骤详见中华人民共和国国家标准—食品卫生检验方法微生物学部分 GB 4789.5—94:志贺氏菌检验。

3. 致泻大肠埃希氏菌检验　大肠杆菌不断随粪便排出体外,污染环境和食品。尤其值得注意的是 O157:H7 肠出血性大肠杆菌感染基本上是一种食源性疾病,牛是带菌动物之一,乳与乳制品可成为传播媒介,引起出血性肠炎。因此,了解和掌握致泻性大肠杆菌的特点,快速、准确地检验致泻性大肠杆菌非常必要。

有关致泻性大肠埃希氏菌检验设备和材料、培养基和试剂以及操作步骤详见中华人民共和国国家标准—食品卫生检验方法微生物学部分 GB 4789.6—94:致泻大肠埃希氏菌检验。

4. 金黄色葡萄球菌检验　金黄色葡萄球菌繁殖和产毒素与空气中的氧分压有一定的关系,当氧分压降低时,肠毒素较易形成。因此,污染金黄色葡萄球菌的食品在较高温度下放置,就有利于金黄色葡萄球菌繁殖并产生毒素,再经加热处理,仍有中毒的可能。

食品污染了金黄色葡萄球菌并有许多拮抗的微生物存在时,则不利于金黄色葡萄球菌迅速大量繁殖,食物加热后,各种微生物包括拮抗微生物亦被杀灭,因而熟后食物再经金黄色葡萄球菌污染,更易形成肠毒素。

食品的性质和组成成分与金黄色葡萄球菌生长繁殖以及产生毒素的程度有密切的关系。一般来讲,pH6.0~8.0,水分含量较多,蛋白质比较丰富的食品中,该菌最易繁殖并产生毒素。显然,乳和乳制品符合这些条件,因而易引起食物中毒。

此外,金黄色葡萄球菌能引起乳牛乳房炎。患乳房炎乳牛的乳汁中,经常含有金黄色葡萄球菌产生的肠毒素,有饮用乳房炎乳牛所产的乳暴发中毒的报道。

对乳与乳制品中金黄色葡萄球菌的检测应给予足够的重视,对其肠毒素的检测也同样的重要。

金黄色葡萄球菌菌落计数的方法:将 3 个平板中疑似黑色菌落数相加,乘以血浆凝固酶阳性数,除以 5,再乘以稀释倍数,即可求出每克(毫升)样品中金黄色葡萄球菌数。

有关金黄色葡萄球菌检验设备和材料、培养基和试剂以及操作步骤详见中华人民共和国国家标准—食品卫生检验方法微生物学部分 GB 4789.10—94:金黄色葡萄球菌检验(葡萄球菌肠毒素检验见附录 A)。

(三)体细胞检测

体细胞总数是由上皮细胞,淋巴细胞和白细胞组成,上皮细胞来源于有机组织,在正常牛乳中所占比例很小,但却为相对稳定的成分;白细胞的直径约为 $1.0\mu m$,通常称为白血球,存在于血管中并通过血管进入乳房。当乳房受到感染时(乳房炎),机体中的白血球数就会增加,目的是对外来物作机械防御,在这过程中白血球能吞食消灭引起感染的细菌,称为噬菌作用。

　　系统地对个体奶牛的牛乳以及群体混合牛乳进行检测是对乳牛生长健康情况保持监护的最好方法。牛奶中体细胞数的定量测定不仅能为我们提供奶牛健康情况的信息,而且也能为我们提示牛奶的质量情况。

　　在一般情况下,单一的体细胞测定并不能使我们了解牛群的健康状况,但如能结合其他临床症状就能给出很好的判断依据。与其他方法比较,体细胞测定能更快速地向我们提示个体奶牛在泌乳过程的疾病健康状况。

　　患乳腺炎的奶牛泌乳中体细胞数目会增加,为限制这类乳进入加工厂,应对鲜乳进行体细胞计数检查,采用体细胞检测仪进行测定,也可以按常规进行涂片,经染色后镜检测定。大多数国家体细胞计数的极限标准是 500 000 个/ml,即当计数超过该指标时,奶牛患乳房炎的可能性增大,而小于该指标时则患病的可能性也大为下降。目前,体细胞测定已成为牛奶质量控制的一个重要内容,现将几种体细胞定量测定方法介绍如下。

　　1. 体细胞计数的标准方法(染色镜检法)　通常,体细胞的计数是通过染色及镜检的方法来进行的。

　　(1)染色液的配制　染液配方为:亚甲基蓝 1g,90％乙醇 54ml,四氯乙烷 40ml,冰醋酸 6ml。

　　(2)操作步骤　用一微量注射器和标准模板把 0.01ml 牛奶均匀地涂布于 1cm^{2}面积内的载玻片上,然后在室温条件下平放、干燥,浸入染液中 3min,取出,玻片再次干燥,用水冲去多余的染液,最后干燥。用放大倍数为 300～500 倍或更大倍数的显微镜进行计数,计数后折算成每毫升牛奶的体细胞数。

　　2. 荧光显微镜计数法　与标准的亚甲基蓝染色镜检法比较,该方法的优点是荧光细胞很易与周围背景相区别。如果使用吖啶橙作染色剂,则细胞核和各种粒状物都能清楚地呈现出来,这样荧光细胞和其他荧光颗粒就很易区别开来。

　　(1)缓冲液/染液的配制　该方法所使用的缓冲液/染液需每天配制。吖啶橙染色液的浓度为 0.1％,用 2％甲醛液和四硼酸钠配制成 0.02M 缓冲液。使用前立即以 1∶5 的比例配成染液∶缓冲液混合液。

　　(2)操作步骤　牛奶加热至 40℃左右,以相同体积与染色液/缓冲液混合,用一微量注射器吸取 1ml 样品,放置在 76mm×26mm 的载玻片上,再用 24mm×32mm 的盖玻片盖在样品上,使样品在两层玻片间均匀散开,用装有合适滤色镜的荧光显微镜进行计数,最后结果以每毫升牛奶含有的体细胞数表示。

　　3. 福斯自动体细胞计数仪(Fossomatic)　相对来说,Fossomatic 计数仪是一种较新的方法,并要求有一定的实践经验。其测定方法是基于一些含有荧光原子团的染料能提供具有荧光性能分子的原理,仍然是采用荧光显微镜方法,即对微粒如细胞等进行荧光染料染色,并为紫外光所显示而进行检测的技术。

　　Fossomatic 计数仪测定程序为:先把样品加热至 40℃(水浴),然后放至样品架上,经搅拌器搅拌均匀后,自动吸取定量的样品0.2ml,并与加热至一定温度的染液和缓冲液混合;混合液进入样品转盘后再被吸取一定的量进行测定,测定结果自动打印出来,打印数乘上1000即为每毫升样品的体细胞数。

(四)其他检验

1. 嗜冷菌检验 细菌中存在着一些各具特性的种类,它们是在高温或低温条件下也可生长发育的嗜热菌或嗜冷菌。部分种类的嗜冷菌可致人或动物患病及死亡,因而被称为致病性嗜冷菌。国际乳品协会规定,凡7℃以下能生长繁殖的细菌统称为低温菌,在20℃以下能生长繁殖的细菌则称为嗜冷菌。乳品中常见的嗜冷菌有假单胞杆菌、李斯特氏菌等。

2. 美蓝还原试验 某些细菌具有还原美蓝的能力,可使美蓝由蓝色变为无色。细菌数量越多,美蓝退色的速度越快,时间也就越短。因此,可以通过测定细菌还原美蓝的能力来间接地反映牛乳中的含菌量。方法是在5ml牛乳中,加入10g/L的美蓝水溶液0.1ml,混匀,并置升于37℃水浴箱中,每隔半小时观察1次。注意记录蓝色完全消退所需的时间。在观察结果时,虽然牛乳蓝色已全部退色,但有时其表面仍显蓝色,这是空气氧化所致。

3. 刃天青试验 用于检查乳中细菌的污染程度。取10ml乳样于试管中,加入灭菌后的刃天青使用液1ml,混匀,胶塞塞住,但不要盖严。将试管置于37℃的水浴中进行加热,慢慢转动试管,使其受热均匀。20min后观察并记录试管内容物的颜色变化,60min后再进行第二次观察和记录试验结果。经过60min水浴加热,试样仍保持蓝色为合格的乳。

(五)原料乳中抗生素的来源分析及检测

抗微生物药物被用于防止细菌的感染或用于预防疾病的传播,或促进动物生长及提高动物制品的产量。所有被用于乳牛的抗微生物药物在一定程度上会进入乳中,每种药物有一个给定的休药期,在休药期间乳牛体内的药品浓度下降并且药物被排出体外。抗生素是最经常也是最普遍运用的抗微生物药物,常被用来抑制引发乳房炎的病原体。

1. 牛乳中抗生素残留的途径 主要有以下几个方面。

(1)治疗奶牛疾病时抗生素残留 当今,世界上治疗奶牛的乳腺炎、子宫内膜炎、呼吸道系统等疾病均使用抗生素。另外,在治疗奶牛腹膜炎、创伤性网胃炎、感冒、慢性和继发性胸膜炎,以及产后病症和腐蹄病等也常用到抗生素。在治疗时,往往使用乳房灌注、肌注、静脉注射等给药方式,剂量也很高。药物经体内代谢,多数抗生素可经乳汁排泄,这样,就增加了乳中抗生素残留的可能性。其中,治疗奶牛乳房炎是造成乳中抗生素残留甚至超标的主要原因。

乳房炎是危害奶牛的最主要的疾病之一,轻者,使产奶量下降,重者,使乳腺失去泌乳能力,被淘汰或引起死亡。其发生常与微生感染有密切关系,目前报道过的病原菌多达80余种,主要是细菌感染。据报道,在美国1100万头泌乳奶牛中有约50%

患有乳房炎,日本平均乳房炎患病率为45.1%,我国奶牛乳房炎患病率还要高一些。因此,抗生素作为治疗药物在奶牛乳房炎的控制中起了极其重要的作用,但同时也大大增加了乳中抗生素残留的机会。

①不正确使用抗生素和滥用抗生素:奶牛患病时,在用药剂量、给药途径、用药部位和用药种类等不符合用药规定。因此,造成药物在奶牛体内存留时间延长,从而需要增加休药期天数。另外,由于基层兽医和养殖户对抗生素的认识不足,在使用上存在不少错误,最大的问题就是抗生素的滥用,他们错误地认为抗生素可以预防感染,可以当消炎药使用,因而经常性地、盲目地对奶牛施用一些抗生素。以上两点,是造成细菌耐药性增强的原因之一。据报道,如此使细菌耐药性增强的情况已十分严重,它不仅使抗生素的疗效降低,表现在药物剂量加大、疗程延长和复发率升高等方面,有时还会引起并发症,导致死亡率升高。

②不遵守休药期有关规定:休药期系指牛停止给药到许可屠宰或其产品(乳)许可上市的间隔时间。休药期的规定是为了减少或避免动物性食品中的药物残留。在休药期间,动物组织或产品中存在的具有毒理学意义的残留可逐渐降低,直至达到安全浓度。正常使用时,一般青霉素的休药期为5d。而有些奶户,没有严格地按此规定执行,休药期未满,就将牛奶出售,这样含有抗生素的牛奶就会将同一收奶站的其他正常牛奶污染,使生产用乳中存在抗生素的残留。

(2)饲用抗生素添加剂的残留 大部分的抗生素能作为饲用添加剂应用于动物饲料中,自今已有50多年的历史。人们一直以低于治疗量的抗生素来促进动物生长、预防疾病、提高动物生产水平以及提高饲料转化率。合成抗菌药磺胺嘧啶和呋喃唑酮也常用作药物添加剂,还有青霉素类、大环内酯类、氯霉素类等。应该说这些抗生素的使用在一定时期对饲料工业及畜牧业做出了巨大贡献,但随着科学技术的发展和生活水平的提高,人们逐渐认识到抗生素会在畜产品中残留及产生抗药性等负面作用,便对饲用抗生素添加剂的安全性提出了质疑。在对泌乳奶牛使用药物添加剂时,不按规定剂量或种类添加,个别饲养户甚至饲料生产商家为了经济利益滥用禁用药物等。这样,会造成乳中抗生素残留。

(3)挤奶操作不卫生导致乳的抗生素污染 奶牛的排泄物中若含有抗生素,就难免污染乳房,如果挤奶时不及时清洗,就易污染正常奶。调查表明,用经抗生素治疗的乳牛用过的挤乳器给正常乳牛挤乳,可使正常牛的乳中残留抗生素。可见,挤奶是乳中抗生素残留的又一个来源。

(4)人为添加抗生素 某些地区或某些不法交奶户在高温季节为防止乳的腐败而人为地添加抗生素。这种情况很少,但危害很大。按国际上要求的最高限量单位换算,一个治疗剂量的抗生素(青霉素)足以污染200t牛奶。因此,这一环节也很重要。

美国FDA对兽药残留的调查表明造成兽药残留原因所占比例为:未遵守休药期的占76%,饲料加工或运输错误的占12%,盛过药物的贮藏器没有充分清洗干净的占 6%,使用未经批准的药物占 6%。美国兽医中心(CVM)的调查结果为:不遵守休药期的占 51%,使用未批准的药物占 17%,未作用药记录的占 12%。我国也曾对 7 个省、自治区、直辖市 500 多家饲料生产经营及养殖企业进行过相关调查,结果显示违禁药品的检出率达 19.85%。

2. 抗生素残留检测　在 1986 年,国家制定了 GB 6914—1986《生鲜牛乳收购标准》,对生鲜牛乳的理化指标、微生物学指标等各项质量要求进行了具体规定。该标准对规范当时的生鲜牛乳的生产和销售起到了相当显著的推动作用。但随着经济的发展,消费者的安全和健康意识越来越强,消费者对生鲜牛乳的质量也提出了更高的要求,同时市场的发展也急需新的标准和快速的检测方法进行规范控制。因此,有必要对生鲜牛乳收购的检测方法进行技术更新,这是规范市场、公平竞争的必然,是保护企业、消费者权益的需要,也是技术监管部门的重要职责之一。

由于抗生素药物广泛应用在治疗乳牛的乳腺炎和其他一些疾病中,用药不当,或在用药后的安全间隔期内产乳等因素,都会导致牛乳中出现抗生素残留,对人体构成危害,所以检测的目的在于控制乳中抗生素残留量。乳中抗菌素的检验方法很多,下面介绍几种常用的乳中抗生素检验方法。

(1)TTC 检验技术　具体方法详见中华人民共和国国家标准:食品卫生微生物学检验 GB 4787.21—940。

(2)滤纸圆片法　若有抑菌环存在,证明有抗生素存在。如需进行定量,则可用配制不同浓度的抗生素标准液的抑菌环的大小作比较。本法对青霉素的检出浓度为 0.05~0.02IU/ml。

(3)SNAP 抗生素残留检测系统　国际上采用 SNAP 抗生素残留检测系统,10min 内用肉眼观察或用 SNAP 读数仪判断结果。SNAP 快速检测法是当前应用最广、发展最快的酶联免疫测定技术。

(六)真菌毒素

真菌毒素是真菌的次级代谢产物,其中的一些很可能对人和动物产生毒害作用。真菌毒素通过直接的和间接的途径污染乳。

直接污染是因为乳牛食用了被真菌污染了的饲料。黄曲霉毒素 B1(AFB1)的主要代谢产物黄曲霉毒素 M1(AFM1)是污染乳的最重要的物质。事实上,饲料中的 AFB1 大约有 3%~5%会以 AFM1 的形式在乳中出现。AFM1 的急性和慢性毒性与 AFB1 基本相同。其他进入乳中的真菌毒素(如赭曲霉素 A、杂色曲霉素、脱氧瓜萎镰菌醇和 T-2 毒素等)也有报道。但是,它们的转运率比黄曲霉毒素低得多,因此不会对健康立刻产生影响。

乳制品中真菌毒素的直接污染则是在乳制品生产中(尤其是干酪生产)混入(有意或无意)的能产生毒素的真菌。乳制品很容易被霉菌污染,而且一旦被污染就很可能产生真菌毒素。真菌毒素产生的原因可能是真菌的非正常生长,也可能来自于某些乳制品生产中的真菌发酵剂。

沙门柏干酪青霉和娄地干酪青霉发酵剂被分别用于生产白色表面霉菌酪和青纹干酪。在培养实验中沙门柏干酪青霉只产生环匹阿尼酸,而娄地干酪青霉系则产生棒曲霉素和青霉系裂解酸等。在商业化生产的青纹干酪中只发现3种娄地干酪青霉毒素而且浓度很低。沙门柏干酪青霉发酵剂产生的环匹阿尼酸在白色表面霉菌干酪可以被检测到的浓度与娄地干酪毒素的浓度差不多。

混入的非乳制品发酵剂的真菌可产生几种毒素。在污染了曲霉属的乳与乳制品中可能产生 AFB1,但浓度比 AFM1 的低。硬制干酪意外污染的杂色曲霉能产生染色曲霉素,染色曲霉素的结构与 AFB1 的结构类似并且被认为是 AFB1 生物合成的前体,其毒性与黄曲霉素的毒性相当。在干酪中已经检测到了可以致癌的和引起肾中毒的赭曲霉素 A。

从乳制品中最近分离出的低浓度的真菌毒素已被报道的有桔霉素、黄绿青霉毒素、β-硝基丙酸及 PR 毒素。尽管在乳制品中已经检测到镰刀霉菌属的毒素,但只有曲霉属和青霉属产生的毒素引起了关注。

(七)乳制品中的硝酸盐和亚硝酸盐

硝酸盐污染乳可能发生在泌乳期间或泌乳后。由于硝酸盐从饲料到奶的转移率非常低(口服剂量的千分之一),所以主要的污染途径在泌乳后。生产设备中硝酸清洗剂的残留、高硝酸盐含量水的使用以及在奶酪生产过程中硝酸盐作为食品添加剂的使用,都是使硝酸盐含量增加的原因。众所周知,高浓度的硝酸盐或亚硝酸盐对饲料和水的污染对动物的健康有害。

一般来说,硝酸盐、亚硝酸盐在乳和乳制品中的含量低于其他食品如蔬菜、腌制肉和饮用水。在生牛奶中大约有 1mg/kg(0.3~12mg/kg)硝酸盐;在乳制品中硝酸盐的含量在 3~27mg/kg,亚硝酸盐的含量在 0.2~1.7mg/kg 之间。硝酸盐仅仅被允许在硬制、半硬制和半软制干酪中作为食物添加剂以防止后期干酪的产气。

四、异常乳的种类及控制措施

原料乳的质量是乳制品生产的关键因素之一,很多质量问题的根源就在于原料乳的品质。异常乳可分为生理异常乳、病理异常乳、化学异常乳及微生物污染乳等几大类。

(一)生理异常乳

1. 营养不良乳 饲料不足、营养不良的乳牛所产生的乳对皱胃酶几乎不凝固,所以这种乳不能制造干酪。当喂以充足的饲料,加强营养之后,牛乳即可恢复对皱胃酶凝固特性。

2. 初乳 是产犊1周之内所分泌的乳。初乳呈黄褐色,有异臭,味苦,黏度大。脂肪、蛋白质,特别是乳清蛋白含量高,乳糖含量低,矿物质含量高,特别是钠和氯含量高。初乳中维生素 A、维生素 D、维生素 E 含量较常乳多,水溶性维生素含量一般也较常乳中含量高。初乳中还含有大量的抗体。由于初乳的成分与常乳显著不同,因而其物理性质也与常乳差别很大,故不适于作为一般乳制品生产用的原料乳。但其营养丰富、含有大量免抗疫体和活性物质,可作为特殊乳制品的原料。

3. **末乳**　指乳牛干奶期前 1 周左右所分泌的乳,末乳中各种成分的含量除脂肪外,其他成分均较常乳高。末乳具有苦而微咸的味道,因乳中脂酶活性较高,常带有脂肪酸败味,且末乳中微生物数量比常乳高,因此不宜作为加工原料乳。

(二)化学异常乳

1. **酒精阳性乳**　乳品厂检验原料乳时,一般用 68％或 72％的酒精与等量乳混合,凡产生絮状凝块的乳称为酒精阳性乳。酒精阳性乳主要包括高酸度酒精阳性乳、低酸度酒精阳性乳和冷冻乳。

(1)高酸度酒精阳性乳　挤乳后鲜乳的贮存温度太高时,或鲜乳未经冷却而远距离运送,途中会造成乳中的乳酸菌大量生长繁殖,产生乳酸和其他有机酸,导致牛奶酸度升高而呈酒精试验阳性。一般酸度在 24°T 以上时的乳酒精试验均为阳性。挤乳时的卫生条件不合格也会造成酸度升高。因此,要预防高酸度酒精阳性乳,必须注意挤乳时的卫生并将挤出的鲜乳保存在适当的温度条件下,以免造成微生物污染和繁殖。

(2)低酸度酒精阳性乳　是指牛奶滴定酸度在 11°T～18°T,加 70％等量酒精可产生细小凝块的乳,这种奶加热后不产生凝固,其特征是刚刚从乳房内挤出后即表现为酒精阳性。

低酸度酒精阳性乳与正常牛乳相比,其钙、氯、镁以及乳酸含量高,尤其以钙含量增高明显,钠较少;其蛋白质、脂肪以及乳糖等含量与正常乳几乎没有差别,但蛋白质成分变异大,尤其是 αS-酪蛋白含量增高,蛋白质不稳定,从而导致乳的稳定性降低;在温度超过 120℃时易发生凝固,不利于加工,降低了其利用价值。

(3)冷冻乳　冬季因受气候和运输的影响,鲜乳产生冻结现象,这时乳中一部分酪蛋白变性。同时,在处理时因温度和时间的影响,酸度相应升高,以至表现为酒精阳性。但这种酒精阳性乳的耐热性要比由其他原因引起的酒精阳性乳高。

(4)酒精阳性乳的防止措施　主要包括以下 5 个方面。

①根据奶牛不同生理阶段的营养需要合理供应日粮,料特别是蛋白质饲料喂量不应过高或不足。粗饲料要充足,保证优质青贮和优质干草的采食量。

②加强饲料保管,贮存时间不要太长,严禁饲喂发霉、变质、腐败饲料。

③重视矿物质供应,注意日粮中钙、磷、镁、钠的供应量和比例。

④饲料组成要相对稳定,不要突然更换,如必须更换时,应逐步进行。

⑤加强挤乳卫生和环境卫生,提供良好的环境条件。暑天做好防暑降温,冬季做好防寒保暖工作。

2. **低成分乳**　由于乳牛品种、饲养管理、营养素配比、高温多湿及病理等因素的影响而产生的乳固体含量过低的牛乳,称为低成分乳。除了遗传因素外,产生低成分乳还有以下原因。

(1)季节和气温对产乳量和成分的影响　季节对泌乳量和乳质的变化有较大的影响,从日照时间到温度、湿度都是重要的因素。以泌乳量而论,东北地区以青草丰富的6～7月份为最高,南方则以4～5月份为最高。而含脂率则与乳量相反,冬季高,夏季低。无脂干物质以舍饲后期最低,春季由舍饲转变到放牧采食青草时,无脂干物质迅速升高。其原因除了青草的营养价值较高以外,也受青草中雌激素的影响。

(2)饲养管理的影响　饲养管理对乳的成分具有重要的影响。限制粗饲料,过量给予精饲料会使含脂率降低。长期营养不良,不仅产乳量下降,而且无脂干物质和蛋白质含量也减少。如果长期能量供给不足,会使乳中的乳糖下降,并影响盐类平衡。试验证明,由于镁的含量不足有造成原料乳对酒精试验不稳定的情况。此外,饲料与乳中微量元素和维生素(脂溶性)也有很大的关系。

3. 混入异物乳　异物混杂乳中含有随摄取饲料而经机体转移到乳中的污染物质或有意识地掺杂到原料乳中的物质。关于经机体转移到乳中的污染物质问题,其潜在的影响是应予以注意的,需要依靠卫生管理与三废控制进行综合防治;至于其他异物混杂问题,只要加强乳品与卫生管理工作,是容易解决的。

(1)偶然混入的异物　由于牛舍不清洁,牛体管理不良,挤乳用具洗涤不彻底,工作人员不卫生而引起的异物混入。来源于牛舍环境的异物有:昆虫、杂草、饲料、土壤、污水等。来源于牛体的异物有:乳牛皮屑、粪便等。来源于挤乳操作过程的异物有头发、衣服片、金属、纸、洗涤剂、杀菌剂等。

(2)人为混入的异物　包括为了增加重量而掺的水;为了中和高酸度乳而添加的中和剂;为了保持新鲜度而添加的防腐剂;非法增加含脂率和无脂干物质含量而添加的异种成分(异种脂肪、异种蛋白)等。

(3)经牛机体污染的异物　为促进牛体生长和治疗疾病,对乳牛使用激素和抗生素;乳牛采食被农药或放射性物质污染的饲料和水。这些激素、抗生素、放射性物质和农药就会通过牛机体进入牛乳中,对牛乳造成污染。这些异物对人健康的危害更大。实验证明,即使乳中含有微量的抗生素,也可成为人对抗生素产生过敏或增加抗药性的原因,因此有害于大众健康。同时影响发酵乳制品的生产。

(三)风味异常乳

影响牛乳风味的因素很多。风味异常主要有通过机体转移或从挤乳后从外界污染或吸收而来的异味、由酶作用而产生的脂肪分解臭等。克兰茨(1967)曾对美国19 000个试样进行风味试验,结果发现饲料臭的出现率最高(88.4%),其次是涩味(12.7%)及牛体臭(11.0%)。为解决风味异常问题,主要应改善牛舍与牛体卫生,保持空气新鲜畅通,注意防止微生物等的污染。

1. 生理异常味

(1)过度的乳牛味　由于脂肪没有完全代谢,使乳牛中的酮体类物质过多增加而引起。

(2)饲料味　主要因冬季、春季牧草减少而以人工饲养时产生,产生饲料味的饲料主要是各种青贮料、芜菁、卷心菜、甜菜等。

（3）杂草味　主要由大蒜、韭菜、苦艾、猪尾草、毛茛、甘菊等产生。

2.脂肪分解味　主要由于乳脂肪被酯酶水解,脂肪中含有较多的低级挥发性脂肪酸而产生,其中主要成分为丁酸。此外,癸酸、月桂酸等碳数为偶数的脂肪酸均与脂肪分解味有关。

3.氧化味　由乳脂肪氧化而产生的不良风味。产生氧化味的主要因素为重金属、光线、氧、贮藏温度以及饲料、牛乳处理和季节等,其中尤以铜的影响最大。

4.日光味　牛乳在阳光下照射 10min,可检出日光味,这是由于乳清蛋白受阳光照射而产生。日光味类似焦臭味和羽毛烧焦味,日光味的强度与维生素 B_2 和色氨酸的破坏有关,日光味的成分为乳蛋白质－维生素 B_2 的复合体。

5.蒸煮味　主要是乳清蛋白中的 β-乳球蛋白因加热而产生巯基使牛乳产生蒸煮味。例如牛乳在 76℃～78℃ 瞬时加热,或在 74℃～76℃、3min 加热或 70℃～72℃、30min 加热均可使牛乳产生蒸煮味。

6.苦味　乳长时间冷藏时,往往产生苦味。其原因是低温菌或酵母产生的蛋白酶分解乳蛋白质所产生,或者是解酯酶使牛乳产生游离脂肪所形成。

牛乳的异常风味,除上述以外,由于杂菌的污染,有时会产生麦芽味、不洁味和水果味等。此外,由于对机械设备清洗不严格往往产生石蜡味、肥皂味和消毒剂味等。

（四）微生物污染乳

由于挤乳前后的污染、不及时冷却和器具的洗涤杀菌不完全等原因,使鲜乳被微生物污染,鲜乳中的细菌数大幅度增加,以至不能用作加工乳制品的原料,这种乳称为微生物污染乳。

（五）病理异常乳

1.乳房炎乳　乳房炎是在乳房组织内产生炎症而引起的疾病,主要由细菌所引起。引起乳房炎的主要病原菌大约 60％ 为葡萄球菌,20％ 为链球菌,混合型的占10％,其余 10％ 为其他细菌。

乳房炎乳中血清白蛋白、免疫球蛋白、体细胞、钠、氯、pH、电导率等均有增加的趋势;而脂肪、无脂乳固体、酪蛋白、β-乳球蛋白、α-乳白蛋白、乳糖、酸度、比重、磷、钙、钾、柠檬酸等均有减少的倾向。因此,凡是氯糖数[（氯％/乳糖％）×100]在 3.5以上,酪蛋白氮与总氮之比在 78 以下,pH 在 6.8 以上,细胞数在 50 万个/ml 以上、氯含量在 0.14％ 以上的乳,很可能是乳房炎乳。

临床性乳房炎使乳产量剧减且牛乳性状有显著变化,因此不能作为加工用。非临床性或潜在性乳房炎在外观上无法区别,只在理化或细菌学上有差别。

2.其他病牛乳　主要由患口蹄疫、布氏杆菌病等的乳牛所产的乳,乳的质量变化大致与乳房炎乳相类似。另外,乳牛患酮过剩,肝功能障碍、繁殖障碍等的乳牛,易分泌酒精阳性乳。

五、特殊乳和掺假乳的检验

（一）特殊乳检验

1. 乳腺炎乳的检查　隐性型乳腺炎的传染源主要为金黄色葡萄球菌、溶血性链球菌等传染性细菌，传播途径为从牛到牛；临床型乳腺炎主要为大肠杆菌、芽孢杆菌、放线菌等环境性病菌，传播途径为从环境到牛。

乳腺炎乳中体细胞数、过氧化氢酶（多由体细胞崩坏而得）、氯化钠、乳清蛋白、pH 等均增高，酸度、脂肪、乳糖、非脂乳固体等均减少。乳腺炎乳可能因含有血液及凝固物，外观显粉红色。因离子浓度平衡打乱，酒精试验呈阳性反应，因含有过多的过氧化氢酶，自身具有很强的还原体系，故对甲烯蓝和刃天青试验敏感。因含有较多的氯离子，氯糖比大于 4.0，故对硝酸银试验敏感，呈黄色。因含有较多的体细胞，故对尿素呈阳性反应，故对下列检测项目的综合考虑可以正确判断：感官检验（蛋白不稳定，滋气味差）、滴定酸度（降低）、酒精试验（阳性）、尿素试验（阳性）、硝酸银试验（阳性）、甲烯蓝或刃天青试验（敏感）。

（1）试剂配制

①碳酸钠溶液：$60gNa_2CO_3 \cdot 10H_2O$ 溶于 100ml 水中。

②氯化钙溶液：$40gCacI_2$ 溶于 300ml 水中。

以上两种溶液加温过滤，然后混在一起。加入等量的 15％NaOH 溶液，搅均匀后过滤，加入少量溴甲酚紫（有助于观察结果）。

（2）检验方法　吸取乳样 3ml，置于白色平皿中，加入 0.5ml 上述试剂，混匀，10s后观察结果。

（3）结果判断　无沉淀及絮片，（－）阴性；稍有沉淀发生，（＋－）可疑；肯定有沉淀，（＋）阳性；发生黏稠性团块并继之分为薄片，（＋＋）强阳性；有持续性的黏稠团块（凝胶），（＋＋＋）强阳性。

2. 陈旧乳的检验及原乳新鲜度检验

（1）煮沸试验

①检验方法：鲜乳 5ml，加热煮沸 1min，加等量中性水，观察凝固状态判定乳的酸度。

②结果判定：有少量絮块，酸度约为 27°T；有较多凝块，酸度约为 28°T；全部为凝块，酸度约为 30°T。

酸度在 25°T～26°T 即出现凝块，判定为不新鲜乳。

（2）酒精试验

①原理：本试验系乙醇的脱水作用，改变了酪蛋白的稳定性，陈旧乳即出现凝固现象，但因牛的生理失调，先天性酪蛋白失常亦可出现低酸度酒精凝固乳。

②检验方法：牛乳与 75％乙醇等量混合（一般 2ml），5s 内观察结果。

③结果判定：

反应现象	程度	表示方法	酸度
不凝	新鲜	—	
极细凝固物	不太新鲜	±	21°T～22°T
细凝固物	不新鲜	+	22°T～24°T
中型凝固物	不新鲜	++	24°T～26°T
大型凝固物	不新鲜	+++	26°T～28°T
极大型凝固物	很不新鲜	++++	28°T～30°T

（3）过氧化酶测定法

①操作方法：取牛乳4滴于凹玻片上，加过氧化氢2滴，待1～2min，观察有无气泡产生。新鲜乳2min不产生气泡

②结果判定：稍微不新鲜乳，1～2min产生气泡。中等不新鲜乳，30～60s开始产生气泡，面积中等。极不新鲜乳，20～30s开始产生气泡。布满全面积。

3. 生牛乳与熟牛乳的鉴别检验

（1）原理　生牛乳中有过氧化氢酶，能分解过氧化氢而与色素作用，牛乳加热后过氧化氢酶即被破坏。

（2）检测步骤　取5ml待测牛乳放入试管中，加入0.2ml1%过氧化氢，摇匀，再加入0.2ml 2%的对苯二胺，摇匀。

（3）结果判定　生牛乳或加热至78℃以下者呈青蓝色；加热至79℃～80℃者，30s后呈淡灰青色；加热至80℃以上者无颜色出现。

4. 乳中硝酸盐的检验

（1）原理　在柠檬酸的酸性溶液中，NO_3^-能被 Zn 还原为 NO_2^-，NO_2^-与对氨基苯磺酸及盐酸萘乙二胺作用，能生成红色的偶氮化合物。

（2）试剂　锌粉（Zn）0.6g，硫酸钡（$BaSO_4$）100g（110℃烘干 1h），柠檬酸（$C_6H_8C_7 \cdot H_2O$）75g，硫酸锰（$MnSO_4 \cdot H_2O$）10g，无水对氨基苯磺酸[（$C_6H_4(NH_2)(SO_3H)$]4g，盐酸萘乙二胺（$C_{10}H_7NHCH_2CH_2NH_2 \cdot 2HCl$）2g，研细后将 0.6g 锌粉与 100g 硫酸钡充分混合，再与上述试剂全部混合制成固体试剂，密封保持干燥存放于棕色瓶中。

（3）操作　取生鲜牛乳2ml于试管中，加上述固体试剂0.3g，振荡 1.5min。

（4）结果判定　若试管中呈红色，说明生鲜牛乳中 NO_3^-的含量超过正常值。

5. 亚硝酸盐的检验

（1）原理　酒石酸溶液中，NO_2^-能与对氨基苯磺酸重氮化再与α-萘胺偶合成偶氮化合物。

（2）试剂　酒石酸（$C_4H_8O_6$）89g，无水对氨基苯磺酸（$C_6H_4(NH_2)(SO_3H)$）10g， α-萘胺 1g,将上述 3 种试剂分别称好后小心在研钵中研细,充分混合,密封保持干燥存放于棕色瓶中,该固体试剂称为格里斯试剂。

(3)操作　取生鲜牛乳 3ml 于试管中,加上述格里斯试剂 0.3g,振荡(微加热)。

(4)结果判定　若试管中呈桃红色,说明该生鲜牛乳中 NO_2^- 的含量超过正常值。

6. 乳中血与脓的鉴别

(1)试剂配制　取少量的二胺基联苯,溶解在盛有 95% 酒精 2ml 的试管内,加入 3% 的过氧化氢溶液 2ml,摇匀后再加入冰醋酸 3～4 滴。

(2)检验方法　在上述配制的试液中,加入 4～5ml 待测牛乳。

(3)结果判定　如有血与脓存在时,20～30s 后液体呈现深蓝色。

(二)掺假牛乳的检验

1. 感官识别

(1)掺水　如果牛奶颜色过淡,闻不到特殊的香味或加热后香味不浓郁,口感无微甜味,则表明已掺水。

(2)掺米汤　掺米汤的牛乳尽管稠度降低不明显,但其密度出现不同程度的降低,一般小于 1.025,并含有细小的淀粉粒。

(3)掺豆饼水　掺豆饼水的牛乳密度和正常奶不同,外观为淡黄色,有明显的豆味,搅拌时乳白色较淡。

(4)掺电解质溶液　掺食盐及芒硝溶液的牛乳的密度与正常牛乳相同,但稠度稀,搅拌不挂手,放置几小时后上浮脂肪层少,非放置的掺盐乳呈青白色,和正常乳明显不同。口感上掺食盐牛乳为咸味,而掺芒硝牛乳为苦涩味。

(5)掺牛尿　这种掺杂乳呈淡黄色,密度正常,而乳稠度较低,用手搅拌时有异味,口感刺激性大,略带苦味。

(6)掺糖　牛乳掺糖后,密度与稠度不像正常乳那样平衡地变化。如 28℃ 的正常乳,其挂手时间为 1.5s 左右,而加糖乳只有 0.7s,有的甚至更短,颜色微黄且发亮,清晰度较好,用嘴品尝,有与正常乳差异较大的甜味。

(7)掺尿素　牛乳掺入尿素后,乳稠度明显下降,呈清白状,倒入铁筒后,四周有较明显的水波纹,用嘴品尝,舌头有发麻发辣的感觉,并带有苦味且持续时间较长。

2. 化学检验

(1)掺食盐　取 0.01mol/L 硝酸银溶液 5ml 加入试管中,滴入 10% 铬酸钾溶液 2 滴混匀,再加入 1ml 被检乳,充分摇匀。若呈黄白色,说明有食盐加入。

(2)掺芒硝　在 5ml 牛乳中加等量的水,滴入 25% 硝酸汞。如有黄色沉淀生成,说明掺有芒硝。在 1ml 乳清中逐渐滴入 20% $BaCl_2$ 溶液 10 滴。如生成白色沉淀且不溶于酸溶液则表明掺有硫酸盐。

(3)掺硝土

①马钱子碱法:取约 0.1g 马钱子碱晶体置于点滴板上,加入浓硫酸 2～3 滴,再

加被检乳清 2～3 滴搅匀。如立即出现血红色,逐渐变为橙色,证明有硝酸根离子存在。

②铜屑法:取被检乳清 2ml,加入铜屑或铜丝 2～4 粒,再加入浓硫酸 1ml 并加热。如存在硝酸根离子即产生红棕色的二氧化氮气体。

(4)掺化肥　掺入牛奶的化肥以铵盐为主,如碳铵、硝铵、硫铵、碳酸二铵。因此只要检验牛奶中有无铵离子即可证明有无化肥。游离氨或铵离子与纳氏试剂反应生成黄色沉淀(碘化二亚汞铵),其沉淀物多少与氨或铵离子的含量成正比。此反应非常灵敏.特异性很强。如进一步确诊是哪一种化肥可再进行阴离子鉴定。

(5)掺尿素　在 3ml 被检乳中加入 1％ $NaNO_3$ 溶液和浓 H_2SO_4 各 1ml 摇匀,待气泡稍落,加入黄豆粒大的格里斯试剂,混匀观察颜色。如呈现黄色,说明牛乳中掺有尿素。此外,尿素和氨基硫脲在强酸性条件下与二乙酰一肟共热,生成红色的二嗪衍生物。根据显色反应也可判断是否加入尿素。在测定中,奶中的碱、硫酸盐,少量的蔗糖对测定结果没有干扰,高含量的蔗糖(2.0％以上),酸坏奶对测定结果有干扰。

(6)掺石灰水　石灰水掺入牛乳中可增加牛奶重量和中和乳酸。由于加入 $Ca(OH)_2$ 溶液使乳呈碱性,用酸碱指示剂可检出。

(7)掺碱

①显色法:溴麝香草酚蓝溶液在 pH6.0～7.6 时,颜色由黄至蓝逐渐变化。牛乳加碱后氢离子发生变化,使溴麝香草酚蓝显示不同的颜色。

②冰醋酸法:冰醋酸与碱类发生中和反应生成二氧化碳。取被检牛乳 5ml,加入浓醋酸 1ml,充分混匀,有气泡逸出者为掺碱乳。

(8)掺蔗糖　在牛乳中加酮试剂 2ml,振荡并观察试管中颜色变化。如在 5min 内变为红色,说明牛乳中掺有蔗糖。

(9)掺淀粉　将 5ml 牛乳稍稍煮沸,冷却后加入 3～5 滴 2％碘液,充分混匀。若呈现蓝色或青蓝色,说明有淀粉掺入。

(10)掺豆浆　在牛乳中加入醇醚混合液后,再加入 25％的氢氧化钠溶液。10min 后若有黄色出现则证明牛乳中掺有豆浆。十二烷基硫酸钠聚丙烯酰胺凝胶电泳〔SDS-PAGE〕也是检测牛乳和豆奶的混合物中豆奶与牛乳蛋白的非常有效的方法。从电泳谱图上可看到 7 条牛奶蛋白带和 13 条豆奶蛋白带。牛乳中掺杂的豆奶含量达 5％即可被检测到。

(11)掺水

①二苯胺法:掺入牛乳中的硝酸盐与二苯胺可生成蓝色物质。根据呈色情况来判断乳中是否掺有水。

②冰点测定法:正常牛乳的冰点很稳定,掺水稀释后冰点会升高。根据冰点的不同,可确定乳中的掺水量。

③乳清密度检查法:正常牛乳的乳清密度一般在 1.027～1.030,若乳清密度降到 1.027 以下,则可疑牛乳中掺有水。

④干物质测定法：正常牛奶的干物质量为 14%～15%，若被检乳的干物质量明显低于此标准则证明已掺水。

⑤超声谱差法：通过测定牛乳浓度的变化来判断被检乳是否掺水。

（12）掺双氧水　取牛乳适量，加入硫酸和碘化钾淀粉，10min 后若出现蓝色则证明牛乳中掺有双氧水。

（13）掺洗衣粉　检验掺洗衣粉牛乳有荧光法，亚甲蓝法及氯化钡法等。其中亚甲兰法具有简便、快速、易掌握、灵敏区高等特点，其检出限量大于 10mg/100ml，适合现场操作，有一定的实用价值。

（14）掺硝酸盐

①单扫示波极谱法：胡志芬等探讨了单扫示波极谱法测定牛乳中硝酸盐的可能性，研究了最佳分析条件、样品除蛋白质的方法及共存物质的影响等。

②甲醛法：将 5ml 检样乳与 2 滴 10% 甲醛溶液混合，另将 3ml 硫酸注入混合液中。如 1 000ml 牛乳中含有 0.5mg 的硝酸盐，经 5～7min 便出现环带。

（15）掺白矾（硫酸铝）　取 1g 金黄色素三羧酸铵盐，溶于 100ml 蒸馏水中，配成 1% 铝试剂溶液。再取牛乳 5ml 于试管中，滴加 1% 的铝试剂 3～5 滴，如牛乳生成红色便有铝离子存在。

（16）掺植物油　掺入的植物油种类不同，奶油折射计的牛奶脂肪读数则不同。依照此原理，建立纯牛乳的读数范围则能判断是否掺入植物油。另外，波长在 700nm～1124.8nm 之间的近红外光谱也可以检测牛乳中植物油的存在，且错误率低。

第二节　鲜牛乳的验收、处理与贮存、运输

一、牛乳的检验验收

运输至加工厂的鲜牛乳，首先经过质量检验，合格后泵入到贮乳冷却罐中，保持在 4℃ 下贮藏。在进入生产工序前还要进行系列的实验室检验，确保其生产安全和卫生质量后方可用于加工。

为了控制牛乳和乳制品的质量，更好地保护消费者的身体健康，各国都对生鲜牛奶的感官、理化和微生物指标做出了规定，但不同国家的规定不同，表7-3 列举了国际上对用于待加工的原料乳的一些规定指标。一般，每抽检的 5 个样品中，至少有 4 个样品的微生物指标应低于表中规定的最大允许值，只要有 1 个超过指标规定的上限，就应该加以严格控制，甚至实行处罚。

鲜牛乳的检测：分为收奶站或集中挤奶时的验收检测和用大型奶槽车将奶运到加工厂后的收奶验收测定。目前国际上和国内较通行的是牛乳全面质量评价体系来进行原料乳的验收检测。除采用传统的方法或现代自动化乳成分测定仪来进行原料

乳化学成分的测定外,还应对原料奶细菌总数、体细胞数、胶体稳定性(酒精试验)、酸度、冰点、杂质度等项目进行全面的测定。最后根据所测项目结果并选择合适的项目权重来对原料乳进行综合评价,然后给予科学合理的按质计价。

表 7-3　用于待加工的原料乳微生物指标

项　　目	指标(菌数为个/ml)
总细菌数	≤100000(30000)
大肠菌数	500(100)
埃希氏大肠杆菌	1
耐热菌数	1000
芽孢菌数	10
蜡样芽孢杆菌	1
金黄色葡萄球菌(触酶阳性)	100(0)
甲基蓝还原时间(36℃)	6h
体细胞数	750000(500000)

在原料乳贮藏和运输各环节中,温度管理是原料乳品质的保证至关重要的因素。牛乳是微生物非常容易生长繁殖的营养基质,只要在适宜温度下,就可能导致大量细菌的繁殖,降低牛乳品质和加工利用的特性。因此,刚挤出的牛乳需要在短时间内使其温度降低到多数微生物不能生长繁殖的范围之内,才能有效地保证鲜牛乳的质量。

牛乳的冷却最好是在牧场或养牛户中进行,即将挤出的牛乳通过冷却设备迅速冷却并收集到冷藏奶槽内,这样才能够保证在收购和运输途中只有较低水平的细菌数量,并不至发生奶的酸败变质。

二、原料乳的冷却与预杀菌

牛乳被挤出时,其温度约为 32℃～36℃,是微生物最易生长繁殖的温度范围,如果这样的牛乳不及时处理,牛乳中微生物即将大量繁殖,酸度迅速增高,降低牛乳的质量,使牛乳变质。因此,刚挤出的牛乳应迅速冷却,以保持牛乳的新鲜度。

(一)牛乳的冷却

1. 牛乳冷却的意义　从乳腺中刚挤出的鲜牛乳中含有多种天然抗菌物质,对微生物有一定的杀灭和抑制作用。该抑菌特性与乳温、菌数及处理有关,低温保藏可延长该特性的保持时间,通常新挤出的牛乳迅速冷却到 0℃后,其抗菌作用可维持大于48h。鲜牛乳的天然抗菌作用与温度的关系见表 7-4。

随着牛乳中天然抗菌物质的作用的减弱,其中污染的微生物会很快进入快速生长阶段。因此,新鲜的牛乳应在挤出不久,就应采取有效的冷却手段将其温度迅速降到 4℃～7℃范围之内,这样才能保持鲜牛乳的品质。

表 7-4 鲜牛乳的天然抗菌作用与温度的关系

乳 温(℃)	抗菌特性作用时间	乳 温(℃)	抗菌特性作用时间
37	2h 以内	5	36h 以内
30	3h 以内	0	48h 以内
25	6h 以内	−10	240h 以内
10	24h 以内	−25	720h 以内

2. 牛乳的冷却方法 原料生鲜牛乳不经过高温处理而延长保藏时间的最好办法就是拥有性能良好的冷却设备。具备冷却条件的牧场,在挤乳后将鲜牛乳直接冷却到 4℃以下,并在该温度下将奶运输到加工厂。目前,在大型乳品公司实施的机械挤乳或先进的机械榨乳系统的应用,对提高原料乳质量发挥了重要作用,另外,在一些日产牛乳量大的大型牧场,通过专用的冷却机将刚挤出的牛乳进行冷却后,打入冷藏罐中保藏。有些挤奶站或牛场则是使用配有冷却系统的冷却罐对牛乳进行冷却和冷藏,对保证原奶的质量也是十分必要的。但是,在有些中小型奶牛厂,还在利用较简便的水池式冷却方法。具体的牛乳冷却方法如下。

(1)水池冷却 通常修建一水池,深度与奶桶颈口的高度一致,容量为被冷却乳量的 4 倍左右。将装乳的奶桶放在水池中,用地下水或冰水冷却,不时搅拌,可使乳冷却到比冷却水温高 3℃~4℃。有条件的地方可采用自然流水冷却,效果更好。但该方法消耗水量大,冷却速度慢,易受到进一步的污染,同时,又受到环境气候温度的制约,在夏季的效果较差。

(2)冷却罐冷却 是将贮奶罐与冷冻机组相结合制造的设备,能够有效地冷却鲜牛乳。这种冷却罐可分为直接冷却和间接冷却等 2 个方式。直接冷却方式是通过冷冻机冷媒在罐底部气化膨胀作用进行热交换达到冷却目的。这种冷却设备也有冷冻机组与贮乳罐体相分离的结构形式,也就是牛乳在进入贮乳罐之前通过与冷媒的热交换被冷却。间接冷却方式是通过冷冻机将水或不冻液进行冷却后,再用此冰水与牛乳进行热交换做到冷却。

(3)板式换热器冷却 以水作为二次冷媒时,通常利用冰水机制备冰水,通过板式热交换机冷却牛乳。这种方式中贮乳罐和冷却系统是分开的。它能避免刚挤下的热牛乳与罐内冷的牛乳的混合。这种设备能够做到挤乳的同时连续将牛乳冷却到 2℃~3℃,并输到冷藏奶罐中保藏。

牛乳的冷却设备要经常的清洗消毒,有的冷却罐自带就地清洗系统,操作起来很方便。

3. 冷却过程中牛乳的变化 鲜牛乳在冷却过程中,主要有脂肪由液态转为固态结晶,无机盐形态的变化等。低温条件已使大多数微生物的生长受到抑制,主要是嗜低温细菌的生长,使菌数有所增加,同时菌体释放的胞外酶导致乳中蛋白质和脂肪的分解,由此产生不愉快的臭味或苦味。随着牛乳冷却贮藏设备的普及,特别是小型直冷式牛奶冷却罐的推广使用,将会大大提高鲜奶的质量。另外,嗜低温细菌对冷藏过程中牛乳的质量影响越来越显得重要。

(二)原料乳的预杀菌

在许多乳品企业,特别是生产规模较大的加工厂每天收购的原料乳不能在收乳后立即进行加工。因此,部分原料乳在贮奶罐中贮存数小时或几天的情况常有发生。这种情况下,即使将牛乳进行了深度的冷却也无法避免一些嗜低温细菌的生长,产生代谢产物以及酶类。所以为了避免牛乳在冷藏情况的变质,保证最终产品的风味和质量,常常采取对牛乳进行预杀菌的方法,以降低原料乳中微生物数量和酶活性。

预杀菌方法:将牛乳加热到 63℃～65℃、保持约 15s。由于多次热处理对原料乳成分有一定的影响,因此预杀菌的时间要掌握好,不能作用时间过长,在不到低温短时间巴氏杀菌程度就应停止,并快速冷却到 4℃以下。

原料乳预杀菌的主要目的是杀死牛乳中低温性细菌,因为牛乳长时间地贮藏于低温条件下时,有些低温型细菌大量的繁殖,产生大量的耐热解脂酶和蛋白酶,导致牛乳在贮藏过程中酸度上升,并产生异味。

原料乳在经过预杀菌之后,需要迅速地冷却到 4℃以下,否则可能使有些芽孢杆菌芽孢处于萌发状态,继之生长而导致牛乳质量的下降。

预杀菌只是在例外情况下所采取的补救措施。一般情况下,收受的原料乳在24h 之内应进行巴氏杀菌处理,进入乳制品的加工工序。

三、原料乳的贮藏与运输

通常情况下,农户或奶牛场挤出的新鲜牛乳,应就地冷却,用运输车直接运输到加工厂或通过贮运站转运至工厂。因此,在就地冷却和保持较低温度状态下运输是至关重要。冷却贮藏的牛乳能够在一定时间内保证其新鲜度,不至于影响加工处理和造成危害。

鲜牛乳在贮藏期间的质量,除了与奶牛自身的健康状况和挤乳方式等有关外,主要与冷藏罐的清洁度和卫生管理制度密切相关。完全避免生鲜牛乳不被外界环境中微生物的污染就目前的技术很难做到。虽然如此,可通过有效地清洗消毒措施,很大程度上可降低来自挤乳设备、挤乳操作过程、输乳管道以及贮乳罐的微生物污染数量。因此,遭到污染的牛乳在冷却和贮藏过程如何控制其微生物数量的增加,保证鲜乳品质不降低是极其重要的。

(一)牛乳的贮藏

牛乳的贮藏可分为收购前贮藏和收购后贮藏。收购前的贮藏主要在农户或牧场进行。由于个农户和牧场条件的不同,收购前贮藏的温度以及微生物的数量相差较大(表7-5)。牛乳被收购后,要在加工厂进行贮藏,通常情况下,牛乳经过运输到工厂卸载时温度上升到 4℃以上是不可避免的,但是不得超过 10℃。因此,牛乳运输到工厂要经过快速检测,证明新鲜度高,质量合格者方可通过板式热交换使其冷却后泵入贮奶罐中。

收购的原料乳通常贮存在大型的贮奶罐中,贮奶罐有立式和卧式2种。小型的容积在1 000～10 000L,大型的25 000～150 000L不等。后者多用于特大型乳品厂使用。

冷却后的牛乳应尽可能保存在低温条件下,并应防止乳温的升高。为此,牛乳冷却后须贮存在具有良好绝热性能的贮奶缸内,使牛乳在贮存期间保持一定的低温,并使温度的回升降至最低程度。一般在具有良好绝热性能的贮奶缸内,24h内乳温升高仅1℃～2℃。贮奶缸容量的大小,应根据日产鲜牛乳的总量、运输时间和加工能力等因素来决定。贮奶罐使用前后应彻底洗净、杀菌。贮奶期间要开动搅拌机,使牛乳温度分布均匀。

表7-5 奶牛场罐藏奶的微生物变化(5℃)

奶牛场	初始菌数	第二天	第三天	第四天
A	5800	3300	7900	14000
B	14000	10000	11000	70000
C	14000	10000	710000	15000000
D	28000	83000	2800000	18000000
E	62000	400000	9500000	41000000
F	170000	110000	110000	130000
G	240000	1800000	8900000	17000000

(二)原料乳的运输

原料乳的运输条件和输送前的状态是影响其质量的重要因素。目前原料乳的运输主要是采用奶槽车和奶桶输送等方式。

奶槽车运输已成为一些乳业发展较快地区的主要运输方式。奶槽车的奶槽容量有1吨到几吨,甚至有几十吨的不等。盛装鲜牛乳的容器或奶槽,应使用与牛乳不起化学反应、无味以及对人体无害的材料制成。最理想的是不锈钢材料制成的奶槽或奶桶,其内外壁应光滑,易于清洗消毒。

原料乳运输前应在奶牛场降温到4℃。在运输过程中,由于振荡和搅拌等原因,原料乳易形成脂肪块,贴附于奶槽内壁上。如果长时间运输时,由于温度的升高还容易导致脂肪的酸化和混入大量的空气。

大型乳品厂的兴起,对原料乳运输车以及装备有了很大的改善,如新型装配有制冷机组的奶槽车已用于原料乳的运输。另外,用FRP树脂(Fiberglass Reinforced Polyester)制造的奶槽,对于原料乳运输途中的质量保证更有利。这种材料的价格为钢的1/4,坚固性与铁相当,热传导性为钢的1/50,保冷性能好。在外界温度35℃下,50h保藏中乳温升高1℃～2℃。

　　奶槽车通常是直接从奶牛场牛奶处理室冷却罐中通过奶泵装载后直接运送到加工厂。每个奶槽车都有一定的收奶路线和时间表,定时定点进行运输。

　　以奶桶装的原料乳进行运输是最普通而应用已久的方式。小规模奶牛场或散养奶牛户利用奶桶运输或集中于收奶站,装入奶槽车运到加工厂。奶桶的容量通常为30～50kg。用奶桶输送原料乳时,对奶桶的卫生要十分注意,经常清洗消毒保持洁净,以减少奶桶带入牛乳中的微生物数量。另外,奶桶装运牛乳,由于冷却条件的缘故牛乳温度常会高于4℃或各桶间的乳温高低差别大,原料乳品质优劣不齐的现象常有发生。特别是夏季外界气温较高时,长距离的运输对奶桶原料乳温度的影响较大,很容易发生酸败变质。

(三)原料乳的贮藏与运输对微生物数量的影响

　　原料乳在贮藏和运输过程中,随温度的变化其中微生物数量会发生一定的变化。一般乳温的升高会缩短微生物的世代时间,使细菌数量急剧增长,加速牛乳中化学成分的分解及伴有产生苦味以及不愉快的臭味等。不同种类的嗜低温细菌,世代时间长短不一。但在5℃～10℃时多数菌体的世代时间为2～3h。从理论值看,原料乳贮藏和运输2～3h的过程中,即使乳温不升高,其中嗜低温细菌的数量也会增加2倍。但是实际运输过程中经调查显示细菌数量的增加是很少的。例如在外界温度30℃时,运输原料乳2～3h后,乳温从6℃升至10℃,其细菌数量几乎没有增加,这可能是乳本身固有的抗菌或抑菌体系作用的缘故。但热天长距离运输和隔天运,以及贮存数日的原料乳的品质下降的可能性是存在的。

第三节　液态乳加工技术

一、巴氏杀菌乳

(一)巴氏杀菌乳的定义

　　巴氏杀菌(Pasteurization)是一种较温和的热处理方式,它能够杀死牛乳中可能存在的已知的致病菌和大部分的腐败菌,而对牛乳的营养成分和风味的破坏很小。美国巴氏杀菌采用的温度与时间组合见表7-6。

表7-6　美国巴氏杀菌采用的温度与时间组合

温　度(℃)	时　间
63[a]	30min
72	15s
89	1.0s
90	0.5s
94	0.1s
96	0.05s
100	0.01s

注:a:如果产品中脂肪含量超过10%,或者产品中添加有甜味剂,特定的温度要提高3℃

我国巴氏杀菌乳（Pasteurised milk）的定义是：以新鲜牛乳（或羊乳）为原料，经过净乳（过滤和离心）、冷却、标准化、均质、巴氏杀菌、冷却和灌装而成的。根据国家标准 GB 5408.1—1999 规定，巴氏杀菌乳可分为全脂巴氏杀菌乳、部分脱脂巴氏杀菌乳和脱脂巴氏杀菌乳。

（二）巴氏杀菌工艺

采用板式换热器对乳进行连续热处理，杀菌的方法采用高温短时（HTST）法。这种方法的优点是效率高，成本低。

连续式巴氏杀菌乳生产线的设计取决于各国的法律和法规，这就造成国与国之间，甚至乳品厂与乳品厂之间都不尽相同。例如，脂肪标准化（如果采用）可以是预标准化、后标准化或者直接标准化，均质可以是全部均质或者部分均质等。

（三）巴氏杀菌乳的包装

产品的包装可防止牛奶的二次污染和异物的进入，同时包装材料还要能够防止光线的通过，以防止牛奶发生脂肪氧化和因光线的照射产生不良的风味。另外，包装对吸引消费者购买也有着很重要的作用。

目前应用玻璃瓶来灌装牛奶的现象已越来越少，玻璃瓶很重，对加工厂的环境影响较大，而且玻璃瓶透光。

表面带有聚乙烯的纸盒包装的应用已越来越普遍，它具有重量轻、方便等特点，但包装设备的成本低，且不能重新封口。但最近已有带可重新封口的纸盒应用于牛奶的包装，这种纸盒很容易打开和重新封上。

高密度聚乙烯（HDPER）是另外一种牛乳的包装材料，目前在世界上很多工厂采用。制成的塑料瓶由于具有良好的卫生质量和很好的外观而逐渐被消费者接受，同时具有较好的防水和隔氧的性能，如果要求隔光，则需在其中涂上一层能防止紫外线的物质。

二、超高温杀菌乳（UHT 乳）

产品的灭菌即是对这一产品进行足够强度的热处理，使产品中所有的微生物和耐热酶类失去活性。灭菌产品具有优异的保存质量，可以在室温下长时间贮存，许多乳品厂因此而将产品分送更远距离并开辟新的市场。

（一）生产超高温杀菌乳对原料乳质量的要求

需要高温处理的牛乳质量必须非常好，尤其重要的是牛乳中的蛋白质在热处理中不能失去稳定性。蛋白质的热稳定性可以通过酒精实验来进行快速鉴定，如果牛乳在酒精浓度为 75% 时仍保持稳定，则通常可以避免在生产和货架期期间出现问题。

在低温下长时间贮存的牛乳可能会含有过高数量的嗜冷菌，嗜冷菌会产生一些经灭菌处理也不会失活的耐热酶类。在产品贮存期间，这些酶类引起产品滋味改变如酸辣味、苦味或甚至于产生凝胶化问题（老化凝胶或甜凝块）。

牛乳必须具有很高的细菌学质量，这不仅仅涉及细菌总数，甚至涉及那些能够影响灭菌率的芽孢形成菌的芽孢数。

(二)超高温灭菌工艺

正如前文提到的,UHT 杀菌设备有直接和间接两种,UHT 杀菌方法也有直接和间接两种。

UHT 工艺大致与巴氏杀菌工艺相近,主要的区别:UHT 杀菌前一定要对所有设备进行预灭菌,UHT 杀菌热处理要求更严、强度更大,工艺流程中必须使用无菌罐,最后采用无菌灌装。

1. 预杀菌　生产之前设备必须灭菌,以避免经灭菌处理后的产品被再污染,热水灭菌设备的最短时间为 30min,自达到适宜温度的某一瞬间至设备中所有部件都达到温度要求,然后设备冷却至生产要求的条件。

2. 无菌罐　用于 UHT 处理乳制品的中间贮存,产品的流向以及与相应设施连接。在 UHT 线上、无菌罐可有不同的用途,但这要取决于设备的设计以及生产和包装线的不同单元的生产能力。

如果包装机中有一台意外停机,无菌罐用于照应停机期间的剩余产品。

两种产品同时包装,首先将一种产品贮满无菌罐,足以保证整批包装,随后,UHT 设备转换生产另一种产品并直接在包装机线上进行包装。

这样,在生产线上有 1 个或多个无菌罐为生产计划安排提供了灵活的空间。产品由 UHT 设备直接进行包装,UHT 系统要求有 1 个不少于 300L 的产品回流,产品回流循环可以保持灌装的压力的稳定。对过度处理敏感的产品不能使用这一回流,这时就必须由无菌罐来提供灌装机的流量压力要求。

对于每一台单独生产的 UHT 设备无菌罐和无菌包装机来说,一定要实现最佳组合。

3. 无菌包装　无菌包装被定义为一个过程,该过程包括包装材料或容器的灭菌,在无菌环境下灌入商业无菌产品,并形成足够紧密防止再污染的包装容器,比如密封封口。

由于产品要求在非冷藏条件下具有长货架期,所以包装也必须提供完全防光和防氧气的保护。这样长期保存鲜奶的包装需要有一个薄铝夹层,其夹在聚乙烯塑料层之间。

"无菌"一词意味着产品、包装或其他特定区域中不存在或去除任何的微生物;"密封"一词用于表示适宜的机械特性,即不使任何细菌进入包装中或更严格地讲,防止微生物和气体或蒸汽进入包装。

三、酸乳及酸乳饮料的加工

(一)酸乳加工

酸乳(yogurt)是一种半固体的乳产品,由加热处理的标准化乳的混合物,经嗜热链球菌(Streptococcus thermophilus,ST)和德氏保加利亚乳杆菌(Lactobacillus delbrueckiisubsp. bulgaricus,LB)的协同作用发酵而得到的凝固乳制品,最终产品中必须含有大量的活菌。

尽管由于化学组分和所采用的起发剂类型存在差异,对酸乳的定义有不同的看法,但国际乳品联合会(IDF)的定义获得了广泛的认同。在某些国家,酸乳的生产菌种完全限制 ST 和 LB 菌种的应用,但其他国家除了 ST 和 LB 之外,酸奶中还加入了一些辅助菌种,如嗜酸乳杆菌(Lactobacillusacidophilus)和双歧杆菌(Bifidobacterium spp.)等。

1. 凝固型酸乳的加工

(1)凝固型酸乳的生产工艺流程(见图 7-1)。

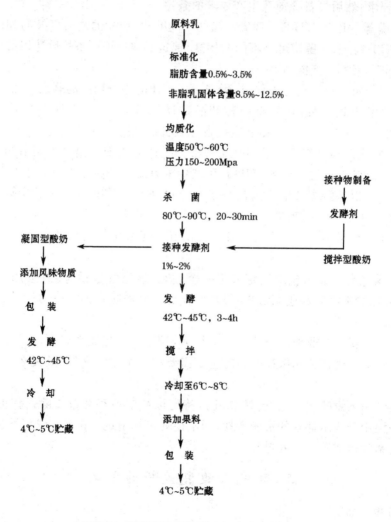

图 7-1 凝固型及搅拌型酸奶生产工艺流程

(2)操作要点

①原料乳的质量要求:原料乳质量比一般乳制品原料乳要求高。除按规定验收

合格外,还必须满足以下要求。

总乳固体物不低于11.5%,其中非脂乳固体不低于8.5%。

不得使用含有抗生素或残留有效氯等杀菌剂的鲜生乳,一般乳牛注射抗生素后4d内所产的乳不得使用,因为常用的发酵剂菌种对抗生素和残留杀菌剂、清洗剂非常敏感。

不得使用患有乳房炎的牛乳,否则会影响酸乳的风味和蛋白质的凝胶力。

②配料:国内生产的酸乳都要加糖,添加量一般为4%～7%。加糖的方法是先将用于溶糖的原料乳加热到50℃左右,再加入砂糖,待完全溶解后,经过滤除去杂质再加入至标准化乳罐中。

③预热、均质、杀菌、冷却:一般来说,预热、均质、杀菌和冷却都是在由预热段、杀菌段、保持段、冷却段组成的板式换热器和外接的均质机联合完成的。各段的工艺参数在流程图中已注明。冷却至45℃,稍高于发酵温度的原因是考虑到在后续的接种和灌装过程中温度会略有下降。

④接种:接种前应将发酵剂充分搅拌,使作为发酵剂的凝乳完全破坏。接种是造成酸乳受微生物污染的主要环节之一,因此应严格注意操作卫生,防止霉菌、酵母、细菌噬菌体和其他有害微生物的污染,特别是在不采用发酵剂自动接种设备的情况下更应如此。发酵剂加入后,要充分搅拌10min,使菌体与杀菌冷却后的牛乳完全混匀。还要注意保持乳的温度,特别是对非连续灌装工艺或采用效率较低的灌装手段时,因灌装时间较长,保温就更为重要。发酵剂的用量主要根据发酵剂的活力而定。

⑤灌装:接种后经充分搅拌的牛乳应立即连续地灌装到零售容器中。凝固型酸乳的容器使用最多的是玻璃瓶,主要特点是能很好地保持酸乳的组织状态,容器没有有害的浸出物质,但运输比较沉重,回收、清洗、消毒麻烦。塑料杯和纸盒虽然不存在上述的缺点,但在凝固型酸乳"保形"方面却不如玻璃瓶。

⑥发酵:发酵温度一般在42℃～43℃,这是嗜热链球菌和保加利亚乳杆菌最适生长温度的折中值。发酵时间一般在2.5～4h,发酵终点的判断非常重要,是制作凝固型酸乳的关键技术之一。可以采用以下方法判断:发酵一定时间后抽样观察,打开瓶盖,观察酸乳的凝乳状况。若已基本凝乳,马上测定酸度,酸度达到70°T～90°T后则可终止发酵。但酸度的高低还取决于当地消费者的喜好。在实际生产中,发酵时间确定还应考虑冷却有一个过程,在此过程中酸乳的酸度还会继续上升。

⑦冷却:冷却的目的是终止发酵过程,迅速而有效地抑制酸乳中乳酸菌的生长,使酸乳的特征(质地、口味、酸度等)达到所设定的要求。

⑧冷藏后熟:冷藏温度一般在2℃～7℃。冷藏的作用除达到冷却一项中所列举的目的外,还有促进香味物质产生,改善酸乳硬度的作用。香味物质的高峰期一般是在酸乳终止发酵后4h,而有人研究的结果时间更长,特别是形成酸乳特征风味是多种风味物质相互平衡的结果,一般是12～24h完成,这段时间就是后熟期。

2. 搅拌型酸乳的加工

(1)生产工艺流程 参见图 7-2。

(2)操作要点 搅拌型酸乳生产中,从原料乳验收至接种,基本与凝固型酸乳相同。两者最大的区别在于凝固型酸乳是先灌装后发酵,而搅拌型酸乳是先在大罐发酵,然后灌装。

①发酵:搅拌型酸乳生产中发酵通常是在专门的发酵罐中进行的。发酵罐安装有保温装置,配备有温度计和 pH 计。pH 计可控制罐中的酸度,当酸度达到一定值后,pH 计就传出信号。这种发酵罐是利用罐体四周夹层里的热媒体来维持一定的温度。生产中应注意,假设由于某种原因,热媒的温度过高或过低,则接近罐壁面部分的物料温度就会上升或下降,罐内产生温度梯度,不利于酸乳的正常培养。

②冷却破乳:罐中酸乳终止发酵后应降温搅拌破乳,搅拌型酸乳可以采用间隙冷却(用夹套)或管式或板式冷却器连续冷却。凝乳在冷却过程的处理是很关键的。若采用夹套冷却,搅拌速度不应超过 48rpm/min,以便减小凝乳组织结构的破坏程度到最低限度。如果采用连续冷却,应采用容积泵输送凝乳(从发酵罐到冷却器)。冷却温度的高低根据需要而定。通常发酵后的凝乳先冷却至 15℃～20℃,然后混入香味剂或果料后灌装,再冷却至 10℃ 以下。冷却温度会影响灌装充填期间酸度的变化,当生产批量大时,充填所需的时间长,应尽可能降低冷却温度。为避免泵对酸乳凝乳组织的影响,冷却之后在往包装机输送时,应采用高位自流的方法,而不使用容积泵。

③果料混合、调香:酸乳与果料的混合方式有 2 种:一种是间隙生产法,在罐中将酸乳与杀菌的果料(或果酱)混匀,此法用于生产规模较小的企业。另一种是连续混料法,用计量泵将杀菌的果料泵入在线混合器连续地添加到酸乳中去,混合非常均匀。

④灌装:均匀混合酸乳和果料,让其直接流入到灌装机进行灌装。搅拌型酸乳通常采用塑料杯装或屋顶形纸盒包装。

(二)发酵乳饮料加工

1. 加工工艺流程 见图 7-2。

(1)混合调配 先将经过巴氏杀菌冷却至 20℃ 左右的稳定剂、水、糖溶液加入发酵乳中混合并搅拌,然后再加入果汁、酸味剂与发酵乳混合并搅拌,最后加入香精等。一般糖的添加量为 11% 左右,饮料的 pH 调至 3.9～4.2。

(2)均质 均质处理是防止乳酸菌饮料沉淀的一种有效的物理方法。通常用胶体磨或均质机进行均质,使其液滴微细化,提高料液黏度,抑制粒子的沉淀,增强稳定剂的稳定效果。发酵乳酸菌饮料较适宜的均质压力为 20～25MPa,温度 53℃ 左右。

(3)后杀菌 发酵调配后的杀菌目的是延长饮料的保存期。经合理杀菌、无菌灌装后的饮料,其保存期可达 3～6 个月。

(4)蔬菜预处理 在制作蔬菜乳酸菌饮料时,要首先对蔬菜进行加热处理,以起

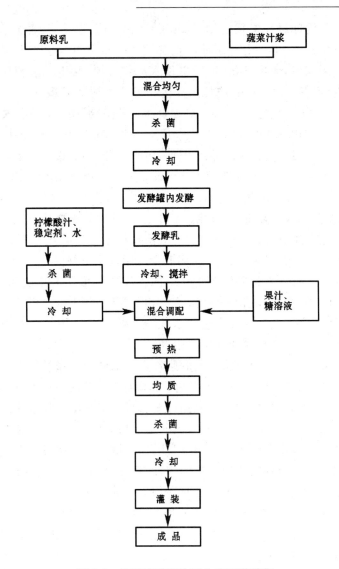

图 7-2　发酵乳酸菌饮料生产工艺流程

到灭酶作用。通常将蔬菜在沸水中放置 6～8min。经灭酶后打浆或取汁,再与杀菌后的原料乳混合。

2. 质量控制

(1)防止沉淀　沉淀是乳酸菌饮料最常见的质量问题。乳蛋白中 80％ 为酪蛋白,其等电点为 pH4.6。通过乳酸菌发酵,并添加果汁或加入酸味剂而使饮料的 pH 值在 3.9～4.4 左右。此时,酪蛋白处于高度不稳定状态,任其静置,势必造成分层、沉淀等现象。

在加入果汁、酸味剂时,若酸浓度过大,加酸时混合液温度过高,或加酸速度过快及搅拌不匀等均会引起局部过度酸化而发生分层和沉淀。除了加工工艺正确操作外,对于出现的沉淀问题通常采用物理(均质)和化学(稳定剂)两种方法来解决。

①均质:确定适宜的均质温度对防止沉淀有很好的作用。当温度高于54.5℃时,均质后的饮料较稀,无凝结物,但易出现水泥状沉淀,饮用时有粉质或粒质口感。均质温度宜保持在51.0℃~54.5℃,尤其在53℃左右时效果最好。

②稳定剂:采用均质处理,还不能达到完全防止乳酸饮料的沉淀,必须同时使用化学方法才可起到良好作用。常用的化学方法是添加亲水性和乳化性较高的稳定剂。稳定剂不仅能提高饮料的黏度,防止蛋白质粒子因重力作用而下沉,更重要的是它本身是一种亲水性高分子化合物,在酸性条件下与酪蛋白形成保护胶体,防止凝集沉淀。

由于牛乳中含有较多的钙,在pH降到酪蛋白等电点以下时以游离钙状态存在,Ca^{2+}与酪蛋白之间易发生凝集而沉淀。故添加适当的磷酸盐使其与Ca^{2+}形成螯合物,可以起到稳定作用。目前,常使用的乳酸菌饮料稳定剂有羧甲基纤维素(CMC)、藻酸丙二醇酯(PGA)等,两者以一定比例混合使用效果更好。

(2)减少杂菌污染　发酵乳酸菌饮料中的营养成分可促进霉菌和酵母菌的生长繁殖。受杂菌污染的乳酸菌饮料会产生气泡和异常膨胀,不仅外观和风味受到破坏,甚至完全失去商品价值。这主要是由于杀菌不彻底所致。因此,应注意原料卫生、加工机械的清洗消毒以及灌装时的环境卫生等。

(3)防止脂肪上浮　采用全脂乳或脱脂不充分的脱脂乳做饮料时,均质处理不当等原因会出现脂肪上浮。应改进均质条件,如增加压力或提高温度,同时可选用酯化度高的稳定剂或乳化剂如卵磷酯、单硬脂酸甘油酯、脂肪酸蔗糖酯等。不过,最好采用含脂量较低的脱脂乳或脱脂乳粉作为乳酸菌饮料的原料,并注意进行均质处理。

(4)注意果蔬料的选择和质量控制　为了强化饮料的风味与营养,常常在发酵乳饮料中加入一些果蔬原料,例如果汁类的椰汁、芒果汁、山楂汁、草莓等,蔬菜类的胡萝卜汁、玉米浆、南瓜浆、冬瓜汁等。有时还加入蜂蜜等成分。由于这些物料本身的质量或配制饮料时预处理不当,使饮料在保存过程中也会引起感官质量的不稳定,如饮料变色、褪色、出现沉淀、污染杂菌等。因此,在选择及加入这些果蔬物料时应多做试验,保存期试验至少1个月以上。

果蔬乳酸菌饮料的色泽也是左右消费市场的因素之一,如在果蔬汁中添加一定量的抗氧化剂,如维生素E、维生素C、儿茶酚、EDTA等,则会对果蔬饮料的色泽产生良好的保护性能。

第四节　乳粉加工技术

一、乳粉的概念

乳粉是指以新鲜牛乳为主要原料并配以其他辅料,经杀菌、浓缩、干燥等工艺过程制得的粉末状产品。乳粉能较好地保存鲜乳的特性及营养成分。由于生产中除去了乳中几乎全部的水分,微生物不能生长繁殖,因此大大延长了产品的货架期,而且极大减轻了产品的体积和重量,便于运输。

二、乳粉的种类

实际生产中将最终制成干燥粉末状态的乳制品均归于乳粉类,因此乳粉的种类很多,但目前国内外仍以全脂乳粉、脱脂乳粉、速溶乳粉、婴儿配方乳粉、调制乳粉等的生产为主。随着世界乳品工业的发展和科学技术的进步,各种新型乳粉不断出现。下面从不同角度,对乳粉的种类进行归纳。

(一)按原料处理不同进行分类

根据原料采用的加工处理工艺的不同将乳粉进行分类,如表 7-7 所示。从比较结果来看,强化乳粉、调制乳粉、婴儿配方乳粉、断乳幼儿乳粉的生产虽然有所差异,但是仍有一些相似的地方,所以有时也可以将其统称为配方乳粉。

表 7-7　按原料处理差异将乳粉分类

品　种	原　料	制造方法	特　点
全脂乳粉	牛乳	净化→标准化→杀菌→浓缩→干燥	保持牛乳的香味、色泽
全脂加糖乳粉	牛乳、砂糖	标准化→加糖→杀菌→浓缩→干燥	保持牛乳香味并带适口甜味
脱脂乳粉	脱脂牛乳	牛乳的分离→脱脂乳杀菌→浓缩→干燥	不易氧化、耐保藏、乳香味差
速溶乳粉	全脂或脱脂牛乳	在干燥工序施以速溶加工条件	比普通乳粉颗粒大、容易冲调、使用方便
婴儿配方乳粉	牛乳、稀奶油、植物油、脱盐乳清、铁、维生素	高度标准化→调配→杀菌→浓缩→均质→干燥	改变了牛乳营养成分的含量及比率、使与人乳成分相近似,是婴儿较理想的代母乳食品
较大婴幼儿乳粉	脱脂乳、植物油、维生素、糖、谷物	配料→杀菌→均质→浓缩→干燥	能满足 6 个月以上婴幼儿的营养需要
强化乳粉	牛乳、维生素、铁、糖	配料→杀菌→均质→浓缩→干燥	对喂乳的婴儿避免缺铁、钙、维生素
奶油粉	稀奶油、非脂乳固体、添加剂	标准化→配料→均质→干燥	非冷藏下可长时间保存、便于食用及用作食品工业配料
酪乳粉	利用制造奶油的副产品——酪乳	酪乳杀菌→浓缩→干燥	含有较多磷脂及蛋白质、可作为冷食、面包、糕点等的辅料,改善产品的质量

品　种	原　料	制造方法	特　点
干酪粉	成熟的干酪、添加剂	干酪去皮→切小块→水蒸气溶融→加水使之呈浓乳状→干燥	改善了干酪在贮藏中容易发生膨胀变质现象
麦乳精粉	乳与乳制品、蛋类、可可、麦芽糖、饴糖	配料→均质→脱气→干燥	含多种营养成分的营养品
冰淇淋粉	乳与乳制品、蛋类、糖、添加剂	配料→杀菌→均质→老化→浓缩→干燥	便于保藏、运输

(二)一些国际化组织对乳粉的分类

根据国际乳品联合会(IDF)、食品法典委员会(CAC)、国际标准化组织(ISO)对乳粉的分类,常把乳粉从广义上定义为固体乳制品,详细划分见表 7-8。由于这些分类标准只是为了归口统计的方便,应用得较少,采用较多的为前三种分类方法。

表 7-8　IDF、CAC、ISO 对乳粉的分类

IDF	CAC	ISO
乳粉	全脂乳粉	乳粉
脱脂乳粉	部分(或全)脱脂乳粉	脱脂乳粉
乳清粉	乳清粉	乳清粉
酪乳粉	高脂乳粉	酪乳粉
稀奶油粉	奶油粉	奶油乳清粉
乳浆粉	半奶油粉	—

三、乳粉生产工艺

(一)各种乳粉生产工艺

各种乳粉的生产工艺见图 7-3。

(二)操作要点

1. 乳的预处理　生产乳粉要求质量较高的原料乳。为了提高原料乳的质量,可采用离心除菌或微滤除去乳中的菌体细胞及其芽孢,以保证高质量的原料乳。

全脂乳一般需进行标准化,一般将脂肪:总固形物比例控制在 1:2.67,以控制最终成品中脂肪的含量。

2. 预热及浓缩　在浓缩前进行原料乳预热杀菌不仅有助于控制产品质量,同时也是控制乳粉功能特性最关键的一步。预热杀菌是乳粉加工过程受热温度最高的一步,在这一过程中大部分乳清蛋白发生变性。预热方式可以采用直接热交换系统和间接热交换系统,安装在蒸发器中的螺旋式热交换器(spiral heat exchanger)或蒸汽

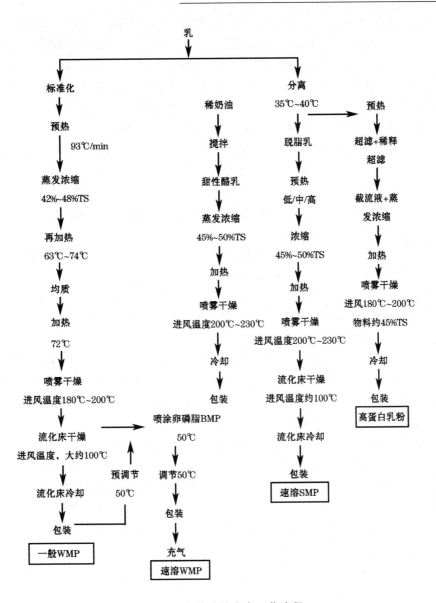

图 7-3　各种乳粉生产工艺流程

喷射系统,属于直接热交换系统;片式热交换器(plate heat exchanger),属于间接热交换系统。直接热交换系统要较间接热交换系统好一些,在间接热交换系统中,嗜热菌可产生生物膜(biofilm)。

脱脂乳粉根据在预热杀菌过程中热处理的程度可分为:低热乳粉(典型为 75℃,15s)、中热乳粉(典型为 75℃,1～3min)和高热乳粉(80℃,30min 或 120℃,1min)。全脂乳一般不进行热分类,常用的预热杀菌温度为 85℃～95℃数分钟以保证钝化乳中内源性脂酶,同时使乳清蛋白中抗氧化的-SH 暴露。

预热杀菌后进行浓缩,一般采用多效降膜蒸发器进行蒸发浓缩。全脂乳浓缩到45%～50%总固形物(TS)脱脂乳浓缩到42%～48%TS。多效蒸发器可以最大限度地利用热能,前一效的蒸汽可作为下一效的加热介质。通过采用热蒸汽或机械蒸汽再压缩工艺,热效率可以进一步提高。一般在蒸发器上都安装有折射计或黏度计以确定浓缩终点。

除蒸发浓缩外,也可采用膜技术进行浓缩。超滤不仅使乳的受热程度减少,还可以将乳组分分离,而且可以进行标准化,调节产品中蛋白质和乳糖含量。反渗透和过滤只除去了乳中的水,可对乳进行预浓缩。

对大多数产品来说,在干燥前希望乳糖结晶,特别是乳糖含量较高的产品,如乳清粉。在一些乳粉生产中牛乳浓缩后需进行均质,均质温度为60℃～70℃,二段均质压力分别为15MPa和5MPa。

3. 干燥 乳粉干燥的方法常用滚筒干燥和喷雾干燥。除生产特殊的乳粉外(如巧克力用高游离脂肪乳粉),目前滚筒干燥已极少用于乳粉的生产。

在喷雾干燥过程中,通过正位移泵(positive displacement pump)将浓缩后的浓乳送到干燥室顶部的雾化器(atomiser),雾化为细小的液滴,然后与进入干燥室的热空气接触后水分被蒸发。

在雾化前,浓乳一般加热到72℃以降低黏度获得最佳的雾化效果。经雾化后,浓乳成为10～400μm的液滴。液滴的大小,特别是液滴大小的分布对于乳粉的功能特性非常重要。雾化方式可采用压力喷嘴雾化或离心雾化,两种方式各有优点,缺点是:离心雾化能耗高,压力喷嘴雾化易堵塞。

根据独立干燥段的数目,喷雾干燥设备有一级、二级及多级喷雾干燥。对于一级干燥,整个干燥过程是在圆锥形的干燥室内进行的。决定最终产品质量和干燥效率的关键工艺参数是进风温度(Tinlet,进入干燥室热空气的温度)和排风温度(Toutlet,离开干燥室空气的温度)。乳粉干燥过程中典型的 Tinlet 和 Toutlet 分别为160℃～220℃和70℃～90℃。在干燥过程中,由于蒸发潜热的损失,乳滴连续被冷却,其在整个过程中温度不会高于70℃。

在起始的恒速干燥阶段,液滴表面水分呈饱和状态,随干燥的进行,液滴表面的水分不再呈饱和状态,而进入降速干燥阶段。由于水分的蒸发,液滴表面形成一个干硬的壳,由此导致蒸发速率降低。如果在干燥结束时暴露于较高的温度下,乳粉颗粒内部的水蒸气和空气发生膨胀,形成大的空泡,乳粉颗粒有可能破裂,导致细粉增加。因此,应控制干燥速率,以保证在降速干燥阶段结束时加热和干燥也结束。

当空气排出干燥室时,会带出大量较轻、较细的乳粉颗粒(一般称为细粉),可通过旋风分离器(Cyclone Seperator)、布袋过滤器(Bagfilter)或湿的净化系统(Wet-scrubbing System)回收。回收的细粉可以加回到喷雾干燥的乳粉之中。

一级干燥需要较高的温度,常导致产品的速溶性差及焦粒。在二级或多级干燥系统中,从干燥室出来的乳粉水分含量较高(10%～15%),在下一级继续进行干燥。

二级或多级干燥可以改进乳粉的特性,提高干燥效率,因为进入热量的速率与蒸发的速率调节一致,同时乳粉受热程度也没有一级干燥那样高。多级干燥可以用于较浓物料的加工而不影响乳粉的溶解性。

在加工厂乳粉的输送可以通过流化床或风力系统进行,但风力输送会打破已附聚的乳粉颗粒,仅适用于容积密度较大的乳粉。

干燥后的乳粉有的过筛后包装,有的直接进行包装。一般多用衬聚乙烯多层复合纸袋包装。为了防止贮存过程中 WMP 氧化,可以充 N_2 和 CO_2 混合气体。

第五节　干酪的加工技术

一、干酪的定义

干酪(Cheese)是指在乳中(也可以用脱脂乳或稀奶油等)加入适量的乳酸菌发酵剂和凝乳酶(Rennin),使乳蛋白质(主要是酪蛋白)凝固后,排除乳清,将凝块压成所需形状而制成的产品。制成后未经发酵成熟的产品称为新鲜干酪;经长时间发酵成熟而制成的产品称为成熟干酪。国际上将这两种干酪统称为天然干酪(Natural Cheese)。

干酪营养成分丰富,主要为蛋白质和脂肪,其脂肪和蛋白质含量相当于将原料乳中的蛋白质和脂肪浓缩了 10 倍。此外,所含的钙、磷等无机成分,除能满足人体的营养需要外,还具有重要的生理作用。干酪中的维生素主要是维生素 A,其次是胡萝卜素、B 族维生素和尼克酸等。经过成熟发酵过程后,干酪中的蛋白质在凝乳酶和发酵剂微生物产生的蛋白酶的作用下而分解生成胨、肽、氨基酸等可溶性物质,极易被人体消化吸收,干酪中蛋白质的消化率为 96%～98%。

近年,人们开始追求营养价值相对较高、保健功能更为全面的食品。功能性食品的研制与开发引起了世界各国的足够重视。功能性干酪产品已经开始生产并正在进一步开发之中。如钙强化型,低脂肪型,低盐等类型的干酪;还可以向干酪中添加食物纤维、N-乙酰基葡萄糖胺(N-acetyl-glucosamine)、低聚糖、CPP 等具有良好保健功能的成分,旨在促进肠道内优良菌群的生长繁殖,增强人体对钙、磷等矿物质的吸收,降低血液内胆固醇水平,防癌抗癌等。这些功能性成分的添加,给高营养价值的干酪制品增添了新的魅力。

二、干酪的分类

根据国际乳品联合会(IDF)统计数据表明,世界上大约有 500 个以上被 IDF 认可的干酪品种。但是,由于分类原则不同,目前尚未有统一且被普遍接受的干酪分类办法。传统上,依据干酪中的水分含量可以将产品分为超硬质干酪、硬质干酪、半硬质(或半软质)干酪和软质干酪。尽管这种分类方法应用较为广泛,但其仍然存在很大的缺陷,例如,英国契达干酪(Cheddar)和瑞士埃门塔尔干酪(Emmental)同属于硬质干酪,但是它们的风味和质地却差异较大,加工过程中所采用的微生物种类和控制技术也大相径庭,成熟过程中的各种生物化学反应也存在很大的差异。另外,在干酪加工过程中由于水分的蒸发而导致外皮组织的形成;干酪中的各种成分随着贮存时间的延长而发生变化;水分含量在从表皮到核心的方向上存在较为明显的梯度;对于成熟时间较长的干酪来说,水分含量将会在成熟期间降低5%~10%,这些变化都使得以水分含量为标准的分类方法成为一个不确定因素。

第二种是依据干酪组成成分进行品种分类的方法。当考虑到原料乳的来源、凝乳剂、主要的成熟微生物及热烫温度等条件时,这种分类办法也显得不具有说服力。

通常,根据凝乳方法的不同,可将干酪分为以下4个类型。

①凝乳酶凝乳的干酪品种:大部分干酪品种都属于此种类型。

②酸凝乳的干酪品种:如农家(Cottage)干酪、夸克(Quark)干酪和稀奶油(Cream)干酪。

③热/酸联合凝乳的干酪品种:如瑞考特(Ricotta)干酪。

④浓缩或结晶处理的干酪品种:麦索斯特(Mysost)干酪。

由于凝乳酶凝乳的干酪品种之间仍然存在很大的差异,因此可根据其成熟因素(如内部细菌、内部霉菌、表面细菌、表面霉菌等)或工艺技术再对这些干酪进行进一步的分类(见图7-4)。

此外,国际上常把干酪划分为下列3大类:即天然干酪、再制干酪(Processed Cheese)和干酪食品(Cheese Food)。这3类干酪品种的主要规格、要求见表7-9所述。

表 7-9 天然干酪、再制干酪和干酪食品的主要规格

名　称	规　格
天然干酪	以乳、稀奶油、部分脱脂乳、酪乳或混合乳为原料,经凝固后,排出乳清而获得的新鲜或成熟的干酪产品,允许添加天然香辛料以增加香味和口感
再制干酪	用一种或一种以上的天然干酪,添加食品卫生标准所允许的添加剂(或不加添加剂),经粉碎、混合、加热融化、乳化后而制成的产品,乳固体含量在40%以上,此外,还有下列2条规定:①允许添加稀奶油、奶油或乳脂以调整脂肪含量;②在添加香料、调味料及其他食品时,必须控制在乳固体总量的1/6以内,但不得添加脱脂奶粉、全脂奶粉、乳糖、干酪素以及非乳源的脂肪、蛋白质及碳水化合物
干酪食品	用一种或一种以上的天然干酪或再制干酪,添加食品卫生标准所规定的添加剂(或不加添加剂),经粉碎、混合、加热融化而成的产品。产品中干酪的重量须占总重量的50%以上,此外,还规定:①添加香料、调味料或其他食品时,须控制在产品干物质总量的1/6以内。②可以添加非乳源的脂肪、蛋白质或碳水化合物,但不得超过产品总重量的10%

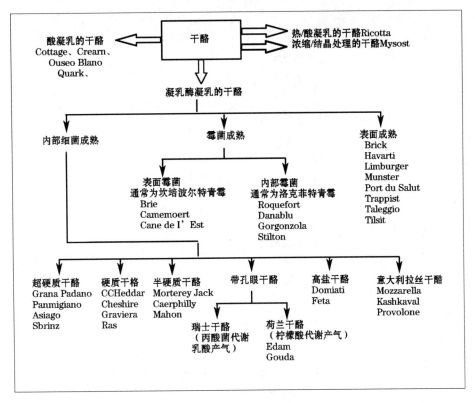

图 7-4 干酪的分类

三、干酪的一般加工工艺

各种天然干酪的生产工艺基本相同,只是个别工艺环节上有所差异(图 7-5)。现以半硬质或硬质干酪产品生产为例,介绍干酪生产的基本加工工艺流程,即:

原料乳→标准化→杀菌→冷却→添加发酵剂→调整酸度→加氯化钙→加色素→加凝乳剂→凝块切割→搅拌→加温→排出乳清→成型压榨→盐渍→成熟→上色挂蜡→包装

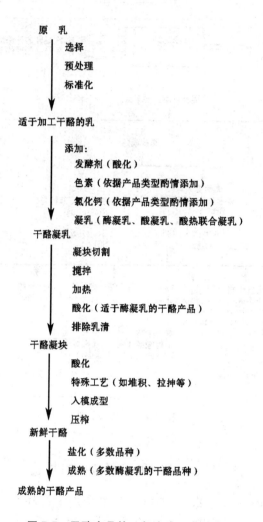

原　乳

选择

预处理

标准化

适于加工干酪的乳

添加：

发酵剂（酸化）

色素（依据产品类型酌情添加）

氯化钙（依据产品类型酌情添加）

凝乳（酶凝乳、酸凝乳、酸热联合凝乳）

干酪凝乳

凝块切割

搅拌

加热

酸化（适于酶凝乳的干酪产品）

排除乳清

干酪凝块

酸化

特殊工艺（如堆积、拉抻等）

入模成型

压榨

新鲜干酪

盐化（多数品种）

成熟（多数酶凝乳的干酪品种）

成熟的干酪产品

图 7-5　干酪产品的一般生产工艺流程

第六节　乳制品的质量控制

一、乳制品的质量标准与检验

(一)乳制品的质量标准

1. 生乳　国家标准 GB 19301—2010。

(1)范围　本标准适用于生乳,不适用于即食生乳。

(2)规范性引用文件　本标准中引用的文件对于本标准的应用是必不可少的。凡是注日期的引用文件,仅所注日期的版本适用于本标准。凡是不注日期的引用文件,其最新版本(包括所有的修改单)适用于本标准。

（3）术语和定义　生乳是从符合国家有关要求的健康奶畜乳房中挤出的无任何成分改变的常乳。产犊后 7d 的初乳、应用抗生素期间和休药期间的乳汁、变质乳不应用作生乳。

（4）指标要求　见表 7-10。

表 7-10　生乳质量指标要求

	项　目	要　求	检验方法
感官要求	色泽	呈乳白色或微黄色	取适量试样置于 50mL 烧杯中，在自然光下观察色泽和组织状态。闻其气味，用温开水漱口，品尝滋味
	滋味、气味	具有乳固有的香味，无异味	
	组织状态	呈均匀一致液体，无凝块、无沉淀、无正常视力可见异物	

	项　目	要　求	检验方法
理化指标	冰点[a, b]（℃）	$-0.500 \sim -0.560$	GB 5413.38
	相对密度（20℃/4℃）≥	1.027	GB 5413.33
	蛋白质（g/100g）≥	2.8	GB 5009.5
	脂肪（g/100g）≥	3.1	GB 5413.3
	杂质度（mg/kg）≤	4.0	GB 5413.30
	非脂乳固体（g/100g）≥	8.1	GB 5413.39
	酸度（°T）	$12 \sim 18$	GB 5413.34
	a 挤出 3h 后检测 b 仅适用于荷斯坦奶牛		
污染物限量	应符合 GB 2762 的规定		
真菌毒素限量	应符合 GB 2761 的规定		

	项　目	限量[CFU /g(mL)]	检验方法
微生物限量	菌落总数≤	2×10^6	GB 4789.2
农药残留限量	应符合 GB 2763 及国家有关规定和公告		
兽药残留限量	应符合国家有关规定和公告		

2. 巴氏杀菌乳　国家标准 GB 19645—2010。

（1）范围　本标准适用于全脂、脱脂和部分脱脂巴氏杀菌乳。

（2）规范性引用文件　本标准中引用的文件对于本标准的应用是必不可少的。凡是注日期的引用文件，仅所注日期的版本适用于本标准。凡是不注日期的引用文件，其最新版本（包括所有的修改单）适用于本标准。

（3）术语和定义　巴氏杀菌乳是仅以生牛乳为原料，经巴氏杀菌等工序制得的液体产品。

（4）指标要求　见表 7-11。

表 7-11 巴氏杀菌乳质量指标要求

原料要求	生乳应符合 GB 19301 的要求		
	项　目	要　求	检验方法
感官要求	色泽	呈乳白色或微黄色	取适量试样置于 50mL 烧杯中,在自然光下观察色泽和组织状态。闻其气味,用温开水漱口,品尝滋味
	滋味、气味	具有乳固有的香味,无异味	
	组织状态	呈均匀一致液体,无凝块、无沉淀、无正常视力可见异物	

理化指标	项　目	要　求	检验方法
	脂肪[a](g/100g)≥	3.1	GB 5413.3
	蛋白质(g/100g)	2.9	GB 5009.5
	非脂乳固体(g/100g)≥	8.1	GB 5413.39
	酸度[a](°T)	12～18	GB 5413.34
	[a]仅适用于全脂巴氏杀菌乳		

污染物限量	应符合 GB 2762 的规定
真菌毒素限量	应符合 GB 2761 的规定

微生物限量	项　目	采样方案[a] 及限量(若非指定,均以 CFU / g 或 CFU / mL 表示)				检验方法
		n	c	m	M	
	菌落总数	5	2	50000	100000	GB 4789.2
	大肠菌群	5	2	1	5	GB 4789.3 平板计数法
	金黄色葡萄球菌	5	0	0/25g (mL)	—	GB 4789.10 定性检验
	沙门氏菌	5	0	0/25g (mL)	—	GB 4789.4
	a 样品的分析及处理按 GB 4789.1 和 GB 4789.18 执行					

其　他	应在产品包装主要展示面上紧邻产品名称的位置,使用不小于产品名称字号且字体高度不小于主要展示面高度 1/5 的汉字标注"鲜牛(羊)奶"或"鲜牛(羊)乳"

3. 灭菌乳 国家标准 GB 25190—2010。

(1)范围 本标准适用于全脂、脱脂和部分脱脂灭菌乳。

(2)规范性引用文件 本标准中引用的文件对于本标准的应用是必不可少的。凡是注日期的引用文件,仅所注日期的版本适用于本标准。凡是不注日期的引用文件,其最新版本(包括所有的修改单)适用于本标准。

(3)术语和定义 超高温灭菌乳是以生牛乳为原料,添加或不添加复原乳,在连续流动的状态下,加热到至少 132 ℃并保持很短时间的灭菌,再经无菌灌装等工序制成的液体产品。

保持灭菌乳是以生牛乳为原料,添加或不添加复原乳,无论是否经过预热处理,在灌装并密封之后经灭菌等工序制成的液体产品。

（4）指标要求　见表7-12。

表 7-12　灭菌乳质量指标要求

原料要求	生　乳		应符合 GB 19301 的要求
	乳粉		应符合 GB 19644 的规定
感官要求	项　目	要　求	检验方法
	色泽	呈乳白色或微黄色	取适量试样置于 50mL 烧杯中,在自然光下观察色泽和组织状态。闻其气味,用温开水漱口,品尝滋味
	滋味、气味	具有乳固有的香味,无异味	
	组织状态	呈均匀一致液体,无凝块、无沉淀、无正常视力可见异物	
理化指标	项　目	要　求	检验方法
	脂肪[a](g/100g)≥	3.1	GB 5413.3
	蛋白质(g/100g)	2.9	GB 5009.5
	非脂乳固体(g/100g)≥	8.1	GB 5413.39
	酸度/(°T)	12～18	GB 5413.34
	[a] 仅适用于全脂灭菌乳		
污染物限量	应符合 GB 2762 的规定		
真菌毒素限量	应符合 GB 2761 的规定		
微生物要求	应符合商业无菌的要求,按 GB/T 4789.26 规定的方法检验		
其　他	仅以生牛乳为原料的超高温灭菌乳应在产品包装主要展示面上紧邻产品名称的位置,使用不小于产品名称字号且字体高度不小于主要展示面高度 1/5 的汉字标注"纯牛奶"		
	全部用乳粉生产的灭菌乳应在产品名称紧邻部位标明"复原乳"或"复原奶";在生牛乳中添加部分乳粉生产的灭菌乳应在产品名称紧邻部位标明"含××％ 复原乳"或"含××％ 复原奶"		
	注:"××％"是指所添加乳粉占灭菌乳中全乳固体的质量分数		
	"复原乳"或"复原奶"与产品名称应标识在包装容器的同一主要展示面;标识的"复原乳"或"复原奶"字样应醒目,其字号不小于产品名称的字号,字体高度不小于主要展示面高度的 1/5		

4. 调制乳　国家标准 GB 25191—2010。

（1）范围　本标准适用于全脂、脱脂和部分脱脂调制乳。

（2）规范性引用文件　本标准中引用的文件对于本标准的应用是必不可少的。凡是注日期的引用文件,仅所注日期的版本适用于本标准。凡是不注日期的引用文件,其最新版本(包括所有的修改单)适用于本标准。

(3)术语和定义 调制乳是以不低于 80% 的生牛乳或复原乳为主要原料,添加其他原料或食品添加剂或营养强化剂,采用适当的杀菌或灭菌等工艺制成的液体产品。

(4)指标要求 见表 7-13。

表 7-13 调制乳质量指标要求

原料要求	生 乳				应符合 GB 19301 的要求	
	其他原料				应符合相应的安全标准和/ 或有关规定	
感官要求	项 目		要 求			检验方法
	色泽		呈调制乳应有的色泽			取适量试样置于 50mL 烧杯中,在自然光下观察色泽和组织状态。闻其气味,用温开水漱口,品尝滋味
	滋味、气味		具有调制乳应有的香味,无异味			
	组织状态		呈均匀一致液体,无凝块、可有与配方相符的辅料的沉淀物、无正常视力可见异物			
理化指标	项 目		指 标			检验方法
	脂肪[a](g/100g)≥		3.1			GB 5413.3
	蛋白质(g/100g)≥		2.3			GB 5009.5
	[a]仅适用于全脂产品					
污染物限量	应符合 GB 2762 的规定					
真菌毒素限量	应符合 GB 2761 的规定					
微生物限量	采用灭菌工艺生产的调制乳应符合商业无菌的要求,按 GB/T 4789.26 规定的方法检验					
	其他调制乳	项 目	采样方案[a] 及限量(若非指定,均以 CFU / g 或 CFU / mL 表示)			检验方法
			n	c	m	M	
		菌落总数	5	2	50000	100000	GB 4789.2
		大肠菌群	5	2	1	5	GB 4789.3 平板计数法
		金黄色葡萄球菌	5	0	0/25g (mL)	—	GB 4789.10 定性检验
		沙门氏菌	5	0	0/25g (mL)	—	GB 4789.4
	[a]样品的分析及处理按 GB 4789.1 和 GB 4789.18 执行					
食品添加剂和营养强化剂	食品添加剂和营养强化剂质量应符合相应的安全标准和有关规定					
	食品添加剂和营养强化剂的使用应符合 GB 2760 和 GB 14880 的规定					

续表 7-13

其　他	全部用乳粉生产的调制乳应在产品名称紧邻部位标明"复原乳"或"复原奶";在生牛乳中添加部分乳粉生产的调制乳应在产品名称紧邻部位标明"含××％复原乳"或"含××％复原奶" 注:"××％"是指所添加乳粉占调制乳中全乳固体的质量分数
	"复原乳"或"复原奶"与产品名称应标识在包装容器的同一主要展示面;标识的"复原乳"或"复原奶"字样应醒目,其字号不小于产品名称的字号,字体高度不小于主要展示面高度的1/5

5. 发酵乳　国家标准 GB 19302—2010。

(1)范围　本标准适用于全脂、脱脂和部分脱脂发酵乳。

(2)规范性引用文件　本标准中引用的文件对于本标准的应用是必不可少的。凡是注日期的引用文件,仅所注日期的版本适用于本标准。凡是不注日期的引用文件,其最新版本(包括所有的修改单)适用于本标准。

(3)术语和定义　发酵乳是以生牛乳或乳粉为原料,经杀菌、发酵后制成的 pH 降低的产品。

酸乳是以生牛乳或乳粉为原料,经杀菌、接种嗜热链球菌和保加利亚乳杆菌(德氏乳杆菌保加利亚亚种)发酵制成的产品。

风味发酵乳是以 80％ 以上生牛乳或乳粉为原料,添加其他原料,经杀菌、发酵后 pH 降低,发酵前或后添加或不添加食品添加剂、营养强化剂、果蔬、谷物等制成的产品。

风味酸乳是以 80％ 以上生牛乳或乳粉为原料,添加其他原料,经杀菌、接种嗜热链球菌和保加利亚乳杆菌(德氏乳杆菌保加利亚亚种)发酵前或后添加或不添加食品添加剂、营养强化剂、果蔬、谷物等制成的产品。

(4)指标要求　见表 7-14。

表 7-14　发酵乳质量指标要求

	生　乳	应符合 GB 19301 的要求
原料要求	其他原料	应符合相应安全标准和/ 或有关规定
	发酵菌种	保加利亚乳杆菌(德氏乳杆菌保加利亚亚种)、嗜热链球菌或其他由国务院卫生行政部门批准使用的菌种

项 目		要 求		检验方法
		发酵乳	风味发酵乳	
感官要求	色泽	色泽均匀一致，呈乳白色或微黄色	具有与添加成分相符的色泽	取适量试样置于 50mL 烧杯中，在自然光下观察色泽和组织状态。闻其气味，用温开水漱口，品尝滋味
	滋味、气味	具有发酵乳特有的滋味、气味	具有与添加成分相符的滋味和气味	
	组织状态	组织细腻、均匀，允许有少量乳清析出；风味发酵乳具有添加成分特有的组织状态		

项 目		指 标		检验方法
		发酵乳	风味发酵乳	
理化指标	脂肪[a](g/100g)≥	3.1	2.5	GB 5413.3
	非脂乳固体(g/100g)≥	8.1	—	GB 5413.39
	蛋白质(g/100g)≥	2.9	2.3	GB 5009.5
	酸度/(°T)≥	70.0		GB 5413.34
	[a]仅适用于全脂产品			

污染物限量	应符合 GB 2762 的规定
真菌毒素限量	应符合 GB 2761 的规定

项 目	采样方案[a] 及限量（若非指定，均以 CFU / g 或 CFU /mL 表示）				检验方法
	n	c	m	M	
微生物限量 大肠菌群	5	2	1	5	GB 4789.3 平板计数法
金黄色葡萄球菌	5	0	0/25g (mL)	—	GB 4789.10 定性检验
沙门氏菌	5	0	0/25g (mL)	—	GB 4789.4
酵母≤	100				GB 4789.15
霉菌≤	30				
[a]样品的分析及处理按 GB 4789.1 和 GB 4789.18 执行					

续表 7-14

	项 目	限量[CFU /g(mL)]	检验方法
乳酸菌数	乳酸菌数[a]≥	1×10^6	GB 4789.35
	[a] 发酵后经热处理的产品对乳酸菌数不作要求		
食品添加剂和 营养强化剂	食品添加剂和营养强化剂质量应符合相应的安全标准和有关规定		
	食品添加剂和营养强化剂的使用应符合 GB 2760 和 GB 14880 的规定		
其 他	发酵后经热处理的产品应标识"××热处理发酵乳"、"××热处理风味发酵乳"、"××热处理酸乳/奶"或"××热处理风味酸乳/奶"		
	全部用乳粉生产的产品应在产品名称紧邻部位标明"复原乳"或"复原奶";在生牛乳中添加部分乳粉生产的产品应在产品名称紧邻部位标明"含××％复原乳"或"含××％复原奶" 注:"××％"是指所添加乳粉占产品中全乳固体的质量分数		
	"复原乳"或"复原奶"与产品名称应标识在包装容器的同一主要展示面;标识的"复原乳"或"复原奶"字样应醒目,其字号不小于产品名称的字号,字体高度不小于主要展示面高度的 1/5		

6. 炼乳 国家标准 GB 13102—2010。

(1)范围 本标准适用于淡炼乳、加糖炼乳和调制炼乳。

(2)规范性引用文件 本标准中引用的文件对于本标准的应用是必不可少的。凡是注日期的引用文件,仅所注日期的版本适用于本标准。凡是不注日期的引用文件,其最新版本(包括所有的修改单)适用于本标准。

(3)术语和定义 淡炼乳是以生乳和(或)乳制品为原料,添加或不添加食品添加剂和营养强化剂,经加工制成的黏稠状产品。

加糖炼乳是以生乳和(或)乳制品、食糖为原料,添加或不添加食品添加剂和营养强化剂,经加工制成的黏稠状产品。

调制炼乳是以生乳和(或)乳制品为主料,添加或不添加食糖、食品添加剂和营养强化剂,添加辅料,经加工制成的黏稠状产品。

(4)指标要求 见表 7-15。

表 7-15　炼乳质量指标要求

原料要求	生　乳				应符合 GB 19301 的要求
	其他原料				应符合相应安全标准和/ 或有关规定

感官要求	项　目	要求			检验方法
		淡炼乳	加糖炼乳	调制炼乳	
	色泽	呈均匀一致的乳白色或乳黄色,有光泽		具有辅料应有的色泽	取适量试样置于 50mL 烧杯中,在自然光下观察色泽和组织状态。闻其气味,用温开水漱口,品尝滋味
	滋味、气味	具有乳的滋味和气味	具有乳的香味,甜味纯正	具有乳和辅料应有的滋味和气味	
	组织状态	组织细腻,质地均匀,粘度适中			

理化指标	项　目	指标				检验方法
		淡炼乳	加糖炼乳	调制炼乳		
				调制淡炼乳	调制加糖炼乳	
	蛋白质(g/100g)≥	非脂乳固体[a] 的 34%		4.1	4.6	GB 5009.5
	脂肪(X)(g/100g)	7.5≤X <15.0		X≥7.5	X≥8.0	GB 5413.3
	乳固体[b](g/100g)≥	25.0	28.0	—	—	—
	蔗糖(g/100g)≤	—	45.0	—	48.0	GB 5413.5
	水分(%)≤	—	27.0	—	28.0	GB 5009.3
	酸度(°T)≤	48.0				GB 5413.34
	[a]非脂乳固体(%)=100%－脂肪(%)－水分(%)－蔗糖(%)					
	[b]乳固体(%)=100%－水分(%)－蔗糖(%)					

污染物限量	应符合 GB 2762 的规定
真菌毒素限量	应符合 GB 2761 的规定

续表 7-15

微生物限量	加糖炼乳、调制加糖炼乳	淡炼乳、调制淡炼乳应符合商业无菌的要求,按 GB/T 4789.26 规定的方法检验				
		项 目	采样方案ª 及限量(若非指定,均以 CFU / g 或 CFU / mL 表示)			检验方法
			n	c	m	M	
		菌落总数	5	2	30000	100000	GB 4789.2
		大肠菌群	5	1	10	100	GB 4789.3 平板计数法
		金黄色葡萄球菌	5	0	0/25g (mL)	—	GB 4789.10 定性检验
		沙门氏菌	5	0	0/25g (mL)	—	GB 4789.4
		ª 样品的分析及处理按 GB 4789.1 和 GB 4789.18 执行					
食品添加剂和营养强化剂	食品添加剂和营养强化剂质量应符合相应的安全标准和有关规定					
	食品添加剂和营养强化剂的使用应符合 GB 2760 和 GB 14880 的规定					
其 他	产品应标示"本产品不能作为婴幼儿的母乳代用品"或类似警语					

7. 乳粉 国家标准 GB 19644—2010。

(1)范围 本标准适用于全脂、脱脂、部分脱脂乳粉和调制乳粉。

(2)规范性引用文件 本标准中引用的文件对于本标准的应用是必不可少的。凡是注日期的引用文件,仅所注日期的版本适用于本标准。凡是不注日期的引用文件,其最新版本(包括所有的修改单)适用于本标准。

(3)术语和定义 乳粉是以生牛乳为原料,经加工制成的粉状产品。

调制乳粉是以生牛乳或及其加工制品为主要原料,添加其他原料,添加或不添加食品添加剂和营养强化剂,经加工制成的乳固体含量不低于 70% 的粉状产品。

(4)指标要求 见表 7-16。

表 7-16 乳粉质量指标要求

原料要求	生 乳		应符合 GB 19301 的要求
	其他原料		应符合相应安全标准和/ 或有关规定
感官要求	项 目	要 求	检验方法
		乳粉 / 调制乳粉	
	色泽	呈均匀一致的乳黄色 / 具有应有的色泽	取适量试样置于 50mL 烧杯中,在自然光下观察色泽和组织状态。闻其气味,用温开水漱口,品尝滋味
	滋味、气味	具有纯正的乳香味 / 具有应有的滋味、气味	
	组织状态	干燥均匀的粉末	

项 目		指 标		检验方法
		乳粉	调制乳粉	
理化指标	蛋白质(%)≥	非脂乳固体[a] 的 34%	16.5	GB 5009.5
	脂肪[b](g/100g)≥	26.0	—	GB 5413.3
	复原乳酸度(°T)	18	—	GB 5413.34
	杂质度/(mg/kg)≤	16	—	GB 5413.30
	水分(%)≤	5.0		GB 5009.3
[a]非脂乳固体(%)=100%-脂肪(%)-水分(%) [b]仅适用于全脂乳粉				
污染物限量	应符合 GB 2762 的规定			
真菌毒素限量	应符合 GB 2761 的规定			

项 目	采样方案[a] 及限量(若非指定,均以 CFU / g 或 CFU /mL 表示)				检验方法
	n	c	m	M	
微生物限量	菌落计数[b]	5	2	50000	200000	GB 4789.2
	大肠菌群	5	1	10	100	GB 4789.3 平板计数法
	金黄色葡萄球菌	5	2	10	100	GB 4789.10 平板计数法
	沙门氏菌	5	0	0/25g	—	GB 4789.4

	[a]样品的分析及处理按 GB 4789.1 和 GB 4789.18 执行 [b]不适用于添加活性菌种(好氧和兼性厌氧益生菌)的产品
食品添加剂和营养强化剂	食品添加剂和营养强化剂的使用应符合 GB 2760 和 GB 14880 的规定

8. 稀奶油、奶油和无水奶油　国家标准 GB 19646—2010。

(1)范围　本标准适用于稀奶油、奶油和无水奶油。

(2)规范性引用文件　本标准中引用的文件对于本标准的应用是必不可少的。凡是注日期的引用文件,仅所注日期的版本适用于本标准。凡是不注日期的引用文件,其最新版本(包括所有的修改单)适用于本标准。

(3)术语和定义　稀奶油是以乳为原料,分离出的含脂肪的部分,添加或不添加其他原料、食品添加剂和营养强化剂,经加工制成的脂肪含量 10.0% ～80.0% 的产品。

奶油(黄油)是以乳和(或)稀奶油(经发酵或不发酵)为原料,添加或不添加其他原料、食品添加剂和营养强化剂,经加工制成的脂肪含量不小于 80.0% 产品。

无水奶油(无水黄油)是以乳和(或)奶油或稀奶油(经发酵或不发酵)为原料,添加或不添加食品添加剂和营养强化剂,经加工制成的脂肪含量不小于 99.8% 的产品。

(4)指标要求　见表 7-17。

表 7-17　稀奶油、奶油和无水奶油质量指标要求

原料要求	生乳			应符合 GB 19301 的要求
	其他原料			应符合相应安全标准和/或有关规定
感官要求	项目		要求	检验方法
	色泽		呈均匀一致的乳白色、乳黄色或相应辅料应有的色泽	取适量试样置于 50mL 烧杯中,在自然光下观察色泽和组织状态。闻其气味,用温开水漱口,品尝滋味
	滋味、气味		具有稀奶油、奶油、无水奶油或相应辅料应有的滋味和气味,无异味	
	组织状态		均匀一致,允许有相应辅料的沉淀物,无正常视力可见异物	

理化指标	项目	指标			检验方法
		稀奶油	奶油	无水奶油	
	水分(%)≤	—	16.0	0.1	奶油按 GB 5009.3 的方法测定 无水奶油按 GB 5009.3 中的卡尔·费休法测定
	脂肪(%)≥	10.0	80.0	99.8	GB 5413.3[a]
	酸度[b](°T)≤	30.0	20.0	—	GB 5413.34
	非脂乳固体[c](%)≤	—	2.0	—	—
	[a]无水奶油的脂肪(%)=100%－水分(%)				
	[b]不适用于以发酵稀奶油为原料的产品				
	[c]非脂乳固体(%)=100%－脂肪(%)－水分(%)(含盐奶油还应减去食盐含量)				
污染物限量	应符合 GB 2762 的规定				
真菌毒素限量	应符合 GB 2761 的规定				

		以罐头工艺或超高温瞬时灭菌工艺加工的稀奶油产品应符合商业无菌的要求,按 GB/T 4789.26 规定的方法检验				
微生物限量	其他产品	项 目	采样方案[a] 及限量(若非指定,均以 CFU / g 或 CFU /mL 表示)			检验方法
			n	c	m	M	
		菌落计数[b]	5	2	10000	100000	GB 4789.2
		大肠菌群	5	2	10	100	GB 4789.3 平板计数法
		金黄色葡萄球菌	5	1	10	100	GB4789.10 平板计数法
		沙门氏菌	5	0	0/25g (mL)	—	GB 4789.4
		霉菌≤	90				GB 4789.15
	[a]样品的分析及处理按 GB 4789.1 和 GB 4789.18 执行					
	[b]不适用于以发酵稀奶油为原料的产品					
食品添加剂和营养强化剂	食品添加剂和营养强化剂质量应符合相应的安全标准和有关规定					
	食品添加剂和营养强化剂的使用应符合 GB 2760 和 GB 14880 的规定					

9. 干酪 国家标准 GB 5420—2010。

(1)范围 本标准适用于成熟干酪、霉菌成熟干酪和未成熟干酪。

(2)规范性引用文件 本标准中引用的文件对于本标准的应用是必不可少的。凡是注日期的引用文件,仅所注日期的版本适用于本标准。凡是不注日期的引用文件,其最新版本(包括所有的修改单)适用于本标准。

(3)术语和定义 干酪是成熟或未成熟的软质、半硬质、硬质或特硬质、可有涂层的乳制品,其中乳清蛋白/酪蛋白的比例不超过牛奶中的相应比例。干酪由下述方法获得。

①在凝乳酶或其他适当的凝乳剂的作用下,使乳、脱脂乳、部分脱脂乳、稀奶油、乳清稀奶油、酪乳中一种或几种原料的蛋白质凝固或部分凝固,排出凝块中的部分乳清而得到。这个过程是乳蛋白质(特别是酪蛋白部分)的浓缩过程,即干酪中蛋白质的含量显著高于所用原料中蛋白质的含量。

②加工工艺中包含乳和(或)乳制品中蛋白质的凝固过程,并赋予成品与①所描述产品类似的物理、化学和感官特性。

成熟干酪是生产后不能马上使(食)用,应在一定温度下储存一定时间,以通过生化和物理变化产生该类干酪特性的干酪。

霉菌成熟干酪是主要通过干酪内部和(或)表面的特征霉菌生长而促进其成熟的

干酪。

　　未成熟干酪(包括新鲜干酪)是指生产后不久即可使(食)用的干酪。

　　(4)指标要求　见表7-18。

表7-18　干酪质量指标要求

原料要求	生乳				应符合 GB 19301 的要求	
	其他原料				应符合相应安全标准和/或有关规定	
感官要求	项　目		要　求		检验方法	
	色泽		具有该类产品正常的色泽		取适量试样置于 50mL 烧杯中,在自然光下观察色泽和组织状态。闻其气味,用温开水漱口,品尝滋味	
	滋味、气味		具有该类产品特有的滋味和气味			
	组织状态		组织细腻,质地均匀,具有该类产品应有的硬度			
污染物限量	应符合 GB 2762 的规定					
真菌毒素限量	应符合 GB 2761 的规定					
微生物限量	项　目	采样方案[a] 及限量(若非指定,均以 CFU / g 或 CFU /mL 表示)				检验方法
		n	c	m	M	
	大肠菌群	5	2	100	1000	GB 4789.3 平板计数法
	金黄色葡萄球菌	5	2	100	1000	GB 4789.10 平板计数法
	沙门氏菌	5	0	0/25g	—	GB 4789.4
	单核细胞增生李斯特氏菌	5	0	0/25g	—	GB 4789.30
	酵母[b]≤	50				GB 4789.15
	霉菌[b]≤	50				
	[a]样品的分析及处理按 GB 4789.1 和 GB 4789.18 执行					
	[b]不适用于霉菌成熟干酪					
食品添加剂和营养强化剂	食品添加剂和营养强化剂质量应符合相应的安全标准和有关规定					
	食品添加剂和营养强化剂的使用应符合 GB 2760 和 GB 14880 的规定					

(二)乳制品的质量检验

乳制品质量检验项目和检验方法见表7-19。

表 7-19　乳制品质量检验项目和检验方法

检验项目	液态乳				固态乳				检验方法
	原料乳	灭菌乳、巴氏杀菌乳与酸乳	甜炼乳	淡炼乳	乳粉	硬质干酪	冰淇淋	奶油	
感官评价	√	√	√	√	√	√	√	√	滋味、气味、组织状态、色泽
新鲜度	√								滴定酸度测定、酒精试验、煮沸试验
乳密度和相对密度	√								乳稠计测定
脂　肪	√	√	√	√	√	√	√	√	哥特里-罗兹法、巴布科克氏法、盖勃氏法
杂质度	√				√				见本章第一节
溶解度				√					不溶度指数
细菌污染度	√								亚甲基蓝试验、刃天青试验
是否经过巴氏杀菌	√								乳中过氧化物酶及磷酸酶试验
全脂干物质	√	√	√	√			√		烘干法
蛋白质	√	√	√	√	√	√	√		微量凯氏定氮法
乳　糖		√	√	√					莱因-埃农法
蔗　糖		√	√	√					
乳糖结晶大小				√					显微镜观察法
糖含量							√		酒石酸铜法
维生素 A、维生素 B₁、维生素 D				√					高效液相色谱法
食　盐						√		√	硝酸银标准溶液滴定法
水　分					√	√		√	烘干法
黏　度			√						黏度计
酸　度		√	√	√		√	√	√	见本章第一节
灰分含量	√				√				灼烧重量法
粘盖厚度				√					钢板尺测量

续表 7-19

检验项目	液态乳				固态乳				检验方法
	原料乳	灭菌乳、巴氏杀菌乳与酸乳	甜炼乳	淡炼乳	乳粉	硬质干酪	冰淇淋	奶油	
钙盐沉淀物（小白点）氨羧			✓						氨羧络合剂滴定法
铁罐密封性					✓				浸水法
净　重					✓				干燥称重
膨胀率							✓		滴加蒸馏水
非脂肪固体								✓	石油醚提取
胆固醇								✓	比色法测定
丁酸、乙酸								✓	气相色谱法
异常乳	✓								碳酸钠、铵盐化合物、尿素、掺水实验、乳中淀粉豆浆的测定、乳房炎的检查
农药残留	✓	✓	✓	✓	✓	✓		✓	气相色谱法测定有机氯、有机磷残留
铅	✓	✓	✓	✓		✓	✓		比色法测定
砷	✓	✓					✓		
锌					✓				
汞	✓	✓		✓	✓	✓		✓	
铜			✓	✓			✓		
锡			✓	✓					
黄曲霉毒素	✓		✓	✓					免疫亲和柱－荧光分光光度法
葡萄糖					✓				葡萄糖氧化酶法
总菌数	✓	✓							标准平板活菌计数法
致病菌	✓								见本章第一节
乳酸菌		✓							稀释平板菌落计数法
大肠杆菌群							✓		见本章第一节

二、乳制品的质量管理

质量控制是通过质量管理实现的,在乳制品的质量管理上主要突出两方面。

(一)原料乳的质量管理

原料乳的质量好坏是影响乳制品质量的关键,只有优质原料乳才能保证优质的产品。为了保证原料乳的质量,挤出的牛乳在奶牛场必须立即进行过滤、冷却等初步处理,其目的是除去机械杂质并减少微生物的污染。

1. 挤奶卫生要求 挤奶环境和牛身要保持清洁,挤奶人员要健康卫生;挤奶用具要清洗消毒。挤奶前用55℃水洗乳房;最初的2～3把乳要放弃,防止异物的进入。在挤出的乳中不允许加入添加剂(除国家允许加入的除外),如抗生素、防腐剂、盐、尿素、碱等物质。

2. 乳的收购及运输管理 应特别注意以下几个方面。

其一,在农村及农户收购鲜奶,牛乳应收集在贮奶缸中,用奶槽车抽取后送往加工厂或收奶站。

其二,收购的鲜奶不许加入水、抗生素、淀粉粥、三聚氰胺、过氧化物等物质。

其三,乳的运输应降温处理,确保乳不腐败,运输容器应进行严格的消毒处理。

3. 过滤 牧场在没有严格遵守卫生条件下挤乳时,乳容易被粪屑、饲料、垫草、牛毛和蚊蝇等所污染。因此,挤下的乳必须及时进行过滤。

凡是将乳从一个地方送到另一个地方,从一个工序到另一个工序,或者由一个容器转移到另一个容器时,都应该进行过滤。过滤的方法,除用纱布过滤外,也可以用过滤器进行过滤,过滤器具、介质必须清洁卫生,及时清洗杀菌。

4. 净化 原料乳经过数次过滤后,虽然除去了大部分的杂质,但是,由于乳中污染了很多极为微小的机械杂质和细菌细胞,难以用一般的过滤方法除去。为了达到最高的纯净度,一般采用离心净乳机净化。离心净乳就是利用乳在分离钵内受强大离心力的作用,将大量的机械杂质留在分离钵内壁上,而乳被净化。

5. 冷却 净化后的乳最好直接加工,如果短期储藏时,必须及时进行冷却,以保持乳的新鲜度。

(1)冷却的作用 刚挤下的乳温度36℃左右,是微生物繁殖最适宜的温度,如不及时冷却,混入乳中的微生物就会迅速繁殖。故新挤出的乳,经净化后须冷却到4℃左右。新挤出的乳迅速冷却到低温可以使抗菌特性保持较长的时间。另外,原料乳污染越严重,抗菌作用时间越短。例如乳温10℃时,挤乳时严格执行卫生制度的乳样,其抗菌期是未严格执行卫生制度乳样的2倍。因此,刚挤出的乳迅速冷却,是保证鲜乳较长时间保持新鲜度的必要条件。

(2)冷却方法 一般有以下3种。

①水池冷却:将装乳桶放在水池中,用冷水或冰水进行冷却,可使乳温度冷却到比冷却水温度高3℃～4℃。水池冷却的缺点是冷却缓慢,消耗水量较多,劳动强度大,不易管理。

②浸没式冷却器冷却:这种冷却器可以插入贮乳槽或奶桶中冷却牛乳。浸没式冷却器中带有离心式搅拌器,可以调节搅拌速度,并带有自动控制开关,可以定时自

动进行搅拌,故可使牛乳均匀冷却,并防止稀奶油上浮,适合于奶站和较大规模的牧场。

③冷搏和板式热交换器冷却:乳流过冷排冷却器与冷剂(冷水或冷盐水)进行热交换后流入贮乳槽中.这种冷却器,构造简单,价格低廉,冷却效率也比较高,目前许多乳品厂及奶站都用板式热交换器对乳进行冷却。板式热交换器克服了表面冷却器因乳液暴露于空气而容易污染的缺点,用冷盐水作冷媒时,可使乳温迅速降到 4℃左右。

6. 贮存 为了保证工厂连续生产的需要,必须有一定的原料乳贮存量。一般总的贮乳量应不少于 1d 的处理量。冷却后的乳应尽可能保持低温,以防止温度升高保存性降低。因此,贮存原料乳的设备,要有良好的绝热保温措施,并配有适当的搅拌机构,定时搅拌乳液以防止乳脂肪上浮而造成分布不均匀。贮乳设备一般采用不锈钢材料制成,应配有不同容量的贮乳罐,保证贮乳时每一缸能尽量装满.贮乳罐外边有绝缘层(保温层)或冷却夹层,以防止罐内温度上升。贮罐要求保温性能良好,一般乳经过 24h 储存后,乳温上升不得超过 2℃~3℃。

贮乳罐的容量,应根据各厂每天牛乳总收纳量、收乳时间、运输时间及能力等因素决定。一般贮乳罐的总容量应为日收纳总量的 2/3~1。而且每只贮乳罐的容量应与每班生产能力相适应。每班的处理量一般相当于 2 个贮乳罐的乳容量,否则用多个贮乳罐会增加调罐、清洗的工作量和增加牛乳的损耗。贮乳罐使用前应彻底清洗、杀菌,待冷却后贮入牛乳。每罐须放满,并加盖密封,如果装半罐,会加快乳温上升,不利于原料乳的贮存。贮存期间要开动搅拌机,24h 内搅拌 20min,乳脂率的变化在 0.1% 以下。

7. 运输 乳的运输是乳品生产上重要的一环,运输不妥,往往造成很大的损失。在乳源分散的地方,多采用乳桶运输,乳源集中的地方,采用乳槽车运输。无论采用哪种运输方式,都应注意以下几点。

①防止乳在途中升温,特别是在夏季,运输最好在夜间或早晨,或用隔热材料盖好桶。

②所采用的容器须保持清洁卫生,并加以严格杀菌。

③夏季必须装满盖严,以防震荡;冬季不得装得太满,避免因冻结而使容器破裂。

④长距离运送乳时,最好采用乳槽车。利用乳槽车运乳的优点是单位体积表面小。乳的升温慢,特别是在乳槽车外加绝缘层后可以基本保持在运输中不升温。

(二)乳制品加工的质量管理

根据良好操作规范体系(GMP)的要求,结合不同乳制品的加工特点,应制定严格的操作规程和工艺参数,并在加工过程中严格执行,重点做好以下几方面的质量管理。

1. 原辅材料的质量控制 企业应建立原料和包装材料进货查验制度。必须按国家或有关规定设检验人员,逐批次对原料进行鉴别和质量检验,检验合格后方可投入使用。要检查和管理原辅材料存放的设施、场所、不符合卫生要求不得使用。乳制品所需的包装材料必须符合食品卫生法的规定。贮存包装材料的仓库应保持整洁，并要有防尘、防虫害、防污染的措施。

2. 生产环境和加工设备的控制 原料与半成品、成品，生原料与熟食品均应杜绝交叉污染。厂房应根据工艺流程需要有序的配置。地面、屋顶、墙壁、门窗等结构应符合卫生要求；通风设施运行良好；给、排水系统适应生产需要，保持畅通；厂房内应有充足的自然采光或人工照明。

所有加工设备的设计和构造应能防止污染食品，易于消毒，并易于检修。牛乳的营养极其丰富，是大多数微生物生长繁殖的理想培养基，除原料乳的质量因素之外，设备的清洗消毒效果也是影响产品质量的重要因素，乳品工厂必须把设备的清洗消毒效果放在极其重要的地位狠抓落实。凡接触乳品物料的设备、工具、管道，必须用无毒、无味、抗腐蚀、不吸水、不变形的材料制作。设备设置应根据工艺要求，布局合理。应具有足够的检验设备，以便能对原辅料、包装材料、半成品、成品进行检验。

3. 加工过程中的质量控制 应确定加工过程的质量、卫生关键控制点，并制定检验项目、检验指标、抽样及检查加工中品质管理等事项，发现异常现象时应迅速查找并改进。生产过程中应严格控制时间、温度、水活度、pH、压力、流速等理化因素，确保不因机械故障、时间、延滞、温度变化及其他因素使乳品腐败或重复污染。

4. 贮存条件控制 成品贮存应避光、防霉，温度、湿度应控制在适当范围。仓库应有防鼠、防虫等设施，定期清扫、消毒。仓库应有收、发货检查制度。仓库出货应遵循先进先出的原则。产品的贮存和运输应有相应的记录，产品出厂有出货记录，以便发现问题时，可迅速召回。

5. 成品出厂检验 成品由检验员根据产品标准要求，对产品进行有关感官、理化、pH 和微生物指标的检测。抽检合格方可出厂。

6. 保证产品的可追溯性 加工企业在企业内部运作和涉及外部的协调和货物交接环节都必须加以实施编码制度和相关记录，具体包括从供应商提供的所有原材料到加工过程、成品贮存、不合格品控制、发货、运输、成品卸货、产品回收、产品销毁等一系列环节，而销售商在进货、贮存、上柜、退货、处理报废或嫌疑货品等一系列环节也必须实施相关的标记和记录。

三、HACCP 系统在乳制品生产中的应用

（一）HACCP 系统介绍

1. HACCP 的概念 HACCP(Hazard Analysis and Critical Control Point,简称 HACCP)称为"危害分析关键控制点"，是一个确定、评估并控制那些在食品安全方面具有重要意义的危害系统。其基本含义是：为了防止食物中毒或其他食源性疾病的发生，应对食品生产加工过程中造成食品污染发生或发展的各种危害因素进行系统和全面的分析。在此分析的基础上，确定能有效地预防、减轻或消除各种危害的关

键控制点,进而在关键控制点对造成食品污染或发展的危害因素进行控制,同时监测控制效果,并随时对控制方法进行纠正和补充。正是由于 HACCP 通过这种"分析－控制－检测－纠正"的系统方法保证了食品的安全卫生,所以 HACCP 方法被称为 HACCP 系统。

HACCP 的概念与方法是 20 世纪 70 年代初产生于美国,近年来,HACCP 的概念和方法得到了不断地深入研究和广泛应用。由于 HACCP 在保证食品产品卫生质量方面的成功经验,美国等国家的政府机构已经在有关法规中规定,食品生产加工企业必须在其生产加工过程中建立和实施 HACCP 方法。FAO、WHO 等国际组织也一直在全球范围内积极推广 HACCP 的概念与方法,而且还特别制定了发展中国家如何应用 HACCP 的有关建议和策略。

2. HACCP 的组成　HACCP 是一个预防性食品安全控制系统,一般由 HA 及 CCP 两大部分组成。

(1)危害分析(Hazard Analysis,HA)　所谓危害分析(HA),就是对敏感原料、关键操作点以及影响产品安全的人为因素进行鉴别或判定。危害分析是 HACCP 系统方法的基本内容和关键步骤,它通过既往资料分析、现场实地观测、实验采样检验等方法,对食品生产过程中食品污染发生发展的各种因素进行系统分析,发现和确定食品中的有害污染物以及影响其发生发展的各种因素。

(2)关键控制点(Critical Control Points,CCP)　关键控制点是指能对一个或多个危害因素实施控制措施的环节,它们可能是食品生产加工过程中的某一个操作方法或流程,也可能是食品生产加工的某一场所或设备。

国际食品微生物标准委员会依照其产生控制作用的性质与强弱将关键控制点(CCP)分为两类,即:

一类关键控制点(CCP1):能确保控制一种危害的关键控制点。

二类关键控制点(CCP2):能将危害减小到最低限度,但不能确保控制某种危害的关键控制点。

3. HACCP 应用流程　HACCP 是一套系统的方法,其应用流程如图 7-6 所示。

(1)识别危害并评价其严重性及危害程度　在原料或食品的种植、收获、加工、生产、运输、销售、制备和食用等过程中,识别危害并评价危害及危害的严重性(危害分析)。

危害是指可影响食品安全或导致食品腐败的污染、食品中微生物的生长或生存,以及食品中存在的微生物代谢,如毒素和酶等。

(2)确定关键控制点(CCP)　使已被识别的危害得到控制。

(3)确定具体控制标准　确定某一特殊的关键控制环节在所采取的措施下是否得到控制。

标准是对物理(时间或温度)、化学、生物性质或感官性状的规定。选择控制标准应根据其实用性以及可行性等,并必须充分保证控制。

识别危害并评价其严
重性及危害程度

↓

确定关键控制点

↓

明确保证控制的标准

↓

监测关键控制点

↓

监测发现未达到标准
时,即采取纠正措施

↓

对该系统验证

**图7-6　HACCP系统的
应用流程**

（4）监测关键控制点　建立并实施对关键控制点进行监控的措施,以便核查其是否在控制之下。采取的监控措施包括:观察、感官评价、物理性质的测定、化学检验以及微生物检验。

（5）纠正措施　当监控结果提示某一关键控制点未达到食品安全和质量的特定标准时,应采取适当的纠正措施。

（6）系统验证　即运用补充的资料和试验保证 HACCP 系统按计划实施。

验证工作可由质检人员、卫生或管理机构人员完成,它包括 HACCP 方案的复审,以确定是否已查出所有危害,是否识别出所有关键控制点,标准是否合适,监控的程序在评价工作中是否有效等。审查记录及补充实验的结果来评价监控的效果。

（二）HACCP 系统在乳制品加工中的应用

1. HACCP 在酸乳生产中的应用

（1）危害因素分析（HA）

①原料乳及辅料因素:原料乳品质的优劣是保证酸乳适量的先决条件。特别应予以重视的是,乳房炎乳不得作为原料乳使用。乳房炎乳除乳中的蛋白质、脂肪、乳糖、灰分、维生素类会发生变化外,而且对酸乳的硬度、风味及酸生成等质量产生影响。以往牛乳引起的食物中毒报道也多与此有关。

风味搅拌型酸乳所有辅料一般是果酱或果汁等,其中含有一定数量的酵母,如果未经杀菌而加入到发酵乳中,那么酵母菌即成为污染该酸乳的主要来源。

②加工过程中的危害因素分析:酸乳加工工艺流程见图 7-7。

杀菌:原料乳经 90℃、30min 加热杀菌。若原料乳杀菌不彻底,会残留一定数量的微生物,尤其是乳中耐热菌能耐受巴氏杀菌的温度而继续存活。

发酵剂:发酵剂品质的好坏直接影响酸乳的质量。如果发酵剂污染了杂菌,将使酸乳凝固不实,乳清析出过多,并有气泡和异味出现。

保温发酵:经杀菌,发酵前的原料乳应不含酵母细菌。即便发酵剂中污染了少量酵母,但在 40℃～45℃条件下保温发酵及大量的乳酸菌的迅速繁殖,则不利于大多数的酵母菌的生长,而使其不占优势。但如果污染了嗜热性酵母菌,可能就会有潜在性危险,因为该酵母菌能在 40℃～45℃条件下生长。

③车间环境与加工设备因素:由于环境温度高,通风不良,卫生条件差,可致使酵母与霉菌大量繁殖,而其孢子飘浮于空气之中又造成对空气的污染,因而在酸乳车间的空气中,以及墙壁、地面均可检出酵母菌和霉菌。

加工设备清洗消毒不彻底,残留的乳垢可成为酸乳生产的重要污染源。未经严

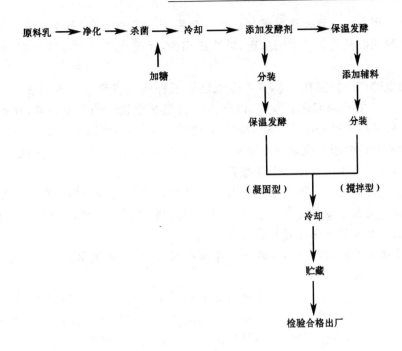

图 7-7　酸乳加工工艺流程

格消毒的包装材料也可污染微生物。

（2）关键控制点（CCP）　污染酸乳的微生物主要来源于原辅料、发酵剂、设备、包装材料、环境、空气等。因此，只有将这些污染源严格控制，使其污染程度降低到最低点，才能保证产品质量。酸乳生产过程应设以下几个关键控制点。

①严格控制原辅料质量，防止细菌总数，尤其是酵母菌与霉菌超标。

②严格按乳的巴氏杀菌规程操作，保证原料乳巴氏杀菌效果。

③制备发酵剂应严格无菌操作，防止杂菌及噬菌体的污染。

④严格控制发酵剂的添加量和发酵温度，保证菌种活力，使保加利亚乳杆菌与嗜热链球菌在数量上保持相对平衡，以缩短发酵时间。

⑤加强生产全过程的卫生管理工作，设备、工具及包装材料等使用前应彻底清洗消毒。

（3）控制措施

①原辅料质量标准：原料乳应新鲜品质好，含菌数一般应低于 10^4 个/ml，不含抗生素，不得使用乳房炎乳作原料乳。辅料应符合国家卫生标准。白糖应符合国家绵白糖卫生标准（GB 1445.1—91），果酱或果汁中不得检出酵母与霉菌。为减少杂菌污染，辅料使用前最好进行加热杀菌。

②加工过程各工序严格按工艺要求操作：原料乳应确保 90℃～95℃，30min 杀菌，以杀死原料乳中病原菌及其他繁殖体。

制备发酵剂应无菌操作，防止污染。用于菌种保藏、活化菌种及制备发酵剂的脱脂乳应严格灭菌。一旦发现发酵剂污染了杂菌,应立即停止使用,重新分离培养。品质好的发酵剂应是乳凝固均匀致密,乳清析出少,无气泡和异常味的出现,镜检不应有杂菌。

添加发酵剂应控制在3%,其中保加利亚乳杆菌与嗜热链球菌的添加量分别为1.5%,并于43℃~44℃保温发酵,以保证两种菌在数量上的平衡趋势,从而可借两种菌在发酵及生长过程中的产物的相互利用的共生关系,缩短发酵期。

发酵成熟后的酸乳应立即冷藏于4℃条件下,以防止酸乳pH值过低,芳香物质质量减少,风味发生改变以及杂菌繁殖。

③卫生管理:酸乳车间可采用紫外线或化学喷雾剂定期消毒。设备定期有效地清洗、消毒。实行自动化无菌包装系统,对包装材料使用前要经过严格的清洗消毒。

2. HACCP 在冰淇淋生产中的应用

(1)冰淇淋生产过程中不同环节的危害分析(HA)　冰淇淋的基本生产工艺(需硬化冰淇淋)流程为:

$$原料混合→杀菌→均质→老化→凝冻→(硬化)包装→贮存$$

①原料:生产冰淇淋所用的原料有乳与乳制品、油脂、蛋与蛋制品、甜味剂、稳定剂、乳化剂、香料及着色剂等,其质量的优劣与产品质量有密切关系。

②加工过程:配合混合料前预处理是否科学,杀菌条件的选择及操作是否科学合理,均质处理工序是否符合要求,老化及凝结工序温度及操作掌握是否适当,有无可能受到杂菌污染等,均影响着产品卫生质量。

③环境与加工设备:车间环境及加工设备对冰淇淋产品卫生质量造成危害的主要因素为:车间结构设施不便水清洗消毒、排水不畅;通风设施不符合要求;生产操作隔离不符合卫生要求;卫生辅助设施不健全或不符合卫生要求;加工设备清洗消毒不符合卫生要求等。

(2)关键控制点(CCP)

①原料:确保所用原料是优质的,且能达到使用要求;确保原、辅料保存在适合的环境,且未超过保质期;确保原料在经过热处理后不出现微生物问题及一般质量问题。

②混料:所用原料的质量要符合要求;干物料要充分分散;所有物料充分混合。

③杀菌:保证致病菌的热杀灭。

④均质和乳化:确保脂肪球微细化,并均匀分散;防止由于均质机带来的微生物污染。

⑤冷却和老化:在冷却和老化的全过程关注温度,设备应配置温度记录;确保老化时间。

⑥凝冻:选择合适的冷冻机并正确操作冷冻机;控制膨胀率;在有经验的工人的监控下进入硬化;控制硬化温度。

3. HACCP 在灭菌乳(UHT 乳)生产中的应用　UHT 乳是在连续流动的工艺

中快速升温加热到 UHT 温度,保持短时间之后快速冷却下生产的,灭菌后产品无菌灌装。

UHT 乳加工可分为间接加热法与直接加热法两种形式。

间接加热法是指热媒和牛乳是分开的,有板式和管式这两种主要的热交换器。

直接加热法为应用最新的一种设备,热媒与乳直接接触。即蒸汽与牛乳直接混合加热,可将蒸汽注入乳中,也可将乳注入蒸汽中。直接法 UHT 法规要求不能稀释牛乳,注入的蒸汽应是干燥、饱和的,没有外源物质并易于从样品中去除。

UHT 直接加热工艺关键控制点见图 7-9。

(1) UHT 灭菌

①关键控制点:UHT 灭菌 CCP1。

②控制措施:通过采用认可的温度、时间组合,来灭活微生物和内生孢子。

(2) 无菌维持

①关键控制点:无菌维持 CCP1。

②控制措施:防止灭菌乳再污染。

(3) 无菌灌装

①关键控制点:无菌灌装 CCP1。

②控制措施:厂房的无菌消毒处理。在安全区域安装可调控空气流速和压力过滤器;包装灭菌材料的灭菌处理;校正包装形式和密封设备等。

(4) 灭菌

①关键控制点:灭菌 CCP1。

②控制措施:灭活营养体细菌及内生孢子。采用适当类型的杀菌锅对容器灭菌处理并做到正确操作;包装容器都要经灭菌处理。

4. HACCP 在炼乳生产中的应用

(1)炼乳的加工　　炼乳可分为淡炼乳和甜炼乳两种不同类型。两种炼乳的生产过程的第一道工序是脂肪含量和固形物含量精确的标准化处理,第二道是热处理,主要是将牛乳中的微生物杀灭,使牛乳性质保持稳定。两种炼乳对原料的要求和初加工的方法完全相同,以后的加工方法则稍有不同。在淡炼乳的生产中,经热处理后的牛乳被输送到蒸发器进行浓缩,均质处理后再进行冷却,并在包装前检查牛乳凝结的稳定性,然后将产品装罐并在杀菌锅中灭菌,冷藏后贮藏。在甜炼乳的生产中,经热处理的牛乳送到蒸发器进行浓缩,并将糖溶液在蒸发阶段加入浓缩乳中,浓缩后进行冷却。在冷却和结晶后,将甜炼乳进行包装、贮藏。

(2)炼乳生产的关键控制点及控制措施　　炼乳产品品质控制的关键控制点见图 7-8。

①原料乳及其预防处理

关键控制点:原料乳的质量;足够的杀菌强度;热处理过程。

控制措施:对原料乳质量的监督;热处理的设备运行正常,杀菌温度要严格监控;

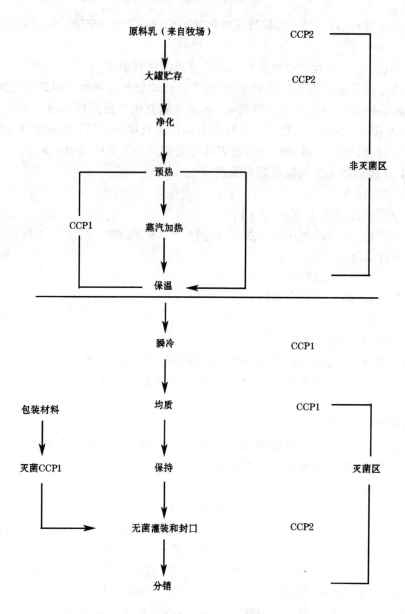

图 7-8 UHT 直接加热工艺关键控制点分析

其他的预处理的控制参数应有监督和记录。

②杀菌

关键控制点:在预定的热处理强度下对病原菌的营养体和内生孢子的杀灭性。

控制措施:温度、压力、流量的监测;控制及安全装置的正确操作;工厂的卫生和安全的检查。

③凝结的稳定性

关键控制点:采取适当的预热工艺以及加入能够提高凝结稳定性的盐类来保证

终产品的稳定性。

控制措施：对盐类的添加量进行合理测算，并对添加过程进行监督；预热设备的性能应与热分布的要求相符合；灌装与杀菌前再次对产品的稳定性进行测定。

④蒸发器的操作

关键控制点：设备的运行状态；嗜热型微生物的繁殖。

控制措施：蒸发器真空浓缩锅必须配备完整的仪表以对操作参数、温度和真空度进行监测；对经蒸发器蒸发过的产品浓缩度进行监督；如操作时间被迫延长，蒸发器的温度应高于嗜热型微生物的最佳生长温度；设备进行符合卫生要求的清洗消毒。

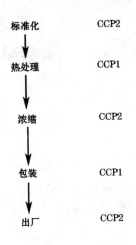

图 7-9 炼乳生产关键控制点

第八章　奶牛产业化生产基地建设

第一节　现代规模化奶牛养殖场的建设

科学规划、设计、建设现代规模化奶牛养殖场,是实现优质高效牛乳生产的基础。应该本着适度规模经营、控制污染、清洁环境、因地制宜、科学合理的原则,为奶牛创造适宜的生活、生产环境。

一、奶牛场的选址

(一)场址区域应该自然环境良好

土质以砂壤土为好。土质松软,透水性强,雨水、尿液不易积聚,雨后没有硬结,有利于牛舍及运动场的清洁与卫生干燥。地势高燥平整,地下水位较低,坡度不超过20°,远离洪涝等自然灾害威胁地段。不可在低洼处或排水不良处、风口处选址,以免排水困难,汛期积水及冬季防寒困难。区域要通风向阳,光照充足,交通便利。

奶牛场舍区生态环境质量应该符合畜禽场(NY/T 388—1999)要求(表 8-1)。

表 8-1　奶牛场舍区生态环境质量

温　度 (℃)	相对湿 度(%)	风　速 (m/s)	照　度 (lx)	细　菌 (个/m³)	噪　声 (分贝)	粪便含水率 (%)	粪便清理
10~15	80	1	50	20000	75	65~75	日清粪

奶牛场舍空气环境质量应该符合农产品安全质量无公害畜禽肉产地环境(GB/T 18407.3—2001)要求(表 8-2)。

表 8-2　牛舍空气中空气环境质量指标

项　目	二氧化碳 (mg/m³)	氨 (mg/m³)	硫化氢 (mg/m³)	可吸入总颗粒 (标准状态, mg/m³)	总悬浮颗粒物 (标准状态, mg/m³)	恶臭 (稀释倍数)
牛舍内	1500	20	8	2	4	70
场　区	750	5	2	1	2	50

奶牛场土壤环境质量及卫生指标应该符合《NY/T 1167—2006 畜禽场环境质量及卫生控制规范》要求(表 8-3)。

表 8-3　奶牛场土壤环境质量及卫生指标

项　目	单　位	缓冲区	场　区	舍　区
镉	mg/kg	0.3	0.3	0.6
砷	mg/kg	30	25	20
铜	mg/kg	50	100	100
铅	mg/kg	250	300	350
铬	mg/kg	250	300	350
锌	mg/kg	200	250	300
细菌总数	万个/g	1	5	——
大肠杆菌群	个/L	2	50	

(二)场址周边要求

远离学校、公共场所或其他畜禽养殖场等敏感区域,不受外部污染源影响,符合防疫和环保要求。牛场距村屯居民点和公路 500m 以上,周围 1500m 以内无化工厂、畜产品加工厂、屠宰厂、医院、兽医院等,所处位置未被污染和没有发生过任何传染病。

场址应与周边区域环境、市场供应、生产及经济发展程度相协调匹配。同时,交通便利,便于运输饲料和送交原料乳。距离乳品加工厂最好应在 50km 以内。

(三)场址区域水源充足

能满足生产生活需求,供水能力可按每头存栏奶牛每天供水 300～500L 设计,水质应符合《NY/T 5027—2008 无公害食品畜禽饮用水水质》标准(表 8-4)。

表 8-4　畜禽饮用水水质标准

项　目		标准值
感官性状及一般化学指标	色	≤30°
	浑浊度	≤20°
	臭和味	不得有异臭、异味
	总硬度(以 $CaCO_3$ 计),mg/L	≤1500
	pH	5.5～9
	溶解性总固体,mg/L	≤4000
	硫酸盐(以 SO_4^{2-} 计),mg/L	≤500
细菌学指标	总大肠菌群,个/100ml	成年牛 100,幼牛 10

项　目		标准值
毒理学指标	氟化物(以 F-计)mg/L	≤2.0
	氰化物,mg/L	≤0.2
	砷,mg/L	≤0.2
	汞,mg/L	≤0.01
	铅,mg/L	≤0.1
	铬(六价) mg/L	≤0.1
	镉,mg/L	≤0.05
	硝酸盐(以 N 计),mg/L	≤10

(四)场址面积应满足生产需求

注意节约用地,理想的是正方形、长方形,避免狭长和多边角。建筑面积按每头成年母牛 $28\sim33m^2$,总占地面积为总建筑面积的 3.5~4 倍。

二、奶牛场的布局与规划

场区的布局与规划应本着因地制宜和科学饲养的要求,合理布局,统筹安排。力求为奶牛创造适宜的环境,能满足饲养工艺要求,利于卫生防疫,符合建筑、环保等标准,尽量降低工程造价,经济合理。

(一)奶牛场分区

根据地形、地势和当地主风向,场区一般应设管理区、生活区、生产区、隔离区(病牛隔离治疗与粪污处理区)。各功能区应联系方便,并设置硬质隔离带相互隔离,界限分明。布局顺序应符合生产工艺流程的需求,避免交叉。

(二)各区规划布局

1. 管理区 管理区包括办公室、财务室、接待室、档案资料室、培训活动室、试验室等。管理区应在生产场区的上风处、高燥处,要和生产区严格分开,保持 50m 以上距离为好。

2. 生活区 区内设置人员宿舍或场主家庭生活单元,集中建设,单独设区,做到人、畜分离。生活区也应在生产场区上风头和地势较高地段,并与生产区保持 100m 以上距离,以保证生活区卫生环境。

3. 生产区 包括生产区和生产辅助区。

生产区主要包括奶牛舍(泌乳牛舍、青年牛舍、育成牛舍、犊牛舍、犊牛岛、干奶牛舍)、产房、配套运动场、挤奶厅等。这是奶牛场的核心,要保证安全、安静。各牛舍之间要保持适当距离,布局整齐,以便防疫和防火。但也要适当集中,节约水电线路管道,缩短饲草饲料及粪便运输距离,便于科学管理。

生产辅助区中的饲料库、饲料加工车间、青贮窖和干草棚的位置尽量居中,距离奶牛舍近一些,便于车辆运送草料,减少劳动强度。选择建在地势较高的地方,防止奶牛舍和运动场的污水渗入而污染草料。本区内还包括变配电室、机械车辆库等。

生产区四周设围墙,出入口设值班室、人员更衣消毒室,车辆消毒通道应满足防疫消毒要求。还要建有厕所、淋浴室、休息室等功能区。

4. 隔离区　包括兽医室、产房、隔离病房、贮粪场和污水处理池,本区应布置在场区的下风、较低处。病牛区应便于隔离,单独通道,便于消毒,便于污物处理,粪污处理和加工等。

奶牛场场区规划布局见图 8-1。

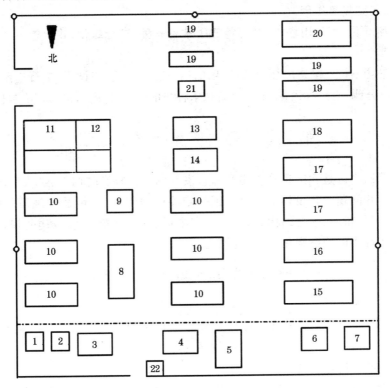

图 8-1　2 500 头奶牛场区示意　(集中挤奶厅挤奶)

1. 锅炉房 2. 配电室 3. 办公楼 4. 职工宿舍 5. 食堂 6. 车库 7. 维库房
8. 挤奶厅 9. 兽医室 10. 产奶牛舍 11. 围产后期牛舍 12. 病牛舍 13. 犊牛岛区
14. 产房 15. 犊牛舍 16. 育成牛舍 17. 育成牛舍 18. 青年牛舍 19. 干草棚 20. 青贮区
21. 精饲料车间 22. 牧场大门门卫室

(三)区间规划

1. 道路规划　场内道路应建成水泥路面,并划分为净道(管理、运送饲料、产品等)和污道(转群、运送粪污等)。两道严格分开,不重叠、不可交叉混用。一般道路系数为 8%～10%。

2. 绿化美化 牛场围墙内外,各区间、道路两旁,运动场围栏外侧,各栋牛舍间应植树、种草。分别配置遮阳绿化、行道绿化、美化绿化。绿化系数为 30%～35%,改善牛场环境条件和局部小气候,净化空气,美化环境,同时也能起到隔离作用。

①场区林带的规划:在场界周边种植乔木和灌木混合林带,并栽种刺笆。北方地区:乔木类的大叶杨、旱柳、钻天杨、榆树及常绿针叶树等;灌木类的红柳、紫穗槐、侧柏等,起到防风阻沙安全等作用;南方地区:乔木类的法国梧桐、槐树、柳树、榆树等;灌木类的黄杨、黄金叶、大叶女贞、小叶女贞、法国冬青、垂柳;草坪类的冷季型多年生黑麦草、草地早熟禾、细羊茅;暖季型地毡草、狗牙根、钝叶草。

②场区隔离带的设置:场内各区应设置隔离林带,一般可用杨树、榆树等,其两侧种灌木,以起到隔离作用。

③道路绿化:宜采用塔柏、冬青等四季常青树种,进行绿化,并配置小叶女贞或黄洋成绿化带。

④运动场围栏外侧遮阳林:在运动场的南、东、西三侧,应设 1～2 行遮阳林。一般可选择枝叶开阔,生长势强,冬季落叶后枝条稀少的树种,如杨树、槐树、法国梧桐等。

第二节　奶牛养殖小区的建设

奶牛养殖小区是我国现阶段奶牛养殖发展的一种特有的饲养、经营管理形式,目前仍存在一些问题。建设奶牛养殖小区一定要因地制宜,发展适度规模。做好小区选址、整体规划布局、牛舍结构、内部设施和牛场管理、营养调控、疫病防控、粪尿处理等。逐步实现小区的标准化生产、规模化经营。

一、养殖小区的建设标准

(一)小区选址

建设用地应符合当地村镇发展规划和土地利用规划的要求,其余要求与奶牛场相同,环境质量符合国家及相关部门颁布的标准。

(二)建设布局与规划

1. 占地面积 可根据饲养规模、管理方式、饲料贮存和加工等条件来决定。要求布局紧凑,尽量少占地,并留有发展余地。从防疫、饲草饲料供应运输和便于饲养管理的角度出发,每个奶牛小区饲养奶牛总头数以不超过 1 000 头为宜。奶牛养殖小区的奶牛饲养数量和占地面积的确定可参照表 8-5。

表 8-5　奶牛饲养数量和占地面积关系表

总头数	成年奶牛(头)	后备奶牛(头)	占地面积(hm²)
1000	600	400	5.65
700	415	285	4.21

续表 8-5

总头数	成年奶牛（头）	后备奶牛（头）	占地面积（hm²）
400	230	170	2.45
200	125	75	1.33
100	55	45	0.67

2. 小区布局 有条件的小区应按管理区、生产区、隔离区进行布局。生产区位于管理区下风向或侧风向处,隔离区位于生产区下风向或侧风向处。各功能区布局与奶牛场要求相同。实行托牛所式的奶牛小区,可在生产区内设置农户养殖单元,单元内再分为养殖和饲料2区域,奶牛统一到挤奶厅挤奶。奶牛养殖小区布局见图8-2。

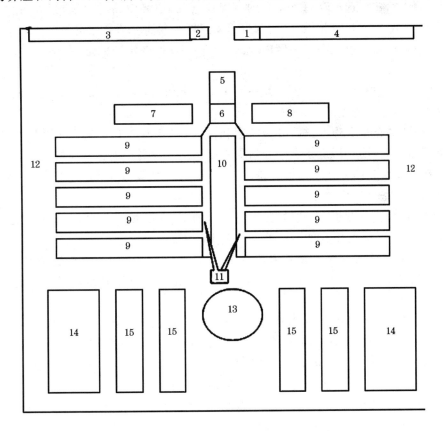

图 8-2 奶牛小区布局

1. 消毒室　2. 门卫　3. 饲料库及配制间　4. 办公室　5. 挤奶厅　6. 等候区
7. 人工授精室　8. 兽医室　9. 养牛单元　10. 粪道　11. 牛道　12. 料道
13. 沼气池　14. 干草储藏间　15. 青贮窖

3. 建筑配置要求

(1)牛舍建筑 根据当地的气温变化和牛场生产用途等因素确定。我国北方的牛舍设计主要是防寒,南方以防暑为主。

(2)运动场 运动场及凉棚牛舍前(或后)应建运动场,地面用三合土铺平、夯实(或立砖铺地),并有 1.5%～2.5% 的坡度,便于排水。成年牛每头占地面积不低于 20m²,育成牛不低于 15m²,犊牛不低于 10m²。凉棚每头牛占地 5m²。

(3)饲料贮存室 应选在离每栋牛舍的位置较近处,而且位置稍高,既干燥通风,又利于成品料向各牛舍运输。建筑面积依牛群规模大小而定。

(4)干草棚或草库 尽量设在下风向地段,与周围房舍至少保持 50m 以上距离,单独建造,以利防火安全。建筑面积每头牛约为 4m²。

(5)青贮窖 选在离每栋牛舍的位置较近处,地势较高,防止粪尿等污水入浸污染,同时要考虑出料时运输方便,减少劳动强度。每头牛青贮窖容量为 15～18m³。

(6)配种室 应建在养殖区内、临近成年牛舍和挤奶厅的地方,便于发情观察和配种。

(7)兽医室和病牛隔离室 设在奶牛小区下风向,相对偏僻一角,便于隔离,减少空气和水的污染传播。

(8)道路和排水沟 道路分为净道和污道,二者不能有交叉。净道是专供饲草、饲料运输和人行路;污道是走牛和运送粪便路。运动场三面边应设排水沟,避免下雨后运动场存水泥泞。在污道旁设排水支沟,上与牛舍粪尿沟、运动场排水沟相连,下与排水总沟及化粪池相连。

(9)贮粪场和化粪池 应建在地势最低的下风处,远离牛舍,有专用通道与养殖区及小区外相连,便于粪的运输处理和卫生防疫。

(10)车辆消毒室和人员更衣消毒池 在进入生产区的门口设置消毒池和消毒室。消毒池一般长 3.8m、宽 3m、深 0.15m。消毒室装有紫外线灯,地面铺含有消毒药液的踏脚垫。

(11)挤奶厅 根据小区养殖规模和挤奶机类型,决定挤奶厅的建筑面积和式样。一般 400 头左右泌乳牛需建挤奶厅 650～700m²。挤奶厅墙面应镶嵌瓷砖,并安装暖气。

(12)场区绿化与水电保障 场区绿化与奶牛场规划要求相同。供水可用水塔、蓄水池或压力罐,供水能力按存栏 200 头奶牛日供水量 60～100t 设计。电力负荷等级为民用建筑供电等级三级,自备电源的供电容量不低于全场电力负荷的 1/4。建筑物及设施要符合民用建筑防火要求。

二、养殖小区的管理

新建小区应由县以上畜牧主管部门审批建设,经主管部门组织技术人员现场对小区建设方案进行考查认定后,方可实施。

奶牛小区应成立专职管理机构(管委会、协会等)或公司,负责小区生产管理。应聘任与生产规模相适应、具备畜牧兽医中专以上学历或获得畜牧兽医中级以上技术职称的专业技术人员。兽医技术人员应取得省级畜牧兽医行政主管部门颁发的兽医执业资格证书。饲养人员应定期体检,取得健康合格证方可上岗。

　　奶牛小区应建立健全各项管理制度,主要包括岗位责任制度、生产管理制度、卫生防疫制度、兽药使用制度、档案管理制度、岗位培训与考核制度等。如小区通过建立健全防疫消毒制度和措施,严格遵照相关防疫技术规程要求执行,禁止外来无关人员随意进入小区,禁止在生产区内宰杀畜禽、进行畜禽交易。

　　小区实行同畜种专业化生产与经营,奶牛饲养要采取规范化饲养管理技术,鼓励采取国家或地方颁布的"无公害食品"、或"奶牛饲养管理规范"等生产标准进行标准化、规范化生产。

第三节　奶牛产业化生产基地的设施设备

一、牛舍建筑

(一)牛舍类型与基本要求

　　由于饲养方式不同,牛舍类型亦有差异。按照开放程度,可分为全开放牛舍、单侧封闭式半开放牛舍、全封闭式牛舍;按屋顶结构,可分为双坡式、钟楼式、半钟楼式、单坡式(图8-3)。

　　奶牛舍建筑要经济实用,符合兽医卫生要求。牛舍宜坐北朝南,根据主风向等条件也可偏向东南或西南15°。房顶和外墙隔热性能要好,近年新建牛舍多采用彩钢保温夹芯板做屋顶或墙体材料。地面结构自上至下通常由混凝土层、碎石填料层、隔潮层、保温层等构成。要注意通风良好,应有一定规格、数量的采光、通风窗户,或设置天窗。奶牛舍也可采用活动卷帘设计,根据季节调节卷帘,控制通风和保温。

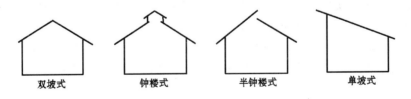

双坡式　　　　钟楼式　　　　半钟楼式　　　　单坡式

图 8-3　奶牛舍的不同屋顶类型

(二)牛舍的光照设计

　　牛舍一般采用自然光照,采光系数是牛舍窗户的有效采光面积和舍内地面面积之比,生产上要求成年牛舍为1:12,犊牛舍为1:10~14。国外一些研究表明,给奶牛人工补充光照,可使产奶量提高6%~11%,最高达13%。国内试验,在奶牛舍内设置100W白炽灯进行人工补充光照,结果试验组总产奶量比对照组提高7.68%,日平均产奶量提高7.7%。

（三）高温、高湿环境牛舍控制设计

1. 通风喷淋降温　夏季半封闭式牛舍打开门窗和防风帘，增加牛舍内空气流通。开放式牛舍安装通风设施，增加通风，舍内温度一般能降低2℃～3℃。风机转速700～800r/min，风程12～15m，风跨5m以上为宜，利用多个风扇在牛舍里产生接力送风。

在饲槽线、待挤厅设置风扇喷雾系统，在牛卧床上方设置风扇，通过风扇和喷淋降低环境温度。水加上风扇吹风可降低奶牛呼吸率和体温。北京三元绿荷奶牛养殖中心的经验是以大水滴短时间间歇式淋浴效果最佳，大水滴从上喷淋，每次喷淋时间1min，间歇4min，同时开启风扇吹干奶牛体表，带走体热有利于降温，还可以避免水滴成流污染乳房，每5min重复1次。通常牛舍应保持干燥，不积水，空气相对湿度保持在80%以下。

2. 运动场搭建凉棚　棚高4.3m、宽5～8m，保证每头母牛≥4.2m² 的遮阴面积，所用材料应有良好的隔热性能。

3. 饮水位充足　每10头泌乳牛应拥有1个饮水位，保证奶牛随时可以饮水，水槽安放在方便易于饮用的地方(凉篷底下、卧床边上、待挤厅、返回通道等)，每周清洗饮水槽，保证水的清洁，水温15℃～26℃。

（四）低温高湿环境牛舍控制设计

1. 注重采光保温　要使牛舍具有结构合理、冬季增温显著、保温良好的特点。寒冷地区牛舍天棚要设计的采光面积占整个屋顶的45%以上，大采光面积可以保证阳光充足射入牛舍。也可在牛舍设采光保温窗，开启采光保温窗，阳光照射采光面，为牛舍增温。无阳光时将采光面关闭保温。

2. 保障排湿　牛舍的水汽中大气带入的水分占10%～15%，牛体排出的水分占75%，地面粪污蒸发的水分占10%～15%。室内外温差明显，产生气压差，利于室内水蒸气和氨气的排放，在降低湿度的同时，大大提高了舍内的空气质量。冬季阳光直射奶牛身体，促进生长和钙质的吸收。

3. 合理通风　牛舍采用无动力轴流风机进行强制通风，通风量可以根据舍内的温差、湿度差和换气量以及牛头数来确定。良好的通风可以确保舍内空气环境质量。

（五）犊牛舍（栏）

犊牛舍(栏)有几种形式，建造时特别要强调清洁干燥、通风良好、光照充足、容易采食和饮水。犊牛栏需设置容易拆卸的草架和饲槽架，铺设隔热保温能力好的稻草和锯末等垫料，不要用沙子作垫料。

1. 冷式舍外犊牛岛　犊牛岛饲养犊牛是一种好形式。气候温和时，犊牛出生后3d即可转入犊牛岛饲养，直到断奶后(出生60～120d)转入群饲或犊牛舍。

犊牛岛的形式、材质和设计各样，一般尺寸为宽100～120cm、长220～240cm、高120～140cm。犊牛岛的一端开敞，可以用铁丝等在外面围1个活动区域供犊牛运动。犊牛岛小舍除前面外，其余各面封闭严实，也可以在背面设可以随意闭合的通风小窗。

国内市场所售塑料或玻璃钢(玻璃纤维)一次压制成型的犊牛岛小舍比较好。奶牛场也可以自己利用水泥预制板或木头砌建,造价低廉,但水泥预制板的不易搬动,木质的不易清洁,使用寿命较短。

犊牛岛的位置可以根据季节调节,保障冬季光照和减少西北风的侵扰,夏季保障遮阳和通风。犊牛岛位置应稍高出地面,利于排水。

2. 冷式牛舍犊牛培育单栏　即冷牛舍内建造犊牛单栏,适合我国大部分地区。牛舍整体设计比较简单,一般不加供暖设施,犊牛单栏典型尺寸为宽 1.2m、长 2.1m。尽量不要采取将哺乳犊牛成群散放饲养在同一大牛栏中,这样往往群体密度过大,容易发生呼吸系统疾病,相互舐食也容易造成疾病传播和胃内积留毛团引起消化道疾病。

3. 暖式牛舍犊牛培育单栏　即在相对封闭的牛舍内建造单栏进行培育,适于寒冷地域。每犊一栏,单栏长 200~220cm、宽 110~125cm、栏高 110~120cm,最小可以做成长×宽为 60cm×120cm。栏间用钢丝网相隔,栏侧面向前方伸出 20~30cm,防止相互舐食。栏底有 2%~3% 的坡度,并铺设垫料。这种类型的优点是饲养方便,劳动效率高。缺点是需要良好的通风、除湿、消毒设施,牛舍建造成本高,犊牛培育效果不太理想。

4. 断奶后犊牛舍　犊牛单栏喂到断奶后,再饲喂 1~2 周,然后转入断奶后犊牛舍,小群体培育。断奶后犊牛一般 4~6 头为一栏,每头犊牛需要 2.3~2.8m²,每栏犊牛数量最好是偶数。采用 20~30 头犊牛一栏也可以。

若采用自由卧栏培育,1~4 月龄自由卧栏长×宽为(130~140cm)×(55~65cm),5~7 月龄长×宽为(150~160cm)×(70~80cm)。具体设计可参照成年奶牛卧栏。

(六)育成牛舍

育成牛舍建筑可以相对简单,只要注意防风、防潮,方便奶牛配种、治疗,便于饲喂、粪污清理等操作即可。主要采用散放式牛舍、散栏式牛舍,具体设计可以参照泌乳牛舍。

如舍饲拴系饲养方式的育成牛舍可采用单坡单列敞开式或双坡双列对尾式封闭牛舍。每头牛占用面积 6~7m²,牛床长 1.6~1.7m、宽 0.8~1m,斜度 1%~1.5%。颈枷、通道、粪尿沟、饲槽与成年奶牛舍相似。

(七)成年牛舍

1. 舍饲拴系饲养方式奶牛舍　大多采用双坡双列对尾式封闭牛舍(图 8-4,图 8-5)。每头成年奶牛占用面积 8~10m²,跨度 11~12m。牛床长 1.7~1.8m、宽 1~1.2m,坡度 1%~1.5%。中央通道 2~2.5m,拱度 1%。饲料通道宽 1.2~1.5m。饲槽上宽 0.6~0.7m、下宽 0.5~0.6m,靠牛侧槽沿高 0.3m,料道侧槽沿高 0.6~0.7m。颈枷多采用自动或半自动推拉式,高 1.5~1.7m、宽 12~18cm。粪尿沟宽 30~40cm、深 5~8cm,沟底要有 6% 的坡度,沟沿做成斜形,以免牛蹄受伤;沟底应为方形,以便于用方锹清粪。

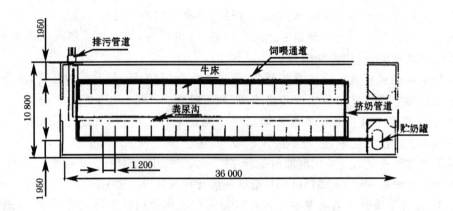

图 8-4　双列对尾式封闭牛舍平面结构　（单位：mm）

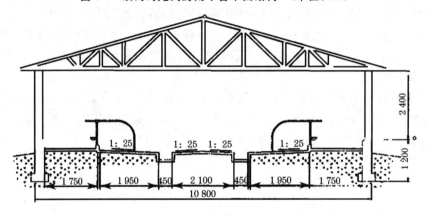

图 8-5　双列对尾式牛舍截面　（单位：mm）

2. 散放式牛舍　散放饲养方式可节约劳力和投资，便于集约化、机械化管理，牛舍建筑较简单。精料集中于挤奶厅饲喂，粗料均在运动场或休息棚设槽自由采食。

散放式牛舍可采用开放式或半开放式牛舍，一般建于运动场北侧、舍内面积按每头牛 5.5～6.5m² 设计，舍内地面平坦，无牛栏，牛也不拴系。也可将每头牛的休栏用 85cm 高的钢管隔开，长 1.8～2m、宽 1～1.2m。牛床后面设有漏缝地板，寒冷地区冬季在床上铺垫草，垫草应勤换或勤添，保持清洁。休息区与饲喂区相通，饲喂区位于牛舍外，是采食粗饲料、饮水和运动的场所。挤奶厅设有通道、出入口、自由门等。挤奶厅常见的有坑道鱼骨式、管道式等。

3. 散栏式牛舍　散栏式牛舍综合了传统舍饲拴系饲养和散放饲养的优点，使其更适合于规模化养殖和科学化管理（图 8-6，图 8-7）。牛床为全开放的通道，一般不设隔栏及粪尿沟等，不使用垫料。牛槽和饮水器等与拴系式牛床相同，一般采用直杆式颈枷，主要作用是保障奶牛采食时不争食，挤奶后上栏固定晾干乳头时间充裕。每个颈枷宽 70～75cm，与每头牛平均饲槽长度相同。

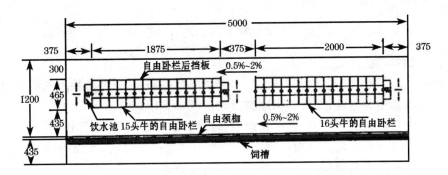

图 8-6　双列牛床、舍外饲喂式牛舍平面结构　（单位：mm）

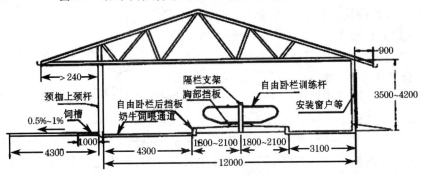

图 8-7　双列牛床、舍外饲喂式牛舍截面　（单位：mm）

　　散栏式牛舍设计的要求：每牛舍的饲养头数应与挤奶厅的牛位数相匹配,前者一般是后者的整倍数。采食饮水与卧栏分设,牛舍根据气候条件可采用敞开式或封闭式等。牛床表面应尽量采用软性材料,同时牛床应有一定高度以保持干燥,牛只出挤奶厅应过蹄药浴池。

　　为了保障牛体卫生和防暑、防寒,利于运动场粪便处理,可以在饲喂通道之外,建造用于奶牛休息的自由卧栏。图 8-8 为自由卧栏尺寸。

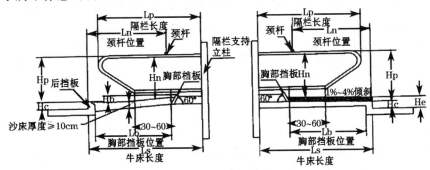

图 8-8　自由卧栏尺寸示意

左侧牛床为沙土垫料,右侧为使用橡胶床垫

二、饲料加工设施的建设

(一)饲料厂的选址

按照工农结合、城乡结合、有利生产、方便生活的原则,应尽量接近原料产地或奶牛养殖比较集中的地区,并符合当地城市建设规划要求。

①处于居民区的下风向,避开易燃、易爆和排放有害气体、有害粉尘的工厂,并处在全年最大频率风向的上风向。优先选取便于利用已有公路、水路、铁路和公用水、电等设施比较完备的地区,与奶牛场要保持防疫距离。

②厂址地形平坦、地基坚实、地下水位较低,避开可能受洪水淹灌发生塌方、滑坡的地段,以及岩溶发育较强和地基处理复杂的地段。

③注意节约用地,少占或不占耕地,厂区以矩形为宜。

(二)饲料加工机械

1. 粉碎设备 目前生产使用的主要是爪式和锤式 2 种。

爪式粉碎机是利用固定在转子上的齿爪将饲料击碎。这种粉碎机结构紧凑、体积小、重量轻,适合于粉碎子实类饲料原料及小块饼(粕)类饲料。

锤片式粉碎机是一种利用高速旋转的锤片击碎饲料的机器,粉碎粗饲料效果好。目前适合奶牛场使用的是饲料加工专用锤片式粉碎机,无论是切向喂入,还是轴向喂入的锤片式粉碎机(也称草粉机),生产效率较高,适用加工种类广。一般既能粉碎谷物类精饲料,又能粉碎含纤维、水分较多的青草类、秸秆类饲料,粉碎粒度好。

注意在粉碎时,饲料的含水量最好不要高于 15%,否则耗电多产量低。另外粉碎时的喂入量也直接影响粉碎效率,喂入量大造成堵塞;喂入量小,粉碎机的动力不能充分利用。

2. 配合饲料生产机组 主要由粉碎机、混合机和输送装置等组成。可采用主料先配合后粉碎再与副料混合的工艺流程;采用容积式计量和电子秤重量计量配料或者人工分批称量,添加剂分批直接加入混合机;大多数机组只能粉碎谷物类原料,少数机组可以加工秸秆料和饼类料;机组占地面积和厂房根据机型大小要求不一。可用来生产奶牛精料补充料。

3. 制粒设备 精料原料粉碎后,加入相关添加剂制成全价颗粒料,作为奶牛精料补充料。整套设备包括粉碎机、附加物添加装置、搅拌机、蒸汽锅炉、压粒机、冷却装置、碎粒去除和筛粉装置。

制粒机有平模压粒和环模压粒两种类型,环模更适合于精饲料的制粒。冷却设备使制粒后产品易贮藏,近年推出的逆流式冷却器效果好。选购时要注意制造质量、材料及附件的状况,如:进出料联动机构自动控制效果如何、主体部分是否采用了不锈钢制造等。

4. 铡草机 用于切短牧草、干秸秆及青贮秸秆。铡草机按机型大小分大型、中型、小型;按切碎器形式分为滚筒式和圆盘式,小型多为滚筒式,大、中型一般为圆盘式;按喂入方式不同分为人工喂入式、半自动喂入式和自动喂入式;按切碎段处理方式不同分为自落式、风送式和抛送式。

用户根据需要选择时,注意优先考虑:切割段长度可以调整(3～100mm);通用性能好,可以切割各种作物茎秆、牧草和青饲料;能把粗硬的茎秆压碎,切茬平整无斜茬,喂料出料要有较高的机械化水平;切碎时发动机负荷均匀,能量比耗小,当用风机输送切碎的饲料时,其生产率要略大于切碎器的最大生产率。抛送高度对于青贮塔不小于10m,对其他青贮建筑物可任意调整;结构简单,使用可靠,调整和磨刀方便。

5. 秸秆揉搓机 主要用于将秸秆切断、揉搓成丝状。这种机械的作用介于铡切与粉碎2种加工方法之间。加工流程是将秸秆送入料槽,在锤片及空气流的作用下,进入揉搓室,经过锤片、定刀、斜齿板及抛送叶片的综合作用,把物料切断,揉搓成丝状,经出料口送出机外。生产中使用的秸秆揉搓机加工速度每小时可达10～15t、配套动力22～30kW、电压380V,可加工青、湿、干的秸秆、粉碎粒度粗细可自动调节。

6. 青贮饲料收割机 有多种机型,较先进的是一次性可完成切割、粉碎、抛送和装车作业的自走式高效率多功能青贮饲料收获机。

现代农装北方(北京)农业机械有限公司生产的9265型和9265A型自走式青贮饲料收获机,主要由割台、喂入装置、切碎装置、抛送装置、发动机、底盘、驾驶室、液压系统和电气系统等部分组成。割台位于机器正前方,用于切割和输送作物。主要特点是不对行收获、圆盘立式割台和锯片式切割。新疆机械研究院设计的牧神9QSZ-3000型自走式青(黄)贮饲料收获机,也具有一定的代表性。

悬挂式青贮饲料收获机的代表产品主要有黑龙江省农业机械工程科学研究院的4QX系列玉米青贮收获机。该机属于不分行高秆作物青贮收获机,适用于青贮玉米、高粱和苏丹草等高秆作物的青贮收获,有4QX-10型和4QX-12型2种型号,采用三点悬挂方式与拖拉机连接,动力输出轴转速均为540r/min,割台幅宽分别为0.8m和1.2m,生产率分别为30t/h和40t/h。另外还有,现代农装北方(北京)农业机械有限公司生产的9080型悬挂式青贮饲料收获机,燕北畜牧机械集团有限公司生产的9QS-1300型青饲切碎机。

7. 打捆机 牧草、秸秆打捆机按照不同的工作需要有不同的类型。秸秆打捆机械能自动完成秸秆、牧草等捡拾、压捆、捆扎和放捆一系列作业,可与国内外多种型号的拖拉机配套,顺应各种地域条件作业,有圆捆和方捆2种机型。

(1)圆捆机 没有打结器,其构造相对简单,体积较小,且价格较便宜,操作维修简单。缺点是生产率低。因为是间歇作业,打捆时停止捡拾,捆扎的圆捆密度低,装运和贮存不太方便,捡拾幅宽过小,多为80cm左右。如果大型联合收获机收获后进行打捆作业,容易出现堵塞或断绳现象。

(2)方捆机 由于所打的草捆密度比圆捆大,运输和贮存较为方便,可连续作业,效率较高。但因构造复杂,制造成本高,因而价格也高。

目前市场上销售的打捆机多为国产机型,主要生产厂商有中国农机院现代农装公司生产的方捆、圆捆打捆机;上海农工商向明总公司生产的9YF、9YY系列方捆、圆捆机;上海电气集团现代农装公司生产的9KF、9KYQ系列方捆、圆捆机;山东广饶、博昌等公司生产的圆捆机等。

8. 全自动拉伸薄膜缠绕机(裹包机) 青贮圆捆捆包机适用于青贮玉米秸秆、紫花苜蓿、麦秸、地瓜藤等青绿植物进行捆扎、裹包青贮。双城市荣耀农牧业机械有限公司生产的YKB-50型青贮(圆捆)裹包机,与打捆机配套使用,可将捆好的玉米秸秆和鲜草类进行自动包膜。用户根据青贮时间的需要,预先设定好包膜的层数,贮存期在1年至1年半以上。配套动力:1.5kW交流220V50Hz,包膜尺寸:直径230mm×250mm,包膜层数:2~4层,生产效率:40~50包/h,外形尺寸:1 080mm×800mm×900mm,机器重量:90kg。

9. 全混合日粮(TMR)制备机 从外形上分为卧式、立式;从动力类型上分为自走式、牵引式和固定式。并且每一型号上容积的大小又有不同的款式。

(1)外形选择 立式TMR制备机优点是:单位容积搅拌的饲料相比卧式多,填充率高,消耗动力小,切割大捆饲草的能力强。缺点为:上料口高、对牛舍门要求的高度高,操作不便。搅拌均匀度、饲草细碎度、对玉米秸秆的切碎度不如卧式TMR制备机。因此建议一般宜选用卧式TMR制备机。

一般500头奶牛以下的场(区)选用7m³较为合适;800头左右的奶牛场(区)选用12m³较合适。

(2)动力类型选择

①固定式TMR制备机:以电机作为动力,作业需设在固定场所,设备价格相对较低(表8-6)。适合奶牛300头以上的奶牛场(区)、牛舍结构对尾式或搅拌车无法进入的老式牛舍,由人工配合小型拖拉机等运输工具将饲料送至牛舍或用户。也适于TMR配送中心使用。

②牵引式TMR制备机:需配备胶轮拖拉机作配套动力(表8-7),可搅拌、切碎、称重饲料,行走撒料。选用带青贮抓手的可将青贮吸入箱内,防止青贮二次发酵。适合于较大型(300头以上)现代化的规模牛场。饲喂模式为散栏或对头式,要求奶牛合理分群饲养。牛舍两头有对开大门,门高3.3~3.5m,门宽3.5~4m,便于搅拌车进入牛舍撒料作业,牛场青贮能力应在3 000t以上,青贮窖为地上或半地下式,搅拌车可自由进出青贮窖作业(TMR配送中心可参考以上条件)。

(3)配套拖拉机 牵引式TMR制备机需胶轮拖拉机为其配套动力,可根据TMR制备机规格、容积、动力要求进行配置。各厂家拖拉机其配置、技术性能、价格,各有侧重,用户可根据自己的情况合理的选择。

表 8-6　固定式 TMR 饲料制备机目录

箱体形式	箱体内容积（m³）	需要动力输出轴功率	适合牛群头数	参考价格（万元）
卧式	5	22kW 电机	300 以下	16
	7		500 以下	17.5
	9		600 以下	19
	12	30kW 电机	850 以下	24
	16		1100 以下	34

表 8-7　牵引式 TMR 饲料制备机目录

箱体形式	箱体内容积（m³）	适合牛群头数	配套拖拉机功率（HP）	参考价格（万元）
卧式	5	300 以下	65	16
	7	500 以下	65	17.5
	9	600 以下	80	19
	12	850 以下	90	24
	16	1100 以下	100	34
	※5	300 以下	80	31
	※7	500 以下	80	34
	※9	600 以下	90	38
	※12	850 以下	100	43
立式	8	450 以下	80	19
	10	550 以下	90	23
	12	700 以下	100	26.5
	18	1150 以下	120	36
	21	1250 以下	120	39
	25	1350 以下	120	46

注：卧式带※者，自带青贮取料机

10. 青贮取料机　用于奶牛场或小区青贮窖青贮饲料的装取，特别是作为 TMR 制备机的辅助设备，为不带青贮抓手的固定或牵引式 TMR 制备机解决青贮机械取料问题。一般取料割头由电机驱动，顺时针和逆时针两个方向旋转取料，替代铲车取青贮，刮板快速上料。液压驱动行走和转向，高抛卸料 3.5m 以上。可节省铲车油耗和铲车操作人员，适合于任何形式的牛场或配送中心。适合牛群头数 200～5 000 头牛场的全自动青贮取料机自带 11kW 电机驱动，参考价格 14 万元左右。

（三）粗饲料存贮设施

1. 青贮窖　有圆形、长方形、地上、地下、半地下等多种形式。依建筑材料，有土窖、砖窖、石头窖。

青贮窖要选择在地下水位低、干燥的地方。长方形窖四角呈圆形,便于青贮原料下沉,排出残留空气。内壁要求有一斜度,口大底小,便于压实和防窖壁倒塌、窖底部设有排水沟,以利排水。

青贮窖的宽、深取决于每日饲喂的青贮量,通常以每日取料的挖进量不少于15cm为宜;为便于操作窖的上口宽不宜超过7m。在宽度和深度确定后,根据青贮需要量,按下列公式计算出青贮窖的长度和窖的容积,并可根据窖容积和青贮原料容重(表8-8)计算出青贮饲料重量。

$$窖长(m)=青贮需要量(kg)÷\left[\frac{上口宽(m)+下底宽(m)}{2}\right]×深度(m)×每立方米原料重量(kg)$$

$$圆形青贮窖容积(m^3)=3.14×\frac{青贮窖直径(m)^2}{4}×青贮窖高度(m)$$

$$长方形青贮窖容积(m^3)=\frac{上口宽(m)+下底宽(m)}{2}×窖深(m)×窖长(m)$$

表8-8　几种青贮原料容重　（kg/m³）

原　料	铡的细碎		铡的较粗	
	制作时	利用时	制作时	利用时
玉米秸	450～500	500～600	400～450	450～550
藤蔓类	500～600	700～800	450～550	650～750
叶、根茎类	600～700	800～900	550～650	750～850

2. 青贮塔　青贮塔是用钢筋、水泥、砖砌成的永久性建筑物,一般适于在地势低注、地下水位较高的地区采用。青贮塔呈圆筒形,上部有锥形顶盖,防止雨水浸入。

为了便于装填原料和取用青贮料,青贮塔应建在距离畜舍较近之处,朝着畜舍的方向。青贮塔大小高低,以资金条件、饲养家畜数量、冬春季长短、有无多汁饲料而定。在有自动装料设备的条件下,可以建造高达7～10m,甚至更高的青贮塔,青贮塔一般内径3.5～6m。

塔底呈锅底形,中间设一缝隙地板(0.3m²),下面联通带有0.5%以上斜度的水沟伸向塔的一侧。在塔外砌一竖井与水沟相接,井口与地面平,盖一活动盖板。塔的四壁要根据塔的高度设2～4道钢筋混凝土圈梁,四壁墙厚度为36cm—24cm—18cm,由下往上分段缩减,但内径必须平直,内壁用厚2cm水泥抹光。塔一侧每隔2m高开一个0.6m×0.6m的窗口,作为装草和取料用。

三、收奶站的建设

(一)收奶站选址

生鲜乳收购站的设立应当符合生鲜乳收购站建设规划布局。选址合理,符合环保和卫生要求,与居民区、饲养场保持适当的距离,交通便利,水源充足,无污染。生鲜乳收购站的面积要与收奶量相适应,乳品加工企业设立的中转站不小于 $600m^2$。挤奶厅面积不小于 $150m^2$。站内路面应硬化、平坦,有良好的排水系统。站内环境整洁、无异味,地面和废弃物及时进行清理、消毒。

(二)站内布局

布局要合理,办公区、生活区与收奶区、挤奶区分开。

1. 收奶区　包括收奶间和贮奶间,应按收购流程及卫生要求合理布局。建筑物的屋顶、墙壁及地面应采用无毒、无异味、不透水、易清洗的浅色防腐材料建造,墙壁要平滑,地面要防滑、无裂缝。收奶间、贮奶间要有良好的照明及通风设施,门窗有防蚊、蝇设施。

2. 配套建筑　建设包括材料仓库、更衣室、消毒室、卫生间及其他收购服务的必须场所。

(三)收奶、贮存及运输设备

生鲜乳收购站必须有与收奶量相适应的冷却、冷藏、保鲜设施和运输设备。包括符合国家标准的收奶计量器具,清洗消毒设备,适配的备用电源,制冷贮奶槽(罐)、运输罐。制冷贮奶槽(罐)、运输罐应使用易清洗、无异味的不锈钢材料制成。贮存生鲜乳的容器,应当符合国家有关卫生标准,在挤奶后 2h 内降温至 $0℃\sim4℃$。生鲜乳运输车辆。必须卫生、易清洁。有自动计量瓶式挤奶机。

(四)检验仪器、设备

必须配备按照乳品质量安全国家标准进行乳蛋白、乳脂肪、酸度、密度、含碱等常规检测项目相适应的仪器设备。质量检测室独立设置且面积不小于 $8m^2$。

(五)收奶站的模式及管理

1. 收奶站的模式　收奶站必须取得工商登记,还要领取《生牛奶收购许可证》。因此,申报收奶站须向所在地县(市)、区农业行政主管部门提出申请。经审核后,报市奶业行政主管部门批准后发给《生牛奶收购许可证》。未取得许可证的,不准从事生牛奶的收购或代购代销活动。

目前只有乳制品生产企业、奶畜养殖场、奶农专业生产合作社可以申请开办收奶站。

2. 收奶站的管理

(1)固定奶源与合同销售　奶站要有固定的奶源,按照农业部与国家工商行政管理局制定的《生鲜乳购销合同示范文本》,签订有效合同。与乳品加工企业签订的原料奶购销合同。

(2)严格生鲜乳运输规定　应当取得所在地县级人民政府畜牧兽医主管部门核发的生鲜乳准运证明。生鲜乳运输过程中应随车携带生鲜乳交接单。

(3)人员管理　从业人员必须持有有效的健康证明。从业人员人员相对固定,配备合理。定期进行培训,具有奶业方面的基本知识,熟练掌握操作技术。技术负责人熟知有关法律、法规。挤奶厅须有持国家职业资格证书的机械挤奶员 2 名以上。

（4）规章制度　制定健全的卫生管理和质量安全保障制度，包括：卫生消毒制度、生鲜乳质量监测抽查制度、生鲜乳日常检测制度、质量监督员工作制度、生鲜乳购销台账制度等。各项规章制度上墙公开。

（5）档案管理

①建立生鲜乳收购、销售和检测三类记录：生鲜乳收购记录应当载明生鲜乳收购站名称及生鲜乳许可证编号、畜主姓名、单次收购量；生鲜乳销售记录应当载明生鲜乳装载量、装运地、运输车辆牌照、承运人姓名、装运时间、装运时生鲜乳温度等内容；生鲜乳检测记录应当载明检测人员姓名、检测项目、检测结果。

②建立挤奶和贮运设施清洗消毒记录和生鲜乳运输交接记录：包括，收购站的名称、生鲜乳数量、交接时间、并由生鲜乳收购站经手人、押运员、司机、收奶员签字。

③档案记录保存期：2 年以上。

四、挤奶厅的建设

（一）挤奶厅及附属建筑（用于散栏式饲养牛群挤奶）

包括候挤室（长方形通道，其大小以能容纳 $1\sim1.5h$ 能挤完牛乳的牛只，每牛 $1.3m^2$）、准备室（入口处为一段只能允许 1 头牛通过的窄道，设有与挤奶台能挤奶牛头数相同的牛栏，牛栏内设有喷头，用于清洗乳房）、挤奶台（可采用鱼骨形挤奶台、菱形挤奶台或斜列式挤奶台等）、滞留间（挤奶厅出口处设滞留栏，滞留栏设有栅门，由人工控制，发现需要干乳、治疗、配种或做其他处理的牛只，打开栅门，赶入滞留间，处理完毕放回相应牛舍）。在挤奶区还有牛乳处理室和贮存室等。

（二）挤奶厅建造

挤奶厅的墙可以采用带防水的玻璃丝棉作为墙体中间的绝缘材料或采用砖石墙。地面要求做到经久耐用、易于清洁，安全、防滑、防积水。地面可设 1 个到几个排水口，排水口应比地面或排水沟表面低 1.25m。

挤奶厅通风系统尽可能考虑能同时使用定时控制和手动控制的电风扇。光照强度应便于工作人员进行相关的操作。

（三）挤奶设备

主要有固定式挤奶器、牛奶计量器、牛奶输送管道、洗涤设备、冷却设备等，还配有乳房自动清洗和奶杯自动摘卸装置。挤奶台有坑道式（鱼骨式、平行、垂直型、菱形等）和转环式（转台、转盘）2 种。挤奶台均设有自动喂料系统，挤时可自动投料，定量饲喂，供产奶牛自由采食。

1. 坑道式挤奶台　坑道式挤奶设备由真空管道、挤奶器、牛奶计量器、洗涤设备、精料喂饲等组成。这种挤奶厅内有 1 个长方形或菱形操作坑道，坑的大小依奶牛床数和人操作方便而定，两侧台上设斜列（鱼骨）、平行（与台长轴垂直）的奶牛床位，其数可为 $8\sim60$ 个，习惯称 8×2、12×2、24×2、60×2 床位的坑道式挤奶台。挤奶时,挤奶牛同时上,同时下,奶直接入奶罐。12×2 规模 2 人坑内操作,1h 可挤奶 150 头奶牛以上,可供 300～400 头母牛挤奶,坑道式挤奶厅适用于 100～3 000 头奶牛集约化挤奶。这种挤奶台投资少、节约能源、可提高鲜奶产量和质量;减轻劳动强度、提高劳动生产率。

如 9JT-2×10 型鱼骨式挤奶台,即属于此类。其配套动力为 19kW,每人每小时可挤 25～30 头产奶牛。中间位置是挤奶员操作坑道,两边是牛床。挤奶时牛与坑道成 30°角,从整体看,很像一副鱼骨架。它由真空系统、挤奶和输送管道系统、自动清洗系统、鱼骨架结构、电器系统所组成。

2. 转盘式挤奶台 转盘式挤奶设备由环形真空管道、挤奶器、牛奶计量器、洗涤设备、精料喂饲等组成,它的挤奶栏都安装在环形转台上,且与转台径向成一斜角。转台中央为圆形工作地坑,工作中转台缓慢旋转,转到进口处时,1 头牛进入转台挤奶栏,并有 1 份精料落入饲槽内,位于进口处的工人完成乳房清洗工作,第二名工人将奶杯套上进行挤奶,牛随转台转动,到出口处完成挤奶工作,挤奶床位多少不等,一般 20～100 个。40 个床位的挤奶台每小时可完成 200 头产奶牛的挤奶作业,每次挤奶可连续运转 7h。挤出的鲜奶通过管道,经过滤、冷却后直接送入贮奶罐。这种设备比其他形式效率高,但投资大、驱动部分不易解决好是其关键。适用于散养千头以上的奶牛场。

挤奶台的生产厂家有:西安市畜牧乳品机械厂、利拉伐(上海)乳业机械有限公司、北京嘉源易润工程技术有限公司等。德国韦斯伐利亚生产的转盘式挤奶台可适合各种规模的牛奶养殖小区,牛位可从 10～99 位不等,并可根据要求配备自动化程度不同的设备,如刺激按摩、自动脱落、电子计量、乳腺炎检测、牛号自动识别、发情鉴定等。

3. 鲜乳冷却设备 鲜乳冷却设备一般由温度调节仪、制冷压缩机、搅拌机、安全绝热层等组成。奶罐内外采用不锈钢板,有利于卫生管理,一般有卧式和椭圆式一体和分体式奶罐。生产鲜奶冷却设备的企业有:河南省新乡市东海制冷设备厂、广州森达酪宝畜牧用品有限公司、中国轻工业机械总公司乳品工程中心等。

五、其他养牛设备

(一)饮水设备

1. 饮水槽 一般设在散栏式饲养的自由卧栏两侧,以及奶牛运动场的东侧或西侧。水槽宽 0.5m,深度 0.4m,水槽的高度 0.6～0.8m。每头牛水槽占用长度约为 0.6m,100 头以下、100～200 头和 200 头以上的牛群,水槽应该分别保障有 5%、7%、15%、20% 的奶牛能同时饮水。水槽地基及其周围应铺设 3m 宽作防滑处理的水泥地面,向外有 2%～3% 的倾斜,以利于排水。

2. 自动饮水器 拴系牛舍目前提倡使用自动饮水器。饮水器主要设在牛舍中的牛槽边,可以 2 头牛共用 1 个饮水器,有条件 1 头 1 个更好。典型的饮水器为碗状,直径 20～25cm,深度 10～15cm,2 头牛共用的为椭圆形。控水阀门有的是压板式,但不易清洁,活栓易损;现在最好选用按钮式,易清洁耐磨损。安装饮水器的高度一般距离牛槽底部 20～40cm,距离牛头上部的障碍物应大于 65cm。安装供水管道时,要设置减压阀。

3. 连通式饮水器　一般多为长方形,长 30～40cm、宽 20～25cm、深度 15～30cm。要保持饮水器内水面距离饮水器上缘 5～8cm,以防溢出。几个饮水器连接安装时,各饮水器高度要一致,底部加滤网,注意定期清理杂物。

(二)防暑降温设备

夏季炎热时期,有条件的奶牛场应该安装喷淋加送风设备,加快奶牛体热散发。

1. 喷淋设备　一般在饲喂牛舍和挤奶间待挤栏内安装。选择能喷出呈半球形或球形水滴的喷头,这样能保障喷出的水滴足够大。根据喷淋水的半径和工作水压,确定喷头安装间距。喷头安装位置在牛床前上方高度 2～2.5m 处,使水滴能喷洒到奶牛肩部和后躯。工作水压最好为 0.14～0.17MPa,水压过高,喷出的是水雾,不能渗透到皮肤,影响降温效果。输水管道安装要有 3‰～5‰ 的倾斜,可以避免管道积水。

2. 送风设备　最好选用轴流风扇,安装高度为 2～2.5m,并有 20°倾角。电扇的功率和奶牛与电扇之间的距离要保障奶牛吹过牛体的风速达到 60～120m/min。同时安装时注意保障舍内各处风速均匀。尽量不选用吊扇,使用吊扇的牛舍空气流动杂乱,不能形成同一方向的气体流动。

3. 喷淋送风自动控制系统　包括温度调节装置、电磁阀等,可以自行设定时间,控制喷淋周期。一般每个周期 1～3min,以奶牛体表皮肤湿润而无水滴落下为宜;而后停止 15～30min,使电扇刚好把奶牛体表吹干。然后再开始下一个喷淋周期。北方的奶牛场认为,以大水滴短时间间歇式淋浴,即每次喷淋时间 1min,间歇 4min 效果更好。

(三)牛体刷

牛体与刷体接触,可以刺激奶牛的血液循环,保持奶牛干净,改善奶牛健康、舒适度和福利。一般在运动场安装,分为固定式牛体刷和摆动式旋转牛体刷。固定式一般由镀锌钢材制成,水平柔韧性好,使用寿命长。竖直臂和水平臂各有一把尼龙刷,可移动水平刷用弹簧连接。刷子用特殊尼龙制成,可持续使用,有效清洁牛体。安装高度一般 130～135cm,高或低于牛背高度 2cm 处安装。

摆动式旋转牛体刷的刷体长 90cm、宽 90cm、高 82cm。刷子直径 50cm,宽度 60cm,刷毛长度 18cm。安装高度一般下端离地 100cm,转速一般 22r/min,动力 0.06kW。刷体一经与奶牛接触即开始转动,以奶牛最舒适的速度在任意方向转动,速度平稳,从头至尾、从背部至侧部刷拭牛体。圆柱形刷体既适合安装在墙上,也可安装在牛棚立柱上。刷体包含 20 个单独部分,当刷子的某些部位磨损时可以更换。

第四节　奶牛产业化生产基地废弃物的处理

一、粪尿的分离技术

奶牛场清粪方式主要有冲水式清粪、链条刮板清粪、拖拉机铲车清粪、人工清粪4种。冲水式清粪完全用水冲除粪尿并清洗场地、牛身、机械和容器等,用水量和污水排放量大,国内应用较少。链条刮板清粪工作效率高,但是维修费用也高。目前国内一般采用人工清粪,定期冲洗牛舍地面,有些大中型奶牛场也采用拖拉机铲车清粪。这2种方式可以使粪尿分离、粪水分离。牛舍周围如果分别建造雨水渠和污水渠,做到雨污分离更好,可减少粪污固、液体混合,降低后期处理成本。

目前市场上的固液分离机采用螺旋挤压固液分离技术。当切割泵经管道将牛舍的粪便泵到固液分离机后,分离机启动,挤压绞龙将粪水逐渐推向机体前方,同时不断提高前缘的压力,迫使物料中的水分挤出网筛,流入排水管。挤压机的工作是连续的,其物料不断泵入机体,前缘的压力不断增大,当大到一定程度时卸料口被顶开,挤出挤压口,达到挤压出料的目的。固液分离机的处理能力可以达到$72m^3/h$。分离出的粪便含水率很低,经风干后就能作为垫料使用,或者直接排放到农田。当粪渣中含水量在40%～50%时,掺入适量的氮、磷、钾肥可以制成一种复合肥。

二、奶牛粪便的处理与利用

立足可持续发展大农业,坚持"资源化、减量化、生态化"的原则,对奶牛粪便进行无害化处理与资源化利用。

(一)直接堆肥发酵

传统的堆肥方法采用厌氧的野外堆积法,这种方法占地大、时间长。现代化的堆肥生产一般采用好气堆肥工艺,方法有静态堆肥或装置堆肥。静态堆肥无须特殊设备,可在室内进行,也可在室外进行,所需时间一般60～70d;装置堆肥须有专门的堆肥设施,以控制堆肥的温度和空气,所需时间30～40d。主要工艺有前处理、主发酵、后发酵、后处理、脱臭和贮藏。

1. 前处理　调整水分和氮碳比。要求牛粪等物料氮碳比应在1:30～35,碳比过大,分解效率低,需时间长,过低则使过剩的氮转化为氨而逸散损失,一般牛粪的氮碳比为1:21.5,制作时适量可加入杂草、秸秆等,以提高碳比,也可添加菌种(高温嗜粪菌等)和酶;物料的含水量以45%～60%左右为宜。

2. 主发酵(一次发酵)　在露天或发酵装置内进行。为提高堆肥质量和加速腐熟过程,通过翻堆或强制通风保持堆积层或发酵装置的好氧环境,以利于好气腐生菌的活动,一般将温度升高至开始降低为止的阶段称主发酵阶段,需3～10d。

3. 后发酵(二次发酵)　将主发酵的半成品送至后发酵工艺,将未分解的有机物进一步分解,一般物料堆积1～2m,要有防雨措施,通常不进行通风,而是每周进行1次翻堆。后发酵时间一般20～30d。

4.后处理 除去杂物等。

5.脱臭 部分堆肥工艺在堆制过程,会产生臭味,必须进行脱臭处理。方法主要有化学除臭剂除臭,碱和水溶液过滤,熟堆肥或活性炭、沸石等吸附剂过滤等。在露天堆肥时,可在堆肥表面覆盖熟堆肥,以防止臭气散发。常用的除臭装置有堆肥过滤器等。

6.贮藏 贮存方法可直接堆存在发酵池中或袋装,要求干燥、透气。

(二)牛粪发酵制作颗粒有机肥

将牛粪发酵后通过一定的工艺和设备,制成颗粒状的有机复合肥再用于农田。工艺流程见图8-9。

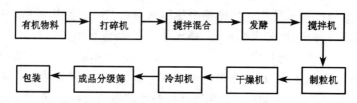

图8-9 用牛粪生产有机肥的工艺流程

1.发酵 发酵的方法有多种,常用的方法是将分离后的牛粪与稻草、木屑等发酵填充料混合,调节到合适的碳氮比和湿度后,放置于发酵槽中(发酵槽可设计为长方形),槽的上盖密封,并设有自动循环通风系统,通过通风系统中的生物过滤器除尘除臭。发酵槽内还设有自动翻堆装置,使发酵的物料能够得到充分的供氧,同时翻堆机在翻抛物料时,还装有自动喷液系统,以调节物料的湿度,保证发酵质量。本系统还在发酵槽底部,设计有防堵塞的强制供氧系统。

2.制粒 目前有机复合肥制粒方法主要有3种。

(1)挤压式制粒 将搅拌均匀的粉状物料喂入压粒机,物料在强压力作用下通过压膜孔被挤压成一定直径的圆柱状颗粒,成品颗粒直径2～8mm、长度为2～5mm。此工艺在制粒前要控制好水分并进行磁选。挤压式制粒操作简单,投资较少,并且节省能源。但圆柱形颗粒外观不好看,流动性差,运输过程中易产生粉尘,不便施用。

(2)团粒法生产球状有机肥 以圆盘制粒为主,对原料的细度要求较高,因此发酵后的牛粪,必须烘干至水分小于8％,经超微磨粉机粉碎到50目以上,添加一定的黏结剂,再采用圆盘制粒机制粒。此法缺点是设备投资大,生产中必须对原料烘干、微粉碎,同时要添加一定量的黏结剂,影响肥效,增加成本。

(3)新型有机肥专用制粒机 此新型制粒机对原料无须干燥、粉碎和添加黏结剂,可直接制出具有一定硬度的外形美观的球形颗粒。

(三)生产沼气

利用厌氧菌(主要是甲烷细菌)对牛粪尿和其他有机废弃物进行厌氧发酵产生一

种混合气体,其主要成分为甲烷(占 60%～70%),其次为二氧化碳(占 25%～40%),此外还有少量的氧、氢、一氧化碳和硫化氢。沼气燃烧后可产生大量的热能(发热量为 20.9～271.7MJ/m³),可作为生活、生产用燃料,也可用于发电。在沼气生产过程中,因厌氧发酵可杀灭粪尿中病原微生物和寄生虫,发酵后的沼渣和沼液又是很好的肥料(图 8-10)。

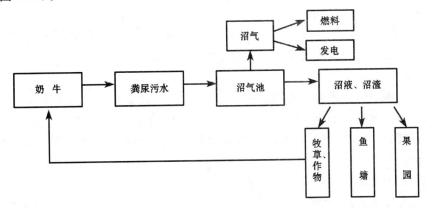

图 8-10　奶牛粪尿厌氧发酵利用生态系统

由于禽畜养殖场沼气工程的发酵原料以粪便为主,而粪便悬浮物多,固形物浓度较高,常见的处理工艺有 3 种。一是全混合式沼气发酵装置,常温发酵,物料滞留期 40d 左右,产气率低,平均为 0.13～0.3m³/m³·d;二是塞流式发酵工艺,并有搅拌、污泥回流和保温装置,发酵温度为 15℃～32℃,产气率为 1.2～2.0m³/m³·d;三是上流式污泥床反应器(UASB)或厌氧过滤器(AF),或两者结合的工艺,其优点是能够使厌氧微生物很好地附着,进一步提高反应速度和产气量。

生产沼气时,首先沼气池应密闭,保持严格地无氧环境;第二,原料的碳氮比和发酵浓度要适当,一般以 25:1 和 6%～10% 为宜,碳氮比和发酵浓度在夏季可适当低些,在冬季可适当高些;第三,原料的浓度要适当,原料太稀会降低产气量,太浓则使有机酸大量积累,使发酵受阻。原料与水比例以 1:1 为宜;第四,要保持适宜的温度,甲烷细菌的适宜温度为 20℃～30℃,当沼气池内温度降到 8℃时,产气量则迅速下降;第五,沼气菌适宜在中性或微碱性的环境中繁殖,应保持池内 pH 为 6.8～8.0。发酵液过酸时,可加石灰或草木灰中和;第六,为促进细菌的生长、发育和防止池内表面结壳,应经常进行进料、出料和搅拌池底。目前,采用的搅拌方法主要有 3 种:机械搅拌、液搅拌、气搅拌;第七,保证足够和优良的接种物,新建沼气池在装料前应加入粪坑底角污泥,以丰富发酵菌种,接种物用量一般占总发酵液的 30% 左右。

畜牧场大型沼气工程的产气量为 1 000～2 000m³/d,其工程总投资在 300 万～1 000 万元;中型沼气工程的产气量为 500～1000m³/d,其工程总投资约 80 万～300 万元。

三、污水的处理与利用

主要有物理处理法、化学处理法和生物处理法。

（一）物理处理法

利用化粪池或滤网等设施进行简单的物理处理方法。此法可除去40%～65%的悬浮物，并使生化需氧量（BOD）下降25%～35%。污水流入化粪池，经12～24h后，使生化需氧量降低30%左右，其中的杂质沉降为污泥，流出的污水则排入下水道。污泥在化粪池内应存放3～6个月，进行厌氧发酵。

（二）化学处理

根据污水中所含主要污染物的化学性质，用化学药品除去污水中的固体或胶体物质的方法。如化学消毒处理，其中最方便有效的方法是采用氯化消毒法；混凝处理，即用三氯化铁、硫酸铝、硫酸亚铁等混凝剂，使污水中的悬浮物和胶体物质沉淀而达到净化的目的。

（三）生物处理

可分为好氧处理、厌氧处理及厌氧＋好氧处理。一般情况下，奶牛场污水生化需氧量值很高，并且好氧处理的费用较高，所以不宜完全采用好氧的方法处理奶牛场污水。可采用：厌氧处理、厌氧＋好氧处理。

1. 厌氧处理　厌氧处理又称甲烷发酵，是利用兼氧微生物和厌氧微生物的代谢作用，在无氧的条件下，将有机物转化为沼气（主要成分为二氧化碳、甲烷）、水和少量的细胞物质。与好氧处理相比，厌氧处理效果好，可除去污水中绝大部分病原菌和寄生虫卵；能耗低，占地少；不易发生管孔堵塞等问题；污泥量少，且污泥较稳定（生产沼气部分）。

2. 厌氧＋好氧处理　是最经济、有效的处理工艺。厌氧法生化需氧量负荷大；好氧法生化需氧量负荷小。先用厌氧处理，然后再用好氧处理是高浓度有机污水常用的处理方法。

3. 实例——利用沼气工程结合人工湿地　奶牛场存栏奶牛1 000头，采用干清粪方法，每日污水排放量为80～100t。利用沼气工程和人工湿地的办法治理奶牛场污水（图8-11）。

（1）沼气厌氧发酵系统　沉沙池10m³，对牛粪尿及冲栏污水进行初步的沉积，再经过集污池的沉淀，上清液流入厌氧发酵池。沉沙池前入口处用钢筋焊制格栅，拦截不易降解的垃圾和沉降泥沙。

半地下式厌氧发酵池由5个200m³的池串联而成，共1 000m³。池侧壁采用玻璃钢材料作保温层，为防止冬季热量散失，发酵池中安装填料，提高发酵效率。

贮气柜收集发酵池产生的沼气，保障生产、生活用气的稳定性。贮液池300m³，主要用于收集厌氧发酵后的沼液，并对收集的沼液中的固体及悬浮物再次沉降。

（2）人工湿地系统　可进一步对发酵后的沼液起到净化作用。人工湿地系统选

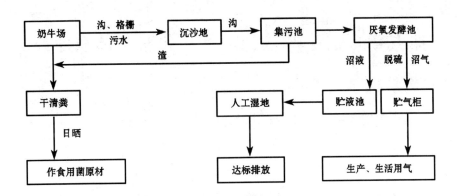

图 8-11 工艺流程

择适宜当地栽种的需肥量大、根系发达、生物量大的玉米、黑麦草和芋头进行分时分区栽种；沼液经过玉米（或黑麦草）地流入芋头地，玉米地和芋头地全部畦沟，沼液在畦沟中间歇性地流动，芋头地畦沟相对挖深一点，约 40cm 深，放养适量的泥鳅。

①人工湿地面积设计：将 3.5hm² 田地中的 3hm² 分成 3 块，每块地 1hm²，用于栽种玉米或黑麦草，余下的 0.5hm² 用于栽种芋头，设计沼液在人工湿地的水力滞留期基本上保持在 3d 左右。

②利用该方式：最终出水的水质达到《畜禽养殖业污染物排放标准》中规定的要求。通过厌氧发酵，每日回收沼气 160～250m³。通过沼液种植饲用玉米和黑麦草，既节省了肥料开支，又为牛场提供大量的青饲料和青贮饲料，降低牛场的经营成本。

第九章　奶牛产业化的社会化服务体系建设

第一节　奶牛良种供应的社会化服务体系

一、国外奶牛良种发展概况

奶牛良种繁育在奶牛业生产中具有重要地位,国外奶业发达国家都已建立了完善的奶牛良种繁育和社会化服务体系,特别是传统的遗传选育技术和现代生物技术的有机结合,使牛群的遗传素质和生产水平不断提高。20 世纪 50 年代初,美国的荷斯坦奶牛平均产量不足 5 000kg,1953 年美国启动了奶牛群体遗传改良计划。经过半个世纪的努力,目前美国拥有世界上最好的奶牛群,奶牛单产为 9 000kg,乳脂肪 3.66%,乳蛋白 3.22%。美国奶业依靠优良的群体品质、规模化的饲养模式,使其无论是在单产水平上还是在产奶总量上都位于世界前列。美国农业部提供的资料显示,最近 10 年间,全美奶牛存栏总数下降了 21 万头,奶牛场数下降了 40%,但牛奶总产量增加了 15%,奶牛单产增加了 19%,平均饲养规模从 10 年前的 85 头提高到现在的 140 头。群体数量降低了,饲养规模却不断扩大,产奶量和平均单产不断增加,这是典型的质量效益型奶业特点,也是美国成为世界奶业强国的重要原因。加拿大当前 100 万头成年母牛平均单产 9 721kg,通过牛群改良计划的实施,成年母牛年单产每年平均增加 150kg。有 70% 以上成年母牛参加了 DHI(生产性能测定)项目,每年进行体型外貌鉴定的奶牛超过 20 万头,每季度对所有成年母牛和公牛进行 1 次遗传评估,所有主要的人工授精中心都开展青年公牛后裔测定项目,进行后裔测定的公牛平均每年达到 400 头,每年新登记的奶牛超过 26 万头。目前,加拿大的奶牛冻精占世界市场份额的 20%,拥有世界上遗传水平最高的奶牛群,这些成绩主要归功于奶牛记录系统和遗传评估的应用。以色列奶牛业发展较快,从 1947 年开始,逐渐培育出适合当地炎热和干燥气候条件的以色列荷斯坦奶牛。1991 年以色列开始通过利用种公牛遗传评定的选择指数来培育自己的公牛。目前,以色列 90% 的牛群已经加入到 DHI 测试中,这个比例是全世界最高的。以色列奶牛单产水平最高,平均达到 10t。新西兰从 1984 年开始实施奶牛群体改良计划,有 80% 的牛群参加牛群改良计划,累计有 3 000 多万头奶牛的信息贮存在国家奶牛数据库中。

二、我国奶牛良种供应现状及存在问题

奶牛良种严重不足是我国奶牛业的一个普遍性问题,目前我国存栏奶牛中纯种荷斯坦奶牛数量远低于奶业发达国家平均水平。近几年来,尽管我国奶牛数量呈递

增趋势,2006 年全国奶牛存栏 1401.6 万头(其中成母牛 831.3 万头),但是纯种荷斯坦牛所占比例不大,约为 35%,其余都是与我国各地方母牛杂交的低代次改良牛。我国良种牛源的主要渠道是规模较大的国营奶牛场,但由于他们自身要发展,公司提供良种牛源数量有限,因此很多地区为加快奶牛养殖发展和提高良种率,大量从国外购进荷斯坦奶牛。虽然缓解了国内牛源缺乏,但是也带来了很多问题,比如进口大量的非注册牛、娟姗牛等,单产水平低,谱系不清,导致牛群整体素质下降,而且由于进口奶牛价格过高,奶农投入过大,直接影响养殖的效益。我国良种牛源不足,不能有效满足市场的需求,影响饲养规模扩大和产奶量的提高。另外,发达国家 90% 以上的奶牛都进行了品种登记,60% 以上的奶牛进行了良种登记,完整的记录为奶牛育种提供了根本保证。我国目前还没有全面开展品种登记,育种工作不系统,缺乏第三方的测定记录,奶牛存栏、产奶总量、平均单产等数据都是靠人工抽样调查的估算,缺乏可靠性,这是我国在奶牛育种上与国外发达国家最大的差距。没有 DHI 服务,就不能很好地测定奶牛的生产性能,奶质量不能提高,市场不能优质优价,是限制奶牛和牛奶质量改良的重要因素。由于奶牛登记制度滞后,导致我国每年都需从国外进口种公牛和种母牛。

三、我国奶牛良种供应社会化服务体系建设

(一)完善奶牛群体遗传改良技术体系

国外奶牛生产发达国家已经建立一整套行之有效的奶牛群体遗传改良技术体系,其基本模式为:奶牛生产性能测定(DHI)+良种登记+种公牛遗传评定和后裔测定+人工授精。我国奶牛业目前在奶牛生产性能测定、良种登记和种公牛遗传评定和后裔测定等方面和国际差距较大,上述工作亟需进一步加强。首先,国家要制定全国统一的性能测定标准,对生产性能测定的整个过程,包括仪器的精密度、奶样采集和分析方法以及数据结构和收集,都要做详细的规定。其次,国家要指定一个部门或者是有实力的公司统一来做生产性能测定这项工作。最后,要设定具体的操作流程。包括设定奶牛的测定范围,明确奶牛泌乳期间的测定次数,设计好生产性能测定的间隔期以及测定的具体指标和具体的操作环节。

(二)完善以公牛为主的奶牛品种改良模式

公牛的培育和遗传评定是奶牛育种的核心工作,利用优秀种公牛精液进行人工授精是加速奶牛遗传改良的最有效途径。以公牛为主的改良模式是大多数发达国家奶牛群体遗传改良的通用成功模式,主要是发挥公牛在群体改良中的核心和关键作用,做法包括大量使用优秀验证公牛冻精,有选择地引进国外优秀验证公牛和系谱优秀的青年公牛在国内生产冻精,同时结合胚胎移植技术,引进国外顶尖公、母牛的组合胚胎在国内同步生产优秀小公牛。中国虽作为奶牛生产大国,但种公牛培育工作相对落后,必须重视并尽快提高培育种公牛的能力,并积极引进奶牛育种发达国家培育公牛的系统和机制。以色列公牛培育模式对我国奶牛育种具有一定借鉴意义,以

色列奶牛育种工作由奶牛育种中心(ICBA)负责。具体做法为建立核心牛群,采用人工授精的技术培育后备公牛。目前,以色列全国共有经后裔测定的种公牛 250 头,每年从 300 头核心母牛群生产的 150 头犊公牛中,选择 50 头后备青年公牛开展后裔测定,每头青年公牛测定 100 头女儿前 3 个泌乳期的生产性能,同时结合奶牛体型、健康、繁殖率、持续力等性状,经多次淘汰最终每年向全国养牛者公布前 20 名优秀公牛,实际每年只使用 5 头验证公牛。

(三)完善以国家奶牛育种中心建设为中心的奶牛育种体系建设

奶牛生产性能测定、良种登记和种公牛后裔测定是实施奶牛改良计划和完善奶牛场管理的一项公益性、基础性工作。政府要把上述工作作为一项重要职责,从资金上、物质上和政策上给予大力扶持。我国奶牛群体改良必须树立全局观念,建立国家奶牛育种中心,该中心负责制定统一的育种目标,并在奶牛的良种登记和选育种方面进行全国统一管理。这样做的优势是可以利用全国最优秀奶牛个体培育最好的种公牛,同时也大大地减少了育种的费用,加快了遗传进展,有利于扭转我国良种登记、奶牛生产性能测定、种公牛后测覆盖率低的局面。

第二节　奶牛饲料生产、供应的社会化服务体系

一、我国奶牛饲料生产现状

奶牛饲料的研制和生产在我国饲料工业体系中一直是薄弱环节。现阶段我国奶牛饲料主要依靠精饲料、作物秸秆及天然牧草,而奶牛精饲料中主要的能量饲料玉米近几年都存在 2 000 万 t 以上的供应缺口。到 2015 年即使不考虑其他畜禽生产增长需要增加的玉米,要实现奶类产量年平均增长目标,仅奶牛每年就需增加玉米供给 900 多万 t。预计到 2015 年,玉米国内供应的缺口将进一步加大,每年达到 3 000 万～4 000 万 t,对进口的依赖度将进一步增强。奶牛专用蛋白质饲料也存在同样的问题,预计 2015 年我国饼粕总需求量将比 2003 年至少增加 1 200 万～1 800 万 t,总需求量预计将达到 2 800 万～3 200 万 t,而届时国产豆粕供应量仅为 850 万 t 左右,缺口将每年高达 2 000 万 t 以上。优质牧草和饲料作物也十分缺乏,研究表明,优质牧草营养丰富,种植 667m² 苜蓿草比种植 667m² 粮食作物约增产粗蛋白质 70kg。作为专用青贮玉米,每公顷可消化总养分、可消化粗蛋白质、胡萝卜素含量分别是粮食玉米的 1.44、1.86 和 30.88 倍。随着我国奶牛业的进一步发展,对优质牧草和饲料作物的需求将更加明显。

近年来,随着我国奶业的飞速发展,奶牛饲料产业逐步呈现稳步发展的良好局面,2006 年,我国奶牛饲料总产量为 417 万 t,比上年增长 14%,其中奶牛配合饲料 243 万 t,增长 11%;奶牛浓缩料产量 153 万 t,增长 17%;奶牛预混料产量 21 万 t,增长 25%。奶牛生产的发展有力的促进了秸秆饲料的开发利用,2006 年全国青贮秸秆

1.79亿t,氨化(含微贮)秸秆5 300万t。

二、我国奶牛饲料发展过程中存在的问题

(一)奶牛饲料相关体系建设滞后

我国奶牛饲料业刚刚起步,而现有的法律法规主要是针对以猪、鸡为主的饲料工业建立的,没有充分考虑牛、羊饲料的独特性,导致行业监管力度不够,管理较为粗放。目前我国反刍动物饲养标准不全,仍然使用传统的可消化粗蛋白体系,在饲料营养价值评定方面,尚未涉及氨基酸、微量元素、维生素等关键指标。反刍动物饲料的标准体系建设刚刚起步,很不完善。产品标准只有奶牛精料补充料,原料检验标准也仅瘤胃微生物脲酸抑制剂等为数不多几个。与之相关的饲料卫生安全检测标准、禁用药品的速测方法标准及允许使用的药物饲料添加剂检测方法需进一步完善。奶牛饲料安全信息网络建设、产品质量检测评价体系、技术咨询和专业人才培训等措施需进一步加强。同时奶牛饲料种植业极易受到气候变化、国际行情和国家政策的影响,养殖业又易受到疫情传播等的制约,故整个产业链抗风险的能力较为脆弱。因此,在发展奶牛饲料业的同时,也要进一步加强整个行业的抗风险能力。

(二)奶牛饲料搭配不合理

奶牛饲料主要分为精饲料、青贮饲料和粗饲料。美国农业部奶牛牧草研究中心专家指出美国典型的奶牛饲料框架组成是:1/3混合精料、1/3苜蓿干草、1/3青贮玉米。奶业发达国家的饲料基本结构是以苜蓿干草为蛋白质来源,以玉米等作物的青贮饲料和一定量精料为能量来源。我国的奶牛饲料组成不科学,有些地区完全放牧,有些地区粗饲料仅以秸秆为主,有些地区精料所占比例甚至高达70%～75%。这就造成全国奶牛年平均单产只有3.5t,而且乳脂肪和蛋白质含量明显低于国外水平。在奶牛精料构成方面,各国之间没有太大的区别,但在粗饲料方面,美国和加拿大主要以优质苜蓿干草和青贮料为主,通过青贮可以提高饲料30%～50%的利用效率,而且适口性好,消化率高。我国大多数地区的奶牛饲料中能量有余,蛋白质饲料单一,矿物质、微量元素和维生素严重缺乏,造成饲料转化效率低,奶牛发生营养代谢病的机率较高,利用年限短,淘汰率高,影响奶牛生产潜力的发挥。

(三)牧草业发展相对落后

我国牧草产品质量低,产品结构不合理,牧草产品生产过程中科技含量低,基本处于粗放种植和初始加工阶段。同时以苜蓿为代表的优质牧草种植和推广力度不够,这些都限制了奶牛饲料生产的发展。2007年,据22个省、自治区、直辖市不完全统计,人工种草面积仅为1 000万hm²,占耕地面积的8.2%,其中紫花苜蓿种植面积为250万hm²,苜蓿干草产量2 200多万t。我国80%以上苜蓿草产品质量为三级品,粗蛋白质含量为14%～16%;而美国的一级品苜蓿干草占到苜蓿干草产品的70%以上,粗蛋白质含量为18%以上。2007年,我国77%的牧草产品为草捆、8%为草块、7%为草颗粒、6%为其他草产品。

我国牧草加工业存在起步晚、整体规模小的特点。截至 2007 年,我国已发展牧草加工企业近 400 个,90％以上企业为近 10 年内组建,其中设计加工能力 10 万 t 以上 9 个,设计加工能力 5 万 t 以上 33 个,设计加工能力 1 万 t 以上 91 个。我国牧草加工企业实际生产能力大都远低于设计能力,总设计生产能力 500 万 t,实际总生产加工量仅为 180 多万 t,不到设计能力的 40％。

我国牧草贸易很不发达。2007 年,国内省区间销售量为 100 万 t 左右,出口日本和韩国 30 余万 t,其余主要为省区内销售和农牧民自用,我国牧草养畜自用比例高达 90％以上。但随着奶业标准化生产进程的加快,优质苜蓿需求量迅速增加,而国产苜蓿数量少、质量差,2009 年以来进口苜蓿数量不断增加,2010 年全国进口 22.72 万 t。

(四)奶牛饲料工业不发达

饲料是奶牛生产的物质基础和动力源,占牛奶生产成本的 70％以上,随着奶牛养殖业生产集约化、现代化水平的不断提高,饲养规模不断扩大,奶牛业对饲料工业的需求越来越迫切。国外饲料工业产品中反刍动物饲料产品的比重近 30％,其中 80％以上是奶牛饲料。而我国饲料工业产品中猪饲料占 39％,鸡饲料占 51％,鱼虾饲料占 5％,奶牛饲料只占其余 5％的一部分。这种现状与我国当前高速发展的奶业极不适应。

三、奶牛饲料生产、供应社会化服务体系建设

(一)加强奶牛饲料监测、监管力度,完善奶牛饲料标准体系建设

加强对饲料生产、经营和使用等环节的监测,禁止在饲料中添加动物源性饲料、性激素、抗生素滤渣等国家明令禁用的成分,防止假冒伪劣饲料产品流入市场。完善奶牛饲料管理法规,加大执法力度。全程监控饲料和饲料添加剂生产、经营和使用。加强普法宣传,建立有效的预警机制,加强对进口饲料、饲料添加剂的检验检疫,严密监控动物源性饲料、转基因饲料产品的质量安全和流向,消除各种隐患,确保饲料产品质量安全。政府应组织相关部门尽快建立适合我国国情的反刍动物饲料技术标准体系。

(二)积极发展我国的牧草产业

发达的牧草产业是奶业健康发展的重要保障。目前,牧草对美国奶业总产值的贡献率达到 1/3 以上。我国现有奶牛 1 400 多万头,仅奶业对优质牧草的需求量每年达 2 000 多万 t 干物质,大力发展牧草产业刻不容缓。牧草的生产与气候环境条件密切相关,具有很强的区域性。国家应尽快对牧草产业建设进行科学规划,合理布局,保证牧草产业有序发展。实施优势牧草产业带建设,在我国东北、华北和西北等地区建立优势牧草生产产业带,提高产业标准化、专业化水平,带动加工、储藏和运输等相关产业的发展。

目前,我国牧草生产所需草种的相当部分依靠国外进口,适合我国各地乡土特点的优良牧草品种匮乏,草种国产化程度低,政府应加强牧草种质资源开发、品种选育

和草种繁育方面的投入和技术研发。

牧草产品的品质控制技术和安全评价技术体系是保障牧草产业持续健康发展的重要环节。我国必须尽早建立与国际接轨的质量标准和质检体系。从品种选择、种植管理、收获加工、贮藏运输等方面制定出明确的行业标准。

(三)因地制宜发展奶牛区域饲料中心

按规模化程度来讲,我国奶牛养殖的主要模式分为规模奶牛场、奶牛养殖小区(园区)、散户饲养3种模式,规模奶牛场是指牛群存栏在100头以上的奶牛场,并且根据奶牛的年龄和生理周期分群饲养管理,机械化程度高,原料奶的质量好,平均单产也高;奶牛养殖小区的牛群存栏数不一,主要特点是不按年龄和生理周期对奶牛进行分群饲养,而是按照奶牛所有权分群,各家照顾各家的奶牛;散户饲养主要是指奶牛养殖规模小于20头的养殖户。我国农户的奶牛饲养具有养殖规模小、分散化程度高的特点,目前我国20头以上的规模饲养比例仅占不到30％,5头以上的占76％,农户饲养管理粗放,青贮饲料不足,饲喂方式落后,原料奶质量难以保证。奶牛的饲喂方式有粗、精分开饲喂和全混合日粮饲喂2种方式。美国奶业非常重视的奶牛饲料营养搭配,90％的奶牛场都有自己的技术顾问,随时根据奶牛的不同生理阶段和生产性能调整日粮配方,全部应用全混日粮(TMR)饲喂技术,确保奶牛生长和泌乳期间对蛋白质、能量、纤维以及钙、磷、维生素和各类微量元素的营养需求。美国的奶牛场十分重视青贮饲料,有的牛场几乎一年四季都喂青贮,一般都把80％以上的土地用于种植青贮玉米和苜蓿草,以保障牛群有充足的优质粗饲料。有调查显示,我国采用TMR饲喂方式的规模农场占规模农场总数的36.8％,而小区和散户养殖一般采用精、粗分开的饲喂方式。

以色列的区域饲料中心的模式始于25年前,其目的是为小规模牛场配制奶牛TMR。目前,以色列60％的奶牛日粮来自区域饲料配送中心,每个饲料中心每天提供的饲料一般可供1 500～10 000头奶牛饲用。饲料中心的工作主要有:按市价收购并及时收获全株小麦、玉米青贮作物,采取大窖方式青贮;统一购买玉米、糠麸、棉籽饼和饲料添加原料;发掘和收购可作饲料的其他饲料资源;根据奶牛场的要求,设计奶牛TMR配方;利用饲料搅拌机制作奶牛全混合日粮;利用运料车将全混合日粮送往奶牛场,或者奶牛场直接到饲料中心取料自己饲喂。这样做的好处:一是保证奶牛饲料质量;二是多方利用饲料资源,降低饲料成本;三是减少了小规模农户购置设备和加工调制的困难;四是饲料中心实行微利经营,利润率控制在2％,奶牛场得到了实惠。考虑到目前我国牛奶生产的主要组织方式是分散的小规模奶户为主,而区域饲料配送中心是与小规模奶牛饲养相适应的一种奶牛饲料供应的社会化服务方式。政府应根据各地实际情况在政策、资金、技术等方面大力扶持区域饲料配送中心建设。

(四)完善奶牛饲料加工体系,提高奶牛饲料产业化经营水平

一是要建立奶牛饲料的知名品牌和企业。改变我国奶牛饲料工业严重滞后的局

面,整合目前奶牛饲料生产企业散、乱、小的现状,做大做强专业化龙头企业,重点培育和扶持一批起点高、规模大、竞争力强的核心饲料企业和企业集团。增强产品的市场竞争力,通过激烈的市场竞争,形成我国的奶牛饲料生产企业知名的品牌群体。二是要充分发挥饲料企业与农民联系紧密的特点,鼓励饲料企业采取"订单农业"、"公司+农户"等多种方式,把原料生产、加工、销售等环节连结起来,形成较为稳定的产销关系和利益关系,促进我国奶牛饲料业沿着产业化经营的方向健康发展。

第三节 奶牛疫病防治的社会化服务体系

一、我国奶牛疫病防治情况

(一)我国奶牛疫病防治现状

奶牛疫病防治一直受到世界奶业发达国家的重视,目前影响我国奶牛生产的传染性疾病主要有口蹄疫、布氏杆菌病、结核病;普通疾病主要包括乳房炎、不孕症、蹄病、营养代谢性疾病。世界范围内奶牛隐性乳房炎发病率高达48%,不孕症发病率约16%左右,肢蹄病在欧洲的发病率为5.5%,其中88%为蹄病。近10年来,我国奶牛临床型乳房炎发病率在30%左右,隐性乳房炎发病率高达50%;国内统计奶牛慢性子宫内膜炎的发病率为20%~40%,占不孕牛的70%左右;奶牛蹄病在我国奶牛疾病中仍占有相当大的比例,发病率远高于世界平均水平。酮病、脂肪肝、骨质疾病等营养代谢病是奶牛常见多发的群发病,且多发于高产牛。我国奶牛酮病的发病率占泌乳牛的15%~30%,黑龙江省奶牛脂肪肝、骨质疾病的发病率分别为48%和45%。奶牛酮病、脂肪肝、骨质疾病常诱发皱胃变位、不孕、泌乳功能障碍等疾病。上述疾病降低了奶牛的使用寿命,提高了奶牛的非正常淘汰率,增加了饲养和医疗成本,给奶牛业带来巨大损失。

目前,我国奶牛饲养仍然以散养为主,饲养条件差,疫病易发生,奶牛疾病防治显得尤为重要。但我国奶牛饲养中普遍存在重治疗轻预防的饲养误区,防疫问题突出,疾病发病率高。患病或亚健康状态奶牛机体抵抗力弱,生产的牛奶多为问题奶,对原料奶的质量安全构成威胁。

(二)我国奶牛疫病防治体系

疫病防治体系主要包括法律体系建设和疫病管理体制建设2个方面。

1. 法律体系 1987年5月颁布了《兽医管理条例》,1991年10月全国人大通过了《中华人民共和国进出境动植物检疫法》,1996年国务院颁布了《中华人民共和国进出境动植物检疫法实施条例》,1997年7月,全国人大通过了《中华人民共和国动物防疫法》。2002年农业部制定了《动物防疫条件管理办法》、《动物防疫标识管理办法》和《动物检疫管理办法》3个《动物防疫法》的配套规章。农业部和各省、自治区直辖市人民政府也都制定了相应的配套规章、规范和标准等。

2. 疫病管理体制 我国现行的兽医管理机构,共设中央、省、市、县四级,分为行政和事业 2 类机构。农业部下设的畜牧兽医局是全国兽医管理的最高行政机构。根据《动物防疫法》的规定,在省、市、乡设立了动物防疫和监督机构,主要负责防疫、检疫、防疫监督、疫情监测、疫病报告等工作的具体实施。在乡镇一级,设立畜牧兽医站,从事动物防疫、检疫、诊疗、经营等多种业务工作。

二、奶牛疫病防治体系存在的问题

目前我国奶牛防疫环节存在的主要问题是奶牛的防疫体系不健全,具体表现在以下几个方面。

(一)法制建设缺乏可操作性

虽然政府 1998 年颁布了《动物防疫法》,但其与实际奶牛防疫工作相比,仍然存在较大差距。主要表现为对防疫制度规定不全面,不适应当前奶牛防疫形势;对防疫制度规定过于原则化,实际可操作性较差。如《动物防疫法》规定,某地一旦发生疫情,应按照早、快、严、小的灭疫原则迅速控制和扑灭动物疫病,以防治疫情蔓延传播。该规定存在着如下几个漏洞:一是灭疫主体没有界定清楚,权力不明确;二是责任不明确,假如灭疫不及时或由于主观原因造成巨大损失,应由谁来承担责任,没有规定清楚;三是灭疫所需费用及损失补偿没有相关制度规定。如某奶牛场一旦发生口蹄疫,若采取直接扑杀方案,是否应给其经济补偿、补偿标准及补偿承担者应有明确规定。此外,《动物防疫法》对某些违法行为处罚措施力度不够,缺乏应有震慑力,而且与国际相关法规不接轨,缺乏国际认同。

(二)奶牛疫病管理体制比较粗放

主要表现在奶牛防疫和畜产品安全监管职责分散在多个部门,国内奶牛检疫管理体制没有完全理顺,管理机构设置比较混乱,管理职责模糊不清,管辖关系比较烦杂。其直接后果是可能造成管理责权不对等,若奶牛业发展好,奶牛监管部门因政绩需要可能会蜂拥而至;而奶牛业一旦有问题,则可能找不到直接归口责任部门。

(三)疫情信息披露不透明,疫病管理存在着道德风险

若某地区奶牛出现疫情,而没有采取就地捕杀等果断措施进行处理,其直接后果是可能导致疫病在该地区大面积传播,甚至使其他地区也受影响,致使奶牛养殖户和国家遭受巨大损失。而中央可能因与地方政府信息不对称而对疫情情况没有清楚的了解,不能及时根据当时情况制定相应政策使疫情得到有效控制,结果是奶牛业发展可能受到严重打击,进一步拉大了我国与奶牛业发达国家的差距。

我国奶牛疫病防治社会化服务方面较为落后,基层动物防疫体系曾出现“断线、网破、人散的局面”,真正使基层动物防疫体系发挥应有的作用还需要相当长的时间。相关调查显示,我国部分地区存在奶牛疫病的治疗收费没有固定的收费标准,兽医人员随便收取,治疗费用普遍偏高。随着奶牛养殖技术服务体系的完善,防疫费用已经完全由政府承担,但疫病治疗仍然由农民自己承担,疫病治疗成本成为许多奶农的一

项沉重负担。造成这一现象的原因，一是奶牛的医疗体制和兽医管理办法有待改革；二是缺乏一支高素质的兽医队伍；三是奶牛保险业尚不健全。

三、奶牛疫病防治社会化服务体系建设

(一)深化兽医管理体制改革

兽医体制改革的最终目标是建立国际通行的官方兽医制度。官方兽医制度是指实行经营性服务与公益性职能的分开，突出兽医统一的、动物及动物产品生产全过程的监管。政府对动物防疫和畜产品安全负总责，兽医行政管理机构实行层级管理。在兽医体制改革中，要明确职业兽医与官方兽医的职责分工。执业兽医应负责动物疫病诊疗、兽药和疫苗销售等经营性服务。兽医服务市场化可以有利于奶牛养殖业的健康稳定发展。官方兽医则负责重大动物疫病监测与防控、食品安全和检验等公益活动。官方兽医对执业兽医进行管理和监督，为兽医服务市场化建立一个健康的竞争环境。

以色列奶牛疫病防治社会化服务的成功经验对我国的奶牛疫病防治有一定借鉴意义。以色列哈克雷兽医服务中心负责奶牛的疫病防治。目前，服务的奶牛场有900个，奶牛头数超过9万头，占全国奶牛总数的80％以上。兽医服务采取按区域包干的方式，有38名兽医分别负责各个地区的兽医服务工作，另有8名兽医作为这些地区的临时代理兽医。服务的领域包括关注奶牛群体健康和疫病防治，同时还关注饲料安全、动物福利和临床试验。兽医每周到每个奶牛场检查和就诊2～3次，为每个奶牛场出具周期报告，向奶牛场主提供关于如何改善奶牛健康状况、提高生产及繁殖性能的建议。我国地方性的奶牛疫病防治社会化服务可以参照以色列的办法，实行按区域包干的做法为奶农提供个性化的服务。

(二)加强奶牛主要疾病防治关键技术的研究与开发

国家应加大对奶牛重要疾病防治关键技术研究的投入力度，并进行产业化开发，为奶牛疾病的防治、奶业的健康发展提供重要的技术支撑和保证。建立并不断完善与我国奶牛生产现状相适应的主要疾病的综合防控技术规范。

(三)完善奶牛风险金制度

我国部分地方已经试点实行了奶牛风险金制度，风险金来源由政府、企业、奶站和奶牛养殖户共同出资，主要用于免疫过程中疫苗过敏造成的奶牛死亡、流产的损失补偿，已经取得了很好的效果。建议在有条件的地方进行奶牛保险试点，可以借鉴风险金4方出资的经验，主要由政府和企业出资，采取半商业保险的形式，切实减轻农民负担，提高农民收入。

(四)要建立科学、有效的国家奶牛疫病防疫制度

要建立包括疫情测报、疫病防治、应急反应、国内外疫病防治、技术支撑、防疫物资保障等在内的完善的奶牛防疫体系，通过制定疫情监测、疫情公布、免疫耳标、饲养环节的兽医卫生管理、检疫监督、疫情追溯、市场准入、区域化管理、应急反应以及赔

偿(如奶牛捕杀,要给奶农一定的物质赔偿)等制度,提高疫病防治水平;通过加强口岸检疫和边境防疫工作,防止国外疫病传入。

第四节　奶牛信息咨询的社会化服务体系

国际上信息技术在奶牛养殖上的应用大约在 20 世纪 50 年代开始的,当时美国的奶牛群改良协会就开始用大型的计算机进行奶牛生产记录管理;在 70 年代,有了通过电话的数据查询系统;80 年代有了基于微机的管理信息系统(MIS)。应用 MIS 有明显的经济效益。使用 MIS 的牛群比不使用的平均单产要高出 281kg,利润高出 3.5%。现代信息技术还用于改善和控制奶牛的营养和环境条件,监测奶牛的产奶量、乳房健康状况、生理周期变化等,极大地提高了奶牛生产管理的数据化和准确性,取得了明显的成效。

目前,世界主要产奶国家都建立有较完善的奶牛养殖业信息系统,并为奶牛养殖业咨询服务。以色列奶牛养殖协会建立有完善的奶牛信息数据库,奶牛数据库信息主要包括奶牛场生产情况、品种登记信息、生产性能测定数据、种公牛后裔测定数据、疫病防治状况、乳品加工企业生产情况等,数据库采用专业软件。数据库的信息资料免费供相关组织和奶牛场查询,为他们开展业务工作和改善奶牛场的管理提供科学依据。以色列奶牛养殖协会下设有遗传评估、牛奶分析、奶牛生产性能测定、牛群管理、应用研究和媒体宣传等 7 个部门,以保证工作的顺利开展。奶牛生产性能测定、良种登记和种公牛后裔测定是实施奶牛改良计划和完善奶牛场管理的一项公益性、基础性工作。以色列农业部把它作为一项重要职责,从资金上、物质上和政策上采取了多项有力措施,取得了好的效果。目前,以色列奶牛品种登记的比例达 90%,其中 85% 的奶牛进行了生产性能测定,种公牛全部进行后裔测定。

澳大利亚奶牛改良服务机构(ADHIS)成立于 1982 年,由澳大利亚奶农公司(ADF)发起组建,为非营利组织,该机构拥有世界最先进的奶牛基因评价管理经验和澳大利亚全国奶牛遗传信息数据库。该数据库信息可以帮助奶牛人工授精公司或农场主进行奶牛的基因改良。通过该机构所提供的信息,澳大利亚奶牛的基因改良已使牛奶产量提高了 30%,使人工授精的奶牛基因特征每年大概提高 1%,澳大利亚奶牛行业每年因此获利高达 2 000 万美元。澳大利亚奶牛改良服务机构主要职责是管理澳大利亚国家奶牛改良数据库和奶牛基因评价系统。该机构每年经费预算大约为 100 万美元左右。澳大利亚奶牛改良服务机构为需要奶牛遗传信息的用户提供相关信息咨询服务,这些信息部分是有偿的。

奶业信息化已成为奶业管理技术的支点,也是奶业市场拓展的手段。我国在这方面已经起步,针对大型奶牛场的、功能较强的专用管理软件的研究与开发得到重视,一些与现代化奶业相适应的数据中心和综合信息服务网络应运而生。而在广大农村奶源基地,奶牛的生产管理还是处于极度的原始、落后状态,不作个体奶牛的父系、母系系谱、疾病、防疫及产奶量等的相关记录,更没有基地奶牛生产的群体统计数据,信息的收集与发布方式也很落后等。因此,我国建立完善的奶牛养殖业信息系统和完善相关咨询服务迫在眉睫。我国奶牛养殖业信息化建设主要体现在两个层次:第一是国家层次,建立国家奶牛信息数据库,奶牛数据库信息主要包括奶牛场生产情况、品种登记信息、生产性能测定数据、种公牛后裔测定数据、疫病防治状况、乳品加工企业生产情况等,数据库的信息资料免费供相关组织和奶牛场查询;第二是奶牛养殖者层次,通过普及计算机管理系统在监测奶牛的产奶量和乳成分测定、奶牛健康状况、生理周期变化、奶牛营养检测等奶牛日常管理方面工作,提高奶牛生产管理的数据化和准确性。

第十章 奶牛产业化的组织模式与企业管理

第一节 奶牛产业化生产组织模式

一、公司＋农户模式

20世纪90年代初,为缓解农户小生产和国内外大市场的矛盾,消除买难卖难、产销分割的局面,一些涉农企业为了保障市场供应,获得稳定的原料供给,率先深入农村与农民签订合同,成为最初的"公司＋农户"模式。中国乳业一直以来沿续"公司＋农户"的主体模式,即牛奶生产或加工企业与奶牛养殖户通过契约合同的形式,结成紧密的一体化生产体系,龙头企业根据市场需求情况,确定饲养计划,并为农户提供优良冻精、饲料供应、技术指导、疫病防治等系列化服务,农户按合同规定向企业交售优质生鲜乳,由龙头企业加工或出售。

可以说该模式的提出,对于当时农村经济的发展有着巨大的推动作用,提高了农户的积极性,拓宽了农民致富的途径,弥补了农户分散不集中的现状。但随着经济全球化进程的加快,我国乳业产业也进入高速成长期,随着市场需求的不断扩大,"公司＋农户"模式已成为乳业产业做大做强的瓶颈。这种模式暴露出的小而散、生产力低、在缺少科学有效的组织管理下无法普及现代养殖技术等多种弊端,已无法适应大规模的生产和巨大的市场需求。奶牛养殖集成技术水平低,不仅导致原料乳质量低劣,由此引发的乳品加工业因缺乏优质乳源无法生产有竞争力的高端产品。因此,"公司＋农户"模式已不能适应当前我国乳业发展的要求,随着时间的推移,"公司＋农户"模式将会退出奶牛产业化生产的历史舞台。

二、奶联社模式

"奶联社"模式脱胎于"公司＋农户"模式,是由内蒙古奶联科技有限公司创建的一种合作化奶牛养殖模式。它搭建了技术、管理、现代化设施设备和资金投入的平台,吸纳奶农现有奶牛保本入社并获取固定回报,以解决现代奶业发展中处于弱势地位奶农的生存问题。奶联社牧场的规模标准为:奶牛存栏1 000头,占地面积10hm²,配置员工25人。

奶联社牧场由奶联公司独家或与乳品企业及当地政府合资建设,奶联公司组织专业人员经营管理,奶农以符合要求的奶牛入股并以保本和分红的形式获取固定回报,不参与经营;入股奶农可优先与奶联公司签青贮玉米种植订单、优先进场当工人。奶联社牧场成立后,由于采用优质原料乳生产集成技术,拥有一流装备、独立乳品检测中心和标准化牛舍,因而在运营中实现了节本增效、增产增效、提质增效,平均每头奶牛每天比农民饲养少投入1～1.5元;入社1年半后奶牛平均单产提高38%;由于原料乳质量达到了国际标准,每千克收购价比散户奶价高出1元左右。而奶农1头入社奶牛年收益率为20%,给奶联公司种青贮玉米667m²可增收150元左右。同时,乳品企业收到了优质乳,奶联公司利润率也在10%以上。

"奶联社"模式的探索经营,有效解决了长期以来制约奶牛业发展的"分散养殖、低水平养殖、养殖效益低"等问题,为提高奶牛养殖规模化、现代化水平,提升奶牛产业的整体竞争力,促进农民持续稳定增收和企业增效,探索了一条切实可行的有效途径。它的创新机制和科学理念吻合当下和未来中国奶业发展的大趋势,机制的确立既符合奶农的利益又符合市场的要求。

三、合作社模式

"奶牛合作社"是奶业经营体制创新的一种有效组织形式,由奶牛养殖户、政府职能部门等组成,其各级管理者通过社员代表大会选举产生。其发展战略是:入社自愿、退社自由、民主管理、自主经营、利益共享、风险共担。这种模式可以为社员提供饲料配给、技术咨询、资金协调、科普宣传、疫病防治等服务,引导社员科学管理和规范喂养,同时负责统一收奶、统一检测、统一交售。奶牛专业合作社的建立,将奶农和乳品企业的利益相互联系,在保证高品质乳源稳定供应的同时,大大降低了运营成本,有效提高了奶农的组织化程度和抗风险能力。

与集约型的大规模牧场模式相比,"奶牛合作社"模式更符合中国奶农众多、分散养殖的现实条件,既能保证原料乳的质量安全,同时也能兼顾奶农、乳品企业等多方面的利益,也便于政府职能部门的监督和管理。

四、股份制模式

奶牛股份制养殖模式是由众多相对独立经营的奶牛养殖场和奶牛养殖户以奶牛为股资的形式建成的股份制大型养殖公司。公司对奶牛的品种改良、疾病防治、饲料配比和奶牛档案的建立实行专人专管,责任到人。并定期召开股东大会,按效益进行分红。

奶牛股份制养殖公司改变了养殖小区"四统一分"的管理模式(即统一配种、统一供应饲料、统一防疫、统一挤奶,分户饲养),对奶牛养殖场进行合理化布局,对养殖规模和养殖设施进行统一规划和建设,对牛群进行合理分群,科学喂养,有效节省人力和物质资源,大大降低了乳房炎患病率,提高了鲜乳的产量和质量。

股份制模式的推广,将改变我国奶牛业发展速度缓慢的现状,解决奶牛养殖业存在的诸多问题,突破奶牛家庭饲养的局限,从而加速奶牛规模化、标准化的养殖进程,对奶牛品种的改良、重大流行疾病的防治和奶牛无公害生产的可持续发展有重大意义。

第二节　奶牛生产企业的劳动管理

劳动管理是指企业在生产经营中对劳动力、技术人员和管理人员所进行的指挥、调度、安排和调节方面的一系列组织和管理工作。

劳动管理的要求是：充分而有效地利用劳动力和技术人员，一方面要提高劳动力和科技人员的利用率，另一方面要提高劳动生产率和经济效益。

一、岗位职责与管理

（一）劳动组织管理

主要任务是科学安排和使用劳动力，合理组织劳动分工和协作，提高劳动效率。确定合理的劳动定额和劳动报酬；建立岗位责任制，明确规定各部门各岗位人员的职责范围；建立健全规章制度。

为不断提高经营管理水平，充分调动职工的积极性，企业必须建立一套简明扼要的规章制度。

1. 考勤制度　对员工出勤情况，如迟到、早退、旷工、休假等进行登记，并作为发放工资、奖金的重要依据。

2. 劳动纪律　严格遵守企业内部各项规章制度，坚守岗位，尽职尽责，积极完成本职工作。服从领导，听从指挥，严格执行作息时间。认真执行生产技术操作规程，做好交接班手续。上班时间严禁喧哗打闹，不擅离职守。严禁在生产区吸烟和明火作业，爱护牛只，爱护公物。

3. 医疗保健制度　全场职工定期进行职业病检查，对患病者进行及时治疗，并按规定发给保健费。

4. 防疫消毒制度　企业职工必须严格遵守本场的防疫消毒制度，对牛舍、运动场、过道等进行定期消毒，场门设立消毒室或消毒池，并经常保持有消毒作用。对牛群每年进行定时检疫和防疫。

5. 饲养管理制度　对奶牛生产的各个环节提出基本要求，制订技术操作规程。要求职工共同遵守执行，可实行上岗培训。

6. 学习制度　为了提高职工的技术水平，奶牛场应有学习制度，定期进行经验交流或派出学习。

7. 财务制度　严格遵守国家规定的财务制度，建立核算制度，各生产单位、基层班组都要实行经济核算；建立物资、产品进出、验收、保管、领发等制度；年初和年终向职工代表大会公布全场财务预算和决算，每季度汇报生产财务执行情况；做好各项统计工作。

(二)岗位责任制

1. 场长(经理)的主要职责

①认真贯彻执行国家有关发展奶牛生产的法规和政策,依法纳税,服从国家有关机关的监督管理。

②决定牛场的经营计划和投资方案,对外签订经济合同。

③制定牛场的年度生产计划和长远规划,掌握生产进度,提出增产降耗措施。

④决定奶牛场的机构设置,有权聘任、解聘和调动牛场员工,制定奶牛场的工资制度和利润分配形式。

⑤制定奶牛场的基本管理制度和各项畜牧兽医技术规程,并检查执行情况。对违反操作规程和不符合技术要求的事项进行制止和纠正。

⑥负责制定全场各类物资的采购、贮备和调拨计划,并检查其使用情况。

⑦组织奶牛场员工进行经验交流、技术培训和科学试验工作。

⑧对于重大事故,要负责做出结论,并承担应负的责任。

⑨对生产方向、改革等重大问题向董事会提供决策意见。

⑩做好员工思想政治工作,关心员工的疾苦,使员工情绪饱满地投入工作。

⑪提高警惕,做好防盗、防火工作。

2. 奶牛畜牧技术人员的主要职责

①根据奶牛场生产任务和饲料条件,拟定本场的奶牛生产计划和牛群周转计划。

②拟定奶牛饲料配合方案和饲喂定额,制订选种选配方案。

③负责牛场的日常畜牧技术操作和牛群生产管理。

④组织力量进行牛只体况评分和体型线性评定。

⑤配合场部制定、督促、检查各种生产操作规程和岗位责任制贯彻执行情况。

⑥总结本场的畜牧生产经验,传授新的科技知识。

⑦填写牛群档案和各项生产记录和技术记录,并进行统计整理。

⑧对于本场畜牧技术中的事故,要及时报告,并承担应负的责任。

3. 人工授精员的职责

①每年末制定翌年的逐月配种繁殖计划,每月末制定下月的逐日配种计划,同时参与制定选配计划。

②负责牛只发情鉴定、人工授精和胚胎移植、妊娠诊断、不孕症的防治及奶牛进出产房的管理等。

③严格按照技术操作规程进行无菌操作,不漏配1头牛。严格执行选种选配计划,防止近亲配种。

④认真做好发情、配种、妊娠、流产、产犊、生殖道疾病治疗等各项记录,及时填写繁殖卡片等。

⑤按时整理、分析各种繁殖技术资料,并及时、如实上报。

⑥普及奶牛繁殖知识,掌握科技信息,推广先进技术和经验。

⑦经常检查精液活力和液氮贮量,保持人工授精器械的清洁,做好奶牛精液(胚胎)的保管和采购工作。

4. 兽医的职责

①负责牛群卫生保健、疾病监控和治疗,贯彻防疫制度,对牛群定期检(免)疫,做好药械购置计划的制定和实施。

②坚持查槽制度,发现病牛,及时认真地进行疾病诊断,积极予以治疗,填写病历和有关报表。

③做好乳房炎的防治工作,每月检测隐性乳房炎、停奶牛隐性乳房炎 1 次。发现隐性乳房炎+++和干奶前阳性的要治疗。做好临产牛的尿酮、尿 PH 值,疫苗注射后抗体检测。

④配合人工授精员做好产科病的及时治疗,减少不孕牛。

⑤配合畜牧技术人员,共同搞好牛群饲养管理,减少发病率。

⑥组织力量检修牛蹄。

⑦负责牛舍和场区消毒,每半月全场大消毒 1 次,每周产房、犊牛、挤奶厅消毒 1 次。每天对进出场的人员、车辆进行消毒检查,对购进和销售活牛的健康状况进行隔离观察,并负责驱虫、打耳号、填写健康卡,建立牛只健康档案。

⑧及时向场长汇报工作,认真填写牛只淘汰、死亡报告,疾病月报表,隐性乳房炎检测报表及工作日志。

⑨合理使用药物,降低医疗成本。对使用抗生素的产奶牛要通知奶厅和产房。

⑩保证兽医室的清洁卫生,器械使用后要及时消毒;对药瓶等废弃物要集中处理,不得乱丢。

⑪遵守国家有关规定,不得使用任何明文规定禁用药品。将使用的药品名称、种类、使用时间、剂量、给药方式等填入监管手册。

⑫发现疫情立即上报,做好紧急防范工作。

⑬普及奶牛卫生保健知识,提高员工素质。

⑭掌握科技信息,开展科研工作,推广应用先进技术。

5. 饲养员的职责

①按照各类牛饲料定额,定时、定量顺序饲喂,让牛吃饱吃好。

②熟悉牛只情况,做到高产牛、头胎牛、体况瘦的牛多喂;低产牛、肥胖牛少喂;围产期牛及病牛细心饲喂,不同情况区别对待。

③细心观察牛只食欲、精神和粪便情况,发现异常及时汇报,并协助有关人员解决。

④协助兽医驱虫、去角、防疫注射等;协助配种员进行发情鉴定,保证发情牛能及时配种。

⑤节约饲料,减少浪费,并根据实际情况,有权对饲料的配方、定额及饲料质量向技术人员提出意见和建议。

⑥每次饲喂前应做好饲槽的清洗卫生,并定期清洗运动场上的水槽,保证饲料和

饮水的新鲜和清洁。

⑦定期刷拭牛体,保持牛体的清洁;保管、使用喂料车和工具,节约水电,并做好交接班工作。

6. 配料员的职责

①严格按照技术人员所制定的配方配料,做到原料准确、数量精确、搅拌均匀、质量可靠、发料及时。

②搞好饲料的贮备、保管,做到不霉不烂;成品料要码放整齐,品种标示明显,界限清晰,各种饲料确保有 1d 的安全库存。

③每班粉完料要及时清理磁铁上的异物,保证饲料清洁、卫生,严禁饲料中混入铁钉等锐利异物和被有毒有害物质污染。

④不使用发霉变质原料,发现原料有质量问题及时汇报;原料先进先出,防止饲料发霉变质,杜绝浪费。

⑤生产结束后负责打扫配料区的环境卫生。

⑥定期对称量器具进行校正,保证配料所用器具的清洁。

⑦定期检查、保养饲料加工设备,使用中出现异常及时停机,报告修理。

⑧全部原料添加完成后搅拌 8min 后方可投料。

7. TMR 加工组的职责

①配方号应与牛舍号相符。

②添加的精料、辅料、粗饲料类别应与配方单要求一致,严禁腐败原料、异物装入料车。

③牛头数设定与下料单一致。

④原料添加顺序以 TMR 搅拌车设定顺序为准。整捆草,去除捆绳,散捆投入。青贮料清除霉变层,挑出发霉草捆,严禁变质草料上车。

⑤TMR 饲料均匀地撒入牛舍,如有撒落及时收起。

⑥槽底及时清理,清理出的饲料喂给指定牛群。

⑦每班加工结束,清理各处磁铁;两班间发现铁器,定性为未清磁铁。

⑧注意行车安全,严禁酒后驾车,慢速行驶,拐弯处更应注意,严禁急行猛拐。

⑨每周五擦洗、保养车辆,保证车况良好,按时更换机油、黄油、部件,发现异常及时修理,保证投料正常。

8. 挤奶员的职责

①应熟悉所管的牛只,遵守挤奶操作规程,定时按顺序进行挤奶。不得擅自提前或滞后挤奶或提早结束挤奶。

②挤奶前应检查挤奶器、挤奶桶等有关用具是否清洁、齐全,真空泵压力和脉动频率是否符合要求,脉动器声音是否正常等。

③做好挤奶卫生工作,乳房药浴后必须擦干。

④检查乳房并将头三把乳挤到专用容器中,检查牛乳是否有凝块、絮状物或水样,牛乳正常的牛方可上机挤奶;发现乳房和牛乳异常时,及时报告兽医。

⑤含有抗生素的乳以及乳腺炎的乳应单独存放,另做处理,不得混入正常乳中。

⑥负责挤奶机器的清洗和维护,做好挤奶厅卫生。

⑦协助人工授精员进行母牛发情鉴定。

9. 清洁员的职责

①负责牛舍及场区的清洁工作,做到"勤走、勤看、勤扫"。

②牛粪以及被玷污的垫草要及时清除,以保持牛体和牛床清洁。

③牛床以及粪尿沟内不准堆积牛粪和污水。

④及时清除运动场粪尿,以保持清洁、干燥。

⑤注意观察牛只的排泄物及分泌物,发现异常及时汇报,并协助人工授精员做好牛只发情鉴定。

二、生产定额管理

(一)制定生产定额

奶牛生产中制定科学、合理的生产定额至关重要。定额偏低,用以制定的计划不仅是保守的,而且会造成人力、物力和财力的浪费;定额偏高,制定的计划是脱离实际的,也是不能实现的,且影响员工的生产积极性。奶牛的生产定额主要包括人员配备定额、劳动定额、饲料消耗定额和成本定额等。

1. 人员配备定额　按照奶牛场的组织结构,确定人员配备定额。每个奶牛场应根据各自的机械化程度和实际情况,合理制定定额,配备人员,提高劳动生产率。例如:规模为1 000头的奶牛场,其中成年母牛600头,散栏式饲养,挤奶厅机械挤奶,平均单产6 000kg,其人员配备为:管理人员3人(场长1人,生产主管2人);财务2人(会计1人,出纳1人);技术人员7人(人工授精员2人,兽医3人,统计1人,营养1人);直接生产人员37人(其中:饲养员10人,挤奶员8人,清洁工8人,接产员2人,轮休2人,饲料加工及运送5人,夜班2人);间接生产人员9人(机修2人,仓库管理1人,锅炉2人,洗涤2人,保安2人)。

2. 劳动定额　劳动定额是在一定生产技术和组织条件下,为生产一定的合格产品或完成一定的工作量,所规定的必要劳动消耗量,是计算产量、成本、劳动生产率等各项经济指标和编制生产计划和劳动计划等各项计划的基础依据。奶牛场应根据不同的劳动种类、职工的能力和技术状况、生产条件和工作要求,并参照历年的统计资料,规定适宜的劳动定额。

(1)饲养工　负责牛群的饲养管理工作,按牛群的生长和生产阶段进行专门管理。主要工作为:按照规定的日程饲喂牛群,保持饲槽的清洁卫生,刷拭牛体,观察牛只的食欲、健康、粪便、发情及生长情况。成年母牛,每人可管理100~120头;犊牛,每人可管理40~50头;育成牛,每人可管理100~120头。

(2)饲料工　每人定额120~200头。饲料称重入库,加工粉碎,清除杂质和异物,配制混合料,按需要供应各牛舍等。

（3）配种员　每人定额250～300头，人工授精。按配种计划适时配种，保证受胎率在95％以上，受胎母牛平均使用冻精不超过3.5粒（支）。

（4）兽医　每人定额200～250头，手工操作。检疫，治疗，医药和器械的购买、保管，修蹄，牛舍消毒。

（5）挤奶工　负责挤奶、清扫卫生、护理奶牛乳房以及协助观察母牛发情等工作，每天3次挤奶。手工挤奶每人可管理12头泌乳牛；管道式机械挤奶时，每人可管理35～45头；挤奶厅机械挤奶时，每人可管理60～80头。

（6）产房工　负责围产期母牛的饲养、清洁卫生、接产以及挤奶工作，做好兽医技术人员的助手，每人定额18～20头。要求管理仔细，不发生人为事故。

（7）清洁工　负责牛体、牛床、牛舍以及周围环境的卫生。每人可管理各类牛120～150头。

3. 饲料消耗定额　饲料消耗定额是奶牛维持、生长和产奶所规定的饲料消耗标准，是确定饲料需要量、合理利用饲料、节约饲料和实行经济核算的重要依据。

奶牛维持和生产需要从饲料中摄取营养物质。由于奶牛体重、年龄、生长发育阶段不同，其营养需要量也不同。因此，在制定奶牛的饲料消耗定额时，首先应查找饲养标准中各类奶牛对各种营养成分的需要量，参照不同饲料的营养价值确定日粮的配给量；再以日粮的配给量为基础，计算不同饲料在日粮中的占有量；最后再根据占有量和奶牛的年饲养头日数即可计算出饲料的消耗定额。由于各种饲料在实际饲喂时都有一定的损耗，还需要加上一定损耗量。例如：每头产奶牛日平均需5kg优质干草、玉米青贮20～25kg；育成牛每头日平均需干草3kg、玉米青贮15～20kg。成母牛精饲料除按2.5～4kg奶给1kg精料外，每头还需加基础料2～5kg/d；妊娠青年母牛平均每头需精料2.5～3kg/d；育成牛为2～3kg/d；犊牛为1.5kg/d。

4. 成本定额　通常指生产单位奶量或增重所消耗的生产资料和所付的劳动报酬的总和，包括各龄母牛群的饲养日成本和牛奶单位成本。成本项目包括：工资和福利费、饲料费、燃料动力费、医药费、牛群摊销、固定资产折旧费、固定资产修理费、低值易耗品费、其他直接费用、共同生产费和企业管理费等。这些费用定额的制定，可参照历年的实际费用、当年的生产条件和计划来确定。

（二）定额的修订

修订定额是搞好计划的一项很重要的内容。生产的客观条件不断发生变化，因此定额也应及时修订。在每年编制计划前，必须对定额进行一次全面的调查、收集、整理、分析，对不符合新情况、新条件的定额进行修订，使定额标准更为完善。

第三节　奶牛生产企业的计划管理

一、牛群周转计划

牛群在一年中，由于犊牛的出生、后备牛的生长发育和转群、各类牛的淘汰和死亡,以及牛只的买进、卖出等,致使牛群结构不断发生变化。在一定时期内,牛群结构的这种增减变化称为牛群周转。

制定牛群周转计划时,首先应规定发展规模,然后安排各类牛的比例,并确定更新补充各类牛的数量与淘汰出售数量。以鲜乳生产为主的奶牛场,其牛群结构一般为:成年母牛数占牛群的 50%～70%,育成牛占 20%～35%,犊牛占 8%～15%。

(一)编制牛群周转计划须具备的资料

其一,计划年初各类牛的存栏数。

其二,计划年末各类牛按计划任务要求达到的头数。

其三,上年度 7～12 月份各月出生的母犊头数及本年度配种产犊计划。

其四,计划年度淘汰、出售或购进的牛只数量。

(二)编制牛群周转计划的方法步骤

某奶牛场计划经常拥有各类奶牛 1000 头,其牛群结构比例为:成年母牛 60%,育成牛 30%,犊牛 10%。已知计划年初有犊牛 100 头,育成牛 320 头,成母牛 530 头,另知上年 7～12 各月出生的犊母牛头数及本年度配种产犊计划,试编制本年度牛群周转计划。

①将年初各类牛的头数分别填入表 10-1"期初"栏中。计算各类牛年末应达到的比例头数,分别填入 12 月份"期末"栏内。

②按年度配种产犊计划,将各月将要出生的母犊牛头数(计划产犊头数×50%×成活率%)相应填入母犊牛栏的"繁殖"项目中。

③年满 6 月龄的母犊牛应转入育成牛群中,则查出上年 7～12 月份各月所生母犊牛头数,分别填入母犊牛"转出"栏的 1～6 项目中(一般这 6 个月母犊牛头数之和等于期初母犊牛的头数)。而本年度 1～6 月份所生母犊牛,分别填入"转出"栏 7～12 月份项目中。

④将各月转出的母犊牛头数对应的填入育成母牛"转入"栏中。

⑤根据本年度配种产犊计划,查出各月份分娩的育成牛头数,对应地填入育成牛"转出"及成母牛"转入"栏中。

⑥合计母犊牛"繁殖"与"转出"总数。要想使年末母犊牛总数达 100 头,期初头数与"增加"头数之和应等于"减少"头数与期末头数之和。则通过计算:(100＋232)－(212＋100)＝20,表明本年度母犊牛可出售或淘汰 20 头。为此,可根据母犊牛生长发育情况及该场饲养管理条件等,适当安排出售和淘汰时间。最后汇总各月份期初与期末头数,"母犊牛"一栏的周转计划即编制完成。

⑦同法,合计育成母牛和成母牛"转入"与"转出"栏总头数,根据年末要求达到的头数,确定全年应出售和淘汰的头数。在确定出售、淘汰月份分布时,应根据市场对鲜奶和种牛的需要及本场饲养管理条件等情况确定。汇总各月期初与期末头数,即完成该场本年度牛群周转计划(表 10-1)。

表 10-1　某奶牛场＿＿＿＿＿年度牛群周转计划

月份	母犊牛								育面母牛								成母牛							
	期初	增加		减少				期末	期初	增加		减少				期末	期初	增加		减少				期末
		繁殖	购入	转出	出售	淘汰	死亡			转入	购入	转出	出售	淘汰	死亡			转入	购入	转出	出售	淘汰	死亡	
1	100	21		21				100	320	21		16				325	530	16					3	543
2	100	21		21				100	325	21		16				330	543	16					2	557
3	100	21		16				105	330	16		11	7	3		325	557	11						568
4	105	21		16	2			108	325	16		11	10	1		319	568	11			20			559
5	108	16		11				113	319	11		21	3		1	305	559	21			25			555
6	113	16		11			1	117	305	11		21		2		293	555	21						576
7	117	21		21	1	5		111	293	21		11		2		301	576	11						587
8	111	21		21		2	1	108	301	21		11		2	1	308	587	11						598
9	108	21		21		3		105	308	21		16	2			311	598	16						614
10	105	21		21				105	311	21		16	3	1		312	614	16						630
11	105	16		16	2			103	312	16		16	7			305	630	16				15		631
12	103	16		16	3			100	305	16		16	5			300	631	16			27	20		600
合计		232		212	8	10	2			212		182	37	11	2			182			72	35	5	

二、牛群的配种、产犊计划

合理组织配种产犊计划，减少空怀不孕牛是牛场各生产计划的基础，又是编制牛群周转计划的重要依据。编制配种产犊计划，可以明确计划年度各月份参加配种的成母牛、头胎牛和育成母牛的头数及各月份分布，以便做到计划配种和生产。

（一）制定牛群配种、产犊计划时须具备的资料

其一，上年度母牛分娩、配种记录。

其二，前年和上年度所生育成母牛的出生日期记录。

其三，计划年度内预计淘汰的成母牛和育成母牛头数和时间。

其四,奶牛场配种产犊类型、饲养管理及牛群的繁殖性能、产奶性能、健康状况等条件。

(二)制定牛群配种、产犊计划的方法与步骤

已知某奶牛场 2004 年 1~12 月受胎的成年母牛和育成母牛头数分别为 25 头、29 头、24 头、30 头、26 头、29 头、23 头、22 头、23 头、25 头、24 头、29 头和 5 头、3 头、2 头、0 头、3 头、1 头、5 头、6 头、0 头、2 头、3 头、2 头;2004 年 11 月、12 月分娩的成母牛头数为 29 头、24 头,10 月、11 月、12 月分娩的头胎母牛头数为 5 头、3 头、2 头;2003 年 7 月至 2004 年 6 月份各月所生育成母牛头数分别为 4 头、7 头、9 头、8 头、10 头、13 头、6 头、5 头、3 头、2 头、0 头、1 头;2004 年底配种未孕母牛 20 头。该奶牛场为常年配种产犊,规定经产母牛分娩 2 个月后配种(如 1 月份分娩,则 3 月份配种),头胎母牛分娩 3 个月后配种,育成母牛满 18 月龄配种;2005 年 1~12 月份估计情期受胎率分别为 53%、52%、50%、49%、55%、62%、62%、60%、59%、57%、52%、45%,试为该奶牛场编制 2005 年度全群配种产犊计划。为了便于编制,本计划假设各类牛的情期发情率为 100%。

其一,如表 10-2 格式画好配种产犊计划表。

其二,将 2004 年各月受胎的成母牛和育成母牛头数分别填入"上年度受胎母牛头数"栏相应项目中。

其三,根据受胎月份减 3 为分娩月份,则 2004 年 4~12 月受胎的成母牛和育成母牛应分别在本年 1~9 月份产犊,应分别填入"本年度产犊母牛头数"栏相应项目中。

其四,2004 年 11、12 月份分娩的成母牛及 10 月、11 月、12 月分娩的头胎母牛,应分别在本年度的 1 月、2 月及 1 月、2 月、3 月配种,应分别填入"本年度配种母牛头数"栏的相应项目内。

其五,2003 年 7 月至 2004 年 6 月份所生的育成母牛,到 2005 年 1~12 月年龄陆续达 18 月龄而参加配种,分别填入"本年度配种母牛头数"栏相应项目中。

其六,2004 年底配种未受胎的 20 头母牛,安排在本年度 1 月份配种,填入"本年度配种母牛头数"栏"复配牛"项目内。

其七,将本年度各月预计情期受胎率分别填入"本年度情期受胎率"项目内。

其八,累加本年度 1 月配种母牛总头数,填入该月"合计"中,则 1 月的估计情期受胎率乘以该月"成母牛＋头胎牛＋复配牛"之和,得数 29,即为该月这 3 类牛配种受胎头数。同法,计算出该月育成牛的配种受胎头数为 2,分别填入"本年度产犊母牛头数"栏 10 月项目内。

其九,本年度 1~10 月产犊的成母牛和本年度 1~9 月产犊的育成母牛,将分别在本年度 3~12 月、4~12 月配种,应分别填入"本年度配种母牛头数"栏相应项目中。

其十,本年度 1 月配种总头数减去该月受胎总头数得数 27,填入 2 月"复配牛"栏内。

其十一,按上述"8、10"步骤,计算出本年度11月、12月份产犊的母牛头数及本年度2～12月复配母牛头数,分别填入相应栏内,即完成2005年全群配种产犊计划编制(表10-2)。

表10-2　某奶牛场2005年度牛群配种产犊计划

月份/项目		1	2	3	4	5	6	7	8	9	10	11	12
上年度受胎母牛头数	成母牛	25	29	24	30	26	29	23	22	23	25	24	29
	育成牛	5	3	2	0	3	1	5	6	0	2	3	2
	合计	30	32	26	30	29	30	28	28	23	27	27	31
本年度产犊母牛头数	成母牛	30	26	29	23	22	23	25	24	29	29	28	31
	育成牛	0	3	1	5	6	0	2	3	2	2	4	5
	合计	30	29	30	28	28	23	27	27	31	31	32	36
本年度配种母牛头数	成母牛	29	24	30	26	29	23	22	23	25	24	29	29
	头胎牛	5	3	2	0	3	1	5	6	0	2	3	2
	育成牛	4	7	9	8	10	13	6	5	3	2	0	1
	复配牛	20	27	29	34	35	34	27	23	23	21	21	25
	合计	58	61	70	68	77	71	60	57	51	49	53	57
本年度情期受胎率(%)		53	52	50	49	55	62	62	60	59	57	52	45

三、牛群产奶计划

产奶计划是制定牛奶供应计划、饲料计划以及进行财务管理的主要依据。奶牛场每年都要根据市场需求和本场情况,制定每头牛和全群牛的产奶计划。

(一)编制牛群产奶计划须具备的资料

其一,计划年初泌乳母牛的头数和去年母牛产犊时间。

其二,计划年内成年母牛和育成母牛分娩的头数和时间。

其三,每头母牛的泌乳曲线。

其四,奶牛胎次产奶规律。荷斯坦牛1～6胎的产奶系数分别为:0.77、0.87、0.94、0.98、1.0、1.0。

由于影响奶牛产奶量的因素较多,牛群产奶量的高低,不仅取决于泌乳母牛的头数,而且决定于个体的品种、遗传基础、年龄和饲养管理条件,同时与母牛的产犊时间、泌乳月份也有关系。因此,制定产奶计划时,应考虑奶牛的泌乳月份和产犊胎次、干奶期饲养管理情况及预产期、奶牛体况和健康状况、产犊季节、本年度饲料情况和饲养管理上的改进措施。

(二)编制牛群产奶计划的方法与步骤

某一奶牛上胎(2胎)产奶量为6 500kg,其第1～10泌乳月的产奶比率分别为:

14.4%、14.8%、13.8%、12.6%、11.4%、10.1%、8.3%、6.2%、5.1%、3.3%。则该牛在计划年度产奶量估计为:6 500kg×0.94(第三胎产奶系数)/0.87(第二胎产奶系数)=7 023kg,第一个泌乳月产奶量为 7 023kg×14.4%=1 011kg,其余各月依次为1 039kg、969kg、885kg、801kg、709kg、583kg、435kg、358kg、232kg。若该头奶牛在计划年的 3 月份以前产犊,泌乳期产奶量在计划年度内完成;如果该奶牛在上年度 11 月初产犊,则在计划年度 1 月份为其第三泌乳月的产奶量,其余类推。如果母牛不在月初或月末产犊,则需要计算日产奶量,然后乘以当月产奶天数。仍采用上例:假设该奶牛在计划年度 1 月 15 日产犊,则该奶牛第一个泌乳月的日产奶量为 1 011kg÷30(d)=33.7kg/d,该牛计划年度 1 月份的产奶量为 33.7×15=505.5kg。其余类推。

将全场计划年度所有泌乳牛的产奶量汇总,即为年产奶计划。

若无本奶牛场统计数字或泌乳牛曲线资料,在拟定每牛各月产奶计划时,可参考表 10-3 和母牛的健康状况、产奶性能、产奶季节、计划年度饲料供应情况等拟定计划日产奶量,据此拟定各月、全年、全群产奶计划。

表 10-3　奶牛泌乳期各月份产奶计划

计划产奶量	泌乳月									
	1	2	3	4	5	6	7	8	9	10
4500	18	20	19	17	16	15	14	12	10	9
4800	19	22	20	19	17	16	14	13	11	9
5100	20	23	21	20	18	17	15	14	12	10
5400	21	24	22	21	19	18	16	15	13	11
5700	22	25	24	22	20	19	17	15	13	11
6000	24	27	25	23	21	20	18	16	14	12
6500	28	29	26	24	23	21	19	17	15	12
7000	30	31	28	26	24	23	21	19	17	15
7500	30	32	29	28	26	24	23	21	19	17
8000	34	35	32	30	28	26	24	22	19	17
9000	35	37	34	33	31	30	28	26	24	22

四、饲料供应计划

编制饲料供应计划,应有牛群周转计划(明确每个时期各类牛的饲养头数)、各类牛群饲料定额等资料。按全年各类牛群的年饲养头日数(即全年平均饲养头数×全年饲养日数)分别乘以各种饲料的日消耗定额,即为各类牛群的饲料需要量。然后把各类牛群需要该种饲料总数相加,再增加 5%～10%的损耗量。

奶牛主要饲料的全年需要量,可按下式进行估算:

①混合精饲料:成母牛:基础料量=年平均饲养头数×(2～5)kg×365d

产奶料量＝全群全年总产奶量/(2.5～4)kg

育成牛:需要量＝年平均饲养头数×(2～3)kg×365d

犊　牛:需要量＝年平均饲养头数×1.5kg×365d

②玉米青贮:成母牛:需要量＝年平均饲养头数×(20～25)kg×365d

育成牛:需要量＝年平均饲养头数×(15～20)kg×365d

③干草:成母牛:需要量＝年平均饲养头数×5kg×365d

育成牛:需要量＝年平均饲养头数×3kg×365d

犊牛:需要量＝年平均饲养头数×1.5kg×365d

我国高产奶牛(年产奶量6 000kg以上)饲养管理规范中推荐的每头泌乳母牛年饲料供应、贮备量如下。

①青干草:1 100～1 850kg(应有一定比例的豆科干草)。

②玉米青贮:10 000～12 500kg(或青草青贮7 500kg和青草10 000～15 000kg)。

③块根、块茎及瓜果类:1 500～2 000kg。

④糟渣类:2 000～3 000kg。

⑤精饲料:2 300～4 000kg(其中高能量饲料占50%,蛋白质饲料占25%～30%),精饲料的各个品种应做到常年均衡供应。尽可能供给适合本地区的经济、高效的平衡日粮,其中矿物质饲料应占精料量的2%～3%。

五、财务计划

奶牛场制定财务计划是为了使经营者掌握生产的主要经济情况,对降低成本,节约资金,促进生产发展有重要意义。

奶牛场收入构成主要包括:牛奶、奶牛、淘汰牛、公犊牛、粪肥等的销售收入。

奶牛场生产总成本构成包括:工资和福利费、饲料费、原料费、燃料和动力费、医药费、产畜摊销费、固定资产折旧费、固定资产修理费、设备费、低值易耗品、购牛费、企业管理费等。

第四节　奶牛场常用的牛群档案与生产记录

牛群档案和生产记录是奶牛场生产管理良种选育不可缺少的组成部分,是奶牛场制定计划、发展生产等各项经济技术活动的重要依据。

一、牛 籍 卡

每头奶牛应配有一张牛籍卡,内容包括:牛号、品种、出生日期、性别、初生重、胎次、在胎天数、毛色、外表(或照片),系谱记录(表10-4),各阶段生长发育情况(表10-5),分娩产犊情况(表10-6),各胎次产奶性能(表10-7),体型线性评分(表10-8),免疫接种(表10-9),病史记录(表10-10)等信息。

表 10-4 系谱记录表

牛舍：		牛号：	出生日期：	出生地：	品种：	等级：
母号 胎平均乳量（M） 乳脂率（%F） 外貌评定	来源	等级 成年当量（ME） 乳蛋白率（%P）	母号 等级 %F	来源 ME %P	母	
					父	
			父号 品种 外貌评定	来源 育种值	母	
					父	
父号 品种 外貌评定	来源	育种值	母号 等级 %F	来源 ME %P	母	
					父	
			父号 品种 外貌评定	来源 育种值	母	
					父	

表 10-5 生长发育及体况评分记录表

阶 段	初 生	6 月龄	12 月龄	15 月龄	18 月龄	头胎	3 胎
体重（kg）							
体高（cm）							
体长（cm）							
胸围（cm）							
体况评分							

表 10-6 分娩产犊情况

胎次	与配公牛			预产期	实产期	性别	在胎天数	初生重（kg）	留养情况	犊牛编号	备注
	牛号	品种	等级								
1											
2											
3											
4											
5											
6											

表 10-7　各胎次产奶性能

胎次＼泌乳月	1	2	3	4	5	6	7	8	9	10	11	12	泌乳天数	总产奶量(kg)	305天产奶量(kg)	平均乳脂率(%)	平均乳蛋白率(%)
1 产奶量(kg)																	
1 乳脂率(%)																	
1 乳蛋白率(%)																	
2 产奶量(kg)																	
2 乳脂率(%)																	
2 乳蛋白率(%)																	
3 产奶量(kg)																	
3 乳脂率(%)																	
3 乳蛋白率(%)																	
4 产奶量(kg)																	
4 乳脂率(%)																	
4 乳蛋白率(%)																	
5 产奶量(kg)																	
5 乳脂率(%)																	
5 乳蛋白率(%)																	
6 产奶量(kg)																	
6 乳脂率(%)																	
6 乳蛋白率(%)																	

表 10-8　体型线性评分记录

胎　次	一般外貌	乳用特征	体躯容积	泌乳系统	评分等级	备　注
1						
2						
3						
4						
5						
6						

表 10-9　免疫接种记录表

日　期	疫苗名称	疫苗批号	接种剂量(mg、ml)	接种方法	接种人员

表 10-10　奶牛病史记录表

发病日期	疾病名称	愈后情况	实验室检查	原因分析	使用兽药

二、日常生产记录

(一)牛奶产量记录

1. 奶量记录表　见表 10-11。

表 10-11　　　年　　月　　日产奶记录　　单位:kg

牛　　号	第一次	第二次	第三次	合　计	备　注

记录员_____

2. 牛奶产量日报表　见表 10-12。

表 10-12　　　年　　月　　日牛奶产量日报表　　单位:kg

项目＼牛舍	泌乳牛头数	产奶量	平均产量	比上日增减	备注
……					
全场合计					

制表人:_____

3. 牛奶产量及流向月报　见表 10-13。

表 10-13 _____年___月____牛奶产量及流向月报

总产奶量（kg）	泌乳牛		成母牛		犊牛用奶量		鲜奶流向							
	头天数	平均产量（kg）	头天数	平均产量（kg）	哺乳头天数	耗用量（kg）	优质奶数量（kg）	去向	普通奶数量（kg）	去向	次奶数量（kg）	去向	损耗量（kg）	本月底库存量（kg）

制表人：

4. 成年母牛各胎次 305 天产奶量统计　见表 10-14。

表 10-14 成母牛各胎次 305 天产奶量统计

胎次	产奶量（kg）											头数共计	总产量（kg）	平均产奶量（kg）
	4500以下	4501～5000	5001～5500	5501～6000	6001～6500	6501～7000	7001～7500	7501～8000	8001～8500	8501～9000	9001～9500	9501以上		
1														
2														
3														
4														
5														
6														
……														
……														
合计														

单位主管：_____ 技术负责人：_____ 制表人：_____ 报出日期：_____年__月__日

（二）繁殖记录

1. 配种日记录　见表 10-15。

表 10-15 配种日记录

日期	牛舍	母牛号	配种时间	复配与否	配次	卵泡		与配公牛	受孕与否	备注
						左	右			

制表人：_____

2. 受胎月报表　见表10-16。

表 10-16 _____年____月受胎月报

牛　舍	牛　号	配种日期	预产期	与配公牛	牛　舍	牛　　号	配种日期	预产期	与配公牛

本月配种头次数	
初检胎数	
本月情期受胎率（%）	

制表人：_____

3. 公牛精液耗用月报表　见表10-17。

表 10-17 _____年____月公牛精液耗用月报

公牛号	耗用（支）	外调（支）	废弃（支）

制表人：_____

(三)成年母牛淘汰、死亡、出售情况

成年母牛淘汰、死亡、出售情况见表10-18。

表 10-18 _____年度成年母牛淘汰、死亡、出售情况

项目分类	处理原因												处理牛		备注
	老年	传染病	生殖道	四肢	乳房	呼吸道	血液循环	消化道	低产	其他		合计	总胎次	平均胎次	
出售															
淘汰															
死亡															
合计															

制表人：_____

(四)牛群更新率

年群更新率见表10-19。

表 10-19 _____年度牛群更新率　　　　　单位:头

年初成母牛数			年内成母牛增加		年内成母牛减少	牛只更新率
已投产	超龄牛	合计①	头胎牛投产数②	转入数③	出售、淘汰、死亡、移出等④	④/(①＋②＋③)×100%

制表人:_____

(五)牛只变动情况月报表

牛只变动情况月报见表 10-20。

表 10-20 _____年___月牛只变动情况月报　　　　　单位:头

牛群\项目			上月末数	增加					减少							月末数	月累计头天数
				繁殖	调入	转入	购入	合计	调出	转出	淘汰	出售	死亡	夭折	合计		
成年母牛	泌乳牛	已孕															
		未孕															
	干奶牛	已孕															
		未孕															
	28月龄以上至分娩	已孕															
		未孕															
	合计																
后备牛	19～27月龄	已孕															
		未孕															
	7～18月龄	已孕															
		未孕															
	0～6月龄	断乳															
		哺乳															
	合计																

单位主管:_____ 技术负责人:_____ 制表人:_____ 报出日期:___年___月___日

(六)饲料费用统计报表

饲料费用统计见表 10-21。

表 10-21 _____度牛群饲料费用统计表 单位:kg,元

月份	牛 奶		混合精料		玉米青贮		苜 蓿		羊 草				合 计	
	费用	数量	费用	数量	费用	数量	费用	数量	费用	数量			数量	费用
1														
2														
3														
4														
5														
6														
7														
8														
9														
10														
11														
12														
合计														

制表人:_____

第五节 计算机管理技术在奶牛生产中的应用

随着我国奶牛规模化养殖的发展和计算机技术的进步,计算机管理技术已在奶牛生产的各个环节得以应用,如:育种管理、生产管理、饲料营养配比、场区监测等。

一、奶牛场计算机管理系统的优点

奶牛场管理信息系统替代了原来复杂的手工操作,具有管理功能全面、图文并茂、操作性强、录入质量高、计算分析快、建档标准等特点,极大地提高了奶牛场的生产效率,降低了劳动强度,改善了管理水平,降低了奶牛场的生产成本。

奶牛场管理信息系统的应用实现了奶牛个体基本信息、育种信息、产奶信息、饲养信息、饲料配给、牛舍内环境控制、环境污染监控、人事管理、账目管理等方面的计算机管理。

二、奶牛场计算机管理系统的功能

目前,我国已有自主研发的奶牛场生产管理软件,为奶牛场和有关管理部门提供了奶牛生产管理、信息和决策的参考依据。奶牛场管理软件一般包括生产管理信息

系统、生产管理决策系统及 DHI 分析系统。

（一）生产管理信息系统

生产管理信息系统包括奶牛场生产管理库、奶牛繁育库、规范化饲养库等若干个相互独立的子系统。奶牛场生产管理库设有牛群日记、产奶记录、饲料消耗记录、生产情况月报等栏目；奶牛繁育库设有奶牛系谱档案管理、配种记录、冻精使用记录、母牛产犊记录、核心群母牛胎次产奶量登记等栏目；规范化饲养库设有高产奶牛饲养管理规范、阶段饲养操作规程、典型日粮配方等栏目。具有信息查询、数据输入与更新、计算分析、储存、输出打印等功能。

（二）生产管理决策支持系统

生产管理决策支持系统主要包括奶牛生产分析、生产预测和生产决策三大部分，并设有信息查询库。奶牛生产分析部分包括生产函数建立、数据统计、生产消长趋势分析、生产诊断等；生产预测部分包括奶牛发展规模、牛群结构、产奶量等的预测；生产决策部分包括生产区划布局、牛群结构优化、牛群周转、牛群发展规模、饲料配方、经济分析等。

（三）DHI 分析系统

提供 DHI 数据采集、分析模板自定义功能，支持各种 DHI 检测分析、设备分析数据导入功能，并可协助用户完成 DHI 分析和预警报告。

主要参考文献

[1]　安永福．奶牛无公害标准化养殖技术[M]．石家庄：河北科学技术出版社，2006.

[2]　安志兴，刘俊平，王超，等．青年荷斯坦奶牛初次超数排卵试验[J]．中国兽医学报，2003，23(3)：303-304.

[3]　布赫，乌兰，旭日干，等．无血清培养的牛体外受精胚胎超快速玻璃化冷冻[J]．高技术通讯，2003(4)：23-27.

[4]　陈吉元：农业产业化：市场经济下农业兴旺发达之路．北京：中国农业出版社，1997-05.

[5]　陈历俊．原料乳生产与质量控制．北京：中国轻工业出版社，2008.

[6]　代苏伟，李云龙．奶牛超数排卵与性别控制的试验研究．山东师范大学硕士论文，2006.

[7]　段保宁，薛建华，张新慧，等．EB＋P4＋阴道栓对荷斯坦青年牛超数排卵效果的影响[J]．农业生物技术学报，2006，14(6)：861－864.

[8]　范欢．产业链对我国乳业竞争力影响的分析．江南大学硕士学位论文，2008-06.

[9]　方志坚，等．奶牛场污水处理及综合利用研究[J]．农业环境与发展，2009(6)44-46.

[10]　甘生文．浅谈奶牛的繁殖管理技术[J]．黑龙江动物繁殖，2009，17(1)：16-17.

[11]　郭本恒．乳品微生物学．北京：中国轻工业出版社，2001.

[12]　国家标准合编．《食品卫生微生物检测方法》GB/T 4789.27-1994.

[13]　韩高举．中国奶业发展问题研究．华中农业大学博士论文，2005-05.

[14]　韩志强，徐松滨，朱强．CIDR与牛欢诱导同期发情超数排卵效果比较[J]．黑龙江动物繁殖，2006，14(3)：19-20.

[15]　何光中，罗治华．牛胚胎移植操作程序及注意事项[J]．贵州畜牧兽医，2005，(29)：6.

[16]　何英俊，等．热应激对荷斯坦奶牛的危害与调控[J]．中国畜牧杂志，2005(3)：48-50.

[17]　侯放亮．牛繁殖与改良新技术．北京：中国农业出版社，2005.

[18]　侯俊财、杨丽杰．优质原料奶生产技术．北京：化学工业出版社，2010.

[19]　胡红莲，于朝晖，孙海洲，等．奶牛粪便检测试验[J]．畜牧与饲料科学，2006(3)：1-2.

[20]　胡建宏,李青旺,王立强,等.牛冷冻精液稀释液中草药配方的初步研究[J].中国奶牛,2006(1):7-11.

[21]　滑志民,桑润滋.动物初情期调控的研究进展[J].黑龙江动物繁殖,2007(4):11-13.

[22]　冀一伦.实用养牛科学.北京:中国农业出版社,2005.

[23]　蒋锁俊,孙鎏国,王敬军,等.荷斯坦青年牛超排影响因素分析及效果比较[J].畜牧与兽医,2007,39(3):23-25.

[24]　金穗华,徐桂芳,刘文桂,等.牛人工授精技术规程,NYT1335.2007.

[25]　金穗华,徐桂芳,陆汉希,等.牛冷冻精液,GB 4143.2008−06−27.

[26]　晋鹏编译,乌志平校.荷兰黑白花奶牛的发情诱导技术[J].中国奶牛,2001(3):33-34.

[27]　巨向红,雍艳红,余四九.不同超排方法对奶牛超排效果的研究[J].家畜生态学报,2006,27(4):53-56.

[28]　黎宗强,卢克焕,等.食蟹猴阴茎电刺激采精及精液特征的初步研究[J].广西农业生物科学,2004,23(3):217-221.

[29]　李英,畜禽饲料无公害标准化生产技术,石家庄:河北科学技术出版社,2006.

[30]　李春.乳品分析与检验.北京:化学工业出版社,2008.

[31]　李桂芝,李飞,刁秀念,等.奶牛发情周期中生殖激素浓度与卵泡发育对比分析[J].中国奶牛,2008(5):32-35.

[32]　李怀林.食品安全控制体系(HACCP)通用教程.北京:中国标准出版社,2002.

[33]　李建国,冀一伦.养牛手册[M].石家庄:河北科学技术出版社,1997.

[34]　李建国.现代奶牛生产.北京:中国农业大学出版社,2007.

[35]　李青旺,胡建宏,江中良,等.利用初乳诱导产后奶牛提早发情技术初探[J].中国农学通报,2004,20(5):1-3.

[36]　李胜利,等.有机生鲜乳生产技术规范(DB11/T 631−2009)[S].北京市质量技术监督局.

[37]　李英超,安慧.提高奶牛繁殖力的几项措施[J].今日畜牧兽医,2006(8):18-19.

[38]　李玉英.浅谈提高牛繁殖力的技术要点[J].山东畜牧兽医,2007(30):20-25.

[39]　李振.提高奶牛繁殖力的营养调控措施[J].奶牛养殖,2006(4):26-29.

[40]　梁杰.食品生产企业HACCP体系实施指南.北京:中国农业科学技术出版社,2002.

[41]　梁小军,宁小波,王天新,等.不同输精时间对奶牛X性控冻精情期受胎

率的影响[J].上海畜牧兽医通讯,2008(6):47-48.

[42] 梁学武.现代奶牛生产[M].北京:中国农业出版社,2002.

[43] 林光杰,徐建华.关于奶牛发情规律和适时输精等问题的探讨[J],中国草食动物,2005,25(5):22-24.

[44] 刘成果.我国奶牛饲料业的现状及发展对策.中国饲料,2006(3):1-3.

[45] 刘广振,陈红玲,唐冬生.奶牛双胎的发生及其对奶业生产的影响[J].乳业科学与技术,2006,3(118):138-140.

[46] 刘广振,唐冬生 提高产后奶牛繁殖力的几项措施[J].中国奶牛,2007(3):57-58.

[47] 刘辉放,陈昌建,陈林生.β—胡萝卜素对奶牛胎衣不下、乳腺炎和繁殖性能的影响[J].广东奶业,2005(3):12-14.

[48] 刘慧,范博,曲登峰.实现奶牛科学繁殖的管理技术[J].河南畜牧兽医,2009,30(1):11-12.

[49] 刘俊平,刘凤军,王勇胜,等.胚胎移植受体牛同期发情控制的研究[J].黑龙江畜牧兽医,2007(10):29-32.

[50] 刘瑞生.奶牛热应激及防治[J].吉林畜牧兽医,2002(1):16-17.

[51] 刘书印,李宗区,高红亮,等.奶牛性控冻精人工授精技术研究进展及应用前景[J].河南畜牧兽医,2009,30(3):8-10.

[52] 刘松柏,易建明,晏邦富.运动评分在奶牛生产管理中的重要性[J].中国奶牛,2008(1):25-28.

[53] 刘秀芹,王战锁,闫金栓.宝鸡地区荷斯坦奶牛发情、排卵及授精效果的比较观测[J].黄牛杂志,2002,28(5):57—59.

[54] 刘玉满.培育农业产业组织体系推动农业产业化发展[J],中国农村经济,1998(12).

[55] 柳建武.精子质量计算机辅助分析技术的研究,华中科技大学硕士论文,2007.

[56] 柳尧波,黄金明.青年荷斯坦牛的超数排卵试验[J].中国草食动物,2004,24(1):14-16.

[57] 陆东林.奶牛体况评分及其应用[J].新疆畜牧业,2006(5):19-21.

[58] 论农业产业化,《人民日报》,1995-12-11.

[59] 马守江,许洪民,刘志伟,韩宗元.奶牛不发情的处置[J].黑龙江动物繁殖.2007(2):21-21.

[60] 蒙学莲,刘学荣,崔燕.哺乳动物发情周期黄体的组织学研究进展[J].动物医学进展,2004,25(6):10-13.

[61] 孟宪政.奶业合作社是振兴民族奶业的必由之路[J].中国奶牛,2007(2):13-15.

[62]　莫放.养牛生产学.北京:中国农业大学出版社,2003.

[63]　聂德宝.种公牛的生产管理要点.黑龙江动物繁殖[J].2002,10(1):30—31.

[64]　宁晓波,封元,马甫行,等.不同外源激素对产后奶牛繁殖力的影响[J].安徽农业科学,2006(13):3063—3071.

[65]　牛若峰.农业产业化的理论界定与政府角色[J].农业技术经济,1997,6.

[66]　牛若峰.农业产业一体化经营的理论框架[J].中国农村经济,1997,5.

[67]　牛若峰.再论农业产业一体化经营[J].农业经济问题,1997,2.

[68]　潘和平.动物现代繁殖技术.北京:民族出版社,2004.

[69]　潘耀国.也谈产业化,《农民日报》,1996-01-11.

[70]　庞广昌 陈庆森.乳品安全性和乳品检测技术.北京:科学出版社,2005.

[71]　乔利敏,黄成定,李向臣,等.牛胚胎移植的操作技术及其影响因素[J].黑龙江畜牧兽医,2008(10):16-17.

[72]　邱怀.牛生产学[M].北京:中国农业出版社,1995.

[73]　任瑛,蔡亚周,朱秦妮.奶牛繁殖管理技术[J].畜牧兽医杂志,2009,28(2):96-99.

[74]　阮征.乳制品安全生产与品质控制.北京:化学工业出版社,2005.

[75]　施振旦,郭文军.热应激对奶牛繁殖力的影响及应对措施[J].中国奶牛,2006(11):20-23.

[76]　石爱萍 译.显微授精的今后展望[J].日本医学介绍,1999,20(12):546-548.

[77]　石永春.论奶牛线性外貌鉴定方法的评分问题[J].吉林农业大学学报,1994(16):158-160.

[78]　食品卫生企业通用卫生规范,GB 14881—1994.

[79]　宋洛文.牛人工授精技术.郑州:河南科学技术出版社,2003(10).

[80]　孙树春,桑润滋,孙国庆,等.X精液诱导奶牛双胎产双母犊试验[J].黑龙江畜牧兽医,2009,5:40-42.

[81]　腾勇.GnRH、PGF2诱导奶牛同期发情效果的比较[J].黄牛杂志,2002,28(5):1-3.

[82]　田峰,姚武警,孙善永,等.奶牛的繁殖技术管理[J].养殖与饲料,2008,10:2-3.

[83]　佟桂芝,韩永胜,丁昕颖.幼畜胚胎体外生产技术研究进展[J].中国畜牧兽医,2009,36(3):116-120.

[84]　佟桂芝,韩永胜,付龙.幼畜超数排卵技术研究概况[J].中国奶牛,2009,4:29-30.

[85]　汪立芹,杨梅,陈童,等.不同因素对牛体外受精效果的影响[J].畜牧

与兽医，2009，41(1)：38-40.

[86] 王锋，王元兴.牛羊繁殖学.北京：中国农业出版社，2003.

[87] 王福兆,孙少华.乳牛学.北京：科学技术文献出版社,2004.

[88] 王根林,养牛学.北京：中国农业出版社,2008.

[89] 王惠生.奶牛高效饲养新技术.北京：科学技术文献出版社,2006.

[90] 王加启.现代奶牛养殖科学.北京：中国农业出版社,2006.

[91] 王晶,王林,黄晓蓉.食品安全快速检测技术,北京：化学工业出版社,2002.

[92] 王昆，王建锋，李魁英，等.不同处理方法对受体牛同期发情效果的比较研究[J].河北农业科学，2008，12(5)：77-78，82.

[93] 王立强，胡建宏，刘蝉铭，等.不同稀释液配方对奶牛冷冻精液的影响[J].畜牧兽医杂志,2008,27(3)：17-22.

[94] 王晓宁,王晓峰,李鹏,等.荷斯坦奶牛体型线性鉴定评分与淘汰率的关系[J].浙江农业科学,2009(3)：609-610.

[95] 王艳华.奶源基地建设及其实证研究.东北农业大学博士论文,2005-06.

[96] 王之盛,奶牛标准化规模养殖图册,北京：中国农业出版社,2009.

[97] 王仲士.奶牛繁殖与人工授精.上海：上海科学技术文献出版社,1996.

[98] 危害分析和关键控制点（HACCP)体系及其应用原则,CAC/RCP1—1969,Rev.3(1999 年修订).

[99] 吴国利,孙凤俊,张新慧.不同方法对奶牛超数排卵效果的影响[J].中国畜牧杂志,2004,40(11)：57-59.

[100] 吴井峰.中国奶牛业发展研究.山东大学硕士学位论文,2005-10.

[101] 武建新.乳制品生产技术.北京：中国轻工业出版社.2000.

[102] 杨利国.动物繁殖学.北京：中国农业出版社,2003.

[103] 杨再.牛的人工授精和冷冻精液.河南人民出版社,1978.

[104] 易康乐.水牛冷冻精液稀释液配方改进的研究.广西大学硕士论文,2005.

[105] 于长才,王丽坤.育成母牛提前配种效果的调查[J].黑龙江动物繁殖,2007(3)：35-35.

[106] 于海东.论中国黑白花牛的外貌鉴定[J].畜牧与兽医,1981,6：35-36.

[107] 岳文斌.动物繁殖新技术.北京：中国农业出版社,2003.

[108] 昝林森.牛生产学.北京：中国农业出版社,2007.

[109] 曾庆孝 许喜林.食品生产的危害分析与关键控制点（HACCP)原理与应用(第二版),广州：华南理工大学出版社,2002.

[110] 曾寿瀛.现代乳与乳制品加工技术.北京：中国农业出版社,2003-03.

[111] 张海泉,施振声,夏国良,陈守平.促性腺激素释放激素及其类似物的

功能与应用[J]. 中国兽医杂志,2006,42(3):33-35.

[112] 张和平,张列兵. 现代乳品工业手册,北京:中国轻工出版社,2004年.

[113] 张家骅. 家畜生殖内分泌学. 北京:高等教育出版社,2007.

[114] 张名臣,张洪涛,李彦彬. DPC21软件和计步器在奶牛场中的应用[J]. 黑龙江动物繁殖,2008,16(3):45-46.

[115] 张莺莺. 牛精液冷冻保存稀释液配方优化研究. 西北农林科技大学硕士论文,2007.

[116] 赵家才,刘国璋. 三种采精方法在种公牛上的应用效果分析[J]. 黄牛杂志,2001,27(1):48-50.

[117] 郑鸿培. 动物繁殖学. 成都:四川科学技术出版社,2005.

[118] 中国奶牛协会. 中国奶牛协会奶牛繁殖技术管理规范(试行)[J]. 中国奶牛,1992(4):21-23.

[119] 中国奶业考察团. 以色列、奥地利奶业生产考察报告中国奶牛[J]. 2008(2):56-60.

[120] 中华人民共和国国家标准. 食品安全国家标准—巴氏杀菌乳. 中华人民共和国卫生部,2010-03.

[121] 中华人民共和国国家标准. 食品安全国家标准—调制乳. 中华人民共和国卫生部,2010-03.

[122] 中华人民共和国国家标准. 食品安全国家标准—发酵乳. 中华人民共和国卫生部,2010-03.

[123] 中华人民共和国国家标准. 食品安全国家标准—干酪. 中华人民共和国卫生部,2010-03.

[124] 中华人民共和国国家标准. 食品安全国家标准—炼乳. 中华人民共和国卫生部,2010-03.

[125] 中华人民共和国国家标准. 食品安全国家标准—灭菌乳. 中华人民共和国卫生部,2010-03.

[126] 中华人民共和国国家标准. 食品安全国家标准—乳粉. 中华人民共和国卫生部,2010-03.

[127] 中华人民共和国国家标准. 食品安全国家标准—乳制品良好生产规范. 中华人民共和国卫生部,2010-03.

[128] 中华人民共和国国家标准. 食品安全国家标准—生乳. 中华人民共和国卫生部,2010-03.

[129] 中华人民共和国国家标准. 食品安全国家标准—稀奶油、奶油和无水奶油. 中华人民共和国卫生部,2010-03.

[130] 中华人民共和国国家质量监督检验检疫总局,中国国家标准化管理委员会. 牛冷冻精液. GB 4143—2008.

[131]　中华人民共和国农业部.《动物性食品兽药残留限量》.1997 发布.

[132]　中华人民共和国农业部.《牛奶质量安全推进计划》.2003 年 4 月发布.

[133]　中华人民共和国农业部、国家质量监督检验检疫总局,《中华人民共和国动物及动物源食品中残留物质监控计划》.1999 年制定.

[134]　中华人民共和国农业部.牛冷冻精液生产技术规程.NYT1234—2006.

[135]　周淑炎,徐海波,范红艳.我国奶牛养殖业存在的问题和对策.畜牧兽医科技信息,2006(6):31-32.

[136]　周虚.哺乳对母牛产后发情排卵的调节作用[J].中国奶牛,1992(3):35-36.

[137]　朱洪刚.奶牛舒适与奶牛场营运效益[J].中国乳业,2009(8):64-67.

[138]　朱坚,王国全,陈正夫等.食品中危害残留物的现代分析技术,上海:同济大学出版社,2003.

[139]　朱立军.母牛发情鉴定方法与适时输精技术[J].吉林畜牧兽医,2009,4(30):36-37.

[140]　Friggens NC, Bjerring M, Ridder C, Hojsgaard S, Larsen T. Improved detection of reproductive status in dairy cows using milk progesterone measurements[J]. Reprod Dom Anim, 2008, 43(Suppl. 2): 113-121.

[141]　Imakawa K, Day M L, Zalesky D D, et al. Influence of dietary—Induced weight changes on serum luteinizing hormone, estrogen and progesterone in the boving female[J]. Biology of reproduction, 1986, 377-384.

[142]　Käppel ND, PrÖll F, Gauglitz G. Development of a TIRF—based biosensor for sensitive detection of progesterone in bovine milk. Biosensors and Bioelectronics, 2007, 22(9—10): 2295-2300.

[143]　Kot K, Ginther OJ. Ultrasonic characterization of ovulatory follicular evacuation and luteal development in heifers[J]. J Reprod Fertil, 1999, 115:39-43.

[144]　Presicce G A, Jiang S, Simkin M, et al. Age and hormonal dependence of acquisition of oocyte competence for embryogenesisin prepubertal calves[J]. Biol Reprod, 1997, 56:386—392.

[145]　Robert Hermes et al. Reproductive soundness of captive southern and northern white rhinoceroses(Ceratotherium simum simum, C. s. cottoni):evaluation of male genital tract morphology and semen quality before and after cryopreservation[J]. Theriogenology, 2005, 63:219-238.

[146]　Schön PC, Hämel K, Puppe B, Tuchscherer A, Kanitz W, Manteuffel G. Altered vocalization rate during the estrous cycle in dairy cattle[J]. J Dairy Sci, 2007,90: 202-206.

[147]　Velasco—Garcia MN, Mottram T. Biosensors in the livestock indus-

try: an automated ovulation prediction system for dairy cows[J]. Trends in Biotechnology, 2001, 19(11): 433-434.

[148] Yusuf M, Nakao T, Yoshida C, Long ST, Fujita S, Inayoshi Y, Furuya T. Comparison in Effect of Heatsynch with Heat Detection Aids and CIDR—Heatsynch in Dairy Heifers[J]. Reprod Dom Anim, 2008, doi: 10. 1111/j. 1439-0531. 2008. 01277. x.